陳水扁總統 作序推薦

我的美國之旅

鮑爾國務卿自傳

My American Journey

in L. Powell

柯林・鮑爾

Colin L. Powell

一九三七年四月五日，柯林・鮑爾將軍出生於紐約哈林區，在南布朗區長大，父母是來自牙買加的移民。在就讀紐約市立學院時，鮑爾將軍加入美國陸軍預備軍官訓練班，立志成為一名優秀的職業軍人。他曾兩度參與越戰，先後駐防韓國與德國，並取得喬治・華盛頓大學的企管碩士。在一九八〇年代，鮑爾將軍擔任國防部長的高階軍事助理，以及總統的國家安全事務助理。一九八九年，被任命為參謀首長聯席會議主席，為陸軍四星上將；不僅是全美最高軍階，亦是美國有史以來第一位就任此職的非裔美人，且於一九九一年並獲連任。在著名的「沙漠風暴」中，鮑爾將軍運籌帷幄、叱吒風雲，其沈著、智慧與具領袖的氣質，深深吸引世人的眼光。他是世界的英雄人物。在三十五年的軍旅生涯之後，他於一九九三年九月三十日退休。鮑爾將軍婉拒私人企業的高薪禮聘，他開始著手本自傳的撰寫，並加入社區志工的行列，為AMERICA'S PROMISE——青少年聯盟基金會董事長，致力協助需要幫助的青少年。鮑爾將軍深為世人所敬仰，他是自艾森豪將軍以降，最受美國人敬重、最孚眾望也最具民意支持。若他願意參選，毫無疑問的，將超越共和、民主兩黨候選人，最有可能成為美國第一位非裔美籍的總統。二〇〇一年，布希新政府主政，再次延攬鮑爾將軍入閣，主掌國務院，為美國有史以來第一位非裔美籍的國務卿。

Co

April 30, 1996

"My American Journey" is a story of hard work and good fortune. In many ways, it is a tale of faith and achievement not unlike that of the people of Taiwan who appreciate and represent the values of a pioneering spirit, economic growth and democratic commitment. To those of Taiwan who read my story, may it be a comparative source of satisfaction to the adults and one of inspiration to younger generations. Ideally, it may encourage the conclusion that, if Colin Powell can do it, I can do it too.

COLIN L. POWELL
General, U.S. Army (Ret)

致台灣讀者

《我的美國之旅》是一個努力與好運結合的故事。就許多方面而言，本書是一個信心與成就的故事，與台灣人民的故事並無二致。台灣的人民是懂得欣賞開拓者精神、經濟成長與民主自我期許的，而其自身更代表前述種種價值。對於讀我故事的台灣讀者，希望本書相對上能滿足成人，並且對年輕一代有所激勵。最好本書可激起這樣的結論：「如果柯林．鮑爾辦得到，我也能」。

柯林．鮑爾

獻給我的家人

過去、現在以及未來。

柯林・鮑爾
童年生活翦影

ALL PHOTOGRAPHS COME FROM GENERAL POWELL'S PERSONAL COLLECTION UNLESS OTHERWISE SPECIFIED

▲或許這就是我對汽車迷戀的開始。大約是一九四二年夏天的某一個週日，我們到喬叔與席絲嬸位於牙買加皇后區的家玩。

我的父母

母親茉德·艾莉·鮑爾　　父親路德·濟爾菲拉斯·鮑爾

▲這是我手邊上父母最年輕時的照片，是在他們去世後發現的。為他們英國護照上面的照片。父親這張是一九二〇年照的，時年二十二歲。母親這張是一九二四年照的，也是二十二歲。

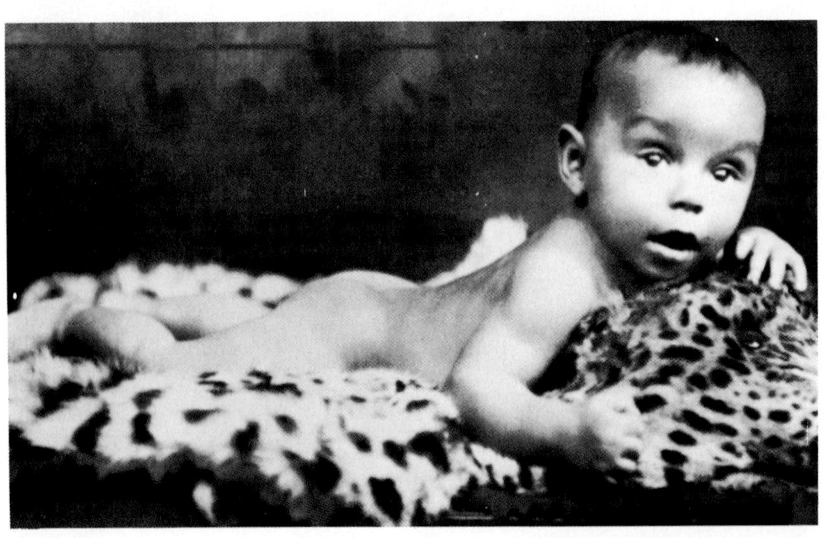

「獅子王」

▲我還太小了，無法為這張照片裡面露屁股的事提出抗議。那甚至於還不是我們家的獸皮呢！在還沒有保護動物法案的年代——當時是一九三七年，驕傲的父母急於展現他們的驕傲與歡愉，都會要求照相館以背景或道具來表現出當時還無法達到的富裕景象。

與父親週日出遊

▲穿著瀟灑的路德・鮑爾，帶著他那打扮不賴、腳丫子特大的兒子柯林，於一九四三年某一個週日早晨，在展望大道後頭的第一六七街所攝。

我的根
牙買加與布朗區

▲聖伊莉莎白教區山頂的小屋，我父親在此出生，一九九二年我與艾瑪到此一遊時所攝。這座小屋已變成老房子了而且還在使用。我祖父母就葬在小屋前院，在圖中回家人群的右方。

▶凱利街，我長大的地方，正準備慶祝一九四五年「對日勝利日」所舉行的活動。我家在凱利街九五二號，右邊較矮建築的頭一棟。

▼我與姐姐梅芮琳站在福克斯街九八〇號前面，我家在布朗區的第一棟公寓房子。

布朗區的年輕人

▲一九五三年攝於布朗區「漢點社區」一角。接下來那一年我進入市立紐約學院念工程系。一個學期後放棄工程系轉念地質系。

▲一九五〇年代初期我的「死黨」，兩名黑人，兩名立陶宛人與一名波多黎各人：代表著當時香蕉凱利街民族融合的典型。自左到右：維克多・雷米茲；艾迪・葛蘭特；我；東尼・葛蘭特，艾迪的哥哥，正要從海軍退伍；以及羅布里・麥金塔。

▲金・諾曼，我在凱利街最好的朋友，就住在我家對街。他到陸戰隊服役後再投入建築業，爬升到紐約市歷史性建築保護局局長。

▲一九五四年秋天進入預備軍官班。這是我頭一次穿上軍服。

潘興操槍隊，生涯的轉捩點

▶一九五七年市立紐約學院的潘興操槍隊。我坐在第一排。右手邊是我的朋友兼榜樣——羅尼・布魯克斯。坐在羅尼旁邊的是我們的顧問瓊斯少校，他帶我們脫離見習生身分。我的正後方（第二排右起第四人）爲安東尼・馬諾迪斯，他把我當成角色模範。安東尼在越南陣亡了。約翰・楊，站在 安東尼後面（第三排右起第三人），與艾倫・巴斯哥（不在照片裡面）同樣也是在越戰捐軀的潘興操槍隊。羅尼一九八九年因心臟病去世。

◀大學第二年的暑假是在北卡羅萊納州布雷格堡的預備軍官班暑期訓練營中度過。我準備接第四連的値星官，配戴著四五手槍，它沒裝子彈很安全。

U.S. ARMY PHOTOS

我成了突擊兵，頭一次派駐到國外基地

▲年輕的少尉們剛剛完成喬治亞洲達隆尼加突擊兵學校山訓營最後的演習，大家露出了解脫的微笑。我在最後一排直升機的艙門口前方。

▲一九六〇年在西德格漢森基地。身為中尉，站在右方，手執短杖，我略顯緊張的看著第四十八步兵團第二營營長吉姆・卡特中校對我所訓練的儀隊進行最後的檢閱，而我即將到托茲的陸軍第七士官學校任職。

我最幸運的日子

◀一九六一年秋天，在一次盲目約會裡我遇到了艾瑪・薇薇安・強森。她那年二十四歲。這張是她十四歲時的照片。

▼一九六二年八月二十五日，我與艾瑪在阿拉巴馬州伯明翰第一會眾教堂結婚，艾瑪是在這裡長大的。我父母站在左邊。艾瑪的父母，蜜兒德瑞與羅伯特・強森站在右邊。羅伯特一臉認命了的表情：他對女兒嫁得好不好沒啥把握。他在婚禮之前的三十六小時才和我見到面。

成長的家庭，缺席的父親

▶我們喜獲三名子女。一九六八年艾瑪與五歲的麥可，三歲的琳達在阿拉巴馬州伯明翰合影。艾瑪在聖誕節寄到越南給我。我盯著這張照片看了好幾個小時。

▼越南歸來，又經過與家人分離一年遠到韓國之後，這張是一九七五年正在茁壯中的鮑家全家福。自左到右，安瑪麗，五歲，琳達，十歲，麥可，十二歲。

U.S. ARMY
U.S.

在越南巡邏

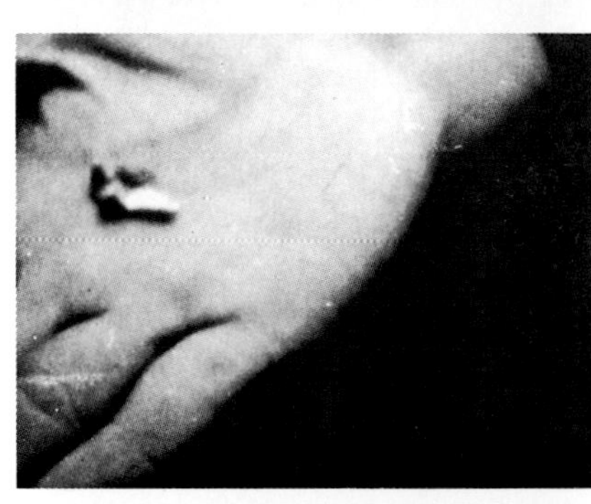

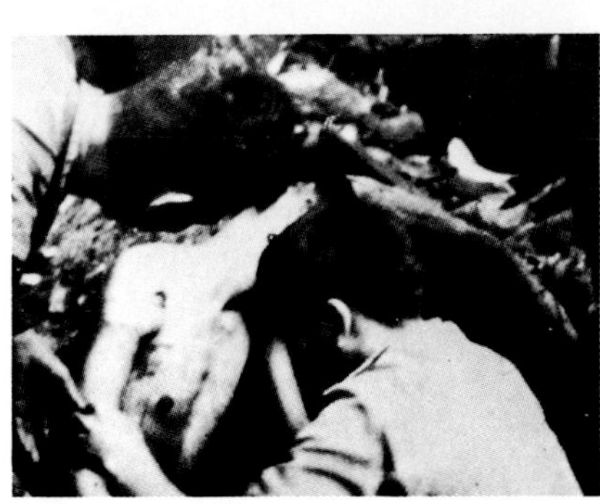

▲我們在熱帶叢林裡休息。我是中間左邊那個背著大包包的大個子。我的正前方是武上尉，前面第一人是蘇中尉。我跟他們失去聯絡達三十年之久，但他們又與我碰面了。

◀我從一名尖兵身上穿的防彈背心裡挖出來一枚擠扁了的越共彈頭。費了好大的工夫才說服尖兵班穿上防彈背心，但在這次事件之後，證明我沒錯。

◀治療一名我們在安紹山谷伏擊受傷的越共分子。他與他的小隊都有武裝，攜帶著文件準備到海岸平原一處山谷參加會議。

▶一九六三年站在安紹山谷我的小屋前面，這是我為了炫耀才做的打扮，因為巡邏的時候，白布姓名條與銀徽章都要拿掉。手榴彈也會謹慎的處理，而不是像這樣隨便插在腰帶上面。

U.S. ARMY PHOTO

直升機叢林墜毀事件

▲一九六八年蓋提將軍的直升機在越南墜毀之後數分鐘所攝。傷者已被移開，大兵們正忙著把殘骸移開以便讓救援直升機靠近並放低絞盤。我是那個在右邊角落臉上瘀血的人，正看著空盤旋的直升機。

►我們自直升機殘骸裡救出來的將軍，美國師師長蓋提少將。

邁向白宮研究員之路

U.S. ARMY PHOTO

▲一九七一年完成喬治・華盛頓大學的研究所學業，幹了一年的陸軍參謀，然後獲選為白宮研究員。這是我在擔任參謀的最後一天，獲得我的上司赫伯特・麥克萊斯特少將頒發功勳獎章。艾瑪抱著安瑪麗，麥可與琳達很感興趣的望著。

WHITE HOUSE PHOTO

▲我獲選為白宮研究員之後，於一九七二年秋天與尼克森總統首次見面的情形。

U.S. GOVERNMENT PHOTO

▲這是一九七二與一九七三年間我能靠得白宮最近的一次。研究員計畫相當獨特，讓我能夠一窺華府內部運作的全貌。

U.S. GOVERNMENT PHOTO

▲一九七二年在白宮南廂草坪與白宮研究員同學合影。我站在後排右方。蹲跪在左邊的是此計畫的主管伯納德．羅夫克中校。蹲跪在右邊第二個的是吉姆．波斯提克，他有如我的親弟弟。我的白宮研究員同學後來都有輝煌的成就。

U.S. ARMY PHOTO

▲亨利·愛默生一九七七年升爲中將指揮第十八空降軍。從他喜歡配戴六發左輪手槍而捨規定的四五手槍不用，可以看出爲何他被叫成「槍手」。

▼一九七四年在韓國擔任第三十二步兵旅第一營「女王御用海盜營」的營長時所攝。

駐韓步兵營的榮耀

U.S. ARMY PHOTO

▲「我的天哪，你看看
些贏家！」一九七四
當我們沿著部隊行列
發步兵專家徽章給我
揮的步兵營官兵時，
韓的傳奇師長亨利．
默生這樣說著。

◀與我在韓國手下的
連長合影。自左到
巴德與貝倫斯上尉
內特中尉。

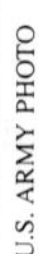

在第一〇一師擔任上校旅長時的檔案照片
一九七七年二月到華府與布里辛斯基面談
於出任卡特新政府國家安全顧問幕僚一職
，我這副模樣看起來很突兀。

九七六年國防部長唐諾·倫斯菲德到坎培
堡視察，我歡迎他的照片。我就是沒辦
把扁帽戴得很帥氣。

九七六年夏天在阿肯色州察菲堡的操場，
練阿肯色州國民兵第三十九步兵旅的情
。左邊是該旅旅長長哈諾·華尼准將，
邊的是本土司令部司令官伯納德·羅傑
上將。羅傑斯後來升到陸軍參謀長。

U.S. ARMY PHOTO

指揮第一〇一空降師第二旅

▲在肯塔基州坎培爾堡探視我旅裡面的弟兄在操練的情形。

U.S. ARMY PHOTO

U.S. ARMY PHOTO

◀一九八二年在科羅拉多州卡森堡。第四步兵師（機械化）的指揮官群，帶著全師做年度團結日跑步。身為准將，我跑在師長約翰・哈達奇克少將的後面。哈達奇克發現我表現上的不足之處，並在一份績效報告上如此說，幾乎毀了我的前途。在我後面的是師部參謀長威廉・佛林上校。我的左手邊是副師長洛克・奈格斯准將。在奈格斯後面的是基地副司令官鮑伯・杜邦上校。

科羅拉多州森堡跑步

從戰場到華府

DEPARTMENT OF DEFENSE PHOTO

▲一九八四年國防部長凱斯伯・溫柏格向雷根總統呈獻一九八三年前進格瑞那達時美軍所擄獲的AK－四七步槍。從左開始：副總統喬治・布希；我——溫柏格的軍事助理；國防部長凱斯伯・溫柏格；參謀首長聯席會議主席傑克・維西將軍；國防部副部長威廉・霍華・塔虎托；雷根總統。在不到五年之後我成爲雷根總統的國家安全顧問，接著擔任布希總統的參謀首長聯席會議主席。

新挑戰——
總統的國家安全顧問

WHITE HOUSE PHOTO

▲一九八七年十一月五日，在玫瑰園裡，這天我被宣布出任雷根總統的國家安全顧問。「刀鞘」溫柏格（左立者）剛自國防部長卸任，而法蘭克·卡路奇（右立者）被宣布為他的繼任者。溫柏格與卡路奇在雷根總統執行重建軍力與恢復軍方尊嚴方面，扮演著重要的角色。前任參議院軍事委員會主席，傳奇的人物參議員約翰·史坦尼斯，站在後面。

WHITE HOUSE PHOTO

減局局長肯・阿多曼；參謀首長聯席會議主席海軍上將比爾・克羅威；國防部長法蘭克・卡路奇。靠牆坐著的分別是助理國務卿羅茲尼・瑞格魏與保羅・尼茲大使。

裁武計畫鼎盛時期

▲一九八八年國家安全計畫小組在白宮情勢分析室裡討論裁武議題。自雷根總統開始順時鐘分別是：國務卿喬治·舒茲；財政部長吉姆·貝克；預算管理局局長吉姆·米勒；白宮幕僚長霍華·貝克；我；總統科技顧問比爾·葛拉翰；武器管制與裁

WHITE HOUSE PHOTO

▲一九八八年七月與雷根總統攝於白宮橢圓辦公室。顯然在開會前我們看到什麼好笑的事了。

戈巴契夫高峰會談

WHITE HOUSE PHOTO

▲一九八八年五月三十日莫斯科高峰會談期間，在克里姆林宮緊張的一幕。雷根總統與戈巴契夫就戈氏欲在最後的聯合公報上面所做的更動，進行最後關頭的爭辯。國務卿舒茲在鏡頭左邊較遠處，美國駐蘇大使馬特羅克在我的右邊。

▶一九八八年五月三日，自北大西洋公約組織高峰會議歸來，在「空軍一號」專機後面招待新聞界。穿長袖俯視著我的是總統傑出的新聞祕書費茲華德。

▼一九八七年十一月二十五日，我連夜自日內瓦飛回到加州聖塔芭芭拉城外聖塔．尼茲山雷根的牧場與他會面，向他簡報中程核子飛彈協定。前一天國務卿舒茲與蘇聯方面在日內瓦談判已就此達成結論。

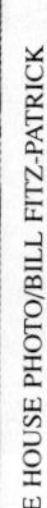

WHITE HOUSE PHOTO/BILL FITZ-PATRICK

WHITE HOUSE PHOTO

DEPARTMENT OF DEFENSE PHOTO/R. D. WARD

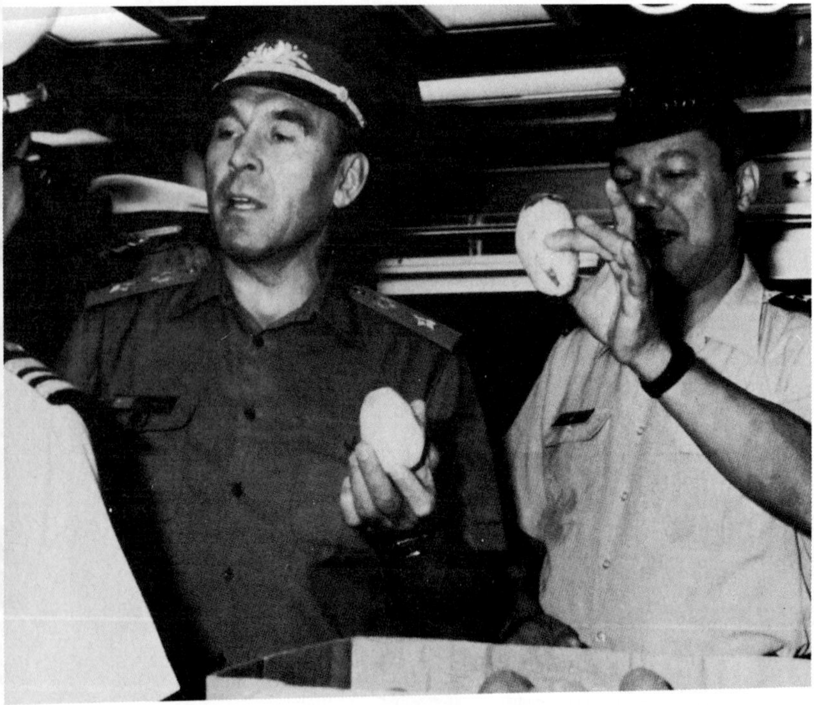

JOINT STAFF PHOTO/JOE FALLON

▲一九九〇年在聖地牙哥港一艘美國軍艦上與我的蘇聯對手莫耶斯夫將軍進行馬鈴薯剝皮大賽。猜猜誰贏了……。

當主席，在戰場上——以及在軍艦上

▲「沙漠風暴」時期的參謀首長聯席會議。自左到右：海軍作戰參謀長法蘭克・柯索上將；陸軍參謀長卡爾・旺諾上將；我；參謀首長聯席會議副主席海軍上將大衛・傑瑞米；海軍陸戰隊司令官艾爾・格雷上將；空軍參謀長麥瑞・麥皮克上將。我們是針對一項任務的合作無間小組：協助諾曼・史瓦茲柯夫打贏一場戰爭。

▲一九九三年四月五日，在索馬利亞海岸的兩棲登陸艦「黃蜂」號上面，我受到陸戰隊員與水兵的簇擁，這天正好是我的生日。袖珍型的照相機讓部隊變成了隨時隨地可以照相的攝影師大隊。我深愛這時的每一刻。

WHITE HOUSE PHOTO/SUSAN BIDDLE

向總統簡報「沙漠之盾」計畫

▲這天是一九九〇年九月二十四日，我在向布希總統簡報與伊拉克談判時可運用的兩種選擇——實施禁運或是開戰。其他的人自左到右：國防部長迪克・錢尼；國家安全顧問布蘭特・史考柯夫；白宮幕僚長約翰・蘇努努。

哈珊入侵科威特，我們計畫反擊

DEPARTMENT OF DEFENSE PHOTO

▲一九九〇年八月十五日，與諾曼·史瓦茲柯夫將軍在五角大廈外面所攝。我們正等待著布希總統前來向五角大廈一大群雇員說話。「沙漠之盾」行動已展開了十天，而諾曼很快就要出發到沙烏地阿拉伯指揮集結在波斯灣的大軍。

「首先我們把它切斷，然後把它幹掉」

DEPARTMENT OF DEFENSE PHOTO/R. D. WARD

▲波灣戰爭期間我向新聞界簡報戰事時，不知道用了多少次比手槍的手勢，直到《週六夜現場》節目剪輯出十個類似的手勢並且配上槍擊的音效。

U.S. GOVERNMENT PHOTO

▲「沙漠之盾」行動時與波灣的官兵在一起。迪克·錢尼與我將陪同諾曼及其幕僚一段時間，然後分頭去視察部隊。官兵看到我們很高興，而他們也提升了我們的士氣。他們是最優秀的美國年輕人。

▲史瓦茲柯夫位於沙國利亞德的戰情室。坐在桌前的自左至右：主管政策的國防部次長保羅・渥夫維滋；我；迪克・錢尼；史瓦茲柯夫；中央指揮部副指揮官卡爾・華納中將；中央指揮部參謀長鮑伯・莊斯頓少將。站在我們身後的是：陸戰隊協同作戰司令華特・布墨中將；空軍協同作戰司令查理・霍納中將；陸軍協同作戰司令約翰・尤沙克中將；海軍協同作戰司令史坦・亞瑟中將；特戰部隊司令傑西・強生上校。

▲一九九二年一月在白宮，我與布希總統、錢尼部長自玫瑰園走回大廈。在總統與錢尼身後的是非常能幹的參謀首長聯席會議副主席大衛・傑瑞米上將。

人與事

◀一九九一年訪視安那玻里斯一所學校的科學實驗室。

▼一九九一年的退伍軍人紀念日在越戰陣亡將士紀念碑前，我與一等兵派崔克・麥克爾瑞斯談話，他在巴拿馬的「正義行動」當中受了重傷。

▲一九八三年艾瑪與我獲教宗若望保祿二世接見。

▲一九九一年三月與哈林籃球隊在我辦公室內合影。我需要幫助才能在食指上面旋轉球。

▲一九九二年七月李文渥斯堡的水牛兵團士兵紀念雕像落成當天，在雕像前所攝。這名黑人第十騎兵團士兵，領章上有「美國」字樣，別著飛鷹徽章，穿藍色軍服手執步槍，與白人同志並無差異，也應享有同樣的公民權利。他與數千名與他一樣的人，讓我的前途走起來更加舒坦。

家庭照

▲艾瑪，「柯爾沙基」號的贊助者與母親，一九九二年在密西西比州巴斯卡哥拉完成擲瓶命名後，親吻這艘船。一九九五年六月爲營救在波士尼亞墜機的飛行員史考特・歐格瑞第上尉，「柯爾沙基」號扮演著母艦的角色，讓我們深感自豪。

▲一九八六年初與麥可・鮑爾中尉在德國。他的軍事生涯在一年後的一次吉普車翻覆事件後宣告結束。

▲我生命中最重要的人，一九八七年所攝。安瑪麗、麥可、琳達與艾瑪。麥可正從車禍受傷之中逐漸康復，能靠著椅子站起來了。

▲一九八九年十月三日，在歡迎我上任參謀首長聯席會議主席所舉行的儀式之前，鮑家人於錢尼部長的辦公室裡合照。自左到右：迪克・錢尼，我姐姐梅芮琳與姐夫諾曼，我兒麥可，艾瑪，我，女兒琳達與安瑪麗，我的媳婦珍抱著我的孫子傑弗瑞。

與柯林頓總統共事

DEPARTMENT OF DEFENSE PHOTO/R. D. WARD

▲一九九三年四月八日，柯林頓總統首次視察五角大廈之後，在我與國防部長亞斯平的陪同下走出來。他與國防部裡面的文職官員與聯合參謀本部人員都打了照面。

AP/WIDE WORLD

◀一九九四年九月十九日，在白宮東廂，前任總統卡特、參議員山姆・奴恩與我剛自海地歸來，我們在那裡說服了不合法的軍事政府下台，並且接納美軍登岸與讓亞里斯提德總統歸位。柯林頓總統正在向新聞界報告我們一行任務的結果。

著軍服的最後敬禮

DEPARTMENT OF DEFENSE PHOTO

▲一九九三年九月三十日，在維吉尼亞州麥爾堡的退休日。奏國歌時艾瑪與我舉手行禮。而我唯一的遺憾是不能再從頭來一遍。

【作者簡介】

約瑟夫・波斯科（Joseph E. Persico）

與鮑爾合著本書，曾寫過大亨洛克斐勒、名記者愛德華・莫盧和前任中央情報局卡賽的傳記。他最近一本著作《紐倫堡大審》，被評論家推崇爲這場世紀大審的最佳報導。

【譯者簡介】

蕭美惠

國立政治大學英語系畢業，現任職專業報紙國際新聞組。譯有《貝聿銘——現代主義泰斗》等書（智庫出版），著有《葛林史班——全球最具權勢的央行總裁》。

目錄

中華民國總統府

Office of the President of the Republic of China

愛與勵志的故事

陳水扁

公元二千年的美國總統大選，在激烈、詭譎的選情下延宕了五個多星期，最後以民主的選舉制度確定共和黨布希為總統當選人。二〇〇一年一月，布希總統宣誓就職，籌組新的執政團隊。三月下旬，美國在台協會薄瑞光處長帶著一本書到總統府來與阿扁見面。那是一本中文版的《我的美國之旅—鮑爾將軍的自傳》，一位美國朋友為了對台灣的民主與經濟成就表達最高的推崇之意，特別請薄瑞光處長將那本書從美國帶回台灣，親自轉交給阿扁。這位美國朋友正是書中的主角，也就是布希新政府剛剛上任的柯林・鮑爾國務卿。

六十三歲的鮑爾國務卿，是美國有史以來第一位出掌國務院的非裔美籍人士，亦是美國第一位非裔的四星上將，深受雷根、布希及柯林頓三位隸屬不同政黨的總統所倚重。一位來自牙買加的移民、沒有顯赫的背景、沒有富裕的家庭，所能憑藉的僅是自己的努力不懈，力爭上游。如其在《我的美國之旅》〈致台灣讀者〉中所言：「（本書）是一個努力與好運結合的故事。就許多方面而言，本書是一個信心與成就的故事，與台灣人民的故事並無二致。台灣的人民是懂得欣賞開拓者精神、經濟成長與民主自我期許的，而其自身更代表前述種種價值。」

鮑爾國務卿在少年時期，就到家具店當卸貨員；十七歲進入紐約市立學院，暑假每天一大早就起床到百事可樂裝瓶廠當清潔工。他在《我的美國之旅》一書中回憶著：「報到時，有人交給我一支拖把，我直覺到這似乎是黑人做了幾世紀的工作。……拿起了拖把，我心裡盤算著，如果一個禮拜可以賺六十五元，我還是願意做，我可以把這些地板擦得閃閃發亮。」若是推高機一不小心，掉下幾百箱的可樂，整個地板就會被黏答答的可樂所氾濫，但是他還是耐心、盡責地做自己應該做的工作。因爲有責任感、不怕苦的工作態度得到領班的讚譽，還升他當副領班。

鮑爾國務卿從少年時期就受到如此的肯定，因爲他一直堅信著：「任何的工作都代表一種榮譽，只要盡心盡力，總會有人注意到的。」

跟我同時代成長的台灣人，都有物質缺乏的共同生活經驗。但是，雖然物質生活不富裕，我們卻不曾容許自己不予而取，也不曾放棄求知、向上的機會。我有幸擔任民意代表、市長公職，直到成爲國家領導人，我所秉持的就是台灣人打拼的精神；就像每個台灣人的成長和奮鬥經驗一樣，都是從無到有，步步認眞。然而，就如鮑爾國務卿在本書中所言：「（本書是）一個眾人助我成就今日的故事，是我倚仗前人犧牲所造就機會而受益。也許，因此又使後人受益的故事。」個人的一切努力，若是沒有眾人的鼓舞與激勵，便無法成就最大的成果。整個人類文明的可貴之處，就是我們有意志、能承擔、能行動，能在廢墟裡種出花朵；然而，一朵花的成長，需要眾人的悉心呵護。

一九九四年，鮑爾將軍婉拒柯林頓總統延攬入閣爲國務卿，以陸軍四星上將退休。退休後的鮑爾將軍有許多機會可以進入美國各大企業，接受高薪的禮聘；甚至在民意支持高漲的當時，競選美國總統。但是，他卻選擇加入志工的行列，當任 America's Promise 基金會董事長，致力於社會公益工作。一直到二〇〇一年，再度獲布希新政府重用爲國務卿之前，他將自己的全部時間、精力貢獻給公益團體，以社會公益爲自己退休後的志業。America's Promise 基金會結合了全美各地的社區、學校、地方政府、慈善機構，以及民間企業的力量，以「肩負起我們小孩的未來」爲宗旨，致力於兒童、青少年的安全、健康，及教育工作。鮑爾將軍退休後到美國各地旅行巡迴演講，宣揚 America's Promise 基金會的理念，他曾經說過：「身爲社會的一分子，我們必須親身參與及正視小孩所面臨的基本需求。我們每個人都可以以各種方式，去影響、導正我們自己的社區。」

在美國，目前有超過九千萬成人參與社區志工，每位志工平均每週奉獻三小時。美國人視志工爲生活的一部分，志工就是社區生活。而這也是我一直在提倡「志工台灣」的精神，而「志工台灣」也就是「社區主義」的一體兩面，因爲志工的目標並不限於扶傾救難而已，還有透過彼此的討論、彼此的經驗和資源分享，凝聚共同的願景，爲自己的社區建構不一樣的軟硬體，讓社區自足、自主，更人性、更適合居住。所以，「志工台灣」的目標，就是把台灣打造成人間淨土的心靈工程。

然而，實踐「志工台灣」的原動力，必須來自眞切、誠摯的內心，對自我、對社會，以及對全人類的大愛。鮑爾國務卿在本書〈緣起〉中說道：「總括一切地說，這是一個愛的故事：愛家庭、愛朋友、愛袍澤、愛國家。這是一個祇可能發生在美國的故事。」我可以確切地表達，這不僅是會發生在美國社會的故事，亦能在台灣滋長、茁壯的故事。正如鮑爾國務卿在〈致台灣讀者〉中所言：「台灣的人民是懂得欣賞開拓者精神、經濟成長與民主自我期許的，而其自身更代表前述種種價值。」台灣是一個移民社會，數千年來從原住民開始，有許多不同國家、不同族群的人來到台灣。有的人來了，又走了，有的人則在這裡繁衍子孫，落地生根。所以，當我去思考族群與文化的問題時，總是拉開歷史的視野，從土地的角度去思考，而非狹隘地陷入種族、血緣與語言的框架。鮑爾將軍出身不甚富裕的牙買加移民家庭，卻能身居美國陸軍四星上將，於六十三歲之齡，再度受到布希總統的新政府所倚重，主掌國務院；這是鮑爾將軍自我努力不懈、刻苦向上的成果，也是美國社會對不同族群與文化的尊重所呈現出的民主果實。

《我的美國之旅》不僅是鮑爾國務卿個人成長奮鬥的故事，也是每個人自我努力不懈、奮發向上的愛與勵志的故事。就如鮑爾國務卿所期盼的，希望藉由本書搭起父母對其子女教育的對話橋樑：一個少年時表現平凡、出身牙買加移民家庭、在紐約南布朗區長大的非裔小孩，長大後成爲白宮國家安全顧問、參謀首長聯席會議主席、國務卿。他自我鞭策，努力向上；他成就自己，也激勵他人。爲人父母及身爲子女者，都應該閱讀《我的美國之旅》——鮑爾國務卿自傳；透過本書，「能滿足成年人，並且對（台灣的）年輕一代有所激勵。希望本書可激起這樣的結論：如果柯林・鮑爾辦得到，我也能！」

每個人的台灣之旅

前行政院長 蕭萬長

與鮑爾先生相識緣於一九九七年應邀參加花旗銀行舉辦的餐會上，當時主賓是退休後擔任志工的鮑爾將軍，而本人正擔任行政院院長。由於智庫文化華董事長與我是多年同窗好友，在一九九六年智庫文化出版中文版《我的美國之旅》——柯林・鮑爾將軍自傳時請我撰寫序文，當我閱讀這本書後，對於鮑爾先生一生奉獻國家，雖然退休仍充滿使命感，非常感佩。尤其，他在一九九四年自軍旅退休後婉拒出任國務卿，投入關懷青少年志工的行列，這種不求名位，追求理想的精神，值得我們效法。

最近，智庫文化將發行鮑爾先生《我的美國之旅》全譯本，希望我再撰寫序文，三年後對照我與鮑爾先生的情境，物換星移，他入閣，我在野，我更能感受他那種對國家的使命感。現今社會充斥著野心、貪婪，失去追求理想的勇氣與毅力，相信從鮑爾先生的行止中，可以重新點燃我們心中那把熱情的火。

柯林・鮑爾到底是一名優秀的職業軍人，還是名生逢其時的政治人物？這終究是鮑爾自己內心中掙扎的焦點。從他二十歲起每次選舉總統時，都刻意採取無黨派紐約市永久居民的身分，進行缺席投票；到每次面臨政治新職和軍中升遷之間做抉擇時，他總怕被烙上軍事業餘者的封號。這都令人體會，鮑爾的選擇無庸置疑的是傾向於做為一名「老兵不死」的職業軍人。

微妙的是，如果有人能仔細的探測他的內心世界，鮑爾那堅定的出人頭地的奮鬥精神、種族問題的關切、重視溝通管理的技巧、視艾森豪為個人的角色楷模，一再的顯示出，鮑爾顯然努力要成為一名傑出的政治家。

仔細觀察美國的民主政治，不難發現，美國之所以能成為自由世界的巨人，是因為它有一顆運行良好的心臟——管理嚴謹的文官體制，一副剛正挺直的骨架——自南北戰爭以後就獨立於黨派之外的國家軍隊，和深具彈性豐滿結實的肌肉——活潑發展的民間企業。然而，除了上述的這優良體質以外，最重要的，美國經由民主選舉而產生的總統，就像人類的大腦一樣，做到了受全民囑託而領導全民，其思維必然深具有條理，並契合民意；更重要的，由此延伸出去的延腦及神經，都很精確無誤地傳達及執行來自中樞的這種思維。在民主制度下所產生的這種領導中樞，因而得以鞏固。雖然有因選民看走眼而所選非人的情形，但因其他體質（體制）的健康，四年一任的總統即使在政策上犯了重大的錯誤，也會立刻得到修正與彌補，甚或以更換領導中樞來改弦更張。

顯然地，民主政治的優異處，與其說是因此而選出最優秀的國家領導人，還不如相信在民主的政治環境下，整個國家與社會的各部分都能穩定而不受干擾的健全發展，而不致於走入極權政治。那種一黨或一人的專政，固然有可能創造一時輝煌鼎盛的國力，但執政者若稍有偏差錯誤，則整個國家就有可能陷入萬劫不復的衰亡。

鮑爾的《我的美國之旅》自傳，固然是其一生的成長與心路歷程，但身為美國有史以來非裔美籍最高軍階的領導者，其行文中不時可見對美國民主制度的堅定信仰。作為國事決策者，具有這種信念並深知自己的作為是受到人民的監督與支持，應該是非常愉快的從政經驗吧。

個人多年來接觸美國各階層政治人物，各個人的品德與智慧各有優劣，唯獨這種對國家與民主制度的忠誠與信心，是一直讓吾人非常羨慕的，相信這也是美國一直以民主制度的捍衛者縱橫國際的原因。民主，終究是每個國家必須堅持的良知。鮑爾在初涉政治，擔任白宮研究員的時候，就已體會了這一點。然而，人非皆聖賢，美國立國的先祖，像麥迪遜與傑佛遜總統，都知道人的不完美，因此他們創設分權的政府相互制衡，俾便控制人類天性的不完美。

理想的民主與其說是一種自由發展，不如說是種美的制衡。本人從政多年，見到許多有創意、有頭腦的年輕人投入政治活動，但是在遭遇到適度制約的時候，他們就誤把民主當作一種取得權力的手段，這種想法是令人害怕。如鮑爾在本書中所言，民主是不能擺在陽光下檢視的，民主是一種取捨關係，人們必須要藉著交換、妥協等手段才能讓理想成為可能，這樣的民主過程是需要信心與耐心。當然，鮑爾不是強調妥協的政治，因為這會令人覺得為政者有操縱慾望，和鼓勵從政者失去原則而陷入混亂。

個人只想強調一個與作者相同觀點，就是如作者所言的：「還沒有學會如何駕取權力，就先嘗到甜頭，他們會陶醉在裡面的。」而這是非常危險的！因為他們在「陶醉狀態下，容易忽視了法律監守著並控制權力的事實。」

一個誠實而正直的成功者，往往不吹噓自己的才能。他們更相信平實努力的奮鬥，而且經常慶幸自己在歷史關鍵時刻，遇到終身難逢的機遇，而湊巧抓住了。

鮑爾如果提早三十年出世，他也許仍是一個西印度群島上的農夫。但不可否認的，每個時代的英雄人物都是在歷史的機遇中，掌握了自己和其他許許多多人命運的天才。鮑爾有過這樣的機遇，而他也掌握了。

二〇〇一年，布希新政府延攬鮑爾當任國務卿，肩負美國外交事務。如其一貫對民主的信仰、對和平的追求，以及鮑爾自身奮鬥的成長背景，必定能在國際外交事務上創下非凡的成就。對鮑爾個人而言，這將是他未完成的美國之旅。如其在退休後參與社區義工，當任 America's Promise 青少年聯盟基金會董事長，持續不斷的關心需要幫助的青少年。就任國務卿後，他必將此對人類同胞的大愛，散播到世界各地。身為世界公民的一分子，我們必須把全球當作一個大家庭，如鮑爾所言：「必須停止互相叫囂、停止互相傷害，取而代之的是互相照顧、犧牲與分享。」

再一次的，我必須強調《我的美國之旅》不僅是鮑爾國務卿成長奮鬥的個人傳記，更是一個愛的故事，如鮑爾在本書〈緣起〉中所言：「一個眾人助我成就今日的故事，是我倚仗前人犧牲所造就機會而受益，也許因此又使後人受益的故事，這更是個忠誠的故事——忠於自己、忠於國家。總括一切地說，這是一個愛的故事：愛家庭、愛朋友、愛袍澤、愛國家。」同樣的，我希望臺灣的讀者應該涵蓋青少年朋友以及其為人父母者，透過本書，以愛的視野去展望全新的未來，走上每個人未來的「臺灣之旅」。

《我的美國之旅》讀後感

前駐美代表 陳錫蕃

鮑爾將軍自傳——《我的美國之旅》新版，承華文衡先生囑寫一些讀後感，作為新版序，深感榮幸。

這是一本勵志好書，鮑爾將軍出身寒微，父母為牙買加移民，少年時代即潔身自好，力爭上游，發憤求學，申請進入私立紐約大學及紐約市立學院均予錄取。限於家境之故，乃選擇後者就讀，並參加預備軍官訓練團（Reserve Officers Training Corps — ROTC）。大學畢業後，成為正式職業軍官，畢生戎馬，一路洊升至參謀首長聯席會議主席（Chairman, Joint Chiefs of Staff），可謂勳業彪炳。

美國陸軍軍官養成有三條途徑，第一條途徑是軍校培育，位於西岬（West Point）素負盛名的陸軍官校（The U.S. Military Academy），即為此中翹楚。此外，南方另有兩所軍校：一為維吉尼亞州的維吉尼亞軍校（Virginia Military Academy — VMA），一為南卡羅萊納州的堡壘軍校（The Citadel），同樣為軍方孕育幹才。第二條途徑就是ROTC，廣設於各主要大學，採自願制，參加者可享有政府提供學費及零用金之權利，亦負有課餘接受訓練並於畢業後服軍官役至少三年之義務。（嚴格而言，南方兩軍校並非正式的官校，兩係全校皆施行ROTC而已）。第三條途徑是軍官養成班（Officers' Candidate School），使行伍出身的士兵仍有希望透過此一途徑成為軍官。

鮑爾將軍是第一位系出ROTC的參謀首長聯席會議主席。他的後任夏理卡斯維利將軍（John M. Shalikashvili）則出身行伍。

閱畢本書，感觸良深。美國除了自由、民主之外，號稱為充滿機會的國家（land of opportunities）。其實，這些機會在早期並不均等，自一九六〇年代通過民權法案後，種族歧視現象始見改善，並逐漸消弭。經過多年努力，終能促成一位非裔將領，跨越了膚色的藩籬，先於一九八七年出任國家安全顧問（National Security Advisor），更於一九九三年出任參謀首長聯席會議主席，實令人讚佩。

再回顧這次美國總統大選，兩黨勢均力敵，勝負難分，最後訴諸法院，由美聯邦最高法院裁決定讞，凸顯出他們的法治精神。

反躬自省，我們的社會，與美國相較，在提供機會方面，無分軒輊。教育普及程度，亦約略相當，但在文官考試及任用制度，完善落實，則略勝一籌。畢竟文官考試始於中國，已行之有年，源遠流長。當今所欠缺者，乃法治精神的培養及深植，這是我們應該加緊努力的方向。

筆者在美服務期間，有幸結識鮑爾將軍，並曾與之長談，深感其為人正直、穩重、和善，但堅持原則；且是一個百分之百的愛國者，以身為美國人自豪。他說他的政治哲學是帶有社會良知的財政保守派，現實與理想兼具。言談間流露的誠懇和領袖氣質，令人印象深刻。

他在自傳中透露，一九九三年九月退役後，一九九四年十二月，克林頓總統曾面請其出任國務卿未果。他婉拒的真正理由，是因為對克林頓政府處理外交事務的無定見持保留態度。這樣的說法，其實並不令人感到意外。

欣聞鮑爾將軍現已接受布希總統的邀請，出任共和黨新政府國務卿，主持外交大計。以他的豐富資歷和人品特質，行見運籌帷幄，勝任愉快。對於奮戰不懈的中華民國而言，尤其希望得到更多的關懷與支持。

本書由國立政治大學西洋文學系畢業的蕭美惠女士中譯，文筆流暢，允為佳作。聊綴數語，以為新版序。

永遠保持著方向感的「工程師」

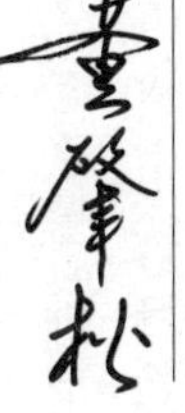

第一次「見」到柯林・鮑爾，當然是在CNN上頭。在一九九〇年八月二日肇始的波灣戰爭「沙漠風暴」行動中，時任美國參謀首長聯席會議主席的四星上將鮑爾，在五角大廈簡報時的鎮定自若、精準扼要，透過現場電視轉播呈現在世人眼前，與政客和外交官的閃爍其詞立刻產生霄壤之別，他也頓時由華府圈內人成為人民英雄。

當時，我擔任《中國時報》總編輯，或許基於媒體工作者的敏感，我特別注意到鮑爾屢次提到：「我們全力協助諾曼・史瓦茲柯夫打贏這場戰爭」，史瓦茲柯夫是統領五十萬聯軍的「沙漠風暴」行動總司令，而鮑爾則指揮百餘萬美國大軍，我當時的感覺是，在階級分明、紀律嚴謹的軍中，鮑爾表現了相當誠懇的謙虛和鼓舞前方將士的用心。

只是當時沒想到的是，日後和鮑爾會有一次「間接採訪」和一次當面會見的因緣。

一九九六年五月，鮑爾解甲歸田兩年八個月，這段期間，除了作志工，就是寫書，其自傳《我的美國之旅》斯時已高居暢銷書排行榜超過半年。但另一方面，鮑爾也在早幾個月前，在許許多多美國人從各個角落發出失望的喟嘆聲中，宣佈不加入當年的美國總統角逐。就在此時，由美返台的我在政大的學長華文衡先生告訴我，其主持的智庫文化出版社已獲得《我的美國之旅》的中文版權，即將在台灣出版，而鮑氏本人也可能在翌年訪台，問我願不願意到華盛頓對他進行一次獨家專訪。

感謝華先生的盛情，到華盛頓這當然是一次難得的機會，可惜我因編務忙碌，未克親自前往，乃商定由《中國時報》駐華府特派記者冉亮小姐就近進行專訪。事先，冉亮與我討論了專訪的問題，從美、中、台關係展望，世局評估，到他何以決定不角逐白宮寶座，以及未來人生規劃等等，包羅很廣，鮑爾也知無不言、言無不盡，是一次相當深入的訪問，有助於增進國人對鮑氏的瞭解——包括當時還很新鮮的「鮑爾主義」在內。

翌年三月中旬，鮑爾果然在花旗銀行「世界領袖演講系列」計畫下履約來台訪問。承花旗銀行安排我會晤鮑氏。時間不長，但印象深刻。他回憶起接受冉亮的專訪，是一次「很愉快的經驗」，認為冉亮作足功課，有備而來（well prepared），還說她很有批判性（critical），但也很為人設想（considering）。我很訝異，這位督導大軍打贏波灣戰爭而名震遐邇的名將能夠記得那麼細密，但他對冉亮的描述確實恰如其分。而今冉亮因癌症過逝已逾一年，白雲蒼狗，世事變幻，令人感慨無窮。

在訪談中，讓我留下的另一個深刻的印象是：鮑氏雖然辯才無礙，卻是立場一貫、不打妄語。談到兩岸問題，他讚許台灣民主改革和自由市場經驗，認為美國應該信守對台灣的安全承諾，出售台灣防務所需的足夠武器。對中國，他認為美國不應再用圍堵政策，而應該採取「交往政策」（engagement），全面的與中國大陸交往，鼓勵中國與國際社會接軌，同時促使他們盡其應盡的義務。這些觀點，事實上鮑爾在接受冉亮專訪中，已作了完整的闡述。而來台之後，他的看法，不因作客而增一分或減一分，表現其一貫立場。

四年之後的二〇〇〇年，鮑爾依然沒有投入美國總統大選，卻接受在大選中險勝的布希總統的邀請，出任國務卿的要職。無論是參院的任命聽證會或是記者的提問，中國問題依舊是關注的焦點。鮑爾的標準答案也依然是：對台灣，明白解讀台灣關係法及其後各項公報的文字，顯示美方對台灣有義務，應確保台灣的防衛能力維持一貫的水平，同時，美方在決定有關台灣的軍售政策時，也將一貫尋求平衡；對中國，美中雙方在很多方面可以合作，同時「必須合作」，所以美國一貫鼓勵中國進一步融入國際社會，加入世界貿易組織。

鮑爾在出任要職的關鍵時刻，對兩岸這個關鍵問題的談話，多次使用「一貫」一辭，絕非巧合，而是他一貫理念的呈現。與鮑爾同樣是黑人背景的白宮國家安全顧問萊斯女士，如此傳神而貼切的形容鮑氏：「他沒有華麗的言辭，也沒有複雜的學術理論，但是他會永遠保持他的方向感。」其他華府觀察家也認為，公職生涯肇始於陸軍低階軍官的鮑爾，習慣以條理清晰、架構井然的步驟來解決問題，像是工程師而非政客。在接觸中國問題的過去十年，鮑爾確實像是一位能保持方向感的「工程師」，或許正因如此，在二〇〇一年四月一日，美軍EP-3偵察機與中共軍機擦撞後迫降海南島的危機中，鮑爾才能掌控全局，化解危機，讓美軍機組人員全體平安賦歸。

更足以彰顯鮑爾立場一貫的行事風格的，則是世人已經耳熟能詳的「鮑爾主義」。鮑爾的事業始於越戰。他在一九六〇年代後期兩次奉派前往越南，負過傷，也曾與同志從墜毀燃燒中的直升機救出英美聯軍師師長蓋提少將而獲頒勛章。但一九七五年南越淪陷後，鮑爾跟他那個時代的許多職業軍人一樣，深感越戰敗北主因是戰略目標不明確，更未能獲得民意明確的支持。他認為政治領導未能指示軍方清楚的目標和提供完成目標所需的資源，媒體則不厭其煩的挑出軍方可能犯的每一個小錯，終於導致民意對軍方反感四起。鮑爾得自越戰的「基本教訓」是：揚棄消耗戰，以高科技深入打擊敵人戰略後方以求速戰速決，這就是鮑爾主義的發源。

一九七〇年代初期，鮑爾擔任白宮學者，與共和黨高層建立了良好的關係。一九八〇年代雷根主政，先後擔任國防部長的溫柏格和卡路奇大力提拔鮑爾出任要職，而於一九八七年升任雷根總統的國家安全顧問，八九年初，在布希接任總統之後，重回軍中，同年以五十二之齡，獲布希總統擢升為有史以來最年輕的參謀首長聯席會議主席。隨著職務的高升，「鮑爾主義」也愈臻成熟：不到萬一，絕不用兵；有意用兵，必先集結大軍；一旦用兵，目標必須明確、需有國會和輿論的支持，務求在最短期間內致勝。這是鮑爾的觀點，也是厭棄越戰那一套的那一代軍官的共識，他們反對「逐漸增兵」的政策，因為這個政策，導致美國在越戰損失了六萬條人命。

當然，鮑爾主義不乏批評者，有人認為鮑爾主義被他本人和其他有些人作為規避行動的合理化藉口，但鮑爾並不退縮，並以行動來證明。一九八九年年底逮捕巴拿馬獨裁者諾瑞加是牛刀小試（當然也有人譏為殺雞用牛刀），真正的試煉則是波灣戰爭。一九九〇年夏，伊拉克入侵科威特，威脅沙烏地阿拉伯的安全，也威脅到全球石油的正常供應，鮑爾最初主張對伊拉克進行嚴厲的制裁（不到萬一，絕不用兵），但一旦他的文人長官布希總統和國防部長錢尼決定以軍事行動將伊拉克趕出科威特時，鮑爾依「鮑爾主義」設計出美國傾巢而出，在短期內致勝，並將傷亡減至最低的策略。事實證明，戰爭肇始就投入大批克敵兵力，是比逐步升高戰爭（如越戰）有謀算。

至此，鮑爾主義建立了主流地位。美國發生九一一恐怖攻擊事件之後，布希政府進行打擊國際恐怖主義的戰爭，鮑爾主義的運用是有所修正。貧窮、內戰頻仍的阿富汗，沒有足讓美軍對抗的龐大部隊，也不具夠規模的軍事目標，所以國防部長倫斯斐規劃這場戰爭將由特種部隊「而非優勢軍力」擔綱，但美軍仍在鄰近地區集結了大規模船艦戰機，進行密集的轟炸行動，使阿富汗塔利班政權在極短時間內潰敗，美軍傷亡極微，這仍是鮑爾主義的實踐。因此，即使是性質特殊的反恐戰爭，布希政府算總帳的對象不只是恐怖分子，還有窩藏他們的國家，仍得動用優勢美軍及決定性打擊才能奏效，也就是鮑爾主義的適用。

雖然鮑爾已不在五角大廈總攬兵符，但在打擊國際恐怖主義的外交戰場上，他仍一貫採行鮑爾主義，首先他明快的訂出目標，將反制行動的位階放在國際反恐怖戰爭，在戰略上擺脫地緣政治利益糾葛、宗教對立、文明衝突等負面因素的牽絆。因為訴求正確而有力，鮑爾的外交團隊在短時間內爭取到眾多重要國際組織回應布希總統所提組成打擊恐怖主義全球聯盟的呼籲，包括聯合國大會和安理會、北大西洋公約組織、歐洲聯盟、東南亞國協、非洲統一組織、阿拉伯聯盟、回教會議組織以及美洲國家組織等。其中聯合國安理會還一致通過一項歷史性的決議，要求聯合國一百八十九個會員國協力遏阻恐怖主義分子的流竄、資金流動、策劃和其他支持活動，並合力將恐怖分子繩之以法。這些組織所集結的支援力量，絕不下於一支百萬大軍，更讓美國在阿富汗的軍事行動無後顧之憂，而將外交上的鮑爾主義的效能發揮到極致。「出將入相」，此之謂哉！

總的來說，即使鮑爾主義的適用經常奏效，鮑氏本人還是認為非到必要，不宜輕啟戰端，而戰爭的目的也不在殺戮。他並不否認當年他力主以對伊拉克進行嚴格的經濟制裁來代替軍事行動，一旦戰爭開始，他全力以赴，目標達成即主張早日結束戰爭。有人批評他沒能直搗巴格達，收拾哈珊，他的回應是，一旦伊拉克四分五裂，伊朗乘機而起，威脅會更大。鮑爾還擔心，如果美軍沿著「死亡公路」濫殺從科威特逃回伊拉克的少年兵的鏡頭在美國電視上一再出現，會造成嚴重的政治反彈。曾有觀察家指出，鮑爾希望以光榮的手段藉波斯灣戰役洗刷越戰的烙痕，他不希望給人留下美國為殺人而殺人的印象；如果這讓人產生他太過小心（甚至膽怯）的印象，他也毫無怨言，因為這是他一貫的立場。而不曾在槍林彈雨中走過的人，能怪他不下令繼續殺戮嗎？就是到今天，鮑爾還是反對在阿富汗之後，以伊拉克作下一個反恐目標，他還是主張繼續加強對伊拉克的經濟制裁，並試圖在聯合國安理會通過決議案，採行新的「精敏制裁」。鮑爾認為：「伊拉克與阿富汗不同」。

其實，就像鮑爾在《我的美國之旅》自傳中所說的，一個平等、自由、民主、充滿機會和穩定和平的世界，是恐怖主義無法發揮的世界，也是獨裁主義無法長存的世界。鮑爾在針對阿富汗的軍事行動開始後撰文指出，在這個全球反恐怖行動中，美國歡迎任何國家或任何一方伸出援手、真誠合作，但美國也不會放鬆標準，並將繼續推動有關人權維護、負責任政府、自由市場、禁止武器擴散和消弭衝突追求和平的普世價值。這個普世價值，乃是鮑爾的主張，也是他的方向。他像一位工程師牢牢的掌握著。

華文衡學長邀請我寫這篇序文已有數月之久，我耽擱了他的時間，也延誤了國內讀者及早讀到《我的美國之旅》的全譯本，實感愧疚。不過，也許正因這一耽擱，可以讓我們看到鮑爾在九一一恐怖攻擊事件之後在國際舞台上的運籌幃幄，而為《我的美國之旅》的續集催生，果能如此，或許可稍補過失。

（作者為資深新聞工作者，現任中國時報報系總經理）

譯者序

我與鮑爾先生認識兩輩子

蕭美惠

為了鮑爾先生《我的美國之旅》的全譯本，我再一次翻譯這本出色的傳記。熟讀一個人的自傳，你會覺得彷彿認識作者一輩子。而我兩度翻譯本書，就好像與鮑爾先生認識兩輩子。

《我的美國之旅》於一九九五年付梓時，沙漠風暴止息未久，全球軍事迷都引頸企盼自書中獲得有關這場全球第一場現代化戰爭的內幕。他們都沒有失望。然而，本書絕對不止可以滿足軍事迷而已。這是一本有關對家庭、朋友及國家之愛的書，文中許多內容常令許多女性讀者為之動容，包括我自己。舉例來說，鮑爾先生與妻子愛瑪相互扶持三十九載，長子麥克在德國服役因車禍重傷，這位一代名將不知所措、幾近情緒崩潰，以及二十七年後與越戰時期的袍澤武廣華上尉重逢，都讓我感動不已。

一九九七年三月鮑爾先生應花旗銀行二十世紀演講訪台時，我與他會面，書中的熟稔感一一浮現。鮑爾先生態度親切，溫文儒雅。當智庫公司發行人華文衡向他介紹我就是中文版譯者時，他特地在扉頁題字，〝Thank you for your splendid work〞，並與我們一家三口合影留念，這些都已成為我們家的珍藏。

由於這是一本四星上將的傳記，全書充滿軍事專有名詞，譯者雖已盡力查證，但仍不免有疏漏之處，還望各界先進不吝賜教指正。同時，我也要感謝外子的大力支持，沒有他的幫忙，我無法完成本書。

從事翻譯工作十餘年，這本書是相當難得的經驗，不只是因為兩度翻譯六百多頁的原文，更因親身接觸，證實鮑爾先生確實人如其書。對我來說，翻譯《我的美國之旅》不只是一份差事，而是一段難忘的人生旅程。希望讀者也能自書中拾得希望與勇氣，完成自己的人生之旅。

我所認識的柯林・鮑爾國務卿

華文衡

二〇〇〇年十二月十八日，美國總統當選人布希州長在德州克勞福小鎮高中的學校禮堂宣布，提名柯林・鮑爾（Colin Powell）將軍為國務卿；成為新政府第一位最重要閣員，主管外交事務。布希州長稱鮑爾將軍是「美國英雄」。這位美國第六十五位國務卿，也是第一位非裔的國務卿。

布希州長宣布鮑爾將軍新職的發表地方，不是在德州州政府辦公室、首府大飯店會議廳，或是布希州長的 RANCH 農莊，而是選在德州克勞福這個只有六百三十一人的小鎮高中禮堂，我想這是順應鮑爾將軍的要求，他要啟發美國的下一代，讓他們有這樣的想法：「如果柯林・鮑爾辦得到，我也能！」

多年來，我一直非常仰慕鮑爾將軍，因為他以一個普通牙買加移民之子，既非出身軍人世家，也不是西點軍校畢業生，卻一路躍升到美國軍事最高職位，並在波斯灣戰爭成為舉世知名英雄。我一直希望能出版他的生平故事，介紹給全球中文讀者。一九九三年，將軍的祕書大衛·羅斯出版了《*Sacred Honor*》，智庫立即簽下了中文版權，並於一九九五年一月出版，中文書名《聖戰黑鷹》；銷售成績很好，國防部亦將此書列入國軍官兵指定讀物，此外還收到許多讀者來函，希望智庫能出版更多報導鮑爾將軍生平的書。

一九九四年《華爾街日報》報導，蘭燈書屋（Random House）簽約出版鮑爾將軍自傳，我立即接洽蘭燈書屋，表明智庫出版中文版的強烈意願。智庫是全世界第一個向蘭燈書屋預定將軍自傳外文版權的出版公司。蘭燈書屋版權部負責人表示，會保留給智庫，但將軍特別要求親自瞭解出版公司的出版書種和行銷他的回憶錄的計畫，然後才做最後決定，可見他做事的嚴謹及對這本書的重視。

一年後，我終於在一九九五年十月獲邀參加蘭燈書屋為鮑爾將軍在法蘭克福大旅館舉辦的盛大酒會。我代表智庫出席，當天晚上在蘭燈書屋總經理哈洛·艾凡斯（Harold Evans）介紹之下，見到鮑爾將軍。多年來從電視、報章雜誌上看熟了鮑爾將軍的面孔，忽然間我竟站在他面前和他握手，心裡非常興奮，由衷地說：「將軍，你是我心目中的英雄！」他聽了大笑道：「真的？我很高興知道，謝謝您。」然後，將軍談及他有許多台灣朋友：丁懋時大使、歷屆國防部長、參謀總長和國軍高級將領……。談話中，我建議他去台灣看看，他說，將來會去台灣探望老朋友的。我告訴將軍，智庫已經出版了《聖戰黑鷹》，相當暢銷，他聽了非常高興，並幽默地說：「幫幫忙，不要再促銷《聖戰黑鷹》，留著以後再全力推銷我的新書。」

這時，蘭燈書屋的特約攝影記者來了，我要求和將軍合照，他很爽快地說：「這是我的榮幸。」這張照片是非常難得的紀念，最近將軍加上親筆簽名，更是珍貴。

酒會之後，就是新書發表會；鮑爾將軍上台介紹他的《我的美國之旅》，他用感性的聲音介紹他的書（詳細內容請參閱本書〈緣起〉）。介紹完後，他答覆各國已提案出版回憶錄的出版公司負責人問題，他都一一誠懇回答，然後輪流到每一餐桌與各國出版公司負責人個別握手聚談約十分鐘，很巧他到我們這桌時，就坐在我旁邊。由於我已經瞭解很多關於鮑爾將軍的經歷和個人的感人故事，但他的親自介紹讓我對將軍有更深入的瞭解；所以當他坐下來，依序第一個和我緊握著手時，我對他說：「出版你感人的回憶錄，是智庫公司的榮譽也是我個人最大的快樂。」鮑爾將軍雙眼看著我，誠懇地說：「謝謝你的合作。」

第二天早上，我們依約前往蘭燈書屋攤位與將軍和哈洛·艾凡斯面談，由於在酒會和晚宴時已和將軍談過兩次，他對智庫也已經有所認識，對於我們的熱誠和詳盡的推廣計畫亦已瞭解，於是很爽直地說：「很榮幸能讓智庫出版我的書，我有信心，智庫一定能把它好好介紹給全世界的中文讀者。」於是中文版權敲定了。

經過十個月的殷殷期盼，英文版終於出書。我花了三天，一口氣看完。心情隨著《我的美國之旅》而起伏澎湃，感受良深；我立刻提筆寫了長達七頁的長信，向鮑爾將軍表達我的讀後感想，希望將軍能和智庫一起為這本書的普及努力。經過幾個月的接洽與等待，將軍的機要祕書比爾·史邁倫上校終於在一九九五年四月十九日通知我，將軍欣然全部接受我的要求。史邁倫上校告訴我：「你是全世界幾十個國家出版將軍的書，唯一提出這麼長的推廣計畫的人。將軍對你的長信非常感動，所以他才全部接受你的要求。」

我為推廣《我的美國之旅》一書所做的活動是：

(1)簽名贈書給政府領導人、政經首長、企業領導人。

(2)安排中國電視公司在華府訪問。

(3)安排《中國時報》獨家訪問。

(4)請將軍為《我的美國之旅》中文版寫序言——〈致台灣讀者〉。

(5)舉辦《我的美國之旅》讀後徵文比賽，得獎者四人由智庫公司邀請赴華府和將軍共進午餐，並赴華府三日遊。

⑹邀請將軍來台灣，在金石堂書店舉行簽名活動

這些活動都在將軍和史邁倫上校的全力配合下，全部完成。

⑴簽名贈書給政府領導人、政經首長、企業領導人。

我們將書在出版上市前，空運至華府將軍辦公室，附上詳細名單、英文姓名及職務，請將軍一一簽名；我再去將軍辦公室親自領取帶回台北公司，由專人分送至總統府、各院會部門及分寄至各企業。之後，我們也收到各首長很多謝函，連前副總統辦公室並將寄給鮑爾將軍的信件副本寄給我們，嘉獎我們為國民外交所做的努力。

⑵安排中國電視公司在華府訪問。

前中視總經理石永貴學長對此事非常重視，特別安排中視駐華府記者辦理此事；感謝史邁倫上校的合作，在新書出版前訪問完成，中視並在台北晚間新聞中播出。

⑷安排《中國時報》獨家訪問。

《中國時報》社長黃肇松學長，對我們安排中視獨家專訪鮑爾將軍一事，特邀我吃

晚飯商談，並指派《中國時報》駐華府特派記者冉亮小姐採訪。這次訪問非常成功，《中國時報》以頭條新聞大幅報導。我也將報紙複印寄給將軍。他的談話被《中國時報》如此重視，他感到非常欣慰。

⑷請將軍為《我的美國之旅》中文版寫序言——〈致台灣讀者〉。

由於出書在即，但將軍事忙，而且所有重要信件他都是親自寫；因為這是他要說的誠懇話，他人無法代筆，所以一延再延，最後只能以傳真送來。用的是一般傳真紙，我們只好照印。後來我請史邁倫上校用將軍四星上將信箋再打一張，請將軍簽名，用快遞寄給我們，能於再版時印好。將軍欣然答應。這份序言寫得很誠懇，代表將軍對台灣人民的看法和尊敬。

⑸舉辦《我的美國之旅》讀後徵文比賽，得獎者四人由智庫公司邀請赴華府和將軍共進午餐，並赴華府三日遊。

參加比賽有四組——軍人組、社會組、大專組和高中組各選一人；我們選四組是尊重將軍對軍人、年輕人的重視和感情。這次活動終於在一九九八年六月完成。我帶著徵文比賽得獎人，軍人組邱創田、社會組謝美芳、大專組張文瑜、高中組陳宗堯四人與鮑爾將軍共進午餐。餐會中由四位得獎人與鮑爾將軍閒話家常，張文瑜小姐特別由 Internet 下載許多有關鮑爾將軍的相關資料，鮑爾將軍也相當關心張小姐在美念書的狀況；鮑爾將軍對邱創田中校在軍旅生涯及國內軍中的一般情況相當有興趣；謝美芳小姐任職於美泰兒（Mattel）玩具公司，鮑爾將軍便詢問 Mattel 在台灣的營業狀況；鮑爾將軍也親切地和即將要考大學的陳宗堯同學，問起他將來的志願。席中氣氛十分融洽、愉快，鮑爾將軍特別要我回國後向行政院前院長蕭萬長先生致意。因為天氣很好，餐後鮑爾將軍與我們到附近的河畔照相留念；而後，鮑爾將軍和大家一一握手告別，並祝福大家平安順利、前途無量。

(6)邀請將軍來台灣，在金石堂書店舉行簽名活動。

我們選在金石堂書店舉行簽名活動，是有原因的。由於一九九五年金石堂書店周正剛董事長率領一行七人高級幹部代表團赴紐約訪問，安排由我接待，參觀各大書店及各型零售商；相處近一週，感情非常融洽。周先生在我回台北時，盛情邀約我晚餐，全部訪問團團員皆參加；談到新書時，我特別介紹鮑爾將軍的新書《我的美國之旅》在一九九六年出版。我介紹書的內容，以及鮑爾將軍答應我做全部的促銷活動，將來也會來台灣訪問，到書店簽名。周先生非常興奮，他舉杯向我致意。鮑爾將軍是美國政界一位重要人物，將來一定有機會再出任重要職務，如能藉《我的美國之旅》這本書出版，讓台灣和他建立友情，將來我們多一位在美國的重要朋友，因此他願全力配合。我感念周先生的熱誠，所以就安排鮑爾將軍在金石堂書店辦簽名活動。

一九九七年，鮑爾將軍應花旗銀行「當代意見領袖」系列之邀請來台演講時，將軍特別通知花旗銀行總行通知台北花旗銀行兩件事：

⑴邀請智庫公司負責人華文衡先生和他的朋友參加花旗銀行午宴。

⑵由智庫公司安排他在金石堂書店做簽名活動。

台北花旗銀行非常合作，照將軍的意見辦理。

在鮑爾將軍的午宴會上，花旗銀行邀請了政府首長貴賓李國鼎前資政、經建會前主委江丙坤先生、前外交部長程建人先生和各大企業負責人共四百人，鮑爾將軍做世界局勢策略性的演講，並回答聽眾問題。聽眾最關心的問題是他對台灣安全問題的看法，鮑爾將軍以在野的身分表達他的看法，他認為台灣在戰略上很重要，經濟建設也成就斐然，總統直選成功地推行了民主政治，美國應當支持台灣。但他同時也說他的意見不能代表美國政府的意見，但聽眾對他對台灣人民的善意報以熱烈的掌聲。當時會場情緒高昂，鮑爾將軍特別提出他最難忘的一件事，就是他的書《我的美國之旅》中文版的出版。當初他才剛和美國蘭燈書屋簽約，連一個字都還沒寫，就收到來自台灣智庫出版社提出購買海外翻譯版權的提案，這是世界上第一個對他提出購買海外版權的國家，因此他特別感念台灣人民對他的熱情。大家聽了都非常興奮，鮑爾將軍隨即叫我的名字，要我站起來和大家見面。我也感到很安慰和榮幸，我就請他介紹《我的美國之旅》，鮑爾將軍非常高興，因為他對他自己的這本書非常重視。聽了他生動的介紹，大家都留下深刻印象。

鮑爾將軍在大家的熱烈掌聲中回到他的主桌，大家開始用餐。當我開始用餐時，忽然有人從背後拍我肩膀，我回頭一看，是鮑爾將軍；他邀請我去見他的夫人艾瑪女士，因為艾瑪女士看過鮑爾將軍和我的往來信件，所以她想見見我。我就和鮑爾將軍走到將軍夫人座上，向她表示歡迎。程建人學長隨即站起來對鮑爾將軍說我和他是同學，大家非常親切，然後我就陪鮑爾將軍走回主桌。蕭萬長先生站起來迎接，我即正式介紹蕭先生給鮑爾將軍，我對將軍說：「Vincent（蕭先生的英文名）是我二十多年的朋友，你也是我的朋友，所以我請 Vincent 為《我的美國之旅》作序。希望你們好好談談。」鮑爾將軍知道蕭先生已被內定擔任行政院長重要職務，也很高興能和蕭先生談話。餐會後，蕭先生特別在樓下等我，向我致謝。他對智庫公司出版鮑爾將軍回憶錄，認為非常有意義，給予高度肯定；並且今天在這個場合能見到鮑爾將軍，他也感到高興，因為他對鮑爾將軍個人努力的成就非常尊敬，希望以後可以保持聯繫。

鮑爾將軍由於日程忙碌，這次在台灣訪問拜會連戰前副總統及國防部長，除應花旗銀行「當代意見領袖」系列專題演講並參加午宴外，下午就去金石堂書店忠孝店參加《我的美國之旅》簽名會。金石堂書局非常重視此項活動，不巧周正剛董事長赴歐考察，不能親自參加，改由周總經理主持。由於鮑爾將軍名氣響亮，仰慕他的讀者包括學生、軍人、一般民眾及外籍人士都大排長龍。簽名會的時間是下午四點到五點，但三點鐘不到，讀者已從書店三樓排到一樓，耐心等候想一睹鮑爾將軍的風采。事前金石堂書店陳斌副總經理和金石堂書店忠孝店各主要負責人全員出動，並和智庫主要同仁參與場地布置。整個簽名會場書籍陳列得非常壯觀，並特別做了一個講台及簽名桌。由於我知道將軍身為軍人，不喜歡配戴胸花，所以我特別要求陳斌副總經理不能為他配戴胸花，否則他會不習慣。但我們為了表示對他的尊敬，特別安排正式辦公桌椅，金石堂書店並特別訂製將軍的中英文名牌放在桌上。

整個簽名活動超過一個半小時，讀者非常熱情，有幾件事值得一提：

⑴一位年輕女學生帶著一束鮮花，輪到她請鮑爾將軍簽名時，她拿出這束鮮花，一副天

真的表情，用很簡單的英語說："General, this is for you."將軍看到她天真無邪的面孔，甜美的微笑和熱情，非常感動。

(2)一位中年女讀者帶了六本書來請將軍簽名，她說她住在美國，常來台灣。她已看過《我的美國之旅》，買了很多本送朋友，今天再買六本送人。將軍聽了很高興，特別向她致謝。

(3)有位在美國特種部隊受過訓的陸軍少校，輪到為他簽名時，他請將軍拿出皮夾來，問他有沒有帶著他的特種部隊隊員證，將軍打開皮夾，結果沒有帶，於是這位少校說：「你違反隊規了，你欠我一杯啤酒。」將軍承認，並向他握手。將軍回美國，後來見到我國駐美代表處劉志攻先生，現為外交部北美司司長。劉司長很感性的說，將軍特別向他提到這件事，他欠這位少校一杯啤酒，可見將軍的誠懇。

(4)加拿大駐台商務代表和他的美籍夫人在花旗銀行午宴上和我同桌，他的夫人對將軍非常景仰，希望能拿到將軍為她親筆簽名的書。我便邀請他們參加金石堂書店的簽名活動，他們問我是否可以帶他們的小孩去，我告訴他們將軍最喜歡小孩，為表示對他們的尊重，我請他們在簽名活動結束前再到會場。他們準時帶著兩位男孩來，其中一位非常害羞，當他們見到將軍時，他一直低著頭，弄得他母親非常尷尬，然後他父親提出和將軍合照的要求，將軍欣然答應。但這位男孩一直低著頭不願意合作，於是將軍自告奮勇和這位男孩談了幾分鐘，解除他緊張的情緒，終於他把頭抬了一半，完成合照。由此可見，將軍對人的愛心。

原來預定一小時的簽名活動，由於讀者踴躍參加，隊伍從二樓排到街上，將軍盛情難卻，決定替所有讀者簽完。最後又和金石堂書店同仁及智庫同仁分別合照，最後在大家熱情的鼓掌中離開。我和金石堂書店周總經理和陳副總經理，親自送將軍下樓，最後將軍又看了一次金石堂書店櫥窗陳列的照片，邀請我和他合照。最後我恭送他上汽車，他上了汽車，車未離去前又要車子停下，走出來，雙手和我握手，眼睛很誠懇看著我說："Henry, remember, you are my friend."我緊握他的雙手說："Yes, I will."

我想將軍所說的不單是對我個人及智庫公司為推廣《我的美國之旅》所做的努力、對他的尊敬，我想將軍所說的應當是他對台灣二千三百萬人民的友情；將軍對台灣人民懂得欣賞開拓者精神、經濟成長與民主自我期許極為肯定。

從出版《我的美國之旅》中文版，我有幸認識鮑爾將軍；從與他多次的接觸中，深深瞭解他忠於國家、熱愛美國人民、愛家庭，他和他夫人的愛情是一個美麗的詩篇，他也熱愛他的子女、對朋友忠誠、對人誠懇、對下一代有無比的愛心，在退休後花了一年的時間完成《我的美國之旅》這本書。這本書在全球幾十個國家銷售五百萬本以上，非常受到世界各國人民的重視和熱愛。因為他的故事代表美國移民奮鬥成功的故事，同時他的故事也是最好的勵志故事；他有個願望，最好這本書可激起這樣的結論：「如果柯林・鮑爾辦得到，我也能。」

我想舉兩件事，讓讀者能更進一步瞭解鮑爾將軍。

第一件事：

在他完成《我的美國之旅》出版和推廣以後，許多大公司爭相禮聘，他很容易有機會賺得百萬年薪和股票選擇權，但他卻接受柯林頓總統的邀請，擔任非營利組織 America's Promise 基金會的董事長。America's Promise 在美國各地都有分處，主要在協助美國二百萬問題兒童及破碎家庭的兒童。由於鮑爾將軍聲望的影響力，America's Promise 得到美國五百大企業、各州政府、城市、地方密切合作，提供這些兒童訓練機會，彌補學校及家庭教育的不足，成效非常好，這些兒童本來是走向犯罪之路，造成社會問題，但 America's Promise 提供他們一個成長再造的機會，這是鮑爾將軍全力投入的結果。鮑爾將軍身受全美企業及各界尊重，因此他經常受邀發表演講，每次演講一至二小時，酬勞高達七萬五千美元，但每次鮑爾將軍都要求邀請公司一定要替他安排到當地中小學做義務演講，因為他想把他的奮鬥成功的經驗分享給下一代年輕人，他的愛心被這些邀請公司接受。我曾經把這個program提供給國內相關單位，很遺憾未獲採納，希望有一天政府能參照這個計畫，給台灣孩子也帶來一些新希望。

第二件事：

鮑爾將軍是一個非常重情義的人。將軍在《我的美國之旅》書中提到一件感人的事，將軍在一九六二年第一次奉派前往越南陸軍第一師的第三步兵團第二營當顧問，他和指揮官武廣華上尉相處融洽，度過一段戰地生涯，建立起患難與共的深厚友情。多年後，武廣華上尉晉升上校，在越南淪陷後被監禁多年，出獄後他和他太太辦理移民美國，但希望全家一起同行。後來他聽說他多年的朋友鮑爾顧問，業已晉升為美國參謀首長聯席會議主席，他寫信給鮑爾將軍，希望他能幫忙。鮑爾將軍用盡了所有的政治關係，協助他全家移民美國。最後他們相約在明尼亞玻里市見面，他們相見時互相擁抱，武廣華上校感激得流淚，鮑爾將軍也留下興奮之淚。當鮑爾將軍獲知自己被正式任命為國務卿時，他第一件事就是寄給武上校一張卡片，希望與他一起共享這分榮耀，可見鮑爾將軍對朋友是如何的重感情。

關於種族歧視問題，將軍於一九五八年在喬治亞州班寧堡接受訓練，然後在南方服役時遭受很多種族歧視。黑人和白人不能一起上教堂、不能和白人在飯店同桌用餐，也不能和白人使用相同的廁所。由於將軍在南布朗區長大，即是一個種族融合的地區，從未受到不同的待遇，因此當他到南方面臨種族歧視時，對他而言是個新鮮的話題，可是他覺得他能在心理上自我調適，不論這種情緒多麼激烈，他都不希望這種自我毀滅式的憤怒破壞他的人生目標；他不希望讓別人左右他的情緒，他認為種族歧視不是黑人的問題，是所有美國人的問題。除非這個國家想辦法予以解決，否則沒有任何人必須當替罪羔羊。當然他有時也會受到傷害，也覺得憤怒，但多半時候將之視為挑戰，他將讓大家刮目相看。將軍一生奮發圖強，從未為種族歧視問題而影響他奮發圖強強烈的上進心，他能出人頭地實在由於他有正確的人生觀。他的回憶錄裡，有很多點滴故事值得我們向他學習。

鮑爾將軍非常喜歡這個名言：「你所能做的事毫無止境，如果你不在乎榮耀歸誰。」

鮑爾將軍在一九九五年聲望極高。美國大選在一九九六年舉行，柯林頓總統後來透露，他最怕的競爭對手就是鮑爾將軍，當時一般預測鮑爾將軍可以代表共和黨擊敗柯林頓總統，但他選擇 America's Promise 基金會，因為他不喜歡在大選中為求選舉得勝，個人即使不做人身攻擊，也有可能被政敵抹黑，他認為這是對個人尊嚴的損害。他一生清廉，寧願做有意義的事，例如全力投入 America's Promise 基金會。

這次他應布希總統邀請，出任美國政府最重要閣員——美國國務卿，主管外交事務。這也是他熱愛美國、發展個人抱負的表現，因為他一生的經歷都是為擔當美國國務卿所做的準備。他雖是軍人，主張美國必須保持強大的軍力，但他的政策是絕不輕言出兵，他要用外交方式解決國際問題。具體的例子就是他在一九九四年奉美國總統比爾·柯林頓之命，隨同前任總統吉米·卡特前往海地處理軍事危機，他和軍事執政團領袖勞爾·賽德拉斯將軍懇談並曉以大義，告訴他軍人必須效忠國家、保護人民，以人民福祉為前提，而不應一意孤行。由於他的誠懇，賽德拉斯將軍同意離開海地，一場流血戰爭得以消弭於無形，這是鮑爾將軍最感到安慰的事。

從他的回憶錄中我們可以看到，他是忠於自己、忠於國家，對人類充滿愛心的人。總括地說，《我的美國之旅》是一本愛的故事：愛家庭、愛朋友、愛袍澤、愛國家。他個人的成就是一個勵志的故事，而他也堅信：「柯林·鮑爾做得到，任何人也辦得到！」我深深為美國慶幸，布希總統有智慧邀請鮑爾將軍擔任美國國務卿。二〇〇一年九月十一日，美國本土遭受自第二次世界大戰以來最嚴重的恐怖攻擊，當白宮高層悲憤填膺，齊聲擴大打擊面之際，唯獨鮑爾國務卿力主應縮小戰事，勿與回教國家對立，應該謹慎行事，聯合更多的國家一起對抗恐怖分子。鮑爾國務卿再次展現他的國際主義，主張美國應該廣結善緣，不能霸道的溫和路線。

我深信，由於他對台灣人民的開拓者精神、經濟成長與民主成就的贊同，這些都與美國的發展相似，相信他會用他的智慧，明智地處理兩岸的中國問題，讓中國政府領袖也感到受尊重，同時也會讓他們瞭解美國的政策，對台灣人民民主自由的維護。我堅信，鮑爾將軍一定會考慮到台灣的利益。

智庫公司為表示對鮑爾國務卿的崇高敬意，特別出版《我的美國之旅》的中文全譯本，並增加由鮑爾國務卿所主持的 America's Promise 基金會的介紹，以及鮑爾國務卿夫婦於一九九七年三月十七日，應花旗銀行「當代意見領袖系列」之邀，來台灣進行訪問並舉行午餐演講會，同時接受由智庫公司安排當日午餐演講會後，至金石堂書店舉行《我的美國之旅》中文版簽名會的全部獨家活動照片收入新版。

智庫公司出版《我的美國之旅》新版，特別以精裝本分上下兩冊，並隨書附贈精緻的書盒，以便讀者典藏。

在鮑爾國務卿未正式就任國務卿之前，智庫公司即將《我的美國之旅》中文新版企劃書送給鮑爾國務卿過目，並請他寄給智庫公司一張著西裝的照片，以作新版的封面照片，以及提供 America's Promise 基金會的各種活動照片、宗旨介紹。鮑爾國務卿在百忙中，很快的交代他的辦公室主任史穆倫（Bill Smullen）上校全部照辦。

據我們瞭解，全球超過四十餘國出版發行《我的美國之旅》，但僅有中華民國的新版有加入以上這些資料。

智庫公司特別感謝下列幾位：

陳水扁總統

感謝陳水扁總統在百忙中親自作序，特別作序推薦《我的美國之旅》鮑爾國務卿自傳，是一本「愛與勵志的故事」。陳水扁總統衷心的企盼，希望每個年輕人以及身為父母者，都應該閱讀《我的美國之旅》，謹記鮑爾國務卿的勉勵：「如果柯林•鮑爾辦得到，我也能！」

前行政院長蕭萬長先生

要特別感謝蕭先生，兩次為《我的美國之旅》作序。第一次為簡易版出版，第二次為智庫公司出版全譯版，蕭先生從新寫序。

蕭先生當任行政院長時，我有幸介紹蕭先生與鮑爾將軍認識；之後，他們之間互有聯繫，建立良好的友誼。由於我與蕭先生是同年的朋友，鮑爾將軍與我見面時，每次都會問及蕭先生，要我向蕭先生表達，他對蕭先生為台灣經濟發展所做的貢獻，以及蕭先生當任行政院長時的領導能力，深表敬意。

前駐美代表陳錫蕃大使

感謝前駐美代表陳錫蕃大使作序，並為《我的美國之旅》新版中文翻譯校對。

陳大使於二〇〇一年新年假期裡，全力為《我的美國之旅》新版審稿，完成後感性的告訴我，他很愉快做這件事，因為他對鮑爾國務卿非常的尊敬，他希望將《我的美國之旅》介紹給國人。

中國時報報系黃肇松總經理

黃肇松先生與我為政大同學，我們為推廣《我的美國之旅》簡易版，智庫公司與《中國時報》合作，安排《中國時報》駐華府代表冉亮女士專訪鮑爾將軍。《中國時報》以頭版新聞全篇報導，我將《中國時報》頭版全文親自送給鮑爾將軍，將軍非常高興。

這次智庫公司發行《我的美國之旅》新版，邀請肇松學長寫序。肇松學長特別忙碌，而智庫公司編輯部同事又急於出書，我感於肇松學長的公事繁忙，不忍頻於催稿，但卻受編輯同事的催稿。肇松學長的祕書周小姐，不斷向我道歉：「社長在寫！」我也忙於向周小姐說：「不急！不急！我還會再等黃社長的好文章。」十二月二十六日，我要特別感謝周小姐的合作，終於等到肇松學長的序文，他並邀我晚餐。肇松學長交給我十八張親筆寫的稿紙，並向我解釋延遲的原因。雖然序文延遲，但肇松學長從美國於二〇〇一年發生九一一事件，鮑爾國務卿能施展才華，解決美國在國際上的危機，爭取美國在國際上的支持合作，著手寫序。肇松學長在整篇序文裡，有很精闢的分析，有助讀者對鮑爾國務卿更深入的認識。我要特別感謝肇松學長。

中文版譯者蕭美惠女士

蕭女士是《我的美國之旅》簡易版譯者。蕭女士譯筆流暢，第一版出版後廣受讀者好評。一九九七年，鮑爾將軍來台灣於台北金石堂書店舉辦《我的美國之旅》新書發表簽名會，智庫公司特別安排蕭女士與其先生、女兒與鮑爾將軍合照。鮑爾將軍亦當場對於蕭女士能將《我的美國之旅》翻譯成這麼優美的中文，表達謝意。

這次智庫公司要出版《我的美國之旅》全譯版時，蕭女士公私皆忙碌，但經我們向其解釋全譯本的重要時，蕭女士義不容辭地答應放下手邊的工作，翻譯全譯本。這種對《我的美國之旅》與鮑爾將軍的尊敬，以及與智庫公司的合作精神，我們非常感謝。

智庫文化主編張啓淵

啟淵花了近二〇〇一年整整一年，負責《我的美國之旅》全譯本的校對、編輯，耐心的接受我的建議及多次的修改，如照片的選擇、〈新版後記〉的修訂，而終於能完成《我的美國之旅》中文全譯本新版。對於啟淵的負責，及他對《我的美國之旅》與鮑爾國務卿的瞭解，進而尊敬，令我感動。

在《我的美國之旅》全譯本新版即將付梓之前，我要對啟淵說：你的辛勞是值得的，由陳水扁總統、前行政院長蕭萬長先生、前駐美代表陳錫蕃大使、中國時報報系總經理黃肇松諸位先生的序文，他們所表達的是台灣人民對鮑爾國務卿的尊敬。我會親自將《我的美國之旅》精裝本送至華盛頓，親自交予鮑爾國務卿。我們亦會將全部序文翻譯成英文，讓鮑爾國務卿瞭解，這是中華民國人民對他的尊敬與友誼；而你能完成這本書是對全國人民的貢獻，也是對自己生命最好的經驗。啟淵聽了很欣慰。

智庫公司有幸出版《我的美國之旅》鮑爾國務卿自傳。我是政治大學外交系第十九期畢業生，從未有機會參與外交工作，但在偶然的機緣下出版《我的美國之旅》鮑爾國務卿自傳中文版。智庫公司上下同仁為了出版本書，戮力以赴，希望讓鮑爾國務卿瞭解，台灣人民對他的尊敬與友情。而在新版企劃過程中，受到鮑爾國務卿的全力支援，亦可瞭解鮑爾國務卿對這分友誼的珍視。智庫公司同仁和我都覺得，出版鮑爾將軍的自傳是最大的榮譽，能替國家做國民外交，深感光榮。

二〇〇二年一月一日　於智庫公司

（本文作者為智庫公司董事長）

緣起

我已經擁有精采絕倫的一生，以下就是到目前為止的故事。

我一直沒打算寫自傳，甚至也不曾想協助其他作家撰寫我個人的傳記。然而，在我擔任參謀首長聯席會議主席的最後幾個月，我開始改變心意。商業性的設想固然不能忽視，朋友也鼓勵我著手，但我依舊躊躇不前，直到一位特別親密的朋友說：「別疑懼，柯林，這本自傳是你欠孫子的東西，而你的確有故事可說，說吧！」

於是我就著手了。

這是一本個人回憶錄，而不是對我有幸參與的大事所寫出的定案歷史。自傳作為史學的目的，太流於自圓其說，固然希望這本書有助於當代歷史學者，但我寫此書的主旨在於與同胞分享我的故事。

我的故事，就是一個少年時前途沒人看好、出身牙買加移民家庭、在南布朗區長大的黑人小孩，長大後成為國家安全顧問，接著當上參謀首長聯席會議主席的故事。這是一個奮發努力和時運相濟的故事，偶爾坐愁城，但多半春風得意。這也是一個為國服務與軍旅生涯的故事，一個眾人助我成就今日的故事，是我倚仗前人犧牲所造就機會而受益，也許因此又使後人受益的故事，這更是個忠誠的故事——忠於自己、忠於國家。總括一切地說，這是一個愛的故事：愛家庭、愛朋友、愛袍澤、愛國家。這是祇可能發生在美國的故事。

1 | 第一部

早年時期

當飛機越過母親的出生地西莫高地時，
閃入腦際的疑惑是：到底是什麼樣的夢想和衝動，
促使兩個年輕的牙買加人，
離開熟悉的家鄉和所愛的親人，
遠赴毫無所知的陌生國度？
他們可曾想過，
他們的勇氣和對未來所懷抱的人生態度，
對他們下一代的性格塑造將產生多大的影響。

第一章　生平無大志

一九三七年四月五日，我出生於哈林的晨曦大道，姊姊梅芮琳大我五歲半。我對哈林的歲月已經不復記憶，有人說早年的記憶總是充滿憂傷的，我也不例外。

我向來深信自己的直覺，這次卻不按直覺行事，以致於險些釀成毀滅性的災難。

那一天，十足典型的牙買加二月天，烈日當空，空氣中瀰漫著午後雷陣雨即將到來的氣息。我和內人艾瑪登上軍用直升機的時候，還是個適合飛行的好天氣。我們應牙買加總理麥可·曼里的邀請，準備拜訪父親的故居小島。自波斯灣戰爭迄今，已有一年多的時光，其間，曼里一直不斷的盛情邀約，記得上回來電時，他還說：「回家吧！即使只停留幾天，我們都很期盼，官方外賓招待所的大門隨時為你敞開。」這一次，我欣然接受邀約。

雖然沙漠風暴行動已經落幕，過去一年來我仍感受到身為參謀首長聯席會議主席的沈重壓力。冷戰遠颺之後，我們試圖重新思考及重新部署美國的國防。世界已急速改變，我們現在正組織一支救難機隊運輸糧食給俄羅斯人民。我們在古巴關塔納摩基地有著棘手的狀況，海地移民大量增加，變得好像集中營似的。戰敗但毫不悔改的海珊，企圖阻撓聯合國檢查人員查緝他發展核子及生化武器的事情。我很高興能有機會離開寒冷灰暗的華府，擁抱數日的島嶼陽光，而且在半路上，我可以順道視察關塔納摩基地的情形。

一九九二年二月十三日下午，我們飛抵牙買加，隨即受到西印度群島特有的旋風式熱情款待。隔天清晨，我和艾瑪一早即動身前往沃德劇院，接受京士敦市長梅利・阿特金斯頒贈的「市鑰」。我在致詞中提到：「市長夫人，我雖然出生於美國，但是，牙買加是我的第二故鄉……」此時，我腦海中立刻浮現幼年時期的情景：凝聽像《來吧！英勇小子》之類的小調歌曲、傾聽詩人路易斯・白奈德的牙買加式英語、大口大口的享受芭蕉烤羊排和碗豆飯……。演講結束後，當地的參事愛拉・柯爾說：「只有真正的牙買加人才會說『碗豆飯』，在加勒比海的其他地區都是說『飯加碗豆』。所以，可以肯定鮑爾將軍是個不折不扣、道道地地的牙買加人。」

接著，我們參觀了位在上園營區的國防總部，指揮官彼德．布萊德和我共同檢閱儀隊，整齊畫一的步伐、精神抖擻的軍禮、震撼人心的答數，無不顯示這是支訓練有素的精兵。

驚喜之旅

午餐過後，我們登上了牙買加軍方的直升機，準備橫越海灣直飛曼里國際機場，再改搭美國軍用黑鷹直升機，前往駐紮在牙買加的美軍基地。原先的計畫是全程搭乘黑鷹軍機，後來因為牙買加國防總部堅持請我們搭乘牙買加的軍機離開，主人的盛情讓我不忍心堅拒，才改變了原定計畫。當飛機升空到大約一千五百呎高的時候，京士敦市已經逐漸消失在身後，艾瑪微笑地注視著我。是的，這真是令人愉悅的一天！正當我遠眺靛藍寧靜的加勒比海時，機體突然響起一陣尖銳的破裂聲，艾瑪困惑地看著我，我立刻意識到出狀況了。

直升機的變速器卡住了，導致飛機左右搖晃，並且急速衝向大海。我曾在越南親身經歷過墜機，所以我知道當直升機墜入水中之際，螺旋槳會不斷拍打水面，濺起的水花會猶如砲彈碎片般銳利無比，當機門一打開，整架飛機隨即會像石頭般沉入大海。這時，瞬間浮現於腦海的，是我們那三個即將面臨父母雙亡的孩子。

我對著艾瑪大叫：「彎腰抱住雙腿！」

她問說：「為什麼？」

「別問了！照我的話做！」我大喊。

飛機仍然持續下降，兩個駕駛緊抓操縱桿，慌忙緊急應變，當他們關閉引擎時，飛機仍然急速下墜，耳邊只聽到螺旋槳葉片的隆隆聲。眼看著不消幾秒鐘，機體就要沉入大海了，在這緊要關頭，駕駛員突然決定冒險降落地面，這時候機身僅離水面二十呎不到。飛機成功的迫降，我趕緊解開安全帶抓住艾瑪，快速的將她拉離座位往外狂奔，怕飛機隨時會爆炸起火燃燒。

當我們抵達安全地點時，艾瑪問道：「發生什麼事?」

我告訴她我們墜機了。我走向牙買加駕駛員，感謝他們了不起的緊急迫降。

後來，曼里總理致電給我：「親愛的柯林，你知道你所聽見的樹木沙沙聲，是從何處來的嗎?那是我鬆了一大口氣，所發出的歎息聲。」如詩般的散文，正是先人們的語言。但是，先人出生的地方差點成了我的長眠之地。

我們登上黑鷹軍機繼續未完的行程，拜會在當地協助牙買加鋪路工作的俄亥俄州國民兵部隊，以及設在斷崖峭壁上的美國空軍毒品雷達偵測站。

走完這些定點，官方的拜會正式告一段落，緊接著，便展開一連串的感性之旅。我們搭乘牙買加保安隊提供的吉普車，向北邊內陸前進，吉普車隊在紅土上輾出一條砂路，宛如一道深深的大地傷痕。一間間樸實的小屋取代一幢幢的華宅，一條條寬廣的大路逐漸變成了羊腸小徑。最後，我們還得下車步行。約莫十五分鐘後，不知道從哪兒突然冒出了歡迎的人群，其中有地方的首長、警長和其他官員。隨著他們悠閒的步伐，走過逐漸高起的田野，越過山頂、穿過布滿車胎痕跡的小路後，終於抵達一座小村莊。這時候，突然傳來陣陣的樂聲，一群身穿黑色隊服的年輕樂團演奏著美國國歌。

「這些孩子來自令尊生前就讀的學校。」當地導遊告訴我。樂師們此時開始演奏加利騷舞曲（calypso tunes），聽起來與美國國歌同樣令人感到熟悉。群眾紛紛鼓掌包圍艾瑪和我，拉起我們的手，微笑著歡迎我們。遠方有一小群人走向我們，群眾分開來讓他們通過。我感動得說不出話來。他們是我的家族成員。不需要別人告訴我。有些人我以前已見過，其他人則是看臉就知道，我們彼此之間有著相似的神情。來到父親故居的頂山村之後，他們一一熱情的擁抱我，從他們的自我介紹，我知道有艾維姑媽、蒙特堂哥、伊塞舅舅、唐納表哥等許多家族成員。

他們安排我們坐在上座，當老師的班・瓊安表嫂發表一篇精采華麗的感言歡迎我們。隨後，我們通過幾幢舒適寬敞的房子，來到一間小木屋，從材質上可以看得出來，這是一間道地的熱帶房子，粗糙灰泥砌成的牆壁、刀劈薄木板作成的屋簷、生鏽板狀金屬覆蓋的屋頂……，兩旁各有六個咖啡色的百葉窗，一點都不帶任何新英格蘭房屋的風格。

小木屋已經很久沒住人了，裡頭隔成四個小房間，沒有水、沒有電、沒有廚房設備，更別提抽水馬桶了。整個房子比一般美國家庭的客廳還小。親戚們趕走雞群之後，又費心擦洗打掃一番；事實上，他們也只能做到這樣了。此時此刻，我站在父親一八九八年出生的小屋時，一股思念亡父的感觸油然而生。

走出房門，來到了剛除草整理過的家族墓園，我們再度被湧現的人群團團圍住，在眾人的期待下，我說了一些感激的話，並對他們熱情歡迎，表達最誠摯的謝意。其實心裡希望能獨自留下來，循著父親踏過的足跡穿越田野、漫步林間，想像父親住在這裡的情景，緬懷父親生前在這片貧瘠土地上生活的點點滴滴。但是人群還是不斷圍著我們，在祖父母的墳前禱告過後，我們和親戚們交換了禮物，艾瑪收到很多美麗而精緻的手繡藝品。

最後，我們結束了返鄉行程，回到黑鷹軍機上。當飛機越過母親的出生地西莫高地時，閃入腦際的疑惑是：到底是什麼樣的夢想和衝動，促使兩個年輕的牙買加人，離開熟悉的家鄉和所愛的親人，遠赴毫無所知的陌生國度？他們可曾想過，他們的勇氣和對未來所懷抱的人生態度，對他們下一代的性格塑造將產生多大的影響。

「香蕉凱利」的孩子

一九三七年四月五日，我出生於哈林的晨曦大道，姊姊梅芮琳大我五歲半。我對哈林的歲月已經不復記憶，有人說早年的記憶總是充滿憂傷的，我也不例外。我四歲時，全家搬到南布朗區（South Bronx），父母外出工作，由外婆葛瑞照顧我。我在地板上玩耍，把一根髮夾插進插座裏。我記得眩目欲盲的閃光，電擊差點讓我從地板上彈起來。我還記得外婆一面抱著我一面罵我的情景。等我爸媽下班回家後，大家展開熱烈的討論，然後又是一番斥責與大驚小怪。我對那一天最深刻的記憶不是電擊與疼痛，而是被重視的感覺，成為注意焦點，明白他們多麼關心我。

少年時代，在我心目中占最重要地位的，是一位身高不滿一百六十公分的男人。我常斜倚窗邊，眼光搜尋著他的身影，看著他從因特威大道的地下鐵出口走上大馬路。他經常穿著大衣，打著領帶，頭上還戴著一頂小鴨舌帽，腋下夾著一份報紙，外套釦子敞開，下擺隨風飄動著，輕快地踩著外八字步伐，邊吹著口哨。只要是經過身旁的人，不論是藥房老闆、麵包店師父或是大樓管理員，他都會停下來和他們寒暄。街口的孩子們都認為他是個十分詼諧有趣的人，但我卻不這麼想，因為這個歡樂得意、自信滿滿的小人物是我的父親——路德·鮑爾（Luther Powell）。

他在二十出頭時由牙買加移民過來，就在我出生之前十七年。當時他在一家商店裏從事賤役，後來離開家人隻身移民。他從來不曾談過在牙買加的生活，我很遺憾我從不曾問過他那些早年的歲月。我只知道父親出生於「頂山村」的窮苦人家，在九個兄弟姊妹中排行第二。無疑的，驅使他移民美國的主要原因是：他想要有所作為，並且給下一代較好的生活環境。當時他搭乘的是停泊在費城港外，由聯合水果公司所屬的運蕉船。

父親最初在康乃狄克州某一莊園擔任園丁，後來轉到曼哈頓當大樓管理員，最後終於找到足以穩定家計的工作。那是位在曼哈頓的成衣製造街，專門製作女性套裝及外套的吉斯堡成衣廠，這家地址在第七街五〇〇號的成衣廠，後來擴廠改名為根尼斯公司。父親最初在倉管部門工作，後來調到發貨室當職員，最後升為發貨室領班。

母親在九個兄弟姊妹中排行老大，但她的牙買加家族背景比父親的好。她受過高中教育，父親則無，所以當母親抱怨父親時會說：「他連高中都沒念過。」移民美國之前，母親在一家律師事務所擔任速記員。嬌小白皙的外婆具有多種血統，她的祖先有非洲人、英國人、猶太人、愛爾蘭人、蘇格蘭人，甚至南美洲阿拉瓦印地安人的血統。她說的英語有時帶有非洲人的聲調，有時也有英國人的腔調，聽起來有如音樂般美妙。

外婆與具有蘇格蘭血統的蔗糖園工頭麥考伊仳離時，她的九個小孩只有幾個已成年，大多數仍靠她養活。為了養家，外婆離開牙買加去找工作，首先到了巴拿馬，接著到古巴，最後到了美國。她找長女，就是我母親，來幫忙。她去做女傭以及成衣區計件工人，把能夠存下來的每分錢都寄回給仍留在牙買加的兒女。她最後把幼女，我的阿姨蘿莉絲接過來，母女兩人已有十二年未曾見面。對我們這些未曾經歷赤貧的人來說，這種犧牲與家人離散簡直難以想像。

外婆為母親取名為茉得・艾莉爾（Maud Ariel），但終其一生大家都叫她「艾莉」（Arie）。母親個子不高，約有一五五公分，豐腴的體態、漂亮的臉蛋、淺褐色的眼眸、深褐色的頭髮，臉上經常帶著迷人的微笑。記憶中的母親總是不停忙碌著，她在市區的成衣廠工作，又要裁布又要縫釦子。一回到家穿上圍裙後，就在房裡忙個不停，一會兒煮飯，一會兒又是洗衣、燙衣、縫衣服。

母親是個忠貞的工會支持者，加入國際婦女成衣工人工會。擔任發貨室領班的父親，則自認屬於管理階級。剛開始，他們都是支持新政的民主黨員。我們有張羅斯福總統在戰時拍攝的著名照片，背景是首都及國旗，在我記憶所及一直掛在我們屋子的大廳裏。母親一直是個死忠的民主黨員，可是父親到了一九五二年，便支持艾森豪總統。

父親是個徹底的樂天派，而母親總是杞人憂天。不管我們有多少財富，這種情形從沒改變過。父親過世後，我放假回家探望母親，她總會說：「柯林，把存摺拿去銀行，他們才會把利息記上去。」

我向她解釋：「媽，妳不必這樣做。銀行會把利息記在寄給妳的對帳單上。利息跑不掉的。「

「你怎麼知道他們不會唬我？」她一面說著，一面裝出老式牙買加人的偷竊神情。她會走到臥房，自床底下摸出一只蓋著蕾絲花邊的老舊粉紅糖果盒，把銀行存摺遞給我。

我就乖乖地走到銀行排隊，然後說：「請把利息登錄到帳戶裏好嗎？」

「好的，鮑爾上校。不過，我們也會把它記在對帳單上。你就可以省下這趟路。」

「沒辦法，」我回答。「我母親必須看到你們在邊欄上用紅色數字印出她的利息。」我差點要加上一句，這樣才能證明你們沒有唬她。

根據九十歲的柏莉姑媽追憶，我的父母是在哈林區外婆的公寓認識。外婆除了照顧小孩，還將房子分租給牙買加的鄉親，以賺取額外的家用。我的父親婚前就在那兒租房子，而且搭伙。

我六歲以前在哈林區及其他地區住過，一九四三年起全家搬到「南布朗區」，所以我大半的成長歲月是在該區的漢點社區（Hunts Point）凱利街九五二號度過。保羅・紐曼和愛德・爾斯勒於一九八一年主演的電影《布朗區的阿帕契要塞》（*Fort Apache, The Bronx*）就是以「南布朗區」為背景。在電影裏，這個住宅區被描繪成都市貧民窟，一排又一排破爛的房屋，街道充斥垃圾，停車場長滿雜草，住著歹徒、毒癮犯、皮條客、妓女、瘋子、殺警的犯人以及三代都依賴社會福利過活的家庭。美國大都市的惡夢都在這裏發生了。我長大的漢點社區可不是這個樣子，雖然它也不是種著榆樹及圍籬的高級社區。我們總是緊鎖門窗。我記得大門後插著一根鋼棒，牢牢栓住，以防有人破門而入。闖空門是家常便飯，吸毒日益氾濫，街頭鬥毆及動刀子不時發生。攜帶鐵棒、酒瓶、磚塊及土製點二二手槍的黑幫為爭奪地盤而火拼。可是，那個年代的犯罪與暴力並不像是《布朗區的阿帕契要塞》所描述的社會崩潰，那是以後才發生的事。我在漢點社區成長時，社會上普遍存在種族包容。而且，老實說，大部分家庭都是安善良民。

我們租的房子是四樓高的磚造公寓，我們住在三樓，裡頭有四個房間，每層樓住兩戶人家，總共住了八戶。一出家門踏上凱利街，我的世界就展現在眼前。左拐後走三條街就是我的小學，再下去一條街是我的中學；兩個學校的中間是一小塊空地，矗立著聖瑪格麗特聖公會教堂，是我們家上的教堂。向右轉幾條街是我後來念的高中。我家對門九五七號，住著我的阿姨蓋莎及姨父艾佛烈・庫特。上學途中，我會經過凱利街九三五號，那是阿姨蘿莉絲及姨父維克和他們孩子的家。再下去，九三二號，住著我的教母，梅貝兒・伊瓦登・布拉席和她的家人，我喊她瓦茲阿姨。八六七號住著艾美及諾曼・布拉席，他們是我們視同親戚般的親密友人。我們都喊他們「老媽和老爹」。別問我為什麼給他取這種猶太綽號，因為他們也是牙買加人。我所認識的黑人家庭大多來自牙買加、千里達、巴貝多，或是其他的西印度群島。

布拉席家的綽號反映出當年漢點社區大多居住著猶太人，混雜著愛爾蘭人、波蘭人、義大利人、黑人及西班牙裔家庭。我們家再下去的那段凱利街有點彎曲，所以附近的人都稱凱利街為「香蕉凱利」，而不用「貧民區」三個字來稱呼它。我們都住在租來的房子。外來的人總以為紐約很大，大家互為陌路，然而事實上，現在紐約的社區彼此都互相認識，好像是住在小鎮一般。「香蕉凱利」就是這個樣子。

我們的街坊都是差不多的樣子。在每條街上你都可以找到一家糖果店，通常是歐洲猶太人開的，販賣《每日新聞》、《郵報》及《鏡報》。我的鄰居沒人閱讀《紐約時報》。那些小商店也賣學校文具、零賣糖果、冰淇淋及冷飲。每個紐約客都知道，那些小店的招牌是蛋捲冰淇淋，有巧克力糖漿、牛奶及汽水。如果你沒有一角錢可以買蛋捲冰淇淋，你可以花兩分錢買汽水喝。每走幾條街，你就會找到一家猶太麵包店及波多黎各雜貨店，而義大利人開修皮鞋店。每隔十條街就有大型連鎖商店、服飾及家電店，還有電影院。我不記得有任何黑人開的店。我童年時一件令人興奮的大事就是，二次大戰後自助洗衣店成立。母親不用再在洗衣板上刷我們的衣服，再晾在窗外的晾衣繩上。不過，父親堅持在中國人的洗衣店洗他的襯衫。

對我而言，「南布朗區」在成長的歲月中，是個令人回味留戀的地方。我從不曾嚮往那些高級住宅區。

笨少年柯林

父親十分疼愛姊姊梅芮琳。由於他在成衣區做事，她總是打扮得漂漂亮亮的，以凱利街的標準來說，她過著無憂無慮的生活。她與好女孩交往。泰特．鮑姆家的姊妹是梅芮琳的手帕交，她們的爸爸經營街角的藥房。我則扮演惹人厭的小弟。梅芮琳第一個認真的男朋友是約翰．史帝芬，他們家人在聖瑪格麗特教堂也很活躍。約翰是獨子，受栽培要當醫生（他辦到了）。他和梅芮琳是被雙方父母撮合的。我總愛在他們摟摟抱抱時偷偷溜過去嚇他們，然後自討無趣。約翰會塞給我兩角五分錢來賄賂我。梅芮琳對她這個淘氣的小弟會發頓脾氣。當年我把她當成告密者，老是在我逃學時去打小報告，我確信她也認為我很討厭。總的來說，我們姊弟間是很平常的手足之情。

在我八歲時的夏天，我的家人和親戚在長島的沙格港租了幾間小屋。我獨自一人在外頭玩擲刀遊戲，努力想把刀子插進土裡，這時一塊泥巴飛起來砸在我的眼皮上。我哭著跑回小屋去，蘿莉絲阿姨幫我將異物清出來，我則不斷哭叫。等我又到屋外去時，我聽到她跟蓋莎阿姨說：「我實在不懂這個小孩。他怎麼那麼愛哭。」這句話刺傷了我，我在將近五十年後依然鮮明地記得這件事，可見我童年時的脆弱。我記得當時心裏想著，以後沒有人會再看到我流淚。不過，我偶爾還是會破例。

九歲那年，遇到一件令我大感挫折的事。當時的我即將升上第三十九公立小學四年級，由於成績老是墊底，被安排在「四上班」上課，委婉一點的說法是，我被歸類於學習能力較差的學生。每當家人提起，總是搖頭，宛如談論什麼見不得人的事。對西印度群島人而言，良好的教育程度就像緊急逃生口，是唯一出人頭地的方式。姊姊是資優生，注定長大會念大學，我則連小學四年級都遭遇困難。不過，幸好我是缺乏學習動機而不是智力問題，我是個胸無大志、敦厚服從的小孩，每天只想過著無憂無慮、隨遇而安的日子。

我也不是個優秀的運動員，不過我喜歡玩街上的遊戲。我童年好友之一，東尼．葛蘭特，曾經計算過總共有三十六種遊戲，包括刺球、駝球、彈球、拍球及「熱豆奶油」等。有一天，我在空地上玩棒球，看見父親由街上走過來。我祈禱他不要停下腳步，因為那天我已經很倒楣了。可是，他停下來觀看。老爸佇立在那裏，害我失誤連連。每次輪到我上場打擊時都是揮棒落空。到現在，我仍可以感受到那股灼熱的羞辱感。讓父親失望，對我來說是很痛苦的事。但這種壓力是我幻想出來的，因為他鮮少責罵我。

我很喜歡玩鬥風箏。我們將汽水瓶塞在一只大果汁罐裏，再擺在電車軌道上，等車輛通過時把玻璃輾碎。我們再把粉狀的玻璃黏貼在風箏線上，把雙刃的刮鬍刀片綁在風箏尾巴的空隙，然後在屋頂上放風箏。利用包裹著玻璃的風箏線與刮鬍刀片，我們企圖割斷其他小孩的風箏，有時遠在一條街外，然後看著風箏墜落地面，這是我們玩的二次大戰空戰遊戲。

對三〇年代的經濟大蕭條，我已不復記憶，主要原因是我們家在整個三〇年代都不曾面臨失業問題，生活上也不虞匱乏。美國宣布參加第二次世界大戰時，我才四歲，一夕之間，戰爭物資的需求立即解除三〇年代經濟大恐慌裡揮之不去的夢魘。年少的我，對那些年的戰爭歲月記憶猶新，當時我收集了很多一架一毛錢，用薄木片及色紙做成的飛機模型。我在家裡的客廳地毯上部署軍隊、發動戰爭，有時甚至和玩伴爬上屋頂掃瞄天空，找尋納粹空軍的梅塞希密或漢克（Messerschmits or Heinkels）戰鬥機，這兩種機種最有可能攻擊「漢點」。我們以假想武器不斷掃射假想的敵機，口裡還配音「砰！砰！砰！你死了，我還沒死。」

小時候，最激動興奮的事，莫過於看到維克叔叔從第四裝甲中隊解甲返鄉，他送我一個德國北非兵團（Afrika Korps）的黃色鋼盔，四十年來我一直都帶在身邊。但有次在美、德兩國之間換防時遺失了，我可以確定是德國搬家公司的搬運工人拿走的。五〇年代我進入高中就讀時，美國再次陷入戰爭，這次是韓戰。無形之中，戰爭對我有了某種影響力，就像戰爭對其他未曾身歷其境的男孩一樣，總是存在著一些幻想。

第二次世界大戰改變了我的名字。之前，大家都叫我凱林（Cahlin），是牙買加人慣用的英式發音。二次大戰的第一位美國英雄是柯林．凱利二世（Colin P. Kelly Jr.），這位空軍飛行員在珍珠港事件第二天痛擊日本主力戰艦榛名號（Haruna），陣亡後，受贈傑出榮譽獎章（Distinguished Service Cross）。柯林．凱利的名字成為每個孩子口中的大英雄。不久，我成了我們凱利街的柯林，玩伴都改口叫我柯林，不過家人到今天還是稱我凱林。我曾問過父親為什麼取這個我一點都不喜歡的名字，是不是為了紀念某位先人？父親說，他只是在我出生那天剛好在船票上看到這個名字。

童年時我上過鋼琴課，不過我跟不上課程，沒有多久就結束課程了。後來，我又吹笛子。梅芮琳覺得我吹出來的噪音實在太可怕了，於是我又放棄了笛子。顯然，我當不成音樂家。不過，我還是個心滿意足的小孩，在家人組成的小圈子裏溫暖、安全地長大。阿姨們和她們的家庭組成另一個圈子。父親在美國唯一的姊姊，柏莉姑媽，自己組成一個圈子。這些圈子彼此間屬於遠親但都相當親密，親戚間相互扶持照顧。

有時，我覺得在這部充滿性格演員的戲劇裏，自己既是觀眾也是演員。我們通常在新年當天到朵特阿姨在皇后區的家裏去吃咖哩羊肉。晚餐後暢飲艾波頓艾斯特（Appleton Estate）蘭姆酒，唱加利騷歌曲及跳舞。

牙買加蘭姆酒頗值得一提，艾波頓艾斯特是其中最負盛名的。它有不同的色澤、酒精濃度及年份。在我家，喝其他酒類會被視為不敬；喝波多黎各蘭姆酒，例如巴卡迪，則是一種侮辱。艾波頓艾斯特濃度九〇%金黃色，是最受歡迎的。白色、濃度一五〇%的則用來調雞尾酒。真正的男人要喝濃度一五〇%的純酒。身上的酒味有一個禮拜揮之不去，喝酒的人差不多也要這麼久才會酒醒。蘭姆酒對牙買加人而言，好比東方人喝茶或阿拉伯人喝咖啡，是友善及高尚的表徵，通常混和薑汁啤酒或可樂加冰塊。蘭姆加可樂後來反而變成美式風格，因為安德魯姐妹有首暢銷曲叫《蘭姆加可口可樂》。女士們，尤其是我的母親，在被邀請小酌時總會矜持地說「一小口就好」。不過，母親會抱怨我把她的「一小口」調得太濃，而且倒在太大的杯子，然後就一口飲盡。

小孩時，我不明白家庭聚會上聽到的加利騷歌曲的歌詞。但在長大後，我逐漸瞭解這種俏皮的雙關語。我最喜歡的加利騷歌星是來自千里達的史林格・佛蘭西斯可（Slinger Francisco），綽號叫「萬能麻雀」，擅長俏皮語句。即使在擔任參謀首長聯席會議主席之後，我都在辦公室裏播放加利騷歌曲的錄音帶。我的助理們聽不懂夾雜土話的歌詞，也無法理會《大竹》（*The Big Bamboo*）及《為我澆水花園》（*Come Water Me Garden*）等歌曲的影射。話說回來，在五角大廈東廂裏，你可不常聽見加利騷音樂。

在家庭聚會上，話題會不由自主地圍繞在「回家」。不管我的阿姨、姨父們來到美國多少年，當他們談到家時，指的是牙買加。「嘿，歐斯蒙，你今年要回家嗎？」「不，沒錢。明年，一定。」「嘿，蘿莉絲，妳要回家嗎？」「不，可是我打包了一箱東西要寄回去。」他們會陷入鄉愁之中，唯獨我的教父不會，就是姨父雪萊，他是朵特阿姨的丈夫，在賓州鐵路公司擔任餐車侍者。姨父雪萊也是牙買加人，但在他們眼中，他已經成了「美國人」，甚至於在與土生土長的黑人常年搭乘鐵路之後，都已改變他的西印度腔調。「回家？」姨父雪萊會說。「你們這些傻瓜坐著討論『家』。你們忘了我們為什麼要離開嗎？二十年沒回家了，我永遠也不要回去。」這時孩子們會哄堂大笑，很高興看到姨父雪萊發表標新立異的言論。

我們總愛看到朵特阿姨與雪萊姨父鬥嘴，因為不輸脫口秀。「雪萊，你來這裏是要跟大家在一起的，不要整天坐在電視前。」朵特阿姨發難了。雪萊做這個，雪萊做那個。這就像看著引信燃燒一樣。最後，雪萊爆發了：「女人！管好妳自己就行了！」我後來才知道，這兩人能夠四十年來鬥嘴如一日，唯一的原因必然是出於深深的愛意。

放暑假時，我有時會和朵特阿姨及雪萊姨父一塊住。我特別喜歡教父在他放假時吃早餐的方式，牛排、蛋和冰淇淋。朵特和雪萊都已不在人世了，每當我和他們的孩子，我的表弟維儂、羅傑及桑尼相聚時，我們總愛模倣他們父母以前的鬥嘴。有時，這些回憶會突然浮上心頭，我獨自一人就大笑起來。

我的家族是母系家族制。我愛我的姨父們，他們有趣，有時使點小壞，可是他們大多數不像老婆強悍。女人們定下標準鞭策小孩，推動他們前進，唯一的例外是家父。路德·鮑爾或許身材矮小，外表不起眼，有些詼諧，但仍是這個家族的主宰。

一九五〇年，我的姊姊轉學到一所紐約州北部的大學，送行時全看老爸一人演出。我們都到大中央車站，送梅芮琳搭上帝國州立快車前往水牛城州立師範大學。父親踱進車站，外套鼓動飛揚，他自淚光中擠出微笑，打賞在場的每個人，腳伕、車掌、站務員，告訴他們：「照顧我的小女孩，確定她要安全無恙地抵達。」看到他掏錢，我覺得很難堪，不過那就是他的作風。在假日時，他會給郵差、加油站工人及收垃圾工人小費。他年輕時住在哈林區，老爸每逢週六會打扮正式，口袋塞著一本沒有錢的支票簿。他會由擦鞋攤開始度過週末，在那裏他也是以出手大方而聞名。接著，他逛過摩寧賽德大道（Morningside Avenue），世界就在他腳下。

在足球賽季，他的兒子必須擁有街上最棒的頭盔，儘管我根本算不上是好球員。我的第一輛兩輪腳踏車一定得是哥倫比亞比賽車，有著二十六吋的白色輪胎。我需要一套衣服時，他會說：「兒子，帶著我的簽帳卡，到梅西百貨公司去。小心一點。」這些手筆都是來自於一個週薪不超過六十美元的發貨室領班。有一年的耶誕節，母親反對父親邀請太多人到家裏來，以前他每年都如此做。她說，她已經受不了這件差事。他仍然出門，邀請了大約五十人，然後跟母親說，如果她無法應付，他要去請外燴。

他這種發號施令的態度令人感到安心。路德・鮑爾成為教父，大家都來向他請教意見、仲裁家庭紛爭，或是幫忙找工作。他會從根尼斯公司帶回來衣服、二等貨及瑕疵品和碎布料，再批發賣掉或是送給有需要的人。在城裏，老爸可沒辦法扮演這種君臨天下的角色。或許正因如此，凱利街才對他意義重大。當根尼斯公司換老闆時，他還想購買部分公司股權，但遭到拒絕。他認為，他在這家公司貢獻二十三年的青春，卻遭到不公平對待。老爸是否認真出價，我不得而知。但在這個令人失望的事件之後，他就離開了根尼斯公司，轉到批發布料的經銷商史濟利公司擔任相同的職務。他在那裏度過剩下來的工作生涯，直到這家公司倒閉，而他也已老得無法再去找工作。

路德・鮑爾從來不讓他的種族或身分影響他的自尊心。像他一樣的西印度群島人都是身無分文來到美國，每天早上他們搭乘地鐵，終日辛苦工作，晚上八點才回家，養家活口，教育子女。如果他們做得到這些，怎敢有人認為他們不如其他人？這是老爸的態度。

當然，人們總是夢想可以不勞而獲，有一天幸運女神會降臨。我記得每天早上的慣例，父親在電話裏神祕兮兮地跟姑姑說：「柏莉，妳今天有什麼事？四-三-一？呣，單支還是雙支？好吧，我押五十分錢。」接著，組頭會來收彩金。他們知道，有朝一日他們會發大財的。

一九五〇年，我進入莫瑞斯高中（Morris High School）就讀，姊姊上的是貴族學校沃登高中（Walton High School）。在父母的鼓勵之下，我參加另一所貴族學校斯特維森高中（Stuyvesant High）的入學考試（我至今還留著成績單），最後的結果是「不錄取」。而莫瑞斯高中就像詩人羅伯・佛斯特（Robert Frost）所說的「家」——只要你來，就會讓你進來。那個年紀的我，還是漫無目標，不對任何事物感興趣，只喜歡和朋友到處閒逛閒聊，經常從凱利街往上一直走到一六三街，繞到南方大道，走到威徹斯特街，再轉回家。週末早上慣例是去帝芬尼戲院，看兩部連映的西部片。

週日都要去上聖瑪格麗特教堂，我們有自己的家庭席。老爸是資深教區執事，老媽負責祭壇協會，梅芮琳在兒童唱詩班彈鋼琴，我則是侍祭。我的家人總是在義賣會、糕餅會及年度舞會上幫忙。這時你可以放輕鬆，播放加利騷音樂，喝得微醺，甚至和牧師喝上一小杯。

在我們社區，我們也有天主教教會，猶太教堂及店面教會（storefront churches）。週五的夜晚，我在希臘正教教堂教徒進行安息日儀式時，負責關燈及開燈，就可賺得廿五分錢。我對於教堂有著清楚的印象，就像我的家人在牙買加長大時的聖公會教堂一樣，應該有尖塔、祭壇、神父、教區代表、焚香，以及跪拜合十的信眾。教堂愈高，就愈接近上帝；那是我的看法。在耶誕節時，我們的神父韋登將聖瑪格麗特教堂變成充滿蠟燭、燈光、緞帶、花環及神聖的神奇地方。假期時的焚香差點把梅芮琳嗆死了。我愛極了這一切。

我依然記得堅信禮，看著那些甜美的孩子們被主教一一按著頭說：「我主請賜福你的這個孩子，保祐他永遠屬於你，神靈愈日俱增，直到他來到你永恆的國度。」我會輕搖焚香盒，吟頌「阿們」，堅信我見證了神靈宛如電擊般進入了孩子的腦袋裏。聖瑪格麗特教堂充滿想像力、壯觀、戲劇性及詩意。隨著時間流轉，禮拜式也跟著改變。我想我必須同意主教們的智慧，他們認為一九二八年的祈禱書需要更新，正如它取代以前的版本。但隨著這些改變，我也失去了什麼。多年後，我將母親埋葬在聖瑪格麗特教堂，當時舊禮拜式已換新。上帝變得入世及無分性別，不再是我少年時那個天上的權威父親形象。我感傷不已。我懷念成長時的教堂魅力。

我是位教友，但不是聖徒。五〇年代初期，有一年夏天，韋登神父選上我去參加皮克史基爾附近的教會夏令營。一到那裏，我就交上壞朋友。有一晚，我和新朋友偷溜出去買啤酒。我們把酒藏在廁所水箱裏冰涼，可是我們的把戲隨即被拆穿。主事的牧師召集所有的學員到會議廳集合。他並未威脅或痛斥我們。他只是問說誰該負起責任。誰要像個男子漢一樣？我們大可抵死不招，逃過這項犯行。可是他的話感動了我。我站起來。「神父，是我做的。」我說。他們聽到我的話之後，另外兩名初犯者也起身招認。

我們被送上火車回到紐約。我們的罪行早已先我們傳回家裏。我磨磨蹭蹭地走上韋斯徹斯特大道，右轉凱利街，像個走上斷頭台的罪犯。我走到九五二號時，媽媽已站在那裏，平常和顏悅色的她面露慍色。等她罵完後，輪到爸爸上場了。就在我心想我要萬劫不復了，韋登神父來電。他說，沒錯，孩子們行為不良。「可是，你們家柯林站出來，負起責任。他鼓勵了其他男孩坦承犯錯。」我的父母開心了。我由青少年罪犯轉變成為英雄。這個童年回憶說明誠實的好處，永遠留在我心中。

我和社區的不良少年鬼混，被趕出教會夏令營，加上被我父親逮到我在山姆菲歐里諾的修鞋店和不當班的警察玩撲克牌，提升了我的形象。以前，鄰居男孩都把我看成是「好孩子」，是媽媽的乖兒子。

我十四歲那年，有一天母親要我去郵局寄信，當我走過威徹斯特和福斯街口一家專賣幼兒家具及玩具的斯克舍店時（Sickser's），有一位白頭髮的男人勾動著手指頭召喚我，他以很重的猶太口音問我想不想賺點錢，然後就帶我到店後面的倉庫，那裡停靠著一輛卡車，我就在那兒將一些耶誕季節的商品卸下來。那個人就是老闆傑・斯克舍。後來，他過來看我的進度，覺得相當驚訝，對我說：「你是個天生的工人，明天來吧？」從那天開始，我的少年歲月就和斯克舍緊緊相連。

店裏的顧客很多都是猶太人，沒多久我開始學習猶太語。老闆的親戚過來找些又好又便宜的東西，他便把我叫過去說：「柯林，帶我表親上樓去，給他們看些好貨色。」我就帶他們到二樓，他們會用猶太語神祕兮兮地交談，他們喜歡什麼款式、打算花多少預算。這個傻小子，他懂些什麼？接著我便告退，下樓去跟老闆報告，他再上樓去，用我的情報去完成買賣。

我在斯克舍店工作幾年之後，有一天老闆把我拉到一旁。「柯林，」他說。「你得明白，我有兩個女兒，一個女婿。你將來去多讀點書，別太指望這家店。」他顯然以為我工作良好，值得加入公司，但我從來沒想過。我把這番話當成恭維。

虎頭蛇尾

曾有人問我，何時感受到自己的種族認同，體會到自己屬於少數種族。在那個年代，我對種族意識毫無概念，因為「香蕉凱利」附近根本無所謂的多數種族，大伙兒不是猶太人、義大利人，就是波蘭人、希臘人或是波多黎各人，或者黑人。我的童年死黨有維多．拉米瑞茲、華特．史瓦茲、曼尼．賈西亞、馬文．克連。克連一家人是我們大樓裏最早有電視機的家庭。每個週二晚上，我們都擠到馬文家的客廳去看密爾頓．柏利（Milton Berle，喜劇演員）。週四我們看《艾摩斯與安迪》（*Amos'n'Andy*）。我們覺得這個節目棒透了，是最好的電視節目。那是另外一種年代，我們並不知道我們不應該喜歡《艾摩斯與安迪》這種節目的。

凱利街雖然有時充斥著種族間的戲謔與嘲弄，有時甚至會引起群架，但那絕不是因為「我比較優秀，你比較低下」，打架的原因，是群體與群體之間的相互雪恥或者尋仇。最後，我終於嚐到這種褊狹態度的苦果，那是在我離開「香蕉凱利」若干年後才發生的事。

少年時期，和我形影不離的是金．諾曼，他也是西印度群島人，比我大一、兩歲，運動比我行，是個靜不下來的人。另外一個白人朋友是東尼．葛蘭特。他們當時急著離開家鄉去探索新世界，金加入海軍陸戰隊，也成為海軍的一員，東尼還記得「香蕉凱利」當時分為二派，一派吸毒的，另一派是不吸毒的，不吸毒的就是我們三個。金後來是紐約市的陸標審議委員（landmarks commissioner），東尼在白原市（White Plains）擔任法律顧問。

一九五四年二月，在我過十七歲生日的前兩個月，我從莫瑞斯高中畢業。能夠順利畢業，不是因為傑出的表現，而是一科、一科慢慢修完。我在畢業紀念冊中的相片是一臉的笑容，名字旁邊寫了些讚美的話，從那一頁照片就可以反映出「漢點社區」種族混雜的特性，有四個猶太小孩、三個黑人、一個拉丁美洲人，還有兩個白人。

除了會在斯克舍的家具店卸貨、推車，我就沒有其他的長處了。我是個好孩子、好工人，僅此而已。高中時當選田徑賽校隊，但是沒多久，我就對橫越溫格藍公園的越野賽感到厭煩，所以退出了。之後，我改跑四四〇碼短跑，一季之後，我又完全退出田徑隊。我也參加聖瑪格麗特教堂的籃球隊，我長得高、動作快，又是資深教區委員的兒子，教練總是不斷給我機會。但是多半時間我都坐冷板凳，於是我又離開球隊，教練也鬆了口氣。後來幾年，常有人邀我打籃球或擔任籃球隊的教練，大家總以為黑人有運動細胞，所以我一定會打籃球，隨著年紀漸長，他們才肯相信我捏造出來的背部老毛病，我才得以逐漸遠離球場。

父母親對我這種虎頭蛇尾的毛病非常擔心，雖然沒有對我明白說出，但是我知道這樣的處事態度將會讓我一事無成。不過有件事倒是例外，我始終是牧師的得力助手，我非常喜愛神職工作。那裏有組織、傳統、階級制度、儀式及目的；現在回想起來，跟軍中沒什麼差別。或許我自己的一九二八年祈禱書注定會是野戰手冊二一-五，就是陸軍部隊演習聖經。假如當年我去當牧師，我母親會非常的高興，可惜的是，我並沒有聽見上帝的召喚。

我從未在家裏接受過隻字片語的性教育。街頭就是我的老師，而且是麻辣教師。所有男孩在皮夾裏都帶著保險套，我的皮夾是黃色的，破舊脆裂。住在幾條街外的一個女孩是我的青梅竹馬情人，這個童稚之愛一直維持到高中。我有一次邀她參加家庭聚會，梅芮琳一個晚上都在嘲笑她。後來，我姊姊說：「那個女孩有何特殊之處？」不特殊嗎?我一直以為我的馬子長得很美。儘管我們老是鬥嘴，但我很在乎梅芮琳的意見。如果我的馬子在梅芮琳眼中長得不美，她在我眼中也逐漸失去吸引力，這段戀情就此不了了之。

後來，我也變成一個好學生，只不過當時沒人料得到。姊姊一直是鮑家孩子裡書念得最好的一位，她在沃登高中是模範生，在水牛城州立大學也是非常優秀。因此，雖然我高中的總平均只不過是七八三分，但因為姊姊的榜樣及父母的期待，我還是去申請大學。在我認為，有無接受教育最大的差別，在於將來是整天在工廠裡包裝、縫鈕釦，或是獲得一份專業工作。教育顯然在我們的家族創造了成就非凡的紀錄。在所有直系血親或是有血緣關係的親友裡，我表弟亞瑟·路易斯在海軍任職，曾是美國駐非洲獅子山國的大使，他弟弟羅傑則是個成功的建築師。維特．羅克表哥是位頂尖的律師，詹姆斯．沃特森表哥則是美國海關國際貿易法庭的法官，他姊姊芭芭是美國駐馬來西亞大使，以及美國第一位出任副國務卿的女性，另外一個姊姊葛莉絲則在教育部任職。此外，桃樂絲柯羅本是紐約州上訴法庭的法官；克萊．瑞富比斯擔任護士，是最後一批從牙買加移民來美國的人，她的兩個孩子都在長春藤盟校念書。那莎姨媽的孩子布魯斯．樂威林不但是個生意人、慈善家，在卡特總統時期還是資深的幕僚官員，是美國黑人中的首富之一。

當然，不是所有的表兄弟都有專業工作，有的在紐約郊區當黑手，有的經營小生意，有的擔任神職工作。不論如何，每個人都很照顧家庭，無不想盡辦法讓全家能團聚在一起，盡量提供下一代最好的教育機會。如今想來，我的伯叔姨舅和他們的孩子、孫子當中，好像找不到誰幹過違法勾當或有吸毒問題，或是依賴社會福利過日子的。我所見到的，是一連三代都是依靠自己的雙手，創造自己將來的生產者。不論職業高低貴賤，大家在家裡的地位都是一樣的，沒有誰比誰高一級或低一階。有些人失意過，有些人未能完成夢想，不過最後總在自己的領域裡有成功的表現。他們都是社會、家庭裡有用的一分子。

美國早期黑人有時會認為西印度群島來的黑人比較驕傲自大，主要是因為西印度群島來的黑人成功比率比較高。至於為什麼會有這樣的現象，可能的原因之一是，英國在一八三三年就結束在加勒比海地區的奴隸制度，比美國廢除奴隸制早了三十年。而且廢奴之後，奴隸制的影響力沒有再持續下去。那個時候，英國人就像是不住在當地的房東，所以西印度群島的人大體上是依靠自己為生，生活雖然苦，但至少不必經歷美國大莊園制度下畸形變態的「家長式統治」——黑人所有醒著的時間，都得聽任白人主子的安排與差遣。依據祖先的說法，英國在解放黑奴之後，每個人都是英國公民，擁有和英國王室子民同等的權利，當然這個說法有點誇張，不過英國人確實蓋了很多好學校，而且規定義務教育。除此之外，他們也讓黑人擔任最低階層的公務人員，因而西印度群島的人得以有機會培養獨立、責任感及自我的價值感，他們不必像美國早期黑人一樣，必須歷經三百年的蹂躪欺壓。

當然，我的祖先也是被殘酷地自非洲帶走，他們與過去的關係被奴隸販子給切斷了。在牙買加，一些黑人用英國文化、教會、傳統、政府機關及價值，來填補他們文化的空洞。其他人則是透過拉斯特菲利安運動（Rastafarian movement）來維繫非洲血源，他們信奉衣索比亞前皇海爾・瑟拉塞（Haile Selassie）為神。我讚賞這種領導許多非裔美國人的熱誠，重拾文化根源以及精神支持。

美國黑人及西印度群島人是在不同環境下來到美國土地，我的黑人祖先或許是被鐵鍊拖到牙買加去的，但他們可不是被拖到美國來的。媽媽和爸爸選擇移民到這個國家，理由和義大利人、愛爾蘭人及匈牙利人一樣，是為了替自己和子女追求更好的生活。這與美國黑人的心理與精神出發點十分不同，他們的祖先是被鐵鍊帶到這裏來的。

不可否認的，從西印度群島來的人，包括牙買加人，是有某些程度的族群派系。我家裏幾乎都是跟牙買加族群交往，因此姊姊梅芮琳的行為就真的是驚天動地。她上大學以後，會帶女性朋友來家裡，其中有的是白人。南布朗區和以前已經大不相同了，但梅芮琳一點都不在乎，她總是以我們家自豪，而我父母也歡迎她所有的朋友。一九五二年，她表示男朋友要來家裡，他們已經打算結婚，對方的名字叫諾曼．伯恩，是個白人。

那個年代，不管是黑人或白人，沒有幾人認同馬丁路德．金恩（Martin Luther King, Jr.）。梅芮琳的選擇在家裏引發議論紛紛。我們來自「香蕉凱利」的女兒跟來自水牛城的白人男孩交往？這是怎麼回事？他們幹嘛想要結婚？

諾曼拜見家人及答案揭曉的日子終於來臨。他長的一表人才，而且顯然深愛我姊姊。但是，異族通婚讓爸爸頗感困擾，他瞭解青春熱情的短暫：「你們小倆口想要結婚。好。等一年，」他說。「到時看你們還想結婚嗎？」

同時，我們也去拜見諾曼的家人。對我而言，這是一趟冒險之旅。紐約州的水牛城，離紐約市四百六十英里。出發西行！結果，伯恩一家子比鮑爾家還來得寬容。他們的態度是，如果孩子們相愛想要結婚，我們就成全他們吧。

結果，愛情勝利了，婚禮訂在一九五三年八月，當鮑爾家唯一的女兒要出嫁時，一切免不了都要用最好的，最好的酒席、最大的蛋糕、最好的樂隊、最華麗的會場，就在布朗區康大廣場的康克爾斯廣場飯店。十年來的節儉、儲蓄及犧牲，大概在當天化為烏有。但是父親眼中閃耀的光芒說明，錢就是要這麼花的。

我想附帶一句，梅芮琳與諾曼在兩名女兒與一個孫女的陪伴下，最近甫慶祝他們的銀婚紀念。

加入預官班

隨著梅芮琳的榜樣和父母的期待，我向兩所大學提出入學申請，一所是紐約市立學院（City College of New York），另一所是紐約大學（New York University）。我一定是比我自己想像的優秀，因為兩家都同意我入學就讀。在兩所學校之間做決定，其實只是簡單的數字考量：紐約大學是私立大學，一年學費要七百五十美元；而紐約市立學院是公立大學，一年只要十美元，我當然是選擇後者。母親變成我的就學顧問，她向全家族請教意見，像我兩位牙買加表哥都在工程系就讀，她就說「那是個賺錢的系」。果然沒錯，在五〇年代經濟景氣時期，消費物品的需求大增，製造冰箱、汽車、立體音響的工程師十分搶手。所以，縱使我對數學和科學很感冒，還是選擇主修工程。

二月時的布朗區十分寒冷，我出發去念大學的那一天尤其酷寒。搭了兩趟公車之後，我終於顫抖著抵達了哈林區一五六街與康文大道的街口。我像根冰棍似地下車，瞪著豪華的公寓房子。這是哈林區最高級的地段，住著受過良好教育及工作理想的黑人，像是黃金海岸。

我在康文大道與一四一街的街口停下來，望進紐約市立學院的校區。我即將進入一所在上個世紀創設，「為了替勞工階層子女提供高等教育」的大學就讀。自此之後，紐約的清貧與聰明子弟都把握住這個機會。紐約市立學院的傑出學長包括發現小兒痲痺疫苗的沙克博士、最高法院大法官菲力·法蘭克福、醜聞小說家雅普頓·辛克萊、演員愛德華·羅賓森、劇作家派迪·查耶夫斯基、《紐約時報》編輯亞培·羅森托、小說家柏納德·馬拉穆德、勞工領袖菲利普·蘭道夫、紐約市長羅勃·華格納、亞伯拉罕·比姆與愛德華·柯奇，以及八位諾貝爾獎得主。當我走進堂皇的哥德式建築時，身為來自莫里斯高中平均成績丙等的學生，我感到震懾。這時，我聽到一個友善的聲音說：「嘿，孩子，你是新生？」

他是一個短小、臉色紅潤、滿面風霜的男人，有著一雙粗糙的大手，就站在紐約人熱愛的特大號鹹脆餅的熱騰騰攤子後面。我碰到的是紐約市立學院的註冊商標，不知為何大家都叫他「貝果人雷蒙」（Raymond the Bagel Man），儘管他賣的是鹹脆餅。我向雷蒙買了一個又熱又鹹的脆餅，交談了數分鐘。我不再怯生生了。紐約市立學院沒那麼嚇人了。後來的四年半，我變成雷蒙的老顧客。這說明了他的性格以及我的獎學金少得可憐，雖然我對大部分教授的記憶都變得模糊，貝果人雷蒙的記憶依然鮮明。

我走向高聳得像是恐怖電影裏彈出來的薛帕德大樓時，經過一棟不起眼的舊建築。我不記得當時對它有任何印象。然而，它卻成為我未來四年生活的重心，它是預備軍官訓練班（ROTC，Reserve Officers training Corps）操練大樓。

在工程系的第一學期混得還不錯，主要是因為我還沒選修任何有關工程的專業科目，於是在那年暑假，我就打算先修一門工程繪圖的課。一個熱天午後，講師要我們畫一個圓錐體在太空中貫穿一架飛機，其他同學都立刻動手，只有我呆坐在那兒。老師走到我的位子，只看見一片空白的圖畫紙。我無法想像一個圓錐體在太空中貫穿一架飛機的景象，假使這就是所謂的工程，那麼最好遊戲就到此為止。

當我告訴父母轉系的事，他們感到非常驚訝。是啊！柯林老毛病又犯了！他是個好孩子，缺點就是沒有目標。當我一宣布決定轉到地質系時，家裡緊急召開家庭會議，伯叔姨舅間的電話聯絡不斷，大家打聽著有沒有人念過地質系？為什麼要地質系？念地質系將來能做什麼？探勘石油嗎？對「南布朗區」的黑人小孩而言，這真是個新奇的目標。對這些凡事講求安全感的人來說，最重要的無非是：念地質系將來能領到退休金嗎？「退休金」這幾個字，在我們的世界裡是代表有保障的、最神奇不可思議的收入。我記得從軍五年後回家，去探望心地好但有些囉嗦的蘿莉絲阿姨。她問道，陸軍是什麼行業？我有什麼生涯打算？情急之下，我提到二十年後我可以得到半薪的退休金。而且我才四十一歲。她的眼睛瞪的老大。退休金？四十一歲？討論結束。我說服她了。

在紐約市立學院的第一學期，最吸引我目光的就是穿著軍服的年輕人。紐約市立學院是出了名的自由主義與極端主義的溫床，這兒甚至有三〇年代的左派共產分子，所以不是那種到處可以見到軍人的地方。一九五四年回學校上秋季班時，我就跑去預備軍官訓練班詢問相關細節，然後就登記加入。我自己也不清楚為什麼加入，或許是在第二次世界大戰時萌生此意，後來又歷經韓戰的影響吧。屋子窗戶上掛著著一顆藍星的小布條，就表示家裏有人在服役，如果是金星，就表示有人陣亡了。《重回巴坦》（*Back to Bataan*）、《東京三十秒》（*Thirty Seconds Over Tokyo*）、《瓜達康納爾島日記》（*Guadalcanal Diary*），柯林．凱利（Colin kelly）、奧迪．墨菲（Audie Murphy）主演，與美國巡航艦一同沈沒的蘇利文五兄弟，以及《*Junean*》、《*Pork Chop Hill*》和《獨孤里橋之役》

（*The Bridges at Toko-Ri*）這些影像在我塑造性格的年代深烙在我意識裏。或者是因為那個年代普遍的心態——反正都會被徵召的，不如以軍官的身分入伍。有這種想法的不只我一人。紐約市立學院或許不是西點軍校，但在五〇年代，它擁有美國最大的自願預備軍官訓練團，韓戰最熾時有一千五百名學員。

有一天，我終於在操練大樓排隊等候配發橄欖灰長褲與外套、棕色襯衫、棕色領帶、棕色鞋子、銅環皮帶，以及一頂便帽。一等我回到家，我換上制服，在鏡裏仔細端詳。我喜歡自己的模樣。當時，我在凱利街的死黨沒有人上大學。我才十七歲，覺得落寞孤單。制服給我歸屬感，以及我成長階段從未經歷的感受：我覺得自己與眾不同。

找到歸屬感

在班上，我的數學一團糟，物理滿江紅，但是地質學卻表現得很好，因為它是我最喜歡上的課，不過我最感興趣的是預備軍官訓練班課程。哈瑞・布魯克哈特（Harold C. Brookhart）上校是我們的指揮官，也是軍事戰術課的教授，他自西點軍校畢業，曾帶過正規軍，大概五十歲左右，頭髮稀疏，身材中等，但是看起來很有威嚴，因為他一臉堅毅，衣著筆挺，態度嚴肅。他應該不會只想做個職業軍官，他可能比較喜歡實際帶兵上戰場，而不是在校風自由的預備軍官訓練班，教導一群自以為聰明的城市小子。可是韓戰在前一年結束了，陸軍軍官過剩，布魯克哈特或許被分發到哪裏都很高興。不管他的想法如何，他從未讓我們覺得自己做的不是嚴肅正經的事。

那年秋天，校園裡有三個和預備軍官訓練班性質相近的社團正大力招收新人，不管在巡邏隊（Webb Patrol）、劍術隊（Scabbard and Blade）或是潘興操槍儀隊（Pershing Rifles），我都歷經了新奇有趣的招生經驗。例如，他們會邀請有可能加入隊伍的人，到吸菸室去喝啤酒、看A片。在性壓抑的五〇年代，A片當然是主要的吸引力。我也和其他的大學生看八釐米的色情影片，叫著、笑著。當然這不是我加入潘興操槍儀隊的主要動機，我參加的主因是潘興操槍儀隊是三個社團中最優秀的社團。

新兵訓練時期，我們得在學長面前做些儀式性的立正稍息，以及一些仿自西點軍校的欺侮新生把戲。學長會要我們立正，要求我們說明一些字的定義。直到今天，我還記得牛奶的定義：「她行走，她說話，她是粉筆做成的，由母的偶蹄動物所擠出的乳汁……」等等的。我可以隨口說出五、六個類似的超炫定義。我們結束新生訓練之後，就可以在制服上配戴顯目的藍白肩章與琺瑯胸章。我發覺自己深受形式與象徵的吸引。

有一位操槍儀隊隊員從一開始就深深吸引我。羅尼・布魯克斯（Ronnie Brooks）是一位高挑又俊俏的年輕黑人，他的父親是哈林浸信會牧師，比一般的大學生成熟，只比我大兩歲，但是全身散發一種令人尊敬服從的氣質，而不像平凡的我。羅尼主修化學，是個聰明的學生，他是預備軍官班的學員長，也是操槍儀隊的幹部，可以把學員操練得像是手錶零件般運作精確，他有我所沒有的優點，像：敏銳、快速、有紀律、有組織力、有內涵，我終於找到一位良師典範，因此立誓將自己重塑成羅尼第二。

高中參加過籃球隊、田徑隊以及短暫的童子軍，遺憾的是從未產生歸屬感或獲得永恆的友誼，但是操槍儀隊卻使我這輩子第一次感受到兄弟情誼。潘興操槍儀隊在紐約市立學院的傳統是種族多元化，很多來自移民後裔。操槍儀隊的弟兄們一起操練，一起開舞會，一起翹課，一起泡馬子。我們在學校裏有一間聯誼室，偶爾充當教室或學生活動中心，讓我們惡補曼波舞。我竟然擔任起學科顧問，指導其他弟兄進入地質系並取得學位。

我所渴求的無非是紀律、規律、同學愛及歸屬感。我立刻就成為領袖級人物，我發現種族、膚色、背景、教人都不代表什麼，潘興操槍儀隊自會為個人及團體設定些限制，如果當兵就是這樣子，那麼我可能打算當個軍人。

我還是偶爾在週末或聖誕節前後，到斯克舍的店幫忙，不過當學期結束時我想找個收入比較多的暑期工讀，因此我就成為國際卡車司機協會八一二分區的會員。那年暑假剛開始時，我是在哈林區一間家具工廠上班，負責替櫥櫃栓緊鉸鍊。父親很高興看到我每天黎明即起去幹活。但不到三週，我告訴他，我不想幹了。老爸不太高興。「你做三個禮拜就不想幹了？你要怎麼跟老闆說？」我向老爸解釋，我每天早上打起精神去替司機協會工作可以賺比較多錢。我可以看出老爸眼中的表情。打起精神？這個小孩什麼時候才要打起精神？我隨便掰個藉口辭職，為了怕難堪，我還請朋友去家具廠幫我領最後一張薪水支票。

每天一大早就起來工作，領的錢確實比較多，通常我是擔任飲料送貨司機的助手。有一天貨運公司說長島市的百事可樂裝瓶廠正缺一名清潔工，那份工作比較穩定而且不必早起。沒有任何白人小孩舉手，那工作順理成章是我的了，雖然我對工作內容一無所知。報到時，有人交給我一支拖把，我直覺到這似乎是黑人做了幾世紀的工作。這時，我才注意到所有的清潔工都是黑人，而所有在裝瓶廠工作的都是白人。拿起了拖把，我心裡盤算著，如果一個禮拜可以賺六十五元，我還願意做，我可以把這些地板擦得閃閃發亮。不論工作上需要什麼技巧，我總是很快就學會了。我從一邊拖到另一邊，而不是來來回回地拖，否則腰都要累斷了！這工作有時很折騰人的，比如說，堆高機一不小心掉下三百五十箱的百事可樂，黏答答的可樂泡沫一下子就氾濫到整個地板。

暑假結束時，領班說：「年輕人！你拖得很乾淨。」我也很巴結奉承的回答說：「感謝您給我很多學習的機會。」

「你明年再來，我給你安排個好工作。」「好啊！可是不拖地喔！我想去裝瓶廠。」果然，第二年的暑假我就去裝瓶廠工作，而且最後還當上副領班，在這裡我學到了很多寶貴的經驗。任何的工作都代表一種榮譽，只要盡心盡力，總會有人注意到的。

以賭發家

一九五五年秋天，我回到學校。在凱利街來回通車上學，我不必是都市問題專家，就可以察覺到這個老舊社區已不斷在惡化。這種惡質化的情形，就像紐約陳年老調的故事一再重複的上演：經濟改善的人家就趕緊搬走，窮人則不斷遞補進來。由東區搬來南布朗的猶太家庭，現已搬到郊區。貧窮的波多黎各人則搬進他們的舊公寓。漢點社區從來就不是什麼高級地段。如今已每況愈下，由幫派鬥毆變成幫派大戰，由動刀變成動槍，由抽大麻變成吸食海洛因。有一天，我從紐約市立學院回家後，得知我認識的一個孩子被人發現倒在門廊上，因吸食海洛因過量致死。他不會是最後受害者。我一直避免誤入歧途，我從不抽大麻，也不碰迷幻藥，也從不曾接觸任何毒品。理由很簡單：我的家人會把我宰了。

手頭比較寬裕的家庭不斷搬走之後，建築物逐漸腐朽，甚至遭到遺棄。屋主認賠了結，丟下他們的房子不管。未來幾年，我家的凱利街九五二號也會被遺棄，然後燒毀，終而剷平。但那是將來的事，現在我家的親戚間通常是這樣打開話匣子的：「你什麼時候要搬走？」蘿莉絲阿姨搬到布朗區北邊，教母布拉席也是，朵特姨媽早已住到皇后區，路德與艾莉何時要離開？

租屋而居的無殼蝸牛最大的夢想，無非是擁有一間自己的房子。我們家也開始將目標鎖定「上布朗區」或「皇后區」。每個禮拜天去中意的黑人社區看房子，一間看過一間，但是房價實在高得令人望屋興嘆，父母的週薪合起來才一百塊，如何買得起一萬五、兩萬元的房子。於是，週末總是在房屋銷售員的不耐及姊姊羞愧的淚眼中結束。

父親也常作發財夢。有時在書報攤買些像彩券指南之類的書，然後每天和柏莉姨媽去買彩券。有天週末晚上，父親夢見一組數字，隔天早上在聖瑪格麗特教堂的聖詩板上又看到相同的數字。哇！父親理所當然認為這是上帝的旨意，是耶穌指引的發財路。他和柏莉姨媽於是決定將賭注金額提高到二十五元，更奇妙的是，父親竟然押中了！

我還記得那天組頭送來裝鈔票的牛皮紙袋時，家裡充滿歡愉、不可置信與焦急的氣氛。父親把整整一萬元的十元、二十元紙鈔往他的床上一攤。這些錢是父親得花三年時間才賺得到。他還叫我幫忙數錢。這些錢都不打算存在銀行，於是滿屋子都藏著鈔票，使得母親無時無刻不在擔心稅務人員或小偷會突然闖入。

我們準備在皇后區的「賀理斯社區」（Hollis）購買新屋。看中的艾密拉大道（Elmira Avenue）一八三-六八號的三房二廳平房，要價一萬七千五百元。那時，附近的住家也正處於轉型中，白人不斷移出，黑人則不斷移入。原來的屋主是猶太人，是此區僅剩的少數白人家庭。這附近對我們來說簡直太漂亮了！「賀理斯社區」的地址有某種意涵，比牙買加或「皇后區」來得高級，只比中產階級的黑人社區「聖艾班區」（St. Albans）稍差。長春藤覆蓋的新居保養得不錯。裡面很舒適，有吧檯、起居室。父親現在已是「有產階級」，他開始興沖沖地為草皮除草，為果樹修剪枝葉。路德・鮑爾已經躋身中上層社會。

可是，有了自己的家卻把母親嚇壞了。她老是擔心要付房貸，並且想念留在「香蕉凱利」的老朋友。幾個月後，父親老淚縱橫地來跟我說：「我想我們待不下去了。」他說，「你媽受不了寂寞。我沒把握她能不能撐過這個冬天。」兩年後，母親終於克服了恐懼，明白他們負擔得起房貸，此後便不再老是往南布朗區跑。

我每天搭地鐵來往於皇后區和學校，途中和同校學生展開我的初戀之旅。我們一起在校園搭車前往市中心，然後我轉車到「皇后區」，她則換車回去「布魯克林區」。我帶她去見我父母時，他們雖然對她以禮相待，但有些冷淡。

我在大學的主要活動仍是在預備軍官訓練班及操槍儀隊。地質系仍是其次，不過我挺喜歡田野調查。我們到北方去，攀登向斜層與背斜層。我們必須將他們的紋路製圖以及瞭解他們的反結構。如果這裏有背斜層，你就得猜出哪裏有互補的向斜層。地質學讓我可以向那些沒念大學的朋友炫耀。「你知道嗎，哈德遜河其實不是一條河？」「你在胡扯些什麼？大學生，書呆子。大家都知道哈德遜河是一條河。」然後我會解說哈德遜河是被海水淹沒而形成的河。冰河世紀壓低了河床，讓大西洋淹進內陸。因此，下游的哈德遜河其實是鹹水入海口。我驕傲地指出冰河世紀抵達的頂點，就在通過皇后區的希爾賽德大道。你可以看到地面逐漸傾斜到聖艾班區及牙買加。我在一門地質課拿到甲等時，自己都嚇一跳。畢業時，我在主修科目拿到三個甲等。

駱駝慢步

大三那年，我報名參加預備軍官訓練班的高級班，每個月可以領到優渥的零用金二十七元九毛錢。隊中的榜樣仍然是羅尼布魯克斯。在紐約市立學院的頭兩年，羅尼就已經擔任大隊指揮官。當我當上營隊指揮官，羅尼則已經升為訓練官；當我成為訓練官時，羅尼又升為招生官。我大三那年也當上招生官。那時，我有權可以改變招募新人辦法，我告訴隊員，以不入流的影片來招攬隊員是錯誤的，況且其他隊也都是這麼做，那麼我們還有什麼優勢可言。所以我請他們運用想像力，播放的影片應該是介紹我們隊伍的特色，譬如操練競賽等項目，讓別人看到我們全部的面貌才是重點。

潘興操槍儀隊在阿姆斯特丹大道上的大樓裏有個地下室，那是校方所提供，好讓大部分通勤的學生感受校區社交生活。我請隊員到路上去，把在其他隊上剛看完成人電影的新生給帶回來，到我們的地方來觀看操槍儀隊的影片。我這麼做是在冒險。擔任招生官的成敗很容易判斷，招生人數不是比去年多就是比去年少。我焦急等待新生做出決定的日子。等報名結束後，潘興操槍儀隊招募到歷年最多的新生。那是我的一個重要時刻，首度顯示我有能力可以影響事件的結局。

新生訓練期間，有一名學員就像個未經雕琢的鑽石，他的命運在加入預備軍官訓練班和操槍儀隊的那天就已經注定，他的名字叫做安東尼・馬諾迪斯（Antonio Mavroudis），綽號東尼，帶有希臘血統，也是從皇后區來的，半工半讀，擔任汽車技工的工作。他是個粗獷、沒有信仰，在街頭混得不壞，生活充滿樂趣的人。我喜歡他的原因和喜歡羅尼是相似的，唯一的差別是，我視羅尼為榜樣，東尼則視我為榜樣。我們處得像是親兄弟一般，一起通車，一起約會，一起度過難關。我們兩人的生命在一個地方緊緊聯繫：越南。

在大學的後三年，操練大樓可說是我的生活重心。尼爾遜少校是布魯克・哈特上校的手下，每當我們因成績太爛、翹課及新生訓練週惡作劇而需要求情時，他就居間替我們跟校方交涉。預備軍官訓練班也讓我得以認識陸軍中堅分子，就是訓練我們，教導我們基礎課程的軍士。我記憶最深刻的是一個粗獷的士官長路易．摩希卡：「先生們，這是布朗寧自動步槍（BAR）。我要教你們如何拆解及組合BAR。仔細聽好！假如你們不聽清楚，你們會在戰鬥中陣亡。有問題嗎？」

我幾乎每個星期六都待在操練場，有時一連七個小時，在那兒和其他操槍儀隊隊員拿著M-一步槍，練習儀隊敬禮、轉槍，然後拿著上了刺刀的步槍，以對角斜線前進。如果不留神，這可是個危險的動作。操槍隊參加兩項競賽，一項是一般性的操練，另一項是由我負責的花式競賽，這在當時來說是很時髦的項目。一九五七年，大三那年的春季學期，我們操槍儀隊在紐約的七十一聯隊兵工廠，對抗來自各校的預備軍官班，有佛德（Fordham）、紐約大學、何夫斯特（Hofstra），及其他大城市來的各單位。我們帶著我們的吉祥物，兩隻松鼠可樂與黑傑克到場。

羅尼帶的隊在滿分五百分中拿到四百六十分，在一般項目中摘下冠軍；接著輪到我帶領的十八人花式項目表演，我們的槍事先用布擦過，金光閃閃，鞋子也是，臉都可以反射在鞋面上了。我們祕密設計了驚人的一招：一般的隊伍在進入會場之前，都是在原地踏步，我們卻以慢舞「駱駝慢步」進場，這在當時是很流行的舞步。一出場，觀眾席幾乎為之瘋狂，於是我們拿了四百九十二分，當然是受之無愧地奪標了。我的雄心壯志是明年要繼任羅尼成為整個紐約市立學院團隊的學員上校，並成為操槍隊的總指揮官；完全和羅尼一樣，而且明年我還打算兩項都拿第一。

然而操槍隊的成功，並不能冰釋整個紐約市立學院學生會對於預官班的厭惡，我們最好是忍耐。其實更糟的是，校方刊物已開始主張解散預備軍官訓練班。

初嘗種族歧視

我有一組桌上用文具，已隨身攜帶三十五年之久，那是一個以大理石為底座的筆插及兩枝西華牌名筆，即使當我在白宮擔任國家安全顧問或是在國防部五角大廈當三軍參謀首長聯席會議主席時，都放置在辦公桌上。金屬筆座上的刻字道出了那一段珍貴的歲月，故事得從一九五七年的夏天談起。

那一天，父親顯得非常焦慮不安。他帶我和另兩位同袍湯尼・迪佩斯和喬治・尤西奧里去吃午餐，餐後到曼哈頓區的公車總站搭車。父親顯得很煩躁不安，而且對我殷勤叮嚀，一副宛如再也見不到他兒子似的。當時我們三人正準備啟程前往北卡羅萊納州的布雷格堡（Fort Bragg），那是專門負責預備軍官訓練的夏令營隊。這是我第一次到南部去，父親說他已經請衛登神父聯絡附近費葉特維爾市（Fayetteville）地區的黑人聖公會教友就近照顧我。我聽了覺得很難為情，趕快叫父親別再庸人自擾。

一到車站就被軍隊迅速帶上車前往基地，往後的六週都在布雷格度過。布雷格對我而言是喚起我種族覺醒之地，那意味著我交往的白人將不再只是波蘭人、猶太人或希臘人。在那裡，我第一次見識到英裔的白人新教徒（WASP）。我們每天的訓練課程包括射擊訓練、發射八一釐米迫擊砲、學習偽裝課程、設路障等等，我簡直愛死這些課程了。同時，我在另一領域也有新的發展，我以前操兵的名聲在此時發生作用，因而受命為實習副連長。

六週之後，大伙兒在閱兵場解散，並準備頒發榮譽獎狀，評分項目包括學科成績、步槍射擊分數、體能測驗及領導能力。結果我獲得「D連優秀學員」獎章，這些字就刻在筆座上，我至今仍愛不釋手。當時獲得全營最佳學員榮譽的，是來自康乃爾大學的愛登・卡布隆（Adin B. Capron），我則名列第二。

對於獲獎的榮耀，我感到驚喜萬分，然而當晚離營前準備交還裝備時，一位白人補給中士突然將我拉到一旁，悄悄地說：「你曉不曉得你為什麼沒拿到全營最佳學員獎？」說實在的，這個問題我連想都沒想過。接著他又說：「你以為那些南方來的輔導員希望回到學校時，告訴大家，營裡表現最好的學員是個黑人嗎？」聽完他的話，我內心的震驚甚於心中的憤怒。自幼生長在種族相處融洽的社區，實在無法相信自己的價值感會因皮膚的顏色而遭貶抑，我心中仍猶豫著：「難道不是只因卡布隆學員比鮑爾學員優秀些嗎？」

回程的路上再次嘗到種族歧視的滋味。當晚，我和兩個同校預備軍官訓練班的白人學生一道離開雷格堡，途中有時會到加油站去方便，然而三間洗手間中，男廁、女廁除外，我能使用的是給黑人專用的廁所。看來黑人已經走在潮流尖端，而且無性別地不分男女共同使用一間廁所了！在抵達華盛頓前，我一直無法放鬆心情，到了巴爾的摩北部時，才覺得自己安全了。我想起阿波羅戲院的舊廣告：「嘿，兄弟，你打哪兒來？」「阿拉巴馬州。」「歡迎你到美國來，祝你順利橫越本州。」

除了這一段插曲外，五七年的夏天，對我而言充滿勝利的喜悅。我回到家鄉女友身邊，同時也以筆座向父母親證明他們的兒子有過人之處。更重要的是，我發現自己在領導方面的能力，這對一個二十來歲的年輕人而言，的確比中了什麼大獎還重要。

負責的真諦

回到學校，分數要及格還難不倒我，我的預備軍官訓練課程全拿A，平均起來可以拉高其他科的成績。上學期上級就通知我準備接羅尼．布魯克斯的職位。我終於可以當學生上校了，帶領紐約市立學院一千名學員。我同時也當選潘興連的連長。跟羅尼一樣，我非常熱衷於在年度區域競賽中，為操槍連隊奪取一般項目及特殊技術項目的雙料冠軍。我主要負責一般項目的操練，特殊項目交給另一位威嚴且優秀的領導人才約翰．巴爾多（John Pardo）。

我早就感覺到操槍隊已開始喪失競爭優勢。約翰因為女友的問題而分心，隊友開始對我抱怨約翰心不在焉，於是我決定找別人代替約翰，而且覺得最好的方式是由我來，因為前一年我帶的隊伍拿到了冠軍，但是約翰還是堅持他沒問題。那年參賽地點在第三六九團槍械庫（Regiment Armory），我們贏了一般競賽項目，但是特殊技術競賽項目卻輸掉了，總成績拿到第二名。我很生氣，多半是氣我自己，我不但辜負了特殊技術訓練隊，也辜負了約翰．巴爾多；我不該答應他的。

對於五角大廈的四星上將，或者是老舊學校操槍館的學員而言，這一次教訓同樣受用無窮。我體認到「負責」意味著「做決定」，不論是多麼痛苦。如果出了狀況，就得想辦法處理，這樣做才能讓那些不滿的人感激你，並由衷的信服你。在那次大專操槍競賽中，我體會到不該犧牲掉任務，只為了一個人的情感而使多數人遭受損失。好些年後，我在五角大廈的玻璃桌墊下擺了一句格言，雖然庸俗但千真萬確：「負責，有時意味著不惜得罪他人」。

這個一時的疏忽，對約翰來說還不致於是致命傷。大約三十年後，麥爾堡（Fort Myer）的軍人可見識到難得一見的景象。那年，我們操槍隊的隊員在我住處重聚，當時我任職國安會的副顧問，約翰則是紐約市有名的圖案設計師。我們這群中年老友多半挺個肚子了，還不服輸的操練起當年的特技絕活。

到現在，我們還繼續保持聯絡，像湯尼・迪佩斯、馬克・蓋田那斯、瑞茲・高發、比爾・史高特、約翰・狄羅國等人，都在陸軍服役並且以上校軍階退役。另外黑人山姆・愛貝森則升到陸軍中將。有些則在服役中，或喪命於越戰，沒有留在軍中的多半都很有成就，像巴爾多就是一名成功的公務人員。在七〇年代由於反越戰的關係，紐約市立學院預備軍官訓練計畫及操槍隊都遭裁撤，我為此深感惋惜。不僅陸軍失去了優秀軍官的培訓所，同時也使青年人喪失為國服務及自我磨練的機會，真是太可惜了。

額外收穫

一九五八年六月九日晚上八點，我準時到達紐約市立學院的大禮堂。幾個禮拜以前，父親走進我房間，坐在床沿，眼睛閃爍淚光，交給我一只信封。打從我還是個小孩，他和母親就替我開立一個儲蓄帳戶，現在他把戶頭裏的錢都領出來。總共六百美元。我發財了！我第一件事就是衝到城裏的摩里・盧森堡服飾店，那是紐約市公認最棒的軍服店，為自己好好添購行頭。

當第一軍團樂隊開始演奏，我穿著摩里服飾店的軍服，大步通過父母面前進入大禮堂，和同學們齊聲宣誓：「我，柯林・路得・鮑爾，請上帝作證，我將誓死保衛憲法，抵抗外敵內亂，忠於職守。」在憤世嫉俗的今天，表達愛國情操是令人難為情的，不過四十年前說那些話時，我激動得連背脊骨都顫抖不已，至今仍是如此。

因為我是「優秀軍事畢業生」，我得服正規役，而不是預官役，意思是說我得服役三年，而不是兩年。我欣然接受。

大學畢業的第二天，我的心情急轉直下。前一晚，在我們授階之後，我和死黨出去慶祝。隔天中午，我們在大學生常光顧的綠寶石酒吧「續攤」。母親知道上哪兒去找我，便請位表親來拖我去參加畢業典禮。在她心裏，這一天是過去四年半來最重要的一天。我則是把我的地質系學士學位視為意外的紅利。

在成長過程中，梅芮琳和我都是「鑰匙兒」，放學後留給鄰居及親戚照顧。這樣往往會招來麻煩。可是那天，路德與艾莉・鮑爾——牙買加移民、成衣區工人，是兩名大學生的家長，而且他們的兒子現在也是陸軍軍官。以世上衡量成功的標準來說，這不過是小小成就，但卻是他們人生的巔峰。三十五年後，我接受《閱兵》（*Parade*）雜誌訪問，談到我的父母。「我的父母，」我說，「並不明瞭他們自身的力量。」我當時說，他們不是以言教來教導我們。「而是身教。」我說，「如果價值正確，孩子就會追隨。」我不是在說教下長大的，而是他們以身作則及道德感化。香蕉凱利、大家庭的溫馨、聖瑪格麗特教堂，以及一些牙買加根源與加利騷歌曲，都在歡送我的人生旅程。

紐約市公共教育制度對我也是恩重如山。我正是紐約市立學院創立所要造福的莘莘學子之一——市內貧戶與移民的子弟。我的許多大學同學都聰明到足以念哈佛、耶魯或普林斯頓。但他們既沒錢，也沒有人脈關係。可是，他們努力與國內最尊崇的私立學校學生競爭，有時甚至超越他們。

我早已說過，我不是當學者的料。這些年來我總是開玩笑說，紐約市立學院給我文憑時也鬆了一口氣，開心地送我從軍去。然而，我這個從紐約市立學院畢業，平均成績丙等的學生，也準備寫作、思考及有效溝通，跟我作夢都不敢去讀的大學的學生相互競爭。如果自由女神像開啟這個國家的大門，公共教育則打開成就的大門。我姊姊讀的水牛城州立師範大學以及紐約市立學院這類的學校，就是清寒子弟的哈佛及普林斯頓。它們造福了我們。我可說是公立國、高中教育的受惠者。只要我還記得自己的出身，我就要聲援及支持它們。

在大禮堂舉行授階典禮之前，布哈特上校召我到訓練廳的辦公室，他說：「鮑爾先生，請坐。」我挺直腰桿坐正，接受布上校指示。「你表現很好，將來在陸軍一定也會表現優異，很快你就會去班寧堡（Fort Benning）。」

他同時告誡我，去那兒要小心，喬治亞不是紐約，南方是個完全不同的世界，必須學習接受他人的意見及妥協，千萬別想去改變那個不一樣的世界。他同時也提到一位黑人將軍班哲明．戴維斯（Benjamin O. Davis），是他西點軍校的同學，戴將軍在西點時一向獨來獨往的，到了南方就出了問題，他總想去對抗現在的體制。布上校警告我說，別想去惹麻煩，只要好好當個「聽話的黑人」。

我不記得當時對他的話是否感到難過，但我知道，他完全出自一片好意。和我們一樣，布上校的這番告誡，只是他那個時代以及環境下的產物；在西點的制服下，他仍是一位善體人意的好人。感謝他的一番善意後，我就離開了。

畢業後，我邀女朋友去柯尼島盡情狂歡，幾天後，我就打理行李前往喬治亞。父母期望我平順服完三年役後，回到紐約做點什麼生財事業。

第二章　我的軍旅生涯

在班寧堡時，所傳授的信念是美國軍人不應盲目犧牲，因為他們不是奴隸，更不是商品，他們是國家的兒女，只有值得犧牲時才能冒生命的危險。軍官的責任就是不隨意犧牲下屬性命。越戰之後，當我有權指派美國大兵前往危險地區時，我總是謹記這一原則。

我第一次對軍旅生涯產生懷疑，是在喬治亞北部山區裡，當時我被一條繩索綁在離地面一百呎高，幾秒鐘內就會撞到一棵大樹。其中有一項信心測驗，名稱是「滑過生命」（Slide for Life），目的在考驗受訓人員，在執行過程中是否會害怕；說實話，我會怕。

滑行的目的，是為了瞭解受訓人員對這種類似自殺行為的命令，是否有絕對服從的意願。架在河上的繩索，兩端分別繫在兩邊的大樹上，一端高、一端低，形成六十度的傾斜。輪到我時，我爬到樹上望著在另一端守候的軍隊，從那高度往下望，所有景物都變得渺小了。我緊緊揪住掛在滑輪上的鉤子，最大的挑戰就是拉住繩索，在另一端的輔導員尚未喊「滑下」之前，避免下滑。我想都來不及想，另一個輔導員已經將我往下推，突然間，我以驚人的速度往下滑行，對面的樹木愈來愈大、愈來愈大……對我直衝過來。這可算是我一生中最驚嚇的經歷之一。

在喬治亞班寧堡接受八個星期的步兵初級班訓練後，緊接著到突擊兵學校接受為期二個月的訓練，「滑過生命」就是其重點課程之一。在突擊兵學校最初兩個星期，是體能方面的挑戰，基礎課程設計得看來像在衛徹斯特大道上行軍，目的是前往佛羅里達州的沼澤地接受游擊訓練之前，先淘汰一些不適應的學員兵。隨後有幾週的時間在沼澤中度過，閃躲鱷魚和響尾蛇的經驗，使我一輩子都不會想要在佛羅里達購屋置產。

接著我們前往喬治亞州北部進行山區訓練。我們的突擊兵指導員把我們帶往達隆加附近的野地，那兒的夜晚寒冷、早晨潮濕。我們原本要睡在木屋裏，不過我們很少看見木屋內部的陳設。我們住在野外，攀登懸崖，用三根繩索做成的索橋橫渡峽谷，黑夜裏越過及腰的河流，然後睡在地上，而且沒法睡很久。我們學習澳洲式躍降。身後懸著一根繩索，身體水平面向地面，自懸崖邊急步而下。接著你放鬆繩索，然後「跑下」懸崖，有點像舞王佛雷・亞斯坦（Fred Astaire）在牆壁上跳踢踏舞。這其實挺刺激的，只要你確定自己不會迎面撞到下方一百五十呎的岩石。

獻身軍旅

幾個月後，也就是一九五八年六月，一個陽光普照的清晨，我正式展開軍旅生涯。那天我站在喬治亞州班寧堡的軍官總部前，才知道此地是我往後五個月的「家」。總部對街是傘訓場，上面有三座兩百五十呎高的跳塔，宛如遊樂園的雲霄飛車。基於個人的興趣，我曾仔細的研究過，發現如果是正規陸軍又是步兵，而且想當最好的軍人，那一定得受過傘訓及突擊兵訓練。但是那些高空跳塔看來實在相當高。

預備軍官班的新生、等候加入我們初級班的西點軍校畢業生，只好在一旁打發時間。對預備軍官班的學員來說，這是第一次與科班的學員面對面競賽。預備軍官班的學員都以為西點的學生平均高度有十呎高，結果他們一到看起來就像快樂的小馬出欄，我們和他們相處得不錯。

第二天，我們在步兵學校傳奇性的「跟我來」（Follow Me）銅像前集合，那是一尊步兵銅像，高舉步槍，率領同袍衝向戰場。當時我認為那不過是鑄鐵而已，但在往後數週，我才明白這座塑像完美捕捉步兵軍官的行為準則。我們將學習一項嚴肅的天職，而其準則就是「跟我來」。

我發現室內課程及武器訓練不難，但是野外課程則相當吃力，尤其是對來自「南布朗區」，習慣格子般街道的城市小子而言，在喬治亞郊野外，以指北針找尋特定物的夜行軍旅訓練，實在是一大考驗。

初級課程結束時，我已瞭解「跟我來」的真義。步兵的任務是「接近及摧毀敵人」。沒有懷疑、沒有模糊不明、沒有灰色地帶。步兵軍官要一馬當先衝入戰場，展現勇氣、決心、力量、熟練與無私的犧牲。如有必要，我們將跨大步走進地獄以完成任務。我們受訓來履行這項責任，同時設法讓自己與弟兄不陣亡。多年來，我一直訓勉年輕軍官，我對軍旅生涯瞭解最多的是來自於班寧堡的前八週課程。我將那些課程精簡為數項格言：

(1)「看守這個崗哨以及視線內所有的公家財產」，陸軍第一準則。
(2)任務第一，其次是照顧你的弟兄。
(3)不要呆站在那裏。想點辦法！
(4)服從榜樣。
(5)「沒有藉口，長官。」

(6)軍官永遠最後用餐。
(7)千萬不要忘記，你是美國步兵，而且是最棒的。
(8)千萬要隨身攜帶手錶、鉛筆及記事本。

我在班寧堡首次讀到蘭漢（C.T. Lanham）上校的一首舊詩，最能捕捉陸軍精神，特別是步兵。它訴說低階步兵的辛苦，一路回溯到羅馬兵團，以及描寫他們的恐懼，以及因盲目服從而須面對的死亡。詩的結尾寫著：

我看見這些事，
但我是名奴隸，
當旌旗飛揚，號角吹起，
甘於躺入士兵的墳墓，
為了我永不得知的理由。

在班寧堡時，所傳授的信念是美國軍人不應盲目犧牲，因為他們不是奴隸，更不是商品，他們是國家的兒女，只有值得犧牲時才能冒生命的危險。軍官的責任就是不隨意犧牲下屬性命。越戰之後，當我有權指派美國大兵前往危險地區時，我總是謹記這一原則。

初級班課程結束時，我得到班上前十名，正式成為職業軍人，這證明我在大學接受的預備軍官訓練班及操槍訓練班沒有白學。緊接著的兩個月，我在突擊兵學校接受訓練，其中最知名的是「信心測驗」及「繩索下降」。令我印象深刻的是一位黑人中尉教官，名叫衛諾．柯菲（Vernon Coffey），他全身像是用柔軟的鋼做的。他總是狠狠的操訓我們，像是做伏地挺身、仰臥起坐，或是要我們一直跑，跑到倒下來為止。我們對他相當的敬畏，我無法想像自己能否趕上他的優點和耐力。他是我所認識的第一位如此頂尖的黑人軍官，我對他的尊敬超越任何種族因素。

陸軍比以前民主多了，但每次一來到南方，就有遠離民主的感覺。我通常會到喬治亞州哥倫布市的伍爾渥斯百貨（Woolworth's）買些生活必需品，只要不在那兒吃東西就沒問題。到百貨公司買東西也一樣，他們會收我的錢，只要我不用他們的男廁所就行了。我也可以在路上走，只要我不隨便看白種女人就沒事。

我們在喬治亞州北部山區受訓時，唯一的黑人教會是在有一段路程的甘斯維爾（Gainesville）。我想在禮拜日去做禮拜，軍方很體貼地派給我一輛半噸重卡車及一名駕駛兵，他是一名白人下士，載我到甘斯維爾。我隨著侵信會的教友唱詩歌及搖擺身體。

第二個禮拜天，這位下士說他必須載我去教會，所以他自己就無法去上教堂。他問我，方不方便讓他一塊和我去教堂？牧師很和藹，他說本來他很榮幸讓這名下士加入會眾，可是他出現在黑人教會可能會讓本地的白人居民感到礙眼，所以最好請這名下士坐在卡車裏等候。

對於父親所擔憂的事，以及布上校警告我的一些現象，我本來打算視而不見，但是來到此地，才發現這些瘋狂的不成文規定，不斷侵襲我的日常生活。明明知道是不對的，但是黑人就是不能和白人一起上教堂，不能和白人在飯店同桌用餐，也不能和他們使用相同的廁所。

種族歧視對我來說還是個新鮮的話題，我必須在心理上自我調適，我開始認同自己訂下的人生目標。總之，我決定在陸軍生涯上有一點成就，所以，不論這種情緒是多麼激烈，我都不想因這種自我毀滅式的憤怒，破壞了我的目標。如果住在南方的人，自己願意過著瘋狂的生活，那麼我只要管好自己就行了。也就是說，如果我被限制在球場一方，那麼就使自己成為這一方的主角，任何的侮辱、不公都無法抑制我的表現，我不會因無法參與全場的比賽，而使自己在情緒上受傷害，也不想讓別人來左右我的情緒。種族歧視不是黑人的問題，是所有美國人的問題；除非這個國家想辦法予以解決，否則沒有任何人必須當代罪羊。當然我有時也會受到傷害，也覺得憤怒，但多半時候將之視為挑戰，我將讓大家刮目相看。

由突擊兵學校回來，我又去接受空降訓練，當時我身體疲倦不堪，體重過輕，一條腿在從山上滑下時受傷而受到感染。對於腿傷，我一聲不吭，只是不斷塗抹大量的抗生素藥膏。我絕對不要落於人後。第一週：由跳傘訓練台跳下來，離地不過數呎。第二週：由二百五十呎的高塔往下跳，很訝異傘翼確實可以讓我不會粉身碎骨。第三週：登上雙引擎C-一二三運輸機。當我站在機門被強風吹襲，等候指揮官的訊號時，心中一陣冰冷、焦急。躍入萬丈高空，違背人類的本能。然而，我還是在五天內做了五次高空跳傘。

「奔下懸崖」、「滑過生命」以及高空跳傘，解答了一個我想大家都會捫心自問的問題：我有這種膽量嗎？做這些事情時，我怕的要命。如果我永遠不必再跳傘，我也會很樂意，但是我心中毫不猶豫我必須做我該做的事。我通常自願一馬當先，如此可具體展現膽量。這些經驗是成長的儀式。人們一同面對及經歷肉體的危險，使他們以一種神祕的方式結合。而且，征服心中最深的恐懼，令人感到振奮。

我們終於在跳傘高塔下的閱兵場集合，筆直地站立，穿著柯可蘭（Corcoran）跳傘靴——我們自掏腰包買的，沒有任何一個自愛的傘兵想在不幸喪生時穿著陸軍發的靴子，在我們黑金色的突擊兵領章之外又加上傘兵的翼徽。我們不僅是步兵而已，我們是空降突擊兵。全美的步兵沒有人比我們更帥氣了。

休假回鄉就像從另一個星球回到地球，從南方回到皇后區，從嚴厲的軍隊訓練回到一般的平民生活，從同齡的袍澤關係回到父母、伯叔姑嬸的親情關係中。回家的第一站是到紐約市立學院去看看操槍隊，也讓他們見識到我五個月來的轉變。「哇塞！柯林，空降突擊兵耶！」在他們的眼中我看到了驚喜，我也樂在其中。那時我二十一歲，正處人生的起跳點上，有個女朋友，父母也以我身為空降突擊兵而備覺光采，雖然當時我告訴他們我從飛機上跳下來的事，還是免不了嚇壞他們。當我正準備好好看看這個世界時，我接到的第一個命令是前往西德的第三裝甲師報到。在冷戰時期，全世界簡單的被二分成白、紅兩陣營（註：民主與共產），我對於能前往前線，直接面對鐵幕裡的共產政權，感到興奮不已。

在家時，我遇見鮑爾家裏的新成員。母親和父親變得更加節儉，想盡辦法多賺些錢，於是找來一名房客，她的名字是伊達・貝兒（Ida Bell）。貝兒小姐非常親切和藹，準時繳交房租，總是樂意幫忙做家務事。她甚至不時幫父親剪手指甲。有一回母親走進客廳，看到貝兒小姐在幫老爸剪腳指甲，就不准她以後再這麼做。姊姊和我永遠都感激貝兒小姐。在往後的艱困時刻，我和姊姊都不在家時，貝兒小姐成為我們雙親的守護天使。

掉槍

我被派到德國的第一站是格漢森（Gelnhausen），那是個靠近金茲格河谷（Kinzing River），一個如詩如畫的小鎮，離法蘭克福約有二十五哩，而蘇聯的防衛區就在東方四十三哩處。我所屬的單位是第三裝甲師的第二作戰指揮中心（B連），紮營在柯門營地（Coleman Kaserne），就在以前德國陸軍駐紮的佛格斯堡（Vogelsberg）山區附近，那裡大半的軍隊住在山邊的水泥營房。我受派擔任第四十八步兵旅第二裝步營B連的排長，第一次管轄四十人，面對他們的第一個早點名，我冷得發抖，那種感覺滿複雜的。一方面，這些軍人在外形、身高、膚色及背景方面，都和我在家鄉一起成長的差不多，但另一方面，此地的紀律又和班寧堡的相同，他們不是我的夥伴，他們是我的責任，我必須照顧他們。

我不久便發現這裏的陸軍跟班寧堡跑跑跳跳、熱切的空降突擊兵生活很不一樣。B連連長湯姆．米勒（Tom Miller）上尉，我的新長官，就是這種典範。米勒是營上五名連長之一，他們大多是二次世界大戰與韓戰時代的預備軍官，碩果僅存的。如果幸運，他們會再服役二十年，以少校退伍，或者是中校。如果不太幸運，他們會被降級為士兵。

如果真的很倒楣，他們會被淘汰，在中年時被迫去和老百姓一同找工作。

這些人或許不是耀眼巨星，但他們仍有迷人之處，值得學習之處，值得在西點軍校傳授或寫進軍事科學與戰術教科書的東西。我和米勒上尉相處的經驗及一把手槍的故事，正可以說明。當時，和空軍、海軍一樣，陸軍也必須有自己的核子武器，我們最好的裝備是架在雙牽引機上的二八〇釐米原子大砲，外表看起來像是第一次世界戰期間的「大笨蛋」（Big Bertha）。很明顯的，蘇聯很想知道「二八〇」的位置，以便他們發動攻擊時得以一擊命中，因此上級指派一排人員用卡車搬運這些大砲，不斷的在德國的森林裡換地點，讓蘇聯只能憑空猜測。有一天，我的上司米勒上尉召我去，並指派我那一排的人員擔任此一祕密任務，於是我告誡我排裡的士兵說，我們已經被選派來守護「二八〇」。當時我拿著點四五的手槍跳上吉普車，然後向營部出發去聽取簡報，想到自己要保護帶有核彈頭的武器，真是興奮極了。

但是，還沒走多遠，當我伸手想確定點四五手槍是否還在時，竟然發現槍已不翼而飛，我真是呆住了，在陸軍掉槍是很嚴重的事，於是我猶豫著該回頭去找槍，還是先接任務要緊？最後我決定先用無線電聯絡米勒上尉，告訴他實際狀況。

「鮑爾，你在途中嗎？」他在營上問。

「是的，長官。可是……你知道嗎……我的槍掉了！」

「你的什麼掉了？」他難以置信的回問我，接著過了幾秒鐘之後，又接了一句，「沒關係，先接任務。」

聽完營部的簡報之後，我一方面準備回去召集我的單位以執行任務，另一方面不安的等待著自己厄運到來。在我經過一個小鎮時，瞥見米勒上尉正在林邊的吉普車上等我，他叫我過去，然後說：「我給你帶來一樣東西。」說著把手槍交到我手上，接著又說：「你的槍枝從皮套上掉下來，是村裡的孩子撿到的。」孩子們撿到的？聽得我脊背一涼，他又說：「是啊！還算幸運，他們只發了一顆子彈，我們便聽到槍聲，然後我們就把槍拿走了。」可能導致的不幸後果使我很洩氣，米勒上尉最後說：「看在老天爺的份上，這種事千萬別再發生第二次。」

在他把吉普車開走之後，我檢查了一下子彈匣，裡面是滿滿的，槍並沒有發射過。我後來才知道，我是在啟程前就掉在營帳裡，那段有關小孩撿到槍的故事是他憑空捏造的，自此，他不曾再提過掉槍的事。

換作是現在，陸軍會召來軍法官展開調查，我的紀錄上就會留下一個永遠無法抹滅的黑記號。然而，米勒上尉虛構了故事，然後讓我知道他逮到我的缺失。當他發現屬下衝過頭而跌倒時，只會教訓他一下，嚇嚇他，然後儘量避免毀了他正要展開的人生。

像米勒這種人性化的領導方式，在書上是不多見的，使我也學習到一些帶領士兵之道，那就是：「當他們跌倒時，把他們扶起來，拍一拍，然後送他們回去，讓他們繼續前進。」

除了米勒，還有其他的長官都曾經扶持過我。譬如有一回，我將整排士兵要前往慕尼黑的火車票弄丟了，所有人都困在途中。我到現在才說出這些糊塗事，或許對年輕的軍官會有幫助，讓他們瞭解，在登上高峰之前必會面臨重重的困難。

認識大兵

美國陸軍在德國的任務是戍守總體防禦計畫（GDP）戰線。這條防線南北縱貫富達峽谷（Fulda Gap），也就是貫穿佛格斯堡山區的一段鐵幕。我們旅部的每一具大砲、機關槍、步槍、迫擊砲、坦克與反坦克武器，都是為了在蘇聯大舉越過峽谷時加以迎擊。我帶領的排，守衛一小段的鐵幕。蘇聯為什麼會攻過來？我不知道，那不是我的軍階所能瞭解的。但我們認為敵方隨時都會攻擊，當時冷戰方熾。蘇聯在前一年已發射史普尼克號太空梭，率先進入太空。他們在高速公路上阻撓我們前往柏林。艾森豪政府採取大規模報復的政策，意思是控制傳統武器，同時增強核武力量。我們的戰略專家認為，我們的傳統武力遜於蘇聯，所以必須依賴核子優勢。鮑爾少尉只知道我們在GDP

布署的兵力單薄，一旦蘇聯攻過來，我們應該盡力還擊，然後撤退，目睹核戰爆發。

一九五九年夏天，我請假回家參加紐約市立學院死黨克里斯與唐娜・奇索姆的婚禮，順便看看新生的姪子，梅芮琳的小嬰兒萊斯利以及大女兒麗莎。大部分時間，我都和女友約會。我們談到在我回營報到前結婚。如果我們結婚了，她打算待在紐約念完護校。我則必須獨自一人回到德國，熬上十六個月，這對新婚夫妻來說可不是好的開始。我需要老爸的忠告。於是，有一天深夜，在地下室的家庭聚會室，我慎重地提出這個話題。他的反應令我吃驚。老爸認為我還沒有準備好，但沒有說明理由。他從未如此直接地拒絕我的意見。我很在乎家人的支持，而且我也不打算反抗「教父」鮑爾。休假結束時，還是單身漢的我回到了格漢森。

那年年底，我第一次升級，升到中尉，這是自動晉升，我只要十八個月乖乖的不惹麻煩就可以了。

我在德國第一次接觸軍法。有三名陸軍卡車駕駛兵把德國公路當賽車跑道，在回基地的途中一路飆車回來。其中一名五噸重卡車的駕駛兵失去控制，撞上對方車道的一輛福斯汽車。三名德國平民因而喪生。我被指派在特別軍事法庭起訴這些駕駛兵，罪名是過失殺人。這些大兵則找了個平民律師來替他們辯護。

我從頭開始研究案情及法律。我不是地區檢察官。不過，在開庭當天，我這個年輕的步兵少尉走進審判的營帳，面對專業律師。結果，我成功的將兩名被告定罪，包括一名負責管理的中士。

當我步出法庭時，我覺得我對自己和軍法又多了一層的認識。我在預備軍官訓練班及操槍隊首度擔任領袖的角色，自從入伍後，我又肩負起更多嚴肅的責任。不過，這些狀況大多只需服從制式命令即可解決。這次的審判可說是我第一次必須自行思考，且獨立完成。那天是我對自己能力醒悟的一天。我可以消化吸收一大堆原始的資訊，加以整合，然後明智、具說服力地傳達出去。

這次的審判任務代表了我早期軍旅生涯的模式。我時常被抽離固定的工作，去接些不尋常的任務。有一回我被派去訓練旅部步槍隊。我們奪得冠軍。另一回我被派去指揮儀隊，達兩個月之久。我擔任副官協助組織總部。我老是被派來派去，我擔心我會脫離生涯正軌。不過，我的考績報告頗令人鼓舞。威爾佛瑞德・摩斯（Wilfred C. Morse）上尉在一九五九年七月二十日寫的一份報告結尾如下：「（鮑爾）堅定固執，但態度有禮，可以跟任何軍階的人打交道。他在軍中生涯的潛力無可限量，應予以加速發展。」我才二十一歲，就得到如此重視。但在這份將我捧上天的報告之後六個月，新的報告又讓我摔回現實。

營部的預備軍官大多很隨和，但我們即將面對一位很不相同的人物。我最近才被指派為第四十八步兵旅第二營D連的行政官，我們就要有個新連長了。人事決定後，營上立即掀起一陣恐慌。威廉．路易賽爾（Willian C. Louisell, Jr.）上尉出身西點軍校，曾擔任軍校戰術指導員。我們一些低階軍官曾是路易賽爾上尉的學生，他們說他是世上少見的頑固分子。路易賽爾果然名不虛傳——強悍、一板一眼、精明，有時蠻不講理。

我第一次嚐到路易賽爾的脾氣，是為了裝甲運兵車的事。我的責任之一是要讓所有的裝甲運兵車隨時面向下坡，並排車輛的左前角要與隔壁的右前角排成一直線，準備痛擊赤軍。路易賽爾幾乎是用測量人員的經緯儀在測量這些車輛的排列，要是有哪輛車超出線外，就得請老天爺救命了。

有一天，我在中隊辦公室，正在電話上用盡肺活量跟另一名少尉嘶吼，這時路易賽爾走了進來。他把我叫到一旁，叫我反省自己的行為。不久之後，我收到考績報告。在老百姓眼中，報告可能沒那麼糟。路易賽爾對我的評語是：「他脾氣火爆，但已努力加以控制。」就考績報告的行話來說，我被訓了一頓。這些字眼是打從我穿上預備軍官訓練班制服的第一天以來，我所得到唯一負面評語。路易賽爾找我去談話，提起在電話上發脾氣的事。「以後不准對我或任何人發脾氣，」他警告說。那是十分羞辱的行為。現在我還是脾氣火爆，偶爾還會爆發。每當我發脾氣，耳邊就會響起路易賽爾的警告。

在擔任路易賽爾的行政官時，我見識到萬一冷戰爆發成熱戰的可能景況。一九六〇年夏天，發餉日過後的一天早晨，我們的旅前往格拉芬沃（Grafenwohr）去做野外訓練。部隊應該要駐紮在六百多個綜合用途營帳。我們的連尚未抵達，可是一個姊妹連，第十二裝甲騎兵連，前一晚便抵達了。營帳裏住滿了弟兄，一大清早都還在睡夢當中。

那時我剛和別連的行政官完成採買的任務，才把買回來的糧食帶回我們餐廳。我聽到一種奇怪尖銳的聲音自頭頂上劃過。這一瞬間，我才明白那是一顆偏離射擊區的砲彈。我停下腳步，呆住了，然後看見一顆八吋的砲彈射過來。它擊中第十二裝甲騎兵連區一個營帳支柱，在空中炸成一團。爆炸聲震耳欲聾，之後是一陣恐怖的死寂。我丟下糧食，衝向爆炸地點，支離破碎的四肢散落在我四週的土地上。發餉日的鈔票緩緩墜落地上。其他一些士兵也趕過來，和我一起跋涉陣陣刺鼻的煙霧。在營帳裏，我拉開一只睡袋，裏頭就像是醫學教科書上的內臟圖解。十多條人命剎時化為烏有，受傷人數更多。後來查出這次悲劇是排列槍砲時的人為疏失所釀成，營長及其他軍官被解職。我看過上百部戰爭電影，但都無法讓我接受當天親眼目睹的一切。

預備軍官訓練班和班寧堡讓我認識軍官的生涯，格漢森則是我對軍隊核心——士兵的認識入門之處。在第四十八步兵旅，生活的一切就是照料我們的士兵。在那個時代，軍隊大多由被徵召入伍的士兵所組成，他們的教育程度往往比自願入伍的人還要高，有的還是大專生，我們就從其中挑選幕僚和技術人員。義務役的士兵則希望混過這兩年，然後回去上學、上班，回到他們的妻小或女朋友身邊。我們稱他們是「耶誕援手」（Christmas help）。他們入伍、幫國家打仗，然後回家，他們絕對是不想找麻煩的一群。

自願入伍者就不大相同。他們大多有很強的動機，很多人還一直幹到士官，成為軍隊的中堅幹部。有一些則是漫無目標，甚至有的是出於絕望才投入軍旅生活，因為在那個年頭，法官通常會替惹上麻煩的人選擇入獄或入伍。有一名十八歲的自願入伍者來找我，請求准許他娶一個被他搞大肚子的德國女孩。當時，軍方刻意不讓年輕的美國大兵輕易娶到外國人，這些夫妻在很多方面都不成熟，我們試著阻擋他們的熱情。後來在一九七〇年代，我們受命不要阻撓愛情——一名十八歲的二等兵跟一名十八歲的老百姓，同樣有權利把自己弄得像個傻瓜。那個來找我的二等兵，小倆口已預先度過蜜月，我告訴他我會迅速辦理文書工作。但問題不只這樣，他還表示，他也得申請許可把他未來的岳母送到美國，因為他也把她的肚子給搞大了——這種情況可沒有包括在班寧堡的初級班課程裡。

在五〇年代，想要除掉惹麻煩和不適任的傢伙，不僅曠日廢時，還需要一大堆的文書工作。我們安慰自己，我們只是需要更好的長官來讓這些頑劣分子改邪歸正。好的士兵看到壞蛋犯下謀殺罪卻能逍遙法外，這種情形對整體士氣會造成很大的打擊。大概要再花上二十年，針對所有自願入伍的部隊，我們才有權力去拒絕那些法官不想判去坐牢的人，並開除那些達不到我們標準的大兵。

那個年代裡，士官們都很強悍。明智的中尉跟著他們學習，否則最好不要擋到他們的路。我的第一任副排長是羅伯特・愛德華（Robert D. Edwards），從阿拉巴馬州內地來的，剛開始我還擔心這點。其實我是多慮了。我的膚色對愛德華來說並沒有什麼差異，只要他喜歡，我可以是白的、黑的，或是條紋的。我是他的中尉，他的工作是適應新中尉，並好好照顧他們。他總是用軍中老式的第三人稱跟我說話：「中尉想來杯咖啡嗎？」

部隊裡的人都很畏懼愛德華，這是有原因的。有一回，我甚至必須向他解釋為什麼他不能把一名不假外出的士兵鎖在軍營的暖氣機上。愛德華不明白我的理由，走開時嘴裡還喃喃念著紀律鬆弛之類的話。雖然大家怕他，不過在別的方面也會尊敬他。不管他的方法有多麼粗糙，他只有一個目標——排上弟兄的福利。如果他們當兵當得不錯，愛德華便會尊重他們。

在格漢森的日子，我才逐漸瞭解美國大兵。我瞭解到他們的行為動機以後，自此三十五年來，我都沒有忘記這些教訓。美國士兵喜歡勝利，他們想要成為一支成功隊伍的一分子，他們尊敬一個能把他們拉到高標準，並壓迫到極限的領導人——只要他們認為目標是值得的。美國士兵會不時抱怨被逼著要有好表現，偶爾他們會詛咒說寧願待在比較輕鬆的地方。不過在一天結束時，他們總會問：「我們表現得如何？」

我也瞭解到士兵把問題交給你的意義，即使他們的問題類似十八歲的三角戀愛那麼複雜。長官就是要解決問題，當哪一天士兵不再找你解決問題時，就表示你已無法再領導他們。他們若不是不再相信你能幫助他們，就是他們認為你漠不關心。不管是哪種情形，都表示你領導失敗。

我另一位良師益友是「紅人」雷蒙．巴瑞特（Raymond "Red Man" Barrett）少校，他是營上的行政官，他的太太瑪潔（Madge）是年輕軍官的教母，我們都很敬愛她。有一晚在軍官俱樂部吧檯，紅人向我們解說軍中領導的真義：「晚上你上床時，每件事都好極了。單位和諧、大伙兒負責任，你覺得自己完成了不起的工作。不料，第二天早上你起床時，發現在半夜裡沒有人注意之下，事情搞砸了——問題發生了。你們大家明白嗎？問題發生了。做長官的得從頭再來一遍。」擔任三軍參謀聯席會議主席時，有很多個早上當我走進五角大廈，耳邊就響起紅人的名言。

那些舊日袍澤在我心中有一個溫暖的角落。巴瑞特少校、米勒上尉、布萊克．史塔克、華特森和陸斯威爾等人，教導我們喜歡成為軍人，關心並照顧我們的部隊，他們也把軍中的樂趣傳遞給我們。把工作做好，但不要太苛責自己，我們的確也可以享受到樂趣。我們的社交生活集中在俯視金茲格河谷的一座半山腰上的軍官俱樂部。每個晚上中尉們會聚集在吧檯，等酒保佛瑞德送上來羅文布洛（Löwenbräu）啤酒，老鳥上尉則占據中庭區，說一些戰爭故事和傳奇來娛樂我們。晚餐之後，我們喝更多的酒，然後搖搖擺擺的上了福斯車，一路斜衝下營區去。

在那些飲酒作樂的日子裏，我們常玩一些喝酒遊戲，我都挺拿手的，直到我遇上「七-一四-二一」。這種遊戲的玩法是，在杯子裏放七顆骰子，只算一點的點數。誰擲出第七個一點，就請酒保佛瑞德調一杯十二盎司的酒，用波本、威士忌、琴酒、白蘭地及薄荷利口酒混合而成。佛瑞德用調酒器混合這杯綠色液體時，遊戲繼續進行。誰擲出第十四個一點，就得付酒錢。有人擲出第二十一個一點時，遊戲結束，這人得灌下那杯酒。有一晚，我連續三次擲出第二十一個一點。現在的我都是淺酌一口，但那天我乖乖受罰，喝到第三杯就掛了。我被人抬上床，但在清晨兩點因緊急集合而被拖下床。他們得把我綁在吉普車後座上，才能讓我坐直。對我這個幾近腦死的少尉來說，好在蘇聯沒有選在當晚進攻富達峽谷。

對黑人大兵而言，尤其是來自美國南方的，德國是自由天堂。他們想去哪裏、想到哪裏吃飯、想和誰約會都可以，和其他人沒什麼兩樣。美元很好用，啤酒很好喝，德國人很友善，因為我們擋在他們和紅軍中間。至少在冷戰時期的西德，戰爭似乎沒那麼糟。

你可以在軍中待三十五年，升到最高峰，不過第一項任務總是最難忘，而且也是未來職位的評估標準。如同格漢森對我的意義，它象徵著我們這班中尉終生友誼的開端。我們需要彼此才能生存下去。我們互相掩護長官不時的指責，我們遮掩彼此的過失和缺點，同時，我們也相互競爭。史帝夫．史帝文、吉姆．李、喬．史沃和其他的同袍，都鮮活的留在我的記憶裡。喬和他太太珮特，在好幾年後幫了鮑爾家一個大忙，當時我和身懷六甲的太太在一個極不友善的南方城市中幾乎要流落街頭。有的人認為軍中不適合他們而求去，只有極少數人升上將軍。我們是第二次世界大戰和韓戰後的新一代軍官。我們將在格漢森這種地方發揮所學，但我將在地球另一端，東南亞地區的越南經歷戰火的洗禮，普里查和吉姆等其他人，就是在那裡喪命的。

不論多麼難忘及珍貴，我在德國發現一項缺陷。這些駐軍已感染到一種不健康的態度，只想抄小路，做個樣子，而不是把事情做對。以下是個鮮明的小例子。陸軍當時剛成立一個訂購零組件的新設備維修系統，沒有人搞得懂，也沒人肯發出警告，指出這個系統不管用。到軍方垃圾場去找我們需要的零組件還來得容易些。然後，我們就捏造文書，讓這個極其荒謬的系統看上去挺管用的，讓這種差勁的管理持續下去。高階軍官睜隻眼閉隻眼，低階軍官便認定這種作法。這種自我欺騙不斷擴大，變成根深柢固，還輸出海外，幾年後便在越南造成悲劇性後果。

一九六〇年十一月，我人在海外，美國舉行總統大選，這是我成年後第一次可以投票。格漢森沒什麼競選活動，我也沒有看到著名的尼克森／甘迺迪電視辯論。不過，我還是用海外投票投給了甘迺迪。我的選擇不是經過很多分析研究。在那個年代，甘迺迪和民主黨對我這樣的年輕人似乎比較有希望。

迪文堡生涯

一九六〇年底，我結束在德國兩年的役期。當時，我已接替陸斯威爾成為D連的連長。我是營裡唯一指揮一個連的中尉，而這種工作通常是由上尉擔任的。營長吉姆·巴多羅米斯中校要求我留下來，可是我很想家，況且也想做某些改變。旅部已將我分發到麻州迪文堡，我有機會帶另外一個連，而且迪文距離紐約市只有幾小時的車程，這點很吸引我。我感傷的向第四十八步兵旅告別。剛來時我是個菜鳥，離開時我已是個老練的專家了。

多年以後在向我的小孩敘述這件往事時，他們只對一個故事有興趣。有一天早上演習時，我們在蓋森（Giessen）附近的一條窄路上，遇到其他單位的一輛偵察吉普車。

「嘿，排長，」我的手下喊道。「到這兒來。看看是誰在這裡。」

我走到吉普車旁，一名灰頭土臉、面容疲倦的中士向我敬禮，並伸出手來——他是貓王（Elvis Presley）。他們的父親跟貓王握過手，讓我的小孩震驚不已。當時讓我印象深刻的是，貓王並沒有要求特殊的待遇，而是像個普通大兵一樣服完兩年的役期，毫無怨言，甚至升到士官時也一樣。

迪文堡在麻州艾雅市（Ayer）附近，大約在波士頓西方三十哩處，是麻州議會議員堅持下才存在的一個駐屯地。我在一九六一年一月，踩著三呎深的積雪向迪文堡報到。部隊裡主要的話題就是酷寒，波多黎各籍的大兵特別受不了。我們連上有個人稱「一兵TA-二二」，TA指的是陸軍當季服裝規定表。每當一兵TA-二二要離營時，他把軍中發下的每件衣物都穿上了，可是還是冷得要命。唉，他後來不假外出，憲兵數週後在波多黎各桑特斯（Santurce）找到他，正舒服地日光浴。有趣的是，一到週六下午，檢查結束後，一週來發抖打顫、抱怨連連的這些弟兄們，全都換上他們最輕薄、最帥氣的便服，搭便車去波士頓及紐約的歡樂鄉。

我被分發到第二步兵旅第四步兵團第一營。旅長是史迪威二世（Joseph Stilwell, Jr.）准將，二次世界大戰傳奇將軍「醋喬」（Vinegar Joe）史迪威之子。我們這位旅長被稱為「西打喬」或「蘋果汁喬」。他在五十歲時才開始學跳降落傘。他不甘於自己冒險摔斷頸子，還哄騙軍中牧師上了十分鐘課程後便去跳傘。牧師跌到地面，像塊水晶摔得遍體鱗傷，此後永不再跳傘。兩年後離開迪文堡，史迪威去學開DC-三，不過學藝不精，在一趟由加州飛往夏威夷的航程失蹤。認識他的人都猜想有朝一日，「西打喬」會臉色紅潤地出現在威基基（Waikiki）海灘上。

我在迪文堡的第一項任務是擔任營部的聯絡官，主要是營三艾利森（Richard D. Ellison）少校的跑腿，他負責作戰和訓練業務。艾利森是位和藹的愛爾蘭人，也是二次大戰和韓戰的老兵，比我在德國時大部分的長官還高上好幾級。指揮作戰大隊的是一名嚴格的中校，羅伯特·尤特雷，副旅長堅特恩（Tom Gendron）則為隊裡增加不少趣味。堅特恩是傳奇性第一步兵師——「大紅」（the Big Red One）的老兵，吃飯、睡覺、呼吸都穿著他那套舊制服。他按照第一步兵師歷任帶兵的將軍來給他兒子命名。在他太太堅持下，他女兒才得以免享這項榮譽。「你不算好兵，」堅特恩的口頭禪，「除非你進過大紅」。

「西打喬」、尤特雷和堅特恩不時冒出許多主意，好的、壞的，還有可笑的。我從機伶的艾利森那兒，學會如何推行聰明的點子——擋掉愚蠢的，扼殺掉最令人尷尬的，在這同時還能讓長官開心。

迪克和他的太太喬伊，是愛熱鬧的夫妻，他們可說收養了我這個寂寞的單身漢。數年後，迪克陣亡於越南，讓我痛失這位摯友。

打開槳硬

不久，我擺脫了這個聯絡官的差事，成為A連的執行官，也就是負責指揮的第二把交椅。沒多久，連長換人，這是入伍後我第二次負責指揮整個連，而我仍是個中尉。其他的連長和我既是競爭對手也是夥伴，我們互相傳授小把戲。例如，如果少了床單，去醫院垃圾堆或停屍間找找看。那裡總是有很多床單，雖然有點破舊，不過可以修補。

迪文堡的競爭使我學到寶貴的一課，競爭不一定是要你死我活的。我讓連隊趕上各項競賽，不只是運動，還包括最佳軍營、最佳公共休閒室、最佳武器檢察，任何可以評等級贏得報酬的表現。競賽愈多，就有愈多的士兵或單位有表現機會，我非常清楚這項需要。我在制服上發現自我的價值，我也打算幫助我的弟兄找到他們的價值。我認為，要建立士兵的信心和自尊，以凡人超越平凡的努力而獲得勝利，才是最健康的競賽。

第二步兵旅屬於戰略作戰部隊（STRAC），是一支準備在各國前線發動奇襲的精銳部隊。我們常把這個縮寫當成名詞或形容來使用。「STRAC」是一種狀態，代表準備妥善，或者是精神飽滿、有團隊精神。「中士，排上STRAC嗎？」，「是的，長官。我們很STRAC。」就像軍中常發生的事一樣，我們做得太過火了。形式凌駕於實質之上，保持STRAC變成看起來英姿煥發，而不是準備好戰鬥。我們把發下來的野戰服漿得像紙板那麼硬，以壓出刀刃般的摺縫。「打開漿硬」（breaking starch）的意思是用掃帚把柄撐開褲管，好讓我們把腳伸進制服。我們拖到最後一分鐘才更衣準備檢查，我們的褲子不扣釦子，也不拉拉鍊，最後才套上靴子。這一切都是為了不讓制服起皺紋。這些都是白費心機，因為不到一個小時，每個人的制服都會布滿皺紋。但是，身為STRAC就表示是打開漿硬，而我做的是一流的。這是傳統。

打開漿硬是愚蠢傳統的例子。自越戰以後，軍方已試著取消一些毫無意義的舉動。我們企圖讓軍旅生活變得更平民化，每週工作五天，週末放假。今日的軍營有點像是大專校園，而不是集中營。我們仍然舉行檢查，不過目的是為了評估一個單位的準備狀況，而不是逮到一個士兵的水壺突出線外四分之一吋。

我接受並支持大多數合理的改變，以及拋棄無理的作法，比如打開漿硬。但在同時，傳統與儀式仍是營造軍中神祕氛圍所不可或缺的。他們激發年輕士兵生命中的歸屬感與重要性。坦白說，我很懷念已失落的一些傳統作法。舉例來說，連長以前負責處理小錯，然後登記在綠皮的懲戒簿上：「一兵魯索，不假外出、罰鍰五〇美元。」現在，懲戒簿早已取消。想要執行例行的懲戒，你得宣讀長篇聲明，提供證人、找來律師，然後呈報上級批示。這一切當然符合公民權利，但卻有損軍中小單位的重要一環，那就是軍官與士官具有家庭責任感，要像睿智的父母照顧年輕人，在他們迷途時讓他們重返正軌。不可否認，舊制度底下偶爾發生一些管教不當的事情。可是，優點遠勝於缺點。今天的情況就像是一發生廚房爭吵，就把全家人拖上家事法庭一樣。陸軍失去一些珍貴的東西，因為管教權力移交到上級單位及律師。

人事與薪俸以往由營部管理。現在，電腦讓陸軍得以在更高層級整合這些工作。這比較具成本效益，可是我們為此而付出代價。軍官不再介入士兵的生活，他們不再勸誡及指正他們的問題。由某方面觀之，我們去除了連接士兵與領導者之間的人性關聯。那種提高士氣，親如一家的感覺。我確定一定年紀的大兵必然記得連上的餐廳，煤渣水泥磚砌成的木造建築，角落一隅是廚房，木頭地板上擺放野餐式的桌子與板凳，另一個角落用條欄杆隔開軍官的用餐區，另一隅是保留給士官的，垃圾桶放置在出口處，外頭有拖把架。我知道今天又大又方便的「用餐區」，比以前連上的餐廳更具經濟價值。可是，連上餐廳的嘈雜聲在我聽來宛如懷舊音樂，我懷念那種袍澤情感。當然，我把現實與懷舊混為一談；理智上，我明白今日的美國大兵與陸軍更加優秀，可是我仍以愉快的回憶來回想當年的日子，就像任何老兵一樣。

我擔任A連連長的時間並不長，不久我又被派去擔任一個新單位的第二步兵團第一營的行政官，又是中尉幹上尉的工作。營副官管人事、晉升、分發、紀律、郵件和「士氣及福利」。我的新指軍官是亞伯納西（William C. Abernathy）中校，從阿肯色州來的百分之百浸信會教徒，畢業於奎奇塔浸信會教徒大學，除了「老天」之外，他不說其他任何髒話。我勢必得收斂自己的行為。

亞伯納西中校不好逞強，但他力求表現，視部隊士氣為第一要務。他認為晉升一等兵應該與晉升上校受到同等重視，弟兄們要準時發餉，在野地裏凍壞身子的阿兵哥必須要有熱咖啡及熱湯可以喝。任何跡象顯示一名大兵沒有受到妥善照料，就表示指揮系統有麻煩了。亞伯納西並不是寵溺部隊，他和他們一起工作，管教他們，那是另一種關心的方式。

有一天，中校知會我，要我設立「小寶寶，歡迎你！」（Welcome Baby）信件的系統。我的狐疑全部寫在臉上。亞伯納西解釋，老婆即將臨盆的士兵們都會收到營長的親筆信，向初為父母者道賀。第二封信要寄給新生兒，歡迎他們加入營部。亞伯納西要求我在嬰兒出生的當天就寄出這些信。

我怎麼會知道有誰快要做爸爸了？我可以想像全營官兵在校閱場集合：「老婆懷孕的人，向前一步走！好了。她什麼時候要生？」我猜想我孤家寡人一個，讓我對這種事提不起勁來。反正，我對成立這種「白鸛警報系統」一拖再拖。亞伯納西把我叫去訓話。「老天爺，柯林，」他說。「我很失望你還沒有去辦這件事。」我寧可讓紅扁帽用三字經罵我，也不想聽到亞伯納西的請求。我回到辦公室，即刻把報戶口列為我的任務之一。

令我訝異的是，我們開始實行這個系統後，便獲得好評。士兵們對亞伯納西的體貼很感動。新為人母者還寫信給我們說，她們很高興成為丈夫軍旅生涯的一部分。嬰兒還不會說話，不過我想，大概有一名三十五歲的女士猜想著為何她的嬰兒紀念冊裏會有一封歡迎她加入第二步兵團第一營的信件。

我又學到一個經驗，而且終身受用。設法與單位裏的每個人接觸聯繫。讓大家覺得重要，而且有歸屬感。亞伯納西找到方法在這個強悍的地方表達關切。而當時陸軍的態度是，「如果我們要你討老婆，我們就會分發一個給你。」

我調侃這份行政官的工作，並表示希望去指揮部隊。我不斷向亞伯納西遊說要去另一個連，直到有一天，他說了一句值得玩味的話。「你已經指揮過兩個連了，雖然時間都不長。入伍不到三年，你已經是第三度做上尉的工作。按照這種速度，不可能有人會再派你到連部級的地方。」他似乎要說：我早已跨越這個階段的柵欄。我還是希望擔任連長，可是他說對了。

一九六一年夏天，用我家親戚的話說，我第一次要「回家」了。就所有專業挑戰來說，迪文堡不像在西德駐守冷戰堡壘那麼刺激。我期待冒險，於是我花了一八二美元的來回機票錢（當時我一個月收入二九〇美元），第一次回牙買加。出發前，我花了點時間詢問家人，研究血緣資料，以免鬧笑話。

地球上還會有其他兩個地方像迪文堡和牙買加如此差異明顯嗎？忽然間，我沐浴在陽光下，被繁花所圍繞，身旁都是叔伯阿姨表親們，好像他們已經認識我一輩子似的。在申請入伍時，我必須填寫居住海外的親戚，我總共寫出二十八個一等血親的牙買加人。可是，這趟訪鄉我還是鬧了笑話。我忘了帶禮物去，像我這種由富饒的美國來的「有錢」親戚應該帶禮物的。不過，我被簇擁到各鎮各家去，好像我是個寶貝似的。

不久，我便瞭解國內家鄉西印度群島人的母系社會作風。這裏的女性辛勤工作，很有紀律。她們訂下標準、撫養子女，並推動他們前進。有些男人好像不存在。我見過全部的阿姨及嬸嬸，但卻沒見過幾個姨丈與叔叔。有一天，我和表哥維儂·梅克開車經過京斯頓要去拜訪艾瑟琳姨媽與姨丈威特。維持在一個路口減速，指著街角一個男人說，「那是你舅舅魯皮。」

「我想要見他，」我說。

「不成，」維儂回答。

「為何不成？」我很好奇。原來魯皮是麥考伊家族的害群之馬（black sheep）。太過花心，又沒有謀生技能。我堅持要帶魯皮舅舅一塊去。畢竟，他是我母親的兄弟。

維儂說的沒錯，艾瑟琳姨媽很不高興，可是我卻入了迷。魯皮舅舅其實是個可愛的壞蛋，只要我幫他付蘭姆酒錢，他樂意不斷地講述自己的事蹟。我的錢和他的事蹟持續了三天。我休假最後兩天是在皇后區休息，清除我的宿醉頭痛，然後返回迪文堡。

民主樂園

一九六一年夏天時，我已經可以退伍，因為已服完三年的義務役。在我腦海中，閃過一種從未有過的念頭：我是個黑人青年，除了當兵外，我一無所長。我要做什麼？跟父親一起在成衣廠工作嗎？既然大學主修地質學，我要到奧克拉荷馬州探鑽石油嗎？美國正處在不景氣，如果留在軍中，我很快就可月入三六〇美元，一年高達四三二〇美元，我的職業可以讓我發揮所長。身為黑人，美國社會再也沒有其他門路可以提供這種機會。不過更重要的是，我喜歡做我自己想要做的事。因此，出乎家人意料的，我告訴他們我不回家了。

非裔美國人對服兵役一直是愛恨交加。為什麼我們應該替這個國家奮戰？長久以來，它非但沒有為我們奮戰，反倒剝奪我們的基本權利。我們又如何能侍候這個國家？在這裡我們甚至無法在餐廳享受被人侍候，以及和美國白人所擁有的一般舒適禮遇。然而，不論是褒是貶，喜歡或忍耐，數十萬非裔美國人從開國時便為這個國家服役。在我現在服役的麻州，回溯至一六五二年，黑人便被徵召加入民團，不論是自由之身或是奴隸。獨立戰爭期間，逾五千名黑人加入華盛頓將軍麾下，協助這個國家爭取到黑人自己無法享有的獨立自主。內戰時，將近二十二萬名黑人參加北美合眾國的軍隊，其中三萬七千五百人陣亡。他們獲得解放，然而返回家鄉後仍遭受歧視，三K黨崛起，並以私刑凌辱、屠殺。

內戰之後，國會授權成立四個有色人種兵團，第二十四和第二十五步兵團，以及第九和第十騎兵團。根據傳說，印地安人稱他們為「水牛士兵」，因為他們皮膚黝黑，頭髮鬈曲，身穿水牛皮外套，以驍勇善戰著稱。然而，這些兵團的成立並非種族（Teddy Roosevelt）地位提升。華府只是要在開拓西部時，保護白人拓荒者不受印地安人襲擊。水牛士兵要協助白人取得土地，但黑人不准擁有。

你可以蒐尋泰迪．羅斯福（Tedly Roosevelt）和非正規騎兵在美國與西班牙戰爭時，攻上聖胡安山岳的圖畫，你不會找到任何一個黑人的臉孔。如果當時是使用照相機，便會拍攝到他們，因為「水牛士兵」就在那兒，其中七人在古巴曾獲頒榮譽勳章。二次大戰時，將近一百萬名黑人穿上軍服，其中第一個黑人戰鬥機駕駛員塔斯克吉．艾爾曼（Tuskegee Airmen），就證明了沒有任何務是黑人的技能和勇氣辦不成的。可是，這些黑人士兵在一九四五年解甲回到歧視黑人的南方，就讀隔離政策下所設立的學校，工作前景黯淡，甚至屈辱的被限制使用「有色人種」的洗手間和飲水台。這個國家與其他地方的種族歧視，只不過是程度上的差異而已。

但是，為何黑人總是回應國家的召喚？他們如此做，是為了履行他們獲准履行的「微薄」權利。這麼做，是因為他們相信，如果他們在戰鬥中證明同樣的勇氣和同樣的犧牲，而且為他們的國家而亡，那麼必能享有平等的機會。例如，傑克森（Andrew Jackson）將軍曾允諾贈與土地給為他打仗的黑人，特別是在紐奧良之役。他們參戰，不少人陣亡，但當戰火停息，不再危急時，他們什麼也沒拿到。

直到一九四八年七月二十六日，杜魯門總統才簽署行政命令，取消軍中的隔離政策——如果黑人美國士兵能夠平等的為國捐軀，他們也能在軍中享有平等的待遇。這項歷史性轉捩點，發生在我加入軍中十年後。我仍然記得在班寧堡步兵高級班時，兩位最親密的友人，唐·菲利浦（Don Phillips）和赫曼·普萊斯（Herman Price），我們三人集合時站在一起，姓氏字母排在一起，看上去好像軍中仍實施隔離。菲利浦最後升到上校，並成為華盛頓陸軍儀隊首位黑人指揮。普萊斯改行學醫，成為陸軍心臟病權威。他們的職業生涯以及其他黑人軍官，例如成為尼克森總統軍事顧問的蘭傑·考飛（Ranger Coffey），都受益於這項鮮為人知的事實：軍中比美國其他地方領先實現民主理想。自五〇年代起，軍事基地的大門內存在較少的歧視，留下較為真實的功績制度以及較為平等的競技場，遠勝於南方任何一州的市政廳或北方的企業。所以，軍中讓我比較能夠愛這個一身瘡疤的國家，並且全心全意地侍候她。

第三章　追求艾瑪

她的皮膚細緻，頭髮是淡褐色的，身材姣好。我被她迷人的雙眼給迷住，那是罕見的綠色。強森小姐舉止優雅，談吐不凡，有著溫柔的南方口音。

這次盲目約會可能有希望了。

一九六一年十一月，有一天我正在迪文堡單身軍官宿舍的房間裡歇著，麥克．海尼堡突然進來要我幫個忙。麥克也是來自皇后區，出身背景跟我一樣複雜。他們是具有德國血統的黑人家庭，麥克的父親叫亞道夫，哥哥叫古斯塔夫。麥克認識了一個波士頓的女孩，賈姬．菲爾德，正打算追她。他懇求我：「請你和我進城去會會她的室友，好嗎？」

「盲目約會？」我憂心忡忡地問，麥克點點頭。我從來沒有參加過盲目約會，六合彩成功的機率好像還比較高一些。但是，我跟紐約的女友熬不過十六個月的離別而分手，我正感到惶恐不安。我在迪文堡有很多朋友，像操槍隊時期便認識的湯尼・迪佩斯和他太太珊蒂，班寧堡來的普萊斯夫婦，以及「表兄」柯斯特爾・華克和「屠夫」艾茲拉・庫明斯等新朋友。不過在談戀愛方面，我並不活躍。我說：「好吧，麥克。我會替你護航。」

我們開車到波士頓後灣區馬布洛街三七二號去接兩位小姐。我們來到一幢高級住宅背後一樓的小公寓，裡頭只有一間臥室。賈姬・菲爾德出來迎接我們，幾分鐘後另一位小姐露臉了。「這位是我的室友，艾瑪・強森（Alma Johnson）。」賈姬說。

一見鍾情

她的皮膚細緻，頭髮是淡褐色的，身材姣好。我被她迷人的雙眼給迷住，那是罕見的綠色。強森小姐舉止優雅，談吐不凡，有著溫柔的南方口音。這次盲目約會可能有希望了。

很久以後，艾瑪告訴我她對於第一次見面的印象。「我跟室友吵了一架，因為她拖我下水，」她告訴我。「我不參加盲目約會，」艾瑪跟賈姬說。「而且絕對不要跟阿兵哥去盲目約會。我怎麼知道來的會是什麼樣的人？」艾瑪為了發洩不滿，便打扮成奇裝異服，還化上濃粧想嚇跑陌生的追求者。可是她說，當她往房裏偷瞄，她很驚訝地看見一名羞怯、有點娃娃臉的傢伙，臉頰因為天冷而凍得紅通通。她以往都跟大上四、五歲的男人約會。「你看上去像個迷路的十二歲小男孩」，她後來告訴我。於是她躲到浴室去換衣服，重新上粧，恢復成原來的她。

我們請小姐們到多徹斯特區（Dorchester）的一家俱樂部，我們喝飲料，邊聽音樂邊聊天。以前我所認識的女孩都帶有紐約腔，我被這位輕聲軟語的南方人給懾住了，一整晚都是艾瑪在說話，我則聽得入迷。她問了我一個在當時非常自然的問題——我還要當多久的兵？她認識的每個人都在入伍後盡快退伍，他們甚至可以清楚告訴你，他們還要當幾分鐘的兵。我告訴她，我不會退伍的，因為我是個職業軍人。然後，她看著我的神情，就好像我是個外星人似的。

我一生中最愉快的一晚終於到了尾聲，麥克和我開車回到迪文堡。第二天我打電話給艾瑪，約她出來。

我們開始固定約會，我知道的愈多，就愈喜歡她。艾瑪在阿拉巴馬州伯明翰市出生及長大，她的父親，「RC」羅伯特．強森，是派克高中的校長。當地有兩所黑人高中，她的叔叔喬治．貝爾則是另一所——烏曼高中的校長。艾瑪的母親，蜜兒德瑞．強森，是黑人女童軍的首倡者，也是耶穌教會聯合會的全國領袖之一。艾瑪跳級升學，十九歲便自田納西州納許維爾的費斯克大學畢業。她在畢業後回到家鄉，有一陣子主持電台節目「艾瑪的午餐約會」。她在節目中傳授家庭小百科及播放音樂，大部分是電台主管要求的藍調歌曲。但是當她代班作夜間的DJ時，她就會播放自己喜歡的音樂——前衛的爵士樂。

艾瑪向來不喜歡自己的家鄉。倒不是因為伯明翰法制化的種族歧視。事實上，身為RC強森的女兒，她過著特權般的生活。但艾瑪具有冒險精神，她覺得伯明翰令人窒息，想要去探索世界。於是，她到波士頓去念艾默森大學的聽覺學研究所課程。我遇見她時，艾瑪是波士頓重聽協會的聽覺師，開著一輛活動卡車到各地給人們做聽覺測驗。她最驕傲的功績是進入劍橋一間修道院去檢驗耶穌會信徒的聽力。

認識一個月後，艾瑪要回到伯明翰去過聖誕節，我設法讓她在回途時繞道紐約，見見在艾蜜拉大道上開除夕夜派對的鮑家親友。我確定艾瑪會喜歡我的親人，不過可不會馬上喜歡。一個教養良好、出身富裕的南方家庭女孩，需要逐步適應好管閒事、嘈雜、喜歡作樂的西印度群島人。

派對在我家地下室的聚會室舉行。水泥地板上鋪著塑膠磁磚，牆壁及天花板鋪著難看的褐色軟木塞板，角落立著一個小酒吧，僅夠擺上酒杯、酒瓶及一名酒保轉身。酒吧上頭掛著一些雕成海盜頭像的椰子，羅斯福總統的玉照由布朗區老家搬來，現在掛在酒吧後頭的明顯位置。沙發環牆放置，另一個角落擺著兩個經濟艙的座位，那是我和操槍隊的死黨在艾德威爾德機場（現在的甘迺迪機）由一架報廢的El Al飛機上搶救回來的。

艾瑪和我抵達時，屋子裏已擠滿了親友，唱歌跳舞、吃喝歡笑，而且還在談論「回家」的話題。廚房不斷送食物下來，一大疊加利騷唱片不停地在唱機上播放，那是老爸為了姊姊梅芮琳的甜蜜十六歲生日舞會所添購的。

我愛艾瑪

我護送艾瑪走進這場歡樂但混亂，而且是老爸主持大局，宛如電影《教父》柯里昂（Don Corleone）大爺主持女兒的婚禮。他和母親親切地擁抱艾瑪，然後開始把她介紹給眾人認識，包括叔叔、阿姨及表弟表妹們，讓大家仔細端詳。

艾瑪成功地結束第一回合。等她坐到經濟艙座位去喘口氣時，真正的考驗才來臨。柏莉姨媽洄游過來準備獵殺。柏莉姨媽沒有兒女，於是寵溺她的姪子及外甥，而我就是她最疼愛的「小柯柯」。在柏莉姨媽眼中，艾瑪一開始就有嚴重缺陷。她不是牙買加人，甚至不是西印度群島人，而且也不是來自紐約。柏莉姨媽緊倚著艾瑪坐下，一言不發，上下地打量著她。賓客們假裝繼續玩樂，但用眼角餘光盯著柏莉姨媽。艾瑪終於起身。柏莉姨媽也站起來。艾瑪走兩步，柏莉姨媽就跟兩步。每回艾瑪轉身，姨媽就在她身後，她的臉上寫滿疑問。但她始終沒說什麼。

最後，柏莉姨媽終於走開，開始跟其他親友談話。艾瑪又可以呼吸了。柏莉姨媽跟大家說，「小柯柯」就快要到二十五歲的適婚年齡了，不能在家裏一直等下去，求愛儀式可以進行下去，即使這個可憐的小孩不是牙買加人。我不知道這算是求愛儀式，我以為我不過是有了新的女朋友，我們正在約會而已。我真是個傻瓜。

回到麻州後，艾瑪開始在週末時搭巴士到迪文堡來探訪我。我們和單身的朋友一塊在雷斯克勒俱樂部吃起司漢堡，並且探望一些已婚的友人。艾瑪見過普萊斯夫婦、亞伯納西夫婦、艾利森夫婦及迪佩斯夫婦，她逐漸瞭解那些急於退伍的義務役阿兵哥之外的陸軍生涯。對一個南方的黑人來說，她很驚訝軍眷之間的團結。她一開始就適應的很好，與長官的妻子相處融洽，彷彿她天生就是要當軍眷的。

艾瑪和我很快就變得形影不離。我巴不得週六檢查趕緊結束，好讓我們相聚。我不太清楚究竟發生什麼事。我陷入熱戀，不過我想我總會弄清楚的。

圓方塊舞及扭扭舞當年正流行，可是跳舞向來不是我所拿手。假如充分熱身，我的加利騷舞跳得挺不錯的，但對於恰恰舞、凌地舞（Lindy）及孟連戈舞（Merengue）就一竅不通。牙買加通婚阻斷了我身上的籃球及跳舞細胞。可是，假如你不是白人，又有一頭髮髮，大家自然都以為你很拿手這些項目。艾瑪的扭扭舞跳得還可以，並指導我，直到我勉強過關為止。

一九六二年夏天，我已在迪文堡待了十八個月，應該下部隊了。八月時，命令發下來，我被奉派到南越去。我對那個國家一無所知，除了知道甘迺迪總統已派遣數千人到那裡當顧問之外。第一批被派去的傳回來零星的消息，說我們參與一項「建國」運動，試圖協助南越擺脫自柏林圍牆（一年前才築起來的）蔓延到東南亞稻田的赤禍。我很興奮，我要參戰了。

當然，我也感到焦慮。試飛員在飛行前感到焦慮、獨唱者在演唱會前，以及四分衛在開球前都是如此。但是，我們急於去做我們終身受訓去做的事，而我是個士兵。我的同袍羨慕我，因為獲選去南越擔任顧問的人被視為明日之星，將來會平步青雲、前途光明。秋天時，我必須到北卡羅萊納州布雷格堡去報到，接受為期六週的軍事顧問課程。在出國前，我可望晉升為上尉。

我熱切的打電話給雙親和朋友，最後我打電話給艾瑪，我感覺到她並沒有感染到我的興奮。於是我開車到波士頓，去向她解釋為什麼這算是一個好消息，我即將開始正式執行我熱衷的職業。不料這個說法無法得到回應，於是我提到升遷的事。而艾瑪卻只想知道這項命令對我們之間有什麼意義。我告訴她，越南的任務為期一年，在這以後，我也不知道會被派到何處，我很在乎她，希望她會時常寫信給我。她的回答擊倒了我：「我不會給你寫信的。」她說，如果她只能當個筆友，倒不如現在就分手。艾瑪繼續說，她快要二十五歲了，她一點也不想乾坐著，等著看一年後我們是否還會在一起。

我十分沮喪的開車回到迪文堡。她的反應迫使我捫心自問一些我仍不願面對的事，這個女人對我究竟有多重要？

當晚，我躺在床上，思索著這段關係。艾瑪．強森，美麗、聰穎、高雅，跟她在一起很快樂，而且還是個能談天說地的朋友，這在戀愛中是很少見的。她家世良好，跟我的朋友處得來，還是個好廚娘。我知道她愛我，而我也愛她，我的家人也愛她。我還在等什麼？艾瑪擁有我對妻子的一切要求。我是個傻瓜，才沒有在她離開前採取行動。我不能理會「如果陸軍要你討老婆，就會分發一個給你」這種廢話。

於是我迫不及待在隔天早上又開車回到波士頓，向她求婚。感謝上帝，她答應了！艾瑪必然深愛著我，因為我不是個羅曼蒂克的追求者，我甚至沒有買給她訂婚戒指。我告訴她，我們把錢花在家用物品上，可能會過得舒服一點。艾瑪早已經歷過一次訂婚，有過戒指及飾物，但事情並不圓滿。她聰慧過人，明白飾物對於婚姻成功毫無意義。「不要擔心戒指，」她跟我說。「你可以將來再彌補我。」我真的補送她了，是一枚完美的鑽戒。

當我打電話通知雙親我們要結婚了，他們似乎鬆了一口氣。艾瑪也打電話通知她的父母。我見過她的媽媽蜜兒德瑞，她好像挺喜歡我。可是我還沒見過RC強森，他的名字聽起來似乎很難應付。艾瑪告訴我，她的父親從來都不中意她交的男朋友。他們到強森家拜訪時，RC強森對他們都很冷淡。

如果艾瑪要和我一塊到布雷格堡受訓，我們動作就得快點。我們決定兩週後在伯明翰結婚，日期是一九六二年八月二十五日星期六，地點在公理會，接待酒會則在強森家舉行。

我通知了羅尼・布魯克斯，他正在羅德島普羅維登斯市的布朗大學攻讀化學博士學位。羅尼是我的偶像——完美的軍人，他服完最少六個月的義務役，然後選擇老百姓生涯。「哇，」當我告訴他我馬上就要結婚時，羅尼說：「請先暫停一切行動，我們見面再談。」我得等他趕來波士頓，看我碰上什麼樣的麻煩。幾天後羅尼抵達時，艾瑪準備好一頓可口的南方晚餐在等他，那頓飯就把羅尼・布魯克斯給擺平了。他站起來繞過餐桌，吻了艾瑪的臉頰，還自告奮勇要擔任男儐相。

之後，我們碰上大麻煩了。「我不要去參加婚禮，」老爸通知我。「你不會逮到我死在伯明翰的。」路德・鮑爾絕不踏上任何會被視為二等公民的地方。「我會拍電報給你們，附上我最深的祝福，」他說。老媽說她才不管路德要怎麼做，她要來看她的兒子結婚。梅芮琳及諾曼自水牛城捎來消息說，他們會來參加婚禮。老爸必須重新考慮。異族通婚的夫妻到了南方，他的女兒及女婿一定會碰上麻煩的。「假如他們要私刑凌虐諾曼，」老爸說，「我們最好也要在那裏。我或許可以買通私刑者。」

我去見長官亞伯納西中校，請他准我週末休假去結婚。我答應在週一早上就回來報到。亞伯納西親切地跟我握手，然後說：「中尉，我想營上三天沒有你應該撐得下去。」

接下來的十天是一團混亂，艾瑪和她母親以盟軍計畫諾曼地登陸的熱切精神來準備婚禮。蜜兒德瑞在她友人家中找到空房，來安置我的家人。她找到一位親戚自願主辦婚禮前夕的晚宴。艾瑪的妹妹芭芭拉，將擔任女儐相。羅尼和我則受命要穿上夏季軍禮服，假使羅尼在吃了兩三年老百姓伙食之後還穿得下他的禮服。在波士頓，艾瑪和我買了簡單的結婚金戒來交換，然後她回去伯明翰。我則及時趕上前一晚的晚宴及接待會。

RC強森是個高大、正經八百的人，說話絕不拖泥帶水。後來，我偶爾會遇到來自伯明翰，讀過強森當校長的派克高中的黑人士兵。當我提及他們的老校長是我老岳丈時，他們的反應一律都是：「你娶了RC的女兒？你真是勇氣可嘉。」事實上，RC很高興艾瑪要出嫁了，雖然他不喜歡我的職業以及我要離開一年。他尤其不滿意有個西印度群島女婿。我們打電話通知強森家我們要結婚了，RC跟他老婆嘮叨說：「我這一輩子都跟那些討厭的西印度群島人保持距離，如今我女兒竟然要嫁給西印度群島人！」我老爸路德討厭南方，艾瑪的老爸RC則討厭路德這種人，這個週末有的瞧了！

我的家人終於抵達伯明翰，僥倖逃過私刑的老爸開始享受老時光了。他熱愛派對、受洗禮、婚禮、通宵祭及喪禮，只要能讓大夥聚在一起。強森家及他們的圈子現在已成為他一輩子的朋友，即使他在幾小時前才遇見他們。

八月是阿拉巴馬州最炎熱的季節。結婚當天，在座無虛席的教堂裏，你可以聽見女仕們搖著當地殯儀館提供的扇子的沙沙聲。派瑞牧師開始進行儀式時，羅尼和我由邊門挺拔地跨步進來，就定位後，向右轉，靠腿，立正站好，好像在進行演習競賽似的。艾瑪在她妹妹芭芭拉的伴隨下，挽著一臉嚴肅的RC的手臂，走過紅氈。她神采飛揚、鎮定自持，讓我無法忘懷。幾分鐘後，這位美麗的女子就要成為我的妻子。

婚禮結束後，我們到強森家去開接待會。我的家人發現這裡的婚禮酒會作法和紐約大不相同。沒有醇酒、沒有音樂，點心很少。你從前門走進去，放下你的禮物，在來賓簿上簽名，通過客廳裡的接待桌來到餐廳，從人家手上接過一杯雞尾酒和一塊蛋糕，再繼續移動到廚房放下空酒杯和盤子，然後由後門退出去。整個酒會歷時不到一個小時。路德和艾莉當場便著手籌畫，在紐約舉行一場大異其趣的婚禮宴會。

我們在AG賈斯頓旅館度蜜月，那是城裏唯一供黑人夫妻住宿的高級地方。AG賈斯頓是黑人企業家富翁，靠著銷售黑人壽險而發財，那是白人壽險公司忽略的業務。隔日，艾瑪和我飛回波士頓。賈姬剛巧搬出馬布洛街的公寓，我便搬進去。賈姬・菲爾德與麥克・海尼堡的戀愛無疾而終，但卻是注定我們一生的重要約會。週一早晨，我信守承諾向亞伯納西上校報到，艾瑪則回去波士頓重聽協會上班。

數日後，我在公寓裏接到一通電話。來電者顯然訝於在電話中聽到男人的聲音。「你是誰？」他問說。

「柯林・鮑爾，」我回答。「你又是誰？」

「我是艾瑪的未婚夫，」他回答我。

「幸會，」我說。「我是她的先生。」

這段談話在尷尬中結束。我們顯然沒有充裕的時間去通知我的情敵，艾瑪現在已經名花有主了。

一週後，在週六早晨我光著腳丫子，只穿著T恤及棉長褲去應門。門口站著一位斯文的男子，臂下挾著一盒糖果，臉上掛著微笑，但一看到我便僵住了。「你在這裏幹嘛？」他無禮地問。

我說明我在家中的地位。艾瑪走了過來，我想我最好迴避。在臥室裏，我可以聽見零星的短暫、激烈談話。然後，我們的訪客就走了。回到客廳時，我注意到他把糖果也帶走了。艾瑪說，他只是個老朋友，對於他們之間的關係有點誤會。她這個故事足足講了三十年。

鮑爾家的婚宴不久之後在艾蜜拉大道舉行。我們的賓客下午早早就抵達，擠滿地下室的聚會室，一直舉行到最後一滴蘭姆酒喝光為止。大約是在凌晨四點。艾瑪通過牙買加人愛熱鬧的第二回合考驗，迷倒全場眾生。我最高興的是看到路德及艾莉對新媳婦十分中意。經過沈著規律的強森家婚宴後，鮑爾家的派對是場文化洗禮。

我的表哥維儂．路易斯的興趣依名次依序是烘焙蛋糕、打梭哈、賽車以及擔任警察工作，他被母親指派要為婚宴烘焙一個蛋糕。蛋糕與維儂遲遲沒有出現，艾利愈來愈不安，擔心維儂的二號與三號興趣取代了一號興趣，這種事不是沒有發生過。最後，維儂表哥帶著超大號的結婚蛋糕現身了，並用他的魅力讓母親饒了他：「艾莉姨媽，難道妳曾經懷疑我不會帶著傑作出現嗎？」艾瑪則是心想，這場表親間的炫耀什麼時候會結束？

我很享受婚姻生活，我喜歡週末時和艾瑪一起去採購，我喜歡帶著老婆去和朋友見面。我會由迪文堡飛車趕回我們的小窩，那是一輛一九五九年分的藍色金龜車，我在德國花了一千三百一十二美元買的。有一回在這種瘋狂飆車時，我正開在二號公路上，我注意到一輛敞篷車由後方急速追上來。顯然有個新英格蘭北方佬想跟我飆車。我將金龜車油門踩到底。此時，警鈴聲響起，把我嚇一跳。我停到路肩。駕駛下車來，表明他是州警，然後告訴我，我在限速五十五哩的地區開到九十哩。「警官，」我說。「你知道，我也知道，這輛車不可能開那麼快。」我的辯解完全不受理會。當年，我時常想試試我的車子的能耐，現在偶爾也會。

我和艾瑪無憂無慮的生活即將結束。九月二十四日，就在婚後一個月，營上為我們舉行臨別派對。比爾．亞伯納西宣讀一個印著第二步兵團第一營燙金徽章的美麗手寫捲軸：「肅靜，肅靜，」亞伯納西開始朗誦。「營上的行政官被派往有著毒鏢與尖竹棍的異國土地……」他接著吟誦我在迪文堡服役的難忘特色。「營部將懷念你摔電話、握拳捶桌子以及旋轉椅猛然移動的聲音。」

不久之後，艾瑪和我將家中一切的財產打包起來（剛好裝滿一輛福斯車），到艾蜜拉大道簡單告別後，便前往北卡羅萊納州的布雷格堡，準備接受為期六週的軍事協防訓練顧問（MATA）課程。帶著新婚妻子開車橫越南部各州，比幾年前跟一群軍中弟兄一起旅行更令我氣餒。我記得經過維吉尼亞州木橋市時，甚至找不到一間我們（黑人）能夠使用的加油站洗手間。我得開到路邊去，在林中方便。

在布雷格堡，我們找到一名黑人租屋仲介商，想在靠近費葉特維（Fayetteville）的地方找一間附家具的公寓，讓我們在上課期間可以住下來。我們希望找到的黑人中產階級社區，幾乎不存在。我記得我們第一個看的地方，是一間荒廢的房屋，雜草叢生的庭園裡，散布著生銹的鋁罐、塑膠袋和其他垃圾。屋裡的地板覆蓋著龜裂的油布，家具破損得像外頭的垃圾堆。我們搖搖頭，再去看下一個地方，可是也好不到哪裡去。最後，那位仲介商告訴我們，他有解決的辦法了。他要把我們安置在他自己家裡，我們心中頓時燃起希望。他在一幢看起來有點恐怖的房子前面停車。屋裡頭更為恐怖，老人坐在陰暗的房間裡，茫然若失的瞪著上方。這個仲介商帶我們去看後頭的一間臥室，我們得自己準備寢具，還得跟其他房客共用廚房和浴室。我們說聲謝謝，便掉頭離去。

我們接受了冷酷的事實。我勢必要把艾瑪送回伯明翰和她父母同住，我則一個人待在布雷格。這個想法實在令人沮喪，因為接著我就要離國一年，而現在艾瑪又已經身懷六甲。

史沃家的恩情

我在布雷格的第一天碰到格漢森的老弟兄，喬·史沃，他被分發到這裡擔任特種部隊「綠扁帽」（Special Forces）。喬和他太太珮特邀請我們吃晚飯，這可能是我們夫妻在一起的最後一夜。我迫不及待想讓史沃夫婦見見艾瑪，雖然我希望我們能在心情好一些的情況下會面。

史沃家是個快樂又嘈雜的地方。喬和珮特以及他們的三個小男孩，住在基地內公家分配的一幢小型雙層公寓，有三間臥室。喬伊、凱文和史蒂夫都不滿四歲。晚餐時，我愉快的和喬聊起湯姆．米勒、「紅人」巴瑞特和我們在德國認識的其他人，並看到艾瑪和珮特談得很投機。這時，喬伊和凱文把客廳當成印地安那波利斯賽車場，小嬰兒史帝夫坐在嬰兒椅上嫉妒地尖叫。

無可避免的，我們談到房子的問題。我說艾瑪得回去伯明翰。珮特說：「哦，不。」她不允許這種事發生，我們可以暫時跟他們住在一起。喬附和說：「你們當然可以住下來。」這種房子對史沃一家五口來說是綽綽有餘。艾瑪說：「你們真好，但是我們不能打擾。」珮特一再堅持，她都盤算好了。兩個大孩子可以空出有上下舖的臥房，搬去睡在史蒂夫的嬰兒房裡的。艾瑪和我可以住男孩子的房間，睡他們的兒童床。雖然算不上是蜜月套房，但是他們的提議如此慷慨而艾瑪和我又不願分開，所以我們就答應了，隔天便搬進去。

史沃家的仁慈對他們來說不是沒有代價的。珮特的鄰居向她抱怨，對黑人住進白人家庭，甚至共用浴室感到不滿。珮特．史沃來自費城南部，心腸很好但作風強悍。她跟這些人說，他們要有偏見是他們家的事。史沃家對我們這對深陷絕望的新婚夫婦所伸出的援手，是艾瑪和我經歷過最仁慈的舉動。

在布雷格堡非傳統戰爭中心的五週期間，我坐在教室裏研究法國殖民史，學習共產黨接管的方法，以及努力學幾句越南話。我們回顧美國參戰的歷史：五〇年代法國輸掉對抗胡志明領導下的八年戰爭時，艾森豪總統是如何拒絕介入；越南如何在一九五六年分裂成胡志明控制的北越，以及西方主導的南越政府；南越總統吳廷琰如何取消預訂的大選、面臨共產黨的攻擊，以及呼籲甘迺迪總統拯救越南對抗「國際共產主義的勢力」。甘迺迪答應援助吳廷琰，不斷派遣許多的鎮壓叛亂顧問。一九六一年底時，有三千二百零五名顧問在越南。我所屬的團隊將使總人數突破一萬一千人。我們覺得事態嚴重，特別是在一九六二年十月爆發古巴飛彈危機時。學校裏傳起流言，說我們要中止上課，到越南去對抗共產黨。有一晚我回家發現喬．史沃已經走了，他的特種部隊移防到佛羅里達州一駐防區。經過數日的提心弔膽之後，強國從戰爭邊緣抽身，而我們則按照進度完成顧問課程。

那年秋天，史沃和鮑爾家有件值得慶祝的事，喬和我提前好幾個月晉升為上尉。

十二月初課程結束時，我仍對越南的任務感到興奮不已，我即將離開結婚四個月的妻子和她肚子裡的胎兒。以上帝為名，全球性的共產黨陰謀就在那兒，我們必須在它抬頭時加以阻止。我曾經戍守過德國的自由邊境，現在正是我到世界另一端的邊境戍守的時候。在一九六二年，每件事都是那麼全然的簡單明瞭。

耶誕節前，我們和喬、珮特和小傢伙們告別，前往伯明翰，我離國時艾瑪將待在那裏。這個城市位於老南方的中心，囊括黑人所面對的一切威脅。阿拉巴馬州長喬治・華勒斯的「永久隔離」政策已成為白人示威的口號。伯明翰變成種族衝突戰區，日益升高的民權運動，靜坐與抗議活動，惹火了該市的殘暴警長尤金・「公牛」・康諾，他決定鎮壓黑人以及驅逐煽動者，不管是白人或黑人。那不是愉快的時光與地方。然而，我很放心把艾瑪留在那裏。她的父母與叔嬸剛在伯明翰郊外蓋好一棟四人住的新家，那是個安全的社區。屋裏有空房給艾瑪及嬰兒住，附近就是聖家堂醫院，艾瑪要分娩的地方。萬一種族暴亂在伯明翰爆發，艾瑪的老爸，強悍的ＲＣ強森，有一屋子的槍支，都是他在派克高中當校長時由學生那兒沒收來的。

我記得待在強森家最後那幾天的複雜心情。艾瑪和她母親出去砍了一棵耶誕樹回來，我們再裝飾它。我們要提前過節，因為我的命令要我在十二月二十三日之前出發。如果軍方在耶誕節過後再把我派到越南，我想也不致於破壞冷戰的平衡。可是我的命令是不去問原因。我們提前交換禮物，當我們打開丈母娘的禮物時，我感受到殘酷的現實。那是一對錄音機，好讓我離國時艾瑪和我可以彼此聯絡。耶誕節前兩天的早上，我們互道離別，我獨自前往機場，因為我不擅於公開表露情感。

那幾週我對艾瑪有了更深的瞭解。這位少婦即將為人母，丈夫要離開一段長時間，前往遙遠危險的地方。她平靜地接受我們的分離。在遇見我之前，艾瑪從沒想過她會成為軍眷，可是我知道她將成為我這位士兵的最佳終身伴侶。

我從伯明翰出發到加州的查維斯（Travis）空軍基地，然後在一九六二年耶誕節早晨抵達西貢。

2 第二部

青雲之路

他只是個孩子。
我永遠不能忘記他臉上的表情，
混合著驚嚇、恐懼、好奇與不明白。
他不斷想說話，
但說不出來。
兩眼似乎在問，
為什麼？
我沒有答案。
不管是當時或是現在。

第四章　計算屍體

我覺得身心俱疲。歡樂時光結束了，那個快樂、自負的二十五歲美國人，在一陣槍擊之後消失無蹤。今天有人被殺了，也許明天還會有人被殺。後天也是。這不是在週六下午看的戰爭電影，這是真的，而且還很醜陋。

我對參戰的想像來自四〇年代的新聞影片、五〇年代的電影與六〇年代初期的電視紀錄片，戰爭的印象總是黑白的。等我到了越南以後，這些預存的概念全部改觀。我並不是乘坐擁擠的運輸機橫越太平洋，而是搭乘自世界航空公司包租來的商業客機。也沒有自登陸艇的舷梯上衝下來，跳進及腰的海水裡搶灘。我住進了國王飯店——西貢一家已改成單身軍官宿舍的旅館。我進入一個不是黑白的世界，而是宛如調色盤般著了色的亞熱帶首都。

有人說爾文・伯林（Irving Berlin）是在洛杉磯遭遇熱浪襲擊，在棕櫚樹下納涼度假時寫下《白色耶誕》這首歌的，我在這個悶熱的聖誕節住進國王飯店時有著同樣的不搭調感覺。當晚，在飯店頂樓的餐廳與其他的寂寞新到人員共進晚餐之後，我俯視著大街，這是條帶點巴黎風味的漂亮大道。著白色制服的交通警察指揮著車流與「三輪車」——越南人的出租車，而時髦的女子穿著絲質白長衫（ao dais）在精品店裡流連。夜的氣氛是如此的柔和，背景音樂是自動點唱機所播放的《月河》，但是它的歌詞卻無法消除我的孤寂。

次日早晨我被拉回到現實。查爾斯．提姆斯少將在美軍顧問團總部的會議室召集我們進行精神訓話。為何我們要離開心愛的人、為何我們要繞過半個世界到這裡作戰？為的是阻止馬克思主義的擴散，幫助越南人讓他們的國家免於赤化。這是為了家人、為了國家及全世界愛好和平的人們所能做出最好的事了。我再次感到慷慨激昂。

當天下午，我們被載到新山一（Tan Son Nhut）機場美軍基地領取戰場裝備，有迷彩服、叢林靴、鋼盔，似乎是提醒我們將要前往何處。

目標「牽制」

在西貢接受幾天的基本教育之後，我往北加入越南陸軍第一師的第三步兵團第二營當顧問，這個四百人的步兵營駐紮在寮國邊界熱帶森林裡一處名為安紹（A Shau）的地方。我到越南的時候正好是雨季，要到安紹並不容易。你可以搭三十分鐘讓你汗毛豎立的飛機或者是花數週的時間徒步走去。惡劣的天候使得好幾天無法飛行，而我卻是變得蠢蠢欲動。最後，於元月十七日，我在廣治（Quag Tri）搭上了海軍陸戰隊H-三四型直升機，機上載滿了越南陸軍補充兵、米袋、活雞與豬。我們掠過濃密叢林上空的雲雨區域，降落在叢林裡開鑿出來的一塊粗糙不平的金屬跑道上。駕駛員大叫越南士兵趕快卸下貨物，免得越共開始瞄準射擊。

我跳到地面上看看四週環境，感覺彷彿被推回到過去的世界。在炙熱的陽光底下，有一座土石及木頭搭建的要塞閃爍著，四周環繞著碉堡。除了放眼一片綠以外，安紹有種北非法國外籍兵團的特質，很親切，但沒有沙地。我站在那裡，心裡想著羅馬軍團士兵在高盧必定也會想到的同樣問題——我到底在這裡幹什麼？安紹山谷靠近寮國邊界，扼守著南越狹窄的北部咽喉，能嚴密的控管著越共運輸軍需的大動脈——胡志明小徑。這是四個接近寮國的加強基地之一，從這裡我們可以阻止北越人員及貨物流向南方。山谷西面為高聳的山區，東面為叢林。在三層樹木的林子裡，敵人藏身其間。

越南陸軍士兵跑到直升機旁邊開始卸貨。一名高大的美國士兵出現了，他向我敬禮並自我介紹，說他是士官長維拉德·辛克，他引領我穿過鐵絲網大門進入營地，一名越南軍官敬禮並且伸出手來。他操著還算得過去的英語說道：「第二營營長武廣華」（Vo Cong Hieu）上尉。武是我與越南陸軍打交道的主要人物，我要向他提供建議。他約莫三十出頭、矮小、寬臉，笑容動人。若不是穿著軍服，我會當他是個老師，而不是職業軍人。

我們三人走向一座以竹子及茅草搭建的臨時營舍，我的新住所。裡面有張竹床擱在泥土地上，其他沒啥東西。一隻巨大的老鼠自床下急忙跑出來。辛克介紹說：「安紹希爾頓飯店」。我把背包丟到床上，跟武說我要到營地四週去看看。

安紹正後方有座山隱約可見。我指給武看，他露齒而笑說道：「寮國」。從那座山上敵人幾乎可以滾石頭下來砸我們。我懷疑為何要把基地建在這麼容易受到攻擊的地點。武向我保証說：「非常重要的前哨」，我問道：「它的任務是什麼？」，武重複說：「非常重要的前哨」。「但是，為什麼要在這裡呢？」，他說：「前哨設在這裡是為了要保護機場。」並指著我們乘坐直升機降落的地方。我再追問：「機場建在這裡做什麼呢？」「機場建在這裡是為了給基地補給」。以我在布雷格堡所受的訓練，我知道我們真正的作用是什麼。為的是要證明我們的「存在」，這是個複雜卻很理想的字眼。說得更明確點，我們是為了牽制越共，免得他們經由安紹山谷到人口眾多的沿海省份煽動叛亂。但是武所用的字眼比較切合實際。安紹基地是為了保衛進行補給前哨的機場。

不管用何種方法，我大概要花上二十年的時間，才能掌握住我們在這個國家所得到的經驗法則。在當時，越南這個國家的許多事情相較於一九六三年元月某一天，武上尉所說的循環理由，實在都是沒啥道理可言的。我們在這裡，是因為我們在這裡，因為我們……。

我夾雜在越南士兵當中的第一個感覺是鶴立雞群，並且成為一個可供選擇的射擊目標。他們都很矮小，而且臉上光滑無毛，雖然大多數都超過了廿歲，可是看起來像是小孩子。他們似乎沒受過什麼訓練，但是都很溫馴且服從性強。他們的腦袋瓜子裡在想什麼，我不知道，因為他們大多只是微笑而且禮貌的服從性面具下，隱藏著自己的感情。

在安紹，我很訝異發現一些越南山地住民家庭，這些游耕民族散布在這個區域裡。幾乎沒有越南人住在這兒，只有這些山地住民與其他的少數民族。我寧願發現這些獨立性強的山地住民住在山裡頭，而不是住在軍營裡。而且我感到奇怪，他們在這裡幹什麼。我想我很快就會找到答案的。

草蜢任務

經過了兩個禮拜，武上尉到我的小屋帶來我期待的消息；我們得到命令將出去執行草蜢任務（Operation Grasshopper），要到安紹山谷進行一個月的巡邏。我在營區裡變得無法休息，與亞特伍德和士官長辛克訓練越南人步槍瞄準射擊、教導巡邏戰術、協助解決軍紀問題等等。幹些有用的事情，免得被換掉。一天當中多數的時間都是待在小屋裡沈迷於廉價小說與抽菸，等著吃晚飯。那些跟我同乘飛機前來的家畜，開始在菜單上面出現。越南人吃什麼，美國人就吃什麼。早點：米飯混著膠質捏成一團，看來像是個可以吃的壘球。午飯：米飯配蔬菜。晚餐：更多的米飯配豬肉塊或羊肉塊，特別節日加菜是兩吋見方的煎蛋捲，蠻好吃的。有人向我推薦越南人常用魚做的調味醬「魚露」（nuoc mam）。由於它太常用於越南菜，以致於成為美國大兵嘲笑越南人的詞彙。國家航空公司成為「魚露航空」，越南老嫗變成了「魚露媽媽」。

二月七日凌晨三點，我把背包扛上肩，揹著M-2卡賓槍，在出發前與武上尉再巡視營區一遍。不久，長長的綠色隊伍便被黑森林所吞沒。我有點興奮。一支武裝隊伍帶著一股力量進入到未知的領域，甚至還帶點神聖莊嚴的意味。雖然竹籃裡的豬啊、雞啊在那裡吱吱喀喀的叫著跟著我們前進，讓這個軍事行動看來有點不是那麼回事。

在行進當中，我發現到這三層天蓬般的熱帶樹林的真實面目。最低層有雜草、矮樹叢、藤蔓與向上生長尋求空氣的小樹。已長成的大樹構成第二層，濃密包裹著下層，拔高約三十到四十呎高。第三層天蓬由成熟的喬木組成，有的超過一百呎高。除非我們能到達開闊的地帶，否則我們一整天都看不到陽光。即使是在樹蔭之下，我們仍然滿臉是汗，制服全部濕透。流汗所排出的鹽分在腋窩底下構成一個半圓型印子，迷彩服背後都是大塊斑點。必須經常吞食藥丸以補充身體所流失的鹽分。撲鼻而來有股特別的味道，那是混合著泥土、髒臭的體味與腐敗植物的強烈怪味。每天都是無盡的障礙賽。我們想找到越共，所以常常運用「交叉分割行進法」（cross compartment）。從山谷陡峭的一邊走下小徑再爬上另一邊，越過崎嶇的岩石橫渡溪流。在佛羅里達沼澤與喬治亞州山區裡所受的嚴格體能訓練，在此正好派上用場。

我們在漫天飛舞的昆蟲當中移動，最糟的是有水蛭。我搞不懂牠們是如何爬進我們的衣服裡面的。牠們鑽進腰帶底下、胸前、褲子裡頭到腿上，在我們的肉上吸血並且膨脹起來。一天裡至少得停下來十次，以便將牠們除掉。把水蛭拉出來沒有什麼用，牠的身體會斷掉但是頭部仍然埋在人的皮膚裡面。必須要用除蟲劑把牠驅除，或者是用點燃的香菸燙牠，這會發出一種嘶嘶的聲音。

越共在我們前進的小徑裡埋下陷阱，是一種埋藏在坑洞裡的竹製長釘，尖端以牛糞淬毒。我第一次看到傷亡事件，就是一名士兵踏到這種陷阱。雖然走這小徑如此艱苦，我還是相當興奮。這可測試我的耐力。當疲勞與恢復體力的感覺輪番爬上四肢時，會特別覺得有生機。

我們這支四百人的縱隊拉長近一英哩，大家儘量保持著靜默。士官們不斷地對著隊伍發出噓聲。除了怪鳥長鳴及猴子的吱喳聲，每一個人都小心翼翼地避免踏到小樹叢或是枯樹枝以防發出沙沙聲，同時眼睛向著四處搜尋。在詭譎的氛圍裡，隊伍緩慢地向前進。但當夜幕低垂時分，我們紮營休息，所有的禁忌全被打破。越南人升起營火，火焰高張，煙霧排空。動物被宰來給我們當晚餐時尖聲哀鳴。大兵們圍坐在營火旁，自由自在地吃著、交談著，或者是叮鈴噹啷地整理著裝備。再要他們保持安靜，必然是徒勞無功。這些喧鬧、火光與炊煙必定可以從幾哩外看到，而暴露出我們的位置。到了早晨，煮好茶以後，熄滅營火、清洗飯鍋再把熱水倒到山谷下。然後，再度展開小徑偵察，互相發出噓聲以維持行進間的靜默。

到了第六天，當我們走下陡峭的山坡時，我的位置在隊伍的後面四分之一處，通常美軍顧問都是走在這個位置。早先曾經下過雨，我前面的人在掙扎著前進。我們像平常一樣呈單行縱隊，這表示越共只要狙殺第一個人就可以阻擋全隊前進。我曾不斷地向武上尉建議把全營分成三或四列縱隊，但是森林實在太濃密，前進的通路非常狹窄，於是我這個美國顧問的建言，禮貌性的被擱置了。

當我走到一道狹窄的溪床時，聽到連續幾響尖銳的爆裂聲。開火！我第一次碰上了。我猜是步槍與輕機槍。我聽到前面有尖叫聲。士兵們開始大叫並且一陣騷動。我壓抑住恐懼感，向前跑去看看發生了什麼事。到了隊伍最前面，我看到越南人圍在一名不斷呻吟的士兵前面，救護兵跪在他旁邊。越南陸軍士官用手指著小溪。另一個瘦小的士兵像胎兒般蹺曲在那裡。他的頭倒向一邊，溪水流過他的臉頰。這個人死了。我們遭到伏擊，我們連敵人的影子都沒看到就遭受傷亡。從安靜到遭受攻擊、導致混亂、死亡，再重新歸於平靜，不過是一、兩分鐘以內發生的事情。

在叢林裡要怎樣處理死人？越南人把屍體滾進防水布裡，然後綁在竹竿上面。武上尉告訴我說，這裡太過荒野而且石頭太多，沒辦法埋葬。同時越南習俗是儘量把死者送回家鄉的村莊去。傷者躺上擔架，部隊繼續前進。越南人輪流抬著傷亡者，經過糾結難纏的矮樹叢，直到抵達一處高地。無線電兵用一具手搖式 AN/GRC-9 可提式發報機呼叫直升機前來將傷亡者後撤。這具發報機很原始，使用者必須用手拍發摩斯電碼。一百多年前美國內戰時期就是用這種發報機傳送消息。

令人吃驚的是，沒過多久我便聽到H-三四型直升機旋轉翼的震動聲，且清楚地看到飛機接近。越南駕駛員很有技巧地對著地面繞個小圈，減少低空飛越叢林的風險。傷亡者都送上飛機。直升機很快的消失。我們再度陷入孤立無援。

夜晚來臨時，我們在高地紮營，這裡比在谷底下面紮營較不易受到攻擊。接著還是同樣的喧鬧，鍋子噹啷聲、殺雞宰豬的吱吱聲、人聲鼎沸、火焰衝天。我把背包、卡賓槍、泡在冷汗裡的鋼盔都丟到地下，頹然倒地。我覺得身心俱疲。歡樂時光結束了。那個快樂、自負的二十五歲美國人，在一陣槍擊之後消失無蹤。今天有人被殺了。也許明天還會有人被殺。後天也是。這不是在週六下午看的戰爭電影，這是真的，而且還很醜陋。

山裡面晚上變得很冷，有時氣溫會降到華氏四十度。我把空氣床墊打滿氣放在地上，睡袋伸展開來放在它上面然後爬進去，顫抖著。我必須要勇敢地度過明天，以及所有的明天，直到它加起來能達到一年為止。無人分擔我的恐懼感，因此極度的孤獨籠罩心頭使得這一切感受特別的深刻。我是美軍高級顧問，別人都要仰賴我的能力與領導。那些在班寧堡所學到的法則浮現腦海。「甘於躺入士兵的墳墓，為了我永不得知的理由。」現在，我想要知道為什麼。之後，我陷入斷斷續續的睡眠。

當陽光灑在臉上時，我醒過來了。感到特別的亢奮。別人死了，我仍活著。我後來知道，這種在戰場上醒來得意揚揚的感覺是很平常的。即使還在為死者哀悼。無論如何，這個世界在大白天看起來還不壞。這種認知——特別是在早晨為最——伴我度過了許多的暗夜。我們整理好開始向山谷下出發。在不到一個小時之內我們再度受到伏擊，但是這一次無人傷亡。

誤殺

我嘗試與越南人打成一片。穿著同樣的制服用同樣的背包。我把上尉肩章別到短上衣前面，用裝備遮蓋起來。我的膚色產生優勢，與越南人看起來差不多，再加上低著頭，與武上尉的部下分不出來了。我開辛克的玩笑說，越共真正要幹掉的是白皮膚的人。

根據在班寧堡所學，我隨身帶著筆記本與鉛筆。筆記本是綠色的，政府配發，封面上蓋著「記事錄」字眼。大小剛好可以放在我的上衣口袋裡。現在已因汗水及潑灑到咖啡而失去色澤。它上面記載著：

二月十日：雨天。佔據無人村莊。摧毀房屋與百公斤的米、二十公斤玉米。第二連遭到干擾性射擊。

二月十一日：雨天。殺死三隻水牛、豬隻、雞。越共有干擾性射擊。

二月十三日：第二連。遭遇越共。血跡證實有傷亡（可能的傷亡，因為我們還是沒看到敵人）河邊附近有十字弓、箭筒，可能有毒。

二月十八日：兩公頃的馬鈴薯和樹薯田被摧毀。

二月二十一日：〇九一〇，遭伏擊。死亡一名。負傷一名。一六一〇，死亡一名。未證實的越共傷亡一名。二間房舍摧毀。

二月十八日那天，我們到達一處廢棄的山胞村落，村裡的人看到我們來已先逃開了，除了一名虛弱的老婦因為無法行動而留下。我們用打火機點燃火焰將茅草小屋都燒光。越南士兵以刺刀砍掉田裡的作物，玉米、洋蔥與供應山胞澱粉主要來源的樹薯。部分的作物我們自己留下。後來這種破壞行動變得更為複雜。直升機運來五十五加侖大圓桶的化學除草劑，是後來所用橙色化學劑的前身。我們在哈德遜手拉式噴灑器裡注入二又二分之一加侖的除草劑，看起來像是在用滅火器一樣。噴灑過後不消二分鐘，植物便開始變成棕色並枯萎掉。

我們幹嘛要燒房子、毀掉作物？胡志明曾說過，人民就像大海，能讓游擊隊優游其中。我們的課題就是切斷民眾供應給越共的奶水，要讓這片大海完全無法生存。根據戰爭的嚴酷邏輯，射殺敵人與餓死敵人沒有分別。至於可憐的山地住民夾在中間，作物與小屋都被毀壞，被迫仰賴越南政府求食。這就解釋了，為什麼在安紹這種軍事基地，有游耕民族生活在裡面靠布施過活。這個戰略就是要讓他們依賴政府過活以收買其人心與意志。我確定這些山地住民必然希望他們從未聽說過越南陸軍、越共或是美國人。

今日看來，這種殘酷的手段破壞家園與作物似乎很不人道，但是身為一名年輕的軍官，我仍然相信指揮官的智慧，並且服從他。我對於我們所作所為沒有良心的譴責，這是為反顛覆做先鋒。砍倒農夫的作物是為了阻止北越軍獲得糧食。在背後支持北越軍的是莫斯科與北京方面，他們是全球自由與共產對抗下我們的不共戴天之仇敵。在當時，做這些事都是非常有道理的。

二月二十三日，星期六，我的筆記本上寫著：「雨／晴海軍陸戰隊H-三四撤回，兩死一傷。大約一二三五，越共干擾性射擊。」在這簡潔的句子裡，包含了一件可悲的意外。之前一天，我們有人受傷，因此在這一天呼叫直升機來運送傷患。我們爬到高而平坦的地方讓直升機能快速降落升空，並且在飛機降落地面時，人員排成一個圓圈進行警戒。兩架美國海軍陸戰隊直升機出現了，一架在空中盤旋時，另一架降落到這圓圈裡。我們將傷者運送上飛機，然後向駕駛員打手勢示意他起飛。一名打赤膊僅著防彈背心的年輕陸戰隊員，手上有著刺青，蹲伏在直升機門口的M-六〇機槍後面。

當這架直升機要起飛的時候，躲在叢林裡的越共開始對它射擊。駕駛員加足馬力想全速把直升機拉起，排成圓圈進行防衛的越南士兵開始對著叢林掃射。我驚恐地目睹了一件慘劇。那名年輕的機槍手看到越南士兵開槍的火光，以為他們是越共，於是連續開火。當直升機隆隆聲逐漸在山脊消失時，我聽到了慘叫聲。我朝叫聲跑去，一名士兵在地上弓起身子，槍彈打斷了他的手腕，右手一片血肉模糊。另外兩個人死了。越南人驚懼地看著我。一名士官問道：「你們為什麼要這麼做？為什麼要射我們？」我無言以對。戰爭是地獄？沒想到竟然發生了這麼可怕的事情。我像個觀光客一樣，每天看著他們與死神打交道，然後慢慢地獲得他們的信任。然而現在這件血腥的錯誤，卻粉碎了他們對我的信任。當晚是個漫漫長夜，自從看到第一件傷亡事件之後，這算是最糟的一晚，我無法在腦海裡抹去越南士兵那種遭人背叛的眼神。

我們幾乎每天都遭到伏擊。通常是在早上，我們出發後不久。尖兵班首當其衝面對傷亡的威脅。我們讓全連輪流當尖兵班，每個人遭到射殺的機會相當。我不斷向武上尉建議，至少讓尖兵穿上裝甲背心。「裝甲」名不副實，背心是以濃密的尼龍編織而成。不過它仍然有很好的防彈效果。武上尉指出，越南人都很矮小，在悶熱的叢林裡穿上沉重的背心很不舒服。然而我不斷的煩他。當我們再一次站在一名垂死掙扎的士兵前面時，我終於說服他讓尖兵班使用防彈背心了。

我們出來快兩個月了，眼見有人受傷、有人死掉，但我從未看過敵人。在交火的時候，我們朝著對方槍彈射來的方向開火，擊退這些看不到的敵人。有時可以找到血跡，我都忠實地記錄在筆記本裡。「越共有傷亡。未證實」。有一天當我們又遭到攻擊時，由於越南軍人都呆立著，讓我非常惱怒。班寧堡的教條浮現：別站在那裡，想點辦法。「跟我來！」我找到一條深入叢林的血跡跟著衝入。突然我發現我是孤獨一人，放眼四週竟然沒人跟來。士兵們大叫：「上尉，回來！」如果我有不測將是武上尉最大的恥辱。士兵們警告我說，這條血跡可能是豬血造成，越共的陷阱。然而日復一日的遭受伏擊蒙受傷亡令我快要發狂，幽靈般的敵人打了就跑，然後又打。他們似乎都是平安無事，從不停留在一處，也從未有機會讓我們瞄準射擊。我時常懷疑我們有何成就？敵人混雜在同情他們或是不敢背叛他們的農民裡面，我們如何和他們交戰？如何衡量戰果？沒有戰線，沒有奪取或失去領土，只能沿著沒有目的地的小徑，無窮盡地拚命掃射。

三月十八日，雨，剎那間停了，天空開始放晴。我們出發不到一個小時，突然有敵人向我們開火，我聽到隊伍前面開始還擊。槍擊聲像平常一樣停歇下來，然後陷入頗不連貫的寂靜，不過這回沒有尖叫聲與傷者的呻吟聲。反而聽到了笑聲。兩個越南士兵走向我，指引我向前走。到了隊伍前面，我看見一名士兵神經兮兮地笑著。他穿著防彈背心，背面有個凹陷痕跡。一顆扁平的子彈嵌在厚實的尼龍層裡面。從他片斷的英語我拼湊出剛才發生的經過。他是為隊伍開路的尖兵，槍擊開始的時候他站起來轉身向其他班兵指示敵人所在的位置。在這個時候，突然有一顆流彈射到他背上，要不是有防彈背心他一定沒命了。我把子彈挖出來傳給越南人看，他們捏在手指頭上發出敬畏的感嘆聲。

我的行情開始回升。我成為有遠見有智慧的領袖。現在的問題是，在下一次補給運輸機前來時，我沒辦法拿到他們所要防彈背心的數量。

思鄉情

三月快要結束的時候，任務改變了。我們奉命到安紹山谷東南角上，能夠俯視溪流交會的一處名叫平隆（Be Luong）的小山丘建立新基地。我有一把由飛機運來的鏈鋸，讓從沒有看過這玩意兒的越南人傻了眼。直到現在，他們都還在用斧頭或炸藥來砍樹或炸掉樹。有一天，我不斷地聽到有奇怪的步槍呯呯聲，循跡找去一看，發現兩名越南士兵拿著M-一步槍對著一棵樹射擊，並且有規律地裝填子彈，一個彈匣一個彈匣的射擊出去。我想知道他們在幹什麼?他們解釋說，炸藥太珍貴了，所以他們想用子彈把樹射斷。這正是考驗美軍顧問政治技巧的時刻。若是用美國陸軍的方式來大罵必定會招致反效果。因此我利用一個適當的機會向武上尉提到此事，說每發子彈要美金八分錢。武上尉想了一會兒，眼睛為之一亮，顯現出與我意見一致的眼神——這些人不應該浪費子彈，樹應該是用砍的，不是用射倒的。我一向喜歡這句格言：「你所能做的事毫無止境，如果你不在乎榮耀歸誰。」

有一天直升機送補給品來，隨同口糧下來的是一名砲兵軍官，金髮、強壯的艾爾頓．席克中尉。他受到我熱烈的歡迎，因為他不但是我的營助理顧問，同時在這個寂寞的世界裡可以多一個美國人說說話。他是個安靜的人，態度保守穩重。並且是個全能軍人，強壯、可靠。

在平隆的防禦工事裡，越南軍人為我和席克、武上尉建造了一棟舒適的椰子木屋掩體。此時，我們三人相處極為融洽。當武上尉發現我並不是美國萬事通之後，他對我更加親近。我的越南話有限，所幸他的英語好得足以聊天。他從不談論政治與戰爭，我們聊自己的家人。武上尉給我看他太太與五個小孩的照片。過了不久，我還知道他栽培每個小孩的計畫。武對美國特別好奇，當我述說速食與州際高速公路的神妙時，他會叫道：「真的？真的？」我開始把他視為真正的朋友，也可確定他也是這麼想。我跨越了文化的藩籬，不再是他們保衛、呵護的包袱。我被他們所接受。他告訴我說，當他們知道我新婚不久且快要當爸爸時都很感動；因為我能在一個男人一生當中的重要時刻遠離家園，到這裡和他們禍福與共。

不幸的是，當平隆基地完成之後不久，武上尉接到調職命令。他的職位由高上尉接任，這個人就越南人的標準來說不算是特別的高大威武。我對武的離去感到可惜。他除了是個好朋友之外，還是個部屬都很尊敬的卓越指揮官。我直覺的認為高上尉沒有一點能比得過他。武走了。經過了三十年，我又再遇見他。

能夠暫時遠離戰線真好。我帶來一具小型調幅收音機，晚上可以收聽英語廣播。週末夜電台會播放鄉村及西部歌曲。當時馬提・羅賓斯（Marty Robbins）所唱的《艾爾帕索》（*El Paso*）正在流行，它的旋律深深吸引著越南士兵。他們要求我將歌詞翻譯出來。我告訴他們，歌詞所描述的悲傷故事：一名西部德州牛仔愛上墨西哥女郎，牛仔在一間酒吧裡遭人嘲笑這件事憤而拔槍殺人。當民團追捕並射殺這位英雄時，歌詞反覆唱著：

我感受到子彈深深刺入我的身體。
在遙遠的某處，費琳娜向我召喚。
一個小小的吻，費琳娜，再會吧！

在每一段歌詞後面都跟著唉——唉——唉的感嘆聲，越南人愛聽的要命。不久之後，我便能領著他們大合唱《艾爾帕索》了。

有一名海軍陸戰隊上尉，他的名字已不記得，他成為我與所遺忘的世界之間最親密的聯繫。每隔兩週，當他駕駛的直升機飛來，我的期待幾乎是接近肉慾。這名飛行員帶來最近一批的平裝書、整箱的薄荷菸，還有家書。將來有一天，他還會帶來我期待已久的一封信，艾瑪在這封信裡將告訴我做了爸爸。我從未和他好好的聊天。因為他都是高高地坐在駕駛座上，引擎保持強勁運轉，以便能快速飛離。我站在輪胎上面，他斜身出來，在引擎的怒吼聲中互相大叫。他是個高大豪爽的人，帶著肯定的笑容說道：「小伙子們要是遇到麻煩，我會來救你們出去。」對於我們這幾個流落在異鄉野地裡的寂寞美國人來說，這名陸戰隊飛行員就代表著「家」的感覺。我對他及他的飛機所造成的依戀，就像是個絕望的人抓到救生筏一樣。

每天的伙食雖然都很粗糙，但我這一輩子從沒有像現在身體這麼好。我看來削瘦但是狀況奇佳。德國啤酒造成的皮下脂肪與迪文堡起司漢堡養出來的肥肉，被安紹山谷的「蒸汽浴」給蒸發掉，約有二十五磅之多。我的胃口開始能接納米飯，因為一天吃三頓、一週要吃上二十一頓飯呢！起初，我排斥這種黏黏的米飯。後來，我變得非常喜歡吃飯配菜。我們的伙食有種模式，在補給過後的頭幾天裡菜單相當豐富，有新鮮蔬菜、蹄膀肉、雞鴨肉。動物被宰以後切成小塊放到鍋裡煮熟，然後放置在打了黃油仍然油膩膩的彈藥罐裡面。罐子上面印著警語：「內部研光防水處理，勿用做食物貯存罐」過了一會兒，沾上黃油的豬肉吃起來仍然可口，甚至於可能是我現在身體健康的主因，抑或它潛伏在身體裡某處，等待發作出來摧毀我。過了幾天，肉吃完了，接著是蔬菜。在等待補給的最後幾天，我們只能依賴米飯維生。如果稻米吃完了，仗就甭打了。越南人能夠忍受任何艱苦，但是卻少不了米飯。沒飯吃他們就沒法動了。稻米供給東方人的體力與精神。米袋漸漸見底之時，我開始緊張地尋找給直升機降落的地方，讓我們的陸戰隊救星能帶來我們所需要的。

我唯一的娛樂是寫信與讀書。我記錄所閱讀過的書籍：費茲傑羅（Fitzgerald）的《溫柔之夜》（*Tender Is the Night*）、麥庫勒（McCullers）的《寂寞獵人心》（*The Heart Is a Lonely Hunter*）、赫賽（Hersey）的《購童者》（*The Child Buyer*）、史提格勒（Stegner）的《摘星》（*Shooting Star*）、瑞安（Ryan）的《最長的一日》（*The Longest Day*）。還有一大堆推理小說，多得足以塞滿六家汽車旅館的辦公室書架。

三月的時候，我得到免於駐守在營區或是出去巡邏的一次休息機會。被召回到廣治我們的團部報到。必須向上級報告第二營的近況與學習國防部長麥納瑪拉（McNamara）在五角大廈的智多星部屬，所研擬出來的最新戰略。去廣治不像是回到家，它甚至不是西貢，但是至少可以看到熟悉的美國人面孔與聲音，而且不會受到槍擊。我的上級是喬治．普萊斯（George B. Price）少校，他是越南陸軍第一團的美軍顧問。普萊斯性格大膽、嗓門奇大，有著幾乎要命的自信。他很高大、孔武有力、口齒清晰、話說個不停。按照陸軍的說法，他是個「火頭」（burner）——一種成功的典型。他的戲劇性風格與大嗓門來自家族遺傳。他的姐姐是個歌劇明星。普萊斯這個輩分較我高的黑人軍官，是我未來生涯當中另一個重要角色。他自己創造出前途——以准將退休，還不斷地提攜黑人後進。

這次回到廣治，讓我學到國防部的最新理論「油滑戰略」（oil slick）。先鞏固住一個村落，然後再逐步鞏固隔鄰的村莊。這是在受到越共威脅的地區裡，採用的一種溫和穩健的擴散戰略。在廣治這幾天裡，我記得最清楚的事情不是新戰略，而是喬治・普萊斯帶我到軍官餐廳，吃真正的美國式早點——蛋、培根、煎餅與穀片。現在，我的胃變成了「越南胃」，享用了美式豐盛的早餐之後，我竟然想吐。

我在計算兩種日子，何時當爸爸與何時回家。我和艾瑪在耶誕節得到的錄音帶並不好用，也不能充分表達我們的感情。我們只好不定期的通信。想到我在這裡已經有夠多的麻煩了，因此艾瑪在信裡並沒有告訴我關於家鄉發生的種族問題。《匹茲堡信報》（*Pittsburgh Courier*）這份黑人辦的週刊，把伯明罕形容為「全美最糟的大城市」。這個頭銜可不是輕易得來的。我在越南時，伯明罕的黑人社區遭受到十八次的炸彈攻擊，黑人後來把伯明翰稱為「砰」明翰。我與越共作戰時，有一名年輕的浸信會牧師馬丁・路德・金博士，在伯明翰市政廳前領導黑人遊行示威而遭到逮捕。之後，他發表了喚醒全美人民良知的著名宣言〈伯明翰監獄裡的一封信〉。當我在安紹山谷裡巡邏防範共產黨徒之際，我的岳父熬夜扛著獵槍捍衛家園，防備著不同膚色的美國人。我不知道父母親曾經打電話給艾瑪，要她離開伯明翰。我對這些事情幾乎是一無所知，很少有消息傳到安紹山谷裡。艾瑪要以她的愛來做我的後盾，而不要我為她的安危擔心。

至於我要當爸爸之事，艾瑪和我設計了暗號。當寶寶出生以後，她要在來信的信封上註明「寶寶的信」。我請廣治的團部注意這封信，只要信來了立即打開來以無線電將內容傳給我。當身處小小地獄之際，這個即將到來的天真無邪新生命，讓我的生命似乎更有價值，讓我的生存更加重要。

我對武上尉的接任者失去了信心，因為高上尉無法與部屬溝通，也不知如何運用美軍顧問。我和席克討論這個問題，我們兩人都很清楚高這種軍官，他十分缺乏安全感，因此用吼叫以及愚蠢的命令來展現權威，而不能表現正確的判斷能力。四月三日，我在貝隆的掩體裡躺在竹床上，想在燭光下閱讀小說。席克和部下出去了，高上尉已入睡。我聽到遠處有迫擊砲彈的爆裂聲，於是走到外面看看它從那裡來的。越共想對這個新營地投擲新名片，可是還沒有搞對地址。這一輪的砲擊落在叢林裡，離我們還很遠。高上尉自掩體裡跳出來下令還擊，我告訴他這樣的反應是不智之舉。我們在小山上面，週圍的樹木都已砍掉，我們還擊的火光將曝露出位置來。我說，他們並不是在轟擊我們，因為在黑暗中他們未必比我們看得清楚。高回答說：「不，教戰守則說要立即還擊。」幾輪砲擊過後。在一分鐘之內距我頭頂約廿呎的地方，一道巨大的閃光爆開來。我本能的撲倒在地，並且在下一輪砲擊發現我們之前，爬回到掩體裡去。我仔細檢查自己，沒事，但是我聽到外面有叫聲、呻吟聲，於是再跑回去幫忙。

第二天早上，我看清楚發生了什麼事。越共的砲彈打到我站立處的一棵樹，爆裂的榴彈片射向我四周，讓兩旁的六個人負傷，而我卻毫髮無損。如果砲彈沒打到樹幹，那麼很可能會擊中我，幾乎可確定將當場斃命。在這次攻擊當中，負傷者包括高上尉本人，由於他的魯莽行事，才讓我們成為越共的目標。他的腿傷嚴重到必須後撤且職務要有人來接替。他的離去對於軍隊不算是什麼損失。他的職務由鄺（Quang）上尉接任。他是個有才幹的軍官，不過他對於美軍顧問的態度有點保守。我尊敬鄺上尉，但是我們並沒有迸出像與武廣華一樣友誼的火花。

在迫擊砲攻擊事件的第二天，有架直升機飛來營區運補。有我母親來的一封信。我靠在樹下閱讀這封信裡母親所寫的閒話家常。母親寫道：「哦，順便一提的是，我們都很喜愛寶寶。」什麼寶寶？寶寶的信是怎麼回事？艾瑪無恙嗎？是個男孩還是女孩？我叫無線電話務兵用古早的 AN/GRC-9 接通到廣治。原來寶寶的信遇到軍中行動常見的錯誤，無法取得聯繫。信封上面明明白白寫得很清楚，但卻被放置到一堆無法送達的郵件裡面去。我告訴無線電話務兵說：「我要他們現在就把信讀出來！」而這就是我初次得知我兒子麥可·凱文·鮑爾的誕生。他於一九六三年三月廿三日，提前出生在伯明罕的天主教聖家醫院。他的名字係以凱文．麥可．史沃顛倒過來命名的。他是我們在布雷格堡的恩人喬與珮特．史沃之子。

此時，我的心情非常複雜，喜獲麟兒且母子均安，令我喜出望外。身處異國及周遭事物令我迷惑，另外還有一種不斷的憂慮。前一天，我差一點被殺而永遠無法知道我做了爸爸。在國內有個家庭需要我，包括一個新的小生命。我渴望見到這個小孩。我要好好的過完這一年。

鄺上尉在表面上是營指揮官，也是個好士兵。但是因為我在這個單位資歷較久，士兵對我具有信心，乃至於發生了奇怪的現象。這裡的士官長是個瘦長、堅韌的法國殖民時期陸軍退伍老兵，就像迪文堡的老士官長艾德華斯一樣強悍。他信任我，而我倆開始玩一種小把戲。我假裝沒負責任，他則假裝沒有直接從我這裡奉令行事。我只是個顧問，不是指揮官。然而我們兩人才是實際的領導人。領導統御和大自然一樣，都不喜歡真空狀態。我正是被拉進來填補這個空缺的。

越南士兵勇敢、服從性強，但不容易訓練。我教導他們，但是他們點頭傻笑把我說的話當成馬耳東風。從直升機上卸貨就操練了好幾個小時。關鍵在速度。直升機易受攻擊、引來砲火，卸貨必須儘快。最快的方式是直升機一降落就讓兩個人先跳上去把貨物丟出來，其他的班兵則排成一列，從直升機旁邊開始直到叢林裡，然後像救火隊傳水桶一樣，把貨物逐一傳送到樹下安全處所堆起來。我在地上畫出直升機的圖型，大家一再的操練。飛機降落／兩個人跳進去／其他的人排隊／傳遞貨物。一遍又一遍。

第二天，運補的直升機降落。我給搬運班打手勢，結果全班都跑到門邊想要趕快爬進飛機裡。我重新進行操練時，他們毫無怨言。最後，他們終於學會了。

五月的某一個炎熱午後，當我們艱苦的穿越茅草，汗流浹背地驅趕昆蟲進行巡邏任務時，一架L-一九「獵鳥犬」（Bird Dog）式偵察機在頭頂上盤旋。駕駛員以無線電告知有特別郵包要給我，並且立即以黃色的降落傘將郵包投下。我跑到空投的地點，發現一個裝滿花生醬罐子的紙箱。箱底正是「寶寶的信」。拆信的時候，一張照片掉出來。那是降臨到這個世界僅一天、帶著對一切好奇的眼光看著我的一張紅嘟嘟小臉蛋。他長得像誰？他長得像什麼？我說不上來。但是他是真實的，而且他是我的。歡迎麥可・鮑爾。越南伙伴齊聚過來，帶著笑容。我讓他們看看照片。然後它就被放進我胸前口袋，一直待在那裡。

計算屍體

五月稍後，我再度獲得短暫的休息。我被召回順化，越南陸軍步兵第一師的美軍顧問群駐紮在這裡。我將與一名步兵分科作業參謀會面。假定我能從安紹山谷平安歸來，陸軍將指派我到別的地方。我從戰地直接搭上直升機。當我們接近越南古都的時候，這座城市邊波光粼粼的香河（Perfume River）、醒目古城堡與嫵媚的法國殖民地風情，讓我覺得美不勝收。抵達之後，我體會到每個沙場老將突然回到後方的心情——不自然的清潔、幻象般的有秩序、不正常的尋常聲音。從你來的地方與現在所處的地方，兩相比較之下產生的不調和。我的M-一六步槍掛在肩上，腰帶繫著刺刀與手榴彈，軍靴上還帶著安紹山谷的泥土。我有一個月沒洗澡了，除了有一回在溪流裡快速地沖洗過一次。內衣變成黃灰色而且幾乎被汗水腐蝕掉。我先到軍官餐廳來客美式大餐。餐廳裡穿著整潔的幕僚軍官們看著我好像在說：「你這傢伙在這裡幹什麼？」我回瞪他們，表示說：「我知道為何到此，你們或許早忘了。」我吞下一塊牛排還有薯條，喝了一杯奶昔，然後又想吐了。離開餐廳的時候，昏沉沉沒力氣、反胃，很想念我的飯糰。

我向一位師部的分科作業參謀史皮爾斯中校報到。到目前為止，我加入陸軍快要五年了，差不多再七個月就可以離開越南。我很想知道陸軍下一步要如何安排。在當時，陸軍用一套考績制度來拔擢軍官，關鍵在於個人績效報告裡的分數是否達到一定的要求。中校翻閱我的個人資料，抬起頭來說道：「步兵高級班，班寧堡。鮑爾。」

我很驚訝。我說：「初級班我幾乎沒有過關。」

他回答說：「沒關係。」他面前的資料就是那個神奇的關鍵分數，可是他並不會透露給我知道的。但是他說：「假如你提早晉升少校，不要太驚訝。」

我幹上尉只有五個月之久，這傢伙居然談到一枚橡葉了。（譯註：美軍編階少、中校級軍官配戴橡葉型金或銀質軍階徽章）。當時就算有顆砲彈打在我肚子上，我還是能夠輕飄飄地走出那間辦公室。過去及未來幾個月裡的艱苦與恐懼，似乎都更能忍受了。

回到安紹山谷，我的筆記本裡所記載的事仍然單調：

五月十六日，週四。○八○一，有接觸。越共砲彈造成三傷。摧毀兩間房屋。用手破壞三公頃樹薯、一公頃稻米。

五月十七日，週五。第一連一六一五與越共接觸，死亡一名。

五月十八日的記載值得一提。「○八○五接觸，越共一名陣亡……。」我們在一座有溪流沖刷的峽谷內巡邏，水聲遮蓋住我們的聲音。第一次，我們的斥候兵先看到越共。第一次，我們進行埋伏。給了他們一擊。一波彈雨撂倒了幾個，其他的被逃掉。我們小心翼翼地接近，有個人躺在地上一動也不動，這是第一個我可以確定被我們打死的越共。他朝天躺著，無神的雙眼瞪視著我們。此人體型瘦長，面色似農夫般粗糙呈現胡桃色，穿著一件我們稱之為農夫褲的黑色短腿服裝。我看著他的腳，穿著一雙由廢輪胎內裡做的夾腳涼鞋。這就是我們所懼怕的、看不見的敵人。我覺得沒什麼，當然也不覺得同情。在我們這邊，我已看到太多死人了，對方的死傷當然不在乎。受傷的越共當成俘虜被押走，部隊開拔。

首次證實打死越共這件事，讓越南士兵士氣大振。這個數字遊戲後來變成了「計算屍體」（body count），其實沒有太大的作用。由於越南人猜想美國人喜歡聽到有這種戰果，因此他們開始拿一些帶有血跡的武器或是某些證據，向我「證明」他們殺了多少越共。我告訴他們，這不夠好。我變成這個可怕遊戲的裁判。人死見屍。沒有屍體，就不算數。

在經過第一次證實殺死越共之事以後不久，一名越南中尉跑來告訴我，又打死越共了。我說：「給我看。」他回答說：「太遠了，太危險。」我再重複人死見屍的道理，他搓搓手指好像在說，我證明給你看。半個小時過後，他回來交給我一方手帕。打開來一看，裡面是一對剛切下來的人耳朵。當晚，圍著營火，我召集連長及士官說明修正規定。殺死一名越共指的是見到一整具屍體，不要「零組件」，不要耳朵。不准再破壞敵人屍體。

負傷

七月二十三日，在深山裡待了半年，全營終於有機會休息。我們奉令離開平隆的前進基地向東轉進，出安紹山谷到一處特種部隊營區休養生息。有一天早上，我們在一條溪床上重新搜尋小徑，以致於行軍到稍晚，當時太陽高照，我必須趕上前頭。突然，我的右腿一踏出就感到劇痛。我把腳從約一呎深的小洞當中猛拉出來。我踏進了陷阱，尖釘穿透皮靴刺進腳裡。我咒罵自己的愚蠢，並跛著朝向營區走去。還有兩個小時的路程，我不想讓越南人知道發生了什麼事，這比刺傷還要令我覺得窘困。

走了不到二十分鐘，開始疼痛難耐。我找到一根樹枝當成枴杖保持前進。最後一哩蹣跚而行，幾乎無法完成。回到營區，美軍軍醫並不費神去脫我的軍靴，而是直接用刀割裂開來。他看了我的傷口，便決定呼叫直升機。竹釘穿透鞋底，直接從足背上穿出來，自牛糞萃取的毒素開始擴散，我的腳腫得很大而且變成紫色。軍醫裹好傷口，我被空運回順化。

抵達以後，L-一九獵鳥犬式飛機的駕駛員傑克．鄧勒普負責照顧我。我從未正眼瞧過這個人，雖然他立即把我當成老朋友對待。他告訴我，送「寶寶的信」的人就是他。鄧勒普送我到設置在單身軍官宿舍裡的醫務所，那裡的醫生用我永難忘記的手法清理傷口。他用一種叫做「印度紗布」的急救織物自傷口底下推進，自足背的傷口拉出，然後像擦皮鞋般的來回推送。我緊抓著鄧勒普的手，痛得幾乎要昏過去。之後，醫生為我注射大量的抗生素，送我回宿舍房間。

我復原得很快，但是作為戰地顧問的日子已然結束，我已剩下沒多少時間再回去營裡了。在我服勤的七個月當中，我是這個單位裡第三十四個傷亡者——七名陣亡，二十七名負傷。如果說我不願離開戰場，那是違心之論，因為艱苦與死亡是不受歡迎的。但是在我負傷之前，我實際上已是這個營的指揮官，雖然在名義上並不是我。我們同甘共苦，一起睡在地上，吃同樣的食物。我灑下鮮血與他們同生共死。在喬治亞州的懸崖邊上，與同袍綁在一起而培養出來的禍福與共的情操，使我在安紹山谷與這些幾乎無法交談的同志們緊密地連結，分享著死亡、恐懼與勝利。我離開第二營的同志，多少有些依依不捨。

當士兵有死傷時，陸軍會主動通知家屬，我想阻止軍方這麼做。我不過是踏上尖釘，不是地雷。我不想讓家人有這種不必要的操心。但是官僚體系對此建議毫不理會。我受傷的消息經由電報分別通知了艾瑪與我父母。艾瑪表現的很平靜，老爸卻認為軍方有所保留。來自越南第一家庭的慰問信對事情毫無幫助。越南總統吳廷琰未婚，但他的哥哥吳廷柔為國家安全局長，吳廷琰的嫂子於是成為這個國家的第一夫人。美國大兵有傷亡時，吳夫人都會寄封信給他家人慰問，然而她的措詞很奇怪，好像在說：「抱歉，不過你應該知道，我們國家人民所做的犧牲也不小」。美國大兵把她稱之為「龍女士」（Dragon Lady）（譯註：意為脾氣暴躁的女人），這個頭銜頗貼切。

由於我無法行動，於是被調到越南步兵第一師師部，擔任作戰幕僚的助理顧問。有一天在軍官餐廳裡，我聽到一個熟悉的大嗓門，我轉過頭去看到了喬治・普萊斯，他現在已調升第一師師部參三顧問（G-3 advisor）的肥缺（譯註：美國陸軍編制師級參三主管作戰訓練），是我的新老闆。跟他做事覺得有保障。他還是話說個不停，我總是很專心聽，因為他說的往往頗有道理。

我在師部裡所觀察到的，實在沒啥好說的。離開安紹山谷以後，不能再以宏觀的角度觀察世界，新的環境不理想。我的新工作之一為提供資料給師部情報官，讓他預測何時會有砲擊發生。他躲在寫著「請勿進入」的綠門後面，做所謂的「回歸分析」。資料可以進去，人不能進去。因為我沒有資格接近這些機密。有一天，這名情報官終於出現，他說，根據週期性的分析，他可預測出砲擊的密度並達到可觀的準確度。何時有砲擊？——月黑風高的時候。唉，拿顆飯糰把我打昏算了。這項經過幾週的統計分析所得的結果，越南士兵在五秒鐘之內就能告訴他了。當月黑風高的時候在戰地要比他想像的還要危險。

深山裡頭的步兵拚命的在同一塊土地上搜尋，每天遭受看不見的敵人伏擊蒙受傷亡，很自然的會懷疑到底有何成就，只能假定高高在上的那些聰明後勤軍官，會有答案來自我安慰。我在師部服務的時候，把這種假定完全推翻。美國是全世界最複雜的國家，在越南運用最先進的科技。然而，再想一想，躲在綠門後面的情報官製造電腦資料、填寫電子試算表、運用一大堆數字，只製造出一眼就能看出來的簡單結果。而穿著黑色農夫褲的敵人，運用最原始的武器——浸了水肥的竹尖，就能讓美國軍官退出戰場。

疑慮與失望

在叢林裡，我們只攜帶有用、能救命的東西。但是在順化，每一名直升機駕駛員都掛著大刀，刀柄彫刻、刀刃閃閃發亮，反射陽光之後易曝露位置。到師部來載運垃圾的十八歲卡車司機，配戴著由順化皮革師傅製作的工具皮套，他賣皮套給師部裡面那些傻瓜，必然賺了不少錢。我曾經看過有人帶六把槍走進軍官餐廳，像演西部牛仔片一樣，在背上纏著彈帶。如果突然有槍戰，要怎樣裝填子彈？我感到好奇。不過，反正無所謂，背上有彈藥看起來很酷，這正是在戰略作戰部隊所看的翻版。

這些行為只是愚昧無知而已，真正讓我覺得憂慮的是首次接觸到的越南高級將領。在我營裡，絕大多數的越南軍官與士官都很盡職能幹，士兵勇敢無怨尤，但是浮華與腐敗似乎是和軍階成正比。典型的例子是爬升最快，以三十二歲的年紀就當上越南空軍代理總司令的阮高琪。華麗的阮將軍蓄著兩撇鬍子戴墨鏡，配戴鑲珍珠鍍鉻左輪手槍，穿著黑色飛行衣打著領巾，在西貢高級俱樂部裡或者是駕著飛機顯著威風來打這場仗。難道他們就是安紹山谷裡越南士兵出生入死所捍衛的人嗎？

完成我到戰場所盡的義務後，我發現在後方當兵實在很舒服。身為一名傷兵，我在這裡頗為享受。順化不但雅致美麗，還有各種餐廳與娛樂場所，甚至於到理髮院都是種享受。師傅除了理髮以外，還兼做按摩。靈巧的雙手在頭頸與肩膀上按摩能消除緊張。在安紹山谷因為流汗所失去的體重，在消化道重新接納牛排與越南最受歡迎的「三三」牌啤酒後開始回升。為了讓體重減輕，我開始打壘球。

對美國人而言，越戰是個特殊的戰爭。今天在國王飯店頂樓吃著丁骨牛排，明天可能就改吃彈藥罐煮出來的米飯。今天在肚子上灼燒水蛭，明天或許在按摩休息。到師部擔任幕僚之後不久，我飛往香港度假。對於某些美國大兵來說，到香港休息與娛樂代表著買春。對另外一些人來說，則是揮金如土的大購物。我給自己買了一雙鞋，十美元、一套衣服，三十美元以及全世界最便宜的音響。為艾瑪買的禮物是御木本（Mikimoto）珍珠、絲質衣服及衣料。四天之內，我花光錢回到了順化。

我接獲另一項在職業軍人生涯當中頗為奇特的任務。被調派到順化城堡機場擔任指揮官，管轄C-七馴鹿式運輸機與L-十九獵鳥犬及幾架小飛機。有個自大的飛行員不服氣，明白的表示出對我這個非飛官跑來管「他的」機場相當感冒。有一天他向我挑戰，叫我坐他的獵鳥犬式飛機到天上轉一圈。好勝心理做祟，我接受這挑戰。這個藝高膽大的傢伙擺明的要把我摔出機外，或讓我吐個半死，他在空中做桶式翻滾、垂直俯衝以及其他讓人作嘔的飛行把戲。我以為我要死了，可是仍然裝作不在乎的樣子。最後，當他平飛的時候，我向下看卻看不到熟悉的東西，在堤防上有火車在走著。我不記得在我們防區裡有這種景觀。

我叫道：「你知道我們在哪？」

他很自信的回答說：「廣治北方不遠。」

我對著狂風大叫道：「你這個笨蛋！把這個玩兒飛回南邊，我們到了北越了！」

結果我是對的。在與情報官及自負的飛行員打交道之後，我的心得是：別被所謂的專家或是菁英唬住。專家經常有一大堆數字卻少有判斷，菁英會被真實世界逐出，而只能近親交配產生血友病流血不止而亡。

十一月一日我回到西貢，越南之旅快要結束了。我準備離去回家。南越此時已陷入一片混亂。吳廷琰總統，這名基督徒打算鎮壓佛教儀式與佛教徒對他的示威活動。一張清晰的照片震驚了全世界：一名僧侶盤腿坐在西貢大街上，身上澆汽油自焚抗議吳氏政權。八月份我還在順化的時候，這座城市進入戒嚴，美軍被限制待在宿舍裡。大約一週以後，吳廷琰總統宣布全國戒嚴。

有一天，我跑到新山一機場準備托運我的裝備回去，發生了一件比抗議事件還要嚴重的事。總統府遭到砲擊，街上除了軍車以外空無一人。我在西貢遇到政變。一票南越將領推翻政府，並且把吳廷琰總統與他哥哥國安局長吳廷柔全部槍決。以我二十六歲的年紀，對於這種政治事件沒有較深入的看法。我好比一名士兵，只知道自己圈子裡的事。這場政變不過是這個奇怪的國家難以處理的另一環。

雖然有這場政變，我還是被提前一個月送回國，因為我們在此所做的被認為還不錯。美軍顧問從最多時候的一萬六千六百人稍減至一萬六千三百人，麥納瑪拉（McNamara）支配美國對越南政策的時代分析法則開始流行。當一個小村落週圍建起籬笆以後，交給自衛隊防守，若是它的首領三週沒被殺掉，我們就將它視為「鞏固」了。我在平隆基地時，麥納瑪拉到越南訪問，兩天的行程結束，他說道：「……根據定量分析，顯示我們會打贏這場戰爭。」─測量它，它就有意義。分析它，它便是真實的。然而我在安紹山谷還看不到打擊越共有何成效。打擊他們？多數的時間我們連他們在那都找不到。麥納瑪拉手下那些拿著計算尺的指揮官發明了精確的指數，來測量其實根本無法測量的東西。

陸軍的政策似乎是別質問那些知道得較多的人，包括發明「油滑戰略」的天才們。假如這些戰略沒效，就假裝它有效，或許它會自動生效的。這種我在西德首次見到的薄弱想法，現在已轉移到越南來了。先前幾年，這種幻覺式的迷糊仗，讓我們所做的鞏固村落變得沒有意義、搜尋與掃蕩沒有意義、計算屍體沒有意義、我們所知的一切都沒有意義。就算我們做了這些。

然而，美軍的傷亡開始慢慢增多。熟悉的名字開始在死亡名單中出現。我在格漢森服役認識的吉姆·李、潘興操槍隊的第一個好友艾倫·巴斯可也死在越南。他並不是最後一個。

在美國，卻很少有人知道或者是關心，在這個遙遠國度所發生的事。越南嚴格說來，對美國不算最重要。相對於美軍駐歐洲的二十五萬二千人與駐韓國的四萬九千人，越南駐軍只有一萬六千三百人。在一九六三年當時，還談不上什麼反戰風潮。

雖然帶著疑慮，我離開越南之時還是篤信真理。我失望但非幻想破滅。維持越南獨立是對的，在世界任何角落拉長戰線來對抗共產主義都是正確的。方法固然錯誤，仍然是師出有名。不管麥納瑪拉發現什麼結果，反正這個任務較我們預期的更為龐大而艱鉅。我在順化與情報官共事之際，一名分析家以我曾待在戰場的經驗請教我說，美國在越南到底要投下多少人力？我毫無根據地給了他一個答案：「需要五十萬人才能克竟全功。」

我坐在田納西州納許維爾機場裡，等候下午的飛機回伯明翰，手裡翻閱著雜誌。我發現人們都在大廳裡的電視前面圍觀，出奇地寂靜。這天是十一月二十二日。三週之前，我在越南遭遇到政變，越南的總統被暗殺掉、政府被推翻。這天下午，我的國家元首被謀殺了。此外，當我出國為外國人的自由而戰時，伯明翰第十六街的浸信會教堂裡，四名黑人小女孩被暗藏的炸彈炸死。

我回到家鄉了，但它似乎已變成了一個天翻地覆的世界。

第五章　歸鄉

我看到玻璃門後有一張嬰兒遊戲床，正沐浴在柔和的燈光中。我拉開門，一個八個月大的小人兒抓著欄杆瞪著我瞧，眼睛圓咕嚕，滿頭鬈髮，穿著一身迷死人的紅衣裳。我把他舉起來，「嗨，麥可，」我說，「我是你爹！」他一臉疑惑，不斷瞅著艾瑪。

諾曼．洛克威爾（Norman Rockwell）有一幅代表性畫作，題為「歸鄉的士兵」，《週六晚間郵報》在二次世界大戰後不久曾刊出這幅畫。年輕的士兵手裡提著行李袋，剛踏上舊日的家園；他的家人和狗兒奔出來迎接他，一位美麗的女孩矜持的等在街角，露齒而笑的鄰居從門口和窗戶探出頭來，小孩在樹上向他招手；征戰英雄，歡迎歸來。當我一九六三年從越南回來時，可不是這幅景象。

我一踏出伯明翰機場，有人已在那裡等著我。她看起來很美，有點熟悉，又有點陌生。當兩個人僅認識一年，便又分離一年，即使是夫妻他們也會有點像是陌生人。當我將艾瑪擁入懷中，陌生感開始消失，不過我知道她心裡在想什麼：「這個傢伙是誰？我真的認識他嗎？」當我們坐進藍色的老爺金龜車時，我更感受到另一種熟悉的感覺。車子駛向她父母位於伯明翰北邊泰倫特市（Tarrant）新家。我們在屋後停好車時，已是薄暮時刻。艾瑪催促我走向一扇大的玻璃拉門，此時我的岳父、岳母都還沒有露面，數月來，我一直在準備這一刻。我看到玻璃門後有一張嬰兒遊戲床，正沐浴在柔和的燈光中。我拉開門，一個八個月大的小人兒抓著欄杆瞪著我瞧，眼睛圓咕嚕，滿頭鬈髮，穿著一身迷死人的紅衣裳。我把他舉起來，「嗨，麥可，」我說，「我是你爹！」他一臉疑惑，不斷瞅著艾瑪。幾乎每個男人在一生中都會發生這種情形——男女三角關係。現在就發生在麥可．鮑爾身上。

我和艾瑪及岳父與岳母，RC及蜜德瑞德一塊享用歸鄉大餐，麥可則坐在嬰兒椅上不斷瞅著我。等到要送麥可上床時，這個小娃兒又遭受另一次衝擊。他一直跟媽媽睡覺，現在他被放到搖籃去。翌日早晨，我下樓吃早餐。麥可原本高興地在嬰兒椅上咕噥著，他看見我。「這個傢伙還在這裏？他什麼時候才要走？或許他要永遠待下來？真令人想不透。」後來幾天，他開始接納我。「這個大傢伙逗我玩。或許他還不壞，不過我還是喜歡媽咪。」這種狀況持續了一段時間，最後我這個陌生人與小娃兒終於建立起父子關係。

接下來，我回到皇后區的艾蜜拉大道與父母共度耶誕節。那時，麥可咳嗽得很厲害。我們急忙把他送到最近的軍醫院，聖艾爾班海軍醫院，就在我父母家附近。看診的年輕海軍醫生與嬰兒打交道的經驗似乎跟我們差不多，他把我們口中的咳嗽升高到危機的層級。醫生說，麥可得了嚴重的喉頭炎，得放到氧氣箱中。他在麥可的小床旁擺設一套急救設備，並要求我們同意在嬰兒停止正常呼吸時使用。那是什麼意思？我要弄明白。醫生解釋，他必須切開嬰兒的喉嚨，插入輔助氣管。他們要切開我的小寶貝？我這個叢林戰士差點就要昏過去，艾瑪也很難過，不過仍保持鎮靜，並提出高明的問題。她向醫生解釋，嬰兒還在吃母奶，他從未用過奶瓶。要如何餵食他？醫生建議我們回家，不要擔心。我們回家了，可是我根本無法放心。我失眠反側。一大清晨，我們就趕回醫院，小麥克正坐在小床裏，吸吮奶瓶裏的牛奶，笑咪咪的，喉頭炎顯然好了。

野戰導航員

我站在運輸機打開的後艙板上，高度一二〇〇呎，雙眼緊閉，風打在身上，背上揹著一副T-一〇降落傘，昔日的恐懼再度襲上心頭。以前空降訓練時，我已跳過五次傘，一點也不想再跟地心引力玩遊戲。但是，我仍縱身一跳，飛向藍天的彼端。

自越南回來後，我被派到喬治亞州班寧堡，參加步兵軍官高級班課程。不過這項被稱為「生涯課程」的訓練要到一九六四年八月才開課，距此時還有將近八個月。為了填滿這段空檔，軍方派我參加為期一個月的「野戰導航訓練班」——高級空降突擊兵訓練。

抵達基地後，我立刻找地方安頓家人。我要等到夏季「生涯課程」開班後才能分配到公家房舍，在這之前，我得找個營區附近的地方，才能讓艾瑪和小孩搬來同住。布雷格堡的往事又再重演，哥倫布市有很多白人軍官的宿舍，可是我只能去黑人住宅區找。一開始就被澆了盆冷水，之後我又找上一個黑人房地產仲介商，他手邊有一幢鳳凰市一位浸信會牧師的房子，就在阿拉巴馬州境內。但是我很擔心，因為鳳凰市很不安定，是個罪惡之城，幾年前國民兵曾前來戡亂。牧師的房子座落在一條偏僻的道路上，周圍是一大堆簡陋的小屋。不過，房子是幢堅固寬敞的磚房，另外還有個庭院可以給寶寶玩耍。我花了八十五美元的月租訂下它，很高興終於找到合適的房子。

這段期間，我住在班寧堡的單身宿舍，同時整理新房子，準備安置艾瑪與麥可。有一晚，又累又餓，我鎖上屋子大門回去基地。來到勝利路一處車上點餐的漢堡店時，我心想，他們不會讓我到店裏用餐，所以我在外頭停車。停好車後過了一陣子，一名女侍

來到我的車窗旁。「請給我一個漢堡，」我說

她不安地看著我。「你是波多黎各人嗎？」她問。

「不是，」我回答。

「你是非洲學生嗎？」她似乎真的很想幫忙。

「不是，」我回答。「我是黑人，也是美國人，還是個陸軍軍官。」

「聽好，我來自紐澤西，」女侍說，「我什麼都不懂。可是他們不讓我為你點餐。你乾脆繞到餐廳後面，我會從窗戶裏遞個漢堡給你。」

我的自尊心受損。「我沒有那麼餓，」我說，然後全速倒車。我駕車離開時，我可以看到店主及餐廳裏的客人擠在窗邊欣賞這齣羞辱短劇。我以前不會有這種情緒性反應，我向來不會自找麻煩，我不去遊行示威，或參在靜坐抗議，我的目標是自己的陸軍生涯與家人的生活。在我認為，真實世界存在於基地裏。我把南方的軍事基地視為一個病態身軀裏的健康細胞。如果我動作快點，我可以在打烊前趕到點心吧或軍官俱樂部，像個普通人一樣用餐。

「野戰導航員」是菁英中的菁英，他們是打頭陣的傘兵，為空降和直升機攻擊部隊畫出著陸和降落地點，因而「野戰導航員」學校十分的嚴格。我的同學是空降部隊的傘兵老手，而我只是個不情不願的新手，五年來都不曾跳過傘。首先，我們每天要做例行

性的柔軟操，每項動作要一直做到所有的人都不支倒地為止，然後再以跑步五哩來恢復體力，接著才開始一天的課程。航空課程是先畫出降落地點，再使用航空標幟來引導飛機。再來，是更多跳傘練習。

「野戰導航員」部隊必須集體到達地面，所以，我們不是一個接一個的跳出機門，駕駛員放下雙引擎「馴鹿式」運輸機後面的機門時，我們應該迅速自後門同時跳下去。跳傘通常在夜間進行，倍加刺激。下頭也不知道是水面、裸露的岩石或是潛藏的懸崖……，就我而言，夜間跳傘其實沒有什麼差別，反正我都是閉著眼睛往下跳。不像別人雄糾糾的躍向未知的天空，我總是磨蹭到後頭，然後嬰兒學步似的走過後艙板。於是，當別人如老鷹般展翅翱翔時，我才努力坐在後艙板上，再彈出機身外。不過脫離機身後，我感受到跳傘所有的驚悚感，那種飄向地面的奇妙感受，風聲在頭上的傘面低吼。如果你不必第一個跳的話。

課程快要結束時，我們要從直升機上跳傘。首先，我們整天在鄉間行軍，直到精疲力竭。此時，我們登上直升機，天色已暗，風力開始增強，而且下起大雨。我們爬到機上，擠在狹窄的地板上，一月冰冷的雨水打在我們臉上。我是機上最高階的軍官，可是跳傘教官是個板著臉，經驗老到的士官。直升機起飛後，在引擎的吵聲中，我大吼著叫大家確定自己的平衡索鉤在地板上，這條繩索在我們跳傘時會自動拉開傘。黑暗中，我聽見大家用手沿著繩索一路摸索到地板上。直升機到達高度後，風勢增強，跳傘變得很危險。我叫大家最後一次再檢查平衡索有沒有鉤住。然後，像個囉嗦的老太婆，我開始檢查自己的每條繩索，然後穿過擁擠的軀體，用我的手去摸索每個人的繩索。我竟然摸到一名中士的繩索鬆開了。我把鬆開的繩子塞到他面前，他倒抽一口氣。這是三重失誤。他原本應該檢查自己的繩子，他的同伴也應該檢查，跳傘教官也應該檢查。這個人若跳出直升機外，就會像塊石頭般墜落。而他只有四秒鐘來拉開他的備用傘。

天候愈來愈惡劣，跳傘於是取消。我們走出勞森（Lawson）陸軍空軍基地時，那名平衡索鬆開的中士抱住我，表達他的感激。我再度驗證有關專家的看法。不要害怕挑戰專家，即使在他們的專業領域。同樣重要的是，千萬不要忽略細節，即便到了令人討厭的地步。緊急、混亂及疲憊的時候，特別容易犯錯。當大家心思遲鈍或迷亂時，領袖必須加倍提高警覺。「千萬記得檢查小事」變成我的另一條守則。

畢業當天，我多了一枚「野戰導航員」徽章，再加上步兵戰鬥徽章、傘徽和突擊兵臂章。在我的世界裡，這些徽章相當於學歷證明。令我訝異的是，我這個熱愛地面的軍人，竟以班上第一名畢業。我感到很光榮，但一點也不遺憾我以後再也不必跳傘了。

我不擅游泳，但是現在我卻坐在一個加拿大製造的東西，被沈到喬治亞州一個湖裏。由於步兵軍官高級班課程還有六個月才開班，軍方又得把我塞到某處去，結果奉派任務的是設在班寧堡的步兵委員會（Infantry Board）的測試官。我們的工作是測試新武器及裝備，再決定他們是否適合步兵使用，包括改良設計的刺刀與新型機關槍。每件物品均以三項標準加以審查——東西管用嗎？容易取得嗎？以及維修的費用有多貴？陸軍將這三項標準簡稱為RAM——實用性、取得性及維修性。我的工作就是訂定RAM標準，並用以審查每一項裝備。

我被指派去測試加拿大製的XM-五七一履帶運兵車（Articulated Carrier），這個外觀可笑的車輛是設計作為運輸部隊通過沙地、雪地，甚至水域的理想交通工具。跟這匹鐵馬一塊來的是加拿大後勤官，柯林．佛瑞斯特少校，他是個高大、臉色紅潤的愛爾蘭人，還穿著蘇格蘭兵團的摺裙。身為前殖民地後裔以及名字相同，佛瑞斯特和我很快就打成一片。與他一同前來的還有製造商代表，我只記得他的名字叫比爾。他們兩人都急於展示XM-五七一。加拿大的驕傲與獲利都維繫在美國陸軍的決定上。

我們先讓這隻醜小鴨進行陸地試驗，除了幾次意外的翻覆之外，她表現得不錯。最後一項測試是游泳。我決定早上十一點在勝利池舉行。整個步兵委員會都受邀前來審查，包括我的長官蘇德斯中校。為了安全起見，我打算在早上七點半就預演一遍。比爾和我都穿上救生衣登上運輸車，然後下令駕駛開始潛水。我有些擔心XM-五七一吃水太深。我們和湖底之間原本有六吋的乾舷（譯註：自吃水線到甲板間的舷側）。但我們才走到三分之一的路程，我感覺到我的腳濕了，我低頭看到水由車底滲進來。我叫比爾看，他搖搖手叫我不必擔心。沒問題，抽水幫浦馬上就會啟動。沒錯，但是有個小問題。幫浦每分鐘抽水二十加侖，但水湧進來的速度是每分鐘四十加侖。「比爾，」我說，「我們在下沈。」

「該死的，」他詛咒道，「我們真的在下沈。」

我們跳出車外，奮力地拍水，目睹XM-五七一消失在我們眼前，救生艇同時趕來接我們上岸。攀上堤防時，我抬頭看到佛瑞斯特少校的粗腿。這個人的激動情緒是可以理解的，他可不想把這種消息回報到加拿大國內。

幸運的是，湖不過十呎深，我很快找來打撈船，把這艘運兵船撈起。我看看手錶，再過兩個小時步兵委員會就要來了。我們不耐煩地等候車子把水瀝乾，看著湖水由車體的每個罅隙漏出來。很快我們便發現問題。XM-五七一先前的翻覆把車底弄裂了，我們試著重新發動車子，失敗了。再試一次，噴氣兩聲，但沒有沈重的引擎低吼。我還是把車輛拖到展示區，再趕緊去換套乾衣服。

我該怎麼向步兵委員會報告？等人員抵達後，我請他們就座，然後站在這個加拿大產品旁邊，一五一十地描述各項測試，包括今晨的潛水失敗。只要據實以報就好了，別撒謊。大家想要的是分享你的信心，不管有多麼薄弱，而不想分擔你的驚慌，不管有多麼身歷其境。千萬別讓他們看見你冒冷汗。我們完成展示，我要補充說，XM-五七一從此沒有成為美國軍備。

我在步兵委員會待了將近五個月。生涯課程快要開班時，蘇德斯中校問我是否願意在課程結束後回到委員會。在突擊兵、綠扁帽和空降菁英部隊之間，重返步兵委員會測試官的職位並不令人感到雀躍。不過，委員會有一大好處，這表示我在完成步兵軍官高級班課程之後，可以留在班寧堡。我已經適應了安定的家居生活。好的，我告訴中校，我很樂意回來這裡。

陸軍有一套自己的晉升程序。班寧堡的生涯課程是為了培訓步兵上尉以指揮一個連部，或是擔任營部的幕僚。如果考量各項實用的目的，我等於早已結束這些課程，因為我已在德國和迪文堡以少尉的官階，擔任過指揮數個連部的上尉之職。而且，我也已經在安紹山谷的教室裡做過營長，在那裡他們可是用真槍實彈對你射擊，而不是在靶場上對空發射。另外，我在德國、迪文堡和越南都做過幕僚工作。不過，這項課程仍是我軍職生涯發展中不可或缺的一部分。同時，在開課後我就可以帶我家人住進基地裡的公家宿舍。

我急著想見見我的同學。在我的意識裏，這是第一項生涯里程碑，許多步兵軍官在服役兩年或三年後便退伍了。而在高級班課程，我們總共有四百名上尉，都是想把陸軍當為畢生生涯的弟兄與競爭者。我們被分成兩班，一班各兩百人。另外一班可謂冠蓋雲集，彼特・道金斯（Pete Dawkins），西點全美跑鋒，一九五八年海斯曼獎章得主，外帶羅德學者獎學金得主。還有其他鋒頭甚健的同學，比如湯瑪斯・葛里芬（Thomas Griffin），他後來晉升為三星中將，並擔任北大西洋公約組織南部軍區參謀長。這種競爭既令人振奮，又令人膽怯。

在上課期間，我的軍事職業專長裏又增加了一項「五字頭」（prefix 5）指示者。用陸軍術語來說，那代表我現在有權可以使用戰略性核武。我理應知道何時布署核武，不過還是得到非常高階的長官核准，原子半徑內有多少敵軍、平民及樹木會在瞬間蒸發，如何在核武交戰期間保護我軍、輻射落塵有多少，以及我軍何時才能安全通過污染區等等。我們想的可不是阿馬加頓式（Armageddon）的世界末日景象。舉例來說，用二〇三釐米大砲所發射的核彈，會產生一到十千噸（譯註：相當於一千噸黃色炸藥之原子能），而廣島投擲的原子彈十五千噸。我們不能質疑在戰場上使用核武是否明智，我們在盤算時也沒有列入敵軍升高戰情的可能性。海軍與空軍都已核子化了，難道陸軍還要使用毛瑟槍與小鋼砲嗎?此外，共軍也有戰略性核武。很久以後，當我晉升到決策階層時，我便對戰場上使用核武產生質疑。但在這個階段，我不過是一個沒有懷疑的上尉，盡忠職守而已。

一九六四年夏天，我又回到勝利大道上那家漢堡店，點了一客漢堡，但不必繞到店後面去。自從我上回光顧這家店之後，強森總統已簽署民權法案，明文禁止公共場所的歧視。那年秋天，強森與保守派共和黨候選人參議員高華德競選總統。我沒有黨派立場，不過高華德令我失望，因為他是參議院唯一投票反對民權法案的。高華德不是種族歧視分子，他基於憲法的理由而反對該項法案。可是他的反對立場仍給予種族分離分子不必要的鼓勵。我在我的金龜車保險桿貼上紅白藍的貼紙，上頭寫著「一路支持強森」，這或許違反基地對於政治活動的規定。

那年秋天，某晚我由伯明翰開車回班寧堡，一名阿拉巴馬州警察在賽拉考加鎮（Sylacauga）附近把我攔下來。我超速了嗎？不無可能。讓我意外的是，州警不是為了開車的事。他是在散發高華德的保險桿貼紙！他瞪著金龜車，在六〇年代的阿拉巴馬州可算是異類。一好球。他檢查我的牌照，紐約州。二好球。他瞧見強森的貼紙。三好球。駕駛是名黑人。我竟然得了四好球。他搖搖頭，「老天，」他說，「你在這裏實在不聰明。你最好快走吧。」我立即照辦了。

普萊斯、馬洛迪斯、迪佩斯和我之類的軍人在陸軍開創了前途。但是，那個日子的軍官團有主流文化，那就是白人、新教徒，大多來自南方，一些來自中西部。很多軍官來自韋克佛瑞斯特、克萊森、賽特達爾、佛曼及VMI學院，來自普林斯頓大學的少之又少，遑論紐約市立學院了。

我們的生涯課程通常在狹小又沒有窗戶的房間上課，能夠到走廊伸伸腿、抽根菸，再輕鬆不過了。有一天我出去時發現一群白人同學在討論總統大選，大家異口同聲在讚美高華德。「嘿，柯林，」其中一人喚我，「過來這兒。」我忐忑不安地走了過去。「我們有偏見嗎？」他開口問。「見鬼了，如果我們有的話，我們還會同坐在一間教室裏嗎？」這不是喜不喜歡「有色人種」的問題。另一人接著說。他和自己的朋友就是不喜歡這種強迫人的事，政府竟然告訴人民要如何過日子。「這是財產權的問題，」另一名同學插嘴說。「人家成立了公司，就應該可以決定如何經營。」

我大可火冒三丈，破口大罵，或者無奈地退出。不過，我試著讓他們明白。「我來告訴你們什麼叫做財產權，」我說。「如果你是個軍人，又是黑人，你最好有個很強的膀胱，因為你從華盛頓特區到班寧堡之間沒什麼地方可以落腳。」我告訴他們，當暮色降臨，你想在南方的公路上找個乾淨的地方吃東西，或是找家像樣的汽車旅館供妻小過夜，那是多麼不容易的事。全美黑人發展協會（NAACP）的梅德賈・艾維斯（Medgar Evers）前年在密西西比被謀殺、康諾警長放警犬咬人、凶手在一間伯明翰教堂炸死四名小孩。這些人竟然還在談論「財產權」！「你們不能把這項議題貶低到一家白人旅館老闆應不應該出租客房給黑人。你們不能把財產跟人權擺在同一個項目裏。」我這麼告訴他們。

我不知道我是否改變了任何人的想法。但能夠一舒胸中悶氣真好，讓這些人知道所謂包容並不只是跟黑人一同坐在教室裏。

這個時期博得我尊敬的軍人，是來自南方的黑人軍官。從小到大經歷二等待遇、種族分離以及黑人大學的隔離之後，他們發現自己可以跟他們以前不能一起生活、讀書或吃飯的白人競爭，以前他們原本應該要對他們鞠躬作揖的。在我成長的階段，我跟白人相處從未感到不自在，我從不認為自己比較低等。我們是有所不同，但絕對不是比較低等。這些南方黑人卻沒有這種認知。在往後的歲月裏，我看著他們在陸軍裏晉升，我的尊敬油然而生。他們大多拒絕背負種族歧視分子強加在他們身上的包袱。他們和大家一樣穿上制服的那一天起，他們便認為自己和大家同樣優秀。幸運的是，他們加入美國最民主的機構，他們憑著功績升級或降級。這些南方黑人軍人在我的英雄館裏佔據崇高地位。

總統大選日前夕，一九六四年十一月三日，我將不在籍選票郵寄到我的紐約選區（譯註：為趕上計票截止期限，外地駐軍通常先行寄出選票。）一路支持強森。然後我又到勝利大道的漢堡店去享受一客漢堡。

這個時期是我一生中最快樂的日子。對一個步兵而言，班寧堡——步兵之家，是個令人情緒激動的地方。放蕩不羈的單身中尉、結婚、升上尉，然後受命去上生涯課程，再帶著妻子來到班寧堡，成為她的第一個營區。我們在哥倫布市區的一家百貨公司用信用卡買下第一批家具，一車的東西便裝滿客廳、餐廳、臥室和廚房。我們參觀外觀一模一樣的房子，那是蓋在混凝土平台上的二房或三房小型平房。除了極少數天生富有的夫妻之外，我們沒有多餘的房間可以擺闊，因為大家都拿同樣的薪餉支票，生活水準也一樣。

週末時，艾瑪和我時常將小麥克帶上車，一同前往伯明翰去探望她的父母。在出發的路上，我們會經過高階軍官宿舍區，那是大蕭條時期美國公共事業促進署（WPA）所興建的莊嚴、優雅的白色灰泥住宅。最引人注目的是河畔莊園（Riverside），那是南北戰爭以前的一棟莊園，布滿紫藤，圍繞著木蘭樹，是班寧堡指揮官的官邸。每年，指揮官會舉辦晚宴招待生涯課程的學生。男仕們穿著黑色西裝，女士們用上尉薪餉所能負擔的金額選購一套最好的禮服。當我們踩過修剪整齊的草坪，走向河畔莊園時，彷彿我們是電影《亂世佳人》場景裏的臨時演員一般。

在我們班級的晚宴過後，艾瑪要我猜一猜她的夢想。由金龜車升級到旅行車？不對，她說，她希望有一天以將軍夫人的身分住進河畔莊園。我取笑她說，她就像我老丈人強森口中的丈母娘一樣，強森說蜜兒瑞德還存有奴隸心態，老想住在有著廊柱的大白屋裏。在一九六四年，艾瑪的夢想似乎無傷大雅，而且似乎跟人類登陸月球一樣遙不可及。

班寧堡也是琳達・鮑爾（Linda Powell）於一九六五年四月十六日降臨的地方。我錯過麥可的襁褓時期，我初次見到他時，他已經是個小孩子了。但是，那天在馬丁陸軍醫院，當我凝望著那個無助的小嬰兒時，心裡洋溢著父親對小女兒的情感。我要彌補初為人父所錯過的一切。生涯課程不難應付，我把握機會盡可能找時間陪琳達，而成為嫻熟的保母。琳達六個月大該做例行檢查時，艾瑪因紅十字義工而走不開身，於是，我一手抱著嬰兒，一手拎著她的尿片袋，自己一人帶她上醫院。我開心的加入候診室裡的年輕母親，並學習醫院所傳授的治療急性腹痛、喉頭炎以及其他照顧嬰兒的一切知識。

青雲直上

那天走進我的課堂的人，都會看到一名美國陸軍少校對一屋子的軍官候選人投擲一隻橡膠雞。我開始擔任教職，而且我十分注重學習的必要條件：動機。

一九六五年五月，我完成步兵軍官高級班課程，在我那一班是第一名，不過在全體學員中排名第三，輸給一名裝甲兵和一名砲兵，他們優異的表現，的確令我覺得謙卑。

按照原訂計畫，我要求在生涯課程結束後重回步兵委員會，這是我在軍中三十五年唯一開口求人的職務。既然蘇德斯中校要我，所以在人事安排上並不麻煩，這次我的理由完全是私人考量，我只想延長一家團圓的時間。在一九六六年春天的某一日，我接到指示要向步兵總部大樓報到。我被分派到我新近才結業的步兵學校當教員。十八個月前，詹森總統以北越砲艇在東京灣「無正當理由」的攻擊為由，推動參議院一項決議案，促使美國對越共宣戰。當我離開東南亞時，大約一萬六千名美軍顧問介入越南衝突。等我成為步兵學校教員的時候，美軍介入越戰的人數已接近三十萬人，陸軍需要拔擢更多軍官。步兵大樓剛完工，以容納擴增的學員。獲選為教官是件令人垂涎的差事，也是一份令人印象深刻的生涯證書，教官要教導將在戰場上指揮部隊的軍官，這可不是陸軍等閒視之的任務。

在我能夠接近教室前，我必須上教官訓練課程。在三週的密集課程中，我們學習如何在課堂中行進，使用手勢，發出權威性的聲調，吸引注意力，清晰表達自己的意思，把我們腦中的東西灌輸到別人腦中。我們經由同儕評估，打考績、打分數、評等，可以說被挑剔得體無完膚。如果我必須指出我一生中至關重要的學習經驗，必定非教官課程莫屬，而且我在班上以第一名畢業。幾十年後，當我在電視機前，向千萬名美國人民說明我們在波灣戰爭（Gulf War）的行動時，我正是利用四分之一個世紀前，在步兵大樓教官課程中所學到的溝通技巧。

我走進課堂時，身上多了樣東西，一枚橡葉肩章。我快速晉升為少校，一如廣治那位人事官所料。我入伍不到八年，便升到通常要十年或十一年才能有的軍階。我邁入一個新階段，陸軍軍官分成三等級，尉級、校級和將級，而我剛升到校級。

身為教官，我的學生下自預備軍官，上至後備將軍。我跟一名脾氣不好的陸戰隊中校凱利，一起教兩棲作戰。不過上我最重要的課的都是預備軍官，這些二十出頭的年輕人將以嶄新的步兵少尉身分，被送到越南，是各級軍官中傷亡最慘重的。課堂上的熱切面孔有很多都不會回來了，我知道，不論我當時教了些什麼。

教官之間有一種良性競爭。我的主要對手是史蒂夫．波利克少校，他是一名波蘭裔美國人，優秀的教官，也很有耐心地教導我打手球。史蒂夫和我總想超越對方，不斷設計教學法來爭取學員的注意。其中一個教學法是講笑話。在那個年代，步兵大樓方圓一哩內看不到一名女性，我們的男性文化就是在上課前講個笑話，通常是最粗俗的那種。這種笑話不是我所拿手的，可是我有個叫座的笑話，每個新班級我都會講一次。有個傳教士快要被老虎吃掉了，傳教士開始禱告，老虎也跟著開始禱告。傳教士就說了：「基督顯靈了，老虎竟然跟我一同禱告。」「跟你一起禱告？」老虎回答，「我是在感謝上帝賜給我豐盛的一餐。」大家都報以大笑。

有一天，我講完這個笑話，台下一片死寂。我又補了個笑話。大家還是一張死魚臉。怎麼回事？難道我已經超越班寧堡超級冷笑話的極限了嗎？事後，一臉嚴肅的波利克問我那堂課上的怎麼樣。我一頭霧水地回答：「糟透了。」後來我才知道事情的真相。波利克早我一步到我班上，跟學員串通好要整我。他接著溜到教室牆上裝設的單面鏡窗後頭，去欣賞好戲。史蒂夫還把他不服輸的競爭精神延伸到下課後的拱豬牌戲。對我們來說，拱豬是消遣，對他來說則是報仇。

我們的終極考驗是教導士官候選人填寫單位軍備報告。這簡直是魔鬼課程。上課時間是在凌晨四點，在結業前最後一天的最後一小時，而且學員已經進行了三天行軍及模擬作戰的野地訓練，外加最後一夜徹夜不眠的演習。不論如何，在學員畢業前一定要學會如何填寫軍備報告。

即使對最專注的書呆子來說，這份報告都算是特級乏味。要填寫兩頁的表格，軍官用記錄軍備狀態，綠色表示準備妥當，黃色表示尚未準備妥當，紅色表示不適任。軍官還必須報告單位的訓練狀態，每個班每個排都要：C-一，準備妥當；C-二，有些問題；C-三，問題嚴重；C-四，無可救藥。學員在通宵演習之後蹣跚回到班寧堡，沖個澡，吃頓熱餐，前來聆聽最後的一課堂，期待能在冷氣教室裏好好睡上一覺。

我的方法是把軍備報告表格投影在螢幕上，分段說明，逐一解釋評分，同時努力讓學員保持清醒，把報告的重要性灌進他們的漿糊腦袋裏。每當學員開始打瞌睡，他們得自動起立去靠牆罰站。教官的效率就是由罰站的昏睡軍官候選人的多寡來評判。在軍備報告這堂課，波利克和我之間的競爭達到白熱化。

有一天，我得到一個靈感。我從郵購目錄上訂購了一支去毛的塑膠雞，然後把雞藏在講台下。學員們踏步進來，迷彩鋼盔挾在腋下，極力裝出精神抖擻的模樣。我說：「請坐下，先生們！」不出數分鐘，我便聽到打鼾聲。就在第一個學員起立走向牆壁時，我很快地問了個問題。他打起精神回答。「答錯了，」我說，一手抓起那隻雞，高舉過頭。「你的懲罰是……」這時我扔出那隻雞。這隻逼真的無毛家禽凌空飛越時，全班四散逃開。等到他們看清楚我扔出的東西後，學員們哄堂大笑，又維持了十分鐘的清醒。此後，這隻雞便成為我的固定教具。我這才明白，教育與娛樂是可以並行不悖的。

在班寧堡，我們的生活與那個時代李維鎮（Levittown）郊區的生活沒什麼兩樣。爸爸下班回家，媽媽報告當天小孩子的犯行，以及家裏雞毛蒜皮的小事。有一天下午，三歲的麥可從樹上跌下來，撞到腦袋。送到急診室後，醫師囑咐我們帶他回家，每個小時都要叫醒他，以確定他保持意識清醒。大約到了半夜三點，小孩問我們可不可以不要吵他，讓他好好睡一下。琳達是個正經、體貼又獨立的小女孩，已是我的掌上明珠。我們住在一個很類似的社區，家庭狀況類似、小孩數目類似、喜怒哀樂也類似，因為一片烏雲正籠罩著這幅看似美滿的景象。

哥倫布是步兵之家，數千名軍官與士官離開此地的家人前往越南。現在每週的傷亡人數已增加到一百多人。每當有黃色計程車停在家門前，司機走下車，你就知道他是來送交國防部的電報，班寧堡於是又添加一戶孤兒與寡婦。這項制度其實很殘酷，隨著傷亡人數增加，軍方設計一套比較體貼的方法來報喪。傷亡通知軍官通常是本地徵召來的，肩負起軍方最艱難的工作，去通知喪家，安慰他們，並提供他們所需的一切。

有一天我走過步兵大樓時，聽到紐約市立學院時代熟悉的沙啞嗓音：「嘿，老友！」我回頭看到安東尼．馬諾迪斯，皇后區的希臘好兄弟。安東尼正跟隨著我的腳步，也從預備軍官訓練班加入正規陸軍。他從越南回來後，才剛開始上生涯課程，而我已當上教官。安東尼成為我的座上常客，深受小孩歡迎，優雅又明理的艾瑪逐漸欣賞他粗獷外表下的高貴心靈。

安東尼快要結束課程時的某一天，告訴我，他自願請調回越南。

「幹嘛那麼急？」我問說。「我們很快就會再回去的。」

「別說笑了，」安東尼回答說，「如果不是艾瑪和小孩，你也會自動請調的。」他說對了，身為一名步兵，那裡才是我們該去的地方。

當時，越戰已拖得太久，像我這樣的步兵軍官至少必須出征兩次，直升機駕駛員則可能要三次。重回越南只是遲早的問題，安東尼不過是提早回去。

幾個月後的一天晚上，我剛送小孩上床睡覺，電話鈴聲響起，艾瑪接起來後說是找我的。一名潘興操槍隊的弟兄打來的，我已不記得是誰——我太過震驚了，安東尼・馬諾迪斯死了。我問起詳情，想在絕望無助之中抓住點什麼東西，任何人在這種情況下都會如此。安東尼帶著他的連進行搜索，遭到攻擊，他當場斃命。我告訴艾瑪事情的經過，我們坐在床緣，泫然欲泣，沉默無語。家裡忽然間變得空盪起來。那個嘻嘻哈哈、古道熱腸的傢伙，剎那間就從地球上消失了。唯有時間才能治癒這種傷痛。

過了幾天，我跟艾瑪說我們得談一談。「我不久就會離開這裡，」我說，「到目前為止，我們一直很幸運，我們已在班寧堡住了將近三年，而外頭正在打仗。陸軍顯然正打算送我回越南。你得有心理準備，」我說。「這是無法避免的。」艾瑪一臉平靜，掩飾住她內心的感覺。不過，另外還有一種可能，我對她說，我有資格上堪薩斯州李文渥斯（Leavenworth）堡的陸軍指參學院（the Army Command and General Staff College）。指參學院是職業軍官生涯的關鍵性轉捩點。如果說高級課程是學士學位，李文渥斯堡便是碩士，國家戰爭學院（the National War College）相當於博士。不是每個少校都會被選去李文渥斯堡，沒獲選的陸軍軍官（機率大約是五〇比五〇），還是可以往上升，但可能止於中校，少數例外的才會升到上校。可是，如果要當上將軍，李文渥斯堡是必要條件。假使現在沒有被選上，我必然得回去越南。艾瑪全都明白，多說無益，我們便上床睡覺。一九六七年一個春日的午後，我剛上完課，看到布告欄貼出期盼已久的入選李文渥斯堡名單。我立刻打電話給艾瑪，我可以聽出她鬆了一口氣。越南暫時又變得遙遠了，我要去念指參學院。

你可由美國男人所駕駛的車子，來判斷他的人生階段。就我來說，放蕩不羈的單身漢：福特野馬或雪佛蘭克威特（Chevy Corvette）；新婚丈夫：福斯金龜車；初為人父：旅行車。當我們在班寧堡打包，準備開車前往李文渥斯堡時，我正要換車。六個月前，我哀傷地看著買主把我心愛的藍色金龜車開走，賣得四百美元。艾瑪堅持說，有兩個小孩後，需要空間大一點的車子。因為忠於廠牌及顏色，我立刻換車，但不是旅行車，而是一輛藍色福斯廂型車，孩子們愛死了。艾瑪試開兩回之後，就要我把它換掉。她可不想開著一部中古小型巴士到李文渥斯堡的軍官俱樂部去。於是，鮑爾家的座車也自動由尉級升到校級。我們買了家裏的第一部美國車，一九六七年的雪佛蘭貝爾艾爾（Bel Air）。帶著四歲的麥可以及兩歲的琳達，我們一路西向，慣例繞道到紐約皇后區艾蜜拉大道。

我們終於抵達密蘇里州的密西西比河賓尼橋（Penny Bridge），取名的由來是，在一九六七年時，過橋費仍是美金一分錢。我們橫越堪薩斯州，進入李文渥斯堡。格漢森時代的恩師紅人巴瑞特替我們在鄰近的李文渥斯鎮找到一棟花園公寓，但我沒有直接過去，而是驅車前往基地的紀念教堂。我找到想要看的東西了，一條布滿雜草的小徑，直通到我們才剛渡過的河流。殖民者搭乘舢舨來到密蘇里州之後，換乘牛車前往內陸，走的是連接聖大菲與奧瑞岡的山路。我們所站的土地上的輪跡，就是這些牛車西行時留下的。歷史的滄桑感衝擊著我，我希望我的子女能夠體會這個地方的歷史脈動。李文渥斯堡創建於一八二七年，每天早上我到學校去研讀軍事史及戰爭演習時，踩著卡斯特、雪利敦、艾森豪、巴頓等名將的足跡前進，總令我興奮不已。

李文渥斯堡

當時，這個數百人規模的步兵營就是我的世界。李文渥斯堡的任務是要將我們的視野提昇到營級步兵軍官的水平之上，使我們認識更大的戰爭格局。我首次密集接觸砲兵、裝甲兵、工兵、通信兵、經理兵——完整的陸軍組合，工作和外表猶如會計師與牛仔般南轅北轍的人們，必須學著互相協調配合。三十八週後課程結束時，我們應該要知道如何用火車或公路來運送一萬二千人或一萬五千人的師，以及如何餵飽他們、提供補給給他們，最重要的是，讓他們戰鬥。

儘管我在紐約市立學院的成績平平，但是，在此之前我在軍事教育上一直表現得可圈可點。然而，李文渥斯堡是另一個學術圈，以步兵軍官高級班課程前三名結業的軍官，很可能發現自己在這裡變成倒數第三名。我發憤讀書，在家經常複習。現在，我已學會如何克服複選題，陸軍最愛這種考題，因為既容易閱卷，而且比申論題更加客觀。我一眼就可瞧出錯誤與陷阱選項，剩下兩個可能正確的選項，好好猜一猜就可以猜對了。我們是用一到四級來評等，我的一級愈來愈多，相等於甲等。我還有時間做課外活動，尤其是紙牌遊戲（gin rummy），而且玩上了癮。每回我們下課十分鐘，每次午休時間，我們就拿出紙牌來。不玩紙牌的時間，我就打壘球。雖然小時候打得不好，現在我可是個出名的長球打擊者。

一九六八年二月一日早晨，我步出臥室，開始煮咖啡，並打開電視看新聞。突然，我呆住——螢幕上出現在美國大使館前作戰的美國大兵，以及在西貢市中心總統府前戰鬥的北越正規軍。越共在北越軍方撐腰下，已對南越一〇八個省市首府展開全面性攻擊。那天我去上課時，營區中瀰漫著一股難以置信的氣氛，恍如突然被人在肚子上揍了一拳似的。接下來幾天的戰況愈趨激烈，二十六天後順化被解放了，這個我曾駐守的美麗古都已毀於一旦，至少二千八百人被敵方處決。這場戰役是在越南農曆除夕夜發動，成為歷史上抹不去的一頁。

以冷酷的軍事說法而言，其實春節攻擊是越共和北越的一大失敗。後來他們的部隊被趕出所攻擊的每一個城鎮，而且損失慘重，估計參戰的八萬四千人中死亡四萬五千人。不過在一百三十七年前，克勞塞維茲（Clausewitz）曾說過一句至理名言：「如果要克敵，就必須能夠與他的阻擋力量相當，而敵方這種力量係來自兩項密不可分的因素：敵人所能支配的物力及其意志力。」這跟我們殺死多少敵人一點關係也沒有。越共和北越有足夠的屍體可以投入這場戰爭，而且意志上正打算如此。北越已經始派遣正規部隊來彌補先前的傷亡。

以前模糊不清的敵軍，忽然在南越首都中心冒出來的畫面，映照在美國人的客廳中，對輿論形成莫大的衝擊。新年戰役成為轉捩點，不僅嬉皮和校園激進分子，甚至連溫和的美國人也意志動搖，開始質疑這場戰爭的意義，反戰運動如野火燎原般蔓延開來。

我討厭看到美國人在戰時抗議美國人。我們明白自己得回越南去，遊行抗議、焚燒國旗和逃避兵役，都無法阻止我們履行自己的職責。政客掀起戰爭，士兵作戰陣亡，這是一種最基本的人類規範，我們無權等待一場較好的戰爭。一九六八年三月三十一日，我還在李文渥斯堡時，詹森總統昭告全國他不尋求競選連任，這是政治家的風範——也是實事求是的作法。詹森看到一個已面臨分裂的國家，他已無法力挽狂瀾。然而，收拾行囊，回歸田園並不是職業軍官或是美國役男所能做的選擇。

李文渥斯堡是我第一次遇到黑人軍官多到可以形成絕大多數力量的基地。在課堂與正式社交場合，整個學院都完全融合。但在私底下，黑人軍官一同外出。我們有自己的聚會，播放黑人女歌手阿麗莎・富蘭克林（Aretha Franklin）的唱片。可是，我們能夠晉升到這種官階，完全是因為週一早晨我們能夠重回白人主導的世界。李文渥斯堡最能體現融合的真義。黑人可以在閒暇時間與兄弟們玩樂，大家不做過分揣測，正如西點校友、坦克部隊或是工程師成群出遊一般。那正是我們想要爭取的融合，能夠展現我們的黑色人種，同時也能在白人世界生存。

詹森總統退出一九六八年總統大選的五天後，金恩博士遇刺。對我和李文渥斯堡的其他黑人軍官而言，金恩博士之死提醒我們，在賓尼橋以外的地方，種族歧視仍在美國肆虐。我們大家經歷過夠多的種族羞辱，因而能夠體諒金恩遇刺後黑人區爆發的暴動。我們明瞭黑人大兵的苦處，如果他們有幸自越南全身而退，返鄉後仍將面對黯淡的就業前景和新的差辱。無論如何，我們視自己為專業人士，效忠我們所宣誓的國家。由於軍中相對的自由，我們仍有美國夢。我們已克服卑微的出身、實現自我、晉升為校官，證明自己不輸別人，並且為下一代建立更美好的未來。我們不安地聽聞一些激進黑人的言論，尤其是布朗（H. Rap Brown）的「燃燒，寶貝，燃燒！」。我們不想看到自己的國家被燒毀。我們活的很好。然而，多年以後，我才瞭解，每項運動都需要各式各樣的聲音，而煽動者的長篇激情演說就像夜晚的消防警鈴，驚醒那些保衛現狀的人，讓他們知道最好做些改變。

我在李文渥斯堡遇到許多在服役時念到研究所學歷的軍官。我這才明白，高學歷，加上我的績效報告、褒揚和授勳，將使我更具競爭力。當我和步兵人事單位討論我離開李文渥斯堡之後的動向時，我提及我有興趣參加陸軍的「民間研究所培訓計畫」。有個暴躁的少校說，外頭正在打仗，而你卻無視於眼前的問題。我說，我知道，但這不能阻止我申請研究所。

他看了看我的大學成績，「我覺得你看起來不像是塊念研究所的料。」他說。我怒火中燒，但仍設法壓抑下來：「你得用書面來拒絕我，因為我不管怎樣都要試試看。」

我申請由陸軍資助的研究計畫，幸運的是，我的長官將我在布雷格堡、班寧堡、格漢森堡、迪文堡和越南的經歷，以及截至目前在李文渥斯堡的優異成績都列入考量，我通過第一階段的審核。接下來就是參加研究所評等考試，如果通過了，就可以申請研究所。

重回越南

一個冬夜，艾瑪和孩子們都就寢後，我在廚房裏準備戰略性滲透的考試。那是個黑暗寒冷的夜晚，風聲呼嘯地打在窗上。忽然間，一個聲音令我打了個冷顫。客廳裏的電視是開著的，我起身走過去。螢幕上是數月前陣亡的好友馬洛迪斯。我叫醒艾瑪。我們一語不發地看完整個節目。那是國家廣播公司（NBC）的紀錄片，名稱為《血濃於水》，討論在越南打仗的黑人。穿著叢林野戰服的東尼，以他精闢的邏輯，一針見血地傳達這個節目的訊息。東尼說，種族在這裏毫不重要。「種族其實不存在……我們都是軍人。我們唯一認識的顏色是卡其色及綠色。血和水的顏色都是一樣。」節目結束時，旁白說：「我們採訪之後五天，馬洛迪斯上尉被地雷炸死了。」東尼寥寥數語便表達學者長篇大論所要表達的智慧。今晚，摯友之死對我的衝擊更甚於初聞死訊的那一天。

我步出情報評估的教室時，正巧遇到我的學術顧問。「你知道你表現的很好嗎？」他問我。

「到目前為止，全部甲等。」我說。

「嗯，你差不多是班上頂尖的。」他說，只要我期末考得第一名，我就會成為優等畢業生。

一週後，我走進教室，前面牆上掛著一張大大的歐洲地圖。期末考不是複選題，而是就假想的戰略問題寫論說文。答案無所謂對錯，全憑教官評判我們的決定恰當與否。最後一題，我們得回應營部側翼遭到武裝攻擊。我陷入長考，因為我不確定應該揣摩出題者的心意，做出他們想要的回答，或寫出我真正相信的答案。我選擇後者。我讓營部保持戰略性防禦，而不立即反擊，直到我方取得敵軍武力、布署與意圖的情報。我認為，好的決策應奠基於正確的情報。在你高空跳水之前，最好檢查一下池子裏有沒有水。

我有些自做聰明。在最後一天上課的期末考，李文渥斯堡那批狂熱的教官顯然要你攻擊！攻擊！攻擊！我拿了唯一的乙等，不過還是優秀畢業生。畢業時，我是班上步兵的第一名。但我輸給一名砲兵，華倫少校，他後來晉升為准將。

如果能考第一名，我當然會很開心，不過，我依然覺得我的答案和教官想要的一樣好。它說明了，在我取得足夠情報之前，我會保持謹慎。之後，我會準備採取大膽行動，甚至憑直覺行事。那天在李文渥斯堡，我不過是個回答假設性問題的學生，任何傷亡都是紙上談兵。將來我的意見與決策卻是人命關天。但到那天來臨時，我不會改變態度。依我之見，最好就是停、看、聽，然後使盡全力又快又猛地攻擊。

李文渥斯堡讓我初識大千世界。其他國家派遣菁英軍官來美國陸軍指參學院進修。我們一同學習，一同玩樂。在這裏，我們得以認識將來可能計畫聯合軍事行動的軍官。我在李文渥斯堡的好友之一是比利時陸軍少校查理（Joseph Charlier）。日後我們再相遇時，他是比利時參謀總長，我和他在北約組織共事。

鎮上居民接納這些異鄉背井的外國軍官。他們受邀去參加野餐、感恩節及耶誕節晚餐，慶生以及受洗禮。數年後，我擔任雷根總統的國家安全顧問時，我們在巴基斯坦總統齊亞（Mohammed Zia ul-Haq）來訪時，面對了一場小型危機。我們詢問他想邀請那些賓客參加白宮為他舉行的國宴時，齊亞說他想邀請艾德與桃莉。艾德與桃莉？原來齊亞以少校官階在李文渥斯堡進修時，郵差艾德及他的妻子桃莉幾乎是收養了他。齊亞永難忘懷這些溫馨的回憶，於是，有些驚愕的艾德與桃莉被我們用飛機載到華府來參加白宮晚宴。

我們在李文渥斯堡時，原本是公理教教徒的艾瑪，改信聖公會教派。她這麼做，是要讓我們在心靈上也是一家人。艾瑪的堅信禮，就如同李文渥斯堡的一切，都發生在歷史背景之下。小小的紀念教堂是為了紀念一八七六年六月二十五日第七騎兵隊在小大角（Little Bighorn）之役陣亡將士。艾瑪的堅信禮進行當中，我觀看教堂牆上的銘文。前門旁邊刻著卡斯特中校及他的弟弟卡斯特上尉，還有當日陣亡的其他軍官。其他銘文同樣感人：「約翰‧安東尼‧魯克，第六騎兵隊少尉，在拯救同袍時溺斃。」李文渥斯堡有個笑話，說有個小男孩和父母一塊到教堂來，他問說牆壁上那些名字是怎麼回事。他的母親解釋說，「他們死於服役（譯註：in service，指在軍中服役，亦有禮拜式之意）。」小男孩便問：「八點半的那場還是十一點那場？」

愉快的生活即將結束，重回越南的命令已經下來了。那天我下課回家，看到五歲的麥可在角落裡斜騎著三輪車，琳達和卡特家的雙胞胎正在玩耍。我把孩子都叫過，擁入懷中。這次的離別會比上一次更難過，戰爭已不復是一九六二年我渴望投身的冒險，因為現在我已為人夫，為人父。

我抛開這些念頭。東尼‧馬諾迪斯說得沒錯，我們是職業軍人，越南是我們該去的地方。

我開車載家人離開李文渥斯，前往伯明翰。我離國時，艾瑪及孩子們將待在那裏。艾瑪的妹妹芭芭拉已離婚，兩個姊妹，各自帶著兩個孩子，將共同住在離她們父母一哩半的出租公寓裏。我喜歡那個地點，很安全。我也喜歡兩姊妹分擔房租，可以減輕經濟負擔。

在我出發前數日，艾瑪有個主意。我們住在新南方。過去四年來，公共場所已全面開放。伯明翰最時髦的派拉蒙飯店，號稱擁有一流餐廳。「我們就去那裏為你餞行。」

艾瑪說。當晚，我穿著第一次到越南服役時，在香港買的手工西裝，和優雅一如往昔的艾瑪，走進這家餐廳，舉目望去沒有其他黑人賓客。我們闖進以前的禁地，有些嚇人。但這正是重點所在、靜坐、遊行、法院與國會的抗爭、殉難，這一切不都是為了享受我們被剝奪的日常生活嗎？我們跟隨領班來到餐桌，享受高雅的服務。

晚餐近尾聲時，我交給艾瑪一個信封。

「這是什麼？」她問。

「只是以防萬一而已。」我說。

「以防什麼？」

「以防有事發生。」

我在信封裏交待了萬一我沒有從越南生還回來的事宜。艾瑪不是逃避現實的人。我的朋友，潘興操槍隊的同學，格漢森及迪文堡的弟兄，以及步兵課程的同學，都有人在越南陣亡。我們在班寧堡認識很多寡婦。我們簡短討論我的遺願，例如，我希望埋葬在阿靈頓國家公墓。然後，我們又回到比較愉快的話題。

重回越南比較令我難以接受的部分原因，是當時美國的輿情。戰爭的死傷彷彿只存在於軍隊和他們的親人之中，就只有這些不幸捲入這場混戰的倒楣人，而不是全國人民為了共同的目標，以致於犧牲成為舉國上下的損失，一如其他戰爭那樣。作為職業軍官，我願意盡本分，但就全國來說，我們是人單勢薄，而我們卻要和一群篤信自己的目標，並將不惜任何代價的敵人作戰——我們的國家則不然。我們政府又花了五年才把我們解救出來。

天色仍是漆黑一片，孩子還在睡覺時，我們就得起床，趕伯明翰早晨八點半的班機。這次，我讓艾瑪開車送我到機場停車場，可是我不要她再送下去了。我們在車內互道珍重，一九六八年七月二十一日，我出發重返越南。

第六章　重返越南戰場

戰爭應該是最後訴諸的手段。而當我們去打這場仗時，應有一個讓我們的士兵能瞭解與支持的目標。我們應動員全國所有的力量，去完成這個任務並且打贏它。在越南，我們漫不經心的打仗，國內還有一半的人反對或者是漠不關心，只有一小部分的人承擔起這個重任。

我在一九六二年所熟知的西貢市，如今看起來像是被巨人踐踏過。從前滿是三輪車的街道，現在擠滿了吉甫車、幕僚車輛和軍用卡車。過去美軍在這裡不敢太招搖，現在到處都是美國大兵。寧靜的小咖啡館被吵嘈的酒吧所取代，裏頭擠滿吧女對著阿兵哥招手。這個迷人的殖民地首都，已被美軍軍營、補給站、機場、醫院，甚至於軍人監獄所圍繞。西貢現在已像是美國駐軍的城市，而非東方的巴黎。我等不及要到內地去。

一九六八年七月二十七日我抵達德溥市（Duc Pho），被分派到重新整編過的二次大戰第廿三步兵師，又名「美國師」（Americal）。我的新職位是第十一步兵旅第一團第三營執行官（譯註：美制連級到師級執行官即副指揮官）。美國師的師部在北部海岸平原上的楚萊市（Chu Lai），從這裡向南方內陸搭乘直升機，約一個半小時可達德溥市。

多數陸軍部隊都是作戰機器與官僚怪獸的組合，我們這隻怪獸還拖著一條長尾巴。我這個執行官的任務乃是提供一切維持部隊戰力之所需，從申請彈藥、確保直升機油料充足到送郵件給部隊官兵等大小事情。我剛報到，營長漢克．勞德中校——我的新老闆、一個有威嚴愛打架的結實男人，便給了我新任務。我必須為全營接受年度一般視察做準備。這個任務適合在承平時期的迪文堡來做，而不適宜在越南這種戰地。然而陸軍方面仍然對這件事很重視。勞德要我處理年度視察這種煩人的行政瑣事，他好集中心力作戰。結果，當他在戰場上帶部隊時，我待在德溥市準備年度視察的東西，如蒸氣消毒時間表、官兵預防接種紀錄，還有其他一大堆的繁文縟節。

我的處境讓我想起英法戰爭半島戰役時期的英國威靈頓將軍。威靈頓應該是寫信給倫敦的英國外交部：「我們列舉出所有的馬鞍、馬勒、帳篷與帳篷桿，以及一切國王陛下賦與給我管理的雜物……不幸的是，有個步兵營在小額現金總數上面，有筆一先令九辨士的帳目未列入，另外有個騎兵團的覆盆子（raspberry）果醬瓶數，搞的混淆不清……這些事是我寫這封信的目的，請說明我的領導方針……為了在倫敦的會計師與繕寫員的便利，訓練西班牙的英國辦事員所組成的部隊；或者是，確保拿破崙的軍隊被趕出西班牙？」在越南準備年度視察以及隨後的軍旅生涯之中，每當任務的目的迷失在官僚體系之間時，我都會想到威靈頓的果醬瓶。

雖然德溥距離越共的主要據點很遠，它也稱不上是田園景致。我注意到的第一件事，是停放在營區邊的那種用來運送重裝備或是家用物品的大貨櫃。我後來知道，這只大的木條板箱是我們的後院停屍間，在還沒想到如何處理越共屍體之前，暫時存放這些死人用的。接著，我聞到臭味，幾乎把我給薰昏過去。五十五加侖的大圓桶裡整天焚燒著排泄物，整座營區聞起來像是戶外廁所。焚燒排泄物、衣物洗滌、炊事勤務及其他低賤的工作都由我們僱來的越南人負責。工人們的忠誠度應當經過當地村長的審查，但是天知道在德溥活動的越南人之中，有多少是為越共兼差的，甚至連村長都有可能。

我們經常遭到伏擊，還有迫擊炮、火箭炮的攻擊。每天早上，自德溥出去的道路都必須掃雷，越共可能在前一晚布下地雷。當五角大廈的高科技戰士構思複雜的設計來處理這個問題之際，我們的官兵卻運用土法煉鋼來對付。把五噸垃圾卡車裝滿土，司機倒車上路。如果壓到一枚地雷，頂多炸壞輪胎或是損毀車子尾部。惟卡車通常能修好，道路亦可清除。我們偶爾會損失車輛，但鮮少有司機傷亡。

除了要讓營區整潔，我還必須出去到戰地單位確保他們準備好年度視察。我們有好幾個火力支援單位，以及分布在我們全部防區裡的三個飛機起落場——龍、里茲與雪佛。八月初，我弄到一架直升機，然後飛去檢查「龍」（Dragon）這個起落場。行前，我就已經聽說那裡的餐廳設備不合標準。最起碼，那兒的伙食也有問題。我並不期待能看到美國本土式的大掃除。然而，映入眼簾的仍然讓我感到吃驚。走下直升機，我就被降落場旁散布的生鏽彈藥給絆倒。衛生設施根本沒有，武器骯髒，裝備缺乏保養，官兵外表髒兮兮的，行為舉止散漫。從美國派遣顧問到越南部隊指導，迄今已有七年之久，東京灣決議加強軍備到現在已有四年，然而還沒有看到任何成果，軍紀士氣的敗壞卻很明顯。我下令要「龍」基地恢復整潔。我告訴負責的軍官說，我會再回來檢查他們是否遵辦，然後轉往下一個地點。

這些官兵都是好人，與我國歷史上為了贏得一場又一場勝仗而奮戰、流血、捐軀的年輕美國人沒有兩樣。他們或許並不是十分地驍勇擅戰，但是此刻在這場戰爭裡，他們缺少激勵與為何而戰的意念。在國內，反戰示威試圖讓這場戰爭對國家造成的不便降到最低程度。外匯存底並未被挪用，支援戰事的稅賦亦未提高，出身富裕家庭的子弟躲進大學裡取得緩召，以避掉召集令。最高司令官詹森總統任期快完了，正準備打包回家。派來支援的盟國部隊，以每年超過十萬人的速度減少。那名飛行政客阮高琪，自空軍元帥搖身一變成為南越總理，年紀不過三十四歲。在我第二次來越南時他轉任副總統，娶了一名空中小姐，她穿著與老公同樣式的高雅飛行裝打著拖尾巴的領巾，乘坐阮的座機四處亂逛。阮高琪曾經說過：「在我心目中只有一名（英雄）——希特勒……現在這裡的情勢已如此絕望，一個人之力已然不足。越南需要四或五個希特勒。」這就是在一九六八年時，每週有三百、四百，甚至於五百個美國人，犧牲性命所護衛的人與其政權。他們的死與諾曼第、佛基山谷（Valley Forge）（譯註：美國獨立戰爭時期華盛頓與英軍苦戰之處，位於賓州東南部的小村落）的終結方式並無二致，但是卻沒有高貴的使命。

戰場的大兵在敵人砲火下跋涉草叢間，沒有時間對自己人流露敵意。然而自六〇年代開始，折磨全美國的種族對立情勢，卻逐漸在分化德溥和其他的基地。營區裡有數十名等著被送上戰場的新兵，也有即將退伍等著回家的老鳥。在這兩個群體裡，共同的使命及患難與共的團結力量並不存在，取而代之的是種族衝突。年輕的黑人士兵，特別是被徵召來的，比白人更不認為這場戰爭是他們應該打的，這並不令人感到意外。他們能夠回家的也很少。這一代的黑人子弟比較傾向於雷普・布朗（H. Rap Brown）激動的表現，而不受馬丁・路德・金恩理性抗爭的影響。黑人和白人逐漸怨恨當局，讓他們到這裡來打這場不明不白又危險的仗。首要目標就是混時間，然後活著回去。我住在一個大帳篷裡，每晚我都會移動小床的位置，一方面是讓越共同路人無法循跡突襲，同時也是因為我不能排除營裡有人攻擊當局的可能。

德溥的生活瘋狂地擺盪在瑣碎與心碎當中。一天下午，我正在把可樂與啤酒搬上直升機，好運送到火力支援的基地——執行官每天都不敢遺漏的最重要事情，勞德中校傳話來說，他在里茲這個戰鬥基地陷入激戰需要支援。我命令一架「陽春」（Slick）直升機待命，「陽春」直升機即無座位的UH-一直升機，座艙空盪盪的，只在門口有兩架機槍。直升機載滿了五．五六公釐步槍與七．六二公釐機槍彈藥，然後呼嘯飛過樹頂。接近黃昏的時候，我們抵達里茲並快速地卸貨。勞德鐵青著臉對我說，把九名陣亡者帶回去。由於直升機在地面上易受攻擊，因此沒有時間謹慎的處理。九名KHAS（遭敵方攻擊陣亡者，係陸軍代替KIA，在行動中陣亡者的新名詞）被滾進屍袋裡送上直升機。當我們在薄暮裡起飛時，我跌坐在機艙裡，面對著前不久還活蹦亂跳，現在卻變成像木材般堆著的九名美國男孩。我們在黑暗中回到一座野戰醫院。帳篷裡忙成一片，傷者自各方像潮水般送來。

人們在戰鬥中養成保護性的麻木習慣，才能使他們撐下去。當晚我目睹了這道保護盾牌崩潰。這些屍體終於自直升機運下來送進醫院裡以證實死亡。醫護人員極有效率地把每一副屍袋打開檢視，直到最後一具。我聽到一名護士喘息著說：「哦上帝，他是……」最後一具屍體是她們單位裡的年輕醫生，他在前一天志願前往戰鬥基地。醫生與護士們開始哭泣。我轉身離去，讓他們盡他們的職責。

接下來，回到等待年度視察的日子。最後終於面臨視察了，我們的視察官是一絲不苟但很公正的卡羅·史旺中校。第三營獲全師最高分，我可以確定，這個成就表示將獲得師部更多的支援，而不只是那些數日子等退伍的步兵。

一九六八年十月三十一日，詹森總統暫停轟炸北越。對於在地面上的我們而言，這些地緣政治學的謀略遙遠如太陽黑子。當時國內對這場戰爭的爭議甚囂塵上，我不記得他們曾對我在越南的同袍所立下的汗馬功勞曾有過任何討論。質疑這場戰事並不會讓戰鬥更為容易。暫停轟炸若是對我們有任何的意義，那就是減輕了敵人的壓力而讓我們的弟兄更為悲苦。

我的照片上了報紙，從此改變了我在越南的生活。這份報紙是《陸軍時報》（*Army Times*），照片則是附於我在李文渥斯堡的指參學院畢業班的新聞裡。楚萊的「美國師」師長查爾斯·蓋提（Charles M.Gettys）少將讀到兩個月前的舊報紙，認出我是他在里茲飛機起落場曾短暫碰過面的軍官。看完這篇報導之後，他告訴參謀說：「我們師裡有指參學院第二名畢業的高材生，而他卻陷在深山裡屈居營執行官？把他帶來這裡，我要他做我的計畫幕僚。」

師長有五名主要的幕僚，參一管人事、參二管情報、參三管作戰與計畫、參四管後勤，參五則是主管平民事務，專責與老百姓打交道。這五項工作中以參三最讓人垂涎，因為軍隊存在為的就是打仗。這個職位通常是由師裡面最有前途的中校來擔任。蓋提原本已指定了一名搶手的人物來出任最近出空缺的參三，他是理察・勞倫斯中校。結果勞倫斯裝騎營營長的職務還需要三個月的時間才能卸下，而蓋提卻急需參三作戰官。蓋提將軍乃直接挑中我出任作戰官而沒有從另外幾名中校裡選出，沒讓我從作戰官的副手計畫軍官幹起，並成為全越南唯一出任師級作戰官的少校軍官。另一名曾暫代參三的軍官原先在考慮之列，但是蓋提將軍的侍從官朗・杜梅森上尉大膽進言，告訴將軍說他原先的選擇是錯誤的，這可是會毀了杜梅森上尉前途的冒險舉動。蓋提基於事實，聽從杜梅森的建議，在我這個他幾乎不認識的少校身上冒險一試。我從不知道這些事情，直到二十五年後杜梅森寫信告訴我。將軍的選擇對我影響深遠。一夜之間，我從照料八百人，變成為將近一萬八千名步兵、砲兵單位、航空中隊與四百五十架直升機擬定作戰計畫。

「美國師」並不是普通的組織編制，它的沿革史夠光榮的了。原先是於二次大戰期間在大不列顛成立的第二十三步兵師，並命名為「美國師」——美軍加上英軍。經過瓜達康納爾島、布干維島與菲律賓等戰役，美國師幾乎傷亡殆盡。除了在一九五〇年代中期有過一次短暫的整編之外，這個步兵師實則在一九四五年十二月已經解散了。在越南重新起用這個番號，組合起三個毫無關聯的旅，從美國不同的駐防地開來，沒在一起訓練過，甚至還不是同時抵達越南。到了越南以後，旅所轄的各個步兵營被調到各地去，就像是西洋棋子分散開來一樣。復活了的美國師缺少傳統與向心力，也因此沒有前途。等到戰事結束，這個師又要被解散了。即便如此，它還是個不錯的步兵師；除了在美萊（My Lai）這個地方所發生的一件事，讓它的名聲在美國軍隊史裡黑暗的一頁留下了永遠的污點。

簡報是一門表演藝術。你手持指示棒站在圖表前面，是個表現自我實力的絕佳機會，通常還都是在上級長官面前。擔任作戰官之後不久，我前往楚萊的簡報室，它是在一棟半圓型營房裡，那裡還有其他幫我拿地圖與放置圖表的參謀。簡報室裡有著貼心的設計，六把將官專用絲絨座椅以及背面照明的合成樹脂地圖板。這天，師部是要為美軍在越南的總指揮官克雷頓・亞伯拉罕（Creighton Abrams）將軍做簡報。

亞伯拉罕是個活生生的傳奇人物，為全陸軍所尊崇。二次大戰期間他是戰車指揮官，在「突出部戰役」（Battle of the Bulge）戰場上他揮軍突破德軍防線，殺出血路解救在巴斯通（Bastogne）遭圍困的第一〇一空降師脫險。他當時的老闆巴頓將軍告訴戰地記者說，若要採訪這名軍官要快，因為「他是如此的優秀，因此也不會活得太久。」亞伯拉罕仍與我們同在，還是個一身傲骨、坦白率直的全能軍人。他的侍從官發明了一套辦法來迎承上意。深沉的長哼一聲，亞伯拉罕很滿意。突然的呻吟，就表示不滿意。如果他把雪茄自嘴巴上拿下來，就得準備挨一頓痛罵了。一名工作過度的簡報者在亞伯拉罕面前炒冷飯賣弄舊情報，結果當場被開除。

我們坐下來等候，營房裏氣氛緊張凝重。數分鐘後，亞伯拉罕將軍大步走進來，我們立正站好。緊張的蓋提將軍跟在後面。他們兩人是多年的好朋友了，但仍然無法減輕蓋提的焦慮。

在我之前的簡報者都是中校。最後，蓋提站起來說：「鮑爾少校現在開始簡報。」我成為當天官階最低的簡報者。為了準備這次簡報，我運用從李文渥堡斯學來的填鴨式技巧以及班寧堡的指導訓練。同時走遍全師，逐營解說各項裝備的位置及其狀況、部隊目前的任務以及未來數週的行動為何。我不用筆記，所有的情報資訊都背下來了。

當我作完簡報以後，我轉身請示亞伯拉罕將軍：「有任何問題嗎？長官。」他悶哼一聲，也不知是長是短、是好是壞、是贊同還是反對。所有的簡報結束後，他站起來走出去，蓋提跟在後面。

幾分鐘後，蓋提送走亞伯拉罕回到營房前面，我們正在外頭推擠著期待著結果。他露齒而笑。「亞伯很高興。」蓋提說。

答說。

「是嗎？長官。」我問說，「你怎麼知道？」

「從一點看出來的。他要知道那名年輕的少校是誰？」蓋提把手放在我的肩頭上回

福禍一線間

一九六八年十一月二十二日星期日早晨，在伯明翰，艾瑪自父母家裡度完週末回到與姐姐共住的房子裡。門把上掛著留言，寫說她有一封電報，可以到西部聯盟電報公司去拿。艾瑪打電話去，但是西部聯盟公司不肯在電話裡告知電報的內容。在進城拿電報之前，艾瑪先回到她父親家尋求精神支援。電報是陸軍總部發出的，通知艾瑪說她的丈夫柯林・鮑爾少校，兵籍號碼〇八三七七一，發生一場直升機墜機事件，郵件可以寄到越南某野戰醫院給他。並沒談別的，對於我的傷也是隻字不提，雖然只是小傷。

一週前的週六下午，十一月十六日，我們搭乘蓋提將軍的UH-一H型直升機飛往廣治以西，這架頂尖的直升機飛行時數只有九十小時。晴朗的天空反映出將軍的開朗心情。我學他穿著叢林迷彩服、戴軟帽、足登帆布皮靴，普通大兵的穿法。他看起來圓圓胖胖、和善可親，臉上帶著微笑。蓋提有高興的理由。在這場貓捉老鼠的戰爭裡，難得

有決定性的一擊，運氣不佳的美國師終於打了一場漂亮的勝仗。之前一天，第十一步兵旅攻佔北越陸軍第二十九號基地，包括其指揮部及訓練營區。同時虜獲大量貯藏的武器與敵方文件。營長叫人在叢林裡開闢出直升機降落地，就是我們要去的地方了。蓋提將軍要去看那個營的戰利品。

當我們在陡峭的山區裡飛行時，我突然意識到，這架飛機載太多人了——包括有本師兩顆星的師長、參謀長傑克．崔德威爾上校、師長的侍從官朗．湯謬森上尉、我這個師部作戰官，再加上四名飛行組員。早先我的想法是這次飛行任務最好是由那些十九歲的年輕駕駛之中挑選出來擔任，駕著較小的「陽春」直升機並且小心翼翼地操縱，對於降落在像鞋拔一樣小的洞裡也比較有經驗。但是將軍的駕駛員一級准尉詹姆斯．漢南也是一名有經驗的飛行員，同時機上載的是他的長官，這架是他的飛機，他應該不會出問題的。

我們看到煙幕彈指引在叢林裡開闢出來的小洞，於是我們對準方向飛去。駕駛員靠近降落地點，發覺進來得太快了，於是退出再重來。第二次嘗試時，飛機盤旋空中然後開始降落。從樹間降下來時，有些樹枝葉被捲起飛到空中。由於我坐在機側，可以看到飛機與樹木的間隙，螺旋槳兩邊距離樹木大約只有兩英呎。我開始大叫：「拉起來！」但是已來不及了。我看到駕駛員正努力對付樹木突起的枝幹，然後，嘩的一聲！在大約三層樓的高度螺旋槳擊中樹幹。一分鐘前我們還在飛行，接下來已靜止不動了。螺旋槳自每分鐘三二四轉一下子變成零。直升機像是折斷纜繩的電梯，剎那間忽地一聲墜落下來。我反射性的採取了墜機保護動作，頭低下，手臂環抱住膝蓋。在栽到地面之前，我聽到引擎無效的哀鳴聲，像是永遠不會停止似的。

標準程序是盡速遠離飛機，免得受爆炸波及。我解開安全帶跳出門外。在我前面的是機槍手一等兵鮑伯．派爾。我們沒跑多遠便想起其他人還在機上，沒有人在動。派爾跑回駕駛艙打開門找詹姆斯。我爬進機艙，才突然覺得腳踝在痛。飛機引擎還在運轉，造成機艙裡煙霧迷漫。我找到蓋提將軍，他已毫無知覺，肩膀扭向一邊可能有骨折。我設法把他的安全帶解開，拖出機外拉到樹林裡。此時，幾名地面的士兵跑來幫忙我們解救剩餘的人。我找到傑克．崔德威爾，並設法把他拉到安全地帶。我再度爬進飛機裡，聽到駕駛員的呻吟聲，派爾正努力解救他出來。將軍的侍從官朗．湯謬森跌翻過去，頭被夾在無線電座架與引擎之間。引擎自機艙頂部像打破蛋殼一樣砸下來。湯謬森全身是血，看不出有生命跡象，我想他是死了。我設法把移了位的無線電座架推開讓他出來。接著，聽到他開始呻吟。引擎把他頭上的鋼盔砸凹陷了，但卻給了他足夠的保護。我也把他拖到樹林裡和其他人在一起。最後，每一個人都獲救了，受傷最嚴重的是駕駛員，他的背部骨折。

當師長的座機降下來之後，其他的飛機突然間都出現了。我抬頭看見天空裡有一群直升機在降落地點上方盤旋，但是這裡卻容不下任何未遇空難的直升機了。終於，他們都退開讓路給一架專門載運傷患的醫護直升機，然後一個接一個的以絞盤吊上飛機。當我吊在半空中時，有種全身赤裸的感覺，擔心底下注視的眼睛並不全都是友善的。

回到楚萊基地醫院，照X光顯示除了裂傷與瘀青之外，我的腳踝骨折了。通常這表示我要被送到後方。陸軍醫療政策是把骨折的官兵送去日本，因為這裡的濕氣不利於復原。然而師部卻捨不得失去新報到的參三作戰官，同時我也只不過是骨折而已。醫生為我打上石膏，我跛著腳努力的四處走動。我的心理創傷遠不及師長蓋提將軍，他原本計畫到夏威夷與夫人會面度假休閒。他跟我抱怨說：「真該死，柯林，一個吊著繃帶的男人要怎樣才能做到一個女人所期望他去做的？」

石膏維持了一週然後開始碎裂，我換上繃帶繼續做我的事。醫生警告說，我這樣做太愚蠢了。但是它在七年後倒也痊癒了。每當我下樓梯時若是角度不對它才會痛，像是被電擊到那種感覺。幸運的是，今天它已不再給我帶來任何麻煩。

這是我第二次在越南過耶誕節。在這段假期裡，楚萊瀰漫著一股強烈的玩樂氣氛，自家鄉山胡桃農場郵購公司寄來的煙燻臘腸與火腿等禮品非常熱門。最初這些東西受到熱烈的歡迎，後來味道開始從郵務室、營房及小屋裡傳出來，直到我們無法忍受。簡直被這種味道打敗。從那時候開始，我再也無法吃任何煙燻的東西了。

耶誕節前夕，我與朋友前去觀賞鮑伯·霍伯（Bob Hope）及他帶來的勞軍團表演。包括有絕色美女安·瑪格麗特，李斯·伯朗（還有什麼？他的名譽大樂隊），前足球明星羅西·葛瑞爾與世界小姐潘妮洛·普拉瑪等人。這才像話嘛，這才像是在老新聞影片裡所看到的戰爭。之後我們到軍官俱樂部聽一個菲律賓搖滾樂團演唱。我特別記得他們翻唱帕特西·克來恩的歌《我摔成碎片》（*I Fall to Pieces*），以帶有菲律賓腔調的英文唱成「阿發鬥披薩」聽來特別逗趣。我們喝了不少酒。直升機駕駛員喝得最多，特別是那些第二天有任務要飛的駕駛員。他們有許多已是第二次或第三次來越南了。他們的傷亡率最高，其中最危險的就數軍醫團裡面專門戴運傷兵的直升機組員。也就是我最近才搭乘過的那種直升機。為了接走傷亡者，他們必須曝露在敵人視線之下進行盤旋與緩慢地螺旋狀下降。他們能夠省下的每一分鐘都被認為有救命的效果。對於他們的勇氣我們特別尊敬。至於他們自己，則抱著宿命論來面對這種危險，同時還不失其黑色幽默，他們稱飛到火網當中為「下油鍋」。

以少校官階擔任師級參三的榮耀不可避免地要中止了。勞倫斯中校當完六個月的營長之後，回到蓋提將軍允諾他的職位參三佔缺。蓋提告訴我說，他知道情形很尷尬，因為我在當作戰官時偶爾會駁回勞倫斯營長的某些請示；然而無論如何，他還是希望我能留下來做勞倫斯的副手。我很高興這麼做了，因為接下來的這一年，勞倫斯變成我另一位景仰的導師。

一九六九年元月，我在越南服務的期限已過了一半，我開始思考下一步該怎麼走。我知道我要什麼。我已經通過陸軍研究所的課程。下一道障礙是GRE考試。我設法找到一份考古題型指南，楚萊這裡不會讓我分心，晚上我就猛k這本書。在一個下著小雨的週六早晨，我擠上一架「陽春」型直升機，機上搭載一票快要退伍的老鳥到峴港準備回家，我則是去應考。在那個半圓型的營房裡，我與一些看起來不像是要成為學者的人共同參加考試。兩個月後我得到通知說我通過了考試，於是我申請到華盛頓特區的喬治・華盛頓大學就讀。這所大學隔著波多馬克河就在五角大廈對面，是華府軍事機構裡面碩果僅存的一所學校了。不少軍官在那裡拿到國際關係學位，看來似乎很恰當。但是大約就在這個時候，陸軍開始鼓勵軍官去念現代管理方面的課程，以迎接電腦時代的來臨。結果我選擇申請喬治・華盛頓大學的公共行政研究所，目標對準企管碩士學位。這個學位特別吸引人。現在我待在陸軍已超過十年了，我想，當我的軍人生涯結束後，我若取得企管碩士學位將比懂得西歐政治制度更有前途。

一九六九年一月二十二日，陸軍租賃的P-二一〇二客機在夏威夷黑可汗（Hickham）機場——火魯奴奴國際機場附屬的軍用機場降落。來度假，謝天謝地，是來度假的。我下了飛機，還是穿著迷彩服。我急於見到家人，這件事在太美好了，讓人不敢相信是真的而有點不安。我在豪客拉尼飯店訂了房，買了艾瑪與孩子們的機票，還租了輛車。當我走下一道迴廊來到機場出口，前頭擠滿來接機的人，我在他們當中搜尋熟悉的臉。接著我聽到幾聲美妙的尖叫：「爹地！爹地！爹地！爹地！」小麥克，現在已五歲了，還有三歲的琳達踉蹌的跟在後面，衝向我。兩個孩子拚命地抱住我的大腿。小手環繞著我所傳來的壓力真是我所知道的最令人歡悅的感覺了。

接下來的幾天，我們並沒有做什麼特別的事。到海灘玩，我教麥可衝浪（好像我會似的）。我們開車到村子裡看電影《夏威夷》（*Hawaii*），還到動物園看海豚表演以及觀賞海蝕洞，藍色的太平洋海水不定期的自洞裡噴湧出來。我和艾瑪只有一個晚上獨處。我們想辦法找到一名保母，然後在狄羅堡為他們點了夏威夷餐（**luan**）。我們在國際商場聽鄧河（Don Ho）演唱，他每次都會為到夏威夷來度假的美軍官兵唱《小氣泡》（*Tiny Bubbles*）這首歌。幾週之後，這首歌的歌詞都還在我腦海裡縈繞（「小氣泡、在酒裡，小氣泡、讓你舒爽」）。

田園詩篇般的假期終於要結束了。最後一晚，就像在家裡一樣，我們把孩子趕上床睡覺，艾瑪與我坐在外頭夏威夷美妙的夜空下。越南像是遠在百萬哩以外，雖然直接坐飛機就可以到了。我並未說起過去半年的事情，艾瑪也沒有問。那是一般職業軍人和太太在一起都會聊的話題。謝天謝地，艾瑪並不是那種像是跟著老公當上軍官、喜歡談論本行事情的眷屬。她們知道誰升官了、誰又失去升遷機會，還有誰獲得好職務、誰坐冷板凳等等。艾瑪從不關心這些事情，她持家帶孩子、讓我覺得快樂，在每一個我們住過的基地裡都讓人感到印象深刻。

當晚，我們談論的是小孩子的事情。麥可在我第一次從越南回來時還不太習慣我，四年之後我又走了，我們團聚在夏威夷不過幾天的時間，然後我又要走了。我恐怕會成為那種來來去去的父親，必須依賴艾瑪母兼父職，而這不管從任何層面看，她都做的很好。午夜時有輛軍用巴士停在旅館外面，短暫的家庭生活就此結束了。

美萊屠殺事件

三月中旬的一個午後，我在辦公小屋裡等待從越南軍事協防司令部派來的監察官。在陸軍遇到這種事就好像是聽到有國稅局的人要來查帳一樣。這名監察官緊閉雙唇不露口風，也不對他來的目的做說明。他拿著老式的錄音機錄下我的姓名、軍階、職銜與在師部所負責的工作。沒有詳細的說明，只是不斷的用《魯濱遜漂流記》裡那名原住民喬・星期五（Joe Friday）單調的口吻問話。後來他問我是否監管師部裡的戰地日誌，我回答是的。他要我找出一九六八年三月的那部分。我解釋說那個時候我還沒有到師部來。他說道：「拿來就對了！然後翻到那個月的紀錄。在其中任何一天找到殺了較多的敵人時就讓我知道。」我感覺到其實他知道我會找到什麼。我開始翻閱這本戰地日誌，幾頁之後找到一段特別的紀錄。一九六八年三月十六日，第十一旅所屬的一個單位在巴坦崗半島（Batangan Peninsula）殲滅了一二八名敵人。在這場艱苦、殘酷卻又經常不明顯的戰事裡，這算是一個很高的紀錄了。監察官說：「請把這段紀錄念到錄音機裡去。」此時，我心裡升起好奇與防衛心理。於是我問他是否可以先請示一下師部參謀長。參謀長很堅定的說：「跟他合作。」監察官問我是否相信戰地日誌裡的紀錄為確實的，我回答說，它們通常是的。當他準備要走的時候，他問我是否認識爾尼．麥迪那上尉。我回說，是的。麥迪那是我們作戰中心的一員。監察官說他接下來要去詢問麥迪那。他走了，我還是跟他來之前一樣的疑惑。

直到兩年之後我才搞清楚那次訪談是為了什麼。當時，我已在華盛頓地區服務。我被叫去維吉尼亞州貝佛堡出席由威廉．雷．皮爾斯中將所主持的一個調查委員會。委員會要我描述一九六八年巴坦崗半島的作戰狀況。我知道那不是一個令人愉快的地方，那裡的居民是越共同情者，民風強悍。在殖民時期，法國人被逐出那裡而且無法再進去。每一次我們駐軍在那裡，就會有數十人要被送到野戰醫院進行截肢手術。他們都是被地雷或是由敵人游擊隊、同情越共的農民包括婦女甚至於兒童所設計的詭雷（booby traps）所傷。

但是這些都不能做為一九六八年三月十六日所發生事情的藉口。那一天，約是我來到越南的前三個月，第十一步兵旅的部隊進入靠近南中國海的新美村（Son My）。中尉排長威廉．卡利率領一個排，把數百名老人、婦女、兒童甚至於嬰兒從美萊這個小村落趕到壕溝裡，並且射殺他們。後來的調查顯示，卡利和他的部下殺了三四七人。我在戰地日誌裡面看到「殲滅」一二八人的紀錄只是其中一部分。軍事法庭判定卡利預謀殺人有罪並處以無期徒刑。然而，尼克森總統卻予以干預，卡利獲得減刑為三年並且等於是舒服地被軟禁。爾尼．麥迪那上尉也因為放任約百名的越南人被屠殺而以一級謀殺罪受審，但是他獲判無罪。那位沉默寡言的監察官詢問我關於那天下午所發生的事，就是有名的美萊屠殺事件。

美萊事件是越南諸多錯誤當中，一個令人毛骨悚然的例子。因為這場戰爭拖拖拉拉打了太久，而且並不是每一個人都是當軍官的材料。嚴格說來，部隊裡面的志願役士官傷亡太多。由於職業士官是軍隊的骨幹，培養他們需要幾年的專業訓練。為了不需要用到後備軍人，軍方創造出速成士官。我們稱他們為「速食中士」。找個二等兵訓練兩下子就把他升為士官了。讓這些慘綠少年負起他們年紀及經驗都不堪承當的責任是多麼冒險的事，也讓我驚訝不已，這麼多不成熟的軍官與士官涉入，造成了軍紀士氣、專業判斷的崩潰，以及美萊這種恐怖事件。然而軍隊眼見這種無止盡、沒感覺的殺戮，卻已變得麻木了。

我想起我們在軍中用的一句名詞「老媽」（MAM），用來形容「老芋仔」。如果一架直升機看到穿著農夫褲的可疑農夫，即可能是一名「老媽」時，駕駛會繞圈子然後對準他前面開火。他如果動了，會被認為是帶有敵意的舉動，下一波射擊就不會瞄準前面，而是對準他了。野蠻？或許吧。但是就有一位幹練的營長在直升機上觀察「老媽」的時候，遭到狙擊手射擊陣亡，他是我在德國格漢森曾共事過的華特·皮特查中校。皮特查只是許多相同例子裡面的一個。在戰鬥中殺人或被殺，已然模糊了對與錯的知覺。

一九六九年七月，我在越南的任期結束。純粹從職業觀點看，這趟任期算是成功的。在越南最大的步兵師裡以少校官階擔任參三作戰官的職務，是很難得的殊榮。我的績效報告成績跟著水漲船高。由於在直升機墜機事件裡的救人表現，我獲頒立功勳章，同時蓋提將軍還頒發給我軍人動章。越南任期裡的經歷，在我軍人生涯之中佔有重要地位。長久以來，我只允許自己往那方面去想，軍人回應心中的召喚，盡其所能，最後滿足地躺入軍人的墳墓。

時光消逝，我的視野隨之擴增，我腦海裡的另外一部分開始更深入的檢視這段經歷。一九六二年我首次到越南時，原則與信念都很堅定。我目睹到這個基礎被謊言、敷衍與自我欺騙所腐蝕掉。我在格漢森所發覺致命的想法，已輸出到越南。第二次到越南時，這種想法更為猖獗。就以「遭敵人攻擊陣亡者」這個名詞為例，它應該是為了消除「戰鬥陣亡者」這個字眼的敏感度。好像我們不願意讓越南田野裡所發生的真實事件觸怒了家鄉父老。名詞之間的差別實則極易戳破，只有自我欺騙的官僚體系能夠察覺其間的不同，當然絕非那些可憐的「遭敵人攻擊陣亡者」所能知道的了。海軍陸戰隊曾以「遠征軍」（MEF）之名參加二次大戰與韓戰。在越南，他們也被改名為「海陸兩棲部隊」（MAF）。為什麼？「遠征軍」之名給人的印象是乘船到海外作戰、死亡，然而你可能只是在北卡羅萊那州舉行兩棲作戰演習。除了自己以外，我們在跟誰開玩笑？過了好幾年，在我當上三軍參謀首長聯席會議主席之後，陸戰隊司令三星上將阿佛烈得・葛瑞（Alfred M. Gray）決定拋開越戰時期的模糊概念。陸戰隊離國「遠征」，拜阿佛烈得之賜，恢復了「遠征軍」這個舊有名稱。

越戰時期的訓練整備報告經常誇大不實，只為了取悅或欺瞞他人，而非用來衡量或是修正。就像憂愁湖畔的兒童個個都是「超過水準之上」。這種力量似乎能讓人相信，只要竄改文字，我們就能改變事實。我們失去與現實的接觸，同時我們還被科技所蒙蔽。敵人很原始，我們卻是全世界科技最進步的國家，因此應該沒有競爭性可言。因此，麥納瑪拉製造出像「嗅人器」（people sniffer）這種東西，這種發明能夠從飛機上偵測出地面何處有集中的尿液（由製造橙色化學劑的同一批人所發明）。若是在疑似敵人區域裡發現這種集中的尿味，我們就有了一個砲擊的目標。但是可悲的是，無辜的農民或是一群水牛在不該小便的地方小便，可就倒楣了。「嗅人器」只是麥納瑪拉計畫中的一部分。一連串的電子偵測器在越南全境排列，不管何時敵軍自胡志明小徑蠢動南下時，即可立即提出警示。這個計畫胎死腹中。

我獲頒立功勳章？若是在一場不濫發勳章的戰爭裡獲得，對我可能較具有意義。我記得有一次，還在當參三的時候，我在一處戰鬥基地參加營長交接儀式。卸任的營長在越南待了半年，卻獲頒三枚銀星勳章——我國第三高的軍人勳獎榮譽，還加上一堆其他的勳章。他的表現不錯，有時稱得上是英勇。跟部屬也很親近。可是，部隊必須站在那裡聆聽一段言過其實的描述。勳章堆得太高，使得撰寫褒揚狀變成一種小小的藝術型態。卸任營長的「行李」包括有銀星勳章、立功勳章還加上只不過是記錄直升機時間而得到的空軍獎章，這種「行李」幾乎變成了標準裝備。你得到這些東西只因為別人也是如此。勳章的「批發」抹煞了真正的英雄事蹟——不管表現得特別勇猛的是小兵還是上校。那天記得我望著部隊官兵的臉色想著，真是瘋了，我們還把這些年輕士兵帶來這裡看這種瘋狂的事。我們教給他們什麼？這些狗屁倒灶的事？腐敗的事業心已感染了陸軍，而我也在其中。

像美萊村這種黑色悲劇的發生，部分原因是軍隊熱衷於另一種虛構的神話──「計算屍體」，自越戰創造出來的可怕判斷準則。在真相揭發出來之前，第十一步兵旅還因為在美萊村殲滅一二八名「敵人」而獲得特別獎狀。美國投入了那麼多的生命財產來打這場仗，因此在五角大廈的壓力之下，陸軍方面急需要一點東西來做交待。本週的情勢報告裡，我們的目標是什麼？一座山頭？一座峽谷？一個小村莊？很少。屍體成為衡量成績的依據。然而，計算屍體是很吊詭的事。新聞界很清楚我方的傷亡情形，他們只要計算靈柩就可以了，二十具靈柩就表示在最近一次的戰鬥中有二十名「遭敵人攻擊陣亡者」。我們要怎樣做給他們看？有多少敵人倒下？要找出來並不容易。越共與北越正規軍不用靈柩。他們能熟練地脫離戰場並帶走死者。我們或許可以從虜獲的武器來計算，然而你必須要製造出這些武器來，同時記者也會自己計算。敵人的屍體卻不一定要帶回來。每晚，連隊都會做統計。「你這個排有多少？」「我不知道，我們確定的有兩個。」「如果你看到兩個，那可能就有八個，就說是十個吧。」計算屍體變成了可怕的數字競賽。連對連、營對營、旅對旅。好的旅長在計算屍體總數方面當然比較高，成績好的旅長能得到晉升。如果你的這場競賽就是在比灌水，你能不跟著這麼做嗎？

敵人的傷亡其實相當慘重，但是這並沒有什麼差別。正如一名軍事分析家所說的，把雙方的傷亡各自除以所投入的經濟耗損，再乘上支持他們的政治代價。只要你的敵人願意付出這個結果，計算屍體就沒有任何意義了。敵方很明顯地是準備付出這種代價的，同時他們很沒有運動員風度的拒絕按照我們的比分方式來競賽。我們永遠在找機會打一場決定性的戰鬥——越南版的滑鐵盧、硫磺島、仁川。但是他們不肯合作。不管我們如何努力的打擊，他們就是能夠化整為零地躲到高地或是進入寮國，整補、整編再跑出來戰鬥。我們也有避難所，從南中國海一直延伸到美國。在越南山區及海岸平原上兩股力量相互廝殺。每週五晚上，我方會統計本週的屍體總數。上床睡覺以後等第二天，一切再重頭來一遍。

在我第一次任期結束的時候，我猜想要打完這場仗需要五十萬人。六年以後，我第二次來越南，駐軍達到高峰，有五十四萬三千四百人，而且還不夠。就地勢、越共與北越正規軍打仗的形式，以及他們願意付出的傷亡人數，美軍介入所形成的可防禦程度永遠都嫌不夠。

我還在當營執行官的時候，我記得有一名士兵踩到地雷。他的一隻腳被炸得寸斷，胸部也被戳破。我們把他送上「陽春」直升機，飛往十五分鐘航程之外在德溥的最近一所野戰醫院。他只是個孩子，我永遠不能忘記他臉上的表情，混合著驚嚇、恐懼、好奇與不明白。他不斷想說話，但說不出來。兩眼似乎在問，為什麼？我沒有答案。不管是當時或是現在。我們還沒到德溥基地，他已死在我懷裡。

我最近重讀伯納德・佛爾（Bernard Fall）關於越戰的書《沒有歡樂的街道》（*Street Without Joy*）。佛爾很沉痛地說明了一項事實，我們幾乎不瞭解我們所捲入的事情。我不由得想像，若是甘迺迪或者是詹森總統能夠花一個週末的時間，安靜的在大衛營讀完這本觀點敏銳的書，那麼他們在週一早上回到白宮以後，必定會立即開始想辦法讓我們從越南這個泥沼裡脫身。在我第一次與第二次分別到越南之間，武上尉所解釋出來的邏輯——基地設在這裡是為了保護機場，而機場則用來運補基地，不但沒有改變，運用的範圍只有更為廣闊。我們在這裡，因為我們在這裡，因為……。

戰爭應該是最後訴諸的手段。而當我們去打這場仗時，應有一個讓我們的士兵能瞭解與支持的目標。我們應動員全國所有的力量，去完成這個任務並且打贏它。在越南，我們漫不經心的打仗，國內還有一半的人反對或者是漠不關心，只有一小部分的人承擔起這個重任。

我在越南看到的英勇事蹟，與我期待在任何一場戰爭裡所看到的一樣多。我很驕傲能在「美國師」服役，我們有光明的時刻也有傑出的軍人。另一名在這個師裡服務的軍官是諾曼・史瓦茲科夫中校。我和許多持續承擔軍事責任的軍官，都自這個師裡面獲得不少寶貴的經驗。在這場由國家領袖拙劣地主導、構思與解釋的戰爭裡，我很驕傲地看到美國軍人回應的方式。數十名我的友人在此捐軀。像潘興操槍隊這麼小的圈子裡就失去了三名成員，第三個人是一九六八年的約翰．楊。所有這些犧牲與英雄事蹟，正是事情的重點所在：沒有明確的目標、沒有國人的支持、沒有全心的承諾，你沒必要浪費勇氣與生命。

我特別要譴責政治領袖們供應兵力的方式，決定誰被徵召誰能緩召、誰要服役誰可逃避、誰死誰活的政策是一項違反民主的恥辱。我永遠不能原諒一位實際上曾經這樣說過的領袖：這些年輕人——貧窮的、教育程度低的、沒有特權關係的，都是可消耗的（有人把他們形容為「廉價砲灰」）但是其餘的人不能冒這個險。我很憤怒那麼多有權勢地位的人，他們的兒子還有職業運動員（他們或許比任何人都健康）設法逃避到國民兵或是後備部隊單位裡。在越戰的許多悲劇當中，這種不公平的階級歧視，對於我認為所有美國人皆應生來平等且對國家懷有相同忠貞程度之信念，造成了嚴重的傷害。

當我再度檢視對這場戰爭的感覺——陸軍這個政府部門也應該做同樣的事，我們被派遣出去執行一個實已破產的政策，這個事實應該被接納。自甘迺迪總統開始，我們的政治領袖引領我們去打這場統一尺碼的反共戰爭，其實這種統一尺碼在越南只適用一部分。因為在東西方衝突之外，這場戰爭有其國家主義、反殖民主義與民權鬥爭的歷史根源。我們的高級長官明知不可為，然而他們卻屈服在輿論的壓力之下繼續的虛偽造假：

計算屍體的灌水、鞏固村落的自我安慰乃至於績效報告的誇大不實。基於團結的本質，軍方並未直接向上級明白報告這種情勢，同時也欺瞞了自己。最高指揮官從未對國防部或是總統說，我們這樣打下去永遠贏不了。許多對這場戰爭經驗豐富的我這一代職業尉校級軍官發誓說，等輪到我們下命令時，絕對不會默許以美國民眾不能理解與支持的不成熟理由，來打這種不認真的仗。如果我們對自己、對領袖、對國家能維持這種承諾，那麼在越南所做的一切犧牲就不算是白費了。

一九六九年六月十五日，我的任期還剩下幾週時，收到喬治・華盛頓大學寄來的一封信。我獲公共行政研究所錄取念秋季班。先前一天，我曾到一處飛機降落場，看到一個步兵連巡邏歸來。部隊疲憊地爬上山坡，背上大量的掠奪品壓得他們彎下腰來，M一六掛在胸前，又混過了一天。這又是越戰的另一個反諷。日曆撕到了一個特定的日子，你就可以走了。

返美以後，艾瑪和我計畫在回伯明翰與岳父母及孩子們團聚之前先獨處幾天。我們打算在亞特蘭大停留幾天，艾瑪在當地機場接我。之前我就已寫信告訴她，要她吹何種髮型、穿什麼衣服及我希望看到的衣服顏色——橙色與黃色。我憧憬著一個幻想，希望在步下飛機時能夠實現。艾瑪並未讓我失望。我們開車進城，並且住進旅館。當晚我卻很「落伍」地早早睡去，不管艾瑪如何努力，都無法把我叫醒。她不斷地拉著我，說我必得要看電視，因為太空人正在月球上漫步！那是一九六九年六月二十日。我累斃了，不只是因為時差的關係。在我體內累積了一年的精神與肉體的疲勞，讓我沉沉睡著。我們獨處了一天半，然後艾瑪知道我現在最想要什麼，回家看孩子。

第七章　脫掉軍服

我跟隨著老爸的腳步，計算獻款並且把它存入銀行；艾瑪則像我母親一樣，忙著捐贈物拍賣會與祭壇互助會。我看著麥可與琳達望彌撒，再看看自己，在凱利街的祭壇前面穿著法衣搖著香爐。這項傳統已經傳到了下一代，從一間聖瑪格麗特教堂傳到另一間教堂，就像河流改道奔流不息。

當我脫掉軍服開始去華府的喬治．華盛頓大學上課時，我重新進入到一個睽違了十一年的世界。我住在軍隊這個封閉的社會裡，穿著軍服、遵守軍中規矩，離開大學以後所交往的人物也都是軍中成員。現在我為了一切現實的理由，生活再度像個平民。

艾瑪與我立即開始找房子。我們從未擁有自己的房子，到目前為止，我們不是短暫的住在左鄰右舍都是親友的軍中宿舍裡，就是在營區附近租公寓。我們並不懼怕所要做的事，問題只是在選擇哪棟宅邸而已。當我在海外服務時，我們設法存下了八千美元。

回到伯明翰，最好的房子要價三萬美元到三萬五千美元，在我們能力範圍之內。我們找到一家房地產經紀商，從維吉尼亞州北部郊區軍人住宅較多的地區開始找起。經過十次趕鴨子上架式的參觀那些二律是三間臥室的房子以後，我問經紀商：「這些就是附近值三萬五千美元的房子嗎？」他告訴我們說，歡迎來到華府房地產世界。有個朋友指點我們到一個新的郊外社區叫做戴爾市的地方找找看，它位於維吉尼亞州木橋市北方。不是特別高級的地方，房子之間沒有太大的差別。樹林都被推土機剷平，開發商提供了很大的空間，謝天謝地有好大的空間──五間臥室，三間浴室──總價才三萬一千五百二十美元。我們買下了戴爾市的房子，地址是狄索托廣場一四六〇五號，頭期款二十美元，每月房貸需繳二百五十九美元。

很快地，這件事便在紐約的親友間傳開，「你知道嗎，柯林買了一棟大的新房子，在華盛頓特區呢！」「那麼快啊！」「他負擔的起嗎？」我們幾乎還沒有搬進去，就已經有親戚來看房子，他們來看看柯林的選擇好不好，而且只要他們有個地方待，將來就可以到首都來參觀參觀了。

喬治．華盛頓大學頭一學期，我經歷了一次信心危機。陸軍方面給我一年半的時間來完成企管碩士學位，開學之前我先向系主任傑克．麥卡錫博士報到，他是名很好的紳士。他翻閱我大學時的紀錄時，我聽到他低語：「嗯，沒有修數學，嗯，沒有修統計學，嗯，沒修經濟學。」他拿起電話跟我在步兵人事部門的負責人員聯絡。我聽到麥卡錫說道，他在我的大學成績單裡面沒看到有助於修習企管碩士的學分。我的心往下沉，直到他再加上一句：「至少不能在一年半裡修完。」「是的，我知道在步校及指參學院成績都很好。」他繼續說道，「但是它們都不是研究所呀！」麥卡錫建議說：「給鮑爾少校兩年的時間，還有二次暑修，這樣才有希望。」我很幸運，陸軍批准了。

這是事實，重拾書本對我來說已經不太靈光了。我開始畏怯，壓力多半來自於我已三十二歲，是多數班級裡面最老的學生。甚至於其他六名跟我一樣來讀書的軍官都有佔優勢之處；他們不是學行政管理的就是學財務的，對經濟學與電腦原本就很熟悉。教授還把我們的學分加上統計分析，還有我在紐約市立學院被當掉的微積分，這些東西對我來說好像是在學非洲原住民語言一樣。我開始經歷「冒名頂替癥候群」。我在這裡幹什麼?我不屬於這裡，他們讓我入學是一大錯誤。

沒課時，學生們喜歡到學生活動中心餐廳裡喝咖啡或玩牌。我在這裡有所發現，不只是我的同僚如此，大多數的企管學生都像我一樣惶恐。我的指導教授，管理學教授馬文·渥西博士把我拉到一旁為我打氣。他說，他對我有完全的信心。出乎我意料之外，我第一學期的成績統統都是甲。

我就是這樣進入了狀況，不過還是踢到了鐵板，在電腦邏輯學這一門上面栽了筋斗。期末考的時候，我們得畫出軟體程式的流程表以顯示出電腦如何做運算。我還要描繪在空間裡的一個被平面橫斷的圓錐體，因為期中考我只拿到一個「丁」，因此必須拿到「乙」才能挽救過來。或許還得要向教授拜託一下。

那幾天我急著在《陸軍時報》裡找晉升中校的名單。我在提報的名單之中，但是明確的結果還沒有出來。我急於升級不只是為了前途，還有經濟理由。這代表著年薪由一萬二千九百九十九美元調升到一萬六千一百七十九美元，而我現在每個月拿九百美元回家，還得扣掉二百五十九美元的貸款錢。七月初，我打開《陸軍時報》，下個月將晉升中校的名單登出來了，我赫然在列。這次不算是提早升級，不過我還是比大多數人早了兩年。我設法在華府軍事特區裡找到一名上尉，向他打聽怎樣才算是正式晉升到中校。他回答說：「真該死，我要是知道就好了。長官。」

我想應該要來點儀式什麼的，我把狄索托一四六〇五號家裡的部隊集合起來解決這個問題。艾瑪出去了，我正在當保母。我坐在堆滿玩具的地板上，七歲的麥可．鮑爾在我的運動衫上面別上一枚銀葉。兩名見証人是五歲的琳達，還有家裡的新生兒安瑪麗．鮑爾，躺在嬰兒椅上很無趣地看著我們。

安瑪麗是兩個月前的五月二十日出生的。艾瑪從醫院裡把這個小傢伙帶回家時的情景我記得非常清楚，我用一架在越南美軍福利社以十美元買來的攝影機記錄下這一刻。

當艾瑪從車裡出來，麥克既興奮又好奇的衝上去。琳達敷衍地看了一眼這個新來的小公主扭頭就走，很常見的姐妹關係就此展開，一直持續二十年以上。

我認為安瑪麗實在太漂亮了。由於讀研究所比較有空閒的時間，我喜歡抱著她在狄索托廣場附近到處逛，等著鄰居前來讚美她。我們現在擁有三個健康、漂亮的小孩，決定不要再為世界人口製造壓力了。

那年秋天我回到學校，成為處於大學反戰運動高潮期的一名職業軍人。這種感覺很奇怪。男生宿舍窗外掛著漆了和平標誌與反戰標語的床單迎風招展，站在肥皂箱上的演講者詛咒著我曾經打過的仗。我穿著斜紋棉褲與運動衫四處走著，我覺得像是潛伏在敵營裡面的間諜一樣。不過，我並沒與抗議者起什麼衝突，因為在企管研究所裡攻讀碩士又忙著修市場管理與企管會計的同學沒有幾個會去燒國旗。他們像我一樣，對於政治並不關心，拚命用功應付下回的考試並且完成碩士論文才是重要的。他們是明日的雅痞，只是當時還沒有創造出這個名詞來。

在研究所的最後一個學期，華府擠滿了人。四月二十四日，二十萬名反戰分子在國會山莊集合，向國會施壓要求自越南撤軍。我聞著催淚瓦斯味，一路由學校找到國會山莊。在那裡我看到「越戰退伍官兵反戰」示威群眾，有數百人之多，他們把緞帶形動章及金屬動章砸向建築物。我瞭解他們的痛苦，因為我去過越南，有超過五千名美國人在那場一場糊塗的戰爭裡喪命。但是我的心並不與這些示威者同在，我始終堅信得到勳章應該是榮耀的，而非羞恥的；穿著一身制服應是受尊敬的，而非被咒罵的；陸軍應該是這個國家榮譽的一部分，而不是被排拒的異物。

那年五月參加畢業典禮時，我並不覺得煩惱。校園裡面有反戰情緒，而我這個已婚又有三個小孩的人，覺得並不需要參加鋪張的排場或是進一步的抗議活動。我到系主任辦公室裡面拿到了我的文憑。在這兩年的研究所課程裡，除了電腦邏輯學這門課得「乙」以外，其他各科都是「甲」。恩師渥西博士要我繼續攻讀博士，同時陸軍還可能再提供所需的費用。但我對前途已經有非常明確的想法。我是個好學生，但非學者，在當學生之前我是名軍人。我殷切地想回部隊。

進入五角大廈

五角大廈是美國政府權力中心的一部分，這個錯綜複雜的權力中心包括了白宮、國會、聯邦機構、法院、新聞界與說客。組合成所謂的「政治神經中樞」。一九七一年七月，我帶著企管碩士的文憑向五角大廈報到，被指派到陸軍副參謀長助理辦公室上班。當時的陸軍副參謀長是威廉・迪普（William E. Depuy）中將，他是名身材矮小但是支配性很強的人物，也是自越南回來最強悍的將領之一，並以專門開除部屬贏得盛名。他曾解釋說為何要如此嚴厲：「我在第二次世界大戰時期，看到不適任的指揮官讓年輕的美國士兵枉死，以你的標準或許認為你是適任的，但是若不合於我的標準，我就會把你幹掉。你或許在別的地方可以幹的很好，但是在我手下未必如此。」

現在，尼克森總統已開始自越南撤回美軍讓越戰越南化。在進行撤軍之際，一份由賓州卡萊索陸軍戰爭學院針對四百五十名絕大多數去過越南的中校所做的機密調查報告，對軍中的想法造成了很大的影響。這份調查報告的結果頗具爆炸性。受訪者指責陸軍沒有面對失敗，最嚴重的攻擊則是針對領導階層的誠信問題。受調查的軍官指出造假的戰備報告、逢迎拍馬盛行、結黨營私、吹噓的獎賞、杜撰計算屍體等所有的幻覺與錯覺。他們說領導人讓他們失望了。報告結論指出：「大家普遍的感覺是陸軍創造了一個獎勵短暫任期與毫無貢獻的環境，而對於長期精神道德的淪喪卻予以漠視或壓抑。」

報告作者並不想在陸軍之外尋找代罪羔羊。卡萊索報告這樣寫著：「並沒有直接證據顯示外在的財政、政治、社會或是管理上的影響，是造成這種不利情勢的主要因素。大眾對越戰的反應、陸軍擴張太快，或者是現在的反軍隊癥候群，都不能對陸軍所認為的越軌行為提出合理的解釋。」是陸軍自己陷入一團混亂，這份報告並沒有對誰應該真正負責做出結論：「是故，陸軍必須從頭到腳都做改變。」

卡萊索報告洩露出去造成了軒然大波。但是它並沒有被丟到一旁，它對一些將領產生了影響，諸如：威廉・魏摩蘭（William Westmoreland）、喬治・佛席斯（George Forsythe）、伯納・羅傑斯（Bernard Rogers）、克漢頓・亞伯翰（Creighton Abrams）、華特・柯文（Walter Kerwin）、布魯斯・帕姆（Bruce Palmer）。我的新老闆迪普將軍更是改革者當中的急先鋒。隨著越戰潰敗之後陸軍呈現出來的倫常、領導型態、意識型態、組織結構乃至於信念都讓迪普看不慣。他相當輕視部隊裡面盛行的逢迎拍馬行為。這名三星中將的自我期許是擔任改造陸軍的角色及結構，或者是至少能提供重新思考的方向。為了這個使命，他找來一批最精銳的中校成立他私人的智囊團。

我滿心期望能在副參謀長助理辦公室裡的電腦系統發揮所長，這也是陸軍送我去念研究所的主要目的。然而，我們生活的改變是十分無常的。在向五角大廈報到的時候，主管管理諮詢理事會的一名准將跟我面談。他讓我等了半個小時，還不斷的叫我「福爾」，在我禮貌地更正他之後，他還是沒辦法記住。他和我談的都是華府的房地產行情以及如何從當中賺錢。我認命了。陸軍贊助我讀書，我也只好抑鬱地待在這個單位了。

我遇到貴人因而獲救。他是迪普將軍底下由一群菁英所組成的計畫分析理事會主管，赫伯特・麥克萊斯特（Herbert J. McChrystal Jr.）少將。我被叫到三樓第六走廊「陸軍地區」會見麥克萊斯特的助手「鵝伯」法蘭西斯・古斯萊上校。他說他看過我的紀錄，認為我不應該只在那裡繪電腦流程表，我應該上樓來協助迪普將軍規劃未來的陸軍。這是在傲慢、自負、不體貼、混時間的長官與具有遠見的上司之間做選擇。我告別了古斯萊後，立即到步兵人事部門去，請求他們讓我從前者的魔爪當中解救出來投入後者的麾下。人事部門同意了。因此，陸軍放過了我這個幾乎可以確認是平凡的電腦玩家，使我進入到軍旅生涯的關鍵時刻，投身至全陸軍最佳、最輝煌的單位裡去。

我被分派一個小辦公室，經過一段時間以後便直接在迪普將軍手下做事。經過了接觸之後，證實他嚴厲的盛名言過其實。迪普只是不能夠忍受邋遢以及二流貨色，只要部屬並非如此，他就對待他們很好。他認為我表達了不錯的溝通能力，因此讓我幫他擬演講稿。

一九七二年初某一天，我被召集到將軍辦公室參加一項靜肅的會議。他坐在長會議桌的一端，另有幾名軍官與會，包括我的直屬長官赫伯特·麥克萊斯特，約翰·錢德勒中校，以及精明的辦公室同事東尼·史密斯中校等。房間的門是關著的，聲音不會洩漏出去，氣氛神祕。迪普很快就談到了主題。陸軍要加速自越南撤軍。戰事的失利讓國家對軍隊的待遇越來越差，國會也在緊縮軍事支出。迪普警告說，我們得面對事實做最壞的打算。經過了更悽慘的分析以後，他說道：「鮑爾，我要你找兩個能幹的人到一處無人的角落，思考一個不能想的問題。我要你策劃出一個只有五十萬人的新陸軍。」我們聞之皆大吃一驚。僅越南一地，在戰事高峰期全部軍隊就有五十四萬三千人；想想看現在陸軍高達一百六十萬人，自從一九四〇年以來總人數就沒有低於五十萬人，這樣的縮減似乎很殘酷。有人問道：「是否這就是將軍要展現的武力？」他回答說：「不，這只是我們準備要做的事，以防萬一。這武力至少要具有維持國家安全的基本力量。今天我們所談的事千萬不能洩漏出去。」

我回到我的角落，主要是和東尼·史密斯合作，我們設計了最基本的武力，稱之為「基礎陸軍」。無可避免的，我們的工作被高階軍官知悉。五角大廈籠罩在一片恐懼之中。假定國家真的開始相信陸軍可以減少到只有五十萬人該怎麼辦？軍人前途可能變得艱辛。「基礎陸軍」計畫乃被束諸高閣永不見天日。

然而，沒有經過這次計畫的洗禮，仍算是一次全部的損失。正如陸軍在越戰之後的縮編，冷戰結束後所有的軍種都需要裁減。在我擔任三軍參謀首長聯席會議主席時面對這個現實問題，距離完成研究所學業以後在比爾·迪普手下工作已過了二十年的時間了。

如何在講究服從與統一的職業環境裡面拿捏個性的分寸？迪普將軍在這方面教給我許多寶貴的經驗。有一天深夜，迪普自李文渥斯堡演講完坐飛機回來，我們兩人乘坐一架小型空軍專機，此刻沒有官階的分際，只是天地之間兩個渺小的人體。這名身上無一吋不是軍人的軍中典範告訴我，一名軍官置身軍旅必須對自我有所保留。他說：「不要太沉迷在事業裡面，除了你自己與家人以外並沒有什麼值得留戀的。」我們必須把一些事分開來，並且不能遭到侵犯。他的結論是：「不要讓你的職業成為你的全部。」我想起當時有些幕僚說過，沒有人曾看過迪普將軍家裡面是什麼樣子，此時我才知道原因。

在某些方面，我已經實踐了迪普將軍的哲學。五角大廈的同事裡很少有人知道我在木橋市聖公會聖瑪格麗特教堂裡面擔任管理人，或是我在那裡教五年級的主日學。這些活動在我們搬到戴爾市不久即展開。有一天我和艾瑪開著車四處逛，勘察新環境，在一座小山丘上面看到一間小聖公會教堂，與我小時候在布朗區的教堂同名，都叫聖瑪格麗特教堂。我們成為這間教堂的傳信者（Communicants），同時我由初級管理人升到高級管理人，艾瑪則做到祭壇互助會主席，麥可與琳達擔任祭司。就像我父母所做的，我們協助教堂慈善活動，如義賣會、煎餅晚餐義賣與組織舊品店等。我也是聖職財務專家，央求會眾捐獻，成為教堂基金勸募人。

我們曾經一度要賣掉教堂。我們的牧師魯迪・考金斯頗孚眾望，他的信徒成長太快以致於聖瑪格麗特教堂擁擠得快要爆掉了。這座教堂位於十二公頃的郊區土地上，有開發商想買下來蓋購物廣場。他出了一個不錯的價錢。我和考金斯神父知道，有了這筆錢，我們可以在附近蓋一棟更大更好的教堂來容納眾多的會眾。教區代表同意這筆交易。教區住民投票通過這件事，主教也批准了，房地產開發商也拿來訂金。可是正如我對一九二八年的老祈禱書有所依戀一樣，有些信徒對老教堂亦有所依戀，說它老，只是在一個急速成長的新興社區裡相對比較出來的。聖瑪格麗特教堂有一流的建築結構，只不過完成十年而已。另外有一名年長的教區住民在教堂通往一號公路的路上有塊小小的地，因此反對售地的人找上她了。他們得到她的承諾不賣這一小塊地，因此得以策略性的勝過我們。反對者同時以不願跟隨聖瑪格麗特教堂遷移到新的地點為藉口，指出他們將轉移到靠近維儂山波哈克的一所自華盛頓時代即存在的英國國教會教堂去。傳統主義者一分獲勝，鮑爾及神父只好放棄出售的念頭。聖瑪格麗特教堂還是在老地方，而且仍舊是擠得滿滿的。

一年夏天，教區代表決定到靠近雷屈蒙的一所神學院裡進行避靜。這是我頭一回體驗冥想與深沉地檢視生活的意義。我和其他人都很喜歡這活動，直到我們較預期時間還要早的完成了誠摯的自我反省。第二天晚上，有一名兄弟問道：「誰有撲克牌？」這就是聖瑪格麗特教堂撲克牌俱樂部的誕生，這個俱樂部兩週聚會一次，其間的輸贏從一開始的幾毛錢到後來有人豪賭到一晚上輸掉十塊錢。撲克牌俱樂部的事讓考金斯神父不悅，引發了神學上的激辯。教區代表玩牌適當嗎？更重要的是，玩牌是否影響教堂的工作？最後，我們認為應該尊重教堂與私人生活的分離。玩牌應該沒有牴觸。

在這段時間裡，我開著一輛褪色生鏽的白色一九六三年的雪佛蘭車，是向艾瑪的叔叔查理・史密斯以八十八美元買來的。艾瑪討厭坐在這輛破車裡面。某一個週日早晨，我提早起床跑到大眾藥局買來一罐白色的家用乳膠漆，在家人都還沒起床以前我把事情做完了。我把艾瑪叫醒帶她到屋外。她嚇了一跳，車子看起來像是全新的。要靠近到六英呎才看得出油漆刷的痕跡。

這件事過了不久，撲克牌俱樂部的成員自告奮勇要為牧師公館油漆房子。這天非常的悶熱，我們帶了啤酒解渴。我到房子後面去油漆，突然覺得前面安靜的不尋常，我回去看一看，才發現那些教區代表朋友正在給我的車子上紅色油漆！我逮到他們的時候，已經完成一扇門以及另外半扇。我快樂地開著這輛雙色車子，但是艾瑪抵死不肯坐，只好再拿大眾藥局的白色家用漆重新漆一層。

在這段日子裡，我們的生活脫離了與軍隊的關係，具體地像真正的家庭生活。小孩到公立學校上課而不是去基地附屬小學，到老百姓的超市購物而不是在軍中福利社，住在自己的房子裡而非軍中配給的眷舍裡。我們生活的重心就是教會。我跟隨著老爸的腳步，計算獻款並且把它存入銀行；艾瑪則像我母親一樣，忙著捐贈物拍賣會與祭壇互助會。我看著麥可與琳達望彌撒，再看看自己，在凱利街的祭壇前面穿著法衣搖著香爐。這項傳統已經傳到了下一代，從一間聖瑪格麗特教堂傳到另一間教堂，就像河流改道奔流不息。

有一天我在五角大廈的迴廊閒逛，我聽到有人叫我。「過來這裡，我要和你談談。」我轉頭看到一名黑人上校。在當時，你在五角大廈繞上一整天都看不到一名黑人軍官，更別說黑人上校了。我走到這名健壯、外表高貴、說話帶著權威的人前面。他問道：「為什麼你還沒有來報到？」我回說：「報到？向誰？長官。」他自我介紹說他是鮑比・柏克並且給我他家的地址說道：「你和夫人週六晚上到我家來，八點鐘。」然後離去。我就是這樣被引介到「石頭俱樂部」的。

「石頭」洛斯可・克特萊特是一名黑人准將，為戴維斯與丹尼・詹姆斯等黑人將領之後最有前途的黑人職業軍人。但是克特萊特和他夫人在我到華府報到之後不久即因為客機失事而喪生。

一群黑人軍官在華府白人權力中心佔有一席之地，以鮑比・柏克為首，他們組織了一個老友聯繫網。一開始，他們自稱為「無名俱樂部」。在「石頭」克特萊特死後，他們為紀念他乃改名為「石頭俱樂部」。週六晚上我與艾瑪在柏克家會見了他們及太太們，大多數的軍官年紀都比我大。他們多數都已到達頂峰，處於我還未到達的無法突破地步。不過，他們仍然樂於幫助年輕的黑人軍官向上晉升，提供一些人事方面的內幕消息，分析各個主官的長短，指引有前途的人找到合適的長官。「石頭俱樂部」的成員也到大學去向預備軍官班的學生傳授經驗。他們每年頒獎給黑人大學裡的優秀預備軍官學生，有時他們只是聆聽別人抱怨，他們為衝破種族偏見曾經頭破血流，現在他們要下一代爬在他們的肩膀上面更上一層樓。石頭俱樂部的精神深深吸引了我。他們一路照應著我，我也開始找有才幹的年輕黑人軍官並且協助他們瞭解他們的潛能做為回報。在軍中黑人的相互提攜可能勝過社會上其他任何機構；我想，我們為其他的黑人社會提供了典範。

石頭俱樂部也有快樂時光。我們主要的社交活動就是十月「黑人傳統食物晚餐」，或者說是艾瑪所形容的「心臟病特餐」。這裡的社交生活與李文渥斯堡差不多，人們由於同種族而聚在一起，因此，不分職業貴賤打成一片。當黑人在角落裡聽著他們的音樂或是跳舞時，我想對我的白人朋友說，別恐慌，我們只是在玩樂。

我們生命中必然會有某一刻，在未來回顧的時候不管當時是好是壞，都會說這是個轉捩點。對我來說，這一刻是發生在一九七二年的晚春，當時我還在迪普將軍手下做事。步兵人事部門有一名少校打電話給我，告訴我說他寄來一份八頁的申請書要我在週末前填好。一份申請書，做啥？我問道。申請當白宮研究員。我完全不知道他在講什麼，在他解釋之後，我回說我沒有興趣。我已經在五角大廈最有前途、最佳的單位裡做事了，我不想跳槽。此外，做白宮研究員似乎不適合我，尤其是我已經三十五歲了，已到達這個計畫成員年齡的上限。少校明白指出步兵人事單位並不是請我去，而是命令我去申請。由於軍人申請者寡，當時的國防部長馬文・賴德（Melvin Laird）感到不滿，結果步兵人事部門只好在檔案當中找合適的人選。我被挑中。我把申請書填好，附上所需的証件準時送件，然後把這事拋到腦後。我只是一千五百名申請人之中的一個。

白宮研究員計畫是當時的衛生教育與福利部部長約翰・嘉德（John W. Gardner）所構思的產物。他的想法是安排年輕人——尤其是來自私人企業——到聯邦政府高層單位服務。目的是讓未來的美國總統對政府的運作以及公共政策的制訂更為激賞。嘉德把他的理念推銷給詹森總統，因此到目前為止這項計畫已進行了七年。從這項計畫出去的成員包括有企業的主要決策者、各行業的頂尖人物、傑出的學者還有前途璀璨的軍官。因此，這個計畫証實對前途極有幫助，想進軍華府政治圈的人便賴著不走。他們找機會選國會議員或是設法獲取聯邦政府的高級職務。

在八頁的申請書裡面，主要的問題是你為何想要成為白宮研究員，我可是沒有特別想要當。不管怎樣，我還是盡力填下最理想的答案：由於越戰的矛盾，美國軍隊與人民產生疏離感，在民主體制之下這種不健康情形讓我震驚。因此，隨著我學習到政府是如何運作的以後，我也想要讓人民瞭解到軍官並不是頭上長角的怪物。我還提到當一九七二年六月時紐約市立學院決定廢除預備軍官班，這個鴻溝的擴大所帶給我的震撼。我生活了四年的老基本教練廳被拆除了。從最多時的一千四百名學生，到最後一年只有八十一名畢業生，顯見學生對軍隊的興趣已降到最低點。這種崩潰讓我傷感，而且不僅僅是情感上的關聯而已。在人民控制軍隊為基礎的民主國家裡，出身平民的軍官開始減少是何其不幸的事。

申請書交出後過了幾週，我收到通知說通過了初選。我是一百三十名獲邀面談的人之一。我必得嚴肅地面對這件事了。後來，入圍名單縮減到只有三十三人參加決選，而我還在裡面。我開始有壓力了。朋友們都知道了這件事：「柯林要去白宮了！」「對啊！要去幫總統。」如果我落選了呢？我不敢想像這些耳語，「你想他那裡做錯了？」「真是家族裡的醜聞。」

在一個五月天的下午，我和其他的候選人一齊搭上停在舊行政事務大樓前面的巴士，前往靠近維吉尼亞州華倫頓一棟改成會議中心的時髦樓房。未來三天我們將在那裡舉行的決選過程當中，被人刺探、搜祕與折騰。十六人可以獲得入選。在巴士上面我們被發給一包資料，包括每名候選人的小傳，這是我們第一次有機會相互認識。開車以後，我找了個位子坐下開始翻閱資料。我隔壁坐了一名黑人青年，他自我介紹說他是詹姆斯．波斯提克來自南卡羅萊納。我看了他的簡歷——克來姆森大學首位獲得博士的黑人——化學博士。他只有二十四歲，是角逐白宮研究員進入決選之中最年輕的。我跟波斯提克說：「我在這個小團體裡面幹什麼。」他望著我，顯然對我的階級與未來前途有著同樣的想法。在路上我得知詹姆斯．波斯提克來自南方一個子女眾多的貧窮家庭，他們大多數都是勞工階層。有人慧眼識英雄，一些老師，無論白人或黑人，協助他開發出潛能，而這個潛能若是忽略掉即可能會枯萎。

當我們被安置在決選處所時，氣氛介於大學兄弟會的熱鬧派對與警察局拘留所之間。我們被安排一系列與「主考官」的面試，這些主官考令人印象深刻，有的還很兇悍。我記得很清楚，他們的試題是由諾貝爾經濟學獎得主密爾頓．傅利曼所提出。這些問題非常的尖銳，不但是測驗我們所知道的有那些，同時也考驗我們的鎮定功夫與性格。我記得有一名年輕的候選人嘟嘟囔囔的說道：「傅利曼博士，我對你的大作《金融分析的理論架構》印象非常深刻。」「真的嗎，」傅利曼說，「那麼是什麼地方讓你印象深刻呢？」一片死寂。這個可憐的傢伙顯然只看了傅利曼著作的名稱，而沒有為這一刻做準備。

最後的面談於週六晚間舉行。主事者發明了一種令人極不愉快的宣布判決方式。有時候是在半夜，一張紙條會從門縫底下塞進來，告訴你是否獲選。此時，我們可以自由地做一些無聊的社交活動。在同時，參與決選的軍人當中與我建立友誼的有鮑伯．巴斯特、約翰．佛瑞爾、唐．史塔柯，還有來自肯塔基州顯赫政治家族的李．努恩。我們這些人都習慣了這種評比，我們曾經面對過比外科實習醫生還要嚴苛的考驗。當晚我們開派對到半夜，等我回到房間時，發現了那張紙條。「恭禧！我很榮幸的通知閣下已獲總統任命為一九七二—一九七三年的白宮研究員。敬請勛安。亞瑟．迪維」

第二天早晨，我們再搭上巴士到白宮參觀，對我們大多數人來說，這是個震撼感人的第一次。當參觀結束後，彷彿再回到了現實。我坐上六三年的貝爾艾爾，準備開長途車回戴爾市。在賓州大道與十八街的交叉口，我看到一名迷路的小男孩，詹姆斯．波斯提克，他也獲選了。他孤獨地站在那裡顯然沒有地方可去。我邀他上車，並把他帶回家去，我的家人也與他相處甚歡。詹姆斯後來商場得意，在喬治亞州太平洋集團做事。他娶了一名軍中先進、畢業於西點軍校一九四九年班的艾迪．霍華之女艾蒂．霍華。婚禮當中我擔任伴郎。詹姆斯．波斯提克有如我的弟弟，我們維持這段友誼達二十年以上。

我準備要到白宮任研究員之前，先到副參謀長助理辦公室向迪普將軍、麥克萊斯特將軍以及其他的朋友辭行。在未來的幾年裡若是陸軍能有所進步，這些人必然是貢獻匪淺，尤其是在了不起的迪普將軍與他的小組高瞻遠矚引導之下。我可以保證環繞在迪普將軍旁邊的人才素質優秀，幾位當年的中校後來都升到四星上將即可證明。他們包括有麥斯．塞曼（Max Thurman）這名優異的將領，他是思想家、領導人才，我們對他非常敬畏。塞曼後來做到南方司令部總司令；盧．曼特瑞（Lou Menetrey），駐守韓國的步兵第四師師長；佛瑞德・瑪哈菲（Fred Mahaffey），原本有望接任陸軍參謀長，後因在五二歲得腦腫瘤未能如願。還有卡爾・渥諾（Carl Vuono），後來成為陸軍參謀長。

預算管理局

在白宮研究員一年的任期當中，我將待在預算管理局（OMB），大多數人聽到這個單位的名稱都會不寒而慄。我在修習企管碩士及在五角大廈上班的時候，知道預算對於機構來說就好比循環系統裡的血液一樣。預算管理局掐住了各部門的咽喉，它是在華府最具有權威的聯邦機構之一。

在預算管理局，我先與局長凱斯伯・溫柏格（Caspar Weinberger）的助手法蘭克・卡路奇（Frank Carlucci）面談。他是個矮小倔強、精力充沛的人，在華府政治圈裡已闖出一點名號。他年輕時擔任外交官，曾在薩伊共和國協助平定暴亂時被刺傷。稍後，這名多才多藝的外交官在賓州遭水患時，在募集善款方面亦頗有貢獻。

我獲選為預算管理局的白宮研究員以後，不久即遇到另一名溫柏格的助手，威廉・霍華・塔虎托（William Howard Taft）五世，他是美國第二十七任總統的曾孫。塔虎托是預算管理局的高級顧問，是我在軍隊裡面從未遇過的人。他是個飽學之士，對現代政府權謀的興趣與研究古典文學一樣高昂。

我在預算管理局的頭一個月待在一個分支機構，該機構設在新行政辦公大樓，與緊鄰白宮華麗的十九世紀石頭堡壘式建築——舊行政辦公大樓名稱相對應。我開始進行查證政府行政效率的工作，這件事其實是很有激勵效果的，同時也很有用。富蘭克林．羅斯福總統曾說過官僚政治就像一隻巨獸：踏牠的尾巴一下要等到兩年後才傳達到牠腦部。這些年來這種事一點也沒變。尼克森總統下達的命令離開橢圓辦公室以後，就沒有人知道下文了。我的工作就是要查明是否令出必行。

此時一名女子闖入我的生活，讓我在預算管理局的日子更為多采多姿。威瑪．包德溫（Velma Baldwin）她是預算管理局財務管理部門主管。被派到預算管理局的白宮研究員，都在威瑪的照顧下。沒有地方停車？威瑪在高雅的庭院裡找到停車位給新來的人使用。我才有膽量在那裡停我那輛漆著家用漆的雪佛蘭。感覺不能參與重要的事務？威瑪能讓你參加最重要的會議。需要旅行預支？威瑪能找到經費。然而，威瑪教給我最重要的事，就是讓我知道在每一單位裡都會有像威瑪這樣的財務人員，他們知道錢藏在何處，也知道如何僱用新人而不被文官制度的官樣文章綁死，以及如何善後等等。威瑪解釋說，連全世界的蟑螂都死光了，這些人都還會存在。感謝威瑪．包德溫，我得以瞭解到在各個內閣單位裡面都有這類的人，同時對政府的運作不管是成功或失敗皆有更深一層的認識。

我到這裡沒多久，溫柏格便離開預算管理局轉任衛生教育與福利部部長。由於溫柏格在雷根擔任加州州長時為其預算部門主管，並且贏得「刀鞘」的綽號。他到了衛生教育與福利部以後也大刀闊斧地砍預算。卡路奇與塔虎托兩人也隨之到該部去，還是分別擔任溫柏格的副手與高級顧問。當時我與這些人只有短暫的接觸，但是他們的離去卻改變了我的生活。在預算管理局跟著而來的大風吹遊戲裡，佛瑞德・馬勒克（Fred Malek）成為該局副局長。他曾是我在白宮研究員決選時的主考官之一，他實際上是負責政治方面的問題，並考核參加決選者的忠誠度，免得有破壞宣傳分子滲透到尼克森政權裡去。馬勒克是西點軍校畢業，哈佛商學院碩士，曾因挽救南卡羅萊納州一家工具公司的財務困境而致富。他早期在白宮人事部門時有劊子手的名聲。馬勒克曾經到內政部告訴部長華特・錫可爾，說他已然失寵，必須在日落之前離職。由於他擔任總統馬前卒的角色使他的地位得以鞏固。當祕書告訴你說：「馬勒克先生在線上。」這就好像是聽到黑手黨告訴你，要在午夜之前把錢交出而且不能有任何藉口。

我留了一張條子給馬勒克，恭賀他獲得新職，同時告訴他，我正以白宮研究員的身分在預算管理局內部工作，如果有任何幫得上忙的地方可以讓我知道。他馬上打電話過來，要我到他辦公室去。佛瑞德・馬勒克長得英挺高瘦、說話柔和但是很果決。我很快便成為他的守門人，在可以俯視賓州大道的舊行政辦公大樓辦公室裡擔任他的特別助理。如果有人要見馬勒克，必須先過我這一關。

佛瑞德對於聯邦部門拖拖拉拉的編列預算過程不感興趣，他真正想要做的是取得控制白宮官僚體系的權力。人民選出總統來治理國家，但是總統很快便會發現他們不盡然能完全控制政府機構，他們的願望經常被這隻怪獸遲鈍的反應與挫折消磨掉。

佛瑞德控制政府機構的方法讓我這個初出茅蘆的小子大開眼界。正如預算管理局是聯邦機構的神經中樞，預算與人事管理官員則是個別部門的神經中樞。佛瑞德開始在主要的聯邦機構裡面安排「行政首長助理」職缺，並安插他的班底進去。讓內閣官員四處演講、剪綵以及上《和媒體會面》這個節目（譯註：國家廣播公司週日午間節目）。效忠於佛瑞德的行政助理便主持例行事務，以投尼克森政權之所好。

我在佛瑞德「教授」所開的「研究所課程」裡面學到不少東西。舉例來說，佛瑞德想在預算管理局裡面造就新人新氣象，首先必須把層層的官僚給換掉，並以哈佛大學、史丹福大學、賓州大學華頓商學院的優秀畢業生以「助理祕書」來取而代之。不過佛瑞德有點用人空間上的問題。有一天他把我叫進辦公室解釋他的策略以及我所要做的事。之後，我開始打電話給各廳處官員，並代表馬勒克先生傳達好消息，他們的權力即將要擴增。預算管理局目前一項正在進行的計畫將要轉移給各廳處。好極了，各官僚聽到這消息不由得大樂。呵！讓我解釋一下。你們只是得到計畫與實行細節，預算管理局則保有職缺與經費（我們必須保有這些職缺與薪資留給馬勒克的新人）。但是，這些主管官員或許會有疑問：我們要把你們派下來的人安插在那裡？我們沒有工作分派給他們，也沒有編列他們的薪資預算啊！我會說，用助理祕書的名義。佛瑞德・馬勒克對於你們在人員減少與運用想像力之間的能力有信心，你們應該會把問題解決的。不久，預算管理局的冗員被趕走了，他們的職位與頭銜空出來，馬勒克的新血輪接手。出自這件事的經驗，我歸納出另一個定律：不嘗試永遠不知道你能得逞到什麼地步。

接觸格別烏

一九七三年一月，白宮研究員聚集在某市的中情局辦公室裡。研究員們在這一年的任期之中最偉大的冒險，就是要在冬季旅行到蘇聯去，以及隔年夏天到中國大陸去。當我們等著接受簡報時，大家在開玩笑，說些關於把縮影片藏在難以想像的洞裡以及誰最有可能是我們這群人之中的背叛者等笑話。等到中情局開始真正的簡報以後，事情卻變得很乏味。他們並沒有告訴我們什麼情報目標或是教導我們使用微影拷貝，只不過是要我們小心竊聽、電話錄音以及過度熱情的蘇聯女郎而已。

這群白宮研究員由一名中校伯納德．羅夫克（Bernard Loeffke）照顧，他是牧羊人兼保母與導遊，也是我永難忘懷的一個人。他出生在哥倫比亞，父親是美國人，母親是拉丁裔。他的軍中資歷多采多姿，同時因為膚色像黑人故而軍中生涯收穫頗豐。伯納德為西點軍校畢業生，曾任白宮研究員，還是個自學飛行員、跳傘專家、水肺潛水家、運動愛好者、奧運級的游泳健將、會多國語言。他在越南曾獲三枚銀星勳章、四枚銅星勳章以及一枚紫心勳章，在動獎亂發的當時，這樣也算是非常難得的了。伯納德將帶領我們在那年冬天進入到當時仍然算是頑強的鐵幕裡面去旅行。

我們對冷戰時期的痛苦回憶已然開始消褪，但是在一九七三年冬天我首次踏上蘇聯的土地時，這裡仍然充滿懷疑與不信任。我們在二月份由日本飛到海參崴以北的西伯利亞東部邊陲城市伯力。我認識的第一個蘇俄人是愛拉．費多諾娃（Alla Fedorova），她住在莫斯科是我們的導遊，年約三十歲，說著一口無懈可擊的英語，而且長得非常漂亮。她的吸引力一部分來自於神祕感與來自另一個世界的新鮮感，還有就是我們認定這名有著一頭黑髮的大斯拉夫美女是個格別烏人員。

我們在伯力住進一家「無星級」的旅館。我對這個冷峻、骯髒的城市只有短暫的印象，這裡充滿了起重機、油井鐵塔與大煙囪，還有永遠陰沉沉的天空以及那種好像用冰水潑在背上的酷寒。我們不准接近人群，如果我們這麼做，他們會變得很不安。

在旅館的第一個晚上，蘇俄人播放一部獵海豹的電影給我們看。當視聽室燈光變暗開始播放電影時，伯納德．羅夫克對我耳語說：「這真無聊，我們走。」我們想辦法溜出去，但是還是待在旅館裡面，因為我們被警告不得離去。我也不認為我們想要這麼做，因為外面的氣溫只有華氏零下四十度。

我們在旅館裡聽到音樂聲，於是找到一間像是俱樂部的地方。裡面都是穿著軍服的蘇聯東西伯利亞指揮部的高階軍官與他們的太太、女友。伯納德和我穿著藍色西裝站在門口，衣領上面還別著美國國旗圖案的小別針，似乎我們闖進了熊穴。音樂聲停止了。那裡的每個人都轉頭望著我們。伯納德用俄語跟一名侍者說道：「請給我們兩個人的位子。」侍者茫然若失。房間裡的寂靜與侍者的恐懼很快就有了答案。原來我們的格別烏人員跟著我們出來而且就站在我們背後。我們當然不知道。他們說，獵海豹的電影還沒有演完，也許我們想回去看結局。

次日，我們搭上橫貫西伯利亞鐵路的火車，前往伊爾庫次克這個從前流放犯人的城市。我對蘇聯內地最深刻的印象就是它的綿延無垠，我們坐了三天的火車都還沒有完成橫越全國一半的車程。頭一天，展現在眼前的是電影《齊瓦哥醫生》裡面的景象，西伯利亞無邊無際的地平線、細長的樺木林與麋鹿群。我們啜飲著甜茶透過車窗玻璃欣賞著此種景色。

第二天晚上，伯納德說：「這真無聊。讓我們去看看其他人在幹什麼。」我們溜到擠滿農民看來像是三等車廂的地方。伯納德向他們介紹說我們是美國人，他們的臉色一亮，「啊！我們的愛國聖戰英勇盟軍。擊敗法西斯主義者的同志。」他們遞過來伏特加酒。可是我們正要開始享受時，國家安全組織的朋友們又出現了。他們說我們到東德製造的頭等火車車廂裡會比較舒服。回去的時候經過一節車廂，看到一名正在休息的海關官員翻閱一本看來很熟悉的雜誌，而且笑的很淫猥。回到車廂後才知道原來有一位白宮研究員帶來一本《花花公子》，被海關以猥褻之名沒收了。

我們在另一個軍事基地赤塔市短暫的停留。當時中蘇邊界情勢緊張、火藥味濃厚。我們可以下車舒展筋骨，但是不准進城去，也不得照相。火車汽笛響起，要大家上車。伯納德很快的算了一下人數，發現有兩名研究員沒回來，便趕快通知費多諾娃。她消失了，接下來我們看到六名神態不自然的乘客在原本應是空無一人的月台走過。直到那兩個人回來，這些蘇聯人才上車。這就是偽裝成乘客的格別烏人員曝光的經過。

接近伊爾庫次克的時候，我們沿著歐亞大陸最大的淡水湖——貝加爾湖邊開過。湖邊環繞著工廠。冷戰結束後，我才知道這些工廠所製造的污染滅絕了湖裡不少種的魚類。顯然對環境造成威脅的也不光是只有追求金錢的資本主義而已。

我們到伊爾庫次克之後，我再度感動於蘇聯領土的廣闊。除了三天在火車上，乘飛機到莫斯科還要再花上七個小時。此時，愛拉看起來不只是有吸引力而已了，簡直是令人嚮往。這是我們頭一回坐蘇聯航空的飛機，有點像是鄉下公車一樣。飛機上幾乎沒有暖氣，在走道上，一名乘客的腳踩穿地板伸到行李艙裡面去了。飛機被拖到跑道起點時，駕駛艙還空無一人，讓我們感到很奇怪。駕駛員來了，也沒讓發動機迴轉熱車，立刻就全速起飛，就像米格十九戰鬥機升空攔截侵入蘇聯領空的飛機一般。我們後來曉得把飛機拖往跑道是為了省油。駕駛員從前確實是米格十九飛行員，難怪像火箭一樣升空，懷念舊時光嘛。

對於像我這樣成長於五〇年代、第一個軍事任務是面對越過富達峽谷的紅軍再加上兩次在越南打共產黨的人而言，在冷戰時期，兩腳站在未來的美國總統稱之為邪惡帝國的心臟地帶實在是有點怪異。在這之前的廿五年，有不少美國人的生活就是為了與這個敵人對抗。美國的預算、政治、武器、外交策略、科學研究、國內施政重點，還有數百萬美軍都受到兩大強權的影響，不管是來自華府還是莫斯科。現在我站在這裡，身為美國軍事機構之一員，來這裡的主要目的不過是逛逛紅場、到地下室注視上了防腐劑的列寧屍體，還有就是讓蘇聯菁英中的菁英——美加機構的成員為我們做簡報，他們似乎都能說美語，或許還能告訴你美國職棒聯盟各支隊伍的排名。

所謂百聞不如一見，我開始對這個國家產生發自內心的感情。我所感受到的是所有人都具有的人性，包括那些當時算是我們不共戴天的蘇聯敵人。我在火車上、國營百貨公司、紅場裡所遇到的人們可都不是理論家。他們同樣有家庭、有孩子。母親買晚餐的菜，疲憊的父親經過一天辛苦的工作以後急著趕回家，孩子們關切莫斯科足球隊對抗基輔隊的比賽甚過在全球散布共產思想的事。

同時我也感受到這個國家的遼闊與力量，它箝制人民的手段以及和我們在武器競賽、軍事制度上面的對抗能力。這些從蘇聯人提供給我們的表象是看不出來的，卻是自當時起即隱藏在其制度裡面、注定要讓它分崩離析的致命裂痕。

之後，我們離開莫斯科到保加利亞首府蘇非亞，到這個國家的感覺很好。雖然我們還是在共產主義的國度裡面，但是突然之間，一切充滿鮮艷的色彩。我們再到華沙，而那裡更加有生氣。離開蘇聯到其他這些國家就好像從黑白電影轉到了彩色電影。我們在蘇聯死氣沉沉的感覺如今已冰釋瓦解，整個人重新活躍起來。

在華沙，我們參觀了「二〇〇〇年研究所」，這個機構是為了展現波蘭在公元兩千年的情景而設。我永遠也忘不了一名身材高大、腳步蹣跚，面貌看來極其憔悴的教授對我們所說的話：「看看上帝把波蘭放在那裡？」他說，「在德國與蘇聯之間。每一代都會有其中之一國傾軋我們。有時候兩國同時。波蘭的命運被否定了。」他的話引起我的興趣。聽起來這名共產黨員不像是準備要為蘇聯人當屏障而死，我感覺他與他的同胞會樂於從所謂的「盟友」之中解放出來。從那天開始，在我腦海裡這種想法開始生根萌芽。十六年之後，共產集團國家開始解體，我想起那名波蘭教授的話，於是我在一名高階長官面前大膽的預測說，蘇聯這些衛星國家，或許寧願加入北大西洋公約組織，也不願留在華沙公約組織裏。

白宮研究員可以輕易見到在迪文堡或是楚萊這些地方通常不容易見到的大人物。回到國內以後，我們被帶去會見喬治亞州州長。我們可以攜眷，當車隊自亞特蘭大機場駛出，喬治亞州國民兵摩托車隊在前開道，警笛大作，各方來車皆停下來等我們先通過。我瞄向窗外對著艾瑪說道：「這真誇張。」

州長是個看來有活力、笑容燦爛的四十九歲中年人。他請我們坐下。他對喬治亞州及國家的政見深深地吸引著白宮研究員。在此之前，我對南方政客還停留在布爾・康諾（Bull Connor）、喬治・華理士（George Wallace）以及前任喬治亞州州長萊斯特・麥道士（Lester Maddox）以強硬手段對付異議人士的印象裡。這位州長卻展現出新的南方性格，我記得當時曾這樣想，這個人是塊當總統的材料。三年之後，吉米・卡特果然成為我國第三十九任總統。

在這段時間我與海軍中將海曼・瑞克歐（Hyman G. Rickover）曾有短暫的接觸。他是核子潛艇之父，脾氣暴躁不講理，能把大男人給罵哭。有位曾經想申請加入核子潛艇計畫的朋友曾經向我描述瑞克歐的嚴厲，瑞克歐向他說道：「我為什麼要你加入我的計畫？你憑什麼認為你會操控核子潛艇？你看起來不像。」

我獲邀參加聯邦行政總署長官就職典禮，瑞克歐應邀演講。這名海軍中將只說了幾句話，但是我卻永難忘懷。政府組織不能成事，計畫同樣也不能完成任何事情，管理理論也沒啥重要，成功或失敗的關鍵在於人們的參與。只有獲得最佳人選的參與，才能得到最大的成功。不可否認的，瑞克歐對人的態度或許粗魯了一點——他把他們打倒然後再重塑成他所要的類型。這不是我的風格。惟他的洞察力仍然不可否定。脾氣暴躁的人說出來的話經常都是實話。

預算管理局的公關主任喬．賴丁（Joe Laitin）有一次告訴我說：「這就好像讓小孩子看色情片一樣。」喬是在解釋為何他不贊成白宮研究員計畫的原因時這樣說的。與佛瑞德．馬勒克相同，喬也是我在預算管理局認識的良師益友。在一天工作結束之後，從戴爾市的住家到舊行政辦公大樓之間綿延二十六英哩的路上都是交通擁擠的狀態，我在等待交通順暢的同時，聽著喬述說數不盡的故事。他出生在布魯克林區，曾任記者，後來因緣際會成為行走於政府部門公關圈子裡的人員。他曾於詹森主政時期在白宮新聞機構任職過一段時間，因此說了不少關於他在夜裡講給詹森聽的睡前趣聞軼事。有一回他告訴詹森一些捏造的經濟消息，結果總統透露給新聞界，還造成股票市場大漲。

當佛瑞德．馬勒克初任副局長時，他要把喬開除。這名尼克森時代的紅人可是不吃口頭恐嚇這一套。我問喬當時是否很擔心，他說道：「讓我告訴你一些事情，每個新人剛來這裡時都要開除我。每隔幾年都會發生這種事。第一週，他們想把我幹掉。第二週，他們知道我是名公務員而且不太容易擺脫。等到了第三週，他們開始跟《華盛頓郵報》或者是美國國家廣播公司有了一點麻煩，我這個老救火員趕來幫忙。他們開始想，也許這傢伙還不算壞。第四週，他們愛我了。」

我問喬，反對白宮研究員計畫的原因是什麼。我是一名白宮研究員，而我與他相處不錯。他解釋說，民主是不能擺在陽光之下檢視的。民主是一種取捨關係。人們必須要藉著交易、交換、買賣、退讓、逢迎、妥協等手段才能讓理想成為可能。經驗不足的話，這個過程可能會一團混亂、令人失望甚至於讓人震驚。妥協可以使參與者看起來像是可以操縱的、沒有原則、像是牆頭草一樣。喬繼續說道，這對我來說是見怪不怪了，因為我已經夠經驗老道。「但是有一些看起來頗有創意的年輕人，在西廂及國務卿辦公室裡到處亂逛，他們若是知道國家之事是這樣辦理的，一定會嚇壞了。」

這件事情的另一個壞處是，「一些白宮研究員還沒有學會如何駕御權力就先嘗到甜頭。他們會陶醉其中。」喬這樣說著。而他們在陶醉狀態之下，容易忽視了法律其實會監管未受控制權力的事實，讓他們惹來麻煩。喬說道：「其實，接觸性沒啥不對，但是讓兒童在還不瞭解其內容之前就看色情片卻有點不道德。」

喬的觀點與我國立國先賢的智慧相距不遠，像漢彌爾頓、麥迪遜與傑佛遜等人都知道我們是不完美的人類。因此，他們發明分權的政府相互制衡——俾控制人類天性的不完美。喬・萊登瞭解這點，但是他不確定年輕的白宮研究員是否能抓住民主的真義。

中國之行

一九七三年夏天，我在一個很少有美國人看過的中共村落裡面，傾聽當地形容枯槁的村長說話。這是我們白宮研究員一年任期之中最後的校外實習。七月二十三日到廣州，在乾淨的街道上面，單車洪流般寂靜地經過我們身邊。我很驚訝一座城市竟然能夠如此巨大又乾淨而且安靜。中國人把我們帶到其他主要的城市，諸如一些觀光景點像紫禁城、長城等地方。在一所偏僻的鄉下醫院，我們看到一名婦人正在接受二十分鐘的針灸治療甲狀腺毛病，治療結束以後，她喝下一杯檸檬汁，站起身來就走了。在瀋陽，我們拜訪一家機械工廠，裡面的人穿著一式難看的鋪棉中性服裝，很難分辨出男女來。我們聽說這些工人一星期工作六天，偶爾有放假但是沒有假期，每月工資為五十二美元，除了廠長，包括工頭、監工在內都是一樣的薪資。這種所得水準要是在美國，早就讓工人鬧起勞資糾紛了，而他們看來很滿足。

在中國旅行時，有一名導遊是個五十四歲的教授，他告訴我們說他早年曾留學美國，回國以後即汲汲於名利地位，他教導學生書本上的知識並灌輸他們為個人成功奮鬥的觀念。師生們絲毫沒有一點實際的知識或是社會良知。當偉大的「文化大革命」開始以後，教授被迫下鄉勞動，他說，這是他頭一次變成「誠實的勞工階級」。「在此之前我什麼都不知道，我連怎樣種棉花都不會。我，這個教學問的教授，還必須要接受農民的再教育。」他說這話的時候帶著莊嚴崇高的笑容。我聽到少數幾名白宮研究員對此嗤之以鼻。以我自己曾在可樂瓶工廠做工的經驗，倒是對此有些同感。

中國讓我驚訝的是——尤其在經過蘇聯之行以後——竟然沒有那種妄想症。我們的中國導遊不像蘇聯人那樣害怕。他們不會經常檢查我們的行李、限制我們的行動，或是不准照相。然而在中國是另外一種不同的經驗。你可以在北京、廣州、瀋陽或是任何一個村落，隨便問一個人，「你好嗎？」而答案無可避免的會是一個笑容與一句：「很好。在毛主席領導之下我們有一台縫衣機、一台收音機、一輛腳踏車。」在這廣大的國家裡能夠做到全然統一的控制實在令人害怕。第二條鐵律是中共官員或許會承認有缺失，但絕不認錯。

有一天我們沿著中蘇邊界的鴨綠江參觀，我問導遊是否會看到任何軍事基地。他帶著溫和的笑容告訴我說，這是不可能的，因為愛好和平的中國已沒有軍事基地，甚至於在這多事之秋的邊界上面也不會有。當我們在參觀一間廟宇時，突然聽到震耳欲聾的聲音。抬頭看到兩架中共的米格十九型戰鬥機像閃電一樣穿入天際，顯然它們是來自不遠處的機場。我問導遊：「這是什麼？」他沉穩的望著天空不發一言。他也自問自答的說道：「這是啥？」討論結束。

在村落裡面滿臉皺紋的老村長向我們娓娓述說，他如何和村民們用雙手挖掘石頭山，讓這片山地成為肥沃的土壤。他們把石頭敲碎，然後搬上山用來穩固一片台地讓土壤不致流失。剛完工不久，一場大雨來了把他們辛苦所得全部沖刷掉。在毛主席的領導與毛語錄的啟發之下，他們重頭再來，直到完成這片富饒的社區。村長邀請我們共進晚餐，享用產自這片台地的農作物。我竭盡所知辨認出菜色，包括有玉米配上一點肉汁以及一種無法分辨的蔬菜。我們的主人承認菜不算好，但是卻有營養。而且只要陪隨著毛主席的智慧，這些就足以讓他們維生了。

飯後，主人站起身來說道他很抱歉沒有準備禮物，不過他要送我們一塊上面刻有日期的石頭；這塊石頭是從台地上取來，帶著村民們衷心的友誼。伯納德中校跳起來說道，他也有帶禮物贈送給主人。於是伯納德取出一個購物袋開始拿出東西來，包括有帶著笑臉的徽章、原子筆、尼克森就職紀念章，還有其他小裝飾品等各色各樣琳瑯滿目。

村長帶著奧妙的笑容說道：「你們給我們這麼多，而我們回報的太少，請原諒我們。」

當白宮研究員任期快要結束的時候，佛瑞德．馬勒克把我叫到辦公室裡。他房間裡的電視正在播映著水門事件調查委員會的報告。佛瑞德說道：「這件事會平息的。」他叫我到辦公室是為了要和我談談關於我在預算管理局留任一年的事。此時我已知道當初不願意當白宮研究員是個菜鳥所犯的錯誤。當上白宮研究員以後，我們和尼克森總統討論行政部門的權力，我們和參議員們談立法機構。當主題換成社會問題時，我們與衛生教育與福利部長談話。在外交事務方面，我們會見了日本、蘇聯、中國、波蘭、保加利亞以及西德等國的領袖。我們每週都會和新聞記者聚餐。白宮研究員計畫就是為了讓我們瞭解到政府機器的齒輪運作，同時使我們從更宏觀的角度去觀察。在這一年裡，我所學到的政治科學以及國家所有的公共行政事務，是其他的課程所無法比擬的。

然而我還是準備回到陸軍去。從讀研究所到五角大廈坐辦公桌，繼而成為白宮研究員，我已經脫離真正的軍中生活有三年之久。參與白宮研究員計畫，使我更加偏離了軍人生涯正軌，我急於回到這個正常的軌道。我想起早期一名曾在白宮頗有成績的陸軍軍官研究員的下場。他被要求留下來參與國內事務的行政工作，他同意了。結果猜猜怎樣？陸軍卻沒有把他升為上校。白宮對陸軍施壓，讓他如願晉升了。但是一名沒做過營長、錯過了一些重要職位卻留在白宮享受榮耀的軍官，無法排上晉升表，還要靠白宮施以政治壓力才能升等，其前途就此完了。他升上了上校沒錯，但是永遠就只是上校了。

這不是我要走的路。陸軍是我的生命。我感謝馬勒克的邀請，但是告訴他我準備離去。此外，雖然馬勒克很樂觀，但是有跡象顯示水門事件調查委員會與特別檢察官所發現的事實，可能無法讓尼克森政權成為能夠棲身的所在。我只要渡過波多馬克河到另一邊去，看看五角大廈能給我這個急於指揮部隊的軍人什麼職位就行了。自一九六二年在迪文堡當連長以來，我就沒有直接指揮過軍隊了。第一次到越南的時候，儘管實際上我做的算是營長的事，可是名義上我只能算這個越南步兵營的顧問。第二次赴越南，我純粹當個幕僚。現在我已經是個中校，而且符合步兵人事部門的資歷要求，我希望能真正做一名營長。

韓國海盜營

一九七三年春天，白宮研究員任期剩下沒幾天了，我到步兵人事部門辦公室去。有一名中校拿來一本活頁筆記本給我看。陸軍所有營隊的名單都在上面，用手抄寫的，後面跟著三個欄，第一欄：記載著誰是現任的營長，第二欄：佔缺將接任營長職務的人選；第三欄：再接下來要擔任營長的人選。我直接到第二欄是空格的地方去找，因為我想要直接調去。這個過程不像我想的那麼簡單。在當時，走後門搞小圈子靠關係的風氣很盛，經常影響到分發作業。舉例來說，如果師長要你到他師裡去，就可以先內定下來。如今的分發作業就比較客觀而不會受到外在壓力的影響了。陸軍成立審查委員會，一些軍官帶著人事資料的縮影片關在房間裡，幾乎無人能夠為其中的候選人員說項。而這個審查委員會人數不算少，因此其中的成員也無法做出不當的影響。審查委員會詳細審視這些資料，汰弱留強直到最佳的指揮人才選出，他們才能出房間。由於僧多粥少，難免會有遺珠之憾。吊詭的是老制度與新方法卻能得出接近的淘汰率。不過採用現代的方式褒貶的關鍵在於人難免犯的小錯誤，卻不會再有人情包袱了。

我在韓國佔到一個缺，不是經由推荐或是投票產生，而是因為這個駐韓第八軍團第二步兵師第三十二旅第一營的營長缺是我在第二欄少數幾個空格裡面找到的。這個營以「女王的海盜營」聞名，簡稱為「海盜營」。此名字與英國女王無關，而是因為第二步兵師源起於夏威夷與該島的女王尼尼奴卡拉尼而得名。

我告訴艾瑪，我要去的地方是比較艱苦的任務。赴韓不能攜眷，表示我必須把她跟三個年紀分別是十歲、八歲與三歲的孩子留在戴爾市一年。明理的艾瑪，並不感到害怕。我老實說：「我是在要求妳為我做犧牲。」艾瑪並沒有不同意，她說：「如果這是你所要的，這是你認為對你好的，那就去吧。」她的支持讓此事稍微輕鬆一點，但是並不是易事。因為這將是我第三度自我兒的生命當中缺席，第二次離開我女琳達，頭一回與現在非常可愛的小女兒安瑪麗離別。在這個時刻，與我妻我兒女分離到韓國去，是我面對最痛苦的事情了。

白宮研究員的任期結束了，而我再度穿上軍服。在這一年當中我所遇到的人，對我未來的發展產生了無法想像的影響。不過我現在必須先到韓國去，在那裡有個老軍人將教導我獨一無二的軍隊領導統御藝術。

第八章　加油，槍手，加油！

在夜半時分，當我的思緒翻騰時，我會愉快地回想起這些日子。我珍惜同袍愛、意氣飛揚的人物與輕快奔放的高昂精神。而且我知道三十年過後，現在這些尉級軍官當他們白頭的時候，會模糊的回想起他們的「老陸軍」。我很驕傲能成為創造新陸軍的領袖之一，正如我曾經身為必須要改革的老陸軍當中一分子，同樣的感到驕傲。

我的新指揮官「槍手」亨利．愛默生（Henry E. Emerson）少將接掌卡賽基地（Camp Casey）第二步兵師，只比我到韓國的時間早幾個月。我先前即得到消息，知道他對我的布達式可能會採取的方式。我是來接替齊伯．布萊德福中校的營長職務，他也是出身自迪普中將麾下的幕僚群，擔任營長期間與「海盜營」的表現堪稱一流。權力交接讓人覺得不舒服。前人治理的經驗你並不一定想知道很多。我喜歡新舊任之間重疊的時間簡短一點，而在這裡正是如此。

交接布達式的早晨，布萊德福和我來到一座幾乎廢棄的操場。我已經習慣在德國與越南所接觸到的這種不斷吹噓、頒授一堆獎章的大型盛會。但是在這裡，只有一支看起來孤單的四人旗隊站在操場中央。五名連長與他們的連旗手代表著五個連，分開站立著像是哨兵一樣。少數幾名觀禮者站在一旁。布萊德福告訴我說：「『槍手』並不想讓部隊站在炎熱的太陽底下，聽兩名中校在那裡互相吹捧。」士官長將營旗交給布萊德福，然後傳到我手上，我再將它還給士官長。就這樣。整件事不到兩分鐘就完成了。我開始想，我或許會喜歡「槍手」愛默生。

過了不久，我前往師部向愛默生將軍報到。他從辦公室裡衝出來緊緊握著我的手，並且像抓住水井把手般上下搖動。他年約五十，身材高瘦，面容凹凸不平，配上個大鷹鉤鼻，目光如炬，嗓門奇大，在歡迎我的時候，他不斷的踱步。他在越南的時候贏得這個綽號，因為他隨身配戴一把牛仔式的六發左輪手槍，而不是制式的四五手槍，我同時注意到他的皮帶頭上面有個左輪槍的雕刻裝飾。聽說，他在越南以勇猛的戰士著稱。

這天早上愛默生將軍預定要召開幹部會議，於是我留下來等著參加。當軍官們紛紛進來以後，他向大家介紹我。我們在會議室裡圍繞著坐了下來。愛默生開始踱著步，「今天的主題是射擊術，」他以一種平靜的口吻開始訓話，然而接下來開始為他的主題加溫，「射擊術非常重要，」他踱步速度加快了。「假如忽略射擊術，士兵們便不算準備好！」他的眼睛開始放出光芒，「而如果士兵們沒有準備好，他們就不會贏。」然後他便用拳頭猛搥桌面。這算那門子的領導？我跟著愛默生的這段時間，這種訓話的模式從未改變。溫和的開場白、加熱，然後以中風式的衝擊完結。我在各種場合都看到他這種加速度的說話方式，從在非軍事區部署直升機到給士兵們上通訊課程。一針見血的語句永遠是一樣的，讓人血脈賁張，「如果我們沒把分內的事情做好，士兵們就不會贏！」

他在部隊前面的表現也沒什麼不同。我首次目睹此事，是在卡賽基地的操場集合全師部隊的時候。槍手剛開始時很平靜，「我們在韓國的任務是維持一九五三年七月二十七日由南北韓、聯合國所共同簽署的停戰協定。此外，若是有人違背此項協定，我們的任務便是協助盟邦南韓。」說著說著，愛默生音調開始加速。我聽到一名中士低聲說道：「要開始了。」不久，「槍手」叫道：「如果北韓那些狗娘養的傢伙膽敢越過非軍事區，我們就踢他們的屁股！」現在，他的眼睛開始冒火，脖子上青筋暴露。「如果中共發動一百萬的部隊越過邊界，我們照樣踢他們的屁股！」部隊感染到他的精神開始叫喊：「加油！槍手，加油！」

「槍手」愛默生當初接下的是個燙手山芋。當他接掌第二步兵師之初，士氣低落，軍紀鬆弛。我發現只要領導者有革新的意志，並且能慷慨激昂地訓話，總是能讓人振奮。這個師能夠忍受一點狂熱。

我在營區的第二晚，即見識到這個師裡面的狀況。我正在宿舍裡，那是個金屬的半圓營房，裡面有浴室、床、書桌及發出怪味的柴油暖爐。當我準備上床睡覺時，突然接到通知，要我立即到憲兵隊長辦公室。當晚外面有點冷，空氣裡已有些韓國初冬的氣息，我急急忙忙走下山坡時，還一邊扣上夾克。

我進入到靠近營區大門的一棟小房子，裡面有一張憲兵中士的辦公桌以及兩間拘留囚室。我似乎走進一場粗暴打架的現場。一名憲兵正試圖銬上一個極度憤怒的傢伙，其他六名憲兵謹慎地圍在他們糾纏著的手腳前面。一名少校站在圓圈外，冷酷似冰。他說道：「記著你們所受的訓練。如果我告訴你們一次就等於說了十次，這不是一對一。大家上！」得到指示之後，其他的憲兵一湧而上將這名罪犯制服。他們七手八腳壓著的人堆底下，我瞥見一名瘦小的一等兵。我被告知，他是我營裡的兵。

憲兵把他帶到外面押上一輛囚車的後座，準備送到漢城的禁閉室時，少校告訴了我經過情形。這名一等兵涉嫌和其他共犯謀刺憲兵隊長。他和朋友故意製造糾紛以便能被逮捕而送進囚室裡。在那裡他們計畫再假裝打一次架，當憲兵隊長來排解時，那名愛打架的人便趁機拿出預藏的長針刺憲兵隊長。我最後看到那名罪犯的鏡頭，是他的手腳都被綁著，在車子絕塵而去時還用腳踢著後窗。在沒有像越南一樣的戰事來分心的情形下，韓國駐軍吸毒、種族歧視與軍紀敗壞等問題，這算是讓我頭一次見識到了。

現在全是志願役的陸軍水準較高。當時卻並非如此。當時，我們正處於從徵兵制轉型到募兵制。當我們從越南返家的時候，國家對軍隊不理不睬。許多的軍人以陸軍的術語來說，是「四號小貓」，意思是分類第四項，即不會讀、寫與算術的士兵。他們都是一路被學校退學的人，僅比分類第五項稍微好一點，亦即不適於在陸軍服役的人。今日，只有百分之四的陸軍官兵是分類第四項，當時，這個數字將近百分之五十。

愛默生將軍決定要扭轉這種鬆弛、精神散漫的狀態。由於「槍手」是個王老五，陸軍就是他的老婆兼情婦，因此他全心地投入這件事。他以一項名為「天生贏家」（Pro-Life）的運動來改造步兵第二師，這不是同名的「反墮胎」運動，愛默生的「天生贏家」如他所說的，「是給與士兵機會成為人生的贏家而非輸家」。以陸軍在韓國的狀況，我喜歡在合理的範圍之內將「贏」這個字眼用在任何事上面，雖然說講理並不經常是「槍手」的強項。

愛默生的改革熱誠並不孤單。在從徵兵制到募兵制的轉型期，陸軍試圖讓軍隊更加吸引人，並且想改變它強迫人們待在軍中的形象。大家都討厭的炊事勤務取消。陸軍變成週休兩日制週末放假。軍營重新設計，不再是醫院病房的樣子，並且提供個人房間，每三名士兵即有一間浴室。軍方的構想是讓陸軍基地營造具有短期大學校園的氣氛。然而，這些創新之舉幾乎沒有一項傳到韓國。無論如何，「槍手」還是決心要提高士氣。

我們來到這個國家，是因為廿年前結束的那場戰爭。韓戰在兩大戰事的夾擊之下，幾乎隱藏在其陰影之間而不為人注意，一是鉅力萬鈞的二次世界大戰，另一則是苦悶掙扎的越戰。然而，在這場衝突裡有五萬四千名美國人捐軀。按照比例來計算，韓戰三年當中的傷亡率要比打了接近十年的越戰美軍傷亡率還高。韓戰也是我成長時期曾接觸到的戰爭，第二次世界大戰結束時我八歲，我對它只有童年片斷的記憶。但當我十三歲到十六歲時，對於凱利街的大男孩到韓國參軍倒是印象深刻。從那裡回來的大兵談到在一個原始的地方打仗，那裡用牛車載東西，到處都是牛糞的惡臭。今日，南韓已是另一個亞洲經濟奇蹟，生產各種東西，從汽車到錄放影機到微晶片。當我到達時，這個發展中的經濟奇蹟正在萌芽，漢城辦公大廈林立，工商業旺盛發達。不過，距離繁忙的首都幾哩之外，仍然是茅草屋頂的村落、小菜園、稻田與隨處可見的牛隻。

我必須在卡賽基地待上一年，這裏距離漢城約有一小時車程，沿用的二次大戰營房向四週山谷伸展並且爬上了山坡。這裡純粹是軍事重地的氣氛，因為沒有舒適的地方能讓家眷住進來。我們距離非軍事區約二十五哩，這條非軍事區在南北韓之間構成緩衝地帶。坦白的說，步兵第二師以血肉之軀提供了這道緩衝。

我們在這裡阻擋北韓可能的進犯行動。如果危機升高，部隊會拉出去。因此這裡的建築不必太做裝飾。夏天的時候半圓型營房熱得像火爐，在韓國酷寒的冬天，則冷得像在救濟院。我們現在已將要進入冬天了。營房裡以沒啥效用的柴油暖爐取暖，它需要化油器閥才能運轉。我發現許多營房都因為缺乏這個小零件而無法取暖，這個問題正反映出基地裡的草率行事作風。當我的補給士提出申請時，保修營以「沒有存貨」為由打了回票。我親自到倉庫去大吵大鬧，直到我找到這個零件——靠近一次世界大戰所使用的防毒面具補充罐旁邊。那名找不到零件讓營房暖起來的保修營軍士說，他們還保存這種接近六十年的老東西，因為他們不敢丟掉。這就是愛默生試圖要改變的營區環境，而我全力支持。

查閱這個營的紀錄時，我發現逾假曠職的人數令人吃驚，通常一出去就是好幾個小時。「金屋藏嬌」，我的營執行官解釋說。「金屋藏嬌」？在高中時期連約會都沒有過的十八歲大兵，在此可以找到一間公寓與女人，這算是他自己的「金屋」。在卡賽基地旁邊的東豆川（Tong Du Chon），只要一百八十美元一個月。女人由專門提供駐軍服務的媽媽桑找來。相對於營區的冷酷居住環境，這種吸引力不難讓人理解。而且從健康的觀點看，這種安排有助於改善由十美元一次的妓女所帶來的性病擴散，卡賽基地的中獎率已相當高，有些單位因為重複嫖妓造成這個比率高達百分之百。

東豆川是個只有一種產業的村鎮，而美國陸軍就是這個產業。此時在美國正流行黑人爆炸頭與像《黑豹》（*Shaft*）、《超級蒼蠅》（*Super Fly*）這種黑人電影。黑人士兵在陸軍不能留爆炸頭，但是他們不執勤的時候，每個人都是一副蝴蝶裝、三吋高跟鞋、放浪的衣服與帽子。只要廿美元，東豆川的裁縫一夜之間便可趕製一套出來。至於白人，牛仔帽、縫工精細的皮靴、斜紋綿布衫是流行的穿著，而且還想盡辦法要留長髮。

我第一次到東豆川時，在一條滿是街頭藝術家的街上閒逛，他們好像要搶我的皮夾。後來在他們的洋涇濱英語解釋下，才知道原來他們要看我家人的照片。我取出一張小安瑪的快照，花了十美元，二十分鐘後一張我女兒的油畫像便完成了——我的「韓國女兒」——因為不管這些畫家臨摹誰，畫出來的總是帶有東方味道。貓王的畫對白人駐軍最有吸引力，在天鵝絨上有貓王的各種姿勢與尺寸的畫像。我很好奇，現在還有多少大腹便便的中年男人保存著這種杏眼圓瞪的貓王畫像，並用來裝飾他們家的客廳。

東豆川所有的街道上滿是黃銅製品，包括有燭台、菸灰缸、盤子、徽章、器皿以及任何黃銅可以打造出來的物體。我不久便知道這些黃銅的由來。那年秋天某一天晚上，我們進行夜間實彈射擊，在一座小山上射擊砲彈與小型武器火力。一串曳光彈發射出去，表示「停火」。此時立即在山邊上出現尖針般的光線。我問道，那是什麼？執行官告訴我，「韓國人」。陰影自壕溝與狹窄的小洞向著射擊區移動。他們都帶著手電筒，甚至蠟燭，開始檢拾仍然燙手的砲彈破片與彈殼。有人躲在射擊區裡的小洞裡，以便搶先挖到彈殼。這就是東豆川商店裡的黃銅製品的原材料。

第二次我們營裡舉行夜間射擊，翌日我必須請執行官到鄰近的一個村莊裡，通知村長說，他們有個村民因為在射擊範圍內而被意外地打死了。村長的反應不過是點點頭，像是稀鬆平常的事一般。這些人都很窮困，他們甘冒生命危險來做這個生意。

「先生們，你們知道嗎，如果你打美式足球，場上只有二十二個球員。棒球，九個人加上跑者。籃球，十個人。」愛默生將軍在一個秋天早晨把我們召集來訓話，而我對這項幹部級會議的目的為何毫無頭緒。他接著說，「但是我們這個師有一萬八千人，而我們要全部的人都賽球。讓所有人都覺得像是個贏家。天生贏家！」他的結論是「戰鬥運動」。槍手繼續解釋。我們要從戰鬥足球開始。不是傳統的十一個人比賽，而是要全單位的人都下場。第一排對第二排，或許一次八十人開打。場地是足球場，目標則是把球弄進對方的網裡。如何弄進去？將軍解釋說，甚麼方法都行。可以帶著球跑、丟、踢、傳。而且，為了讓比賽更熱烈，一次用兩個球。規則呢？沒有。你可以擒抱、阻擋、夾住、欺敵，任何方式都可以。裁判？沒有規則所以不需要。而且也沒有罰球。

等我們開始比賽戰鬥足球之後，師裡面的醫官可忙壞了。一大堆整形外科的病患，有些十分嚴重。他們威脅說要打小報告。於是我們制定了一點規則，也找了個裁判，至少在兩個球都出界時能暫停比賽。我們把戰鬥皮靴換成運動鞋。禁止拳打腳踢與夾人。官兵喜歡戰鬥足球，至少旁觀者是如此。「槍手」愛默生則是愛死了。

在每一個成功的軍事組織裡，我猜想在每一個成功的企業裡也是如此，都會展現不同的領導風格。在上位者若是不能展示這種特質，則圍繞在旁的人必須要懂得補遺。如果在上位者只有夢想，那麼他需要一名左右手來強化他的概念。組織裡有了夢想家及左右手之後，還需要一個「牧師」來軟化對別人執拗的需求。在第二步兵師裡，牧師的角色由副師長哈瑞・布魯克斯（Harry Brooks）准將來擔任。他也是我第一個遇到的黑人將領直屬長官。「槍手」表現戲劇化、性急、嚴厲而剛愎，哈瑞・布魯克斯提供了穩健、冷靜與常識。布魯克斯讓戰鬥足球從全體暴動，轉變為局部暴動。如果少了布魯克斯這個調整舵手，精力充沛的「槍手」會把這個師整的支離破碎。我仰慕及欣賞他們，並且從他們兩人身上學到不少。

「早安，卡賽基地。」每天早上五點半這個堅定、愉悅的廣播聲音便把我吵醒。這是另一項「槍手」愛默生矯正吵鬧、吸毒、酗酒、妨害風化，以及想宰了憲兵隊長等事情的「天生贏家」解毒劑——透支體力。我們每天早上跑步四哩，要在三十二分鐘以內跑完。廣播繼續說著：「上週跑步的贏家是……今天的氣溫是……」老天，讓它降到零下十度吧。如果能那麼冷，我們就不必跑步了。只要比它高上一度，我們就必須要縮頭縮腦地從溫暖的營房裡出來，開始在能凍僵肺部的冷空氣裡跑步——爬上一道斜坡，接著再爬上一道更陡的斜坡，來到山頂上的荷菲基地，這是中途點，然後折返卡賽基地。這些都要在早餐前完成。最後兩分鐘時進行衝刺，五百人大聲的嚎叫著。令我奇怪的是，那些在跑步之前經常抱怨的人，等到跑過終點線以後都會圍在我前面，想要知道，「多少時間？中校。我們表現如何？我們贏了第七十二裝騎營嗎？」「槍手」確實改變了某些事情。

我的營是裝甲旅當中唯一的步兵營。兩個格漢森時期的老友擔任另外兩個裝騎營的指揮官。我們傾全力跑步，他們則是跟在我們後面慢步。我的士兵則重複那種情緒轉變——為了在酷寒的天氣起床而惱怒，跑到半路便精疲力竭，抵達終點線時則高興不已。我決心要讓第三十二步兵營獲勝。我絕不讓一票整天在活動盒子裡打混的裝甲兵在跑步賽中擊敗步兵。

我們裡面有所謂的韓國增援部隊（KATUSA），他們能夠一直的跑。我們的單位永遠有缺額。我的營裡面編制七百人，但從未超過五百人，於是用韓國兵來補滿缺額。他們搶著加入我們，以便脫離原來的單位，於是我們有了一時之選。韓國增援部隊是我帶過最精銳的部隊。他們從不喝酒失職，沒有任何缺點，他們似乎永不疲倦、守紀律、學習速度快。而且他們每個月薪水三美元，這點錢還不夠我們的官兵在東豆川喝一晚的啤酒。

韓國兵很少行為出軌，若有的話我只要去找他的韓國士官就可以了。「士官長，你今天好嗎？」「啊，中校，士官長今天很好，謝謝你。」「士官長，一等兵金好像不服從命令。」這名不服從命令的士兵便會在一小時之內被帶回韓國部隊去。如果這名士兵還有救，那麼他和士官長會消失在軍營後面，在那裡他會被「教會」自己所犯的過錯為何。在同樣的軍紀問題上，我們若是這樣做，美國士兵可能會寫信給他的律師或是國會議員。不同的文化正相互作用，展現出在自由與秩序、個人權利與團體利益的矛盾之間，做出不同的權衡做法。持平而論，雖然對於領導者十分不便，不過我還是喜歡使用我們的方法來解決問題。

某一冬日，「槍手」召集旅級軍官說要進行一項名為「晝夜顛倒訓練」的課程，我們要把黑夜變成白天。「槍手」指出：「畢竟，北韓人不會按照上班時間來打我們。」因此我把部隊拉到靠近臨津江（Linjin River）邊的山上。在那裡我們把時鐘調整過來，晚上八點吃早餐，接著是野地裡定位訓練，直到凌晨一點午餐休息，集合以後重新裝配武器，「下午」即凌晨二點到七點為迫擊砲與地雷的訓練，晚餐是早上八點吃。早上九點到下午三點是睡眠時間。我們一口氣進行了十天，試圖調整自已的生理時鐘。然而對於某些體質的人來說，根本沒有用。在這些不合理的時間用餐，讓一些士兵生病，我們必須要改回去按照別人正常的時間吃飯。即便如此，「槍手」還是對的。打仗可是不按照正常作息時間的。

在十二月的一個清爽晴朗冬日，砲擊聲與爆裂聲震天戛響，是我兩次在越南都未曾見識過的。我把「海盜營」弟兄部署在沿著羅林格茲靶場的山谷這一邊，準備接受另一面山谷的砲擊震撼。士官大叫著：「趕快移動，海盜們！」到達定位的弟兄們開始推擠著走向山谷底下。北韓並沒有突然破壞二十年來的停戰協議。我們只是在進行一項「『槍手』震撼教育」，這種訓練使用實彈，而且用很多，以便盡可能體會實際的戰鬥情況，但是不必流血傷亡。對準目標分散射出的八一迫擊砲與一〇七迫砲還有一〇六無後座力平射砲彈多達數百發。海盜營弟兄經過這種實地冒險之後，回到卡賽基地時都表現的得意揚揚。

我的一名連長問我說，我們怎麼會有這麼多的砲彈？有一陣子山谷裡砲聲轟轟的回聲像是諾曼地登陸一樣。我沒說什麼。解釋這件事將是不智之舉。「槍手」不要部屬誤以為當我們還到實際作戰狀況時，只會有稀少的訓練用彈藥配給量，因此不希望震撼教育時砲擊數目太少。我們所使用的彈藥是韓戰時剩下來的，這件事不能被北韓或是在華府的上級知道。然而，與今日的火砲射程比較起來，當年的實彈演習看起來就像是幼稚園遊戲一樣。

「鮑爾中校，你必須趕快到C連，緊急事件。」在這個週末下午來電的正是該連的連長，一名前途似錦的年輕軍官，不過他還沒有學到在領導部屬時，運用高壓統治與道德勸服之間的平衡點。我從小屋趕去，在靠近C連娛樂室的交叉路口附近圍著一小群人。這些人分開來讓我進去。圈子中央站著一名士兵，不知道是喝醉了還是嗑藥，手裡揮舞著一根撞球桿。他的眼睛像是要冒出火來，臉孔扭曲著。「有人得死！」他大叫大喊著。「有人得死！你們把我的朋友關進牢裡。沒有人能把我關進牢裡，有人得先死！」

中尉告訴我說，他已通知憲兵了，他們已趕來。我點點頭開始走向這名暴徒，跟他保持著一根撞球桿的距離。我說：「你想怎麼樣，孩子，打我？」「得有人死掉，」他重複說著。我柔聲說：「孩子，放下撞球桿。」

「不，長官。」「你知道我是誰嗎？」

「知道，鮑爾中校。」

「我要你放下那根撞球桿，免得你打傷人。我要你在別人打傷你之前先放下桿子。」我再靠近一點。「你看，如果你不照我說的做，這些人會狠狠揍你一頓的。然後，在他們揍你以後，你還要被關在禁閉室裡一年。這樣有什麼意思？所以，把那根撞球桿放下。我們有話好說。」

他的手垂下，撞球桿掉了下來。他開始哭泣。「沒有人瞭解，沒有人關心。」突然間，這個殺人瘋子變成了一個困惑、受了傷的小孩。他被處分禁足兩週。不久，我解除對他的禁令，他向著我虎虎生風地敬了個禮。「中校，你好嗎，長官。」他對著同伴露齒而笑說道：「這位是鮑老哥，鮑爾兄弟，他是個好人。」鮑老哥變成了我的綽號，至少在黑人官兵裡面這樣叫我，直到這一年任期結束。

不分「黑白」

在卡賽基地部分的種族摩擦，起源於對音樂喜好的不同。白人要聽搖滾、鄉村與西部歌曲。而黑人喜歡靈魂歌曲，阿麗莎·富蘭克林與狄昂·華維克的歌曲。這種事情相當容易引起衝突，因此我們把東豆川所有的酒吧老闆找到師部來商量，看看是否能找到解決的好辦法。他們最後同意每播放三首「黑人」的歌之後，即放一首「白人」的歌。對於這樣協商的結果，白人不高興了，他們只有百分之三十的時間，而黑人有百分之七十。

士兵們有自己的解決方式。白人官兵集中在城裡這一邊的酒吧裡，而黑人在另一邊。邊界線成為有名的「裂縫」。如果有白人越過「裂縫」，就好像在民權法案還沒有制定以前，黑人到伯明翰白人酒吧裡面一樣的危險。對於「槍手」來說，這種事情毫無道理可言。一個群體「佔據」城裡一部分區域的說法，讓他無法接受。一名美國士兵若是落在其他美國士兵手裡，即有生命危險，這種想法更是讓「槍手」無法忍受。他召集軍官說道：「種族歧視很糟糕，搞種族對立就不是『天生贏家』了。我絕不容許種族歧視在我師裡出現。」我們幾乎以為他會說出，「種族歧視必須在明天上午七點鐘結束。」這樣的話來。

「槍手」有個計畫。他跟我們說他已經調來一批憲兵到東豆川。「諸位要到該死的裂縫附近街道走一走。你們要進到舞廳、酒吧，以及任何公共場所。如果有任何受到威脅或是遭受攻擊，我會派預備隊跟著憲兵去掃蕩那個地方。」這時，他給了我們一個難得見到的微笑並且說道，「你們去吧，祝你們玩得愉快。」

在一個低級場所，我們遇到了蓋那史塔西斯神父，他是個天主教隨營牧師。他正在跟個酒女跳舞。有些軍官嚇了一跳。我沒有。我瞭解蓋神父，他到那裡去都能夠找到他的信徒。出了問題的小夥子到營部申訴會覺得不自在，或許在俱樂部找到神父，幾杯啤酒下肚覺得放心了，小夥子也許會把心事告訴神父。我們還有其他的牧師，他們多半在自已的營房裡研究哥林多前書。他們都很讓人欽佩，但是對有些愛搗蛋的士兵沒有什麼幫助。雖然蓋神父的方式有點反傳統，我們也從未聽過有關他違反教規的耳語。

我不敢說我們到裂縫附近巡街是否消除了人種差別待遇。我們在家鄉並沒有做到這點，更別說是隔了半個世界的小鎮低級酒吧裡。可是，愛默生將軍施鐵腕確實打破了種族的界線。因此，沒有任何團體能夠佔據小城的任何部分。沒有任何私訂的法規能夠取代美國陸軍的權威，我們徹底粉碎了所謂「裂縫」的神祕。

對「槍手」來說，追求種族和諧並不只是五分鐘熱度。就像做其他事一樣，他全速推動。有一天，我聽說有個愛默生欣賞的特別能幹軍官，最近才被他拔擢為第二師高級參謀，他說黑人官兵是「黑鬼」。我查訪的結果屬實。我想這件事的嚴重性應該知會我的上級——旅長，而他把這件事呈報到師部。「槍手」當天下午就把這名軍官的職務給解除了，我知道失去一名優秀的軍官會讓他相當難過的。

白人軍官與士官對愛搗蛋或偷懶者會很兇悍，但是許多人對不聽話的黑人士兵卻不太願管教，因為怕被人貼上種族歧視的標籤。我沒有這種疑慮。在一名我們姑且稱之為畢格下士的案例裡可以看出來。我的士官長艾伯特．帕弟格羅是個老式軍校出來的軍人，有一天愁眉苦臉的跑來找我說：「請中校准我說幾句話，我必須告訴中校，我們有個北邊砲兵營調來的新人，畢格下士。」

「怎樣？」

「畢格下士看來是個麻煩。」帕弟格羅說道，「他來的那個營的營長在他走了以後，感到鬆了一口氣，因為營長已經管不住弟兄，而畢格就是主謀。現在他把他自已調到卡賽基地來了。」

「把他自已調來？」我問道。帕弟格羅解釋說，富於謀略的畢格下士設法搞到調職令以便能到任何他想去的單位。

「我倒要會會這名士兵。」我告訴帕弟格羅。

不久，畢格就站在我面前了。他是個驕傲自大的小個子傢伙。他告訴我說：「我非常高興能來這裡。」

「為什麼？」我問道。

他帶著很有自信的口吻跟我說，我們這裡有很嚴重的種族問題，而他自認為有辦法來解決。

「真的嗎？」我說道。「那真好。不過先讓我告訴你海盜營裡面的規矩。」當我解釋如何治理這個營的時候，畢格聽得十分不耐煩。

下一件我所知道的事，是畢格在軍營裡面與黑人官兵開會，證明他是個優異的組織長才。他恐嚇黑人士兵，如果不能勇敢地面對白人軍官，將會有恐怖的下場。他運用毒品來操縱別人。經過三週的煽動行為，我叫帕弟格羅拿他的檔案來。在研究過檔案之後，我叫這名下士到我辦公室報到。我問道：「你好嗎，畢格。」

他看起來很嚴肅。「長官，這個營裡面的問題比我想像的還要多。我來的正是時候。我們應該每天碰面商量一下。」

「不需要。」我說。

「為何？」

「是這樣的，下士，你今天得去搭機。這架飛機將飛往加州的台維斯空軍基地，當你下機以後會有一些人拿著你的免職令等著你。他們會把你送出大門外。」

「你不能這樣對我。」畢格抗議。

「我已經這樣做了。你被趕出我這個營，被趕出這個旅，被趕出這個師，趕出陸軍。而且你失業了。」

我非常理直氣壯，因為我在畢格的紀錄裡找到足夠的行為失檢來進行「行政免職」。這是讓不適用士兵滾蛋的一個方法。我把帕弟格羅士官長和兩名最壯碩強悍的士官叫進來，把他帶走。不久這件事便在營裡面流傳。「你聽說鮑老哥幹了什麼嗎？他把畢格幹掉了。真的，畢格走了。老兄，他走了。你最好別惹到鮑老哥。」

我們有不少愛搗蛋的白人士兵。但是按照比例看來，黑人士兵的軍紀問題比較嚴重。機會較少、教育程度低、沒錢、沒工作，在美國造就了不少反社會行為，而這種態度開始風行。我同時發現黑人士兵在運用制度的漏洞方面，沒有白人搗蛋鬼來得厲害。

黑人士兵就是反抗，好像打破規則是黑人榮耀的象徵。他們的態度似乎是「看招！」而白人搗蛋鬼的態度則是「誰？小的我嗎？長官。」

在黑人當中也有一些我僅見的優秀士官兵，他們在陸軍裡面找到自由，並能實現自我。我不希望他們的榮耀被虛無主義遵行者——少數人中的少數——所玷污了。問題士兵所需要的，誠如那名拿著撞球桿的小夥子，是有人關心他們，而不需要畢格這種讓人跟著他毀滅的人。我要給他們正面的關懷。而在他所有的權限之下，「槍手」也是如此。

得到「天生贏家」信仰精髓的軍官正是我的直屬長官，第一旅旅長彼得．葛拉色（Peter G. Grasser）上校。葛拉色是名出色的部隊訓練者，作風嚴厲但是仍然能贏得部屬的尊敬與親近。隆冬來臨，溫度下降到官兵不必到戶外做體能活動，絕大多數的時間都可以待在營房裡面避寒，或是到藏嬌的金屋裡打發時間。彼得．葛拉色認為，旅裡面所需要的，是在耶誕節之前完成一座溜冰場。「槍手」很支持這個想法。我們把官兵帶出來，在卡賽基地找到一塊最平坦的地，然後用沙袋環繞出一個深約六吋的圓形場地，再拿燃料氣袋的橡皮把它固定起來。另外再放置長凳和五十五加侖的空桶當成烤火爐，官兵們可在這兒烤綿花糖與栗子。葛拉色不知道從那裡訂購來溜冰鞋，還天天來盯著我們的工作進度。我可以想像在他的腦海裡面所編織出來的美好畫面——官兵們在溜冰場裡滑冰，強尼・馬塞斯唱著：「栗子在火爐裡烤著……」，平・克勞斯貝低吟《白色耶誕》，酗酒、金屋藏嬌還有東豆川的酒吧女都被拋到九霄雲外。

一天傍晚，溜冰場終於完成了，裡面注滿了水。我們到軍官俱樂部去喝酒，等水結冰，在十二月的韓國花不了多少時間。在俱樂部的一角，我注意到有一票年輕的尉官在偷笑。當中級軍官的眼神裡帶著頑皮的光芒時，總是會觸動我的視線。不久，他們站起身離去。我在酒吧的另一角打電話給執行官，我說：「去看看這些傢伙要幹什麼。」一半小時過後，執行官回來了，一方面是天氣的關係，一方面或許是覺得自己很傻，他的臉上紅通通的。原來這些傢伙從汽車集用場拿了一桶的抗凍劑，執行官在他們要把抗凍劑倒進葛拉色上校的溜冰場之前當場逮到他們，若是他們成功，這池水在零下五十度都不會結凍。

反正也沒有什麼差別。雖然溜冰場結凍了，但是因為在表面上凝結了一點泥土，所以還是不能用。一九八八年漢城舉行奧運時，我想，沒有在這裡舉辦冬季奧運真是幸運。

「槍手」最喜歡一部教化種族容忍的電影，一九七一年拍攝的《布萊恩之歌》（*Brian's Song*），故事是說一名黑人前足球隊員和他在芝加哥熊隊的白人隊友之間的友誼。基地電影院裡放映完以後，跟著大家還要進行討論。當初兩人的差異有多大？什麼讓他們分開？什麼讓他們再回到真摯的友誼？他們的故事給卡賽基地的官兵帶來什麼樣的啟示？這部電影是很有效的工具。「槍手」非常喜歡這部電影，便一再的放映。我就曾經看過六遍之多。

我們得到消息說五角大廈機會均等方案的主導人米同・法蘭西斯（H. Minton Francis）要到卡賽基地來。「槍手」感覺非常陶醉。他要法蘭西斯親眼目睹部隊官兵觀賞《布萊恩之歌》，並且進行討論。我的營負責這個任務。但有一個問題，我營裡多數的官兵都要出操，而且絕大多數的人看這部電影的次數都和我一樣的多。我想出一個辦法來解決這個兩難的局面。我們可以在只能容納四十人的營娛樂室裡放映，在這裡「槍手」與法蘭西斯觀摩官兵們的討論，也能坐得比較靠近。

我要幕僚設法把留在營裡面的人湊足一屋子。經過計算時間，等到「槍手」與法蘭西斯來的時候，剛好可以看到電影的最後十分鐘與討論的部分。我們剛剛開始放電影我就接到一通緊急的電話，是師部參謀長保羅・布雷姆上校打來的。「槍手」要全營都看這部電影，我試圖解釋為何沒辦法這麼做。布雷姆說，或許我不瞭解，「槍手」要這部電影與討論都在一個座無虛席的電影院裡進行，而且他在二十分鐘後就會到達。

我停止電影的放映，要放映師把影片裝到營區電影院裡去，同時在我趕往那裡的途中，繞到消防室順手拿了一把斧頭，免得門是鎖上的。在營裡面所有的人都被迫去看電影——睡著的、醒著的、喝醉的、清醒的，不管三七二十一統統拉去。我還叫兩名士官守在主要道路上，只要看到人就拉到電影院去，不管他是那個單位的。他們看到兩個憲兵押著一名上了手銬的犯人，三個人都被請到了電影院。我們設法把電影院塞滿了不知所措的官兵，這時「槍手」與法蘭西斯抵達了。

我及時在電影院裡布下了幾個「細胞」。當影片結束之後，有一名套好招的年輕中尉會發言：「我認為這部電影證明了不同背景的人只要能相互尊敬就能和諧相處，並不是種族……」「槍手」微笑著。他與法蘭西斯在這段發言之後停留了五分鐘，然後離去。我走上舞台，感謝所有參加的人並且告訴他們現在可以解散去做自己的事了。

這整件事活脫脫就是「打開漿硬」的翻版，是我所憎惡的空洞行為。我覺得自己像個騙子。在電影院外面，我看到那些人離去時搖著頭，我低頭走開。戰鬥支援連的上士剛好和我併肩走在一起，他說：「真是沒啥意義的事，長官。不是嗎？」

「這真是件愚蠢的事，」我脫口而出。「我討厭看到官兵們做愚蠢的事。我討厭為這種愚蠢的事負責。」他沉默了一會兒，然後說，「鮑爾中校，別擔心。我們都不明白這倒底是怎麼一回事。但是士兵們都知道你不會揑造這種愚蠢的事來讓自已去做。他們信任你。不會拿這種事來對付你的。我們肯配合，是因為你需要幫助。放輕鬆點，長官。」我在陸軍這麼多年，經過了無數次的褒揚、授獎與升級，但是這名上士在我低潮時說的這番話，卻讓我覺得與這些榮耀同樣的受用。

這是個冷冽的四月夜晚，約半夜一點鐘。我的營裡弟兄已經行軍四個小時了。四週一片寂靜，只有槍托有規律地撞擊著臀部、皮靴行走在泥土路上濺起水坑裡水花的聲音。我們進行為期一週的顛倒作息訓練，白天睡覺、晚上操課。最後，我們抵達目的地。演習結束，疲憊、生理機能顛倒的士兵們倒在地上，等著坐卡車回卡賽基地。我特別急著要回去。因為次日我開始休假回家。我坐在那兒，一名幕僚走過來報告說，師部沒有足夠的油料運送我們回營。剩下的三十公里路程我們得走回去。弟兄們拖著疲倦的腳步開始出發，甚至累得沒辦法抱怨。

我們走過一個韓國村落，唯一的聲音是狗吠聲。我的參三「船長」哈瑞・莫爾上尉以一種與疲勞狀態不相稱的興奮音調對我說，「我們還有十二哩多一點要走。如果把全營的腳步加快，就能在三小時之內走完。這項紀錄讓我們夠資格申請專業步兵徽章。」一在過去三週裡，我已經讓全營在一連串的測驗裡面吃足了苦頭。我想讓有資格申請專業步兵徽章的士兵儘量多一點。獲得這項榮譽的步兵通常不及五分之一。我們已經達到體能訓練的要求，在閱讀地圖及方位辨識的測驗也都已過關，只剩下在三小時內完成十二哩行軍這一項。我回頭望著蜿蜒的隊伍說：「船長，你一定是在開玩笑。」

莫爾堅持他的看法。「長官，這裡是平地一直延續到最後兩哩。我瞭解這些人，他們能辦到。」

我在陸軍曾學到一點，踏步不要太狂熱。隊伍前前後後傳話說要加快步伐。弟兄們形成一種律動，像一列火車開始啟動。在下兩個小時裡，皮外衣打開了，汗從臉上滴下，數百人噴吸氣的聲音像是一陣怪風，最後我們在進入卡賽基地前面對一道陡峭的山坡。我沒看見這些弟兄是怎樣爬上去的，我自已在這段路上必須每兩百碼就停下來大口的吸氣。

接著，我聽到從前頭傳來幾個人的聲音唱著軍歌，然後有更多的人唱和，直到最後，山谷裡迴盪著全營的歌聲。當我們經過大門進入營區時，士官指揮部隊變成併排齊步走。我們走在操場跑道上以閱兵分列式經過師部前面時，高昂的聲音吵醒了愛默生將軍。「槍手」穿著浴袍從宿舍裡出來，檢閱通過的部隊時面帶微笑。對我而言，此刻，在韓國的半夜裡，七百名曾經頹廢的士官兵現在緊密地團結在一起，真是神奇，是我這一生當中最珍貴的回憶。

我們這一營裡獲得專業步兵徽章的人數，較友軍步兵旅的三個營加起來所得到的還要多。次日，我休假回家，覺得像是離開了一個家，回到另一個家。

如果說前一年九月離家赴韓國時覺得依依不捨，那麼這一次十天的休假，再度離家的心情可以說是更加難過了。一九六二年我離開艾瑪去越南，時年二十三歲，帶著些許出去冒險的心情。我現在已經三十七歲了，從事業的角度看，我在韓國的任期內表現相當令人滿意。但是回家一趟就看得出付出了何種代價。離開戴爾市的家中，我的心情相當複雜。錯失了陪伴孩子成長時期的美妙時刻，外加因為沒有分擔家長的責任而感到內疚，甚至於看到家裡少了我依然很好，而有點刺痛悔恨。如果不是因為有「槍手」這種人，如果不是有另外一個革命大家庭等著我，回到韓國就只是責任而已，任何歡愉都不能彌補。

我回到韓國正好趕上「槍手」新的狂熱，韓國式的空手道——跆拳道。他請來韓國教練教導我們要領。師裡面每一個人早上都要打跆拳道，每個人都要加入跆拳道隊，每個人都要贏到一條帶子，而且每個人都得穿上韓國傳統的武術服裝。「槍手」說道，像不像三分樣。參四後勤官試圖解釋說，美國政府並無預算買韓國武術服裝。「槍手」卻不要聽任何吹毛求疵的理由。不久，每一個看得到的韓國裁縫都在日夜趕工製造數千件跆拳道服裝。我晉級到綠帶，不過有一天，我的駕駛兵一記後旋踢擊中我的太陽穴，我的頭像是要爆開了，我像根樹幹一樣倒了下來。醒來時聽到駕駛兵喃喃說道：「哦上帝！我殺了營長，我必得要關禁閉了！」從此以後我再也沒有晉級。

一天早上在指揮官會議上，愛默生將軍宣布：「師裡面每個人都要有高中學歷。」或許有一半的官兵都曾被退學過，許多人在從軍之前從未上學或完成學業。我們要開課，因此必須找老師，同時要讓這些官兵參加隨營補習教育課程的測試。他們最好是能通過。

我們到處找老師，僱請了一些自費隨夫來韓的美軍眷屬，以及美國老百姓。另外指定部分合格的軍士官來教課。在營區裡的娛樂室、公共休閒室及福利社開設教室。下午三點，當士兵們出操回來即開始上課，直到晚餐之前。課程包括英文、數學、科學與歷史。當將軍詢問有多少士兵夠資格參加隨營補習課程測試時，我們報告說有百分之八十五。他說道：「該死，另外那百分之十五到哪去了！」正如「槍手」所預見，陸軍已進入到與這些年輕人訂定契約的時代，我們告訴他們說陸軍要為他們做點什麼，同時要給他們一些退伍後有用的東西。如果他們離營時沒有學到東西，他們將墜入到社會的最低層。

當「槍手」正努力促進健全的身心之際，在年度一般視察方面，他的步兵師幾乎被「當掉」。確實，我們在裝備保養方面很失敗。檢視過他的保養計畫以後，視察官認為步兵第二師並不算是真的有這個計畫。愛默生並不在乎。他對重建個人遠比保養機器來得有興趣。

為了提振士氣，「槍手」的措施卻偶爾會破壞我的一夜好夢。我不認為他懂得搖滾樂，但是他很清楚官兵們懷念家鄉的搖滾演唱會。因此我們也搞起搖滾樂演唱，整夜的唱，每兩月舉辦一次。舉行演唱會時，我的宿舍振動的像一面鼓一樣。一名年輕軍官故意調侃「槍手」，在美國烏士托（Woodstock）是有名的搖滾演唱聖地，我們通宵達旦的音樂會就叫做「槍士托」（Gunstock）。

春季的某一天，我走到旅部前面，一名士兵頭上戴著海盜頂飾從旅部走出來。他穿著綠色軍禮服，在這基地裡面任何時刻，除了迷彩工作服以外，任何人若是穿著其他服裝會被軍法審判的。他向我敬禮，出於好奇心我問：「孩子，怎麼回事？」他說他剛剛經過了「每月士兵楷模」的口試。我問，結果如何？他回說他沒被選上，看起來很失望。我安慰他說：「我瞭解，競爭很激烈的。下次再來吧。」

他說道：「長官，如果我有更多的時間準備，我可以做的更好。」這句話引起了我的注意。我問他，何時得到參加選拔的通知？他回答說，今天早上。我很憤怒，並不完全是因為我的營失去了這項榮耀，而是生氣顢頇的幕僚作業讓有潛力的年輕人從贏家變成了輸家。除了不被認可以外，他還遭到了排拒。我輕拍他的背說道，無論如何我還是以他為榮。

在旅部辦完事以後，我回到辦公室把士官長帕弟格羅找來。我要知道在海盜營裡是怎樣選出每月士兵楷模候選人來的。答案是漫無準則隨便找。我說道：「如果我們要上戰場，就要先準備好。我們不能在美國士兵還沒準備好之前就送他們上陣。我不認為這件事有什麼不同。這次是最後一次我們隨便抓個小夥子去參加競賽。」我命令帕弟格羅召集所有的上士，想出一套制度來選拔全營每月最優秀的士兵——然後有充足的時間，訓練他參加競賽。接下來的五個月，我們連續贏得五次每月士兵楷模。

要成就大事必須先從小處養成好習慣。傑出並非特例，而是要經常維持的態度。我的信條——愛拚才會贏——就是在像每月士兵楷模這種小事情當中培養成形的。我終身服膺這個信條。如果美國考慮介入越南、科威特、索馬利亞、波士尼亞、巴拿馬、海地或是其他任何地方，只要有正當的理由就要贏得勝利，否則就別去。

在愛默生將軍麾下的校級，乃至更高級的軍官，都拿不到勳章。他的立場特別的率直：「我不相信頒給軍官的勳章有什麼用處。一名戰地指揮官的工作就是執行任務，如果做的好，可以得到傑出的績效報告成績。而這就是你所需要的。所以不要浪費時間在互相寫褒揚報告，不要浪費文書士的時間。」

低階軍官與士官還是可以獲得授勳。但大兵得的更多。愛默生的觀點是，這些小夥子在高中時沒擔任過足球隊的四分衛，沒和啦啦隊長約會過，從未當選過班代表，在他們的人生當中從未被別人肯定過。而愛默生終究都會讓他們在某些事情上面成為贏家。新報到的軍官學習到愛默生的態度以後，把在其他地方染上的壞毛病都拋開了，特別是他的無勳章政策，這迥異於這些軍官所知道的地方，尤其是越南。這樣的結果是非常了不起的。不久以後，勳章變得無關緊要。吹噓的褒揚報告及虛偽造假都消失了，我們專心一志的做事，雖然還是有些人抱怨。呈報晉級的時候，還是那些靠裝飾成績的其他單位有份，而不是在「槍手」愛默生底下做事的人。可是我看過越南那種不實妄為，同時相信改革必須從某些地方開始，因此，我支持「槍手」的勇氣與智慧。

揮別槍手

一九七四年秋天我的任期結束，如果愛默生將軍是個小人，我的前途很可能因為這段時間所發生的事就此斷送。那個九月的夜晚非常有老百姓生活的氣氛，在海盜營的四角型軍官俱樂部裡，他們為我舉辦離別派對。我們的友軍第二輕航空營營長羅伯特．紐頓（Robert Newton）中校也要離職，同時也在慶祝。結果雙方結合在一起，到飛官的「哩高」俱樂部。俱樂部採會員制，資格是在飛行中的飛機發生過性行為，或是提出足以採信的說詞，因為這是很不容易證明的。

酒過三巡，我們這一票人又轉往師部軍官俱樂部。我們到的時候，那裡剛好展開一項新的社交活動。師部參謀邀請一些居住在漢城的單身美國女性，大多是老師或軍中雇員，到卡賽基地來玩。為的是證明文雅的軍官不只是在第八軍司令部才有，她們或許也能在卡賽基地找到如意郎君。

我們的下一攤換到了軍官俱樂部，接下來的事或許以俱樂部經理雷諾・華格納少校的報告來說明比較理想：「進到酒吧裡面，兩名軍官坐在點唱機上面。我叫他們下來……他們拒絕了……師部人事官指出第二輕航空營與第三步兵營之間可能有糾紛……就在這個時候，四到五名軍官抓著鮑爾中校想把他摔過吧檯。結果造成了一場混亂……十五到二十名軍官打成一團……一名不知姓名的軍官被丟進吧檯，造成酒瓶損毀……後來變成步兵對抗航空兵的言詞對罵。所使用的語言不堪入耳，也不管酒吧另一角有女性在座……一名軍官拾起庭院裡的桌子擲進櫃檯，接著他們故意破壞所有找得到的玻璃瓶……酒吧旋轉門也被毀了。這場爛仗搞得到處亂七八糟。紐頓中校根本沒法維持秩序。鮑爾中校似乎控制住了他的部下……我判斷這件事是由第二輕航空營的人所引起來的……我的建議是「哩高」俱樂部應該改名為青少年俱樂部……」

第二天早上，我的頭還在劇痛，執行官拿來一封剛打好的信，是營區副指揮官強禮・華洛普中校寫來的。信中說我們和第二輕航空營必須賠償酒吧損失四一一・四美元，下午四點以前必須付清。我打電話給紐頓告訴他這件事。他在電話裡的聲音含糊不清。我說：「為了公平地分攤賠償，我們應該付一百美元，剩下的你們付。」紐頓在懵懂的狀態下也沒爭辯。

通常我早上都是到餐廳與營裡官兵共進早餐。這天早上我想到師部餐廳去看看愛默生將軍的臉色如何，或許是明智之舉。「槍手」必然注意到有幾名軍官臉上有瘀青或是黑眼圈、腫脹的嘴唇。他什麼也沒說。但是我注意到在他滿是皺紋的臉上，帶著淺淺的笑容。我們付了錢，這件幼稚的打架事件便告結束。

今日的陸軍已經大不相同了。這種行為與「尾鉤事件」差不了多少，只是沒有直接牽涉到女性，但是違紀行為會毀了前途，包括我自己的。一旦此事洩露給好事的新聞記者知道，打架事件可能登上報紙或電視，也會毀了愛默生的前途。惟當時韓國幾乎是被遺忘的戰線，沒人會注意我們。陸軍裡面沒有幾名女性，像卡賽基地這種駐外基地更少。我們的行為，坦白說只是偶爾的動物性發洩。使得受體制壓抑下的寂寞煩躁，能夠因此而獲得實際的解決。一時的糊塗不應毀了幾年來投身軍旅的貢獻。

到了最後，「槍手」還有驚人之舉。在我任期最後幾天，把我叫進辦公室告訴我說，他要我們這一營嘗試一種新的運動：戰鬥籃球。它聽起來不像戰鬥足球那樣要命，直到他開始解釋遊戲規則。每一方下場二十個人，目標與傳統的比賽一樣，是把球投進籃框。但是除了只是傳球與運球之外，還可以踢、丟、滾或者是抱著向前衝像個足球後衛似的。可以阻擋與撲倒。為了讓打球的人有更多的機會表現，還是一次用兩個球。

聽起來很瘋狂，但是卻合乎愛默生將軍的運動哲學。傳統的籃球比賽由於有嚴格的規則，因此對球技好的人有利。但是在這種沒有持球限制的比賽裡，球技變成無用武之地。體重九十六磅的小個子，可以跟別人一樣輕鬆的把長人攔下來。在戰鬥籃球裡每一個人都是四分衛。在戰鬥籃球裡，每個人都是前鋒、後衛、中鋒。他的目的是要大家都能參與。我們在一間大營房裡打戰鬥籃球，在硬木地板上架起弓形的鋼柱做成籃球架。我不敢賭運氣，因此在外面安排了救護車和醫護人員。當球員開始撞上鋼架時，證明我的措施是明智之舉（我可以想像出可能的結果：「陸軍部很遺憾的通知你，貴子弟，在灌籃的時候，不幸……」）。後來一件嚴重的受傷事件中止了這項運動。

「槍手」要我延長任期讓我為難，因為頗令人動心。但是此刻來自家庭的拉力實在是太強了。我覺得很有成就感。因為前兩次擔任連級指揮官都只有幾個月而已，讓我不確定有何成就。在這十一年之間，我曾經達成過其他有意義的任務，但是這些並不能讓我滿足待在軍中的使命感。我生存的目的就是做一名有用的步兵指揮官。我或許能告訴自己我是，但是經過了韓國之行，在我骨子裡，我感覺我確實做到了。所有的自我懷疑都消失了。

我知道我不必期待，在我交接營長職務給繼任者時會有任何熱鬧場面。我離開韓國時的儀式比來的時候還要簡單。我們到羅林格茲靶場演習，當一天的操練結束後，我與繼任者握握手祝福他，然後坐上直升機飛回卡賽基地轉回家。沒有獎章、沒有演講。

包括說我是將才。

「槍手」言行合一。他省掉了放爆竹送行，但是給我的績效報告打了一個優異的成績，

我要說，「槍手」偶爾的過度措施其實是高瞻遠矚。畢竟，成果才是最重要的。我在愛默生麾下任職期間，這個師的曠職率下降了百分之五十。延役的比率上升近百分之二百。雖然血氣方剛的年輕人偶爾還是會打架，但種族問題所引發的肢體衝突實際上已不復見。「槍手」後來晉升三星中將，在退休之前調升為第十八空降軍軍長。他在孤立的韓國所實施的許多創新措施，或許不能通過新陸軍、軍法局、新聞界，甚至於美國的軍醫署的檢視。但是，我認為這個人能激勵士氣。他有種本能知道如何讓士兵贏取榮耀，尤其是那些終其一生從未享有過的平凡人。

「槍手」在各方面都保持真性情。當他坐上第十八空降軍軍長的大位之後，他認為這樣的地位需要一個老婆。他想起一名曾有一面之緣的家世良好女士。他找到她，追求她並求婚，過程快速。我和艾瑪參加了在麥納堡舉行的婚禮。蓋那史塔西斯神父被找來主持婚禮儀式。他在致詞時說到他和「槍手」在韓國服務時的種種事蹟。正當神父走下講道壇時，出乎賓客們的意料之外，將軍忽然衝上台去。他大叫道：「你們聽到了嗎？」教堂裡的每一個人都目瞪口呆，新郎繼續說道：「你們聽到這個上帝子民所說關於韓國的事嗎？是的，他跟我在一起，是我們『天生贏家』計畫的重要一環。」「槍

手」的眼睛像要冒出火來，血脈賁張地，他開始跟我們上了一課關於「天生贏家」的事，彷彿他在向第二步兵師的官兵訓話般，只是髒話省略了。高雅端莊的新娘並不知道她不只是嫁給這個人，還嫁給了一整個陸軍軍團。

若不是有德國的「紅人」巴瑞特、湯姆．米勒、迪文堡的比爾．亞伯納西與「西打」喬．史提威爾，越南的查理斯．蓋提，以及韓國的「槍手」愛默生，我早就離開陸軍了。這些人給我們的生活帶來品味、刺激、條理、信心與氣氛，還有難以忘懷的回憶。回顧過去的二十年，我發現到韓國服務正是這個年代的最後階段。陸軍正進入到新的紀元，從徵兵制到募兵制到全部志願役的空前水準。從沒有幾個女性軍人，到許多女性軍官。我成長期間的大塊吃肉、大口喝酒以及所有純男性的文化已然結束。不再看到數百名男人行進在基地裡扯著喉嚨唱著猥褻的軍歌（我原來不知道，但是別人告訴我，愛斯基摩「女性器官」冷的不得了……答數！1！2！3！4！……）正如我一位老友所說，這是「在文謅謅的陸軍接管之前，我們當老式陸軍步兵的最後機會。」

老式陸軍要比新陸軍要好嗎？當然不是。今日的武力優異，在巴拿馬的「正義之戰」與波斯灣的「沙漠風暴」等軍事行動之中就可得到證明了。我並沒有忘記存在一些細節之中的缺陷。事實上，我發誓在我退休之後絕不說「我們從前不是這樣做的」這種話。然而，在夜半時分，當我的思緒翻騰時，我會愉快地回想起這些日子。我珍惜同袍愛、意氣飛揚的人物與輕快奔放的高昂精神。而且我知道三十年過後，現在這些尉級軍官當他們白頭的時候，會模糊的回想起他們的「老陸軍」。我很驕傲能成為創造新陸軍的領袖之一，正如我曾經身為必須要改革的老陸軍當中一分子，同樣的感到驕傲。在韓國這段時間是我軍人生涯中最快樂的時光，而這時光已不再。除了與家人分離之外，我絕不願意拿在其他地方服務的時間來和這段快樂時光交換。

在我離開韓國之前，我把所有艾瑪寫給我的信捆綁起來帶走。其中有一封信我當時讀起來沒有特別的感覺。但是，當我再重讀它時便含有一些奇特的意義了。一九四七年八月十三日，艾瑪寫著：「我感覺我們即將有喜事臨門。我不認為，你在五角大廈來來去去時，我們會待在戴爾市過著舒適刻板的生活。……我不知道有什麼在等著我們，但是令人興奮的大事必然會發生。」

第九章　國家戰爭學院

學院就設在一棟一九〇七年的堂皇建築裡。從這棟三層樓大理石圓形建築的雄偉大門進去，可以看到圍繞的走廊與迴欄，還有以西班牙石磚砌成的八十呎高圓頂。這裡有靜肅的氣氛，有點像走進林肯紀念堂。就在這附近的某一個地方，暗殺林肯的同黨遭到吊刑處死，旁邊的一棟大樓裡即曾傳出遭處死的犯人瑪麗．史瑞特鬼魂在此出沒。

當我在韓國的時候，五名將軍在華府選出一批陸軍軍官到國家戰爭學院深造。我很幸運的被選為其中之一。陸海空三軍都有其評價高的學術機構，我可能會到陸軍戰爭學院就讀。選拔委員會的主席也是我的恩師朱利斯．培東（Julius Becton）中將，他認為我應該到華府麥納堡（Fort McNair）的國家戰爭學院去。這所學校可說是軍事院校裡面的「哈佛」了。該校每年招收一百四十名學生，包括來自各軍種以及國務院、新聞處、中情局的平民，名額均等分配。培東也是國家戰爭學院的畢業生。

在韓國十二哩行軍高唱著軍歌之際，國家戰爭學院彷彿遠如天邊的星星。「槍手」說我被選到戰爭學院讀書時，我差點沒跌到泥地裡。一九七四年九月我回到美國，此時國內正處於詭異的氛圍之中。一個月之前，尼克森總統在水門事件爆發後辭職；而正值我回國之際，尼克森的繼任者福特總統赦免了他。我想起決定要離開尼克森政府遠赴韓國時佛瑞德·馬勒克所說的話：這些都會煙消雲散。

國家戰爭學院要到一九七五年八月才開學，因此我暫時被派到五角大廈，我希望能在這裡待上九個月。主管人力資源與後勤的助理國防部長威廉·布瑞漢（William Brehm）卻有別的想法，幾乎在我剛踏進他辦公室時他便說道：「鮑爾中校，我們和國會的關係陷入困境。我們應該要提交給國會一份軍中人力需求報告，過去數年當中我們年年都遲交。我不管你怎麼做，反正你的工作是把這份該死的報告準時完成。」

我在爾文·格寧伯格（Irving Greenberg）這位十足的專家手下，頭一回和五角大廈裡的老百姓共事。我們的這份報告涵蓋各軍種所需的人力，因此要把四個軍種綜合在一起分析，這對我是項新的挑戰，但對這些同事來說卻已是駕輕就熟。我開始這個工作以後，發現空軍具有最快速的反應。就這個軍種有最年輕的軍官與以音速操控飛機的效率看來，這點不會讓人覺得驚奇。海軍陸戰隊這個編制最小的軍種，在爭取每一個人力職缺上面都像是在打仗似的。海軍對於曝露自己意圖最為小心翼翼。陸軍的表現如何?堅定、可靠，但是沒什麼想像力。

我很幸運的能夠經歷到軍種之間的競爭。將來有一天處理這種軍種之間互爭利益的事情將成為我的正職。接觸到這些事，讓我明瞭一件永遠的矛盾:軍種之間的競爭，一方面製造出降低績效的摩擦，一方面卻又因其間的差異提升了績效。不管是當時、現在或未來，這種挑戰都要讓它維持平衡。

在這幾個月裡，我忙得像條狗似的，我的頂頭上司約翰・布林柯夫（John Brinkerhof）也一樣。我完成無數的草稿。在這次寶貴的經驗裡，當我們把報告提交國會那天，可說是我最快樂的一刻——提前交出的同時，我也可以到國家戰爭學院就讀了。

軍事知識殿堂

赴國家戰爭學院讀書除了對前途具有意義之外，讓我最高興的事莫過於不必再搬家了。我們可以繼續住在戴爾市，我則通勤到設在麥納堡，歷史悠久的華盛頓兵工廠裡的戰爭學院上課。學院就設在那兒一棟一九○七年的堂皇建築裡。從這棟三層樓大理石圓形建築的雄偉大門進去，可以看到圍繞的走廊與迴欄，還有以西班牙石磚砌成的八十呎高圓頂。這裡有靜肅的氣氛，有點像走進林肯紀念堂。就在這附近的某一個地方，暗殺林肯的同黨遭到吊刑處死，旁邊的一棟大樓裡即曾傳出遭處死的犯人瑪麗·史瑞特鬼魂在此出沒。

我們在學院裡上課最機械性的東西就只有複選題而已了。事實上我們根本沒有考試。課程設計在於啟發歷史、外交、政治與軍事理論，並增長這方面的智識，並非著重在科學物質方面的學問。上午，我們在一間像十九世紀圖畫裡看到的醫學院階梯教室的禮堂裡聽演講。我們的老師有外交官、學者、軍事機關首長、作家以及各行各業的一流人物。我們學到偉大的軍事思想家與其觀念，例如馬漢（Mahan）的海權、杜黑（Duhay）的空權以及克勞斯維茲的戰爭概念。下午我們可以選修「未來學」、「媒體自由與國家安全的衝突」、「種族思想論」等課程。

此時到戰爭學院讀書正是時候。隨著越戰結束後的尋找心靈熱潮——找出毛病徵候群——所創造出的一種活躍風潮。提升我視界層次最多的老師是教授軍事戰略的一名海軍少校哈倫·烏曼（Harlan Ullman）。到目前為止，我認識的都是部隊戰鬥人員，但是很少有貨真價實的知識分子。烏曼就是這種少見的人物，穿著軍服的學者，同時他也夠格在海上擔任指揮官。他是我遇到最具有啟發性格的人。烏曼以及其他的老師能夠讓我從過去得來的短視經驗放大到宏觀的角度，來擷取歷史、文化以及戰爭政治哲學之間相互關聯的精髓。

睿智的普魯士人卡爾・克勞斯維茲給了我很大的啟示。他在我出生前一〇六年所寫的《戰爭論》（*On War*）像是自過去投射到現在的一道光束，仍然給現代的軍事迷思指引光明。克勞斯維茲寫道：「在沒有先明瞭要達成何種目標以及所運用的策略之前，沒有人會發動戰爭，或者是說沒有人會有發動戰爭的意圖。」越南就是第一個錯誤的例子。它引導出克勞斯維茲的第二條定律。政治領袖必須要設定戰爭的目標，然後由軍隊來完成它。在越南，每個人似乎都在期待別人給他一個永遠無法出現的答案。最後，得由越南人民支撐這場戰爭。由於他們投入了財產或是子弟，現在或許還加上了女兒，他們必須堅信這些犧牲是值得的。越戰所仰賴的這些基本支柱卻傾圮了。克勞斯維茲偉大的理論給我的啟示是除了戰爭的目標與人民的支持之外，愛國、勇猛具作戰技巧的士兵，構成了三足鼎立的第三個要素。沒有這三種基本支柱，軍隊、政府、人民與團體都無法生存。

在我的世界裡，社交活動集中在同輩，或許是官階相同或者是職位稍低的同僚，再加上親戚與鄰居等等。哈倫・烏曼知道並沒有這種界限的存在。在某一次聚會裡，哈倫和他英國出生的妻子茱莉安邀請我和艾瑪到他們在喬治城的家中晚宴，會見他的一些朋友。其中最顯赫的賓客要算國防大學校長海軍中將瑪馬杜克・拜恩（Marmaduke G.

Bayne），國防大學包括陸軍工業大學與國家戰爭學院。在我的朋友裡面，海軍少校不會與中將交情深厚，然而烏曼卻做到了。中將很友善，不過當我們被介紹認識時，他的臉上閃過一絲的疑惑。他今晚來這裏是想認識最高法院大法官路易士．鮑爾，不是他學校裡面的一個學生。

在戰爭學院，眷屬可以到選修課旁聽，因此茱莉安．烏曼經常來聽他丈夫的演講。她通常會和我坐在一起。在昏沉欲睡的華盛頓午後，聆聽像「迦太基戰爭給我們的教訓」這種課程時要保持清醒是很不容易的。幾年之後，我當上了國家安全顧問，烏曼夫婦參加我五十歲生日宴會。當我要做個小小的演講之時，我把茱莉安叫到身旁。我把手搭在她肩上，向賓客們自承，當我還是戰爭學院學生時曾和她睡在一起，停頓一下賣個關子之後，又加上一句：「在她老公的課堂上。」

一〇一空降師

一九七六年二月，戰爭學院的學業進行了一半，我獲得提前晉升上校。許多令人尊敬的職業軍人，在到達這個階段以後便算是到頂了，而我也在思考著我的未來還能走多遠。軍中當時的人事晉升原則非常嚴苛，不能再升就得退下去。這個制度很嚴厲、競爭激烈，較一般老百姓所知道的還要無情。那些不能再向上爬的人，也不能停留在位子上混時間。若是失去一次以上的晉升機會，這名軍官就必須退休，讓路給年輕一代接棒。而每一個階層的競爭都很激烈。以一百名中尉為例，大約有六十名能成為上尉。其中又只有百分之六十能升到少校，或者是說只剩下三十六名少校。而在這些少校當中只有百分之四十，也就是說百名中尉之中的十四人能升到中校。這剩下的十四個人，約有百分之三十亦即只有四個人能成為上校。四個人當中有一個人或許能晉升准將。自起始的一百名中尉當中，只能造就出一名准將來。

我經常謹慎地調整自己對前途的期望。然而，當我獲得提前晉升上校之後不久，又接到了好消息。等我自戰爭學院畢業以後，將接任在肯塔基州坎培爾堡的第一〇一空降師第二旅旅長。我是戰爭學院同學裡面晉升上校年紀最輕的一個，也是班上兩名陸軍軍官裡唯一獲選擔任旅長的。在韓國我領導一營七百人，接下來，我將領導三個營，全部人數將達到二千五百人。把國家戰爭學院、提前晉升與未來的新職等事情加起來，我再怎麼小心謹慎的盤算，也無法不想到未來前途可能走向更高階層——我或許能成為將軍。雖然這還有漫長的路要走。

自戰爭學院畢業以後能加入第一〇一空降師，讓我感到很興奮。一〇一師「嘯鷹部隊」，像傳奇故事書裡的軍隊。它是在一九四二年中期與第八二空降師同時成立，在第八二步兵師復員時，將其五個傘兵團合併組成。在諾曼第登陸前一日，艾森豪將軍與臉上塗黑的傘兵們話別時，這著名的一幕裡面的戰士就是第一〇一師的官兵。一〇一師在「菜園行動」當中空降到荷蘭，寫下小說及電影《奪橋遺恨》（*A Bridge Too Far*）裡面所描述不朽的篇章（譯註：英美聯軍空降德荷邊境安亨橋等四座橋樑附近，遭德軍坦克埋伏，損失慘重）。在「突出部戰役」裡巴士托根被圍之際，德軍招降，正是一〇一師當時的師長安卓尼·麥奧萊福（Anthony McAuliffe）准將說出經典之句：「瘋子！」一〇一師在越南也寫下輝煌的戰蹟。

然而，我觸到了一枚地雷。我原本是要接替佛瑞德·瑪哈菲（Fred Mahaffey）上校。他是晉升快速的軍官中最快速的紅人，同時也是迪普的手下。我們都認為他有一天會升上陸軍參謀長（直到他英年早逝）。一〇一師師長約翰·魏克漢（John Wickham）將軍打電話通知我說瑪哈菲升上准將，必須立即離開第二旅。瑪哈菲的提前離職，表示魏克漢必得找別人來填補這個空缺，因為他不能等到兩個月後我自戰爭學院畢業才來。我很沮喪，但是我也還沒有放棄。

國防大學有項規定，即學生不能提早結束課程。國家戰爭學院的院長是空軍少將詹姆斯·墨菲（James Murphy），在國防大學校長拜恩中將之下。我去找墨菲解釋說如果我不能提早離去將會失去這個職位，同時必須再回去排隊。墨菲很同情我的處境，但也只是重複說明學校的規定。我必須完成課業，然後到國外做三週的校外實習，回來後才能畢業。

我瞧到了一線曙光。由於我曾以白宮研究員的身分到羅俄斯與中國校外實習過，也許我能到更有用的地方去實習。到坎培爾堡實習如何？墨菲說：「嗯，你或許可以這樣做，等回來再提出你的期末報告，並與班上同學一齊畢業。」

我與魏克漢將軍聯繫，請他把我的職缺保留下來。我趕到步兵分科部門想玩點小花招，但是碰了個釘子。他們不能讓我暫時代理指揮官職務，因為我的編制目前是在戰爭學院。於是我表示，那麼把我指派到坎培爾堡佔固定缺，而回到戰爭學院算是暫調。預算管理局的威瑪・包德溫將以我為榮，佛瑞德・馬勒克也會的。我向墨菲將軍報告結果，他說道：「記得一件事情，你回來的時候把傘兵靴及徽章留在一〇一師好不好？我們的事不能太招搖。」我前往坎培爾堡上任，沒帶家眷，六週之後回來，從國家戰爭學院畢業。

在當時，華盛頓附近的房地產行情有條鐵律，那就是會漲的只會一路漲上去。我們賣了戴爾市的房子，在那裡住了七年，售價是當初買進價的兩倍。艾瑪準備迎接這個改變，我現在已是陸軍「鳥頭」——上校旅長，（譯註：美軍編制上校肩領章與中少校橡葉不同，為鷹形徽章。）我們應該有權配住像樣點的房子了。

像平常一樣，我們載著一車老小，從華盛頓開到坎培爾堡。這次開的是向戰爭學院同學比爾・布萊姆特以五十美元買來的大型克萊斯勒轎車，它平均每七哩吃油一加侖。坎培爾堡位於肯塔基州與田納西州邊界上的鄉下地方，在納許維爾以北約一小時車程。我們根據路牌指示開到柯爾公園（Cole Park），師長及旅營長都住在這裡。開進去的時候，我們看到一棟田園式的木造樓房，是魏克曼將軍的家。艾瑪的眼睛為之一亮。我們經過一棟小型「鹿角」屋，這是由一名贊助軍中住屋計畫立法的參議員命名的房子。我們經過另一棟鹿角屋，然後一棟又一棟，都是一樣的。艾瑪的眼睛瞇了起來。結果，這些都是旅營長級所住的房子。我們在柯爾公園一五六〇號前面停了下來，這就是配給我們的房子。三個小孩像從籠子裡放出來的老虎一樣跳下車來開始戶外探險，艾瑪和我則走進屋裡面去。

「很好，」艾瑪說，「和我們在班寧堡住的房子很像，不過那裡是硬木地板，有洗碟機及冷氣機，而你只是個上尉；這裡是油氈地板，也沒有洗碟機與冷氣機，而現在你已經是個上校了，柯林。」她問說，「我們什麼時候才能住那種你答應買的漂亮房子？」「快了。」我說。

約翰・魏克漢師長曾在兩任國防部長詹姆斯・斯勒辛格（James Schlesinger）與唐納・倫斯菲（Donald Rumsfeld）底下擔任軍事顧問，因此被人誹謗為「政治將軍」。魏克漢還面對另一項偏見，他的職務通常是給飛行出身的軍官擔任的。我到師部向他報到，他是個矮小、倔強的男人，頭髮藍灰色，舉止沈靜，有自信。我對他能靈活的行動感到驚訝。在越南，越共把裝了炸彈的小皮包丟進他的小床裡，他受傷嚴重，在陸軍醫院裡休養了一年。約翰・魏克漢曾為國盡忠，他是個不折不扣的軍人。

魏克漢的副師長是威登・漢尼卡（Weldon C. Honeycutt）准將，我的頂頭上司，也是我在李文渥斯堡的老同學。「老虎」漢尼卡是名天生的軍人材料，越戰英雄。在陸軍激烈的競爭狀況下，他或許是晉升最快的一個異數。當我向他報到時，他向我問候，並說：「鮑爾，除了李文渥斯以外，我對你一點都不瞭解。但是無論如何歡迎你到第一〇一師這個神聖大地上狗娘養的最佳步兵師裡來。」他坐下來，讓我站著聽他介紹師裡的情形。「我們有三個步兵旅，」他說。「你的是死驢般的最後一個旅。你有亞瑟・金左中校，這裡最棒的營長，來領導你的第五〇一步兵營。但是第五〇二與第五〇六兩個步兵營是最爛的。因此，不必客氣的去修理他們。現在，抬起屁股滾出去吧。」

謝謝你，長官。如果這是頭一回與「老虎」漢尼卡接觸，我或許會不悅。然而在陸軍，多的是這種人。他們就像胡椒粉，有點刺激但也散發香味。魏克漢將軍的參謀長「野火雞」泰德．克羅茲（Ted Crozier）上校是另一名值得記述的人物。他的綽號來自於他欣賞這種動物的精神氣質，以及他自已所具有的爆炸性熱誠。他被五角大廈派到坎培爾堡來，讓他能夠平靜安詳地度過退休前的日子。然而他擔任參謀長卻不負其盛名，還是幹得有聲有色。在坎培爾堡，魏克漢下達指示，漢尼卡與克羅茲鞭策部屬遵從。幸運的是，我們有兩個人擔任牧師的角色，主管後勤支援事務的副師長喬克．巴格納准將，和主管基地裡日常事務的老式軍人亞瑟．隆巴底上校。當執行者胡搞一通時，巴格納與隆巴底會平靜理性的說服。其他人大發雷霆以後，他倆進行安撫。只有遠見，沒有人跟隨。只有執行者，遠見雖得以實現且會造成一大堆傷害。好的牧師則會把破損還原。在坎培爾堡，幸運的是，這三種角色都齊備了。

第一〇一師具有獨特的任務——直升機空降步兵突擊，魏克漢將軍正是其鼻祖。這個師是全世界唯一結合輕航空營與輕裝步兵營進行戰場快速突襲的空中攻擊單位。我們空降，但是並非傘兵。我們當然也不是重裝師。結果，我們被這兩個兵種所訕笑。不跳傘的空降部隊稱為「兩條腿」，傘兵如是說，這當然不是恭維的話。重裝師官兵則說，坐在像直升機這種脆弱的飛機上面的士兵，在戰場上可能支持不了五分鐘。魏克漢堅信，我們的任務就是要證明這兩邊的想法是錯誤的。

「再偽造者」是一九七六年秋天即將來臨時的一齣大戲。它代表「武力返回德國」，一項展現美軍快速增援歐陸，確保北約盟國安全的年度演習。今年度由第一〇一師執行演習任務，我希望能以上校旅長的身分重遊舊地，到十八年前我當少尉時服務的地方去看看。

第一〇一師的三支步兵旅當中兩個旅要參與演習，另外一個旅則留在國內。我這個旅，第二旅已經被指定要留守，讓我非常失望。我悶悶不樂了半天，然後決定我們不能坐等另兩個旅回來大吹大擂，我們也要做點什麼讓人刮目相看。

空中攻擊學校是給直升機部隊學習的處所，而跳傘學校是教育傘兵的。我決定讓弟兄們到這所學校學習，並希望有很多人能通過考驗，這事從我自己開始。到目前為止，尚無步兵旅長能通過這所學校入學前的體能訓練測試。我參加了這項測驗，在主持測驗的士官前面做俯地挺身、交互蹲跳、引體向上，跑五百障礙，不過在最後一項被刷掉，只差了十分之一秒。一週之後我再去接受考驗，應付裕如地通過了。課程開始以後，我以三十九歲之齡，像個老人想學大學足球一樣，從直升機躍降、參加十二哩強行軍。在約一百名學員當中，我是最高階的軍官。

我贏得空中攻擊徽章，於是召集所有的營連長與參謀，做了一項宣布。我指著我的新徽章說：「你們有一些人還不具有空中攻擊的資格，十月三十日我們將全體合照，任何人若是沒有這個徽章，只要被我知道了，就不能出現在照片裡面。」

我去找旅裡面的三名隨軍牧師，叫他們也參加空中攻擊學校的課程。為了讓他們能夠專心學習，我把小教堂的門鎖上了，只有週末才開放。我想，牧師屬於軍隊，官兵也並不是經常光顧教堂的。浸信會的牧師反對這事，他跟我說他進入陸軍並不是來當突擊隊員。我說，如果他想要撫慰部隊官兵，他就必須和其他的軍官一樣進入空中攻擊學校學習。他心不甘情不願的去了，但是在第一週就摔斷了手臂。在一個適當的時機，我問他什麼時候可以拿掉石膏。他問說：「幹什麼？」我回答說，「這樣你就可以完成你的課程。」這傢伙後來想辦法把自己調到別的旅去了。

六週過後，師裡部隊自德國成功的完成演習任務歸來。魏克漢將軍對他出國時我們的成就印象深刻，特別是軍官們百分之百的空中攻擊合格率。他不希望我們這個旅感覺像個小媳婦一般，於是要克羅茲叫我提報幾個人接受特殊成就獎。我提了幾個名字。但是我是從「槍手」愛默生手下出來的。通貨膨脹除了降低利率以外，還會貶低獎章的價值。我從學習當中得到了應有的報償：如果你握到了棍子骯髒的一頭，就把它削尖變成一個有用的工具。

我父母到坎培爾堡來共度一九七六年感恩節。老媽很開心的看到孫子們，並且幫忙艾瑪下廚。老爸到坎培爾堡則是來到處看看的，同時也被人家看。我替他披上黑色外套，戴上軟呢帽，我的司機開著吉普車，載著我們到基地裡逛了一圈。老爸這輩子從未聽過槍聲，我把他帶到M-一六步槍靶場，這樣他就可以看到他兒子是靠什麼過活的了。我們在軍官俱樂部裡面喝酒。一同和魏克漢將軍觀賞師部舉辦的拳擊賽。老爸坐在頭排，好像他從未坐過別的位置一樣，他和魏克漢聊天，看起來好像他認識將軍一輩子了。

我要給爸媽見識我居住環境的另一種不同感覺。旅部仍然使用老式的連級餐廳，鮑家今年的感恩節晚餐就要在這個地方舉行。我們坐在指揮官桌，主菜是包括了所有配料的火雞。我一不留神老爸就不見了。我在廚房找到他，正和伙伕握手寒喧，他告訴伙伕說他們做的菜有多好。然後他開始在餐廳裡面打通關，就像布萊德雷在部隊出擊之前，和官兵混在一起一樣（譯註：布萊德雷為二次大戰美軍統帥之一）。令我印象最深刻的是，老爸一直是神態自若。他從不因為階級地位或是場合不同而出現怯場。路德·鮑爾在那都是路德·鮑爾。在他走的前一夜，他在廚房挨近艾瑪低聲說：「柯林將會做到將軍。」艾瑪問他怎麼知道，老爸回說，他和魏克漢將軍談過。

第二天，我開車送爸媽到納許維爾機場。走向登機門的時候，老爸頭一次讓我替他提行李而沒有多囉嗦。他的腳步緩慢，臉色有點憔悴。我父親老了，讓我很吃驚。

令人尊敬的魏克漢將軍，對幾件事是相對執著的，其中之一就是恒溫器。當時正好是石油危機與油價暴漲之際。將軍宣布了一項不可違逆的規定。基地裡每一棟建築的暖氣爐都必須設定在華氏六十八度。如果你是處於一棟現代化、隔絕良好、導熱平均的建築裡，那麼六十八度算是很合理。然而，第二旅的官兵是住在第二次世界大戰時期建造的兩層樓不隔熱營房裡，在一樓角落擺了個暖爐取暖。假設你的臥鋪靠近暖爐，可以保證得到六十八度的熱度。如果離得遠，那麼實際溫度和所設定的溫度相差便很大了。在肯塔基的冬天裡，這樣是會感冒的。

每晚師部值星官都會定點巡邏，如果有人動手腳，旅長就得向師長解釋為何無法貫徹這麼簡單的命令。有一回，我的部隊營房裡被人發現，溫度設定在如熱帶氣溫般的七十三度，讓我得站在第一〇一空降師指揮官前面解釋一番，當時的感覺是，我從來沒有如此愚蠢過。

官兵們開始動腦筋。這些人準備在戰時為國捐軀，但是他們可不願在昇平時期給凍死了。他們不斷的調高溫度。我們拿個彈藥箱釘在調溫器上面並且加把鎖。起初是有人把它撬開，這個粗糙的犯罪手法讓犯罪者立刻被逮接受處罰，但接著是有些小聰明的方法，有人想打造鑰匙。

多數的軍官都是大專畢業學歷，有些學歷更高，有指參學院甚至於國家戰爭學院的高材生，他們都是華盛頓、葛蘭特、李將軍、潘興、艾森豪及巴頓的傳人。我們的策略會輸給一等兵嗎？顯然是的，因為當冬天來臨時，發生了奇怪的事。暖爐一直維持在六十八度，但是卻沒有人抱怨了。甚至那些睡在營房裡偏遠角落的人，也感覺暖和的像是在烤爐裡。春天來臨我們才解開這個謎。有些電子天才想到拿根長針伸到暖爐裡看不見的線路上，使系統短路，造成暖爐不受調溫器的控制。就算值星官覺得營房裡熱得像是在赤道，調溫器仍然顯示在六十九度。若是覺得太熱了不舒服，就把長針拿掉，直到溫度下降。每一個人都很快樂，包括魏克漢將軍，以及營房裡睡在最遠、最灌風角落的虛弱小兵。軍官們數百年來一直想要比士兵聰明，到現在還不知道這是不可能的。我們一直仰賴美國大兵的小聰明來拯救自己以及打勝仗。

每天下午我都會在同一時間走固定路線散步，經過三個營的旁邊，給別人不期而遇的機會。我這是向蓋那史塔西斯神父學的。哪裡有群眾就到那裡去。要不了多久就可讓心生不滿的士兵或是有問題的士官找到旅長，並且做個一到兩分鐘的私下談話。好的士官及低階軍官知道我在做什麼。我並沒有破壞指揮層級的秩序。他們知道我不會在這種路邊的談話當中應允什麼，因而損壞了他們的權威。如果說有成效，那就是在這段戶外辦公時間裡，可以讓他們洩憤。

上校修車工

有一天麥克和我在柯爾公園家裡後院玩投接棒球時，他突然說他喜歡來坎培爾堡，「所有的小孩都喜歡我們。」他說。「每個人的爸媽都做同樣的工作。」他的話對我是個解脫。我在同樣的環境之下成長，遇到好鄰居與好小孩直到上大學。戴爾市有個吸引人的地方，雖然我大部分的時間都不在那裡，但是家人可以住在同樣的環境，小孩子的學校制度也相同。不斷的遷移對孩子的影響讓職業軍人感到憂心。而我的兒子竟然對我說搬到坎培爾堡來很好，就像是普通的父親為孩子創造了一個普通而舒適的環境一樣。

坎培爾堡的日子很舒適，雖然我們必須要做一些調整。我們只找到一間小小的聖公會會眾教堂，沒有風琴師伴奏讚美詩，也沒有遊行所需的十字架。艾瑪和我與聖公會牧師在基地裡努力的找尋其他已變成不參與聚會的信徒。有幾個晚上我們坐下來寫便條，邀請他們再來做禮拜。我們找來一名鋼琴師，遊行用的十字架，孩子們再一次被徵召來當侍祭。教堂開始成長，我們的信仰再次找到寄託。然而自從我們離開戴爾市以後，我們再也無法捕捉到聖·瑪格麗特的全部精神。

孩子們上基地裡的學校，這所學校是在聯邦衛生教育與福利部的監督之下運作。我被魏克漢將軍指定為校董會的主席，這讓鮑爾的孩子在學校裡頗受到注意。不僅僅是因為他們的父親是名旅長，而是因為教職員的聘僱任免與付薪都是由這人負責的。

我的小孩子都成為好學生，包括剛上一年級的安瑪麗在內。麥克在國中部的棒球隊裡是明星捕手，讓我可以高臥曬太陽。琳達展現出對音樂的才華，起初我們向學校借來橫笛讓她練習。她學得很快，老師建議說琳達應該自己擁有一把橫笛。身為負責任的父親，我到基地每日寄售欄裡找到一把舊的笛子，花了二十五美元。琳達大吃一驚、艾瑪大吃一驚，橫笛老師也是大吃一驚。這樂器漏風比《風速十萬哩》還要厲害。我們給她買了個較好的。她表現越來越好，而樂器也是越買越好。幸運的是，在我們還沒給她買到二萬五千美元一把的最高級品之前，她就已經達到爐火純青的地步了。

比橫笛課更重要的事情，是琳達在坎培爾接受到最偉大的教育獻禮，這名老師確實與眾不同。貝蒂·奎雲教六年級，她具有與初長成的青少年溝通的罕見能力。排行中間的孩子夾在老大與老么之間經常有反常的舉動，琳達發覺貝蒂可以分享她內心深處的感情。這名老師很具智慧地啟發了我女兒，直到今日她們還很親密。每個孩子至少都應該遇到一個像貝蒂這樣的好老師。

我們很少知道孩子對父母的看法如何，我們也不知道在孩子童年時期多如潮水的印象與記憶當中，有多少會凸顯出來，而又有那些會消褪。最近攝影家瑪麗亞·庫克（Mariana Cook）寫了一本關於父與女的書，她在我們的照片旁附上我女兒琳達與安瑪麗的評語。琳達寫著：「我父親是個紳士，但是當我還是個小孩的時候，我記得有點怕他——他是如此的巨大。他很少提高嗓門講話，但當他如此做時，我會嚇得心臟要跳出來。我還記得有一次我編織了一條粉紅色與白色的網子罩在腳踏車上面當做裝飾品，車子騎很快的時候它會形成漂亮的色彩。網子夾進輪軸裡面，害我摔到車把手前面。我傻在當場，坐在柏油路上面哭。我父親不知道從那裡出現了，把我抱起來緊緊摟在懷裡，然後帶我回家。」我已不記得這件事了，但是她卻從未忘記。

安瑪麗在這本書裡寫著：「爹地是我所知最聰明的人了，他玩『比小』的牌戲總是會贏。有必要的時候，他總是會對我坦白。他穿著藍色衣服或者是正式禮服很好看。他的成功從來不會讓我訝異，只會讓我感到驕傲。他是城裡最棒的機械師。我總是有安全感，覺得他能夠也願意照顧我們，不管在何種情況之下。」

對於我女兒的評論我能找誰爭辯？尤其是關於機械師這部分。有關孩子這方面，我從不認為擁有就能換來愛、尊敬、親密與成就感。我對於給他們零用錢採取小心謹慎的態度。他們足十二歲以後，每週可拿到兩塊錢。他們也不需要什麼，他們又被教導不要太貪心。在重要假日的時候，例如耶誕節與過生日，他們都會收到大禮物。

麥克進入青春期後，我認為該是讓他瞭解一點生命本質的時候了。我處理這件事的方式很直接，但是並不確定有多少效果。某晚我到他房裡交給他一本書《男孩與性》，他問說：「這是什麼？」我回答，「讀它，有任何問題的話讓我知道。」

當我的小孩長到十六歲的時候，我分別給他們寫一封信，儘可能傳授智慧，或者至少讓他們知道我的一些正確與錯誤選擇所帶來的啟示。麥克是頭一個，我在其他事情裡面夾著這段話，我寫著：「你現在揮別童年走向成人之路……在你未來的五十年裡，你將毫無疑問地建立屬於你的個性。誘惑將接踵而來——毒品、美酒、做壞事的機會。你知道對錯，我信任你的判斷。……別怕失敗，就怕不敢去嘗試。……抓住機會去冒險——別有勇無謀，但是對於能成功並獲取極高報償的機會，就算會帶來失敗，也要勇往直前。永遠記得不管事情有多糟，明天會更好。」

我看到上一代兩個家庭對孩子們個性所造成的良好影響。艾瑪的爸媽和我父母的差異實在不能以道里計。麥克和琳達小的時候，因為我到越南服役，所以他們到娘家住。我們出門旅行之時，不管走那個方向都會設法「順路」去探望我爸媽。岳父母不喜表露情感，生活嚴謹自律。他們都是行家，我岳父是伯明翰首屈一指的黑人教育家，岳母是女童軍團體的職員，同時也是耶穌教會聯合會的副議長，這項任命還登在《紐約時報》上面。他們的求知慾很強，還念書給孩子們聽，而看書是有感染性的。在他們家，我的孩子學到了規矩以及對學習的尊重。在鮑家這邊，孩子們感受到愛的人生。他們遇到各種有趣、粗俗的人物，這些人發自內心裡的大笑，毫無顧忌。這些人玩耍的時候像工作一樣的認真。讓我們開派對吧，讓我們唱歌吧，讓我們來跳舞吧。我很高興看到兩家的血統特質在孩子們身上開花結果。

從老爸開著一輛一九四六年的龐蒂克停在凱利街九五二號門前那一天開始，我就迷上了車子。我喜歡開車，但是引擎蓋底下是怎麼一回事我一點也不知道。在戴爾市，我隔壁住的一位老兄經常聽我抱怨車子的毛病，他就說：「檢查看看電壓調節器。」如果我知道那個是電壓調節器就好了。我買來一本雪佛蘭手冊，慢慢地瞭解到引擎蓋底下的小零件是什麼。很快的，我就能自己換機油了！

街對面另一名戴爾市的鄰居把改金龜車當成嗜好。金龜車是我的第一部車，雖然因為家裡人口增加，我不得不換開旅行車與轎車，但是我對金龜車仍然情有獨鍾。我開始在他家混，遞工具給這個傢伙，學到更多東西。等我到了坎培爾堡時，已經學會調整分電盤裡的點火調節裝置，焊接水箱和修理電路系統的故障。我喜歡運動，但是從不會沉迷，無疑是因為我的運動能力並不出色，汽車對我卻有特別的吸引力。在我的職業生涯當中，不管是當戰地指揮官還是坐辦公桌，我總是和不可預料的人打交道；無論是對方還是自己，都會有人性的弱點。軍階提升，責任日益重大以後，更形複雜。車子不像人，是沒有脾氣的。玩車子的時候，我是和確知的東西打交道，而不是和未可知的事情來往；它不是抽象的東西，而是具體的。引擎如果有毛病，我可依照邏輯證明出它的問題何在，並且修好它。在人生的諸多事物裡，這是我唯一可以完全掌控的。這些機械的謎相當吸引人，而且能讓人放鬆心情。我找到了真正的嗜好。

艾瑪在坎培爾堡也找到消遣。這裡是她老公第一次當指揮官的地方，因此她與軍眷們的關係就有點像我和部屬的關係。她對那些年輕的女人來說，就像媽媽一樣。她投身當義工，當時正是婦女解放運動風起雲湧之際，一些女性主義者蔑視無報償的醫院工作、義賣與慈善募款。艾瑪認為，這種態度忽略了軍人生活的特質。軍人老公可能隨時接到命令就得出發，何時回來或是會不會回來都是未知數。艾瑪常說：「如果我們現在不互相瞭解，在最艱難、最寂寞的時刻來臨時，如何能互相扶持？」除了立即可見的價值之外，傳統的志工活動提供了女性主義所標榜的——姐妹情誼。

從我向在韓國的老式陸軍揮別不到兩年的時間，坎培爾堡駐軍就幾乎變成新式陸軍。新的術語開始流行。就在這個時期，老式餐廳改稱為「用餐設施」。老式餐廳負責的中士變成了「用餐設施經理」。基地洗衣部稱為「基地織品處理設施」。差點沒笑掉我的大牙。

都是志願兵的全新陸軍，採用現代管理標準來衡量——延役率、曠職率、醉酒開車率、年度體能測驗率、體檢出席率及補給品不良率等等。每個月每個旅營連都會拿到一張和其他單位比較的報表。組織龐大的陸軍必須要以這種統計數字，來判斷各單位的表現。但是這些並不能表現出無法量化的東西，例如士氣、領導統御等等。就算你拿把槍抵住「槍手」愛默生的腦袋，他也無法把焦點集中在這些報表上面。

我很早就學會和陸軍的管理模式周旋。你把該做的都做好了，然後把身上的束縛擺脫，再去做你認為是重要的事情。舉例來說，如果上級要檢視曠職率，我就會在早上六點半派出一名士官去找六點鐘早點名未到的大兵。軍中規定到午夜之前都不算曠職，因此只要在午夜之前抓他回來，就可以保持曠職率很低了。我把每一項被量化統計的事情都做的很好，然後再去做我認為值得的事。

一些職業軍人，甚至是很能幹的職業軍人在上級交付的任務上面觸礁，通常都是有脈絡可尋的。他們反抗那些他們認為是愚蠢或無關緊要的事情，結果，也沒機會去做那些他們認為重要的事情了。

但是，有一回我還是違背了自己的原則。新陸軍很明智地決定制止酗酒。我們有太多的喝酒誤事，太多的家庭因為酗酒而破碎，也有很多人因酒醉駕車出車禍身亡。魏克漢對這件事很認真。士兵酒後駕車被逮到，他本人、他的士官、連營旅長都必須向魏克漢或是老虎漢尼卡報到，並提出解釋。後來魏克漢訂定罰則，只要是軍官酒後開車被抓到，將按照軍法第十五條處置，這種不經審判的處罰，幾乎會毀了他的前途。憲兵在軍官俱樂部門外站崗，任何看起來喝酒過量的軍官都會被抓。

我召集所有的軍官。我制定相當於任務行動的規定，以保全他們的前途。「軍官俱樂部不准進入，我宣布：「不再有暢飲時間，不再有搭配美酒的義大利晚餐，根本不准再上俱樂部了。第二旅的人都不許去。」當我做這樣的宣示時，你可以聽到一陣哀嘆。

俱樂部的收入開始暴跌。管理坎培爾堡俱樂部的副師長喬克·巴格納問我是不是瘋了。「我們不能讓這兩件事併行不悖，長官，」我說。「你不能讓憲兵在門外等著抓我的人，同時又讓同屬於陸軍的其他部門在暢飲時間以二角五美分出售美酒給他們。」

兩週之內，野火雞克羅茲開始扯我後腿。「鮑爾，」他說。「你不能禁止你的部下到俱樂部去。」

我回說：「我已經這樣做了。」同時把我那一套大道理重複一遍。陸軍不能一面詛咒這種行為，另一方面又加以鼓勵。「狗屎！」克羅茲說。「把它取消。」

我知道我沒輒了。我對抗他們是正確的，但是不能讓這件事成為我最後一次的抗爭。畢竟，你不能每天都屠龍，有時候還是要讓惡龍贏。我開放禁令，同時我也先確定軍官們都瞭解禮貌性的喝一杯可能帶來的後果。憲兵也不在外面埋伏了，俱樂部酒類減價時間在陸軍也成為過往雲煙。

我有一位副官詹姆斯·哈倫少校，他負責旅裡面關於運動比賽的事宜，而這在坎培爾堡是很熱門的。有一天他向我報告說：「長官，我們能贏得師部舉辦的拳擊比賽冠軍。」我們旅裡面有個中士綽號叫「漢克大錘」，他對於訓練拳擊隊有不少經驗，接近專家的水準。我告訴哈倫盡力去辦。打鐵趁熱。

不久後他帶著陰險的笑容回來。不光是第二旅的拳擊隊看起來實力堅強，同時「漢克大錘」已經刺探出軍情，知道在坎培爾堡沒有一隊能派出一百二十磅到一百二十五磅的羽量級選手。我們只要派人出場，師部羽量級冠軍就唾手可得了。我承認這是實話。但是，我們也沒有羽量級的選手。

「上校，」詹姆斯繼續說。「你還記不記得五〇六營有個小子，在聯合募款活動裡捐出一千美元，叫做『小雞』什麼來著的那個人？」我當然記得。絕大多數的官兵都捐一塊錢。這名士兵捐的錢多得實在太離譜，因此我曾經叫哈倫把他找來，看看他是不是有毛病。他的名字叫做魯尼．普瑞斯頓，綽號「小雞」，他是個害羞的小傢伙，體重大約一百二十磅左右。他解釋說，他的博愛之舉乃是因為陸軍已滿足他一切所需，因此他要盡全力去幫助別人。

「我們讓小雞去打羽量級吧，」哈倫說。「他有沒有打過拳？」我問說。哈倫回說，這有什麼差別，反正他又不用打，只要出場就好了。哈倫設法說服小雞加入拳擊隊。他最具說服力的一點是，只要他加入拳擊隊，就不用跟著營裡到巴拿馬去接受叢林訓練演習，而這個人天生就懼怕蛇。不管小雞要不要打，漢克大錘真的是一名正直的好教練，他堅持小雞必須跟其他人一樣接受訓練。

拳擊比賽開鑼了，我們的策略奏效。小雞不斷的晉級，直到取得第一〇一師羽量級冠軍賽資格，都還沒有挨過一拳。冠軍賽他遇到支援指揮部，支指部的指揮官知道我們的技倆，也找來了一名羽量級選手。當晚，小雞走上拳擊場時，一名長得像羅伯特・杜蘭縮小版的巴拿馬裔小子，爬上拳擊場另一邊角落。這傢伙開始跳躍，鼻子噴氣像隻公牛，上下出拳暖身，像個活塞似的。此時，小雞站在角落看起來像是待宰的羔羊。我和哈倫坐在第一排看著，我說：「這件事算了，我可不想成為謀殺案的從犯。」我走到小雞的角落，告訴他這不在我們的約定當中，他不一定要打。

「哦，不，長官，」他說，「我必得打，五〇六營全營的人都來了。」

這是真的。小雞那一營從巴拿馬的演習直接回到這裡來看拳賽，大家都還穿著戰鬥服裝。我不確定他們來是笑還是來哭的。

鈴聲響起第一回合開始。巴拿馬小子跳到場中央猛擊，好像小雞是個沙袋一般。我嚇得畏縮起來。小雞照著漢克大錘教他的去做，把手臂貼近頭部讓拳套保護著臉。他一直向左邊走繞圈子，挨著打，直到鈴聲響起第一回合結束。他沒有反擊，不過他還能站著，而且顯然沒有受傷。我們這邊開始有些溫和的歡呼聲。「好呀！好小子！小雞。支持下去。」

第二回合與第一回合同樣情形。巴拿馬小子連續地出擊。小雞仍然採取防衛，繞圈子，從頭到尾沒出拳。但是我可以看出，到了這回合結束的時候，他的對手已經慢下來了，猛力的攻擊已使他累了。結束，第二回合。現在，為小雞加油的聲音變得更大聲更熱烈。他的對手坐在角落搖著頭，對著教練喃喃地說話。此刻漢克大錘不斷的哀求小雞：「只要打出一拳就好，小子。只要一拳。任何方式都可以！」

第三回合，最後一回合。兩名拳擊手從角落出來，巴拿馬小子顯得遲鈍了。很明顯的，這傢伙懂得打拳擊，但是他已經不行了。不知從何而來的，小雞一記右拳竟然擊中巴拿馬小子的下巴，他手臂垂了下來，這傢伙出局了！整個拳擊場瘋狂了。全旅都在大叫「小雞！小雞！小雞！」裁判宣布技術擊倒。小雞拿下第一〇一空降師羽量級的冠軍。他的營裡弟兄把他迎了下來，摟抱他、親吻他，把他抬在他們肩膀上。

大導演柯波拉（Frank Capra）也不可能拍的更好。不過，柯波拉此刻會大叫：「停！沖印！」不管怎樣，小雞現在已是師冠軍，他將代表本師前往布雷格堡與第八十二空降師的選手比賽，角逐第十八空降軍的羽量級冠軍。在那裡，我將有榮幸與我從前的老闆，現在的第十八空降軍軍長，「槍手」愛默生將軍坐在一起。我告訴愛默生關於小雞的故事。他的眼裡放出光芒，不斷地說著：「該死！該死！該死！你聽到這個人說的嗎！你聽這個孩子做到了什麼嗎！」

當晚，小雞再度在三個回合裡勇敢地採取拖延戰術，惟因失分太多而被判輸了這場比賽。「槍手」還是決定見見他。我們在更衣室裡找到他，將軍和他握手的時候上下猛搖，直到我認為應該放開為止。他併出這句話來：「以上帝之名，孩子，你是真正的冠軍！你是真精神所在！」事實上，小雞正是槍手所堅信的那種典型：一個小人物，只要給他一點機會，就會在某一個光耀的時刻成為贏家。

十六年之後，當我自三軍參謀首長聯席會議主席退休時，美國國家廣播公司的凱蒂·柯瑞克（Katie Couric）在五角大廈做我退休前的最後一次訪問。我告訴她關於小雞的典故事當做勵志的範例。她覺得非常有趣，於是設法要她的助理去找他。起初，他們找錯了人，他們找的是同單位裡面另一名綽號也叫小雞的拳擊選手。後來，她找到真正的小雞普瑞斯頓到節目裡來接受訪問。他現在伊利諾州謝比維爾當金屬工人，已婚，有兩個小孩。如果他的孩子問他：「爹地，你在當兵的時候做了些什麼？」小雞可有很多故事可說了。

「槍手」退休

有一天「槍手」的參謀打電話給我，跟我說「槍手」這名老兵要退休了，第十八空降軍要舉行一次盛大的儀式。愛默生想指定我擔任閱兵指揮官，我予以婉拒。希雷格堡是第八十二空降師的大本營。雖說第一〇一師也是屬於愛默生軍的一部分，但是第八十二師的傘兵一定不高興由第一〇一師的人來指揮他們的部隊。十分鐘後又有一名侍從官打電話來：「將軍說『告訴鮑爾，他媽的趕快到這裡來。』」這聽起來確實是他的語氣沒錯。

我前往布雷格堡，開始操練這些強悍的傘兵，有點像我在紐約市立大學做基本教練隊長所做的事。到了閱兵當天，有數千人參加盛會，「槍手」站在檢閱台上，忙著和每一個人握手拍背的。我站在正採休息姿勢的部隊前面，看到他招手要我走向前去。他對我負責指揮閱兵事宜表示感謝，還說他有一件特別的事要我幫他做。他要我下令軍官向後轉，這樣軍官們大約距離部隊只有十八吋而已。我問他為何有此奇特的命令，他叫我別擔心。我走回去同時傳達此一命令給參與閱兵的軍官們。

典禮開始時先致詞與頒獎給「槍手」愛默生。輪到「槍手」致詞時，他幾乎無法讓自己鎮靜下來。他開始哭泣，重複地說話，提到幾位已逝的同志。告一段落時，他直直看著我大叫道：「現在！」

「軍官，只有軍官，」我下令，「向後轉！」軍官們幾乎與第一排官兵鼻子碰鼻子，想著接下來會發生什麼事。「槍手」從檢閱台上面大吼：「軍官，向士兵敬禮！」這是個感人的姿勢。純真的「槍手」愛默生，在他這個簡單的象徵性動作裡，對軍隊、對最值得致敬的人表達出一切該表達的。

由於在韓國得來的經驗，我對於陸軍裡面的種族環境特別的敏感。我在坎培爾堡初期曾採取一項行動，我把執行官「小寶」亨利．塔克中校找來，告訴他我要見見負責機會均等與消除歧視措施事務的士官。小寶是個大塊頭，強悍的阿拉巴馬州人。他以怪異的眼神看著我，不過還是說他會找個人來。

塔克在處理士兵的事以及他們的問題方面很有一套，通常我可以從辦公室聽到他在隔壁所講的話：「到這裡來，孩子，你讓我的上校很不快樂，你也讓我不快樂。所以看看你能多快讓我們再快樂起來。」有時，問題一夜之間全沒了。但是這一次卻沒有下文。兩天後，我重申我要見負責這事的士官。小寶回說：「還在找，還在找。」如果他不能找到這個人，足見本旅根本不重視這件事。經過我第三次的催促，塔克找來一名穿著一雙白襪與半統靴的無精打采胖士官。他因為腳受傷不用出操，剩下幾個月就可退役，正過著安逸的生活。我把這傢伙辭退，再把塔克叫來。這個人是個廢物，對於這個任務我們到底有多重視？

「放輕鬆點，上校。」小寶說道，「我們不需要在這個問題上浪費一名傑出的士官人才，本旅近幾個月以來都沒有聽說過種族問題的抱怨。」我開始四處打聽，問問題，看看塔克所說的是不是真的。結果他所言不假。雖然我們還沒有完全達到種族和諧的地步，但是至少已和我在韓國時的情況不可同日而語。主要的原因在於志願服役的制度。現在已不再採用徵兵制，現行募兵制的官兵，不管是白是黑，每件事都做的很好，包括種族關係在內。主要還是陸軍在選擇時對教育水準的注重。無論如何，我還是找來一名程度不錯的士官負責機會均等事務，以確保能維持目前的狀態。

我同時在官兵參與高中同等學歷課程這件事上，對小寶施壓。不過他告訴我說：「大多數的官兵都是高中畢業生了。」那麼開個第二語文英語班吧？「不會說英語的人我們已經不收了。」小寶很有耐心的向我解釋。陸軍已越來越好，但或許已沒有如我夢想般的那樣有趣了。在當時，從軍可不是為了好玩的。越戰失利之後的改革正在推展。陸軍將重拾它的驕傲與使命。

入華府我正熱衷於帶部隊，一九七七年二月卻被召喚到華府。一月二十日新總統甫就職，正是我那神聖的一票所寄予的。當我還在當白宮研究員時曾見過吉米．卡特，同時印象深刻。但是我那一票卻是因為受到一種信念的影響：經過水門案的試煉以後，這個國家需要嶄新的開始。我還是以無黨派、紐約市永久居民的身分做缺席投票。

我被召喚到華府，是為了一項國家安全委員會的職務，與卡特的國家安全顧問齊比奈·布茲辛斯基（Zbigniew Brzezinski）面談。我在想，這種事又來了，偏離主要的事業軌跡。我不想要它。我先去找魏克漢，他不光是我的上級，對於華府錯綜複雜的事務他也很熟悉。「去吧，」魏克漢說。「至少你得先和他談談。」

我已經在從事我熱愛，同時也是我必須要做的——再一次確認自己是一名真實的步兵軍官。在老式陸軍轉換到新陸軍的過程當中，我設法讓自己不受到太大的文化衝擊。我討厭那麼快就再次離開它。我曾在別的步兵師待過，但是第一〇一師富於傳奇，深獲我心。我接任旅長時，根據一項傳統，前任旅長移交給我一枚硬幣。無論何時，只要是師裡面的人向我挑戰擲硬幣，我不得拒絕，否則就要買酒請客。我從未輸過。從旅長幹到三軍參謀首長聯席會議主席，這枚硬幣一直放在我的皮夾裡。

而且，坦白說，我希望在幹完旅長以後能出任第一〇一師的參謀長。在睿智的魏克漢底下擔任參謀長職務，可以學到更多領導統御的技巧。惟現在我必須去華盛頓，希望事如所願地能留在師裡面，可以逃離華府政治神經中樞的漩渦。

幾天之後，我回到熟悉的地方——舊行政辦公大樓，我擔任預算管理局的白宮研究員時在這裡上班。舊行政辦公大樓有無數的支柱與迴廊，展現出安靜的氛圍。從牆壁裡好像可以滲出歷史來。第二次世界大戰初起，這棟建築是國務院與戰爭部辦公所在，直到五角大廈建造完成。這天，我這個穿著傘兵靴與寬鬆草綠色軍服的陸軍上校，出現在這棟大樓文質彬彬的公務員堆裡，看來很突兀。我做了個自我介紹。我是名旅長，第一〇一空降師的，而我在那裡很快樂。你們找錯人了。隨著螺旋狀的樓梯拾階上三樓，我找到國家安全委員會。在此我被引進到一間華麗的十九世紀造型辦公室，見到了布茲辛斯基博士，他長得一副斯拉夫民族的扁平臉，但是態度很熱情。還有他的助手大衛・阿倫（David Aaron）。布茲辛斯基博士請我坐下，我坐下了，但是卻很笨拙地把一雙大皮靴給露了出來。

博士對我個人資歷的瞭解讓我很驚訝，尤其是白宮研究員這部分，然後他切入正題。「我們在找一名瞭解這種階層運作的軍人。不瞞你說，我們希望你能來主管國防安全委員會國防計畫事務。」他說。

這聽起來是個千載難逢的機會。我跟他說我受寵若驚，但是卻沒有興趣。「我的旅長任期都還不到一半呢，」我說。「我實在不想離開坎培爾堡。而且你所形容的這個工作不適合我。我對它一無所知。」

我的拒絕不但沒有澆了布茲辛斯基一頭冷水，這反而讓他更有興趣。「這正是我們需要的，」他說。「不是學院派，卻可以帶給我們嶄新思考方向的人。」

我繼續的唱反調，說道：「我寧願和官兵們待在一起。」

此時，大衛．阿倫的表情與他的一連串問題似乎是在說，這個穿著戰鬥靴的傢伙到底在這裡幹什麼？他說他不要這個工作。我們不要在這個「不識好歹」的人身上浪費時間了。然而，我不斷的抗拒持續燃燒著布茲辛斯基的熱情。竟然有人可以抗拒白宮權力的魔笛，似乎讓他覺得十分稀奇。末了，他說道：「咱們這樣好了。等你任期快要結束的時候，我們再來談談。或許不是我們現在所說的工作，但是我們要你。」

我要走的時候，布茲辛斯基說：「在你走之前，我想讓你看看我們絕佳的組合。」整個下午，我在三樓的每一間辦公室裡聆聽著再天真不過的裁武計畫，這玩意兒後來向蘇聯提出時也沒引起人家多大的興趣。

回到坎培爾堡，魏克漢將軍對我華府之行十分有興趣。「柯林，你沒接受這個工作，」他說。「但是他們還會來找你的，要不然別人也會。你不會走傳統的陸軍路線。有些軍官就是注定不會走這條路。」

我很快就把華府的事拋在腦後，忙著繼續出操上課的事、拳擊賽以及指揮的樂趣。我接掌的是兩個快要爛掉的營，而另一個已經爛掉了。我的目標是在我離去之前，把這三個整頓成最好的。

「你這個東西最好去給醫生看看，長官。」小寶塔克說。有我的執行官這樣煩著我，我可以不需要爸媽了。小寶關切的那個「東西」是有一天早上，我在脖子左邊發現長出的一個小塊塊。它不會痛，但是也不消失。它不斷的變大。

我到基地醫院給醫生看，一名檢查的醫官說：「我們不知道這是什麼，但是它有可能是惡性腫瘤。」他解釋說他們要進行切片檢查，然後再把它切除。如果切片檢查證實是惡性腫瘤，他說：「我們就必須動手術深入切到你的喉部，你醒來以後也許就不能講話了。」

我當時四十歲，有三個小孩，正處於人生與事業的高峰，因此，我害怕了。在幾天之內，他們把我推進手術室，艾瑪在外面守著，塔克也是一樣。我記得他看著醫生，像是在說：「你要是把我的上校搞壞了，我就痛揍你一頓。」

我並沒有得到惡性腫瘤。經過切片檢查以後，醫生縫合傷口，讓它自行癒合，在我脖子上留下一個凹陷的疤。看起來像個彈痕，既然我是個沙場老兵，人們都以為它就是個彈痕。如果人家問了，我會說老實話。從前我抽菸，但是經過這件事以後我很少抽。現在我已完全戒掉了。

我在第二旅的指揮官任期結束了，布茲辛斯基博士信守諾言，再次要我到華盛頓去。我忖度約翰・魏克漢的預言是否會成真。

3 第三部

華府浮沈

三月十六日，

我離開五角大廈準備接任新職。

經過溫柏格辦室前面的哨兵，我向他回禮。

我繳回了身分的真正象徵——河邊入口停車證。

為國服務讓我感到無比的驕傲，

這天，我覺得走起路來昂首闊步。

或許出自於幻覺，

對我來說，

在雷根與溫柏格時代，

每個軍人看來都是氣宇軒昂的。

第十章　走馬國防部

單純的軍中任務可以讓我更為放鬆、更有樂趣，也更有歸屬感。在陸軍，我與一票有著共同背景、回憶與價值觀的弟兄在一起。政治方面的工作容易產生挫折感、容易緊張。就以修車來做比喻，軍事如同引擎蓋底下的機械容易檢修，政治卻好比複雜的變速箱。

雖然我在雷根／布希時代正式在國防部門任職，不過，早在卡特政府時代我已經有兩年半的時間在國防部學習國家會安全事務。一九七七年五月，我再度到華府國家安全委員會與布里辛斯基博士會面。他告訴我，原先邀請我出任的計畫幕僚工作已經由維克多．尤特格夫（Victor Utgoff）擔任，而他現在需要一名助理。我覺得當初已經拒絕過主管的工作，現在回頭來擔任副手實在沒意思。不過，軍人以服從為天職，要拒絕白宮的要求實在不太容易。因此，這一回我告訴布里辛斯基說我需要考慮考慮。

當我還在華府的時候，我接到另一通電話，這次是來自五角大廈。我將與一名叫做約翰・凱斯特（John Kester）的人會晤。他的頭銜有裹腳布那麼長：「國防部長暨副部長特別助理」。我得知他是名有野心、精力旺盛的年輕律師，與國防部長哈諾・布朗（Harold Brown）關係親近，而凱斯特的精明作風經常讓五角大廈掀起波瀾。

凱斯特的大辦公室在E迴廊，即艾森豪迴廊，就在國防部長辦公室的隔壁。他確實很年輕，只有三十八歲，這個年紀並不容易建立良好的從屬關係。約翰・凱斯特很性急，他開門見山地說，他與國防部副部長查理斯・鄧肯（Charles Duncan）兩人為布朗部長主持大局。他也不避諱地表示自己的職務實際上等於是參謀長，決心要主控大權，甚至要監督三軍參謀首長聯席會議主席。凱斯特成立一個四名軍官的小組來協助他，他要我以行政助理的頭銜來主持這個小組。

到目前為止，在這首次晤面的談話裡，都是凱斯特在說。最後，輪到我說話了。我問道：「你為何會找上我呢？」

凱斯特回答說：「我查過你的底細，聽到的都是好事情。」他取得一本包括我在內的六名軍官名錄，這六人原本是國防部高級軍事助理職務的候選人。結果，這個職務落到了空軍上校卡爾・史密斯的手上，此人後來在關鍵時刻曾再度與我相遇。凱斯特用這本名錄來徵召自己的軍事助理。他對我的白宮研究員資歷、到過越南服役，與出任戰場指揮官等經歷印象特別深刻。

「我也查過你的底細，而我聽到的事都不太好。」我帶著微笑說。他對我的坦率直言顯然感到很有趣。這是好預兆：他不要找個唯唯諾諾的人。結束面談，我回到坎培爾堡。

現在有兩個工作機會，但是我都不想要。偏離正軌的工作我已經做得夠多了。我的願望仍然是從旅長升到第一〇一空降師的參謀長，讓華府把我忘掉吧。回去以後，曾任職於國防部長辦公室的魏克漢將軍想要知道艾森豪迴廊的近況。他也明白表示我不可能成為他的參謀長，身為旅長，我年資尚淺，同時也不是飛行出身，而那是想要升任參謀長的一個重要條件。魏克漢還說：「此外，我瞭解制度的慣例，陸軍不會把這種重要的職務留給我們的。」然而，對我應該選擇哪一個工作，他也不願意提供意見。

基於這個忠告，我打電話給另一個好朋友卡爾．渥諾，他是我在迪普時期的同事，現在已升任准將並且在陸軍參謀長伯納．羅傑斯手下做事。我表示只要參謀長認為我該去哪裡，我聽命行事。卡爾替我向羅傑斯詢問，回答是：要鮑爾到凱斯特的部門。凱斯特與羅傑斯在某些立場針鋒相對，如果在凱斯特部門裡面安排一個陸軍的人，參謀長認為應有好處。向布里辛斯基表示歉意之後，我便向約翰．凱斯特報到，開始工作。

為此，全家從坎培爾堡再搬回到華盛頓地區。我們在維吉尼亞州郊區的菲爾費斯郡的柏克中心蓋了一棟房子，它把我們從戴爾市賣掉房產所賺來的差價全都吞噬掉。我們的新家較靠近首府，在華府房地產市場，「靠近」兩字是個神奇的字眼。在當時，同樣的房子只要靠近市區一公里，價差就達到一萬美元之譜。

坎培爾堡的一名旅長對於國防政策的瞭解程度，大約與堪薩斯州的汽車經銷商對通用汽車公司董事會內部的瞭解程度相當。我即將去探索這些奧祕。約翰．凱斯特把我安排在大辦公室套房外面的一間小辦公室裡。從這個有利的位置，我可以好好的觀察這個人。他是個瘦高的人，平常有規律的慢跑以維持身材，他說話語調高亢，偽裝出威嚴的態度。我對這個人產生了興趣。雖然他語言乏味沒啥格調，不過倒還是個雅好文藝的人，經常有古典音樂從辦公室裡面流瀉出來。有的時候我會聽到他操著法語講電話。此人閱讀甚廣，下筆清楚有條理，你絕對不會懷疑他是名律師兼政府官員。

凱斯特也是一名玩家。我很快便發覺，五角大廈的大權幾乎操在他手上。部長哈諾．布朗是醫生出身，在詹森時代曾任空軍部長，並擔任國防研究計畫部門主任，在接任國防部長之前，擔任加州理工學院院長。雖說布朗做出最後決策，不過，凱斯特經過縝密的安排，任何文件或任何人在布朗過目之前，都必須要過凱斯特這一關。

一般公門裡有簽收的公文盒，以及待送出的公文盒，而凱斯特有的則是遺忘地帶。有一天，我與凱斯特談話的時候，他正在翻閱一份文件，這份文件是一名國防部副部長

（譯註：美國國防部有多名副部長，包括首席副部長、主管事務的副部長等）提出讓部長做決定的公文。凱斯特把這份文件扔到他後面的箱子裡面去。那就是遺忘地帶。幾天以後，這份備忘錄的作者打電話來詢問下文，凱斯特的祕書把他擋掉：凱斯特先生現在不在辦公室裡。凱斯特先生正在接另一支電話。凱斯特先生正在跟部長開會。文件還在凱斯特先生的公事包裡。文件被送錯地方了等等。又過了好多天，凱斯特終於同意與這個沮喪的官員見面，談談這件事。凱斯特突然改變話題。你有沒有僱用上次我推荐的那個十分能幹的人？那名官員支吾半天，最後終於領悟了。他很抱歉，他還沒有時間處理這件事。他將立刻見這個人。凱斯特說，這樣才對嘛。當天下午，這份被長期拖延的備忘錄，才從遺忘地帶找出來，送到部長辦公室去。這就是凱斯特的風格，有賞有罰，一份給你一份給他（有時候兩份都是他的）。

另一回，凱斯特宣布說，在國防部長辦公室裡的十三職等，即中級管理階層以上，若是沒有布朗（實際上就是凱斯特）的許可不得升遷。另有一件事，他命令五角大廈裡的任何人不得私自聘用外面的人來擔任助理，除非經過他同意。

身為職業軍人與上校官階，我對三星或四星上將非常敬畏。但是約翰．凱斯特則不然。不只是因為他掌握了平民身分公務員的晉升大權，同時他也掌握了高階軍官的升遷。准將及少將的晉升，在形式上必須經過國防部長布朗的認可。而凱斯特非常謹慎的予以檢視。他同時改變各軍種三星及四星將軍，乃至於海軍中將的傳統推荐晉升方式。過去的方式是遇有缺的時候，由各軍種參謀本部推荐一名人選。不行，凱斯特說，現在他們必須提出兩名候選人讓國防部長來圈選。參謀本部當然不高興。羅傑斯將軍已經通知一名將軍，決定把他晉升為四星上將，同時出任美國本土武裝部隊司令部司令。凱斯特插進來說，哦不，給我們兩個提名人選。羅傑斯將軍照辦了。然後布朗部長、凱斯特與陸軍部長克里夫·亞歷山大（Clifford Alexander）好整以暇地審查這兩名提名人的資歷。羅傑斯將軍氣壞了。最後，布朗部長做出決定，但不是羅傑斯將軍心目中的人選。

這件事過了不久，我被叫到羅傑斯將軍的辦公室，被當成了出氣筒。「這是我在軍中三十五年來最糟的個人經驗，」羅傑斯說著，表達出他對凱斯特的不滿。「我實在不瞭解為何一個死老百姓的特別助理能夠推翻陸軍高級軍官的決定。」當他終於停下來喘口氣之時，我說話了。我說：「長官，我瞭解你的憤怒。但是凱斯特只是想把這件事的權責釐清，這應該是屬於布朗部長的範圍。而他必須要有選擇性。」羅傑斯當然知道個中原委，於是平靜下來。當我告退之際，他告訴我，早在他指派我去接任這個工作時，他就知道我會忠於凱斯特，即便相關決策不利於陸軍立場。

凱斯特在美國龐大的國防體系裡面取得人事、升遷與公務大權。他的門路與個人本身風格一致。乖小孩有糖吃，頑皮小孩遭處罰。他追求與運用權力並不是為了自己──

約翰・凱斯特的自我已不需再膨脹了——而是他堅信這符合他的老闆與卡特政府的最大利益。

凱斯特是政治三頭馬車裡的一匹馬。另外兩隻分別是湯姆・羅斯（Tom Ross）、主管公眾事務的國防部長助理，還有負責與國會聯繫、主管立法事務的國防部長助理傑克・史坦普勒（Jack Stempler）。每天早上，布朗都會與重要幕僚在他辦公室裡召開會議，我坐在房間後頭，像隻蒼蠅一般靠在牆壁上面，旁邊是個古董級的鐘，它每半個小時會報時一次。

國防部長確實需要這些專家。哈諾・布朗部長很聰明，是卡特總統內閣裡面不錯的一員，但是這個醫生知識分子喜歡案牘勝過於人。史坦普勒有一次告訴我，他與布朗從小就認識了，他說：「他媽媽必須把他趕到門階上去玩，哈諾卻只想回家裡讀書。」況且，我總是認為，如果我們把文件從他辦公室門縫底下塞進去，免得打擾他專心看書，他一定會非常的高興，因為這麼一來，他就可以埋在書本裡面，或是思考他的新理論等等。就連他老婆柯蓮如果想和先生一道吃晚餐，也得到辦公室來和他會合。因為哈諾在這裡津津有味地埋首書堆，或是密密麻麻的寫些像象形文字的小字。

哈諾・布朗在哥倫比亞大學取得博士學位。傑克・史坦普勒在政治實務上面的學位則是從巴爾的摩後街上修來的。一天早晨，部長召開會議時埋怨，一名國會議員惹他生氣。布朗抱怨說，這個人是名偽君子。某日他告訴你這樣，隔天他卻又那樣。布朗宣布說：「我不要再和這傢伙有任何瓜葛了。」史坦普勒說：「好吧，哈諾。你可以不和他來往，感覺好點了嗎？不過這些國會議員是人民選出的代表之一，你需要他在軍事委員會裡面投下贊成票。你必須要親吻他。你必須要愛他。事實上，我希望你明天能和他一起吃午餐。」布朗哀叫連連。約翰·凱斯特附和說，如果這樣還不能贏得他的心，我們只好在他的選區裡優先設立一座軍事基地了。又有一回，布朗部長被《華盛頓郵報》一則新聞搞得不愉快，他認為這則報導不公平。布朗說：「我要寫封信給編輯。」湯姆·羅斯這名公關人員說話了：「這次免了吧，他們歡迎你這樣做。這正中他們下懷，好讓這則新聞更加生動。哈諾，你跟一隻豬玩摔角時，豬覺得好玩，你卻會搞得一身泥。」布朗還是堅持要寫信。湯姆持續勸說：「哈諾，認命吧。千萬不要和這些經常舞文弄墨的人鬥。」

我坐在那裡記筆記，想著如果說國家戰爭學院是我的軍事政治教室，那麼這裡就是我的實習場所了。

失怙

一九七七年的耶誕節快要到了，我與姐姐梅芮琳取得聯繫。她和丈夫諾曼終於受夠了紐約州北部的冬天，已經從水牛城搬到南加州。我力邀他們東來度假。在過去一年裡，我注意到父親的變化，這個以前像個地主般在他那一小塊領土上嬉遊的人，如今寧願整天坐在家裡；原本滿口天花亂墜的人，現在變得可以連續幾個小時不說話。我認為今年大家應該團聚過節比較好，結果這卻是個快樂但沉默的耶誕節。很明顯的，父親已經由現場指揮官的角色退居旁觀者了。

兩個月過後，一九七八年初，我回家陪母親去看父親的醫生。醫生開門見山地說，父親得了肝癌，是末期的，只有一年甚至更少的時間可活了。母親很難過，哭得很傷心。她與父親之間的感情許久以來都不輕易流露，對於母親這樣的情感崩潰，我很訝異。父親的身體狀況持續惡化，此時，我幾乎每週都在華府國際機場與紐約拉瓜狄亞機場之間穿梭。

四月二十二日星期六，我回到艾蜜拉大道看父親，他已臥床不起，就睡在我以前的房間裡。醫院已無能為力，只好把他送回家休養。他躺著的床對我有很重要的意義，那是我在斯克舍家具店做事時，以員工折扣價買回來的，是我對家裡首次做出的貢獻。衣櫥上面貼著兩張父親喜歡的照片，一張是梅芮琳高中畢業照，一張是我在格漢森任少尉時照的。

母親和長期房客貝爾小姐為父親換床單，自從我和姐姐離家後，貝爾照料父親起居近二十年。他大小便失禁。這樣一個自豪的人，無助地躺在那裡，讓兩個女人為他翻身，而兒子站在門口觀看。當她們為裸身的父親翻身時，母親說道：「你看看，我們結婚這麼多年來，我從來沒有像現在這樣經常看他的裸體。」我笑了出來，母親也開始笑，貝爾小姐更放聲大笑起來。我看到父親的唇邊也閃過一抹笑容。這是永不屈服的牙買加家庭精神，不管哀傷還是快樂，永遠保持幽默感——淚珠也一邊滾下我的臉頰。她們為父親擦身以後，並拍鼓枕頭，把房間消毒，然後離去。經過一陣不知所措的沉默之後，我開始跟父親說話。我一直不斷說著，終於，他掙扎著集中精神，想說些什麼。我靠向前。他指著頭呻吟著說：「柯林，這裡面已經沒有東西了。」這是我聽到父親所說的最後一句話。下一個週六，他去世了。拉拔我長大的這個人走了。

母親在哀痛之餘，仍然不改吝嗇本性。我們處理父親的遺產，除了那輛六四年的雪佛蘭汽車。我問說是否可以把車給我。母親說，當然可以，於是她給我那部車，還向我要了四百美元。

約翰・凱斯特服侍兩個老闆，除了部長之外，另一個是首席副部長，五角大廈的第二號人物，查理斯・鄧肯。他雖然是民主黨人，可也和一堆共和黨人士交好。他的商業經歷曾是擔任可口可樂公司總裁，家境相當富裕。鄧肯既機靈又可愛，每天主管部內事務，和四個軍種的部長打交道，與承包國防業務的商人來往，在國會耍政治手腕也非常有一套。

鄧肯的軍事助理喬・派拉史特拉（Joe Palastra）像我一樣步兵出身，且曾在迪普將軍手下做事。「我討厭這個工作。」喬不只一次這樣跟我說。他喜歡跟鄧肯做事，但是五角大廈的事情他不愛做，他也想回部隊去帶兵。喬最近才晉升少將，並且將接任師長，鄧肯卻表示不肯放人，除非找到適合的接替人選。軍事助理的職位至少是准將階級，喬希望我能夠很快出現在晉升名單當中。接下來，喬詢問我是否願意暫別每天艱苦的例行工作，稍微休息一下，因為在十月份副部長鄧肯要到伊朗、沙烏地阿拉伯、肯亞和埃及等國旅行，我可以跟他去。他表示，這次的旅行已經跟鄧肯與凱斯特都報告過了；我覺得我被設計跟著去「試用」。喬・派拉史特拉，這名戰士，已經變成了「仲介者」。

伊朗是美國在中東的堡壘，位居產油國的中心。伊朗也是蘇聯所覬覦的通往波斯灣溫水港口的必經道路。那時伊朗的統治政權是美國堅定的盟友——巴勒維國王，他相當受人民愛戴，因此我們深信他將帶領伊朗人民進入現代化。為了確保他的政權，美國供應伊朗現代化武器。鄧肯訪伊朗的目的，表面上是為了衡量這些武器在該國軍隊是否能有效地統合運用。但是伊朗國內出現反對勢力，一名被放逐到巴黎的狂熱回教基本教義派領袖柯梅尼，呼籲百姓推翻國王。鄧肯到伊朗的同時，也想親自看看我們的盟友如何維持政權。

一九七八年十月二十三日，我們飛到德黑蘭，受到美國駐伊朗軍事使節團代表菲力普·賈斯特（Philip Gast）少將的歡迎。我們同時會見了一批伊朗將領，他們佩戴勳章的威風模樣看起來很神氣，而且都能說流利的英語。在軍官俱樂部享用了一頓豐盛的全羊大餐之後，我們站到閱兵台上檢閱伊朗精銳部隊，所謂的「不死隊」。他們全身穿著制服，戴圓扁帽，腳上是有梯形蕾絲花邊的閃亮皮靴，雄糾糾氣昂昂地通過閱兵台。我旁邊的伊朗軍官解釋說：「他們為了保護國王，忠貞不二，『不死隊』會戰至最後一兵一卒。」

我們到伊斯法罕這個古文明城市參觀，正在觀看有幾世紀歷史的遺跡之際，有架美國提供給伊朗的全世界最先進戰鬥機F-一四，像閃電般劃過美麗的清真寺上空。在另一個場合，當地的軍官正在招待我們時，我聽到從街道上傳來熟悉的砰砰聲。像是機關槍的聲音，但是我們的主人卻裝做沒聽到。

接下來，我們到希拉士市F-一四駐紮的軍機場，其設備的精密程度與在美國本土的機種一模一樣。我坐在一位年輕的美國海軍上尉旁邊，他是來負責教導伊朗人的指導教官。我問他，這些伊朗空軍到底有多好？起初他有點侷促，後來便滔滔不絕地說出來了。「在F-一四上面只有兩個人，卻也分成兩種社會階層。」他說，飛行員出自伊朗上流階層，他們能夠駕機起飛、瞬間加速、低空掠過，然後讓飛機降落回到地面，「可是，天知道，上校，我只要一週就能教會你這些把戲。」在F-一四上面真正重要的角色是武器系統官，價值數百萬美元的全世界最先進航空科技與射控系統都由此人操控；但是，這個重要但比較幕後的工作，卻由相當於准尉的階級來做，他們都是出自受教育較少的較卑微階層。上尉告訴我說：「等這些傢伙能真正掌握這種精密科技，差不多需要兩代的傳承。在這之前，你所看到的飛機都只能算是半架而已。」當這些飛機在我頭上呼嘯而過時，我不禁想到，難道這種飛行秀，也算是空軍的「打開槳硬」嗎？

當晚，我到旅館大廳與鄧肯碰面。我們預定要參加由伊朗空軍在司令官家裡所舉辦的正式晚宴。一名穿著體面的武官跑來，不斷向我們致歉，說我們不能離開旅館。基本教義派的暴徒與警察已爆發戰鬥，希拉士市區的街道不安全。

第二天，我們飛往沙烏地阿拉伯。我望著停在地面上的F-一四戰鬥機，想起指導教官告訴我的話。我想起前一晚街道上的暴動，開始懷疑：查理．鄧肯和我看到的是伊朗的實質，還是只看到表面而已？

我們在沙烏地阿拉伯達蘭市的空軍基地簡報室裡，聆聽指揮官指導飛行員，此時有一名穿件飛行衣，打著方格紋領巾的沙烏地軍官，推開門大跨步走進來。他只是一名少校，但是他的出現立即引起全場的注意。他被介紹給我和鄧肯，「班達少校」。我見到了第一位沙烏地皇室成員，班達王子，他是國防暨航空部部長之子、法德親王的姪子。後來他還成這個石油王國駐美的大使。

在首次見面過後一年，班達赴美就讀約翰．霍普金斯高級國際研究學院，並且住在華府。我們開始一塊到五角大廈軍官運動俱樂部打回力球，他和我一組對抗鄧肯與大衛．瓊斯（David Jones）將軍。瓊斯是當時的參謀首長聯席會議主席。我記得班達王子在五角大廈軍官俱樂部打完球出來，他揹著一個運動袋，在肩膀上晃盪著。此時一名助理出現，幫他扶住袋子，然後王子把手伸入袋內，取出一罐可樂來。我想，當王子真好。在後來的幾年裡，我們經常共事。我們之間巨大的社會階級鴻溝開始縮小，直到我這個來自南布朗區的小子與他這個來自皇室的王子關係親密到接近世俗的地步。

一九七八年跟隨鄧肯出國旅行包括到肯亞停留，這是我第一次到非洲。除了異國風情之外，這裡對我並沒有特別的吸引力。我的黑人血統來自於西非，尋根的感情衝擊後來才發生。

登台拜將

旅行歸來不到三個月，一九七九年一月十六日，巴勒維國王被逐出國內。我在《華盛頓郵報》上面看到一張照片，曾經接待我們的前伊朗將領赤身露體地被處決，四仰八叉地陳屍在門板上。那些飛行准尉倒戈到敵人陣營，「不死隊」也沒戰至最後一兵一卒，在戰鬥初起的第一天，他們就像水晶高腳杯一樣的破碎了。這更加深我對所謂的菁英及精銳部隊的懷疑。我提醒自己，凡事要深入瞭解，不要只看表面，也不能因為可能看到不喜歡的而退縮。在伊朗，我們是投資於單一的個人，而不是對這個國家，昔日的努力到最後全部化為烏有。巴勒維國王倒台，我們的伊朗政策也隨而崩解。我們投注數十億美元，只是把情勢變得更為惡化，甚至還滋養出直到今日還繼續不斷跟我們作對的基本教義派政權。

鄧肯和我旅行回來，我的狀況沒有什麼變化，日子乏善可陳。但在一九七八年十二月的某一天，鄧肯經過我的小辦公室前面，在走進凱斯特的辦公室之前，他對我眨眨眼、揮揮手。一分鐘後，凱斯特叫我進去。我看到這兩人對我露齒而笑。凱斯特說道：「恭喜，你要晉升准將了。」在我還沒來得及反應之前，鄧肯又說：「而且我要你來當我的軍事助理。」

從中校晉升到上校是一大進展，而從上校到准將可是大步躍進。我對這次的晉升可冷靜不下來，我高興地像是耶誕節早晨的小孩子一般。我把母親請來華府參加授階典禮，叔叔嬸嬸表兄弟擠滿了柏克中心，家裡像菜市場般嘈雜。母親緊張的像個新娘，不時要艾瑪幫她整理頭髮、熨衣服、挑禮服，彷彿是她要接受這顆星星一樣。

正式的晉升典禮於一九七九年六月一日在國防部長雅致的餐廳裡舉行。這是特別為我及布朗部長的軍事助理卡爾·史密斯上校所舉辦的。我走進房間裡，看到滿屋子都是親友，還有來自過去服務基地的老同志，甚至於預備軍官班的老同學。查爾斯·鄧肯，現在是我的老闆了，他欣然地為我授階。這個場合獨缺的是爸爸——然而，我覺得他必然在天上某處，趾高氣揚地對著其他靈魂說：「當然啦，不然你以為我兒子是什麼。」

布朗部長的禮賓官空軍中校史滔特·普恩斯（Stuart Purviance）獻詞，取自亞伯拉罕·林肯所說的一段話。在南北戰爭時期，陸軍部的一名電報報務員有一天報告總統說，南軍虜獲了北軍一名准將與一些馬匹。林肯當時對馬匹表達出較大的關切，讓這名報務員感到驚異，針對這點，林肯釋疑說道：「我可以在五分鐘之內就創造出一名准將來，但是要培養出一一〇匹馬，卻不太容易。」這段話就是普恩斯的獻詞。在獻詞的後面，普恩斯附了一封信，上面印著：「十年之後再打開。」我遵照指示辦理。十年後的一九八九年，我已成為三軍參謀首長聯席會議主席，打開這封信一看，裡面寫著：「你將成為陸軍參謀長。」這段由林肯所說的名言，一直跟隨我到每一個職位，因為它是治療自我膨脹的良藥。

正式典禮過後，鮑家大宴賓客，外燴餐食一百五十人份。母親認為這樣做太過浪費。在家裡有節慶的時候，她與親友都是自己下廚的，不過她還是很高興地接受了這件事。這次的晉升，讓我以四十二歲之齡成為全陸軍最年輕的將軍。我的孩子們很高興，親友們也喜氣洋洋的。我當然很興奮，並希望艾瑪也能高興。這將是個很大的改變，因為我一直跟她開玩笑說，每一次她面對我的成功時，不管是大是小，她都能控制住情緒。當我以第二名的成績自李文渥斯畢業時，她說：「很好。但是我還是認為你應該更好。」有個不容易滿足的太太，對於保持衝勁總是有幫助的。無論如何，在柏克中心當晚，艾瑪也很高興。

新科將軍要參加一項像是「新娘學校」的儀式，一連串指導活動，由陸軍參謀長羅傑斯將軍主持。我們一共五十二人齊集在五角大廈一間會議室裡面，聽到一段我永難忘記的訓話。羅傑斯將軍先恭禧我們，然後開始展望我們的未來。他說：「讓我告訴你們，這個階層的競爭有多麼激烈。假定你們明天全部登上飛機，消失在大西洋上空，我們再找來五十二名上校取代你們，這五十二人絕對會和你們一樣的優秀。不會有什麼差別。不但如此，你們大多數人必須要接受這是最後一次晉升的事實。因此，盡你們最大的努力，讓前途能更為光明。」我們之中一半的人可能升到少將。頂多十人可做到中將。約有四人能升到四星上將。他為我們感到驕傲，希望我們能做得很好。不過他同時警告我們這個軍階所帶來的試煉，「你們之中一些人的前途將停滯不前，因為你認為這顆星讓你能夠超過規範，成為自吹自擂的騙子。某些人則因無法盡到責任，而就此到頂了。還有些人會因為老婆開始表現的像是升上將軍一樣，造成前途受阻。我可不是隨口胡謅的。」羅傑繼續說，「我所說的每件事都可能發生在這個房間裡的人身上。」之後，他祝福我們事業成功並有好運。後來的這幾年，大多數的新科將軍都能如羅傑斯將軍所言，表現出真正的信心，我也看到有人證實了他的預言。

查爾斯．鄧肯和我很快成為朋友。我們幾乎每天都打回力球，我們一同出國旅行，偶爾還一起喝酒。有一晚，當我準備要下班時，他要我等一會兒，卡特政府將有人事變動。卡特總統到大衛營度假，並思考一個問題，他認為國事似有不適，決心提振國內低落的情緒。提振士氣的作法之一是內閣改組，包括替換幾個重要職位，如衛生教育與福利部部長約瑟夫．卡利佛諾（Joseph Califano）、能源部長詹姆斯．斯勒辛格（James Schlesinger）。

我在鄧肯辦公室裡的沙發上坐下來，等著聽他要說什麼。他說道：「柯林，我要走了。總統要我接掌能源部。」我很遺憾聽到這事，但是坦白說，我看到了一線曙光。這是我脫離五角大廈智囊團回到陸軍的機會。查理斯繼續說道：「我要你跟我一同去。」老天！我的現職已經偏離陸軍正軌，而這次等於是走上完全不同的路了。我正要拒絕時，他舉起手來說道，已經都安排好了。他已經和陸軍新上任的參謀長「害羞」愛德華・梅耶（"Shy" Evward Meyer）將軍講好此事。鄧肯保證說，等到他在能源部占穩腳步就讓我走。我沒有選擇餘地，只有接受了。

能源將軍

到能源部的新班底裡面，包括了國防部的高級顧問狄安・西默（Deanne Siemer）。她是位能幹的人，我對她有極高的評價：她與約翰・凱斯特足堪比擬。狄安將重組整個能源部，而我為她組成智囊團。同時還有個不能明講的任務。由於我在國防部是出氣筒的角色，故而我在能源部也成為鄧肯與西默之間的緩衝劑。

新班底裡面還有一名精明、有雄心的律師名叫伯納德・魯伯（Bernard Wruble），他對我的處事哲學有很大的影響。有一天，另一名能源部的律師因為失掉職位而大怒，並造成一場激辯。這時魯伯走過去對他說：「你法學院裡必然學過：千萬不要讓你的自我與主張混為一談，因此當你失去主張時，也不會同時失去自我。」這番話一直跟隨著我。

自從我在長島市的百事可樂裝瓶工廠裡做事之後，這是頭一次我做純粹老百姓做的工作。能源部是由過去的原子能委員會、聯邦能源管理局，以及其他三個原本是獨立的單位，所湊合起來的。就像不同婚姻所生的子女，生活在一起，但是卻不快樂。然而，國會卻喜歡這個新的組合。能源部在全國各地贊助實驗性的能源開發計畫，以挽救西方文明。計畫包括有太陽能風車、太陽能鏡、石油天然氣、頁岩油等等。能源自主的黃金權杖在各地遍撒聯邦基金。

我組織的智囊團，實際的功用是決定誰該解職、誰該留下。我總是被分派做這種不愉快的事情，好讓鄧肯不必扮黑臉。所幸的是，經過兩個半月以後，鄧肯的權力已抓得很緊了。我做完我那部分的事，於是告訴他我急於離去。鄧肯很大方地放我走。離開能源部很容易，離開鄧肯卻很難。我們的個性很合得來，都深信盡力工作、盡情地玩、嚴肅地面對工作——但是不包括自己。我受頒能源部長服務績效獎章，當他為我別上獎章，兩人眼裡都含著淚光。

能源部這段經歷，讓我的名字首次登上全國性新聞雜誌。《新聞週刊》在一九七九年九月三日出版的那期裡面，描述我是哈諾·布朗的「怪傑」，轉入能源部從事能源界的「精神戰爭」。哇！

我想回到陸軍的希望又泡湯了。前海軍部長葛拉翰·克雷托（W. Graham Claytor）接替鄧肯的職位，成為國防部裡的第二號人物，克雷托要我回去當他的軍事助理，與他現在的助理海軍上校傑克·鮑德溫（JackBaldwin）共事。由於克雷托出身海軍，又有一名海軍助理，因此陸軍參謀長「害羞」梅耶將軍認為，在克雷托底下安排一個陸軍的人，有策略上的意義。我的脫逃之路又被封死了。

葛拉翰·克雷托是個出身於老式學校的六十七歲紳士，偶爾有讓人害怕的壞脾氣。他畢業於哈佛大學法學院，在最高法院當過書記官，後來是華府知名的律師，在管理南方鐵路公司的時候，在事業上獲得很大的成就。火車是他的最愛。他收集了很多無價之寶的玩具火車，並且把它們擺在喬治城的家裡，從地板排到天花板都是。其中有不少還是十九世紀的古董。我第一次和克雷托見面是在他當海軍部長的時候，我還在鄧肯手下做事。當時航空母艦沙拉托加號（Saratoga）預定要做一番可觀的全面翻修，海軍方面徹底地分析此事，認為最有經濟效益的做法，是拖到維吉尼亞州諾福克的海軍造船廠去做。身為海軍部長的克雷托贊成這項建議。然而當時的副總統華特·孟岱爾，並不像他在公開場合那樣表現的像個謙沖紳士，他聽到此事就打電話給鄧肯說，這其中顯然有一些誤解。他在一九七六年的大選時，曾答應費城民眾把沙拉托加號送到費城去重造。麻煩就這樣發生了。

鄧肯是個現實主義者，他把我叫進去說：「我要你躲起來，然後想出一番大道理來說明，為什麼船要到費城翻修而不要到諾福克去。」我對海軍及造船一無所知，這個任務對我來說等於是寫作文抓瞎。我盡了最大的努力，幾天之後我交給鄧肯一份單行打法的三頁申辯報告，說明沙拉托加號應該到費城去重造。

接下來的事便是葛拉翰·克雷托跑來，十六吋巨砲開火了，他把我的報告擲到鄧肯的桌子上。他說，海軍的專家對於在那裡重造母艦做出專業判斷，而他支持他們的結論。他是海軍部長，不希望這個決定被推翻。克雷托說道：「是我，是我要到眾議院軍事委員會面對他們的質詢，申辯為何原先我決定要到諾福克去翻修，現在又有所改變。」鄧肯試著讓他冷靜下來。查理斯說，他們都是通曉人情世故的人，瞭解遊戲規則。而政府選擇了費城。

克雷托暴躁地抓起我的報告回辦公室，告訴他的海軍專家再做一份與先前結論完全相反的報告。維吉尼亞州的國會議會聽到此事，大叫道：「卑鄙！」而正如克雷托所害怕的，他必須去國會為國防部的新立場做辯護。我很驚訝。他在國會的辯解是如此地具有說服力，以致於讓人覺得把沙拉托加號送到費城是唯一的選擇，別的地方都不理想。千萬不要讓你的自我與職位混為一談，等到你失去立場時才不會同時失去自我。克雷托這個老律師，深諳此道。當沙拉托加號駛進費城造船廠時，站在空橋上面觀看的正是副總統孟岱爾。

沙漠一號

一九八〇年四月二十四日星期四，華府晴空萬里。我如往常一樣早晨七點鐘到達辦公室，葛拉翰・克雷托已經到了，卻愣坐在那裡。一整個上午，我感覺得出來艾森豪迴廊充滿緊張的氣氛。克雷托不斷從會議中溜出來，並進到布朗部長的辦公室，他要我們躲遠一點，說道：「部長不要任何軍事助理牽涉到這件事裡面。」我們也不知道所謂的「這件事」是什麼。當晚，我和其他通勤上班的人一樣，忙到三更半夜才下班開車回家。

第二天早上七點鐘，一堆早到的人擠在副部長辦公室裡的電視機前面，卡特總統臉色蒼白地宣布前一天所發生的事情。美國展開一項行動，試圖營救被伊朗「學生」囚禁在德黑蘭美國大使館裡面，長達五個月的五十三名美國人質。總統宣布說，這項營救行動已然失敗了。「是我決定進行這項行動，」卡特繼續說道，「發生問題之際，也是我決定取消計畫的。我應該負起全部的責任。」

經過了一段時間，營救行動的始末才逐漸為外界獲悉。這項名為「沙漠一號」的軍事行動，動用八架海軍RH-五三型直升機、六架C-一三〇力士型運輸機，以及一支從四個軍種徵調來的突擊隊武力；多數為陸軍傘兵。他們出發前往遙遠的伊朗大鹽漠（Dasht-Kavir）。計畫是直升機依序飛往靠近德黑蘭的集結點，地面的美國情報人員會提供卡車，把突擊隊員載往美國大使館負責擊敗守衛。接著直升機再從集結地點飛來大使館的院子裡，把人質載往附近一個先行攻占了的機場，轉搭力士型運輸機奔向自由之路。策畫者估計要圓滿完成任務，八架直升機裡面至少需要用到六架。然而還沒有飛到大鹽漠的集結地點之前，就有兩架直升機因為機械故障而拋錨了，另外又有一架在抵達之後液壓出了問題。總統得到報告之後，當即決定中止營救行動。到這個階段為止，「沙漠一號」行動還不能算是一件公開的糗事或人類的悲劇，事情還沒完呢。有一架直升機在回程的時候進行加油，它的螺旋槳打到一架C-一三〇的機身，兩架飛機皆告起火。機上的彈藥爆炸了，八人當場死亡，四人嚴重燒傷。

我從未聽過關於沙漠一號的耳語。由於我在越南、韓國與第一〇一空降師有過豐富的直升機作戰經驗，因此我對於這次行動的策劃與指揮方式感到訝異。直升機的容易生變眾所週知。對於這種需要人員與裝備的任務來說，應該調度遠較八架還要多很多的直升機做為預備隊，以確保其耐空性能的發揮。「沙漠一號」行動在人員調動方面也犯下錯誤，從四個軍種當中「挑選」出的隊伍摻雜在一起，只為了這一次的任務，造成人員使用別人的直升機。再加上指揮系統、通訊、天候預報及安全方面等的缺失，導致這次任務的失敗。奉派前往伊朗沙漠的戰士，他們的勇敢無庸置疑。但是，軍隊需要的不只是英勇而已。結果，任務失敗了，他們付出了性命做代價。三角（Delta）特種部隊指揮官查理斯・貝克（Charles Beckwith）上校說的好：「你不能從一個單位裡面挑出幾個人，然後把他們和其他單位的人混在一起，再給他們別人的裝備，並寄望他們能取得高水準的戰果。」後來我自己面對更高層次的戰鬥行動規劃時，我記起貝克的話。你必須要有全盤規劃、訓練官兵成為一個整體、讓軍事力量與政治目標結合、取得一切必要的裝備然後再寄望，而不是依賴老天保佑。我把沙漠一號的成功率定為百分之一。有勇無謀的軍事行動只有這麼一點點的機會。而這次的失敗對卡特政府的根基卻可能造成致命性的損傷。

我覺得政府處理這個事件的溝通手法，真是差勁得一蹋糊塗。我在窮極無聊的時候，曾經寫過〈災難處理指南〉這樣的詼諧文章，內容如下：慢慢地說出事情真相，要在消息已經洩露給大眾知道以後才公布。等到被逼急了才能全盤托出。強化好的部分，婉轉淡化壞的部分。有人指責判斷錯誤時，要表達出憤怒之情。對於自己責任範圍以外的事實，則表示輕視的態度。別人對指揮能力的臧否，要把它說成是馬後砲。最後，再把總體的責任歸於自己，卻將過錯全部推給下級。

我們的老百姓領袖終於體認到未雨綢繆的重要性。七年之後的一九八七年，國會不顧國防部的反對，立法創設了美國特別行動指揮部（SOCOM），由一名四星上將指揮。這個特別行動指揮部提供了「沙漠一號」當中所缺少的計畫、協調與監督能力。在為巴拿馬重建民主的「正義之戰」以及一九九一年波斯灣戰爭裡，我們可以看到這些未雨綢繆的努力成果。

後來的八個月時間我都在為葛拉翰．克雷托做事。所有在五角大廈遇到的上司我都很喜歡，也很尊敬，不管是凱斯特、鄧肯還是克雷托。接近一九八〇年總統大選的時候，我真是百感交集。一九七六年我支持吉米．卡特，這回，我不能再支持他了。卡特政府任期裡出現兩位數的通貨膨脹，而且伊朗美國人質事件處理不當，有辱國格。「沙漠一號」的失敗是一個軍事上及心理上的災難。不可否認的，在國家安全紀錄方面倒不算壞。在哈諾．布朗的監控之下，幾乎所有的武器系統都有長足的進步，波灣戰爭時期都達到成熟的地步。這些開創性的作為，布朗的部屬，主管研究與工程的副部長威廉．培瑞（William Perry）居功厥偉，後來他自己也榮任國防部長。但是整體而言，來自白宮的抗拒卻與軍事專業不能配合。放棄B-一轟炸機計畫是明智之舉；然而其他方面的削減軍力卻傷害甚巨，以致於陸軍參謀長梅耶將軍到國會抱怨變成了「空洞的陸軍」，同時也給予雷根在競選策略上面一個有力的訴求。卡特收回裁減軍力的大刀，開始重建國防武力，但是為時已晚。一九七九年十二月蘇俄入侵阿富汗，讓卡特政府預期東西和諧時代來臨，而防禦可以放鬆的說法，顯得非常幼稚。

在此時期，軍士長雷・賓那維戴茲（Roy P. Benavidez）的故事對我來說，等於是不關心軍中的典型事件。賓那維戴茲獲得了陸軍次高的榮譽勳章——傑出服務十字勳章，因為他於一九六八年英勇地援救出八名受困的特種部隊，而且還負傷九處。幾年以後，根據其他的證據顯示他的英勇事蹟，他的勳獎層次升高為榮譽勳章。這項軍中最高榮譽例由總統頒發。在當時，此事或可鼓勵已然低迷的軍中士氣。但是自一九七六年核准頒發此項榮譽之後，四年的時間裡，卡特總統都沒給賓那維戴茲別上那枚勳章。

一九八〇年的十一月，我再度以缺席投票的方式，將投給隆納德・雷根的選票郵寄回紐約。我知道在總統大選時，軍官不投票以保持中立，甚至剝奪自己登記成為最高司令官的優先權。這對我來說太過分了。我也是屬於分割投票，我一點也不猶豫跨越黨派的界線，這正是我表達無黨派色彩的方式。

快刀出馬

隆納德·雷根輕易地當選。在五角大廈，我們等待別人來收拾殘局。誰將是下一任的國防部長?大選過後不久，雷根的移交小組出現在國防部。部裡的老人警告我說，在完成移交之後，會跟著出現一些可預知的把戲。獲勝的年輕新手將進駐到被指定的工作崗位，打幾個蠻横專斷的電話給無力的領導階層，要不然就是把他們視為痲瘋病患避而遠之。畢竟他們是敵對派系的，而且他們輸了。他們能怎麼樣?新來者會受到原本不滿者的歡迎，這些人會迫不及待的告訴他們原先的部長有多差勁。由於這些抱怨者與輸家處不好，移交小組會認為他們必然知道他們是在訴苦。他們對於這些不滿者為何會過苦日子，根本毫不關心。吐苦水的話也只是隨便聽聽而已。不管有用沒有的人，統統都不要了。

改朝換代對五角大廈所帶來的第一波衝擊，來自於移交小組頭子威廉·范·克里夫（William Van Cleave）。他與他的班底在迴廊裡，到處尋找各式各樣的不當情事，並且迫不及待地想要刺探機密的軍事計畫。他們準備了一本厚厚的移交清冊，包括必須改革的事項、待導正的缺點、要開除的人員等等。值此之際，新的國防部長還沒有被提名，范

·克里夫先生與他的小組在這裡的作為完全不為人知。

最後，謎底揭曉了，五角大廈激起一陣戰慄。凱斯伯·溫柏格，這位在尼克森時代出任衛生教育與福利部部長，以綽號「刀鞘」聞名的人，將接掌國防部。我們互相自我安慰，至少溫柏格是個管理長才。他與雷根很親密，他的快刀或許會讓部裡人事精簡，但是也可更強悍而有效率。

范·克里夫和他的移交小組，興高采烈地向新科部長展示一個嶄新、修理過的國防部藍圖。溫柏格很快便顯現出管理風格，他問范·克里夫何時能完成他們的工作，范·克里夫回答說明年六月。接著溫柏格向范·克里夫道謝，然後告訴他說已經「不再需要」他們的服務了。范·克里夫自己也嘗到了被驅趕的滋味，如同他把原先主政的官員趕走一樣。他不是溫柏格的人，他懂些什麼？滾吧。

一九八一年一月初，溫柏格自己的班底來了。其中之一是理查·阿姆塔格（Richard Armitage），海軍官校畢業，新近加入參議員杜爾陣營擔任幕僚之職。阿姆塔格年約三十，高大、禿頭、古銅色的皮膚，身體鍛練的像塊鐵砧，看起來好像他下週要出場參加世界摔角聯盟比賽模樣。我是他商談移交事宜的人士之一。我聽他說他在越南待了六年，這給了我們一個可以聊很久的話題。他還說他每天早上舉啞鈴，這方面我們就談不來了。

有一天我受命去協助另一名新來者，溫柏格的政務官主任。這個頭銜看起來應該是名頭髮灰白的前共和黨州議會主席，或者是一個急需工作的落選共和黨國會議員。結果我被介紹給一名只有二十出頭的年輕女性——瑪麗貝兒．貝姬（Marybel Batjer）。她父親是內華達的法官，她在加州貝克電話（Bechtel）公司曾與溫柏格曾經同事。貝姬小姐的政治啟蒙老師是內華達州的共和黨參議員保羅．拉薩特（Paul Laxalt）。她雖然很年輕，不過她的精明幹練與成熟程度超過了她的實際年齡，讓我很驚訝。

對於這些新來者，尤其是貝姬與阿姆塔格兩人，有件事倒是值得一提。不像先前的移交小組好像什麼都懂，他們知道新買的掃把可能會打掃的太乾淨。他們瞭解在部裡面有些基本的東西值得保存。他們也知道有一些人行事負責並且熟悉不少東西，不能把他們當場就解僱。他們心甘情願地向老手請益，而不是趾高氣揚地在迴廊裡昂首闊步。

由於溫柏格曾任預算管理局局長，同時我也以白宮研究員的身分在那裡服務過，因此在總統就職典禮之前不久的一天晚上，我被叫去引領溫柏格到五角大廈看看他的新辦公室。在他下榻的旅館大廳裡面，滿是衣著光鮮的共和黨人，洋溢著勝利的氣氛，迫不及待等著參加就職典禮盛會。經過櫃檯傳達以後，我直接上樓去找溫柏格的房間。溫柏格親自來開門，他的穿著無懈可擊拿捏恰到好處，舉止正式卻很溫和。他以極為文雅的方式熱誠歡迎我，同時奉承我說，他記得我在預算管理局的情形，而且很高興能與我再度共事。受寵若驚之餘，我不曉得那些話對我希望回到陸軍會有什麼影響。

這也是艾瑪的希望。她說出一些我沒注意到的事情；單純的軍中任務可以讓我更為放鬆、更有樂趣，也更有歸屬感。在陸軍，我與一票有著共同背景、回憶與價值觀的弟兄在一起。政治方面的工作容易產生挫折感、容易緊張。就以修車來做比喻，軍事如同引擎蓋底下的機械容易檢修，政治卻好比複雜的變速箱。調派到國外或許讓我遠離家庭好一段時間，在國防部坐辦公室卻也好不到那裡去。我在孩子們沒起床以前就出門了，回家的時候他們也都睡了。

一九八一年一月二十日，我和平常一樣早到辦公室。偌大的辦公室幾乎是空無一物，艾森豪迴廊裡一片不尋常的寧靜。這是改朝換代造成權力核心短暫的真空期。幾天以前，當葛拉翰·克雷托在整理桌子的時候，我與他閒聊。他與國防部其餘的民主黨政務官，打了一場雖敗猶榮的仗。我覺得他們並不會因為卡特的離去而受到迫害，至少從國家安全的角度看來是這樣的。在凱斯特、鄧肯和克雷托三個老闆之中，我比較喜歡克雷托；我尊敬他，我會懷念他。他很快就回到了他所深愛的行業，成為全美鐵路旅客輸運公司的總裁，為挽救美國鐵路運輸服務品質貢獻良多。

克雷托在五角大廈的最後一天，舉行了一項小小的頒獎儀式。最後，他握著我的手說道：「柯林，如果有一天你當上了三軍參謀首長聯席會議主席，不要覺得太意外。」

我記得當時這麼想著：這是個好心的恭維，但卻是不可能成真的預言。

第十一章 驚險萬分

人才是讓部隊成功的關鍵，尤其是具有天賦的指揮官。這個事實永遠不能被抹煞掉。我總喜歡這樣說，領導統御是把管理科學所得到的可能性發揮到極致的一門藝術。

在總統就職典禮過後，我走過國防部長辦公室門口，看到熟悉的身影走進門廳。他有著像摔角選手一樣結實強壯的體格，沒穿外套，襯衫袖子捲起來，看起來與五角大廈的格調相距甚遠。我說道：「卡路奇先生，歡迎到部裡來。」他停下來，「哦，對了，柯林．鮑爾，」他帶著微笑說道，「我記得你在預算管理局做過，很高興見到你。我想，你將要做我的軍事助理。」

從我們在預算管理局開始共事那年開始，法蘭克．卡路奇在華府政治神經中樞裡面快速竄紅。一九七五到一九七八年間他是駐葡萄牙大使，當時美國政府擔心該國將從右翼的獨裁政權轉移為共產政權。卡路奇主導美國對葡的政策巧妙而不失立場，直到該國順利走向民主之路。他擔任副主管的經驗非常多：預算管理局副局長、衛生教育與福利部副部長、中情局副局長。現在就等候參議院通過他的任命案，以成為溫柏格之下的國防部第二號人物。由於他的才幹，兩黨都曾予以重用，一些保守的中間派分子看在眼裡，覺得相當不屑。對他們而言，卡路奇犯下特別嚴重的罪過；卡特政府時代，他在海軍中將史坦斯費德．特納（Stansfield Turner）手下幹副局長，由於特納大批裁撤反對勢力的人馬，十分引人反感。白宮的政客與有勢力的參議員傑西．荷姆斯（Jesse Helms）都反對卡路奇到國防部任職。但是溫柏格就是要他，中間派人士這下可慘了。從溫柏格處理比爾．范．克者夫的事情可以看出來，這名儒雅、代表老派勢力的部長確實有著鋼鐵般的意志。同時溫柏格也把他的心腹威廉．霍華．塔虎托五世帶到國防部來出任首席顧問，這和他在預算管理局、衛生教育與福利部時是同樣的職位。

「次長先生，」我對卡路奇說道，「有什麼事我可以幫忙的，請讓我知道。」他說：「有一件事，別叫我次長先生。」我回應說：「好，那我改叫卡路奇先生。」

「也別叫卡路奇先生，當然也不能叫大使先生。叫我法蘭克就可以了。」

我最後接受了私底下相互以柯林與法蘭克來稱呼。我加了一句：「但是，請別在這許多將軍面前強迫我叫你法蘭克。他們絕對不會公開地叫你法蘭克的。這裡不是衛生教育與福利部。你管理的是美國軍隊，我們不叫老闆張三李四，或王五什麼的。」

卡路奇終於在二月四日宣誓就職，為了擺平荷姆斯的反對阻力，乃以任用零缺點的保守派人士佛瑞德・艾柯（Fred Ikle）出任國防部政務次長做為交換條件。卡路奇接收了葛拉翰・克雷托的職位與辦公室。而我留在原地，現在是卡路奇的高級軍事助理了。

這位在頭銜使用方面相當謙遜的次長，喜歡扮演消息靈通人士。有一天，卡路奇在一次很奇怪的談話中不斷提到「帽子」（Cap），我忍不住問道：「是凱斯伯・溫柏格嗎？」，「不」，法蘭克解釋說，他指的是委內瑞拉前任總統培瑞茲（Carlos Andres Perez）。卡路奇的行事風格與內在本質完全相反，讓我覺得很有趣。他可以一面策畫「馬基維利主義式」的謀略，一面為他的寶貝女兒克莉絲汀換尿布。他太太瑪莎週六上班忙碌時，他會把女兒帶到五角大廈來。

新政府開始運作以後過了幾天，卡路奇通知我說：「我要你跟我一齊參加戰爭學術研討會議（Wehrkunde）」。這項會議每年二月在德國慕尼黑召開，由一名德國出版業鉅子拜倫・范・克雷斯特（Baron von Kleist）舉辦。會中都會發表像「歐洲新戰略理論」這類的論文。很多政治人物非常喜歡這項會議。

「好，我去通知空軍準備飛機。」我對法蘭克說。「不，只要給我們準備兩張客機的機票就可以了。」

我依照卡路奇所要求的安排，於是我們到了杜勒斯機場搭飛機。但是因為飛機引擎故障造成誤點，我們只能枯等。法蘭克緊張的看著手錶。最後終於登上飛機，法蘭克身分地位特殊，因此坐頭等艙。我繼續走下去。他問我：「你到那去，柯林？」我說：「我只訂了普通座位。」結果，在這趟飛行途中我們沒辦法談公事。回來的時候則為了遷就航空公司時刻表方便，又損失了一個工作天。

我回到辦公室沒多久，陸軍空運司令部指揮官羅伯特・海瑟（Robert Huyser）將軍對著我咬耳朵。海瑟說，「這真是件蠢事。」我們搭乘汎美客機的時候，要怎麼做到保密通訊？要怎樣護衛機密文件？下一回因公旅行時要是再迴避軍機，那就殺我的頭好了。法蘭克終於同意了，我們開始搭軍機。

雷根政府有一件事情沒多久即開始凸顯出來，那就是二次大戰時代的人重新掌權。總統的螢幕形象在軍事方面或許很溫和——他在好萊塢拍過軍教片——但是他確實有戰爭經驗，而且頗喜歡強調這點。溫柏格在太平洋戰場從一等兵升到上尉，在麥克阿瑟將軍麾下服役，同時他在那裡遇到當軍中護士的太太珍。溫柏格也是在這個年代成長。

一天早上在開幕僚會議時，溫柏格感慨的對著我和卡爾・史密斯說道：「我很迷惑。你們到底是不是在軍中？我很少看到我的幕僚穿軍服。」我們解釋說，從七〇年代初期開始穿便服上班變得很普遍，以顯示在華府上班的軍人很少。溫柏格說：「如果你們在軍中，就要穿軍服。」這句話傳到外面去，他說了就算。

「有件事困擾我們大夥很久了。」有一天我這樣對卡路奇說。我向他解釋說我們當初無法讓卡特總統或是布朗部長頒授給軍士長雷・賓那維戴茲他所贏得的榮譽勳章。賓那維戴茲的英勇事蹟發生於一九六八年，現在已經是一九八一年了。我說：「看到這位英雄得到他應得的榮耀，對我們意義重大。」這個意見像火花蹦跳起來，從卡路奇到溫柏格直到白宮。雷根的形象顧問麥可・狄佛（Michael Deaver）抓住這個機會：一名在民主黨政府被忽略的西裔美人，最後終於獲得共和黨總統的表揚。盡最大的努力。

計畫由雷根總統親自到五角大廈來頒授，卡特在任內只來過五角大廈兩次。典禮於一九八一年二月二十四日在五角大廈大中庭舉行，國防部所有的人員全部受邀。通常這種事是由一名軍官宣讀褒揚文，再由總統把勳章掛到受獎者的脖子上。雷根看完褒揚文之後說：「我想由我來念這段褒揚文吧。」並且指出他對於宣讀腳本有點經驗。因此，雷根成為首位在頒授國家最高軍事勳章之前親自詳述英雄事略的總統。當天下午對軍隊所代表的改朝換代意義，尤甚於總統就職典禮。我們不必再躲在便服後面，英雄得所應得，軍隊重拾其榮耀的象徵。

新政府接掌國防預算之後，實際證明了一個新紀元的到來。隆納德・雷根朝建立強大的國防前進，打破梅耶將軍所宣稱的「空洞武力」的說法。雖然在卡特政府時期最後的國防預算已然增加了百分之五，但還是從溫柏格辦公室裡傳出令諭，詢問各軍種需要增加多少。這真是二月裡頭過耶誕節。這等於打沒有網子的網球。各軍種指揮官開始提出願望。最初這些要求大約增加了百分之九的實際國防支出。我與法蘭克．卡路奇坐在部長辦公室裡面，聽到了我這輩子從不敢奢望聽到的話。這樣還不夠。溫柏格命令各軍種首腦回到預算編列委員會去。他們把所提出的願望提升到夢想，一些永遠無法見到天日的計畫統統出籠了。最新的數字提報到預算管理局，回話是：還不夠。預算管理局的結論並非出自於戰略分析基礎，雷根政府只是要五角大廈多花一點錢。軍隊很高興的照辦了。他們瞭解，神賜的食物並不會每天從天上掉下來。

溫柏格設法把卡特政府所留下來的國防預算提高了百分之十一，增加了約二百五十億美元。這個模式在可預見的將來都會如此。我們並不是毫無止盡的揮霍。經過連續幾年的苦日子，軍隊早已殘破不堪。在重要的投資——如主要的新式武器研發——並沒有少花錢。但是軍人基本生活所需的東西卻被忽略了。軍隊就像是在一間殘破的屋子外面停著一輛BMW車子一樣。雷根的國防預算包括有提高薪資、備用零件補充、訓練經費、現代化通訊中心、修繕設施、兒童養護中心、牙醫診所與眷舍改建計畫等，這些都是自二次大戰之後即被忽視的。國會很快即通過這些增加的預算。一度人見人怕的「刀鞘」溫柏格，現在成為「杓子」溫柏格了。我們熟知內情的人知道，軍隊還是營養不良。這個國家的軍隊需要補充力量、目標與榮耀。

不當政客

二月底的時候，身為卡路奇的守門人，我安排新任的陸軍部長約翰·馬許（John O. Marsh Jr.）來見卡路奇。馬許是前任維州參議員，思想縝密，說話溫和，我對他認識不多。我不知道當天他與卡路奇談些什麼，但是當他走出來以後，把我拉到大廳去。在那裡，舉止儒雅的馬許扔給我一枚拉掉保險栓的手榴彈，他說道：「柯林，我要你考慮辭掉軍職，我想讓你幹陸軍次長。」並表示說，他剛才已與卡路奇還有白宮人事部門談過此事，他們都沒有異議。

雖然大吃一驚，我還算明白這是怎麼回事：我有能力推動五角大廈的運作，而且聲名在外。更進一步來說，馬許是希望在軍人只占四〇%少數的組織裡面，安排一名夠資格的高級政務官或決策者，來代表這個少數。我告訴馬許說，這件事我必須考慮。

通常我不會拿公事去煩艾瑪。但是這件事對我倆生活的影響甚鉅，我必須知道她的意見，但我們並沒有因為這事而減少睡眠時間。我是一名四十二歲的准將，有著光明的前途，而陸軍是我的生命。辭職接受政務官的任命將證實我極欲拋開的質疑，甚至可以說是出自我內心深處的疑慮——我會變成政客而不是軍人。艾瑪百分之百同意。而且，坦白說，投入陌生的政治領域讓她覺得不安。第二天，我向馬許表示感謝，但還是拒絕了他。

在馬許的事情過後，我跑去找卡路奇。我樂意與他共事，但是到現在為止，我已在智囊團棲身了將近四年。我說：「法蘭克，我要回去做一名准將應該做的事。」

「對，當然，我們來想想辦法。」他這樣回答，但是仍然丟給我一大堆新的工作。每天快下班的時候，我喜歡伸伸懶腰，然後和現在已升任海軍少將的約翰‧鮑德溫聊聊本行的事。他是卡路奇的另一名軍事助理。三月的一天傍晚，鮑德溫說道：「柯林，你永遠沒辦法離開這裡。」

「為何？」

「第一，卡路奇無意讓你走。他有你幫忙很快樂。他不是軍人，他不瞭解我們不能離開軍旅太久。他只會讓你越陷越深。」

「第二個理由呢？」我問道。

「你的真正老闆是梅耶，他寧願你留在這裡。」

傑克‧鮑德溫的話像是黑夜裡的一團火球。第二天早晨，我再度走進卡路奇的辦公室說：「法蘭克，我一定得走。」

「是，是，我們下個禮拜再說。」

無論如何，到了初春的時候，由於我不斷地纏著卡路奇，終於達成心願。梅耶將軍則毫不覺得意外，他把我分派到科羅拉多州卡森堡的第四步兵師（機械化師），擔任負責作戰訓練的副師長。副師長正是要學習如何指揮全師的先修職位，對我來說這真是再好不過了。我開始向好友們報喜，出乎我意料之外的，我評價甚高的一些長官朋友卻都不看好，也未分享我的興奮。這其中包括我在越南「美國師」任參三作戰官時的長官狄克・勞倫斯少將，還有引領我進入國家戰爭學院的朱利斯・培東。他們兩人都是裝甲騎兵學會成員。

勞倫斯告訴我說：「柯林，我實在不願看你到卡森堡去。」為什麼？我想要知道原因。他回答說：「不好相處。」「因為不易形成共識」，勞倫斯說，而這原因完全出在第四機械化師師長約翰・哈達奇克（John W. Hudachek）少將身上。他與哈達奇克曾在第十一裝騎團共事過，而這傢伙，「嗯，有點棘手。不應該給他指揮一個師的。」

朱利斯・培東打電話給我，表達了同樣的疑慮。他們同時警告我，新老闆的太太可能會引發一些問題。但是，我並不氣餒，我仍然急於回到部隊，而且我一向與指揮官處得很好，不管是好人如「紅人」巴瑞特，還是如「老虎」漢尼卡這強悍的上司。

我十分欣賞卡路奇少見的多重個性，強悍、追求目標時精力充沛，與人打交道時思慮周密卻不失厚道。我對於他不傲慢自大亦感印象深刻。法蘭克．卡路奇不需要人們為他灑花瓣。他為我舉行了離別派對，並頒給我國防部傑出服務獎章。我們像好朋友一樣道別。

在前往卡森堡之前，我分別向理查．阿姆塔格與瑪麗貝兒．貝姬辭行。理查即將升任主管國際安全事務的助理國防部長。這個人像水手一樣的固執，說話都是簡單的敘述句。我們立即相知相惜。我不僅是交了個工作上的好朋友，而是多了一個知心的好友。至於瑪麗貝兒，她剛到五角大廈的時候，或許連中將與門房都分不出來，但是她展現出天生用人識才的精明幹練，是個處理政治任命事務的不可多得人材。我們三人共同建立了一個非正式管道，延伸到國防部每一個角落，這是在部裡正式回報系統之下，唯一探聽資訊的方法。我們幾乎每天都要交換些有用的消息。我當時不知道，這種關係不但在我未來的生涯當中會持續下去，同時還會變得相當具有價值。

對於一個來自南布朗區、對於景觀的概念僅限於站在公寓樓頂眺望布魯克林區的男人來說，卡森堡真是讓人陶醉。基地位於大草原與落磯山脈的交點。派克峰與加寧山像兩座皇冠，從卡森堡可以遠眺。艾瑪開車外出的時候說：「真是一望無際的天空，都是打那兒來的啊？」她懷念樹林。我知道她在想什麼。巨大又無樹木的草原與岩石會讓人覺得渺小。

柯羅拉多溫泉鎮在卡森堡以北，是由十九世紀礦業大王所建的漂亮城市。目前的金礦已由三處軍事設施取代，其中之一是在城鎮北面的美國空軍官校，擁有高聳的建築物與四千名聰慧的學生組成的連隊。另外隱藏在加寧山裡的北美防空司令部是最令人尊敬的單位。他們監控、攔截來自天空的敵人轟炸機或是飛彈的攻擊。北美防空司令部的天然環境非常好，以致於很多在此服役的美加兩國軍人在退休後回到這山谷裡面養老。

還有就是藍領制服的第四步兵（機械化）師弟兄們。他們的砲火造成這裡令人厭惡的喧囂；景觀也被坦克車與溫泉鎮上數千名沒地方發洩精力的好色年輕士兵所破壞。這個步兵師投入當地的鈔票較另外兩個基地加起來還要多，結果他們最受到歡迎，甚至可以說是受到喜愛的，就像是一個粗俗、白手起家的百萬富翁叔叔一樣。

在卡森堡邊的一個光禿禿小山丘上面，建造了三棟農場式平房。一棟是師長官邸，一棟是負責作戰訓練的副師長公館，就是我家，另外一棟是主管後勤支援的副師長住宅。這些房舍提供基本的住宿條件，但是一點也不浪漫。艾瑪擁有將軍夫人公館的夢想還是沒辦法實現。

冷酷大將軍

到卡森堡的第一天，我走上一幢五〇年代風格的現代化師部大樓二樓，與前任副師長葛爾・布魯克席爾（Grail L. Brookshire）准將談話。然後，我的新助理佛瑞德・佛林（Fred Flynn）上尉帶我穿越大廳去見我的新老闆——第四步師師長哈達奇克少將。我注意到，布魯克席爾與佛林兩人都絕口不談師長這個人。我進入一間大辦公室，牆壁上掛著普通的徽章與委任儀式的照片，從窗口可以看到操場與落磯山脈的全景。在這裡我見到這名身材中等、體格結實，蓄著短髮，神態嚴肅的軍官。哈達奇克與我來個迅速明快而沒啥意思的握手，然後就談到正經事。他主要的興趣在於訓練與管理，而我的責任是訓練。他說話強而有力，很有見解，而且沒有廢話。他介紹此處的訓練課程讓我印象深刻。過了十分鐘，他表達出談話結束的意思。當我離去的時候，我想著，這傢伙確實有一套，我相信可以跟他學點東西。我同時注意到這初次見面時，他臉上沒有一絲笑容。很明顯的，傑克・哈達奇克與「紅人」巴瑞特、查理斯・蓋提，或者是「槍手」愛默生都不同。

第四機械化師的任務是打擊歐洲戰場上的共產集團軍隊。我在坦克作戰方面的經驗特別缺乏。因此，我學習讓自己成為M-六〇A三戰車的合格砲手。身為副師長，我不一定要這樣做，但是沒打過球的教練如何服人？我開始跟三名強悍的戰車士官學習，他們尊敬我，但是對我的一顆星並不畏懼。

上課的第一天，我擔任戰車車長，在平坦的草原上飛馳著並練習以主砲管射擊一千公尺外的目標。突然，戰車開始緩慢的前進。想到戰車可能進入到凹陷地，我猛地把主砲管拉升起來，但是為時已晚。只聽見一聲噁心的刮削聲。戰車停了下來。必然是有事情沒做。你不能對著風吐口水，你不能從右側上馬，你不能讓船擱淺。戰車手絕不能讓砲管插進土裡或者是用光汽油。步兵都相信裝甲兵會小便在油箱裡面，以免被人抓到油箱裡面是空的。裝甲兵會在遇到斜坡「之前」就把主砲管升起來，而不是在之後。中士不耐煩的看著我，說道：「長官，我們得休息一會兒檢查一下砲管。」所幸那砲管並沒有彎曲。我們清過砲管以後不久再度上路。到第三道關口，我瞄準到目標成為合格的戰車砲手。我不會天真的給自己太高的評價。指導將軍的戰車組員其實是刻意挑選出來的，我等於是有砲手、裝彈手與駕駛這三個高手在護盤。無論如何，我很高興地把合格徽章擺在桌上展示。駕御著五十噸重的戰車以時速三十哩飛馳，也是非常少有的愉快經驗。

我們嘗試著計算出來，培養一組戰車人員到底需要用掉多少練習彈。有一件事我們是確知的，那就是蘇聯訓練戰車組員所使用的彈藥只有我們的十分之一。這中間的差價相當驚人。每發射一枚現代的戰車砲彈，就要花掉納稅人一千美元。我們每個裝甲兵一年要發射大約一百發的砲彈。陸軍研發單位設計了模擬機與類似電視遊樂器的裝置，讓戰車組員們能熟練戰技而不必使用太多的彈藥。我們想知道採用訓練裝置與使用真正的彈藥，那種組合能夠達到最佳的效果。因此，有一個戰車營給予最大數量的彈藥，另一個營則配給較少的彈藥，第三個營彈藥也少，但是給他們較長的模擬機訓練時間。嚴格的考驗是把這三個不同訓練程度的戰車營送到戰車靶場測試，給他們同樣數量的彈藥，再看那個營表現的最好。

答案是「都不怎樣」。表現好的戰車營是因為他們有好的指揮官。一名好的指揮官能夠讓他的部屬在各種狀況之下表現優異。「即使我們只有一發差勁的砲彈，也要給敵人迎頭痛擊。」這才是求勝的態度。使用了新科技也不會有太大的差異。人才是讓部隊成功的關鍵，尤其是具有天賦的指揮官。這個事實永遠不能被抹煞掉。我總喜歡這樣說，領導統御是把管理科學所得到的可能性發揮到極致的一門藝術。

哈達奇克將軍的領導風格，猶如拿著鞭子揮舞的監督者。部屬們工作會做好，但是係出於強制而非自動自發。參謀會議變成了個人長篇演說，視察變成徹底的調查。無窮盡的壓力讓幕僚累的要命，包括我在內。第四機械化師是艘可航行的船隻，但卻是一艘不快樂的船。基於他一慣冷峻的態度，因此有一天當他闖進我辦公室時，著實讓我嚇了一跳。「鮑爾，」他說，「你做得太好了。我要把它寫進一份特別報告裡，看看是否在下一次晉升名單裡能將你列入。」晉升少將的候選名單已快要提報了，由於我還算是資歷淺的准將，一份特別報告或許能讓我提早掛到兩顆星。哈達奇克把他的助理叫來，他是一名叫做菲利浦．庫克的上尉，要他馬上把這件事化為行動。

到最後，特別報告沒有發生影響。人事部門通知我說，軍官必須在出任新職後六十天才能得到特別升遷的考慮，而我還不足時間。但是無論如何，我感謝哈達奇克的努力。這似乎意味著，除了他易怒的性格之外，假如部屬能夠把事情做好，他就會對待他們不錯。

地下師長

不管我家搬到那裡，我似乎快變成了監督制教會的牧師。我們搬到卡森堡之後不久，我到處打聽會眾在那裡聚會。後來知道監督制教會每週日上午九點在「天主教隨營神父辦公室」裡有聚會。下一個週日，我們跟著排隊進入小教堂望彌撒的天主教徒，進入到後面的牧師辦公室裡，那裡面擺了八張折疊椅。坐定之後等了半個小時，監督制教會的牧師來了，是隨營牧師群裡的一名中校。他發給我們一本我從未見過的讚美詩集，然後開始做禮拜。兩個女人彈起吉他伴奏，大家唱起聽來像是民謠的聖歌。我盡量想溶入禮拜的精神，但是心裡還是懷念起過去的宗教禮拜方式。

做完禮拜，我走上前去跟牧師做自我介紹。牧師的名字是柯林．凱利（Colin P. Kelly III）。他承認他確實是第二次世界大戰時美國第一位英雄的兒子。我說：「我有個疑問，凱利牧師。這些年來你是怎樣念你的名字的？」他回說，「柯—林，」是愛爾蘭的變音，他認為英國念法「卡—林」是不正確的。我向他解釋說，我小時候原本是以英式發音念我的名字，後來因為他父親成為家喻戶曉的人物，然而卻因為同名之累改了過來。接著我問他說：「我們為什麼要在天主教神父的辦公室裡面做禮拜？我們為何沒有自己的教堂？」他回答說，那是因為監督制教會的信徒太少之故。我建議說如果環境較好或許能吸引更多的信徒。我知道像卡森堡這種二次大戰遺留下來的軍營裡面，偶爾會有木屋式小教堂，於是我說：「請為我們找一棟，牧師。」我同時請他考慮把像民謠的讚美詩《活水之歌》換成譬如《我主是偉大的城堡》的這種老式聖歌。他為我們找到了一間教堂，做禮拜也改成比較傳統的方式。

現在我們已有一個孩子離巢。就在我們要前往卡森堡之前，我兒麥克從布萊達克湖高中畢業。這年暑假麥克與我們一同到卡森堡來，不過到了八月，他就要到維州威廉斯堡的威廉與瑪麗學院就讀。我從來沒有想要影響他的前途。但是，我曾經嘗試要引導他。在過去的一年當中，我監督他把大學申請表準時寄出去，並像個女教師一樣挑剔他的畢業論文。他還同時獲得西點軍校的入學許可，以及陸軍預備軍官班的四年獎學金，不管他接受那一項，都會是我們家的榮耀。當他選擇就讀威廉與瑪麗學院時，我覺得很高興。不過，我認為麥克選擇學科範圍比軍校更廣闊的學校，對於人生將有更周全的準備。假如他真的決定走上軍事生涯，可以看看他老爸在主修過地質學系和念過預備軍官班後，也都表現得不差啊。

那一年，琳達轉學到柯羅拉多州溫泉鎮加寧山高中就讀，這是三年內她就讀的第三所高中了。但是這樣不斷搬家似乎對她沒有影響，她即將成為國家績優獎學金得主的決選者。十一歲的安瑪麗則轉學到天主教寶琳紀念小學。我們喜歡教會學校嚴格的校規，不過這似乎對她不受限制的天性起不了太大的作用。安瑪麗當上啦啦隊隊長，並且愛上了溜冰（當然不是遺傳自南方人的母親或是來自布朗區的父親），同時還到布諾得摩飯店裡的奧運級溜冰場上課，她溜冰時簡直像隻小天鵝。

艾瑪希望像在過去幾個基地裡一樣，在卡森堡裡也能活躍於義工活動。在華府的時候，她當上軍人主婦聯合會的會長，專門為要搬家到全球各地而焦慮的部屬們服務。舉例來說，士官的太太們可以到設於五角大廈的主婦聯合會裡，瞭解丈夫新調派地點的任何事情，諸如學校、就醫狀況、衣服、房租，從氣溫到當地的宗教習慣等等幾乎無所不包。在卡森堡，艾瑪希望她過去所學的聽覺學知識，能在基地醫院裡派上用場。不過，她很驚訝地發現，其他的太太們對義工活動採取一種消極的抵制。我們很快就發現原因了。

我開始聽到一些軍官抱怨說卡森堡裡有兩個師長。哈達奇克將軍監督其部屬，軍官太太們則報告說哈達奇克夫人也對她們做同樣的事。他們夫婦兩人都很熱中此事，哈達奇克讓他太太變成管理基地的合夥人。哈夫人在哈達奇克所安排的每件事上面都要插手，包括軍營裡面的酒店、福利社與托兒中心等等。她八成對他丈夫麾下的軍人與眷屬福利有著極深的使命感。傷腦筋的是他們兩人處事的方式。

我變成了抒發這些怨嘆的避雷針。最後我決定，「對國王效忠」，如果有必要的話，也「對皇后效忠」。但是卡森堡的情形實在是太過分了。我觀察這種情形四個多月，看到士氣持續消沉。我認為我有責任導正它。

三個好球

副師長在師裡面是接受訓練的一環，按照陸軍的習慣，我在卡森堡應該要學習當師長的技巧與其他的事情。有些師長樂於把任務分派給副師長，這樣他們才能輕鬆躺著幹。哈達奇克的作法完全不同，我感覺如果我們這兩個副師長不在，他會更快樂。他管理這個師，我們被允許在主人的腳底下學習。這樣並不會讓我準備要做的更為容易，或讓我更為明智。

參謀長湯姆・布雷格（Tom Blagg）坐在哈達奇克辦公室的外面，並且受制於他。我告訴湯姆說，師裡有些嚴重的問題，而大部分來自於將軍夫人。我要去和哈達奇克談談，或許能改善這種情形。

「柯林，」湯姆說道，「千萬別去，因為這個問題哈達奇克不會願意討論，甚至不會承認的。我警告你，這種作法不是在幫他，而且你還會害了自己。」

湯姆不是傻瓜，而且只有傻瓜才會忽視他的忠言。不過，我設法運用在五角大廈時的謀略來處理這事，我有把握能處理好這次與哈達奇克的談話。我說：「湯姆，我別無選擇。如果這次我逃避責任，就算是失職了。」

第二天早上，我到將軍辦公室門口，說道：「長官，等你有空的時候，我想和你討論一些訓練的事情，還有太太們的事。」

「在忙！」哈達奇克說道。我只好回辦公室。

當天快下班的時候，他的祕書通知我說，他有空了。

我進門以後，哈達奇克問道：「什麼事？」

首先，我談了一些師裡訓練方面的事，然後小心翼翼地進入主題。「長官，我想在眷屬這方面，我們或許可以多做點事，因為她們並不是很投入。」他的反應是一言不發地瞪視著我。於是，我放膽再施壓。「安的點子不錯。她想為弟兄及他們的家人做很多事。」哈達奇克還是沉寂如石頭。「我想應該想辦法讓其他的太太們多參與她的工作。」談話沒有結束，也沒有持續下去。就這樣不了了之。

當晚，我一回到家艾瑪就對我說：「你做了什麼？」她告訴我說：「安．哈達奇克大約一小時之前打電話來，要我過去喝杯茶。她跟我說：『艾瑪，我很難過。將軍和我真的很喜歡你和柯林。我們原本認為可以依靠你們兩個的。』」顯然哈達奇克在我離開他的辦公室以後，立刻打電話告訴他的太太這件事情。「好球？不管怎樣，我還是照常盡我的責任做訓練工作，並且把基地裡的閒言閒語以及陰謀拋到腦後。

我在卡森堡的時候，陸軍對如何檢查備戰狀況，出現了不同的意見與激辯。傳統派傾向於年度總視察。我第二次到越南時曾擔任營執行官，在打仗時還要應付這種累死人的視察。對我來說，年度總視察等於是春季大掃除。拍打地毯、洗窗簾，清理閣樓與地窖。視察官來時一切看起來都很棒，並且希望從此都不要再髒掉。萬一敵人來襲，祈禱他們在視察後大家正處於巔峰狀況時來攻擊，因為兩個禮拜後一切又會故態復萌。

新一派的想法主張視察應該持續不斷進行，而不是一次像「打開漿硬」表面文章式的大演習。倡議者認為應該每次到不同的連檢查，並且事先不宣布，在整整一年當中，把視察工作做完。這樣每一個單位都會全年等候著，而不只是在一年裡面應付那麼兩個禮拜。當然，每個單位主管都歡迎老方法。沒有人喜歡在毫無準備的狀態下接受突擊檢查。但是，我是新想法的擁護者。當五角大廈還在為此事爭論不休之際，我就想先在卡森堡實施這個新辦法。我告訴傑克·哈達奇克這個想法，他聽完了，卻沒採納。二好球？

我到這個師報到九個月以後，某一天下午，有個旅長眉頭深鎖的到我辦公室來。我請他進來並且關上門。他說他營裡有個士官指控營長與士官的老婆有染。這種行為有違軍紀，同時在陸軍被認為是很嚴重的事情。我曾經處理過這種事，原本應該把案子交給基地律師或是軍中調查組去辦，然而我卻決定自己來處理。我叫旅長把涉嫌的營長找來向我報到。我希望能查明這傢伙是不是真的做了，如果有，我會建議哈達奇克將軍將此人解除職務並調職。簡而言之，直接為長官解決掉問題，而不是把燙手山芋丟過去。

不過事情卻沒那麼簡單，這名營長否認了一切。無可奈何，只得把燙手山芋丟給哈達奇克了。「好，謝謝你，我來處理。」他只說了這麼一句話。然後他做了正規的處理：把案子交給律師與軍中調查組。調查的結果對營長不利，因為有汽車旅館的收據做為幽會的證據。哈達奇克再也沒了為了這件事找我，也從未再討論過，或表示由我處理會有更好的結果。只有一句：「謝謝你，我來處理。」三好球？

一九八二年五月二十日，我在卡森堡已待了整整一年。那個在十個月以前要把我名字送上少將候選名單的人，把我叫進辦公室，說：「坐下，」他是個菸一根接一根抽的老菸槍，當他交給我一份兩頁的文件時，菸在手指頭上顫抖著。這是我的年度績效報告，而我的前途在裡面。我看完以後說道：「這是你經過考慮以後的評論？」他點點頭。我又說：「你明白它的後果？這份報告可能會毀了我的前途。」「哦，不，」哈達奇克抗議，他保證不會有問題的。他明年還會給我打績效報告。他又說道，「明年的報告會彌補的。」我並不信服，於是起身告退。

誰是救星

陸軍績效報告是用密碼寫的。如果不知道密碼，就不能破解所代表的意義。舉例來說，某一欄裡寫著：「領先同儕晉升」，另一欄寫著：「同時晉升」，第三個則寫著：「不予晉升」。選擇似乎非常明顯。然而，現在這些績效報告有浮誇之嫌，必須要得到第一欄的認定，才能保住前途。哈達奇克給我打的是第二欄。很傷，但是並不完全要命。敘述性的評論才是致命的打擊，他讚揚我的表現僅僅用「訓練者」這幾個字眼，我的指揮潛能完全不提。我不是到卡森堡來當訓練者的，而是要學習成為合格的師長。我參加了師長「預校」，但是依照他的評分，我被當掉了。

不過，哈達奇克並沒有完全的資格下結論。他只是個「評等者」，我的績效報告還必須由更高級的評等者來總結。這個長官是克里耳．羅斯（M. Collier Ross）中將，他是遠在二千哩之外，喬治亞州亞特蘭大城的美國本土武裝部隊司令部副司令，我跟他只見過一次面。兩週之後，我惶恐不安地打開由本土武裝部隊司令部送來的信。羅斯將軍重複哈達奇克的評語，說我具有「訓練者」的能力，還加上：「應考慮調派此人到主要的指揮部裡擔任幕僚職務。評者認為在現階段這樣的安排比較能發揮柯林的長處，我的意見與之相同……。」這些話頗具毀滅性，不過羅斯還要註記一組空格。第一格是「優升晉升」，第二格為「或可考慮晉升」，第三格是「免談」。羅斯打了第三格。這真是致命的一擊。但我不能責怪羅斯將軍。他除了看到哈達奇克的意見以外，對我的真正表現如何他無從知。至少艾瑪獲得了不錯的評語。羅斯這樣寫著：「鮑爾有個真正優雅的夫人，完全能夠代表陸軍眷屬，而且支持他丈夫，不管他被調派到何處。」

當晚，我腦袋瓜不但沉重且昏暈地上床。這是我在陸軍服役二十四年以來，所獲得最糟的評語。羅傑斯將軍在晉升將官的「新娘學校」裡面曾經警告說，我們有一半人無法升到兩顆星。我現在知道我是處於那一半了。五角大廈軍官管理辦公室裡面，那些辦理將官異動的年輕中校看了這份報告會想著，這個平步青雲的傢伙終於踢到鐵板了，鮑爾只不過是個「政治將軍」罷了，不能把他送到戰場去。梅耶將軍看了這報告會搖著頭：柯林離開部隊太久了。向來都看到我無缺點紀錄的晉升評審委員會委員們，則會奇怪：這傢伙是怎麼了？我那晚睡得很不好。

第二天早上，我到辦公室以後覺得好多了。在越南戰場上首次目睹有人戰死以後，感覺事情總會在次日早晨變好，我有權利自怨自艾，但是為時不久。我去找湯姆・布雷格，告訴他這事。湯姆說：「我警告過你的。」他相信是因為我到哈達奇克那裡談論關於太太們的事而引起的。另外，再加上和傑克爭論年度視察的事以及處理軍官與士官太太有染的案子等。「這些讓我被釘得死死的。」我告訴湯姆說，我搞砸了。但是我並不後悔，我為所當為。哈達奇克做了他認為是對的事情，並據此對我做出評斷。我不打算四處訴苦或申訴，或繼續生哈達奇克的氣而變得意志消沉。我會處之泰然。

我仍然愉快地盡我的責任。但在我腦海裡開始有脫離陸軍的想法。有一晚，我坐在家裡的書桌前面，重新編寫適合一般就業市場的履歷表。我可不要在這裡打混直到被迫退休，別忘了在一年之前，我還有機會當上陸軍次長呢！

這真是個奇異的時刻，一隻腳還在軍中，另一支腳卻已準備踏出。但到哪去呢？我決定給軍官管理辦公室打個電話，確定我是否還能在卡森堡再待上一年。於是我與一名中校搭上線，他說：「真巧，我們正準備要跟你聯絡呢。我們明天會打電話給你。」別跟我們聯絡，我們會找你；聽起來真像是個閉門羹，現在我完全陷於黑暗了。這會是個好消息抑或是要開除我？又是一個失眠之夜。

當我在靶場觀察戰車砲射擊之際，助理在隆隆的砲火聲中，大叫說軍官管理辦公室的人在找我。我開回師部，與五角大廈取得聯繫。對方說哈達奇克將軍要調去韓國接任第八軍團的參謀長，泰德．金尼斯（Ted Jenes）少將則從李文渥斯堡調來取代他。到目前為止，這些跟我都沒有直接關連。軍官管理處的中校繼續說道，我不會留在卡森堡，八月我將被調派到李文渥斯堡接金尼斯的職務，即聯合部隊作戰發展中心的副指揮官。

起死回生

我掛上電話，心裡充滿希望與迷惑。金尼斯為兩星少將。他的遺缺——就是我要去接任的職務，是個兩顆星的缺。若非五角大廈裡的人還沒有看到我最新的績效報告，要不就是我被某人所救，起死回生了。

七月末的一個下午，艾瑪與我走進哈達奇克辦公室大廳旁的會議室。旅營長、師部幕僚與他們的太太們迎接我們的到來。我經常在這些軍官與師長之間扮演緩衝劑、避雷針以及告解神父的角色。我們設法將這裡營造成雖然不是經常很快樂，但卻是有作為的大家庭。我的老友湯姆．布雷格此時已經調走，新任的參謀長為比爾．佛林，他送給我一份師裡面的離別紀念品與一番感性的演講。這份紀念品是由著名的西部藝術家麥可．加蒙所做的牛仔雕像。接著，我發表臨別感言。當這些儀式進行的時候，傑克．哈達奇克都待在二十呎外的辦公室裡面，關著門。派對結束後，艾瑪先回家，我回到辦公室打包東西。

「將軍現在要見你。」我回頭看到哈達奇克的祕書站在門口。我走進去的時候，他喃喃說著，好像是「祝你好運」之類的話，並交給我一個有師部印信的徽章，互相虛應一番並握了個手，然後我便離去了。到卡森堡的那天，有分列式歡迎我；走的時候，既無旗幟也沒喇叭，無聲無息。

準備到李文渥斯堡之前，我還是不確定陸軍要拿我怎麼樣，但是我開始覺得我的前途還沒有完全毀掉。四處打聽的結果，發現我不僅是以一顆星准將去接掌兩星少將的職位，同時新職還是升遷到更高階級的重要踏腳石。我也得知是被誰所救——本土武裝部隊司令部的司令官理查．卡瓦左（Richard G. Cavazos）上將。他是羅斯將軍的頂頭上司，績效報告的最高評斷者。卡瓦左是韓戰英雄，陸軍的傳奇人物。當他說到身為軍人的意義、為國盡忠的道理時，能讓大男人感動得泫然欲泣。盡忠職守的卡瓦左上將，對本土武裝部隊司令部底下的各個師觀察細微，他偶爾會到卡森堡來視察。

在最後一次視察過後，卡瓦左與朱利亞斯・培東一齊飛回亞特蘭大。培東後來追述這段談話時指出，卡瓦左告訴他對於哈達奇克這個師非常關切。「你今天在會議室裡注意到什麼了嗎？」卡瓦左問培東，「哈達奇克出席的時候，唯一敢講話的是鮑爾。其他的人都嚇壞了。」卡瓦左並不是我的評等長官，而是由他的副手羅斯評等。但是陸軍在評比系統之上還有評比系統，一直到升上將軍，這個評比系統都是非常正式的。但是因為在這個階層並沒有那麼多人了，故而另有非正式的評比管道出現。軍官俱樂部裡的喝酒閒聊、電話討論、聚餐打屁等等，在大佬們探究事情真相時，與績效報告同樣重要。這些小道消息顯然有個結論——鮑爾在卡森堡惹上麻煩了，但是他做了他認為是對的事，只是冒險自投羅網，無論如何，最後的結論是：那些將軍都瞭解遭評比的軍官以及為他打分數的軍官是怎樣的人。我的前途因而沒有提前結束。

當此之際，我接到一封來自白宮研究員同學的信，他是現在哈佛做事的湯姆・歐布萊恩（Tom O'Brien）。湯姆詢問我對於到哈佛擔任財務企劃主任是否有興趣。我對大學財務一竅不通。但是，被人延聘總是好的，尤其是經過一番九死一生的折騰。有了新的職務，我可以撕掉針對民間市場所寫的履歷表，拒絕了哈佛的邀請。自指參學院畢業後經過了十四年，我又回到李文渥斯堡，真是使我雀躍萬分。全家搬到李文渥斯堡不久以後，新的少將晉升候選名單出爐，我名列其中，預料在一年內便可晉升。

李文渥斯的新職對陸軍很重要，但是外行人聽起來並不會覺得有什麼特別。陸軍在最近一次的重組過後，把本土基地分為兩個指揮系統。本土武裝部隊司令部控制各單位並讓其完成備戰。教育訓練指揮部研發作戰指南與訓練設施，以提供訓練完成的部隊到本土武裝部隊司令部服役。教育訓練指揮部主要的目標之一是讓步兵、裝甲兵、防砲、砲兵等各個不同兵種能夠訓練完成協同作戰，而不是單打獨鬥。教育訓練指揮部另外創設一個組織來完成這個目標即聯合部隊作戰發展中心。我現在成為這個單位的副主官，在指揮官三星中將傑克・梅瑞特（Jack Merritt）之下。我很快就發覺這個任務頗符合恩師魏克漢的理念，設計一個編制較小的輕裝步兵師，能夠具有在戰場快速移動的能力，第三次世界性戰爭時可以派上用場。

史考特六一一號是在李文渥斯一棟頗有歷史的房屋。一八四一年建造，原本是當時等於福利社的軍中小販住的地方。名將威廉・塞曼、菲利浦・雪瑞登、阿姆斯壯・卡斯達等都曾經住過這裡。根據傳說，勇猛的卡斯達將軍就是從這裡出發到小巨角。雪瑞登夫人仍然在史考特六一一號陰魂不散。雪瑞登拋下這個不快樂的女人遠赴芝加哥，當他回來時發現她已經去世了。自此之後，她的魂魄就從未離去。今日，史考特六一一號是一棟座落於密蘇里河畔佔地一萬平方英呎的白色明亮華廈。飯廳能輕易容納下四十個人。每件家具都有歷史。庭院景觀優美，前院草地上還有一座美麗的露台。這是我們現在的家。艾瑪終於如願。而我，經過許久的時間以後，重新贏得她的尊敬。

這回的搬家表示我們又要折騰女兒，轉到新的學校就讀。安瑪麗只花了一天半的時間完成整理，然後就跟朋友出去亮相了。搬遷帶來的挫折與痛苦，她都只限於在一本小小的日記裡面訴苦。

琳達已讀了四所高中，對任何青少年來說這樣都會有一點不良的影響。不過，李文渥斯高中有較多的黑人學生，對她的成長有幫助。琳達學校裡的戲劇社決定將幾齣劇作的精華搬上舞台。包括琳達在內的幾個黑人女生，選擇了《彩虹夠多之後的黑人女孩考慮自殺》的片段。它的內容對高中學生來說非常的不適合，因此她們的選擇引起了某些人的不滿。在演出前一週，學校方面取消了黑人表演的這個片段。我答應我那憤怒的女兒先看完劇本。我女兒要飾演一名妓女，不同於那些可能對此大發雷霆的父親，我倒覺得這角色蠻強烈的。我打電話給校長表示意見。琳達在學校報紙上寫了一篇評論指責取消演出的事。校方仍然堅持原先的決定，只做了一項讓步。演到黑人女孩原先準備的那一幕時，黑人學生可以在此時與觀眾討論取消之事。

我告訴琳達說，我們都得服從指揮體系，就像在陸軍一樣。服從這項決定是她現在必須盡的責任。然而，在演出的最後一晚，琳達做出驚人之舉。在談論的這個階段，她走上前去說道：「我想大家一定想看看我們所討論的這幕戲。」接著，她開始演出她的那一部分戲。觀眾起初一陣愕然，接著爆出如雷的掌聲。我與艾瑪從未有如此驕傲過。我們原先以為只是看到一個小女孩展現她的勇氣，然而，殊不知這卻是她所選擇的人生目標。琳達決定做一個演員，而且永不後悔。

水牛兵團

九月的一天下午，我自冗長的陸軍通訊簡報中溜出來提早回家。艾瑪看到我說道：「柯林，你需要理髮了。」我在基地理髮室總是剪不好，這回想起在李文渥斯黑人區有一家理髮店，我十四年前曾經光顧過。我開車到街上，找到這家店，正如記憶中的一樣，門前有一個理髮店的招牌燈。店裡面牆壁上張貼著舊式整髮劑的褪色廣告海報。店裡沒有客人，只有一個比海報還老的理髮師傅。他放下報紙，指著一張椅子，說道：「歡迎，將軍。」並且拿塊條紋圍布圍在我身上。當他剪髮的時候，我望著鏡子上面貼著的照片，都是黑人將軍，包括有「石頭」卡特萊特、朱利亞斯・培東、羅斯柯・羅賓森（Roscoe Robinson）、艾梅特・派格（Emmet Paige）以及哈瑞・布魯克斯（Harry Brooks）等等，都是我的前輩。理髮師交給我一本紅皮小日記，說道：「我打算在剪完以後請你簽個名。」日記本上面印著「一九五九」。我開始翻閱，上面簽的都是熟悉的名字。他的紅色小本子讀來像是陸軍簡史。最初的簽名都是一些少校的，然後有中校，在最近的幾年才看到較多的高階軍官。突然間，我將目光停了下來。在這裡，一九六八年，我看到「柯林・鮑爾，美國陸軍少校。」天啊！我已經不記得在這本子上簽過名了。

「你不記得我了，」老士官說道，「可是我記得你。」

他舉起一面鏡子讓我看後腦勺，我點頭表示可以了。他取下圍布抖了幾下。我拿出筆來在本子上簽名，這次寫的是「鮑爾准將」。我問他，「請問大名？」

「傑斯特・林登，」他說，「第十騎兵團，水牛兵團。」

我不僅僅是看到了黑人從軍史，簡直就是和這段歷史握手了。我得先介紹基地裡一些以過去有名軍官命名的地方，例如格蘭特大道、艾森豪廳等。我問林登，李文渥斯堡有沒有以水牛兵團命名的處所，林登說：「嗯，有第九及第十裝甲兵團大道。」但是我卻從未聽過這些地方。

我對水牛兵團的歷史產生極大的興趣，開始閱讀所有找得到的資料。這些戰功彪炳的黑人士兵讓我感到非常自豪，而他們所受的忽視與不當待遇也讓我感傷。黑人軍士參與過美國所有的戰爭，他們為證明與白人具有同樣的地位而參戰，而這也正是某些白人軍士不要黑人穿上軍服的原因。我讀到南軍將領霍威爾·柯伯建議傑佛遜·戴維斯不要讓黑人參戰時所說的話。柯伯說：「讓所有的黑奴去燒飯、挖掘、砍樹等等，但是別武裝他們。」他警告說，「如果奴隸能成為好軍人，我們的奴隸主張就是錯的了。」菲德瑞克·道格拉斯有另一種說法：「一旦讓黑人的身分冠上『美國』的金字招牌，再給他們軍階與槍枝彈藥，就再沒有任何理由否認他們具有美利堅合眾國的公民權利了。」

一八七六年國會正式授與黑人軍階與武裝，並且成立了四個黑人兵團。白人軍官班哲明·葛瑞爾森上校曾指揮其中一個黑人兵團──第十騎兵團達二十二年之久。當葛瑞爾森揮別部隊時，他說道：「他們為國家所做的奉獻，早晚會得到承認與褒揚的。」然而，九十五年以後的今天，要褒揚似乎已然太遲，到目前為止，我並沒有看到對水牛兵團有任何的表揚。

我讀到有關亨利·福力波（Henry O. Flipper）一生的故事。很難想像一個生來即是黑奴的小孩，在解放黑奴後的十年──一八七三年，就有這種毅力爭取進入美國軍校就讀的機會。在福力波以前的黑人軍校生，不是避開或咒罵西點軍校，要不就是最後被踢了出來。福力波堅忍了四年，並且於一八七七年畢業。次年他被派到西部的第十騎兵團，是第一位被調派到水牛兵團的黑人軍官。三年之後，由於他執拗於做軍人，遭人羅織罪名，被指控挪用軍款。軍事法庭發現他是無辜的，但是認為他「行為失檢，不配做軍官」。他遭到不名譽地撤職，軍中生涯在二十五歲時便毀了。天生有韌性的福力波設法開拓事業，成為礦業工程師、作家與報紙編輯。然而，這個污點跟隨著他，在他生前最後幾年，他仍然徒勞無功地致力於洗刷名譽。經過喬治亞州一位白人教師雷・麥克爾堅毅不拔的努力，軍事法庭的判決終於在一九七六年被推翻。只可惜，福力波當時已不在人世了。

當年軍事法庭開庭時，福力波的律師把問題挑明說：「到底黑人軍官能不能在陸軍裡面安然保有他的職位？」以我與其他數千名黑人軍官的軍事生涯看來，大家都可以回答說「能」。但這都是經由林登與亨利・福力波等無名黑人前輩的犧牲，突破了種族歧視的偏見與藩離，才讓後輩路途變得順利。由於他們，我們才擁有這一切。

理髮之後不久，有一天當我慢跑經過基地的公墓，來到一處廢棄的拖車露營地。除了傾圮的水泥平台與石子路交叉口之外，甚麼都沒留下。在此我看到一根已然傾斜、遭風吹雨打的路牌，上面寫著第九騎兵團大道，另一根上頭寫著第十騎兵團大道。我回到宿舍時，還是非常難過。我沖了個澡，再到辦公室，找來基地的歷史學者，已經退休的羅伯特・凡・史勒瑪上校。我說：「這就是我們能做的嗎？在廢棄的拖車露營地裡的兩條泥土路？」

「長官，你說的對，」凡·史勒瑪很有耐心地對我說，「但是在你開始抱怨之前，你應該知道我為了讓水牛兵團得到這樣的褒揚，就已經是困難重重了。」

「好，現在我們又該如何來做？我要用更適切的方式來紀念他們。」

他說道：「這樣吧，如果你肯出面領導，我就要李文渥斯歷史學會支持你。我們可以投入一點種子基金，或許五千美元。但是，要想出該怎麼做。」

我整個早上都在思考這件事。我指出：「李文渥斯堡都是騎士雕像，我想要座紀念水牛兵團的雕像。它應該聳立在懸崖邊上眺望著密蘇里河，騎士面朝西方奔向前程。」凡·史勒瑪警告說，五千美元不足以完成這樣一座雕像。我頭一件需要學習的事就是如何去募款。

我認為自己對那些讓我道路平坦的黑人前輩有責任。於是，為水牛兵團建造紀念雕像成為我的個人使命。我把菲利浦·庫克找來，問道：「你是第十騎兵團的吧？」他答說，是的。很明顯的，庫克屬於第十騎兵團在韓戰時期整合之後，分配到卡森堡的裝騎營之一分子。我告訴他說：「你要讓你的老部隊永垂不朽。你得挖出水牛兵團的歷史來。」庫克開始做這件事，彷彿我們談的是他的祖先一樣。他在檔案室裡翻閱，而我開始找錢。那些第一流的戰士只得到第二流的待遇，而我決定要讓水牛兵團得到第一流的待流。

十四號計畫

當我在李文渥斯堡時，約翰．魏克漢重新進入我的軍旅生涯。一九八三年春天，他即將接任陸軍參謀長。他從華府打電話給我，說他徵召了十三名幹練的中上校。他要我以准將的軍階，領導他們做為期一個月的緊急研究計畫，俾能籌畫出他在未來四年領導陸軍的發展方針。由於我是第十四名成員，因此他將此計畫名為「十四號計畫」。

此時距離美國自越南撤軍已過了十二個年頭，陸軍幾乎已經完全從那場戰爭的創痛中復原了。一九八三年五月二十七日，我們交出了「十四號計畫」以及一些溫和的興革建議。其中強調的一點是，陸軍不能再經歷一次「沙漠一號」行動的慘敗。陸軍存在的目的就是求勝，不僅僅是經營無誤而已。若要全國對陸軍恢復信心，在下一回的武力測試當中我們一定得獲勝。

在總結報告時，我飛往華府為魏克漢將軍及他的幕僚做簡報。然後，我與魏克漢回到他的辦公室，藉著這個機會解決一個困擾了我很久的問題。魏克漢的前任，梅耶將軍向我保證，說他想讓我在李文渥斯堡待上兩年，然後讓我排隊等著接師長職務，這是我夢寐以求的事。但是這趟到華府，聽到一些讓我不安的謠言。我告訴魏克漢：「我聽說我將取代卡爾・史密斯出任溫柏格的高級軍事助理。」希望他能駁倒這些謠傳。

魏克漢回答說：「對的，培特・道金（Pete Dawkin）的名字也提報上去了。不過我認為你比較適合。」這根本不是我要的答案。道金是我在班寧堡就讀步校時的同學，現在仍然是陸軍的金童，典範中的典範。我說：「我自願放棄給道金。我離開五角大廈只有二十二個月而已。應該算是盡到責任了。我還跟過三個副部長當軍事助理。將軍，別讓這種事再發生到我身上。」我告訴他，我怕永遠被烙上軍事業餘者的封號。魏克漢仍未做承諾，於是我離開，儘快地趕回堪薩斯。

現任溫柏格軍事助理的卡爾・史密斯四年前和我同時在哈諾・布朗辦公室晉升准將。回到李文渥斯後兩天，他打電話來。卡爾說道，溫柏格部長要我回華府談談。還加上一句：「柯林，我要離開這裡，即便是逼我把遺缺硬塞給某位老友。」

幾天以後，我走在熟悉的艾森豪迴廊前往部長辦公室。進去以後，溫柏格起身，一貫溫文儒雅的態度與我握手。他簡潔地說道：「柯林，史密斯將軍要走。你要接他的職位嗎？」

「不，部長先生，我在原單位很快樂。但是，」我又說，「被派到哪裡我就去哪裡。」

「我也希望你說不，」溫柏格回應說，「如果一名軍人不喜歡下部隊，我會很失望的。」我們又聊了幾分鐘才結束談話。我仍然祈禱培特・道金能成為我的救援者。

還沒來得及離開這幢大樓，卡爾・史密斯找到我了。他萬分解脫似的告訴我說，我被任用了。數分鐘之後，魏克漢也證實了這個消息。「自從我一九七六年離開以後，就沒有陸軍的人做過這個職位。」他解釋說。「陸軍需要占住這個職位。別擔心。我在麥爾堡給你安排房子了，二七A住宅，距離五角大廈只有兩分鐘路程，是個好地方。回到這裡，會為你帶來第二顆星。」

我還得回去告訴艾瑪，才經過一年的時間，又要跟李文渥斯堡揮別了……，還有那幢具有歷史的心愛房子。

水牛兵團的事未完成就得離去，是我最感遺憾的事。既然我燃起了火種，就不希望它熄滅。在幕僚當中有位我非常信任的職員，他具有平民身分，名叫阿隆佐・道佛提，他也是堪薩斯州國民兵軍官。我對他說：「隆尼，你知道這件事對我所具有的意義，我把它交給你。我在遠方會盡一切可能來協助，但是這裡就完全靠你了。」阿隆佐答應繼續做下去。

一九八三年六月二十九日，我在聯合部隊作戰發展中心的任期已沒剩幾天了。我站在格蘭特大禮堂，本土司令部副司令卡爾・渥諾中將為我別上第二顆星。

經過短暫的十一個月，鮑家離開了李文渥斯，心不甘情不願地轉赴華府。

第十二章　電話響不停

凱斯伯・溫柏格雖然有點怪癖，但是我打從心底相信，他是個偉大的鬥士、卓絕的鼓吹者，就像總統一樣，設定幾個簡單的目標即勇往直前，絕不更改，展現出韌性、鎮靜與超凡的自信。

在過去的兩個月裡，我夜裡睡得很淺。一九八三年九月一日這天晚上，電話響了一聲，我就醒了。艾瑪在寤寐中把話筒交給我，都沒醒過來。我瞥了一眼收音機時鐘上面的紅色顯示幕：將近午夜。

「鮑爾將軍，我是作戰局副局長，」話筒裡傳來一個聲音。他自全天候監視全球的國家戰略指揮中心打電話過來。作戰局副局長和我最近經常在夜裡保持聯繫。「出了問題，」他通知我說，「一架自安克拉治飛往漢城的客機，在雷達螢幕上消失了。」

我必須要決定是否該叫醒國防部長，告訴他這個片斷的消息。我問道：「你還有其他的消息嗎？」

「到目前為止，就這些了，」他說道，「飛機可能只是偏離軌道。」

我躺在黑暗裡，想著該怎麼做。一想到漢城機場有焦急的乘客家屬正在奇怪為何飛機延誤了，我便致電部長。如果飛機栽到太平洋裡面去，我們或有必要召集美國部隊前往搜救。凱斯伯．溫柏格半夜裡電話聲音聽來非常鎮靜，與白天在五角大廈並無二致。他要我隨時向他報告。

電話掛上以後立即又響起來了。

「將軍，」又是那名值日官。「看來沒事了。我們剛剛得到報告說，那架飛機可能緊急降落了。」

我把這些話轉告溫柏格。但是我卻睡不著了。我的本能不斷地困擾著我。失去又再找回飛機這種事並非經常發生的。當我開始打盹時，值日官第三次打電話來了。

「長官，『焚風』截聽到蘇聯空防部與一架戰鬥機飛行員之間有怪異的通訊。大韓航空客機可能誤闖了蘇聯領空。」「焚風」是美國運用RC-一三五偵察機在太平洋上空進行的情報蒐集行動。

「你是在暗示些什麼嗎？」我問。

他回答說：「還不知道。」我知道都有同樣的預感。蘇聯有可能把坐滿平民的商用客機給擊落嗎?

這是一樁悲劇,在五角大廈展開的第一幕,它並非報紙刊載的整段完備詳細的新聞,也不是電視播報時流暢的用語,只是片段而已。最後,在收集到充足的情報以後,美國國務卿喬治.舒茲(George Shultz)於早上十時四十五分發表聲明指出,一架蘇聯軍機擊落了韓航客機。「美國對這項攻擊事件感到極為憎惡,」舒茲說。「遇難人數相當的多。這次的恐怖行為我們看不出有任何藉口。」

蘇聯最初的反應是矢口否認。但當謊言被戳破之後,蘇聯人說飛機侵入了蘇聯領空,他們想把它導航到最近的機場,惟駕駛仍然持續飛行。最後,蘇聯承認擊落了飛機,但是聲稱這件事是由美國與日本所策劃的一項「審慎、全盤計畫的情報行動。」

蘇聯解體後國家機密開始曝光,韓航事件真相還是要花上幾年的功夫才能揭開。當時韓航〇〇七次班機是從阿拉斯加飛往漢城,意外地偏離正常航線達三百六十哩,且飛進蘇聯領空兩次,第一次是飛越堪察加半島,後來是庫頁島。蘇聯防空指揮部派遣一架蘇愷十五戰鬥機,由金納迪.奧斯波維克少校駕駛,前往攔截韓航客機。他報告說,入侵的飛機領航燈與預防碰撞的閃光燈是打開的,這在商用客機夜間飛行是很平常的事。奧斯波維克還曾飛近客機右側做近距離觀察(不知道有多近)。這名曾經出航攔截美國軍機不下千次的蘇聯飛行員,對於美國軍機的外形與自己的飛機同樣的熟悉,竟然說他認不出波音七四七是一架噴射客機。他退後以雷達鎖定目標，在這架客機剛要離開庫頁島再進入國際航線之前，接獲命令把它擊落了。奧斯波維克發射了兩枚飛彈。一枚擊中尾部，另一枚把左翼打掉一半。這架受創的客機及機上的二百六十九名乘客，十二分鐘後以六百哩的時速掉進了海裡。

蘇聯為何要擊落無辜的民用飛機呢？最好的答案是當時的蘇聯頭子尤瑞·安德洛波夫（Yuri Andropov）意欲提振低迷的軍隊士氣，並正式宣布了強硬的「國家邊界法」。因而，被嚇壞的蘇聯軍官便像是不會思考的機器人，執行這個新的法律。

冷戰時期，沒有事情是獨立的。每一事件都被迫與東西方衝突扯上干係。蘇聯推託說韓航〇〇七次班機是間諜飛機，以謊言來掩飾這個悲劇性錯誤。我們這方，凱斯伯·溫柏格與喬治·舒茲在這件事上面爭奪政策支配權。溫柏格認為這件意外是齣道德劇，蘇聯扮演的角色是邪惡的化身。他呼籲舒茲應該取消即將在馬德里與蘇聯外長安德烈·葛羅米科（Andrei Gromyko）所召開的會談。舒茲的立場是認為我們可以從內心裡加以譴責，但是不能因為這件意外，不管有多悲慘，影響到與蘇聯的協商和未來雙方共同的利益。雷根總統對兩人的看法都有同意之處，他稱蘇聯所為係「漠視人權與人命價值的野蠻社會所產生的行為」。然而，他也要舒茲與葛羅米科的會談持續下去。

韓航客機事件發生在我接任溫柏格軍事助理新職還不到兩個月的時間內，從這件事上面我學到一些教訓：第一次接獲報告時不能驚慌。別讓在確認事實之前就驟下判斷。即使手邊得到假設性的事實，如果不合理，就必須提出質疑。些微的資料可能比不上我們更深沈更聰明的本能。我同時學到，最好能儘快查明事實，即使是新的事實與舊的相互矛盾。無論如何，到最後要解開糾結的迷團時，凌亂的事實總是強過看來合理的謊言。避免編造故事以免拆穿後予人失信的感覺（這就是蘇聯所掉進的陷阱）。對於一件國際事件被擴大，或是被縮小，並且脫離原來的主體而渲染成政治事件，要有心理準備。最後，在這個滿布毀滅力量的世界裡，不必訝於這些力量經常性的爆發。

五年之後的一九八八年，當我成為國家安全顧問時，我們遇到類似的情勢。我們必須向全世界解釋，為何美國巡洋艦「文生尼斯」號擊落一架伊朗空中巴士，造成二百九十名乘客與機員遇難。這是一個悲劇性的錯誤。我們這樣說，並且儘快地公開事實經過。

我接到關於韓航客機事件的第一通電話，並不是在原本預定進住的麥爾堡第二七A號宿舍，而是在無止盡喧鬧的軍官俱樂部對街上面一棟小房子，第二三A號宿舍裡。我們原配給的房子被一名更高階軍官捷足先登。我在新房子搞了個小房間當做我的祕密通訊中心，成堆的電線接進來，讓這裡看起來像是顯微鏡下面的神經結。奇沙比克與波多馬克電話公司人員彷彿永遠在這房間裡，修理、換線、配線、一直到連艾瑪都熟悉他們的名字了。而從我們搬進來的第一天開始，電話鈴就一直響不停。

溫柏格手下的班底，與我一九八一年離開前的人員大不相同。法蘭克·卡路奇於一九八二年底離開了政府機構，成為席爾斯（Sears）百貨世界貿易公司總裁。一名生意人，保羅·柴爾（Paul Thayer）接替法蘭克當副部長一段時間，後來遇到法律糾葛而辭職；威廉·塔虎托接替柴爾成為國防部裡第二號人物。塔虎托在做高級顧問時培養出敏銳的判斷力，相當適合這個工作。他是能夠欣賞溫柏格剛愎自用的個性，且能影響其觀點的寥寥數人之一。

我從前任者卡爾·史密斯得到一塊瑰寶：他的祕書南茜·休斯（Nancy Hughes），聰明、冷靜、機敏、具吸引力，同時有著能夠預先為老闆設想的優越能力。南茜後來跟著我直到她職業生涯結束，其間只有短暫的中斷。專業人才不要輕易更換。

我在當哈諾·布朗幕僚時，經常於幕僚會議當中坐在他辦公室後面不顯眼的位置做筆記。當上溫柏格軍事助理以後，我的位置象徵性的三級跳。溫柏格準時於上午八點半召開會議。可以說是「開庭」，因為他與那知性又孤僻的布朗大不相同。布朗還可以忍受關係緊密的小團體，雖說他寧願單獨一人。溫柏格喜歡被隨從簇擁著。布朗傾向非正式地圓滿達成，溫柏格則愛擺排場與有組織化那一套。會議進行時，他坐在一張飽滿的淡藍色扶手椅上面。他的左手邊是另一張扶手椅，坐的是主管立法事務的副部長。右手邊的長椅上，為主管公眾事務的助理位子，我坐在長椅的另一端。隔著咖啡桌，面對部長的，分別是政務副部長與首席顧問。座位的排列順序固定，猶如天際的星宿，就算是參加會議的人數增多了，也不會更改。佛瑞德．艾柯，部裡的第三號人物，不久也要求加入，溫柏格說好，艾柯便要了長椅中間的空位。如果他的老闆艾柯能加入，理查．阿姆塔格也要參加。溫柏格也同意了。其他人都要加入了，溫柏格說，有何不可。他們的助理跟著來，溫柏格照准。晨間的會議變得人數眾多，以致於在開會前五分鐘，部裡的接待員得從隔壁的辦公室裡拖來椅子，活像聯合交運貨物運送公司的搬家工人一樣。這場聚會證實了羅伯特．安德烈的《強制性疆域》理論。大家在地盤上打木樁定界限的行為，如同老虎在樹上灑尿。你的氣味必須要強過別人，否則就會被排擠到一邊去。不管是叢林還是在政府高層，都沒有無人認領的空間。不是被佔領了，就是為強者所攫取。

在這些人數眾多的有組織會議之中，真正討論的議題都是由公關部門與立法助理所提出報告的媒體燙手山芋，以及懸而未決的法案等等。等他們完成報告之後，溫柏格會起身繞著房間走著，徵詢每一個人的意見。真正會詳細報告的人，必然是個不懂遊戲規則的菜鳥。我總是有充分的時間與部長談論事情，但是不能在一堆人前面。儘管如此，幕僚會議還是有點用處的。它可以膨脹與會者的自我，讓他們覺得是小組之中的一分子。會開完以後，他們回到自己的幕僚前面神采飛揚地說著：「部長剛才告訴我說……」或者乾脆說，「我就告訴溫柏格說……」在這種公眾場合的應對之道，在我未來的生涯之中獲益不少。

我剛到任這個新職不久，從新老闆那兒學到一件事。一九八三年七月二十六日，早上六點半到辦公室，我翻閱五角大廈隔夜新聞總覽的報刊《晨鳥》，一則摘自《華盛頓郵報》的新聞吸引了我的注意。海軍在馬里蘭州的貝斯達醫院成立了「救傷實驗室」，用來教導醫學院學生治療戰場受傷的人。他們用狗來做實驗，並且先把它們麻醉後射傷。我腦海裡開始響起警鈴。我可以想見美國民眾看到靈犬萊西與史奴比變成了軍隊醫學實驗的犧牲品，會有什麼反應。我打電話給海軍部長辦公室裡的軍事助理，保羅．大衛．米勒上尉。我說，溫柏格部長將會要知道這到底是怎麼回事。保羅說道：「現在這麼早，在貝斯達醫院是找不到任何人的。等晚一點我再給你消息。」我告訴保羅，「你最好現在就給我點消息。」部長隨時可能會要知道。這天早上，關於投票部署MX飛彈是首要的大事，部長預定一早接受三大電視網採訪。保羅把他所知的有限消息傳了過來。

我還沒來得及掛上電話，溫柏格走過門口，他的第一句話就是：「射殺小狗這件事是搞啥名堂？」（溫柏格自己養了一隻叫做凱帝的柯利牧羊犬）。

「長官，」我開始解釋，「這是頗重要的，當陸戰隊在戰鬥狀況時……」

「中止這項計畫，」他說。

「長官，這種醫學研究是幫助……」

「告訴海軍別搞了。計畫取消。他們想都別想。明白嗎？」

我再打電話給保羅，轉達這個命令，然後聽到他一連串不能置信地說「但是——但是——但是」。我跟他說等一會兒再做解釋。因為現在我們急著要帶部長下到二樓的國防部攝影棚，準備他第一次在《今日》節目亮相。

世界都要瀕於核子毀滅了，但是布萊恩・甘貝爾的頭一個問題就是關於《華盛頓郵報》的狗新聞。溫柏格平靜地回答說，這種事絕不容發生，他已經下令取消任何這類的計畫，如果真的有的話。其他的節目訪談都是問同樣的問題，部長向全國保證說，不管有無任何的正當用途，軍隊都不會射殺小狗。

溫柏格當天的反應是一種直覺。他並沒有召集外科醫生、精神科醫生、獸醫與保護動物協會人士來組成一個特別陪審團，以化解這個問題。他立即認知到，在這個熱愛寵物的國家裡，不管有沒有科學用途，這個主意絕對不可行。因此他當場予以阻止。郵件如雪片飛來，國防部電話交換機開始堵塞。評論家稱頌溫柏格，他變成了英雄，這個公關大師給我上了一課。有些事情是神聖不可侵犯的。同樣地，你可以面對最麻煩的公眾事務，如果能夠正面而明快地應付，那麼或可記功一筆。最後，我們悄悄地想出了其他的辦法，讓軍醫們能夠進行重傷醫療訓練。

九月的一天早晨，溫柏格一到辦公室便通知我準備做一趟熱帶地區的旅行。我們要到中美洲，這是我頭一回與溫柏格出國。九月六日，我們自安德魯空軍基地搭乘一架機身上紋飾著「美利堅合眾國」幾個字的DC-九型客機；這架飛機屬於特別飛行任務中隊，專門給政府重要人物乘坐。登機之後，我注意到包括理查·阿姆塔格及其餘十四名記者之外，還有一名新面孔，一個充滿了自信的中級軍官，我們很快便弄明白他代表國家安全委員會出席。打從飛機起飛開始，此人便像蟲一樣向溫柏格的方向移動，雖然部長的外表一向予人敬而遠之的神態。正當我們在飛機上的一張小會議桌前圍坐，討論與三位中美洲國家首長會晤事宜之時，這個獨斷的新來者，除了對溫柏格恭敬而服從之外，顯然把他自己視為發號司令的第二號人物。我咕嘀著，這傢伙是誰？在預先準備好包括有地圖、行程表與幕僚個人小傳的旅行筆記本裡，我找到了：奧立佛·諾斯（Oliver L. North），陸戰隊少校（譯註：伊朗軍售案主角之一）。

溫柏格部長與夫人極為親密，他總是要珍陪同一道旅行。對於軍官眷屬而言，公務旅行表示要經常與陌生的面孔接觸，一連串社交的閒聊與保持著微笑讓她們到了晚上都累癱了。珍·溫柏格比她老公還要封閉，是個溫和、聰慧的女人，兩人算是絕配了，而她對應扮演的公眾角色並不感到興趣。溫柏格經常邀請其他軍官的眷屬與珍做陪。九月二十二日，我們將展開另一次旅行，這回要環繞全世界。溫柏格堅持要艾瑪在「應邀旅行命令」之下同行，讓艾瑪成為考察團正式的成員。我認為帶著部長總管兼雜役的老婆同行恐怕有點過分，惟溫柏格還是堅持。艾瑪去了，頭一晚上她向我表達心中的疑惑。她算是個觀光客嗎？還是多餘的行李？她到底要幹什麼？旅行展開之後，她的角色凸顯出來了。艾瑪變成了靈巧的信差。她可以說出女主人不能說出的事情，舉例來說，部長夫人累了（珍當時得了痛苦的骨質疏鬆症），或許到義大利伊特魯利亞遺址的行程可以縮短一點。珍與艾瑪在一起覺得很自在，同時在正式的迎賓行列與晚宴結束以後，她們感覺舒暢，可以在睡前交換白天活動的心得。

我總是把艾瑪從國外旅行的名單當中去除。溫柏格卻老是把她放進去。有一回我說道：「部長先生，這次真的沒有理由讓艾瑪跟來了。」他回答說，「胡說，算是旅行團裡面特別增加的人好了。我希望她能去。不要再多說了。」

艾瑪明白她的地位了，她等於是珍的侍女。

十月十三日，我們得知總統現任的國家安全顧問威廉・克拉克（William Clark）法官將轉任內政部長，克拉克原本對安全顧問一職就是志趣不合。他與溫柏格相同，為雷根在加州州長時期的班底。接替克拉克的人是個門外漢，在理念上補溫柏格之不足。克拉克的副手是個四十開外的前任陸戰隊中校羅伯特・「巴德」・麥法蘭（Robert C."Bud"

McFarlane），他是個天生副手，權力邊緣不露臉的幕僚。麥法蘭不是那種溫柏格視為貴族的人。而且，他的不動聲色態度容易讓人生氣。「嗯。謝謝你打來。祝愉快。」是他對部長電話標準的反應。這種態度讓溫柏格非常不悅。「巴德」麥法蘭接替克拉克法官，於十月十七日成為國家安全顧問。

麥法蘭最顯眼的部屬，就是我們在中美洲之行遇到的那名厚顏無恥陸戰隊軍官，奧立佛・諾斯，現在已升到中校。諾斯竄紅很快猶如傳奇，大家都喜歡找他把事情做好。他展現出驚人的想像力與精力，但是偶爾會有一些怪事發生。某日，我的一名助理跑來辦公室說：「將軍，諾斯中校請求帶槍。」

「他在國家安全委員會裡帶槍幹什麼？」我想要知道。

我的助理說：「有人要對付他，」

「誰？」我再問。

「他沒說。」

奧立佛・諾斯的個人安全與國防部沒有干係。我說，讓海軍去決定他在舊行政大樓上班是否需要帶槍吧，因為陸戰隊是歸海軍管的。

十月二十三日，「巴德」麥法蘭上任六天之後，半夜裡又接到國家戰略指揮中心打來的電話。這回毫無疑問地必須立即通知溫柏格了。一輛恐怖分子所開載滿炸彈的卡車，衝進駐紮在貝魯特黎巴嫩機場的美國海軍陸戰隊軍營裡。消息仍然是緩慢的傳來。我得一次又一次地傳達恐怖的死訊，給我所知一向對死亡感到噁心的國防首腦。溫柏格與夫人幾乎連葬禮都不願意參加。在他進駐到五角大廈的辦公室以後，溫柏格拿掉首任國防部長詹姆斯・佛瑞斯脫的畫像，詹姆斯是在貝斯達海軍醫院自殺身亡的。溫柏格以一幅借自華府藝廊充滿光明面的泰坦巨人畫作，來取代佛瑞斯脫的畫像。這天晚上，我的每一通電話都像在衝擊部長。拖出來八十具屍體。一百、一百五十，到最後，陸戰隊死亡總數達到二百四十一人。幾乎同時，在貝魯特市街上也發生恐怖分子攻擊軍營事件，導致七十七名法國士兵陣亡。

海軍陸戰隊派駐在紛亂的黎巴嫩，只是愚昧地為了證明我們的「存在」。一年之前，即一九八二年六月，以色列入侵黎巴嫩對巴勒斯坦解放組織恐怖分子做最後的總攻擊，並將其逐出。這次行動讓原本已紛擾不安的中東情勢更為緊繃。美國一向在此區域嘗試扮演著讓所有外國部隊撤出的仲裁角色。部署在貝魯特機場四週的海軍陸戰隊，正是國務卿所婉轉形容的「中介武力」。或可解釋為：黎巴嫩陸軍與敘利亞支持的什葉派回教聖戰組織在秀夫山谷之間激戰，陸戰隊夾在兩個火藥桶之間。溫柏格從一開始就反對陸戰隊介入，但是在白宮與麥法蘭及國務卿舒茲的政策性辯論卻告失利。

我一向對國務院官員針對干預外國造成軍隊流血事件所創造出來的掩飾性詞句感到

極為憎惡，例如「存在」、「象徵」、「訊號」、「政策性選擇」、「建立威信」等等。如果在堅定的任務運用這些詞句倒還無妨，惟有太多次這種詞句都是用在打迷糊仗。

八月二十九日，在機場卡車爆炸事件之前，有兩名陸戰隊員死於回教徒迫擊炮火；九月三日又有兩名，十月十六日，再兩人。不顧溫柏格的抗議，麥法蘭到了貝魯特，並且說服總統下令戰艦「新澤西號」向秀夫山谷發射十六吋艦砲，這是第二次世界大戰的模式，好像我們在登陸太平洋某一座珊瑚礁之前先軟化沙灘防禦工事一樣。在這種情勢之下我們所採取的監視行動，與其他人的反應不會有太大的差別。當砲彈開始落到什葉派勢力範圍之後，他們認為美國這個「裁判」開始對付他們了。由於他們無法接近軍艦，於是找到了更有破壞效果的目標——暴露在機場附近的陸戰隊員。

據我在五角大廈觀察的結果，美國等於是把手伸進千年老蜂窩裡面去，希望因為我們的「存在」能讓蜂窩裡平息下來。一九九一年前南斯拉夫自古以來的民族仇恨再點燃起來，美國出於善意的想「幫忙」，貝魯特機場陸戰隊屍體四散的景象仍在我腦海縈繞，讓我對於波士尼亞內戰頻呼小心。某些時候，美國人確實必須冒生命的危險，外交政策不能因為傷亡率的影響而麻痺。但是當我們面對他們的父母、配偶、子女質疑為何他們的家人必須去送死，而沒有明確的答案之前，人命仍然不宜冒險。說是為了一個

「象徵」或是「存在」，理由不夠好。

貝魯特爆炸事件過後接著是美國於十月二十五日入侵格瑞那達。這個加勒比海的小島落入一名年輕的馬克思主義者毛萊斯．比夏（Maurice Bishop）之手，其政權在古巴的協助下欲興建一座飛機跑道，將有利於蘇聯在此降落。接著比夏遭到暗殺，其後格瑞那達的混亂情勢讓在該處的近千名美國醫學院學生遭到威脅。

攻擊行動由陸軍傘兵、海軍陸戰隊與海豹特種部隊組成的聯合部隊展開。要拿下這個人口十萬，由約二千名武器落後的第三世界自衛隊及一個古巴工兵營防禦的小島，不啻是輕而易舉。但是仍然花了將近一週的時間才消除所有的抵抗並救出學生。這次入侵不能算是標準的聯合行動。它先是由海軍主導，直到最後一刻才加入當時的第二十四步兵師（機械化）師長史瓦茲科夫到海軍中將約瑟夫．麥考夫的幕僚群當中，以確定有高級軍官能指導陸戰。過去由於溝通不良、指揮控制系統中斷以及在華府各軍種自我的偏狹主義與小度量經營，造成軍種之間關係的嚴重損傷。這次的行動顯現出聯合軍事合作的關係仍然有待加強。入侵格瑞那達成功了，但卻是不起眼的成功。當時我不過是個微不足道的小人物做壁上觀，卻也學到了不少東西。

溫柏格是個擇善固執的人，他的批評者只會說他頑固。他與的國會議員及內閣閣員有所爭論時，表現的像頭戰鬥中的獅子。惟他無法與可能是政府裡面最隨和的人——雷根總統作對。溫柏格對總統的忠誠與依賴為整體而發自內心的，他無法讓他偶像化的人感到有一絲的不悅。因此，當隆納・雷根被說服在難以防守的貝魯特部署陸戰隊進行一項目的不明的任務時，溫柏格即無法忤逆這個決定。

溫柏格與舒茲的鬥爭猶如眼鏡蛇與貓鼬的惡鬥，但是他卻討厭與經常見面的部屬交惡。我無法叫他開除掉他的司機，此人在感恩節假期過後喝得酩酊大醉，到安德魯空軍基地來接溫柏格的時候，竟然向他們問候時說出「復活節快樂」。

溫柏格是個生活作息極有規律的人。我每天早上六點半到達辦公室，準六點五十八分的時候，溫柏格的司機會以汽車電話通知我說部長會在兩分鐘後到達。時間一到，溫柏格會踏入專用電梯，後面跟著司機，手上提著一個律師專用的老式公事包，上面還有個金屬製的把手。溫柏格走向「潘興」辦公桌，這個桌子原本屬於一次大戰時期美國遠征軍總司令「黑傑克」約翰・潘興將軍的，它有九英呎長，以胡桃木圓潤彫刻而成。溫柏格接著打開公事包取出文件來，其中都是關於價值好幾百萬美元的國防採購計畫、晉升上將的人事命令、運送防空飛彈給反共游擊隊的重要公文。公事包空了，溫柏格坐下來，向前凝視幾秒鐘，彷彿為一天的忙碌先打起精神來。接下來他叫來中情局送「總統每日簡報」的信差，這份簡報收集了隔夜情報的精華，是一封厚厚的皮紙文件。我比較喜歡集合報紙新聞概要的《晨鳥》。在一天快結束的時候，溫柏格收好他的老式皮包，把座椅調整到剛好在桌子的中央。他用腳輕踏在椅子的基座，表示一個工作天的結束。這個儀式從來不會改變。

在溫柏格嚴肅的外表之下隱藏著童真似的頑皮與出人意料之外的一些怪癖。我的工作是掌握著部長的時間表，這個被賦予的權力是他所不能控制的。因而我每天要進出部長辦公室十數次與他磋商。一天早上，我看到從右手邊最上面的抽屜裡拿東西，在他還沒來得及關上之前，我看到了裡面的東西。抽屜裡滿是巧克力、小型糖果、巧克力棒，我發覺他會在四下無人時偷偷塞在嘴裡。原來國防部長有巧克力癮。另有一天，我驚訝地發現他把一根賀喜巧克力棒幾口吞下，對我說道：「柯林，在這棟建築物裡我真正能行使的權力是，當我招待重要客人的時候，可以叫廚房準備一份巧克力點心。」

我的工作為部長的戰略顧問到為他提公事包，沒有特定的範圍。有一次，我得趕回他家替他拿大禮服，讓他在辦公室裡面換，以便能參加晚會。我站在那裡簡報晚會的事情，他則掏空衣服的口袋，從取出的東西顯示出此人另外的一面。包括有一小截鉛筆，他解釋說這根鉛筆從他小時候就隨身攜帶著。還有一枚澳洲半辨士硬幣，是他戰時在太平洋戰區向太太求婚時的紀念物。「我帶著這些東西會覺得比較安心。」他靦覥地解釋。

與哈諾·布朗、約翰·凱斯特一樣，溫柏格也是個有教養的人。他對古典文學與音樂都有涉獵。我們給他買了個附有卡帶匣的小收音機時鐘，他獨自工作時便伴隨著巴哈與貝多芬的作品。我發現他有文化氣質的一面相當具有吸引力，在一些步兵軍官身上是不易找到的；有時，我甚至覺得自己的文化素養也不夠。真要說起來，我的閱讀習慣在這個時期受到很大的影響。回到家裡就已經九點鐘了，翻閱一本好書不消兩頁就會開始打盹。

溫柏格講究排場。在我重回五角大廈之前的好一段時間，中情局曾經報告說利比亞的殺手已經潛來美國，準備暗殺總統及其他重要領袖。結果安全措施搞得有點矯枉過正，窗戶圍上木板不說，五角大廈週邊的街道也封鎖起來，建築物守衛與部長便衣勤務都予加強。同時部長、副部長、參謀首長聯席會議主席的辦公室門外都站有穿著軍服的衛兵。這種情形擴散開來，每個軍種都要求部署衛兵勤務了。我們耗掉十二名有用的軍人分派到這裡來，進行無益的任務，因為原本就有警力部署在五角大廈。當我接任軍事助理之後，暗殺的威脅早已被證實是謠言，我要求終止衛兵勤務。溫柏格不聽。他喜歡這些魁梧的軍人，像是倫敦塔衛兵一樣，站在他辦公室門口。每次他進出辦公室時，都會跟衛兵敬禮。

法蘭克．卡路奇曾經教導我，明智的部屬與溫柏格的不對盤是有選擇性的。他警告說：「如果是小事情，別浪費精神了。即使他是大錯特錯的。把精神留在正經事上面。

然而就算如此，你也可能碰壁。」溫柏格確實是如此的固執，從「星際大戰」這件事上就可以看出。

一九八三年三月二十三日，在我回到五角大廈任職之前的四個月，雷根總統舉行主要的政策演說，宣布美國追求一項「戰略國防創舉」。由海軍作戰首腦詹姆斯・華金斯（James Watkins）主導。華金斯這個海軍首腦，被包括愛德華・泰勒（Edward Teller）博士在內的物理學家說服，認為以現在的科學水準，可以在太空中創造出核子防護盾，以衛星控制包括雷射、微波起爆器、分子發射光束等設備，能將來犯的蘇聯飛彈摧毀。華金斯立即設想如此可望打破核子平衡狀態。當前的情勢是恐怖的平衡，相互保證毀滅（MAD）。你毀了我，我也可毀了你。但如果有了核子防護盾，「他們」就無法摧毀「我們」，雙方的鉅額軍火擴張就沒有意義了。

總統的演說後，參議員泰德・甘迺迪（Ted Kennedy）立即指稱這個構想是「魯莽的星際戰爭計畫」，由於膾炙人口的同名電影之故，這個名詞擊中要害了。人們因為這個名詞開始擔心天空發生核子大爆炸之後，輻射塵會像下雨一樣落到地面上。在理念上我既不屬於自由派也不屬保守派，但是我相信自由社會犯了一個嚴重的錯誤，把這個構想荒謬地認定是不明智的，即便它可以完成。我認為真正的問題在於批評者不能忍受雷根可能提出了能打破核子僵局的重要概念。

溫柏格在「戰略國防創舉」上面表現的猶如「皇帝不急，急死太監」，他變成政府在國會聽証會上的尖兵。有一天，他在準備到針對這件事所舉行的國會聽證會作證之前，為了消除星際大戰所帶來的疑慮，他向五角大廈研究與工程部門的主管理查・迪勞詢問，摧毀蘇聯飛彈的X射線雷射光是否會造成核彈的大爆炸。溫柏格問道：「它是不是個炸彈？」迪勞解釋說，雷射光就是用來引爆太空中的核彈裝置。

「但它不是個炸彈吧，是嗎？」溫柏格再追問，想在語意上找點餘地。迪勞接著說得比較婉轉：「不，不是炸彈，它將是核子事件。」因此，溫柏格在國會聽證會上及其他地方都拒絕承認「戰略國防創舉」會造成核子爆炸。他開始在手上轉弄他的護身符——兩支二號黃色鉛筆，顯示他的心思已飛進戰鬥模式的幻想當中。他準備了一個名詞，核彈的「產生器」。

就技術性而言，他是錯的。而且我擔心以他的執拗會予人推託的感覺。當我倆單獨在他辦公室時，我想向他解釋：「部長先生，這個核子裝置確實是會在太空中爆炸的，以產生出讓整套系統有效運用的巨大能量。這種能量並不是由電來供應的。」

「你說，產生出能量，」他滿意地重複這句話。「那麼你就是同意我了，它並不是個炸彈。它只是個『產生器』。」

經過一段時間，我瞭解到他的頑固有其理論基礎。只要他在這點上面不讓步，就不會有報紙標題這樣寫著：「溫柏格証實是太空星際炸彈：甘迺迪參議員要求召開新的星際大戰聽證會。」

很快地，我便瞭解到為何國會議員沒有過分刁難溫柏格。他們經常表現出十足的偽善功夫。立法者在面對溫柏格的預算要求時流露出正直的憤怒，但是今天在議場裡對我們嚴厲鞭笞的同一個傢伙，或許明天會打電話來，要求我們在國防部預算裡面增列他選區裡一些曖昧的社區大學軍事課程。一名委員會主席這樣告訴我說，不管在國會裡的激辯有多麼誇張，到了當天結束的時候，他還是需要得到超過百分之五十的贊成票，否則預算案就無法通過。在這些搖擺不定的投票者眼中的預算案，有人視為國防預算，有人卻當成「政治分贓」。我很快就看出其中的差別何在。所謂政治分贓是把國防預算的部分用在他人的選區裡。

由於我們需要他們的選票，因此要勇敢地面對國會議員頗不容易。但是其間仍然有分際。我在當溫柏格的軍事助理時，有一次接到一通來自德州的國會議員查理斯・威爾森（Charles Wilson）的電話。他是個對國防信念非常堅定的人，曾經為在阿富汗對抗共黨政權及蘇聯的穆加哈汀（Mujahedin）擔任說客，成功地爭取到奧援。查理斯先前打電話給我們負責立法事務的幕僚，要求安排軍機運送他到阿富汗視察。他要帶女朋友同行。那名幕僚處理明確地把他拒絕了。於是查理斯打電話給我，抱怨著官僚作風，認為我會予以矯正。我明知查理斯是我們仰賴的重要票源，於是在回答之前做了一次深呼吸，說道：「查理斯，這算是未經授權使用軍機。部長不會批准的。」

「你是怎麼回事，」他抗議，「對單身漢有偏見嗎？如果我去環遊世界卻沒有一位漂亮的女士同行就太無趣了。」我仍然堅守立場。

「假定我只是不經意地和她在機場出現呢？」他問道。

「駕駛會拒絕載她的，」我說，「你也不宜讓一名軍官陷入這樣的兩難局面。」他又發了幾句牢騷然後掛斷。

幾天之後，我接到他寫來的一封信，說若我要升到三星中將還是得過他這一關，我感覺很失望。我回信給他寫道：「請做你認為是對的事，而我也將盡我的本分。」他認為對的事，是毫無理由地刪除掉下年度預算裡的三架C-一二型外交武官用飛機。對此做一番公開表白，應該無損於來自東德州選區的老好人。

女朋友事件是我頭一次與國會議員產生爭論，讓我得到一些體認。可以有反對者，不能有敵人。今日的對手可能是明日的朋友。我仍然保持與查理斯交好，並且容忍他實質的需求。在重要的法案上面我們仍然能得到他的支持。經過這次事件過後某一次正式晚宴上，我遇到查理斯的女友，一名絕世美女，查理斯說道：「看你讓我損失了多少。」他說得沒錯。

我的老闆是個受人喜愛的好人，但卻不是個可以背叛的人。理查・培羅（Richard Perle）到國防部擔任主管國際安全政策的助理部長，他是個有決心的冷血戰士，同時以其堅定的反蘇姿態在部裡贏得「黑暗王子」的綽號。他帶來一名幕僚法蘭克・嘉福尼（Frank Gaffney），是個蓄鬍子的前任國會職員，與培羅的性格接近。他在溫柏格的幕僚會議裡初試啼聲，指責部長對共產勢力太過軟弱，同時推崇參謀首長聯席會議主席四星上將「傑克」約翰・維西（John Vessey）。會議結束後，溫柏格把我拉到一邊問道：「那個年輕人是誰？叫什麼名字？」我告訴了他，但是接下來的一年裡，無論嘉福尼出現的有多頻繁，溫柏格仍然無法記住他的名字。我給培羅的這個部屬上了一堂關於官場禮儀的課，最後溫柏格終於能夠叫出「嘉福尼」，後來甚至還提名他更高級的職務。但是，溫柏格可是很少給人第二次機會的。

早先有一回，我陪同溫柏格到白宮情勢分析室參加一項他必須加入的會議。我在外頭等著，後來他和總統一齊走出來，前往旁邊另一間小辦公室私下談話。這是我第一次在這麼近的距離看到隆納德・雷根。溫柏格用手比劃叫我走上前，把我介紹給總統。當總統握著我的手給我一個令人感動的微笑時，他所散發出來的光彩令我驚奇。他的打扮得宜，頭髮平整沒有一根不服貼，領結完美無缺，雪白的襯衫彷彿他剛剛才「打破漿硬」。我們談笑了一會兒，他與溫柏格轉回到正經事上面去。這次短暫的接觸留給我的印象是，這個若即若離的雷根總統同時散發出來的感覺，似乎是一種人無法產生出的親密感。

我周旋在三個軍種的部長、主席與參謀首長與其他國防部的大官之間，儘量讓他們能保持自我。他們期待能立即接近到部長，然而部長卻並非經常喜歡看到他們。與他們打交道是這份工作最艱難的部分，也不是每個人都滿意我的表現。就曾有個國防部權力核心人物想把我趕走。海軍部長約翰·李曼（John Lehman），他可算是全五角大廈最擅長內鬥的人物了。李曼在軍種之間的競爭絲毫不肯讓步。對他來說，海軍的地位總是國之干城。他不滿足於只經營海軍，還時常插手整個國防事務向溫柏格施壓，推銷他的構想。溫柏格對於李曼的積極並不欣賞，我只得扮演黑臉的角色，讓他管好自己的事就好了。毫不令人驚奇的，他果然怪我搶盡了他在部長面前的光彩。在五角大廈裡到處宣揚說我不僅僅是為部長服務，還巴結參謀首長聯席會議主席以確保自己的前途。他的不悅達到最高點時，還曾經跑去找威廉·塔虎托，要塔虎托建議溫柏格把我開除掉。塔虎托開玩笑似的告訴我這件事。我很不高興。我打電話給李曼的軍事助理保羅·米勒說如果他的老闆對我的表現不滿意，他應該當面告訴我，不應該暗地裡中傷。後來沒啥改變，溫柏格還是持續地拒絕李曼。李曼還是歸咎到我身上。而我也沒被開除掉。在這場衝突裡面，我倒是學到約翰·李曼的詞彙，一句曲解了的陳腔濫調：「權力會腐蝕，惟絕對的權力是潔淨的。」

我父親與艾瑪的母親都已過世。到了一九八四年的時候，艾瑪又失去父親，而我則是失去母親。一九八四年二月五日，羅伯特．強森死在艾瑪的臂彎裡，享年八十一歲。在他眼裡，剛開始我是個令人質疑的女婿，一個兩袖清風的低階軍人，最糟糕的是，還是個來自西印度群島的人。等到強森死前，我們的感情已大不相同。我已克服這些缺點，能夠親密地與這個正經的教育工作者開玩笑。我倆能喝個小酒，並且可以互嘲說，我工具箱裡的東西總是會自己長腳，然後跑到他的工具箱裡面去。

我被捕了

我負責處理岳父的遺物。在伯明翰的房子裡，我翻遍抽屜、壁櫥與地下室，聚集他所收藏的所有槍枝，把這些武器擺在車廂裡運回華府。國防部裡負責資訊中心的吉姆．布魯克斯是槍枝收藏家，他想看看我帶回來的東西。吉姆對大型連發手槍史密斯與威森點三八，以及我自己的一把日本老式陸軍步槍頗有興趣。中午休息的時候，我們走到停車場，把我放在車上的東西給他。吉姆看過以後，說要考慮一下，然後便離去。我將步槍放回車上時，一輛警車停了下來。部裡面的一名警員出現。

「這是你的車嗎？」他問道。

「是的。」我回答。

「請打開車廂。」他以命令式的語氣說道。我開始解釋收集槍枝的事。

「請打開車廂。」警員仍不動聲色的說道。我打開來，裡面是比日本偷襲珍珠港時代還要老舊的武器。

「跟我走，」他說道，取出我的步槍。

「喂，我是鮑爾將軍，」我說，「溫柏格部長的軍事助理。」

「長官，請跟我走，」他想把我銬在後座的鐵把上面，我拒絕了。我告訴他——像電影裡面的台詞一樣——讓我坐在前座，我會乖乖的。

我們走進位於五角大廈地下室的警局，一名警員坐在桌子後面準備做筆錄，還有念出犯人的權利。突然，一名警官出現了，他問：「將軍，你在這裡幹什麼？」我說，「我想我被捕了。」他告訴那名巡邏警員說，「我來接手。」接著，他轉向我說道：「長官，你可以回辦公室了，我會設法把步槍還給你。」

當我回去以後，祕書南茜．休斯跟我解釋這一切。五角大廈四樓的一名空軍部機警的祕書，看到兩個人在停車場拿著步槍——恐怖分子！她不加思索地立即報警。聰明機智的南茜聽說此事之後，馬上通知了一個叫做「醫官」庫克的人。

部長主管國防部，可是這幢建築歸「醫官」庫克負責。他的正式頭銜是主管行政的副助理國防部長。在功能上，他是主要的管家婆。要把懶散的職員趕上樓工作嗎？看醫官・庫克的。以助理部長的身分想要一間私人浴室嗎？醫官可安排。在河邊入口停車場找不到停車位嗎？試試「醫官」的辦法吧。想要保釋一名快要被捕的少將嗎？醫官是你要找的人。他的權力無所不及，他是五角大廈的教父。「醫官」的手腕高明到連約翰・凱斯特都無法欺瞞。他曾經當過海軍上校，因此對軍中文化頗為瞭解，又當過律師，懂得運用策略。沒有「醫官」庫庫，五角大廈早上就開不了門，因為沒人知道鑰匙在哪裡。醫官與南茜想辦法讓我獲釋，而不需保人、保釋金，並且避免更進一步的窘境。

失恃

我母親死前很痛苦。她五年前曾發作過心臟病，活了下來卻又罹患癌症，需要做乳房切除術。後來她又第二次心臟病發。到最後，跟我父親病重時期一樣，我又開始每個週末飛回紐約看她。在她經常發病時期，精神從未見衰退。知道已沒有希望之後，她帶著典型的牙買加人吐氣聲調，說出令人難懂的話，「咂！」「咂，柯林，你只要把我擺在那裡，拿點長春籐放在我身上就夠了。」感謝上帝賜給我艾達・貝爾小姐，此時，她已是住在我母親家裡達二十五年的房客。貝爾小姐在我父親臨終前照顧他，現在她同樣照顧我母親。我永遠都虧欠艾達・貝爾。

茉德・「艾莉」・鮑爾於一九八四年六月三日逝世。一週之前，我知道時間已剩不多了，於是，帶著全家回紐約做最後一次的探視。艾瑪以及兒女們與奶奶之間的親密讓我很感動。小孩總是叫她「親愛的」，這個讓人愉快的稱呼來自於她也是這麼稱呼他們。

父親助我成人，母親的角色不同，卻一樣重要。從她那裡我學到一生的工作習慣與自律——她一直工作到生病無法持續下去。而這樣不間斷的謀生，也從未妨礙到她完整的母愛。我無法瞭解為何她能每天工作到很晚回家，卻從未讓我與姐姐感覺缺少了母愛。事實上，與父母的緣分完全看各人的造化，然而，我能有這樣的母親，實在深感幸運。

葬禮在南布朗區家庭聚會所聖瑪格麗特教堂舉行。此時，現代主義者已接管教堂了。對我深具意義的意象、詩意與禮拜式都已有所改變。教堂運用了新的禮拜式，聖瑪格麗特的年輕牧師採行現代主義達到極致，詮釋上帝為無性的、平凡的。我知道我對過去型態的依戀，或許真的是情感超過了理智，但是，當我發覺到自己的信仰基石竟然也可以更動，這實在令我困惑不安。母親的葬禮與男性的葬禮方式一樣，含畜而不成功。

我不記得曾聽到提及「上帝」。我只是一逕地默默低語：「媽，別擔心。我們以後做得好一點，因為這不是你要走的方式。」

凱斯伯・溫柏格是個熱心的親英派。除了口音之外，他的行為舉止、口氣與外表，他的愛國心、從不道歉與解釋的態度，都是全然的英式作風。因此，在接到來自於著名的牛津聯盟辯論挑戰賽的邀請時，他無法予以拒絕。牛津的學生邀請他與該校的馬克思主義教授湯普森進行辯論，題目是「論決：美蘇在外交政策上沒有道德差異」。在倫敦的美國大使館官員知道了這件事，要求部長不要參加。牛津的學生極端左傾，能夠毫無顧忌的發言。大使館官員說道，這種辯論很難取勝的，要是輸了登在歐洲媒體上面會很難堪。部長的好友瑪格麗特・柴契爾夫人也要部長再考慮。反對者認為，堂堂美國的一名部長沒必要冒這種險，去參加這種令人懷疑的競賽。他們的反對卻更加強了溫柏格前去的決心。

我們於二月二十七日晚間離開安德魯空軍基地，第二天早晨抵達倫敦。溫柏格忙著別的事情，我注意到他在飛行途中只大略地看了一下辯論的筆記。當晚，我陪他穿過牛津大學的大廳，旁邊掛著英國過去首相的畫像，他們都曾在這裡證明了自己的辯論能力。我找到自己的座位，看著我的老闆帶著他的二號鉛筆上台擔任「辯方」。客滿的學生讓我想起在競技場裡等著看基督徒被丟進獅子群裡的羅馬人。湯普森可是個有名的辯論殺手。

我們在喧鬧的國防部裡遺忘了一件事，那就是我們的頭兒曾經當過電視脫口秀的主持人、書評家以及高所得的律師。當晚他的結辯非常老練。「西方與蘇聯的制度有何不同？我這樣說讓你們自己去想，」他結論說，「當你今晚離開這裡，午夜時分可不會有人來敲門。」他以微小的差距贏了。以他那種自我克制的人來說，我從來沒看到他如此的興奮。雖然他的勝利在大家眼裡很明確，惟我們實際上做了一點「保險」。在牛津大學決定辯論的輸贏，是在「正方」離去時計算有多少人跟著走掉。「辯方」走的時候也如此。我們確定在「辯方」離去時，所有的安全勤務人員、幕僚、祕書等等都跟著走了。

雖說溫柏格非常的冷靜沉著，可是我知道他對發生在貝魯特海軍陸戰隊兵營炸彈悲劇事件卻深感困擾。我不知道有多深，直到一份擬稿從他辦公室裡發出來。他要我看一看，然後傳閱到政府國家安全部門。溫柏格運用他當律師時的智慧，做出一份決定何時該派遣美國部隊到國外去的報告。他迴避了「中介部隊」、「出現」等的字眼，這些結果都變成是讓美國部隊置身危險卻沒有明確的任務。他反對我們的軍隊被「運用」在這些字眼最壞的解釋上面。他決定了六項原則做為何時投入美國軍隊的指南。

溫柏格的死對頭喬治・舒茲漠視他的研究結論。我目睹他們之間的爭論達數個月之久。國務院經常準備讓美國軍事武力投入，即使是到黎巴嫩這種「無人之地」。所持理由是，如果把部隊擺在國內卻又不偶爾重擊別人以展示實力，這樣有何意義？另一方面，需要為部隊流血負責的國防部長，則爭辯於派遣軍隊出國的條件上面。

溫柏格不僅是要把他的指導原則在政府裡面推銷，那年夏天他還想公諸於世。他開始找尋理想的公開說明地點，但是白宮方面不准許他在總統大選之前舉行這種容易引起爭論的演說。雷根當選連任以後，十一月二十八日溫柏格終於有機會在記者俱樂部演講。我陪同他前去聆聽他描述那幾項要點：「當我們衡量派遣美國戰鬥部隊到海外……（一）若我們或是盟邦到了生死攸關的時刻始派出；（二）一旦決定派兵，就必須運用所有的資源以求勝；（三）純粹為軍事或是攻治目標而介入；（四）隨時準備撤回以防政治目標改變，因為戰爭通常不會持久；（五）必先獲取美國民眾的實質支持；（六）不到最後關頭，絕不訴諸武力。」簡言之，國家利益是否瀕臨危險？若答案為「是的，」就出動，而且一定要贏。否則就別插手。

克勞斯維茲聽了也會叫好的。及至後來向總統建議用兵變成是我的責任時，溫柏格的金科玉律，也是我實際的指導原則。然而，在演講的時候，我只關切溫柏格這樣公開而露骨的說明，可能會給政敵抓到小辮子。

一九八五年五月，我應邀到威廉與瑪麗學院的預備軍官班授階典禮上演講。自從我站在紐約市立學院阿羅諾維茲大禮堂接受少尉官階的橫槓，迄今已過了廿七個年頭。這天在授階的軍校生之中有一名是麥可·鮑爾。當進行到監誓的時刻，我指揮部隊向後轉讓他們面對觀眾，包括他們的父母及愛人。這個行動是我在「槍手」艾默生退休典禮上學來的。輪到麥可上台受階時，他得到一個擁抱，在獲得任命的同時，也正是父子傳薪的偉大時刻。在觀眾之中，除了艾瑪以外，還有麥可的妹妹琳達，她已是威廉與瑪麗學院的二年級生，安瑪麗也將到這兒就讀。我喜歡想到湯瑪斯·傑佛遜這個不安的蓄黑奴者，若是知道鮑家人從他所畢業的威廉與瑪麗學院得到了第一流的教育，必然是感到欣慰的。

當上了少尉，麥可想要買部新車，以便到他新分發的諾克斯堡接受裝甲兵基本訓練時使用。我嘗試著勸他等到調派到德國時再說，反正早晚他一定會去的，到時候可以買輛好的歐洲車。不行。麥可受夠了我的舊富豪車，尤其是經過某一夜父子倆拖著拋錨的富豪車，他在前面駕駛，用條繩子拖著我的舊車，開了九十哩由瑞奇蒙回到家裡，這趟令人汗毛直立的經驗之後，他對老爸的吝嗇已受夠了。現在，麥可想要一部新的本田車。我帶他到本田經銷商給他看看殺價的藝術。我花了三個小時與五名銷售員、二名經理討價還價，讓麥可窘得無地自容。不過，到最後我們還是殺到了想要的價錢。

此時我已是個富豪車的救星，買回來已宣告無效的舊車妙手回春。人們開始找我買車子，有些人則高興地把手上的垂死富豪車交給我。我會把它們修好，隨便髹上價值九十九美元的漆，再把它們賣出。生意開始興旺起來。我甚至於跑去申請交易商執照，不過維吉尼亞州不承認麥爾堡是個合法的營業地點。在過去的十年裡面，至少有三十部富豪車經過我的手，得到再循環利用的機會，瑞典頒個諾貝爾獎給我也是應該的。

伊朗軍售前兆

我平日工作的主要項目之一，為檢視送到部長辦公室裡的文件是否需要部長過目。一九八五年七月十一日的一份文件讓人驚異不已。這份擬稿是「國家安全決策指令」，標題為「美國對伊朗政策」，印在白宮公文用箋上面，指名給溫柏格與國務卿喬治・舒茲，屬於最高機密。在給溫柏格的八頁擬稿上面還寫著「謹予部長一人過目」，然而溫柏格還是要我看一看。我看完這份「國家安全決策指令」之後，瞭解到這是現任國家安全顧問巴德・麥法蘭學季辛吉搞的把戲。季辛吉是前任的國家安全顧問，他大膽地做出一件事情：為尼克森總統打開一扇與赤色中國交往的大門，而這扇已關閉了整整一代，這個大膽的舉動為季辛吉在歷史上留名。麥法蘭東施效顰也想留名。令人更無法想像的是，他竟然建議運送武器給伊朗的柯梅尼政府，這個政權曾經拘留了五十二名美國人質超過一年，是美國稱之為恐怖分子政權，並且要求盟邦共同抵制的國家，同時也是雷根總統曾說絕不打交道的國家；尤其甚者，該國與貝魯特二四一名陸戰隊員的炸死也脫不了關係。能有任何事比這個建議更為無恥嗎？我建議部長讓理查·阿米塔格也看看這份文件。我急於知道溫柏格的反應。

文件簽下來之後，我為老闆感到自豪。溫柏格在封面的簽呈上寫著：「這簡直是荒謬絕倫到無法評論，……這就好像邀請格達費到華府來把酒言歡一樣。」他指的是利比亞的反美軍事強人。

在公事上面，溫柏格發覺麥法蘭與臭石頭一樣難以溝通，這也是他不喜歡與他打交道的原因。但是麥法蘭在這份代表作被駁回之後，要求與溫柏格會面。平常冷靜的麥法蘭這回認真的向部長爭取，而溫柏格坐在潘興辦公桌後面，面無表情，一副說來聽聽的架勢。麥法蘭說，這種勇敢的創舉會贏得伊朗人的溫和回應，能在蘇聯填補這個武力真空地區之前，讓我們重回到伊朗；同時，也能讓目前被伊朗民兵拘留的七名美國人質獲釋。

溫柏格回答說：「伊朗僅有的溫和派都躺在公墓裡。」期待拘留人質的同一個政權來釋放人質是件愚蠢的事。他告訴麥法蘭說，柯梅尼政權與蘇聯同等邪惡。麥法蘭走了之後，溫柏格轉向我說，希望這是我們最後一次聽到這種愚不可及的建議。喬治·舒茲也反對與敵國進行軍火交易，這倒是少數與溫柏格意見一致之處。

溫柏格習慣在小活頁紙上面記載一天內發生的事情。這個小筆記內容包含從「與麥法蘭會談國家安全決策指令」到「找凱帝的獸醫」（譯註：凱帝是溫柏格家的牧羊犬）等等，完成一本之後，便把它放在辦公桌中間右邊的抽屜裡，抽屜滿了便放到壁櫥裡。他有一回告訴我說這個習慣已有四十年了。這個堆得像小山一樣的筆記，算不算是溫柏格的「日記」？從麥法蘭的武器交換人質計畫，到後來的「伊朗、尼游」醜聞案，這個問題有朝一日將對溫柏格具有法律追溯上的涵義——我也牽涉在內。

那年夏天的某天午後，現任陸軍參謀長約翰．魏克漢以熱線打電話給我。他有新消息。我預定要當兩年的軍事助理，而期限已屆滿了，我正在等待命令。魏克漢確實是帶來好消息。我將被派到德國取代陸軍紅人之一的「比爾」查理斯．戴克（Charles W. Dyke）少將接任第八步兵師師長（機械化師）。當晚我飄飄欲仙地回到麥爾堡的家中。終於可以離開政治神經中樞重回真正的軍旅生活，而且經過了二十七個年頭以後再度回到德國。後來我跟部長到西德去，還找了個機會拜訪「比爾」戴克聽簡報。我等不及要接掌這個師了。

這樣的自我陶醉持續了三週。某日魏克漢跑到我辦公室來，讓我感到大事不妙了。他說：「柯林，我對你指揮的能力絕不懷疑。」「是的，只是……」我說。「只是溫柏格部長和我談過了。你得到這個人全部的信任。他依賴你至深，你在這裡所扮演的角色將與擔任戰地指揮官無異。恐怕我這回要帶給你好壞消息參半了。」

不用猜，我也知道壞消息了。魏克漢繼續說道：「我總能找到師長的，而部長這裡需要你，因此你將留下來。好消息是在大約一年以後，不必再經過師長的經歷，我們會給你幹軍團司令。」

魏克漢走後，我進去看到部長在細細品味一根巧克力棒。他像個剛剛才阻止兒子逃家的父親一般，問候著我，說道：「就這樣決定了，你留下。到了明年，不是一個師，你可以得到兩個師。」像部長這樣的人或許懂得政治，對軍中文化卻未必瞭解。我直接跳過師長經歷升上軍團司令未必會讓同儕敬佩。事實上，有些人還會直截了當地咒罵說：「搞政治。」魏克漢向我保證說我是不同的，可望順利完成調動而不會引起公憤。我不太相信。我仍然記得那名經由政治壓力升到上校的白宮研究員，後來還是終結了他的生涯。到了明年或許我還是守著部長門外一張辦公桌，啥都沒得指揮。

每天早上我都會收到一個上面印著「最高機密」的黑色塑膠袋子，裡面是由國安局竊聽破解來自全世界各地的精選情報。參謀首長聯席會議主席的助理海軍中將亞瑟．莫瑞（Arthur Moreau）帶著一項意外的發現跑來找我。國安局從空中截取到的一部分特異情報並未傳達給部長辦公室。亞瑟獨自決定把這有所保留的資料讓我知道。我所看到的讓我驚異不已。外國中介者在有條件的情況下，為雷根政府官員與「溫和」的伊朗人之間進行軍火交易而牽線。麥法蘭的創見顯然還很活躍。消息的內容固然讓人驚奇，部長辦公室為何被蒙在鼓裡讓我覺得更為棘手。

我把得來的消息告訴了溫柏格。每回他把麥法蘭找來，想知道到底在做什麼，這名國家安全顧問總是守口如瓶。最後，溫柏格光火了，他把我叫去問道：「柯林，是誰傳遞這些消息給我們的？」我解釋說是海軍中將莫瑞從國安局得來，並偷偷轉告給我們。

溫柏格說，「國安局不是歸我管的嗎？」

我回說，確實如此。它是隸屬國防部之下。國安局局長威廉・歐頓（William Odom）中將算是溫柏格的部屬。溫柏格說道：「請你打電話給歐頓將軍，提醒他真正的老闆是誰。」

我回到辦公室立即打電話給歐頓，詢問他到底是怎麼一回事？此人似乎有點左右為難。麥法蘭手下的國家安全委員會在白宮的授權之下，指示歐頓只准將這些情報做少量的流通，並把國防部排除在外。我們在倉促間瞭解了事情的真相。此事確實有點不對勁。

溫柏格仍然不斷地對伊朗軍火交易案橫加阻止，這種事對低劣的地毯商人當然大有吸引力。不過，對總統保持忠誠是溫柏格的信條。雖說他反對軍援柯梅尼政權，但卻無法在這件事上面直接忤逆隆納德・雷根。他轉而對麥法蘭感到憤怒。

溫柏格也並不是十分勉強地爭辯自己的立場，如果它並不是與總統的意見相左，尤其是當這表示與喬治・舒茲相對立的時候（這段需要重新組合或改寫）。通常他會有所保留，等到雷根總統做出決定以後，他便可愉快的接受這個決定。軍火交易的建議是個壞主意。這在當時只能算是個壞政策，並不是犯罪行為而有讓總統下台的危險。高級官員每次與總統有意見不合的時候，還是不能放棄自己的立場。這個愚笨的計畫當時看起來會自行胎死腹中。沒想到我們卻低估了總統對此案的支持，以及國家安全委員會付諸實施的決心。

軍火交易案最能打動隆納德・雷根的一點，在於可望讓人質獲釋。他們的家人到白宮來，還跟著總統的巡迴演講。他們的請願影響了總統。他想讓人質重獲自由，甘願冒政治風險來達到目的。我個人深信被恐怖分子挾持是單獨的悲劇，我們應盡一切力量來讓其獲釋。然而，恐怖主義與人質挾持事件不容影響到外交決策。不論多麼婉轉，勒贖就是勒贖，不應該遂其所願。屈服於恐怖分子與綁票者只會讓他們變本加厲。

一九八五年十二月末，麥法蘭決定辭去國家安全顧問的職務，而我們對他的可能繼任者並不滿意。當時我與溫柏格到歐洲參加一項北大西洋公約組織會議，他接到一通來自中情局局長威廉・凱西（William J. Casey）的電話。掛上電話之後溫柏格跟我說凱西很不悅，因為麥法蘭的副手海軍少將約翰・波狄斯特（John Poindexter）成為取代麥法蘭呼聲最高的人選。凱西說：「他還不夠格。」波狄斯特格局小，缺乏這個職務所需要的深度及廣度。凱西請溫柏格運用他對總統的影響力，阻止波狄斯特的任命案。

我曾與波狄斯特打過交道，對他的適任性有自己的見解。他很聰明，但只限於技術方面的狹小領域，波狄斯特寧願與隔壁辦公室的同僚用電腦聯繫，而不喜歡當面說話。有一天我打電話給他討論關於《華盛頓郵報》一則有麻煩的新聞。「我從來不看《華盛頓郵報》的。」他這樣說。「你不一定要同意他們，」我說道，「通常我也不同意他們的意見，不過你還是必須要知道《華盛頓郵報》與《紐約時報》在說些什麼，才好在這裡辦事。」

約翰回答說：「我也不看《紐約時報》。」

溫柏格給白宮方面打了電話，他說：「總統先生，我知道麥法蘭要離職了，而您打算任用約翰．波狄斯特接任。比爾．凱西打電話給我，他不認為約翰夠資格擔任此職務。因此比爾要我打電話給您。」當總統在表達為何堅持要波狄斯特的理由時，我看到溫柏格不斷在點頭。溫柏格最後說道：「總統先生，如果你喜歡約翰，我相信我們會處得來的。」

一九八五年十二月初，溫柏格與英國首相瑪格麗特．柴契爾討論兩項議題，分別是F-一一七隱形戰機，以及一套軍用蜂巢式電話系統的銷售事宜。英國發展出一套名為「雷鳥」的系統，法國發展的類似系統叫做「瑞塔」（Rita）。這兩種系統都領先我們在幾年內所能發展出來的東西。因此，陸軍決定向兩國比價，購買其中一套蜂巢式電話系統來使用，交易金額超過四十億美元。結果變成溫柏格向柴契爾首相解釋，為何採購合約由法國取得。我陪他到了英國，在準備從美國大使館動身到唐寧街十號時，他說道：「柯林，我想你應該跟我去，我希望這件事能好好記錄下來。」駐英大使查理斯．普萊斯也陪著我們去。

我們被引進柴契爾夫人的接待室，一個安靜舒適的地方，擺了兩張相對的長沙發，散置著火爐與安樂椅。首相的私人祕書查理．鮑爾（Charles Powell）出面歡迎我們。接著頭髮吹得平整的首相走了進來，穿著一件套裝，看來女性化的同時還帶點生意人的味道。

溫柏格以F-一一七隱形戰機的事情做開場白，來軟化他這個不愉快的任務。他還沒有機會說話便被首相打斷了。

柴契爾夫人說道：「親愛的部長，我要你知道我對『雷鳥』這件小生意有多麼、多麼的失望。你怎麼說我都不會相信，在這個抉擇裡面沒有齷齪的事。我們被騙了，你聽到了嗎？被騙了。不要想跟我解釋說不是這樣的。」

平常這兩個人是惺惺相惜的，尤其是在溫柏格堅定地支持柴契爾夫人發動福克蘭群島戰役以後，更是相互欣賞。溫柏格在柴契爾罵著「齷齪」與「欺騙」等字眼時，保持著沉默。等到她停下來喘口氣，溫柏格開始解釋美國的決定，但是首相再度打斷他。「法國人！」她說道，彷彿這個字眼是個罵人的話，而那些糟糕的傢伙，似乎做了一些見不得人的事。「我確信他們玩了手段。」她轉向我，「年輕人，別把這句話寫下來。」她對法國人的觀感與對美國表兄的失望之情，持續表達了十多分鐘。最後，溫柏格想更有耐心、更有理性地向她再做解釋，她像個教師責難學生，說道：「可是，部長先生，我說一定有齷齪的事！不是告訴你不要說沒有這種事嗎？你到底有沒有在聽？」

對旁觀者而言，這段談話委實精采。不過我想對當事人可不太好受，從溫柏格臉上表情就可看得出來。瑪格麗特·柴契爾確實像她公眾形象所展現的鐵娘子作風，可說是我遇到最有魄力的領袖；我可是見識到她揮舞著聞名的犀利文辭，把溫柏格打得滿頭包了。

軍售伊朗

每回我們打從心底認為伊朗軍火交易建議案已然胎死腹中之時，溫柏格從白宮回來都會宣布說道，這件案子又死灰復燃了。有一次他回來以後，叫我想出個辦法——假設以色列提供伊朗軍火，我們要如何重新補充他們的軍火庫。我跑去找漢克．嘉福尼，他在五角大廈任職國防安全援助局，專門主管出售與供應武器給他國。我要他準備一份包含各種移轉軍火的法律依據備忘錄。為了反映溫柏格對此興趣不大，我請嘉福尼特別強調負面的部分。研究的結果是，若要適當的撇清責任，可以經由「軍火輸出管制條例」。根據此條例，類似軍火移轉的當時與終極目的都必須通知國會，而這正是國家安全委員會所不願意揭露的事。我在溫柏格正要前往白宮參加另外一個會議之前，及時把備忘錄交給他，希望這回我們所握有的利器能殺死這隻怪獸。

一九八六年一月十七日，總統簽署一項屬於最高機密的「必要性之判定」，宣稱銷售軍火給伊朗符合國家的利益。這個計畫仍然有勇無謀，但是至少合法了，軍售伊朗之中不合法的事，即後來聞名的「伊朗、尼游案」，是因為別的因素所產生的；之所以叫做「伊朗、尼游案」，乃源自於挪用了資助尼加拉瓜游擊隊的基金，以及參與計畫者在國會作偽證。總統簽署這份「判定」之後，溫柏格被告知開始實施這項計畫。他指示我安排轉運四千枚（後來增加到四千五百零八枚）拖式反坦克飛彈給中情局。這批拖式飛彈（TOW）是依照一項聯邦法律「節約法案」轉移給中情局，這項法案允許政府機構相互移轉物資。關於陸軍的部分都是合法的。接下來，中情局將把這批拖式飛彈移轉去伊朗。

溫柏格支持間接的接觸，因為他覺得暗中供應武器給別國，是中情局的工作，不應該由國防部來進行。溫柏格告訴我說：「我不要與伊朗人扯上關係，為了避免對總統不忠誠，我要在做這件事的時候盡可能與國防部沒有瓜葛。」我們在處理這些拖式飛彈時的態度，就彷彿是要盡快把家裡的垃圾丟出去一樣。

我打電話給陸軍副參謀長麥斯．塞曼將軍，請他把拖式飛彈交給中情局。其他的話都沒多說。我知道這個計畫被踢皮球好幾個月了，可是，一直到溫柏格指示我實行移轉計畫時，才知道總統很明確地決定實施這項計畫，並且要把武器給伊朗。

第一批拖式飛彈運出去以後，陸軍幕僚局長亞瑟．布朗（Arthur Brown）中將憂心忡忡地打電話給我。布朗說道：「我們不知道這些東西要運到哪裡，但可以確定的是它們不會留在中情局。陸軍高級顧問跟我們說，如果運送到國外的軍火數量達到這樣的程度，應該要通知國會的。」

我告訴布朗說：「把這些都記在備忘錄裡面。」拿到他的備忘錄之後，我決定自己也得學著聰明一點，應該寫份備忘錄給波狄斯特，重申如果這些武器是要運送到外國則必須通知國會的法律程序。我把備忘錄拿給正為此事煩惱的溫柏格看。他曾經警告的事果然出現惡報，這件魯莽的行動讓政府威信冒了極大的風險。在國安會與溫柏格、喬治・舒茲每週召開的早餐會報上面，我親自把備忘錄交給了波狄斯特。我們所不知道的是，波狄斯特與其成員確實打算通知國會——在雷根政府執政三年之後的最後一週；而他們若能適時通知國會，或許就不會讓這個計畫掀起軒然大波了。

軍人尊嚴

一九八六年的前幾個月，我在工作與計畫離去之間徬徨不定。日常的工作乏善可陳。每天一開始就是決定那些簽呈部長該過目，一天快結束的時候則是在為部長明天的演講詞審稿。在這中間，我可能在安撫長官不滿的情緒、安排操場重新播種，以及整合部長餐室裡的工作人員，由於裡面都是菲律賓侍者，必須要讓外國訪客看起來沒有種族歧視存在。

在忙碌的工作與無數的電話當中，時間就這樣一天天過去了。但是我至少有一樣貢獻。部長辦公室位於五角大廈的艾森豪迴廊，讓我總覺得與艾森豪這位戰時英雄特別親近。他是個不用威嚇與咆哮就可贏得部屬尊敬及指揮部隊的司令官，同時也是個免於讓國家陷入世界各個麻煩泥沼的總統；更是一名懂得運用權力、有為有守的真君子。舉例來說，當法軍陷於奠邊府（Dienbienphu）時，艾克（Ike）能夠抗拒壓力堅決不干預越南。我景仰他是個軍人、總統，是個真君子。

海陸空三軍的總部迴廊裝飾得像是小型的博物館，艾森豪迴廊卻只掛了幾幀照片。艾克的大廳，我認為應該讓其更具有紀念意味。溫柏格一向喜愛歷史與傳統，便同意了。為了推動這個重修迴廊計畫必須去找「醫官」庫克。他在預算上面找到些剩餘的經費，支援我一名懂得藝術的幕僚喬．比薩尼，然後我們開始工作。有好幾個月迴廊掛著防水布，看起來像是畫家傑克森．鮑立克的回顧展。敲敲打打的彷彿永遠不會停止似的。計畫進行到一半的時候，瑪麗貝兒．貝姬想要知道，我們是不是要開個娼寮？為了紀念歐戰的勝利，迴廊漆上粉紅色。我問工頭：「你看這樣對嗎？」他回答說：「不是我們挑顏色，我們只管刷上去。」結果發現是工作單上面顏色的編號搞顛倒了，大廳必須重漆。同時，有些捉狹鬼在迴廊上面掛了個牌子寫著：「鮑爾披薩店，即日開幕。」

開工之後九個月大功告成，艾森豪總統之子約翰前來主持迴廊的重新啟用。這裡掛了個舊招牌，上面寫著：「購買站——貝爾-史賓斯乾酪廠」乃是艾克少年時期一週工作八十個小時的地方。他的西點軍校年鑑同時展出，打開在有他照片的那一頁並附著介紹詞：「大膽的衛格（Dwight，譯註：艾森豪之名）、不怯的……他是全校最英俊的男人。」在玻璃展示箱裡面，是艾森豪軍旅生涯之中的紀念物，有這名盟軍領袖下令登陸諾曼第的文獻。從展覽當中可以綜觀艾森豪的一生，自家鄉堪薩斯州到白宮。迴廊至今已成為五角大廈具吸引力的觀光點，也是我永遠驕傲的所在。

三月二十五日，我與艾瑪坐在或許是全華府最堂皇的地方——國務院外交接待室，是溫柏格為我舉辦離別晚宴借來的場地。以一名少將的離職來說真有點小題大作，不過我抱著象徵我們之間的友誼以及與溫柏格如同父子般的從屬關係，接受了這個殊榮。第二天，凱斯伯親自授與我第三顆星，這顆星將跟著我上任軍團司令。

在這個節骨眼上，我能夠有所突破，靠的是威廉·塔虎托的說項。在多次請調失敗之後，威廉走進溫柏格房間，最後終於說服他找個人取代我。溫柏格的新任軍事助理是海軍中將唐·瓊斯（Don Jones）。在這個時候，我不管他找張三、李四還是王二麻子，我只想調出去。

忠實的魏克漢果然信守諾言。我將調任駐德國的第五軍軍長，調派令讓我在情緒上激盪不已：我將重回軍旅生涯初期帶領四十名部隊的地方，現在則將指揮七萬五千人了。

溫柏格帶我坐上空軍一號專機與總統同行，當做是臨別前一次額外的紀念。雷根此行是到格瑞那達接受島民的感謝，因為美國部隊於一九八三年十月間揮兵趕走共產黨。這是我第一次與總統同行，坐在飛機後面享用空服員送來的飲料與點心，看著個人專用的電視，我心裡想著，這樣旅行真舒服。稍後，溫柏格把我叫到前面的私人艙房與總統合影留念。隆納德・雷根真誠地的和我打招呼，讓我分不清他是否真記得我，還是只體驗到雷根標準的魅力。總統穿著一貫的雪白襯衫打著完美無缺的領結。不過他的上衣掛了起來，而且只穿著慢跑褲以免西裝褲弄皺了。

我從未見過如此熱烈的群眾場面，能與總統在格瑞那達受歡迎的程度相比。此島的人口約八萬四千人，似乎全部的人都擠進了運動場。雷根被推崇成為自由鬥士、救世主、救星，群眾跡近瘋狂了。他發表了老練的演講，得到如雷般的喝采。但是，如同我過去所觀察到的，他的動作職業化，彷彿有導演指揮說「群眾喝采，」然後他按照腳本寫的那樣反應。

二年十個月——這一段生涯結束了。我帶著最溫馨的感覺離開五角大廈所服侍的人。凱斯伯・溫柏格雖然有點怪癖，但是我打從心底相信，他是個偉大的鬥士、卓絕的鼓吹者，就像總統一樣，設定幾個簡單的目標即勇往直前，絕不更改，展現出韌性、鎮靜與超凡的自信。而我永不能忘記某一個黑暗夜晚，我們乘坐一架幾乎無人的波音七〇七客機在地中海上空飛行的那一刻。那是一九八四年十月的一次馬拉松式旅行，從這個首都飛到下一個首都，讓人疲累不堪。我們到訪意大利、突尼西亞、以色列與約旦，此時已是旅途的最後一段。在西奈半島，我們飛進能讓肺部感染的大霧裡面，這種大霧通常會覆蓋住整個區域。大家都覺得不舒服，至少溫柏格的部屬都如此。我們坐在前面艙房，阿姆塔格與我坐在一邊，溫柏格坐在另一邊。在黑暗裡伸手不見五指。我們以為他睡著了。突然間他那深沉的聲音打破了沉靜。我們總認為部長是堅毅不拔的。可是，這回他好像感慨地在自言自語：「真是孤寂的人生。敵人易找知音難尋。它會讓一個人精神與肉體都疲累了。我竭盡所能地效忠總統，可是要得到他與他太太的感念實在不容易啊。」他停頓了一會兒，彷彿在這一瞬間發現他自己竟如此赤裸地向我們表白。他接著說道：「我可以跟你們兩個人講，我信得過。」這個似乎一直是不屈不撓的人，此刻已然與我們一樣地焦慮，惟在我眼裡不但不會減少絲毫，反而更增加對他的崇敬。不過也只有這一次我們能見到他的內心世界。

溫柏格一貫的頑強態度，是優點也是缺點，在他任內，世界改變了，溫柏格卻絕對沒改變。他呼籲增加國防支出，一開始聽起來像是暮鼓晨鐘，到後來卻連國會都不太搭理他了。他痛恨放過「邪惡帝國」，雖然它已在我們眼前逐漸消失了。無論如何，他的判斷總是出現在最正確的時間。經過了越南的潰敗與「沙漠一號」行動的慘敗，是溫柏格與雷根兩人讓美國軍隊重拾尊嚴。卡特與布朗時代，政府增加採購國家所需的現代化武器預算，是頗值得讚揚的；但是若非雷根與溫柏格確實編列了經費，這些武器還不知道從何而來呢。或許雷根與溫柏格的最大貢獻，在於讓長久疏離的軍民關係能有所改善，在這段時期，雙方的不睦已然癒合，美國民眾再次擁抱他們的軍人。

三月十六日，我離開五角大廈準備接任新職。經過溫柏格辦公室前面的哨兵（我一直未能設法弄掉）我向他回禮。我繳回了身分的真正象徵——河邊入口停車證。為國服務讓我感到無比的驕傲，這天，我覺得走起路來昂首闊步。或許出自於幻覺，對我來說，在雷根與溫柏格時代，每個軍人看來都是氣宇軒昂的。

國家圖書館出版品預行編目資料

我的美國之旅：鮑爾國務卿自傳／柯林. 鮑爾(Colin L. Powell), 約瑟夫. 波斯科(Joseph Persico)作；蕭美惠譯. -- 第三版. -- 臺北市：智庫, 2001 [民 90]
冊； 公分. -- (菁英 ; 3-4)
譯自：My American journey
ISBN 957-0484-68-3(全套：精裝)

1. 鮑爾 (Powell, Colin L.) - 傳記 2. 軍官
美國 - 傳記

785.28 90013404

菁英 03

我的美國之旅——鮑爾國務卿自傳（上）

作　　者 / 柯林・鮑爾、約瑟夫・波斯科
譯　　者 / 蕭美惠
發 行 人 / 華文衡
社長兼總編輯／曾大福
責任編輯 / 張啟淵
編　　輯 / 周寧靜、陳逸如、張淑惠
出 版 者 / 智庫股份有限公司
登 記 證 / 局版北市業字第 68 號
地　　址 / 台北市新生南路一段 97 巷 6 號 1 樓
電　　話 / (02)27783136（代表號）　傳真 / (02)27782349
電子郵件信箱/triumph@triumphpublish.com.tw，http://www.triumphpublish.com.tw
郵政帳戶 / 智庫股份有限公司　郵政帳號 / 17391043
排　　版 / 辰皓電腦排版有限公司
總 經 銷 / 凌域國際股份有限公司
電　　話 / (02)2298-3838
地　　址 / 台北縣五股工業區五權三路 8 號 5 樓

1996 年 5 月第一版第一次印行　2002 年 3 月第三版第一次印行
原名/MY AMERICAN JOURNEY/by COLIN POWELL & JOSEPH PERSICO

定價 / 上下二冊不分售全套精裝 1200 元（原文 ISBN：0-679-43296-5）

ISBN 957-0484-68-3

我的美國之旅

鮑爾國務卿自傳

My American Journey

【作者簡介】

柯林・鮑爾（Colin L. Powell）

一九三七年四月五日，柯林・鮑爾將軍出生於紐約哈林區，在南布朗區長大，父母是來自牙買加的移民。在就讀紐約市立學院時，鮑爾將軍加入美國陸軍預備軍官訓練班，立志成為一名優秀的職業軍人。他曾兩度參與越戰，先後駐防韓國與德國，並取得喬治・華盛頓大學的企管碩士。在一九八〇年代，鮑爾將軍擔任國防部長的高階軍事助理，以及總統的國家安全事務助理。一九八九年，被任命為參謀首長聯席會議主席，為陸軍四星上將；不僅是全美最高軍階，亦是美國有史以來第一位就任此職的非裔美人，且於一九九一年並獲連任。在著名的「沙漠風暴」中，鮑爾將軍運籌帷幄、叱吒風雲，其沈著、智慧與具領袖的氣質，深深吸引世人的眼光。他是世界的英雄人物。在三十五年的軍旅生涯之後，他於一九九三年九月三十日退休。鮑爾將軍婉謝私人企業的高薪禮聘，他開始著手本自傳的撰寫，並加入社區志工的行列，為America's Promise——青少年聯盟基金會董事長，致力協助需要幫助的青少年。鮑爾將軍深為世人所敬仰，他是自艾森豪將軍以降，最受美國人敬重、最孚眾望也最具民意支持。若他願意參選，毫無疑問的，將超越共和、民主兩黨候選人，最有可能成為美國第一位非裔美籍的總統。二〇〇一年，布希新政府主政，再次延攬鮑爾將軍入閣，主掌國務院，為美國有史以來第一位非裔美籍的國務卿。

約瑟夫・波斯科（Joseph E. Persico）

與鮑爾合著本書，曾寫過大亨洛克斐勒、名記者愛德華・莫盧和前任中央情報局卡賽的傳記。他最近一本著作《紐倫堡大審》，被評論家推崇為這場世紀大審的最佳報導。

【譯者簡介】

蕭美惠

國立政治大學英語系畢業，現任職專業報紙國際新聞組。譯有《貝聿銘——現代主義泰斗》等書（智庫出版），著有《葛林史班——全球最具權勢的央行總裁》。

April 30, 1996

"My American Journey" is a story of hard work and good fortune. In many ways, it is a tale of faith and achievement not unlike that of the people of Taiwan who appreciate and represent the values of a pioneering spirit, economic growth and democratic commitment. To those of Taiwan who read my story, may it be a comparative source of satisfaction to the adults and one of inspiration to younger generations. Ideally, it may encourage the conclusion that, if Colin Powell can do it, I can do it too.

COLIN L. POWELL
General, U.S. Army (Ret)

致台灣讀者

《我的美國之旅》是一個努力與好運結合的故事。就許多方面而言，本書是一個信心與成就的故事，與台灣人民的故事並無二致。台灣的人民是懂得欣賞開拓者精神、經濟成長與民主自我期許的，而其自身更代表前述種種價值。對於讀我故事的台灣讀者，希望本書相對上能滿足成人，並且對年輕一代有所激勵。最好本書可激起這樣的結論：「如果柯林．鮑爾辦得到，我也能」。

柯林．鮑爾

獻給我的家人

過去、現在以及未來。

艾瑪・鮑爾（Alma Powell）夫人與華盛頓特區警政首長查理士・雷姆塞（Charles Ramsey）在 FBI Junior National Academy 畢業典禮上，討論 America's Promise 基金會的活動。

流行歌手珍娜・傑克森（Janet Jackson）與鮑爾將軍負責輔導一組學童的功課。

鮑爾將軍與 Community Promise 成員一起分享 America's Promise 的重要任務。

鮑爾將軍在一群小朋友面前介紹他的自傳《我的美國之旅》。將軍指著封面著軍服的照片，問小朋友，「這是誰？」小朋友回答，「將軍！」將軍將書翻過來，指著封底的照片，問小朋友，「那這是誰？」小朋友回答，「一個小男孩！」 將軍接著翻動書的封面、封底，然後問小朋友，「一個小男孩成爲一名將軍，我辦到了，你們可以辦到嗎？」小朋友興奮、自信、大聲的回答，「可以！我們也可以辦到！」

鮑爾將軍與家樂氏公司的卡通人物湯尼老虎，以及來自高航郡的女童軍、男童軍合影。

鮑爾將軍與 Community Promise 成員一起分享 America's Promise 的重要任務。

鮑爾將軍與 Community Promise 成員一起分享 America's Promise 的重要任務。

鮑爾將軍在阿拉巴馬州阿靈斯頓市高航郡（Calhoun County）的Calhoun County's Promise所舉辦的活動中致詞。

一九九八年，鮑爾將軍在南卡羅來納（Carolina）州哥倫比亞市的Carolina's Promise高峰會演講。

鮑爾將軍熱情談論 America's Promise 的十字軍精神的特寫鏡頭。

鮑爾將軍在 Groundhog Job Shadow Day，教學生電腦的技巧。

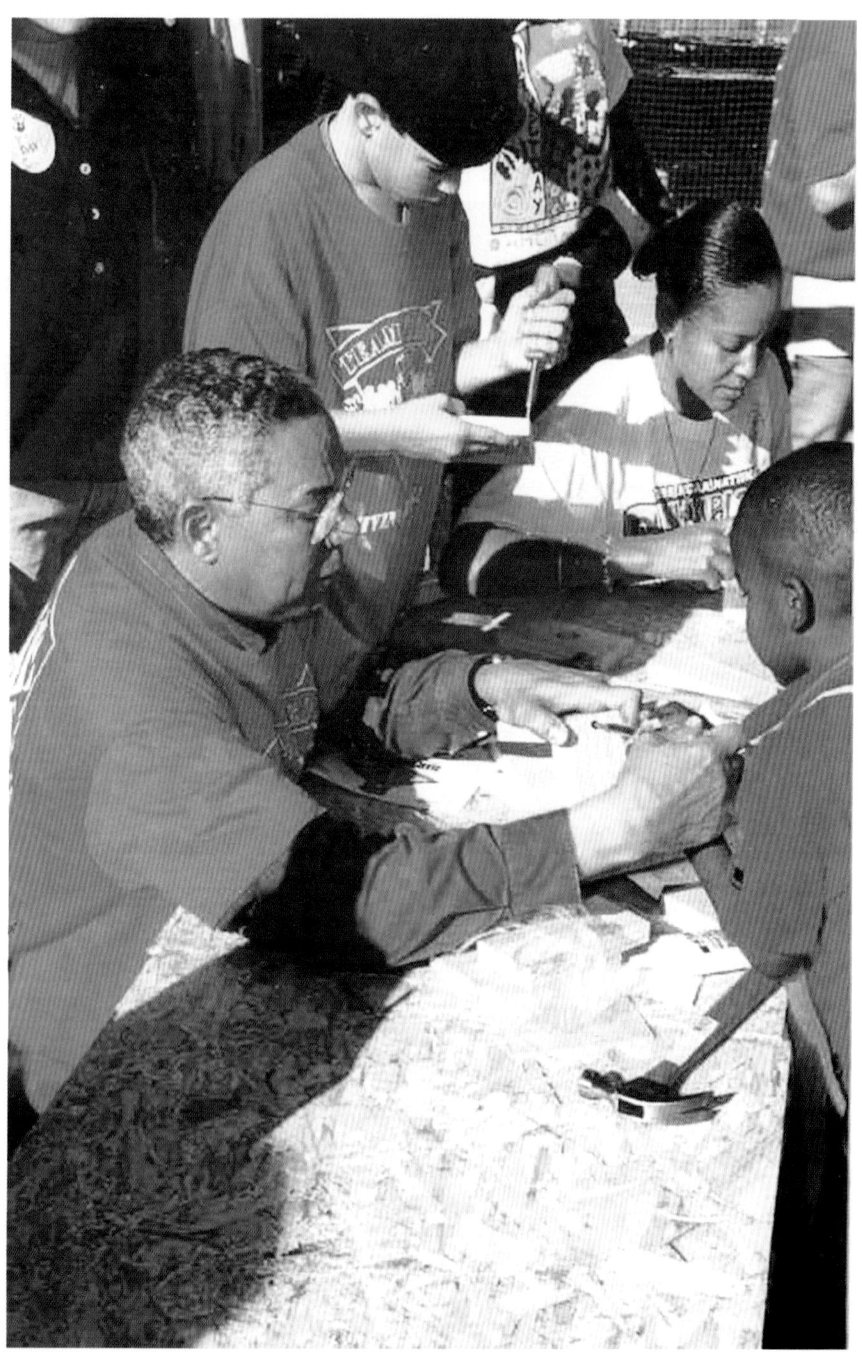

鮑爾將軍在 Hands On Atlanta Day，與青少年一起勞動。

家樂氏（Kellogg）公司贈送獎狀給鮑爾將軍。

鮑爾將軍與 Calhoun County's Promise 的成員合影。

鮑爾將軍參加輔導員表揚大會。

鮑爾將軍與來自維吉尼亞州亞歷山大市 Lyles Crouch Elementary 的學生。

一名學徒向鮑爾將軍描述，打造小船的流程。

鮑爾將軍與男孩合影。

鮑爾將軍與女孩在台上合影。

流行歌手珍娜・傑克森（Janet Jackson）與鮑爾將軍負責輔導一組學童的功課。

鮑爾將軍教兒童如何操作電腦。

美國小姐安琪拉（Angela Perez Baraquio）與鮑爾將軍合影。鮑爾將軍致贈 America's Promise 紀念品給安琪拉，一台紅色的四輪手拉車，代表 America's Promise 的十字軍精神——Pull your Weight。

艾瑪・鮑爾（Alma Powell）夫人與華盛頓特區警政首長查理士・雷姆塞（Charles Ramsey）在 FBI Junior National Academy 畢業典禮上，討論 America's Promise 基金會的活動。

艾瑪向 FBI Junior National Academy 畢業生介紹 America's Promise 的五項宗旨。

台灣之行

General Colin L. Powell & Mrs Alma Powell Visit Taiwan

鮑爾將軍與台灣人民的友誼

《我的美國之旅》是一個努力與好運結合的故事。
就許多方面而言，
本書是一個信心與成就的故事，
與台灣人民的故事並無二致。
台灣的人民是懂得欣賞開拓者精神、
經濟成長與民主自我期許的，
而其自身更代表前述種種價值。
對於讀我故事的台灣讀者，
希望本書相對上能滿足成人，
並且對年輕一代有所激勵。
最好本書可激起這樣的結論：
「如果柯林·鮑爾辦得到，我也能」。

八十六年三月十七日，鮑爾將軍應花旗銀行「當代意見領袖系列」之邀，到台灣訪問，並舉行午餐演講會，與前行政院長蕭萬長（上）、《中國時報》社長黃肇松（下）相見甚歡。

午餐演講會之前，前國民大會議長錢復，熱切的向鮑爾將軍介紹總統府前資政李國鼎。鮑爾將軍誠摯的以雙手緊握李資政，對「台灣科技之父」表以敬佩之情。

何瑞騰總裁正式向與會貴賓介紹鮑爾將軍，歡迎他上台演講。

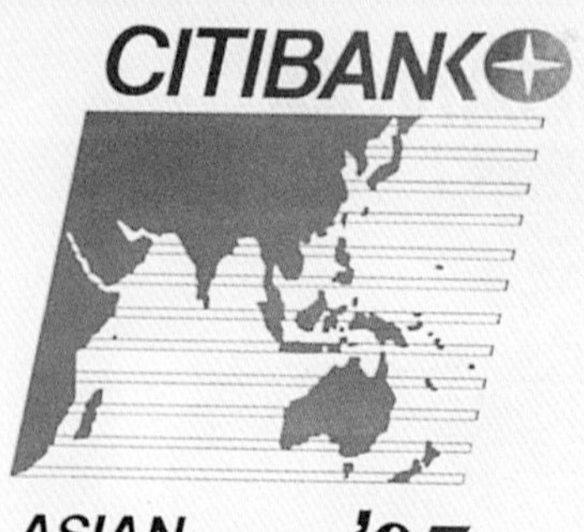

鮑爾將軍演講時的專注神情。

午餐演講會當日，冠蓋雲集，各界菁英群聚歡迎鮑爾將軍的台灣之行。

鮑爾將軍及其夫人艾瑪女士，與台北花旗銀行代表合影。

第十三章　你會毀了我

我是雷根所任命的第六個總統國家安全顧問了，這個職務被某些人稱為政府裡面的「百慕達三角」，而我決定要成為雷根的最後一任國家安全顧問。我承認在自豪之餘，同樣感到一定程度的負擔，因為我是首位得到此職務的非裔美人，必須更努力地證明自己的才能。

接掌第五軍時，我雖有信心，但卻糾結著焦慮的心理。自從我在坎培爾堡擔任第一〇一空降師第二旅旅長到現在，已隔了十年之久。前一次下部隊，我在哈達奇克手下做副師長，表現的沒有當年巴頓將軍那樣出色。同時，我對於跳過師長的經歷直接接掌軍長，仍然感到難以釋懷。我決心要證明我是個有能力的指揮官，而不是出身五角大廈搞政治的將軍。

我原本希望在四月接新職，但是我將接替的「山姆」羅伯特·魏茲爾中將並不急於縮短自己的任期，因為他在任期屆滿之後即告退休。因此，我直到一九八六年六月才前往德國報到。中間這幾個月在戰鬥學校上課。艾瑪與我一起學德文，一週五天，一天八小時，為期三週。我比艾瑪稍微好一點，在紐約市立學院讀書時在語言科目拿過丙與丁，同時我早期在德國服役，還學了點如「啤酒與肉排」等簡單的字彙。德文的不規則動詞讓艾瑪搞不清楚，我差點得拿把槍抵在她腦袋上才能逼她去上課。

更糟的事在後頭呢。由於德國當時有恐怖分子鬧事，我倆都得到維吉尼亞州一處貨車競賽場去上一堂叫做「防禦性駕駛」的課程。繞著競賽場飛馳，以時速八十五哩轉彎，練習如何甩掉恐怖分子。我們學習在非常危險的速度之下蛇行與迴轉到相反的方向，就像黑手黨駕車逃逸一樣。最後的測驗包括一項在道路上高速衝撞遭車子攔阻。必須要能剛好撞開缺口逃出去，但是不能毀掉自己的車子或是讓自己被撞死。艾瑪低空掠過，她也不太在乎。

我先到西德，不久艾瑪、琳達、安瑪麗還有我們的貓「麥斯」飛到法蘭克福機場與麥可．鮑爾少尉會合。在預備軍官班就讀的時候，麥可與我一樣都參加過跳傘學校與空中攻擊學校的課程，只不過他變成了裝甲兵而非步兵。他現在為現役軍人，在第七軍團第二裝騎團擔任偵搜排排長，駐紮在安柏格（Amberg）。

布達典禮的日子終於來臨了，一九八六年七月二日，第五軍集合在司令部操場，美、德政府文武官員均在閱兵台上觀禮。魏茲爾夫婦、山姆與他的妻子愛琳到達後，我們相互寒喧一番。我與魏茲爾檢閱部隊之後，第五軍的軍旗交到我手上，正式完成了布達儀式。先王已逝，新皇萬歲。從上次我在德國服役到現在為止的四分之一個世紀以來，其間有某些事情並沒有太大的改變。一九五八年十二月，我這個二十一歲的少尉剛到格漢森基地時，艾森豪是美國總統，蘇聯首腦則是赫魯雪夫；二十個蘇聯與共產集團的步兵師，隔著東西德邊界與美國五個步兵師以及盟軍相對峙。當時，蘇聯鎮壓匈牙利的自由鬥士，而在我調回美國的第二年，蘇聯人築起柏林圍牆，阻絕了捷克與波蘭追求自由的希望，自此東西方開始兵戎相向。等到我於一九八六年接任第五軍軍長時，四個美國步兵師與十九個蘇聯步兵師仍然隔著邊界對峙，只是各自擁有了更具威脅性的武器。我方已淘汰了老式的M-六〇A三型坦克，換成精密的M-一戰車，老舊的M-一一三裝甲運兵車被新型的布萊德雷步兵戰鬥車（BFV）取代，另外，戰術核子飛彈也換裝成更精確、更具破壞力的種類。

然而，還是有些事改變了。在過去的兩年裡面，五十四歲的蘇聯新領袖米契爾．戈巴契夫開始在蘇聯鼓吹經濟開放與政治改革。瑪格麗特．柴契爾夫人發自內心的說，戈巴契夫這傢伙是個可以打交道的人。一九八五年十一月，雷根總統首次與蘇聯人在日內瓦召開高峰會議。雷根堅持發展「星戰計畫」讓戈巴契夫頗為不悅，然而雙方仍然就裁減軍備進行協商，以消除核子毀滅的可能性。

無論如何，我是個軍人，不是政治家，目前的任務就是準備在蘇聯軍隊一旦越過富達山峽之後立即予以迎頭痛擊。與四分之一個世紀以前我是個年輕少尉時的角色並無不同。

第五軍

第五軍司令部在法蘭克福，占有全歐洲最大建築群之一的亞伯拉罕綜合大樓，這個大樓的命名，是紀念從前的陸軍參謀長克雷頓・亞伯拉罕將軍，我曾經在越南為他做過簡報。原來的建築體是於一九二〇年代，由德國知名的建築師漢斯・波基格所設計，做為法本石化公司的辦公室。二次世界大戰後，艾森豪在擔任歐洲戰區盟軍最高指揮官時，有段時間曾使用過的辦公室套房如今由我使用。這幢建築的大廳是藝術的傑作，但是如今卻被糟蹋了，現在裡面有個速食餐廳與商品販售處。我到職後不久，華麗的鉛框玻璃窗也快要被拆下來當做烤肉的燒烤架。

等我搬進新辦公室——哥德式的地下室，頭一件事情就是把一張照片放在桌上。照片裡的男人有著開闊的笑臉、鬈髮、穿著軍服，年約四十開外，看起來像個鋼鐵工人，那種可以在匹茲堡小酒館裡面共飲啤酒的傢伙。我把這張照片擺在面前，因為他是我的對手——瓦達斯拉夫・阿荷拉夫中將（Vladislav A. Achalov），部署在富達山峽對面，蘇聯第八禁衛軍紅軍八萬人部隊的指揮官。

我管轄的兩個師，師長都比我年長，且在軍中時間都比我久。「棉花」歐倫・惠登少將（Orren R. Whiddon）掌第八步兵師，在前一年，我幾乎當上這個師的師長。惠登是個有自信、瘦高的德州人，深諳指揮之道。第三裝甲師由湯瑪斯・葛瑞芬少將指揮，他是我在班寧堡的高級班同學。我的副軍長是國家戰爭學院的同窗林克・瓊斯少將（Linc Jones）。在越戰後負責規畫恢復陸軍士氣的湯瑪斯・懷特上校（Thomas White）也加入第五軍，指揮第十一裝騎團。另外我有第一流的參謀長羅斯・比爾・克斯理（Ross W. Bill Crossley）准將。我從美國帶來威廉・諾威爾士官長（William Nowell）主管士官，為全軍裡軍階最高的士官長。我指望諾威爾能成為我瞭解基層士兵士氣與需要的管道。

布達典禮過後不久，我叫比爾・克羅斯理召集這些人到第五軍的軍官俱樂部，此處原為法本公司工人的食堂。我知道不管今天說些什麼，到了日落時分必然會傳遍全軍，而這也是軍長予人的第一印象。我告訴這些指揮官，有兩件事優先：作戰與管理。第五軍在此的任務是擊敗阿查拉夫的第八禁衛軍，如果有這麼一天的話。前線的每個哨所與後方的機械部隊都是為此目的而存在。至於管理，這個名詞對我有很神聖的含意。美國民眾付出很多讓軍隊完成備戰，因此我們要確定不浪費任何一塊錢。他們同時把子女託付給我們照顧。我保證說，若是指揮官沒有把士兵與其家人照顧好，我必定會去找他的麻煩的。這天所說的與二十五年前在班寧堡所學的並無不同：完成任務、照顧官兵。我兒麥克在出發前往德國的前一天晚上，在他上床之後我傾身給他一吻，告訴他說保重自己並且「照顧好他的士兵」。

我同時要讓這些指揮官瞭解我的領導風格。「我不喜歡陳腔濫調，」我說。「我不追求流行的管理模式。」「權力下放」或是「集權以及分權管理」等模稜兩可的名詞都不是我所要的。只要能夠把事情做好，我可以提供他們任何協助。有時我會在高處指導，有時會採取放任政策。過與不及都是不正確的。情勢會決定何種手法最能達成團隊的任務。

我說，領導統御是寂寞的。這並不是個羅曼蒂克的老生常談。與上司共同面對問題，在這個軍裏並不會被視為軟弱或是失敗，而是互信的象徵。另一方面，他們也不能把大小事都推給我來決定。「我放手不管的事情範圍很廣，」我說。「我不管你們在五點半還是五點四十五分吹起床號。不要讓我來決定。」

我解釋我對效忠的看法：「我們針對一件事爭論不下時，效忠即表示你要給我最誠摯的意見，不管你認為我是不是會喜歡。在這種階級，不同意可以給我一點刺激。但是一旦做出決定以後，便不得再爭論。從這個觀點看來，忠誠的意義為貫徹這個決定就好像這是你自己下的決定一樣。」

我這個特別的國王，希望有人在他一絲不掛時告知他。他不想因為自己的無知而被凍死。「如果你認為什麼事做得不對，說出來，」我告訴他們說。「我寧願早點知道。壞消息並不是酒，不會愈陳愈香。」我不會在他們還能處理問題時即插手。但是我也不願意在事情已到了不可收拾的地步時才由我來做決定。「如果你們搞砸了，」我提出忠告說，「只要發誓下一次改進即可。我不會懷恨，也不會記在帳上。」

「我會給你們明確的指示說我要什麼，」我繼續說道。「若是不清楚，問我。假定經過二、三回的解釋之後你還搞不懂，那或許是我表達的不對，而不是你們聽不懂。我不會罵你耳朵聾了或是笨蛋。」最糟的事就是部屬為了掩飾困惑而亂忙一氣，但卻是做了錯事。「如果你們離開我辦公室時不瞭解命令的內容，儘管馬上回來問清楚，」我說。

我告訴他們只要是為了達成任務，我願意爭取他們所需的任何東西。「如果法蘭克福沒有，我會到美軍駐歐總司令部去找。如果他們也沒有，那就找到華府去。我會一路支持你們到底。」我告訴他們，身為指揮官，若是他們與我的幕僚發生爭執，我會先站在他們那一邊。幕僚原本就應該是為他們服務的。「但是如果我發現你們叱責我的部下，卻任何沒有正當理由，你看著好了，我一定會來解救他們的。」我說明在最初這幾週裡面，我希望到第五軍所屬單位的十個西德駐紮地點去看看。「我頭一次去都會先通知你們，因為我要見見你們的高級軍官、市長以及其他的地方官員。我太太會去拜訪診所和育兒中心，並與你們的眷屬認識一番。」但除了第一次拜訪，以後我再去的時候只會臨時通知，「時間只夠你撢撢咖啡桌上的灰塵、以及收拾內衣。我並不是玩突擊檢查的把戲，因為只有這樣我才能看到真實的情況。」我是在表達我向來對於年度總視察這種預先準備症候群的不信任。我知道預先安排的訪查總是造成勞民傷財與一陣忙亂：「新漆的味道與剛粉刷的走道都是不負責任的指揮官的典型徵兆，」我這樣告訴他們。「我會坦率直言，」我說。「三不五時，我會讓你們氣瘋。」逼得部下快發瘋是領導人的一部分責任。正如我很久以前跟約翰．帕多以及落敗的步槍隊所學來的，個人情感受傷害事小，團隊的利益才是最重要。

最後，我嘗試表達我對陸軍的摯愛。「在陸軍服務應該是快樂的，不是來忍受什麼的。享受你領導的樂趣。不要經常壓迫自己。該休假就休假。多陪陪家人。除非絕對必要，我不會在週末加班。我也不希望你們這樣。任何人或是他的部隊在週六、週日未休息，最好要有正當的理由。記住，這可能是你們最後的指揮任期，我也可能是如此。所以，讓我們享受它吧。」

我到任之後過了兩天，就像被磁鐵吸引一樣，做了趟格漢森懷舊之旅。我只帶了助理布魯斯．史考特同行。我們駛進熟悉的柯曼凱薩琳，停在D連營房前面。現任的連長迎接我們並引領我們到辦公室，同時一直不斷地介紹現在該連的事務。我一個字也沒聽進去。我已墜入冥想之中，一名中尉，不可思議地穿著將軍制服，環繞著回憶與老面孔，湯姆．米勒、「紅人」巴瑞特、愛德華上士。

我的家人再一次需要安頓。麥可在軍中、琳達回到威廉與瑪麗學院，家裡只剩下三個人了。我們搬進軍長宿舍，安瑪麗到法蘭克福美軍附屬中學註冊就讀。我們的房子像是敵對邊界上的檢查哨，距離辦公室有八哩遠，位於名為拜德威貝爾的一處郊區。是一棟有兩層樓的狹窄建築物。一間浴室改成有裝甲的避難所，如果遇到恐怖分子襲擊，我們可以反鎖在裡面直到獲救。房子四週都是鐵絲網，前面有間哨所，憲兵透過單面玻璃一天二十四小時不間斷地監視著住所。真是甜蜜的家啊！

鎮日看守將軍的房子帶給這些年輕的士兵無聊的程度，讓我感到驚訝（除了偶爾偷窺安瑪麗做日光浴以外）。為了打破這種單調的勤務，我在一次飛往葛瑞芬爾的直升機上，帶了一名衛兵同行。我問他，若是營房裡的衛兵同袍知道他跟軍長同行，會要他問我什麼問題。他欲言又止。「說吧，孩子，」我鼓勵他說。「別怕。」

「嗯，長官，」他說，「是有關慢跑的事。」我經常到鄉間慢跑，每次我一開始跑，就會有一或兩名穿著慢跑服的憲兵突然從哨所裡衝出來，小心翼翼地跟在我後面。這個下士繼續說道：「他們在猜你是否知道每到我們週末休假的時候，憲兵隊長總會挑選幾個人穿著慢跑服在哨所裡面等著，以免你會出來慢跑。」

我什麼也沒說，然而這種事情正是我所討厭的過分壓迫。某個可憐的阿兵哥，在他應該休假的時間必須整天坐在小房間裡，只為了怕我出來跑個二十分鐘。無可否認地，安全問題應該重視。在我到任之前一個月，恐怖分子炸掉了法蘭克福的軍中福利社。不過我每次慢跑的時間與路線都不固定，而恐怖分子靠的就是有規律的時間。我等了幾天免得暴露了消息來源，然後我告訴憲兵隊長把這個勤務取消。我能夠照顧自己。如果我遭槍擊，將不是他的責任。他看起來不太相信。

為了安全，我有一輛附司機的白色防彈賓士三一〇ＳＥ車子。來自阿拉巴馬州鄉間的黑人上士歐提斯．皮爾森是我的司機。他高瘦、英俊、沉默寡言，像許多年輕人一樣，在陸軍度過了艱困的成長期。陸軍現在是他的家，很快地他也成為鮑家的一分子了。歐提斯也曾為我的前任司令山姆．魏茲爾開車。魏茲爾是個很活躍的狩獵家，與德國上流社會人士往來密切，偶爾也會獲邀到他們的漂亮狩獵小屋裡做客。因此，歐提斯花了很多時間在替魏茲爾拖出森林裡的動物屍體。魏茲爾所交往的人或是他的消遣對我都沒有吸引力。我喜歡打回力球與修車，這兩樣都讓歐提斯正中下懷。我抵達之後未幾，買了一輛幾乎全新的BMW七二八，我們兩個開始在這車上面下功夫。我理想中的消遣是從拜德威貝爾的車庫裡面呼嘯而出，像電影蝙蝠俠一樣，在我的衛兵還沒搞清楚發生了什麼事之前，就能以每小時一〇五哩的高速開著BMW奔馳在德國高速幹線公路上面了。

雖然西德享受第五軍七萬五千人的部隊駐紮在他們與蘇聯之間所帶來的屏障，但是另一方面，若是我們在有戰事爆發之前都待在營房裡面，他們會同樣的快樂。坦克與裝甲運兵車輾壞了路面，裝甲車隊行進時間隙小到很難讓金龜車通過。直升機吵得要命，而且經常干擾到民間機場的空中交通。我們特別不受到「綠黨」的歡迎，該黨是德國環境保護團體，在第五軍駐紮的海斯省與萊茵法茲省特別有勢力。

一天早上我接到第三裝甲師師長湯姆・葛瑞芬少將的電話。綠黨趁著黑夜在我們戰車出入的範圍內種下了百顆樹苗。「將軍，我得把它們剷平，」葛瑞芬告訴我說。

「等一下，湯姆，」我說。在德國，沒有人會輾過樹苗的。我們把樹苗挖出來移植到我們房舍的範圍裡面。接著葛瑞芬安排一個類似「地球日」的植樹慶典（譯註：地球日為四月二十二日），我們邀請地方政要、新聞界與綠黨，不過綠黨不理會我們的邀請。但是我們在致詞時感謝綠黨美化我們的景觀。正如我在溫柏格拯救小狗行動這件事所學到的，只要有一點點想像力，就可以化干戈為玉帛了。

我還記得一九五八年的時候，當湯姆・米勒上尉派我去守衛二八〇釐米原子大砲時我有多麼地驕傲，直到我在這次任務當中遺失了點四五手槍。當年服役之時，我並不瞭解在戰場使用核子武器的智慧。當時只需要「是，長官！發射！」就可以了。經過二十八年以後，我與高級參謀在指揮中心模擬遭到第八禁衛軍的攻勢應變措施。我的參三傑瑞・魯茲福上校拿著教鞭指著地圖，解釋如果敵人越過海恩山與富達河朝向佛格斯伯格山進逼，他們即可進入到美茵河平原。從那裡地勢開始變得平坦，他們可長驅直入到威斯巴登與萊茵河上的大橋。北約的部隊會被切成兩半，敵人可向北推進直到英倫海峽。「因此，我們最後的防線是佛格斯伯格山區，」魯茲福解釋說，「到時候或許有必要請示使用核彈。」

「告訴我整個計畫。」我說。

「我們以魚叉飛彈與火炮發射小型核彈來對付他們。輻射效應剛好足以封鎖住道路而不會影響到我們部隊的移動。」

「那老百姓呢？」我問道。

「那裡不會有任何老百姓。」

「他們到那裡去了？」我想要知道。

「計畫是讓德國人留在原地，在他們的村子裡，避開我們的攻擊範圍。我們只攻擊森林地區。」

「讓我們考慮一分鐘，」我說。「假定你是德國老百姓，你剛從電台緊急廣播聽說蘇聯人打來了，而你應該留在家裡免得擋住美軍的去路。你想到時會發生什麼事？我想你很清楚。海斯省與萊茵法茲省的每一輛ＢＭＷ與金龜車都會被塞滿家當，包括家裡養的德國獵犬在內，然後往西邊逃命去。」

我們所討論的並不只是在十字路口丟幾顆炮彈而已。不管這些核子彈頭有多麼的小，都算是跨過了門檻。在此時機使用核彈將是自廣島之後最重要的一次政治和軍事決策。蘇聯人很可能反擊，或許升高戰事。此刻，全世界都將為之震驚。從這一天起，我開始重新思索這些小型核武的實用性。幾年之後，我當上參謀首長聯席會議主席，對於如何運用戰術核子武器有了一些新的概念。

我被安頓得很好。所需的每件事都有助理布魯斯・史考特以及能幹的祕書茱迪・茹美打點。茱迪曾經跟過幾任的第五軍軍長，知道哪裡容易出狀況。距我二樓辦公室只有幾英呎有一間跳舞廳，被改成回力球室，我每天都會跟部下或是我的司機歐提斯打球，以保持身材。

我很快便愛上亞伯拉罕綜合大樓，並且急於彌補我們所造成的毀損。我叫基地工程人員重現一九二八年的設計樣圖，同時把喬・皮薩尼從五角大廈請來主持復原工作。大廳開始恢復威瑪共和時期的樣子，包括我從移做烤肉架用途搶救回來的華麗鉛框玻璃窗。復原工程在我的繼任者傑克・伍德曼斯（Jack Woodmansee）中將手中繼續貫徹到完成。然而，除了伍德曼斯之外，還需要另外兩位我的繼任者來完成另一項意圖——找到並歸還一座曾經放置在軍部庭院裡的可愛裸女雕像，這座雕像於一九四七年被一名美軍上校保守的妻子給送走。

五角大廈在預算上面的勝利在德國已化為實質的好處，讓人看了相當滿意。感謝雷根與溫柏格建軍的努力，現代化的設備源源不絕進入第五軍，官兵宿舍也更為舒適。現在，陸軍已經完全是自願役官兵，是有史以來入伍者受教育程度最高的時期。當我的部屬們抱怨他們的兵力降到九八％以下時，我也只有微笑以對。他們怎麼能那麼快就忘掉「分類四」？僅僅幾年之前，這個允許入伍的最低標準比例是如此的高，當年兵力經常掉到七〇％以下呢。我並不熱衷於讓官兵上戰場，但是如果有這麼一天，阿查拉夫將軍與其紅軍將會遭遇到不尋常的強敵。

瑪麗貝爾・貝姫會寄給我前一週的《華盛頓郵報》，但是不知怎的，我對政治神經中樞的暴風雨不再感到關心。我深愛目前的工作，自從離開華府之後再也沒有回頭去想過。

我的長官是著名的格蘭・歐提斯（Glenn Otis）上將，他是美國陸軍駐歐最高指揮官，也是北約部隊總指揮官，主管所有中歐陸軍部隊。歐提斯手下有兩個美國野戰軍，第五以及第七軍，我兒麥可即在第七軍服役。第七軍由安迪・錢伯斯（Andy Chambers）中將指揮。我接掌第五軍以後，即表示兩個軍都變成由黑人三星中將所指揮了。令人振奮的是，這件事並沒有人注意到，證明陸軍的種族融合非常徹底，同時可以修正歐洲人對美國種族關係的不正確觀念。

雖然像是住在城堡裡面一樣，我的家人在法蘭克福仍然覺得很快樂。除了野外演習的時間以外，每天工作到五點就下班了。等我打完回力球，回家，吃完晚餐，批閱一些文件即可休息了。半夜裡不再有持續的電話鈴聲響起，不再有作戰局副局長報告最新的國際重大事件。相較之下，我等於是從煎鍋裡跳到安樂椅上面了。在我最快活的自由時間裡，我可以在歐提斯的幫助下修理我的一九八二年的BMW。

然而，社交責任仍然十分繁重，我經常得和地方首長站在講台上面，或者是到美德文化中心剪綵。艾瑪至少參加了四個婦女團體，它們的名稱都是像「史突本史考茲塞爾克勞夫特」這樣難以發音的（譯註：史突本圍裙晚會）。但是看到別人扮演我從前的角色，去跑腿或是擔任馬夫等等，倒是件愉快的事。每回有捐款活動，我總是被邀請帶頭做示範性的捐獻。軍官俱樂部每回有慈善拍賣會時，大家總希望艾瑪與我能頭一個喊價。

當年度捐血活動來臨時，軍醫官要我率先流下第一滴血。我跟他走到醫院，後面跟著軍報紙的攝影記者。一名年輕的醫生拿著繃布為我量血壓。他看來很困惑，於是再量一次，接著又量了一次。他找來軍醫官再給我量。然後醫生取消了拍照以及我預定的捐血。在華府半夜裡接電話以及一天工作十四個小時的那幾年裡，顯然對我的健康造成很大的影響。我罹患了高血壓。從此以後我定時服藥，血壓已控制得很好了。

雖然我與麥可同在德國，但是卻不常見面，大多數的聯絡都是經由寫信。他的事情讓我回想起，當年我也是一名年輕的軍官。他寫信來說，在前哨的某一晚，部隊指揮官喝醉掛了。電話響起，由於指揮官失去知覺，麥可只好接起來：是裝騎營執行官打來的。他懷疑有事，質問為何連長沒有來接電話，麥可只得說實話。第二天早上連長就被解職了。這對麥可來說是件艱難的事，他做得沒錯，但有些同儕出於對上級長官錯誤的忠誠觀念，對麥可有所批評。

當麥可告訴我首次經歷戰場死亡事件，讓我感覺與他特別的接近。我的頭一次經驗是發生在葛瑞芬威，有顆流彈炸開一座滿是年輕美軍的帳棚；而麥可則遇上最近一次的夜間演習，一輛裝甲運兵車輾過鬆軟的路肩，把一名麥可的士兵壓死。麥可寫了一封長信告訴我他的痛苦。身為父親，我心疼地予以安慰。然而我知道，一名軍人必須要學會如何獨自面對這種事情，並記取經驗。當生與死的責任扛在這些年輕軍人的肩上時，並沒有專業知識可以教導給他們，因此，麥克很快地長大了。這件意外同時提醒了艾瑪和我，好似我們還需要人提醒一樣，即使在承平時期當兵也是件危險的事。父母永遠不能免於憂慮。

經由管道，我得知麥可表現的非常優異，已有機會在升上中尉之後調任副連長。他做了選擇，他也要以陸軍為一輩子的職志。我很高興他自己做成這項決定。

一九八六年初秋，國會代表團前來訪問。讓我有機會對這些來訪者做推銷。這個特別的團體裡面包括一名來自懷俄明州的四十五歲四任共和黨籍國會議員理查・錢尼（Richard Cheney），過去從未曾謀面過。他當時是眾議院常設情報特別委員會的一員。據我所知，錢尼曾任福特總統的白宮幕僚長，當時年僅三十四歲。迥異於一般的做些表面文章，我把訪問團人員請到私人辦公室。我拿起桌上的安查拉夫照片，說道：「這個人就是讓第五軍在這裡的原因。」我解釋說，安查拉夫，傘兵出身，幾年之前因一次跳傘摔壞腿才轉到步兵重裝師。「他比我年輕，」我繼續說。「他受過更多的訓練。」此人是個軍事思想家，曾經寫過六篇關於歐陸戰爭的文章。我全部都拜讀過。他指揮八萬人的部隊，比我以前指揮的人還多，他的士兵的訓練與裝備和我軍同等精良。他們距離我們現在坐的地方只有六十六哩。

「可是，我所指揮的部隊可以抵擋他們，」我說。「我們或許無法抑制由莫斯科趕來的後續增援步兵師。但是，我們至少可以阻止安查拉夫。」

國會議員錢尼相當沉默，也不太發問。不過他所問的都能切中要點，讓我知道他必定是個特殊的人。我當時不知道，在未來幾年內，我們兩人會緊密地結合在一起，共同面對非潛在而是實際的敵人。

第二次世界大戰後美國陸軍自希特勒第三帝國所獲得的戰利品之一，是一條呈現復古華麗風味的私人鐵路。火車上有全套的餐車、廚房與一群服務人員，還有一節特等包廂能睡六名乘客。美國駐德國的高級軍官有權使用。艾瑪跟我與朗諾・勞德夫婦（Ronald Lauder）結為好友，朗諾曾任國防部副助理部長，現在是美國駐奧地利大使。當時正好是曾擔任納粹特務的華德翰當選奧地利總統，而鬧得滿城風雨之際。那年秋天，我決定重溫年輕時代坐地下鐵出去遊玩的舊夢，於是邀請勞德夫婦與其兩個女兒珍和艾玲前來法蘭克福，與我家人一同乘坐火車到柏林去。朗諾這個大富翁雖然同意了這趟旅行方式，但在柏林的時候他對我非常失望，因為我們吃的是起司堡，喝的是用螺旋蓋瓶子裝的酒。後來我們再結伴出遊，想出了分工合作的辦法：朗諾挑選餐廳與酒，我則負責享用。

收拾殘局

當我埋首於治理西德的第五軍時，我在華府拿給溫柏格的國安會祕密文件終於因為「伊朗、尼游」醜聞案而攤在陽光底下了。十一月一日，從貝魯特發行的一份雜誌刊登出美國曾經祕密地銷售武器給柯梅尼政權，與雷根總統宣稱不與恐怖分子交易的說法大相徑庭，此事件舉世嘩然。我曾參與把陸軍拖式飛彈移轉給中情局，然後運送到伊朗的事，但我不知道令人更驚訝的事，那是由司法部長艾德華．麥西（Edward Meese）於十一月二十五日所揭發出來的：波狄斯特與諾斯兩人在出售武器行動當中抬高了價格，並且把差價存入私人帳戶，以協助支援尼加拉瓜游擊隊。我不知道有這段插曲，總統、內閣或國會也都被蒙在鼓裡。波狄斯特辭職，總統把諾斯給免職了。總統現在要找個新的國安會顧問，而我從阿米塔格與貝姬那裡聽說，法蘭克．卡路奇是主要的人選；這是明智的選擇。不過，當茱迪．茹美說法蘭克打電話來時，我立即提高警覺。我向他恭賀，但是他說的頭一句話就讓我心往下沉。「柯林，你得回來。這裡一團糟，我需要你幫我清理。我要你做我的副手。」

「法蘭克，不是我造成的混亂，」我說。「你可以找到一打的人來做這些事，做的都會跟我一樣的好。」我無力地向他推荐人選。「你為什麼不在外交部的朋友裡面找找？」我問說。「或者是找強・霍威（Jon Howe）」──他是接替我擔任卡路奇國防部軍事助理的海軍二級上將。「霍威早已在國務院做過政策規劃。」我說。

「我不是在找個外交政策專家，」卡路奇說。「我要找的是個懂得做事的人。我需要你為我及溫柏格所做的那樣，一個能在國家安全委員會下命令並完成程序的人。」

「法蘭克，我終於回到真正的陸軍。」我向他哀求。我告訴他說，在能證明我是個能幹的軍長之前我不願離去。我不想成為連長只當兩個月，營旅長當個一年，然後跳過師長直接幹軍長，卻只做了五個月的那種人。而且，經過波狄斯特與諾斯的事情之後，我不相信全國人民能再忍受另一個軍人到國安會任職。

法蘭克又說：「柯林，我們需要你。情況真的很嚴重，相信我，現在的局勢連總統寶座都有危險。」我打出最後一張王牌。「你知道這件事我也有參一腳。」於是，我將在總統簽署「必要性之判定」以後，安排運送拖式飛彈的經過情形，向他描述一番。

他說：「我讓司法部及白宮的律師研究看看。」

「法蘭克，你會毀了我的前途。」我告訴他。

「再說吧。」他掛了電話。

我打電話給魏克漢將軍，就像一個失足落船的人緊抓救生圈一般。他對我的際遇表示同情，不過，他送我一句老話：「我很久以前就告訴過你，柯林，你將來的目標或許不是指揮官生涯。這是你的決定，但我相信你應該按照他們要求的做。」他接著說，無論如何他會想辦法，看是否能讓我在接任這個職位，等到這件危機過了便可盡快回到陸軍來。他是認真的，但是魏克漢快要退休了，他的繼任者或許沒那麼好講話。我深怕接任這個工作之後，我的陸軍生涯便畫上句點。可是，壓力接踵而來。不久，凱斯伯・溫柏格來電。「柯林，我確定此刻為了總統的需要，你會做出正確的抉擇。」

兩天後卡路奇再來電，他已研究過關於拖式飛彈的任何潛在法律問題，我是清白的。此刻我傻掉了，最後的藉口也沒了。「要讓我的離職看來很光榮只有一個辦法，好讓我能面對我的同僚，」我說，「而且，命令不能從你而來，法蘭克。它必須是出自最高司令官的請求。這樣我們的圈內人才能瞭解。」他表示遵辦。

兩天過去了，沒有任何事發生。我自忖或許躲掉子彈了。

十二月十二日，艾瑪與我剛剛從耶誕宴會回來，坐在廚房裡面，這時電話鈴聲響起。我拿起來卻聽到白宮總機威風凜凜的聲音——是總統打來的！隆納德・雷根在線上，以親切的家常語調，說希望沒有打擾到我們，而且，他表示非常不習慣下命令給一名將軍。他開始念出「談話重點」（由肯・阿多曼（Ken Adelman）準備，他是武器管制裁減局局長，並協助卡路奇辦理國安會的交接），彷彿他才剛知道這些事情似的。總統說道，上次帶我到格瑞那達是一件多麼愉快的事。他知道我在第五軍幹得有聲有色，也知道我非常在意指揮官之職，他甚至知道我和艾瑪在法蘭克福過得很快樂。這將只是我軍事生涯的一次改道而已，我的歸國對國家來說卻是相當重要。他需要我協助法蘭克整飭國安會。

「是的，先生。」我答道，「我接受。」在這種情況下，我別無選擇。

「上帝保佑你。」他說。

我被任命為主管國家安全事務的副助理，於一九八六年十二月發布。我先回到華府幾天，安排住宿、買輛車，並為我女兒安瑪麗到五個月前才轉學出來的學校再辦理註冊。同時與法蘭克・卡路奇短暫地碰面，談談我們將面對群龍無首、又無士氣的國家安全委員會。我及時趕回法蘭克福，度過了一個混亂的耶誕節，我們的房子幾乎被搬家工人拆散了。在一九八六年的最後一天，我正式交出第五軍軍長的寶座。

我指揮第五軍僅短短五個月的時間。若是我能完成全部任期，或許能升上四星上將而成為美國陸軍駐歐最高指揮官。我從山姆・魏茲爾手中接下這個優異的部隊，然後讓它變得更好。有兩項我付諸實行的創舉在我離開之後不久即得到回報。第五軍贏得兩項重要的北約軍事競賽，波斯拉格裝騎營競賽——美軍過去從未獲勝過，以及加拿大陸軍盃坦克競賽，近年來我們一直沒有贏過，即使擁有全世界最精良的亞伯拉罕M-一戰車。

這兩樣競賽或許對外行人沒有什麼意義，但在北約組織，這就好像是在同一季接連贏得美國職棒世界冠軍賽以及超級盃足球賽一樣。我的繼任者傑克・伍德曼斯打電話到白宮找我，與我分享這份榮耀。但是我真希望我還在德國，能親眼目睹奪得優勝獎盃。

就任新職

一九八七年一月二日，我穿上便服坐在白宮西廂的一個小房間裡，大約只有第五軍軍長辦公室的洗手間那麼大。隔壁一間優美尊貴的辦公室坐著我的新老闆，或者說是從前的老闆，但是接掌了新職——法蘭克・卡路奇，他現在是總統手下的國家安全顧問。白宮出奇的安靜，總統與許多幕僚仍在加州度假未歸。

法蘭克與我有著同樣的問題。現在要怎麼辦？我們的情勢幾近接管了營長剛被解職缺乏士氣的步兵營，或者說是教練剛被炒魷魚的失敗球隊。肯・阿多曼、瑪麗貝兒・貝姬以及卡路奇的前任軍事助理格蘭特・格林都已先到國安會協助卡路奇交接事宜。阿多曼的工作最為艱苦，他得在回武器管制裁減局之前，把舊有的一切掃除。而我與卡路奇所做的，則是從頭開始重建一切。

我正努力想搞清楚怎樣使用我的電話時，聽到一個人親切的鼻音，「他在這間嗎？」突然間，我的門口站著一個高瘦、精神充沛的人。他伸出手來，說道：「喬治·布希，歡迎你到白宮來。真高興你跟法蘭克一齊過來，這將是絕佳的組合。」此刻，在我的心裡我還是一個步兵將領，而堂堂美國副總統突然造訪，歡迎我前來任新職。我覺得像是棒球新秀受到球隊老闆歡迎一樣。我後來才知道，我甚至於將與副總統共用同一間化粧室呢。這件事今晚一定要告訴艾瑪。

國家安全委員會於一九四七年創立，同年舊有的戰爭部、海軍部以及其他的一些單位合併成國防部。它成立的宗旨非常扼要並沒有特別的指導方針：建議總統「整合攸關國家安全的內政、外交及軍事政策」。用白話文來說，就是在總統耳邊會有許多不同的單位與個人，為了戰爭或是和平進行爭取決策。因而總統需要一位「仲裁人」，一個別無用心的單位，能夠平衡而無偏見的為總統分析每個競爭者的意見優劣，甚至於包含國家安全顧問自己的立場。好的顧問是個誠實的掮客。亨利·季辛吉曾經在此職位大肆擴權，侵蝕到國務院，甚至自西廂辦公室直接掌管對中國與蘇聯的政策。他當上國務卿以後，有一陣子仍然霸佔國安會職位不交出來，以確保無人能以其人之道還治其人。

在麥法蘭、波狄斯特、諾斯與其他人之後，國家安全委員會已然偏離正軌。造成這種情形也並不完全是他們的錯。他們所服侍的總統一向不願插手強勢內閣的事，也不喜歡做棘手的決定。他們所服侍的總統說想讓人質獲釋、尼游生存下去，但是又不關心如何去完成這種細節。於是，國安會填補了這個權力真空地帶，搖身一變成為國防部，發動小型戰爭；又搖身一變成為國務院，自己搞起祕密外交來；還變成中情局，遂行其祕密行動。終於釀成伊朗、尼游醜聞案。

我上任第一天就和人槓上了。卡路奇向來討厭演講的事，於是派我代表國安會出席一項高級幕僚會議，會中將檢討總統關於國防預算的演講草稿。這篇稿子是由白宮首席撰稿人東尼・杜蘭（Tony Dolan）負責，他以前是個難纏、好追根究柢的記者，曾獲得普立茲獎，如今飛上枝頭變鳳凰當上雷根的文膽。我問說這篇文章是否有點高亢、刺耳。杜蘭跳起來用手指著我，發表長篇大論，說以我的微視觀點只夠格批評步兵操典。我後來才知道這是怎麼回事。新手上陣接受考驗。我堅持立場，但是這裡似乎比五角大廈還要難混。

幾天後總統歸來，卡路奇在門口探頭說：「來吧，我們要去給他做簡報。」此時，參議員約翰・陶爾（John Tower）正在主持「伊朗、尼游」案的調查，並且發現白宮在此案件當中有一項缺點，就是找不到國家安全顧問或其幕僚向總統報告，以及總統回應允諾的任何相關紀錄。卡路奇解釋說，我的責任為填補這個漏洞。他說：「有話就說，但是你主要還是要把我跟他說的以及他的決定事項記下來。」

我們走進橢圓形辦公室，總統正聽取白宮幕僚長唐諾・黎根（Donald Regan）所做關於其他事情的簡報。我們進去以後總統站起來，溫和地微笑著，然後坐到壁爐右邊的扶手椅上面。他再度為把我從德國調回來致歉。副總統布希走進來，坐到總統左邊的一張扶手椅上。卡路奇坐到長沙發上，我坐在另一邊。對面另一張長沙發坐著的是黎根。總統以一個笑話當開場白（後來我知道這是標準程序）。我的視線落在他的腳上，覺得有點奇怪。除了亮得可以當鏡子以外，他的鞋背上怎麼會沒有一點走路產生的皺褶呢？在這次以及其他任何場合裡，他的鞋子總是看起來像是頭一次穿。

在報告完過去二十四小時之內的世界大事之後，卡路奇談到眼前面對的挑戰，如何自「伊朗、尼游」案的廢墟裡重建國安會。他說道：「總統先生，首先，我們巴諾斯所有的行動全部取消。讓國安會不再搞武器移轉的事。」接著他解釋說，下一步，由我負責檢視中情局目前正在進行的移轉作業。卡路奇說，我們採取四項原則，一、是否合法？二、我們是否知道它的目的為何？三、能完成其目的嗎？四、如果此項行動突然登在《華盛頓郵報》的頭版上面，美國人民會說「我們真是聰明的小鬼。」還是說「這一群笨蛋。」如果一項計畫無法通過這四項原則的檢視，我們會建議取消。他最後說道，「而且，我們已聘請一名律師保羅．史蒂芬斯，以確保所做的每件事都是正當的。」

在這首次的簡報裡，雷根總統仔細地傾聽，但是沒有問問題也沒有任何指示。後來，每天早上我們為他簡報時都是如此。我們會提出由內閣閣員或是國會建議的不同觀點，等候總統做出裁奪。但都沒有。更令人洩氣的是，當卡路奇提出選擇時，總統什麼話都不說，直到卡路奇說出自己的看法。然後總統僅僅表示他聽到卡路奇所說的了，但不置可否，或有其他的意見。會後，我與法蘭克走出大廳，法蘭克喃喃自語：「這算是同意了嗎？」我們只有假定總統知道我們綜合各方觀點，做出了最佳的判斷。總統顯然認為，只要知道我們將以他的名義去做些什麼事，就不用再做其他事了。這至少是我們樂觀的詮釋。

總統被動的管理模式給了我們很大的負擔。沒有明確的命令，我們感覺很難推動諸如清除諾斯軍售行動的政令。如果這些決策被人批評，是否會有所保留？總統明天還記得這些事情嗎？一天早上，我們決定不履行一項主要的武器管制法案，卡路奇在我們走出來後說道：「我的天哪，難道我們不是被正式僱用來治理這個國家的嗎？」

卡路奇注意到，我們接收了五名祕書。我的機要祕書是名能幹、優雅的女性名叫佛蘿倫絲・甘特（Florence Gantt），她在國安會工作已超過二十年。我問佛蘿倫絲為何需要這麼多的祕書。她解釋說，因為過去的幕僚每天工作十二到十四小時，週末也不例外。我與卡路奇商討這種情形，他說：「調走二個人。」在合理的時間工作不會有大礙的。是那些一天二十四小時的工作狂把政府搞的瀕於毀滅。而我們現在就是這樣工作的，每天下午七點下班回家，週六偶爾加班，週日絕不。卡路奇經常在週五下午三點溜去打網球，然後再也不回辦公室了。但他還是可以做出周詳的決策，也比以前那些鬼鬼祟祟亂搞的傢伙能解決更多的問題。雖然我們可以在正常時間下班回家，但是工作本身卻無法配合正常時間。我把工作帶回家做，而且很快就回到溫柏格時期的步調。法蘭克福的美好時光被拋到腦後。

忠實的老長官約翰·魏克漢為我們在華盛頓地區的麥納堡安排住所，一幢喬治王時代的宅第，是我們迄今住過最好的陸軍眷舍。這地方非常安靜，我形容為「更年期的領地」，最糟的是沒有車庫可以讓我搞車子。魏克漢在麥爾堡為我們另找了一幢較平庸的房子，我們仍然很高興。這是在不到一年之內我們的第三個新家。

撇清

二月二十六日，陶爾委員會公布「伊朗、尼游」案的調查報告。這裡面描述雷根總統未獲悉也不瞭解實情，同時發現他的放任主義管理模式，是造成不知情的原因。陶爾報告成為我們的「使用者手冊」，我們照他們的建議事項去做。卡路奇簽署一項命令，不准國安會再介入軍售行動。我們向總統建議，我們不管作戰的事，因為已經有國防部在負責了。諾斯進行武器移轉事務的政治軍事辦公室收攤了，由中情局管事。

報告公諸於世，壓力接踵而來。總統在「伊朗、尼游」案發生後，尚未給美國人民一個合理的解釋。蘭登・帕文（Landon Parvin），一個退休的共和黨撰稿人，被請到白宮來。在卡路奇的指導之下，我與帕文共同研擬關於「伊朗、尼游」案的演講稿。

陶爾委員會對凱斯伯・溫柏格與喬治・舒茲兩人嚴厲指責，認為他們對波狄斯特主持的國安會在搞什麼把戲，並沒有積極去瞭解。這是不公平的說法；我很清楚的記得自己曾經坐在溫柏格的辦公室裡，聽他大罵軍火交易是白痴的作法。我曾經協助他在配合國安會的要求與指示方面，盡量讓國防部所扮演的角色壓低姿態。而且據我所知，溫柏格與國防部的同仁對於這件事情非法的部分，即把銷售伊朗武器的差價利益援助尼游這件事，完全不知情。

溫柏格知道我參與擬訂總統這篇演講稿，於是希望我能對他的部分有所澄清。由於他與舒茲都曾反對這項計畫，我想在總統講稿裡面，證明這兩個勉為其難配合行動的人都是清白的。我們為總統寫出如下的建議文句：「為了公平起見，我必須要說我相信（陶爾）委員會關於喬治・舒茲與凱斯伯・溫柏格的指責是不正確的。他們兩人非常明確地反對這項軍售伊朗計畫，因而曾向我建議過好幾次。委員會聲明指出，這兩名閣員沒有支持總統，亦非屬實。他們雖然反對這計畫，但仍然支持我的決定。我現在才發現，這兩人在這件事上面被同一批人所蒙蔽，俾讓我對這整件事無法得到最重要的資訊。」我所寫的這些話將出現在演講詞後面，可望為溫柏格洗刷罪名，連舒茲都一筆帶到了。

三月四日，總統自橢圓辦公室向全國做電視演說，這可能是他所做最不愉快的演講了。

「幾個月之前，」總統一開始這樣說著，「我告訴美國民眾我並沒有拿武器換人質。在我的內心深處仍然告訴我說這是實話，但是事實與證據卻告訴我，它並不是真的。正如陶爾委員會的調查報告所言，一開始對伊朗的戰略性開放措施，到了實施階段卻已然變質，變成以武器換人質。這違背了我自己的信仰，違背了政府決策以及我們原先的戰略構想。事出有因，但沒有藉口。這是個錯誤。」

可是，讓溫柏格與舒茲脫罪的文句，卻在剪輯室裡面給封殺了。雷根總統的政治顧問認為這幾句話會減弱主要講詞，亦即總統願意承擔所有責任，因此予以封殺；我對此很不悅。不過，十天之後，在他的週六固定廣播裡，總統至少說到了國務卿舒茲與溫柏格部長「強烈地建議我不要進行這項前所未有的舉動」。

隆納德・雷根公開地「下詔罪己」。但是在他內心的最深處，他還是純真的。在他任期屆滿之前，我們都學會避開談論這件事，有如躲開毒藥一般。如果有人不小心觸犯天威，雷根會滔滔不絕地說上廿分鐘，講到為何此項交易並不算是以武器換人質；我們又怎麼知道沒有所謂的伊朗溫和派呢？

國安會受到三件國際重大情勢所引導。首先是由蘇聯戈巴契夫所帶動的東西方活絡交流；另外是混亂的中美洲情勢，在「伊朗、尼游」案以後更形混亂；最後，就是在中東地區。因為兩伊戰爭造成經由波斯灣運送石油產生危險，同時儘管軍售給伊朗，美國人質仍然被扣留藏匿在黎巴嫩某處。

為了扮演好國安會的角色，我們必須再增加新的組織，好使得在政治中樞之外的平民老百姓看得眼花撩亂。由於國安會負責為總統拉近幾個部門與局處間的分歧立場，需要一個協調單位，於是，我們把幾名傑出的次長級官員組合起來，創設了「政策檢視小組」。阿米塔去代表國防部，對於我而言，他就好像是個哥哥兼保鏢；國務院由主管政治事務的助理國務卿麥克・阿瑪寇斯（Mike Armacost）出席，是名職業外交官，同時白宮研究員，我們相識經年；參謀首長聯席會議由約翰・莫勒寧（John Moellering）中將代表，後來換成海軍中將強・霍威。莫勒寧到國安會來參與此事，正是冥冥之中自有定數，因為諾斯進行那項激怒溫柏格的大膽行動，幾乎毀了他的前途，而霍威後來接替我擔任卡路奇的軍事助理，他曾任國務院政治軍事事務部門主管與副總統洛克斐勒的國家安全顧問。中情局由狄克・柯爾（Dick Kerr）代表，是該局第三號人物；副總統布希的國家安全顧問唐・葛瑞格（Don Gregg）也參與。另外再根據事情的需要增加人手，但是仍以上述幾人為核心所在。我們之間皆熟識，也深諳華府的各種門檻。

一月十二日，我到職不過十天光景，波斯灣情勢讓政策檢視小組初試啼聲。各部門皆被告知，今後，美國與伊朗之間的往來只有一條管道，那就是國務院。不再有軍火騙子，或者是〇〇七情報員式的國安會官員，一手拿蛋糕一手拿聖經來為美國發言（就像諾斯祕訪德黑蘭的行為）。我們同時明確表示，對伊朗武器禁運將持續下去，他們從美國這裡連一把彈弓都拿不到。另外，因為波斯灣的石油運送對美國就好比動脈輸送血液一樣重要，兩伊戰爭將會波及到科威特油輪，是可以預見的事。於是我們建議科威特政府，美國同意該國油輪視情勢需要改掛美國國旗，這樣可以讓船隻得到美國的保護。我們試圖創造每一個人都能瞭解與同意的政策，這是史無前例的。然因總統非常的被動，過去有少數人利用總統的權力遂行別人所不知道的事情。再加上溫柏格與舒茲之間長期失和，小組裡經常是爭吵多於合作。而我與卡路奇所要的是，由內閣協助擬訂，並得到總統贊賞，取得國會瞭解的明確立場。

舉例來說，當幾個月之後，美國軍艦「史塔克」號在波斯灣意外地遭遇到伊拉克飛雲飛彈的攻擊，由於我們先前已有基本的政策，所以不需再向國會解釋為何這艘船在波斯灣了。這次的攻擊造成悲劇，有三十七名美國船員陣亡；但這是為了一個全面性貫徹一致的目標所造成的悲劇——保持石油運輸路線暢通。在波斯灣，若是一艘懸掛美國國旗的科威特油輪觸到水雷，我們可以立即處理這場混亂，因為這種事件符合相同的政策——保持石油運送暢通。這種政策的一貫性已然失落很久，並且造成了伊朗、尼游案的災害。政策檢視小組變成我們在政府內部對外交政策建立廣泛共識的工具。

下一個大問題是還在尼加拉瓜對抗桑定共產政權的游擊隊該怎麼辦？諾斯從國會制定禁令的後門安排援助尼游，是醜聞案最紊亂不清的部分。但這件事並不能減損尼游反共的正義之聲。如何與尼游打交道？即使是在支持他們的人中間，也因為看法不同讓政府分成兩派。國務卿舒茲認為尼游可用來對桑定政權施壓，讓其坐上談判桌，我們即有望說服他們進行民主化並停止輸出共產主義。「刀鞘」溫柏格以一種浪漫的情懷看待尼游，就像阿富汗的穆加哈汀與蘇聯對抗一樣。對他而言，這些尼加拉瓜人是自由鬥士，在把共產黨徒逐出馬拉瓜這個重要前提之下，應該得到我們全力的支持。

我想從根本去瞭解這個問題。在這件事方面最佳的來源是艾倫・費爾斯（Alan Fiers），他是中情局中美洲研究小組的首腦，負責取得武器、彈藥、糧食、醫藥與交通工具來供應尼游。在政策檢視小組某一次會議裡，我問費爾斯：「尼游有多少人？」他回答說，頂多一萬五千人。「這支武力是否有希望自山裡出來，並擊敗桑定政權的軍隊？」費爾斯說，沒指望。「有沒有可能尼國人民起而響應支持尼游？」不太可能，費爾斯這樣說。這讓我得到解答。正如舒茲的看法，尼游是可以打出的一張牌，用來施壓以得到談判解決之道；但尼游本身並不是解決問題的辦法。

我們找來一個強烈反卡斯楚的古巴人喬塞・索札諾（Jose Sorzano），在拉丁美洲事務方面指導我們。喬塞稱我為「我的將軍」，讓我回想起拉丁美洲人在過去兩百年來都是這樣寒暄的。

為了讓我對尼游有較好的印象，喬塞安排我在邁阿密會見中情局所支持的幾名游擊隊領袖。他們良莠不齊。安瑞克・柏慕達（Enrique Bermudez）上校，尼游的軍事首腦，是個為達成目標願意拋頭顱的真正戰士，讓我印象深刻。其他人都是尼加拉瓜前蘇慕薩腐敗政權的支持者，守舊的尼國禁衛軍退休將領，他們在桑定取得政權時下錯賭注、倚錯了邊。有人封他們是「無膽指揮官」。但是在昔日東西方對立的情勢下，我們必須利用現成的一切。

與喬塞・索札諾以及另外兩名白宮立法助理戴夫・艾丁頓、艾倫・克朗諾維茲共事，使我成為政府向國會爭取支持尼游的主要擁護者。每隔幾個月，國會就會拿到一份援助尼游的撥款法案。我們輕易取得國會支持非武器援助。至於武器援助方面，我們有幾位國會議員會堅定的支持，如眾議員鮑伯・米契爾、米奇・愛德華以及參議員大衛・伯倫、華倫・魯德曼，以及泰德・史蒂芬斯等等。至於大多數的民主黨人士，幾乎不可能同意支援武器與彈藥。

有一晚，委員會在一項會議中為了另一項法案仍在爭執不下，我置身其間無法說服民主黨不要在戰事進行中快刀斬亂麻地切斷對這些為民主而戰的人士的援助。「讓我告訴你們一個故事，」我說。「我曾經到過叢林。我曾經到過尼游現在待的地方，只不過那是在一九六三年的越南。你們不能想像當時我們是多麼渴望每兩週來一次的陸戰隊運補直升機。我們的生活，不只是舒適而已，完全繫乎這運補。今日的尼游與此並無不同。」我指出，這並不是我們在漂亮的冷氣房裡所召開的外交政策座談會。「我們談的是那些對美國信任的人，他們的存亡問題。」房間裡面安靜下來，有些民主黨議員頷首表示同意。在一小時之內，我們幾乎達成一項協議。這時，我們休息一下，讓兩黨黨團有機會召開幹部會議。

回來之後，我注意到泰德．史蒂芬斯與華倫．魯德曼走在後面，竊竊私語。大家在會議室再度落座以後，我正要與民主黨國會議員戴夫．歐貝說我們有一項協議，突然泰德．史蒂芬斯站起來說道，他沒辦法再繼續開會，除非民主黨議員也同意擇期再審增加對尼游的援助，這項要求先前曾遭到民主黨的拒絕。魯德曼大叫道他同意史蒂芬斯的說法，於是這兩個人開始向外面走去。當時，每個人都想回家了；民主黨議員終於勉強地讓步。會後，我與史蒂芬斯、魯德曼兩人走到國會山莊的拐角時，他兩人放聲大笑。他們走出會議室這一幕只是在做秀，而且成功地達到目的。他們說我在玩政治遊戲這方面個新鮮人呢。

「太嫩了」。我或許算是五角大廈與白宮的碩士級人物，但在「國會大學」，我還只是個新鮮人呢。

我國與蘇聯關係的重要性超越其他一切事務。我們的國防戰略和預算幾乎是全盤反映出我們對蘇聯戰力和意圖的解讀。紅軍的規模與狀態係衡量我們所需之兵力的標準。然而在全世界各種衝突當中我們選擇支持的立場，幾乎總是取決自東西方抗衡的角度。然而蘇聯新領袖戈巴契夫開始移轉他們對冷戰的注意力。他顯然有心要解決蘇聯內部的問題，而不把焦點擺在自安哥拉到阿富汗那種毫無結果的冒險上面。他對於繼續為古巴與尼加拉瓜負擔鉅額的赤字毫無興趣。唯有靠著降低東西方緊張情勢，他才能縮減蘇聯龐大的國防支出，並且把國家資源轉移到民間所需。因此，到了一九八七年夏末，戈巴契夫表現出對削減中程核子武器——INF飛彈的談判意願。這表示蘇聯要銷毀其SS-二〇飛彈，美國這方面，則為陸軍的潘興二號飛彈與空軍的地面發射巡弋飛彈。隆納德·雷根秉持著政治與軍事強國的立場。從這個觀點，他具有那些冷血戰士所缺乏的視界與彈性，因而能夠看出戈巴契夫的新人新政是在新時代裡面追求和平的新契機。雙方有望達成有關中程核子武器的裁減條約，這表示自原子時代以降首次將有一種核子武器被銷毀。

當我們正在國安會處理全球性問題之際，國內的焦點卻集中在關於「伊朗、尼游」案的參眾兩院聯合聽證會，它自五月五日展開，像肥皂劇一樣引人注目。在聽證會上，全國人民見到諾斯中校精湛的演出，這個被委員會視為惡棍的傢伙，狡詐地讓至少一半的觀眾把他視為愛國者，而我絕對不是他們其中之一。不管他的動機是多麼正當，諾斯與波狄斯特等人運用軍售籌款的行為，係受到美國人民選出的民代所立法禁止的。他這樣做法，完全逃避了應對國會與總統所負的責任。這是不對的。

我並沒有被傳喚到國會調查委員會作證；但是在六月十九日，由於我曾經協助安排拖式飛彈移轉給中情局，因而在委員會律師之前作證。我在白宮情勢分析室裡面，與參院首席法律顧問亞瑟・萊曼、眾院法律顧問約瑟夫・沙巴會面。他們對於國防部先把拖式飛彈移轉給中情局，而非直接交給伊朗的原因相當有興趣。我把溫柏格所持的理由重複一遍。「他並不認為這是國防部該扮演的角色——把武器移轉給像伊朗這樣的國家。甚至，他認為這種交易應該在政府能夠，並且同意讓國防部去做的前提下，才能去進行。」

萊曼當場問道：「或許我該知道這點，部長是否有日記？」

「據我所知，部長並沒有日記。」我回答說。「不管他在筆記什麼，我並不知道他用途為何，也不知道他寫些什麼。」我從未看到過算是日記的東西。但我提及「筆記」，因為我還記得溫柏格在抽屜裡面所保存的白色小活頁紙。這些筆記內容我從未看過，因此我不認為能夠把它判定為日記。我期待律師繼續問下去，但是他們把話題轉到別的方面去了。筆記本並不是個祕密，《時代》雜誌曾刊登出一張照片，上面是溫柏格在任期最後一週時打包整理這些筆記。後來它們被放置在國會圖書館，並沒有被銷毀或是神祕失蹤。

我希望這段插曲將是關於我介入這件事情的休止符。然而，這些筆記本卻在獨立檢察官勞倫斯・華許延長調查該案時再度出現。到了一九九一年，經過了四年，獨立檢察官的幕僚重新到國會圖書館裡檢視這些筆記。他們的結論與我的觀點相悖，認為溫柏格說一九八五年秋天鷹式飛彈運送到伊朗，是較總統於一九八六年元月正式授權還早的事情，總統不知情是因為溫柏格沒有說實話。這些幕僚詳細詢問我筆記本裡面記載的事，而我也頭一次獲准看這筆記。溫柏格的律師鮑伯・本內特要求我就此事作證。在這次宣誓作證當中，我不經意的把活頁筆記本說成了「日記」。

賓果！這下逮到了。獨立律師認為他找到我證詞矛盾所在，因為在四年之前，我曾說就我所知溫柏格並沒有日記，儘管我曾提及筆記本的事。現在，在看過這筆記本，以及被檢察官幕僚詢問之後，我認定它們是日記了。這已足夠讓華許在最後的報告裡面，記上我一筆罪狀。

一九九三年十二月這份報告公布，裡面寫說我在一九八五年對於「運送武器到伊朗的詳細經過知情」。這真是大錯特錯。當時我只知道有這個「建議」，我一直到一九八六年才知道已然完成了運送，在雷根總統完成簽署授權軍售伊朗的「需要性之判定」以後。報告上面說：「鮑爾先前關於這件行動的陳述是坦白與一貫的，但是有些證詞值得懷疑，似乎全盤在為溫柏格掩飾。但是因為獨立檢察官沒有直接證據證明鮑爾意圖製造偽證，因此這件事情不再追訴。」我對這暗示非常憤怒。我不該遭受是否做了不實證詞的判定，但華許就這樣暗示我

有嫌疑，然後再把這件事了結，留下不公平且無稽的結論。不光是我一個人，瑞克·阿米塔去與其他人也遭到了同樣不公平的待遇。

可是，至少對我而言，這份報告為「伊朗、尼游」案畫下了句點。不過獨立檢察官對溫柏格相當不客氣，他遭到起訴。儘管布希總統在他離職之前赦免了他，而我與其他人一樣，都曾向總統建議要求赦免他，但溫柏格是個自豪而有榮譽感的人，遭到起訴對他而言就是恥辱。這個人打從一開始就把武器交換人質的事斥為「荒謬」，他在每一步

驟都予以反對，直到雷根總統決定實施，他才打住。他所堅持的立場，不但沒有受到讚揚，還被一個不受任何限制、有的是時間與經費的獨立檢察官折騰到死。對凱斯伯·溫柏格的指控是個司法惡例。

法蘭克·卡路奇幾乎是把政策檢視小組的會議全權交給我處理。這幾年看過無數次沒完沒了、沒重點、不專心又浪費時間的會議，我學會如何確切地主持會議。首先，每個與會者都有機會在開會之前提出中心議題，但是由我來取決，並在開會之前先分配好。等到會議開始之後，不准任何人改變這項議題。每個人都知道開會時間將是一個小時整。頭先的五分鐘及最後的十分鐘是屬於我的。前面五分鐘我將檢討開會的目的以及應該決定的事項。接下來的廿分鐘，與會者可以不受干擾地分別發表自己的看法。之後，是自由討論時間，大家放下身段，對於太過離譜的建議群起而攻之，通常這都會帶來一點樂趣。經過五十分鐘以後，我再度取得會議主控權，在最後五分鐘就我所瞭解的綜合各家觀點。與會者可用一分鐘的時間對我的綜合觀點表達反對意見。等到最後的四到五分鐘，我做出結論與決定，當做全體與會者無異議通過的事項。會議宣告結束。那些反對會議結論的人，可以回去跟老闆抱怨，他們的老闆再向卡路奇反映。這一套似乎有效。

麥可重傷

五月末，全家人回到威廉與瑪麗學院參加琳達的畢業典禮。在回家的路上，琳達跟我們說她有意進軍演藝事業，而且是相當認真的。我們的孩子在學校的戲劇課程都表現得很好，但是要做為一種職業？六合彩的中獎率可能還要高一點呢。琳達同時鼓起勇氣要求我供給她到演藝學校就讀。出乎她的意料之外，我同意了，父親出於天性本來就該當子女的銀行家的。於是，琳達到曼哈頓廣場戲院學校上兩年的課程，而跨入演藝圈。我的小孩竟然會回到三十年前我欣然離開的紐約老家，這種感覺有點奇怪。

六月二十七日午後我回到辦公室，剛好接到尚在德國指揮第七軍的安迪·錢伯斯打來的電話。「麥可嚴重受傷，」安迪說道，馬上又加上一句：「不過他不會死。」他告訴我事情大概的經過。麥可與另一名中尉尤瑞克·布雷克布爾坐在一名駕駛兵所開的吉普車上面，在德國高速公路上失控翻覆。麥可被拋出車外，車子翻滾之後壓在他身上，另外兩人只受了輕傷；不久後，我會接到來自德國紐倫堡陸軍醫院的電話，告訴我麥可的詳細狀況。我只記得當時腦子發暈，一方面又急著要想出該怎麼辦。我跟佛羅倫斯·甘特說，我要回家去告訴艾瑪這個消息。佛羅倫斯立刻開始安排我們趕去德國的手續。

到家的時候，艾瑪正在廚房裡打開洗碗機，她問我為什麼今天那麼早回來。我告訴了她，麥可的意外事件起初她很平靜，接著我看到她剛強的毅力蓋過了情感的表達。她想知道我們有多快可以見到麥可。然而，在這個時候，或許我需要一名強壯的同伴來依靠，甚至比她所需要的同伴還要強壯才行。

國安會的行政助理格蘭特・格林已告訴他太太關於麥可出意外的事。格林夫婦是我們的好友，他太太是個律師，立刻放下手邊的事趕來我家，陪伴我們度過接下來焦慮的等待時光。終於，醫院來電話了。麥可骨盤破裂，受了嚴重的內傷，情況很危急。當晚，感謝佛羅倫斯與一向值得信賴的卡爾・旺諸，我們搭上一架C-五運輸機，併坐在駕駛艙後面的小隔間飛往西德。

我們看到麥可在加護病房，看起來腫脹得很厲害，但是注射了止痛的嗎啡，他還能微笑。麥可骨盤裡面的血管破裂。他被輸了十八個單位的血漿，人體正常供量的兩倍。腫脹來自於輸血造成身體組織裡面所產生的三十磅液體。陸軍駐歐的軍醫署長法蘭克・雷德福自海德堡趕來，在我們探視過麥可之後，他把我們帶到一間小房間向我們解釋我兒的狀況。麥可需要做一種目前還在試驗階段的骨盤手術。他的主要受傷部位還包括尿道。雷德福醫生說，他需要四到六個月才能康復。到時候還不知道能夠復原到什麼程度。

這件事發生不到一個月之後，我們從麥可一名朋友那裡得知意外發生以後的確實經過。吉普車裡的三名美國人最初被送到一家德國醫院。在那裡，會說德語的布雷克布爾中尉聽到醫生說道：「這個我們沒有辦法了。」指的是麥可。當下，布中尉跳下檢查床說道：「不，你們不能丟下他不管。打電話給美軍醫院，趕快。」這就是為什麼麥可被送到紐倫堡，雖然情況危急卻能保住小命的原因。

第二天我得趕回華府，艾瑪留在麥可身邊照顧。過了兩天，醫院變得很嘈雜。演習的時候有一枚炸彈當場炸死了兩名士兵，滿載傷兵的救護車不斷駛進這家醫院。艾瑪看到一名被送入麥可病房的士兵，兩條腿被炸斷，手指幾乎全被炸掉了。她看到醫護人員快要忙不過來了，於是志願幫忙。醫院人員讓她坐辦公桌幫忙接電話與指引訪客。歐提斯將軍後來為此特別頒給她一張獎狀，感謝她在緊急情況之下所做的貢獻。

意外發生後不到四天，麥可被轉送回華府的華特・瑞德陸軍醫療中心，由軍中最佳且絕對是全國最好的整形外科醫生布魯斯・凡丹負責檢查。他不但思慮周密而且相當專業。他向麥可解釋說他與泌尿科主任將要進行一項很少嘗試做的復健手術。當他臨走的時候，說了一句：「你知道你的軍中生涯將要報銷了，不是嗎？」麥可或許不知道，也或許只是擺在心裡面。艾瑪在場，麥可不斷的說著，「我要跟我爹說話，找我爹來！」我盡快趕到醫院，而這是自這場嚴酷的考驗發生以來，我頭一次看到我兒子垂頭喪氣。

麥可不斷說著：「我不知道我還能做些什麼，我總是希望能夠以陸軍為終生職志。現在我該怎麼辦？」

我走出去後，跟凡丹大夫談到麥可軍旅生涯不保的問題。「我希望你能先把這個消息告訴我，」我說。

他表示瞭解，但是態度仍然很堅定。「我很抱歉，但是這是事實。早晚都得要面對。」

第一次動手術當晚真是糟透了，尤其是對麥可來說，而我們也不好受。醫生告訴我們說，骨盤會自行痊癒，但是除非手術成功，否則會造成變形與癱瘓。醫生將在骨盤後面鎖上一塊鋼板，一根像桿子的裝置則門到前面以固定住麥可。我們被告知，手術過後的疼痛將難以忍受。止疼的嗎啡劑量多到足以殺死病人本身的程度。

手術過後，我們獲准去看麥可，他身上插滿了管子，允許注射的嗎啡劑量，幾乎無法讓他減輕痛苦。艾瑪在房間裡忙來忙去的。但是我這個偉大的三星中將，了不起的協調者、促進者、管理者，卻感覺這輩子從來沒有像此刻如此不知所措。幾近情緒崩潰之際，一名活潑的護士跳進房間裡來。她說道：「嗨，還好嗎？讓我們切斷這些嗎啡，應該夠多了。你會好的。」她靠近在麥可身體裡面突出來的桿子與螺栓，說道：「我們來看看這組支撐器是否有效。」然後，她用一把西爾氏克福特曼扳手栓緊了螺帽。她的芳名是芭芭拉．西蘭多（Barbara Cilento），她的活潑、明快的能力讓我們覺得一切都將不會有問題。她讓我想起自己的一句格言：「永遠保持樂觀可以增加力量。」在陸軍，我們經常尋找增強力量的方法，樂觀地展望未來的確是一個辦法。這回換別人要我樂觀一點了，而它十分有效。

麥可還要進行幾次的手術。不過我們仍然對這些醫術精湛的大夫表示感謝，包括凡丹大夫、史蒂芬．史爾尼克大夫、大衛．麥克劉德等人，他們把我兒子從生死關頭搶救回來並且走上康復之路。除了那些大夫之外，我們給予正式護士芭芭拉．西蘭多同樣高的評價。她成了麥可的守護神，而且，我們有一段時間認為，或許有一段羅曼史在滋長。

接下來的半年裡面，艾瑪與我的生活以醫院為重心。我在處理國安會危機之餘儘量多到醫院裡去。我兒正在逐漸康復中，部分原因是優良的醫護，但是同樣地，在他體內所具有的不屈不撓性格是另一個因素，讓我們感到無比的驕傲。

引領雷根政府外交政策的一項挑戰，在於協助總統用頭腦而不是用心腸治理。一九八七年秋天，中東恐怖分子仍然扣留了九名美國人質。在他總統寶座幾乎要被毀掉之後，雷根又想要進行一項以鷹式飛彈交換人質的計畫。他係出自於憐憫心，同時有感於吉米．卡特曾經因為一次人質危機造成總統威信嚴重受損。卡路奇與我力勸總統在公開談及綁架事件時，必須低調處理，並不是因為他們不殘酷，他們確實是殘酷的，而是因為大眾對此的注意力會讓敵人認為虜獲人質有好處，將使其變本加厲。為了預防這類事情在未來持續發生，我們指出，這就像是每週都有許多美國人會迷失在華府街道上而遇到城市恐怖分子一樣。我們不能讓外交政策被幾個政治狂熱分子牽著鼻子走。

同樣地，戰俘與作戰失蹤報告定期出爐。再一次讓總統動了側隱之心，尤其是受到像安妮．米爾斯．葛瑞費茲（Anne Mills Griffiths）這種厲害的領導人物所打動。她有一名兄弟在作戰時失蹤，她成為「全國家庭聯盟」的首腦。然而作戰失蹤者家庭協會卻被詐騙專家所操縱，他們杜撰證據來爭取募款中飽私囊。這些報告不時會提醒大家，我們在二次大戰時有七萬八千七百五十人失蹤，韓戰時有八千一百人，越戰二千二百三十人。有時一枚詭雷或是一架戰鬥機爆炸以後，即產生一名作戰失蹤人口，可悲的是，從此就下落不明。既使有這種認知，我還是堅信我們應該不斷對越南、寮國、高棉施壓，直到我們得到最接近實際的作戰失蹤人數。

出掌國安會

十一月初，溫柏格向總統表達即將辭卸國防部長職務的意願。部長的太太珍．溫柏格的骨質疏鬆症與其他毛病已更加惡化。部長吃力地工作了七年，今年已是國會第二次拒絕他增加預算的建議，白宮方面也並不支持他。然而，他仍然對總統保持個人的忠誠，惟溫柏格在南茜・雷根心目中的地位，以前從未長紅，現更已持續滑落，在這個政府裡可不是小挫折。講究實用主義的第一夫人認為溫柏格對蘇聯不曾間斷的敵意是違反潮流的。溫柏格與舒茲間長期地不和，她逐漸向舒茲靠攏，深深刺痛了溫柏格。他在官場打滾多年，當然知所進退；當了將近七年的國防部長以後，他要求總統解除他的職務。

找個新部長沒花多少時間。威廉・塔虎托——溫柏格能幹的副手與心腹，本來有望扶正。不料，卻是卡路奇雀屏中選，他在各個國家安全部門的表現，讓他成為最適當的人選。塔虎托仍然留下來當卡路奇的首席副部長。

卡路奇到五角大廈接掌新職，我回陸軍又有一線希望了。但是幕僚長霍華・貝克有天早晨把我叫到他辦公室，他說：「如果我們讓你做總統的國家安全顧問，你會拒絕嗎？」

「霍華，」我回答說，「經過波狄斯特的事，你不可能再找個現役軍人來當國安會頭子的，你會被罵死。」

「總統喜歡任命誰就任命誰，」貝克這樣說，「我要問的是你願不願意？」

要對總統說不？於是我說：「如果任命我，我會接受的。」

十月十六日，國家安全委員會裡面的國家安全計畫小組，在白宮情勢分析室開會。卡路奇與總統走進來坐下，他傳給我一張小紙條。上面寫著：「成了。他對你很滿意。」總統本人從未跟我談過這個職務，也從未表示出他的期望，更沒有任何指示。事實上，總統從未親自授與我這個職務，也沒有恭賀我。在白宮待了十個月以後，已深知他的處事態度，所以對於這點我不感到驚訝。那就是雷根的作風，他對我深具信心，令我感到光榮。

一九八七年十一月五日，一個陽光普照帶點秋高氣爽的好日子，我們列隊在白宮花園裡。總統表達全國對溫柏格的謝忱，感謝他讓國家再度強大所做的貢獻。他指出溫柏格的繼任者卡路奇是最佳的人選。接著他宣布柯林‧鮑爾中將接任卡路奇的職務，成為總統的國家安全顧問。艾瑪與我的女兒都在場；但我兒麥可到場，更是讓我眼角濕潤，這是自從意外發生之後，他頭一次穿著西裝，拄著枴杖站了起來。

在過去的十個月裡，我以副手的身分負責國安會不少事務，因此對於成為主管頗具信心。我是雷根所任命的第六個總統國家安全顧問了，這個職務被某些人稱為政府裡面的「百慕達三角」，而我決定要成為雷根的最後一任國家安全顧問。我承認在自豪之餘，同樣感到一定程度的負擔，因為我是首位得到此職務的非裔美人，必須更努力地證明自己的才能。正如專欄作家卡爾・若望（Carl Rowan）所評論的：「要瞭解鮑爾升到這個極度困難又艱辛的職務所代表的意義之前，必須先知道，僅僅在一代之前，有個不成文規定：在外交事務領域，黑人只能做到駐賴比瑞亞大使或者是加那利群島的公使。」

在我獲得正式任命前，曾出現反對的聲音。幾個具有影響力的人物，確實開始反對讓現役軍人來擔任國安會的首腦。反對者包括了參謀首長聯席會議主席海軍上將克羅威（Crowe）、雷根總統首任國務卿，曾任國安會副座的亞歷山大・海格（Alexander Haig）以及布蘭特・史考布勞夫特（Brent Scowcroft），他曾擔任福特總統的國家安全顧問。我自己也在《紐約時報》的一次訪問中，說到國家安全顧問一職應該任命平民來出任。愛荷華州的民主黨參議員湯姆・哈金，事實上還曾建議立法，來禁止由現役軍人出任國家安全顧問。該法案的部分內容讓我大為頭痛。

國家安全顧問的任命不需要參議院的通過，但是身為三星中將，不管出任何種職務，都必須經過參院的通過才能保住我的階級；若我降為二顆星，就不需要參院的通過了。但我不願意在陸軍降級，以取得以平民身分出任這個職務。看來有點前途茫茫了。

第十四章　國家安全顧問

「雷根總統，」《紐約時報》這樣記述，「與哈諾・希爾（Harold Hill）教授有異曲同工之妙。」出自馬瑞戴・威爾森（Meredith Willson）一九五七年的劇作《音樂人》，敘述一個販賣夢想的商人進到城裡保證說：「河邊城必然會有個男孩樂隊——如上帝創造小綠蘋果一般地確定……」《紐約時報》寫道，哈諾・希爾讓河邊城的孩子們「增强了意志裡的驕傲，和諧又具潛力。隆納德・雷根為美國人做到了這點。」

一九八七年十二月十八日，我接到一通參議員山姆・奴恩的祕書打來的電話，告訴我一定要在明天下午，記得收看有線電視網C頻道關於國會的報導。在決定性的一刻降臨時，我感到有點好奇，也有點焦慮。經過了「伊朗、尼游」醜聞案，頗具影響力的參議院軍事委員會主席奴恩，開始強烈反對讓現役軍人出任總統的國家安全顧問。此時，我已經由副座的小房間，搬到卡路奇最近才讓出的西廂角落大辦公室，希望在C頻道看到的事，並不是要我再搬出這裡。

第二天下午，我打開辦公室裡的電視。奴恩在那裡，神態慵懶卻一本正經的說：「每一名軍官都知道他的下一次晉升，決定於國防部以及五角大廈的高級將領，」奴恩說道，「……任何接獲此職位的現役軍官，必然會在向總統負責以及自己的軍中前途兩者之間所形成的衝突感到為難。任命軍人擔任此高級且敏感的職務，還將會引起是否應該由平民控制軍隊的嚴重問題。」突然間，奴恩出現了一百八十度的轉變。「然而，現在為何不破個例呢？」接著，他指出雷根政府任期只剩下大約一年的時間，而且國家安全委員會現在問題重重。因此，他同意支持這個特別的被提名人。

「諸位議員先生都無異議嗎？」電視鏡頭轉向共和黨參議員約翰．華納，軍事委員會少數黨的首要人物。華納也表示讓軍人出任高級政治職位是個壞點子，不過，他仍以讚揚的口吻說：「這名優秀的軍官，已經替國家和他自己帶來卓越的成就。」

奴恩推動的提名案順利通過，我的職務後來也獲得了參院的核准。不僅我的晉升成為特例，而且，參院還允許我同時保有國安會職位與三星中將的軍階。

當我還不知道能否勝任這個工作之前，過去十年來，發生在我身上的事，真讓人百感交集。十年前，我穿著跳傘鞋重重的踏在舊行政辦公大樓迴廊上，告訴當時的國家安全顧問布里辛斯，說我不夠資格也不願意參與他的計畫。現在，我卻得到他和季辛吉同樣的職位，我不再是別人的助理或是第二把交椅。我將直接與總統、副總統、國務卿及國防部長共事，他們才是真正組成國家安全委員會的要角。我將扮演裁判、交通警察、風紀股長、仲裁者、救火隊員、牧師、精神科醫師，偶爾還是殺手。我不僅將組合別人的意見歸納給總統，我現在得給他我自己對國家安全事務的判斷。我將成為「台柱」，除了階級上還不算，也等於是內閣閣員了。

在這段期間，我在《紐約時報》看到一則關於紐約市新任市長金恩・諾曼的消息，這個諾曼就是我在凱利街一起打曲棍球的同一個諾曼，在他加入陸戰隊之後三十年來我只見過他一次面。我邀請諾曼與他太太裘麗塔，也是凱利街的舊識，與我們夫婦一起到白宮餐廳共進午餐。我們談到了另一名最近再出現的老友東尼・格蘭特，他現在是個律師也是紐約市「白色平原」公司的法律顧問。我們談笑間，一種未曾開口說出的心底想法流動著：這些發生在「香蕉」凱利街我們這群孩子身上的事是千真萬確的嗎？

在餐廳裡，諾曼注意到一件總是困擾著我的事情。白宮餐廳裡幾乎所有的侍者都是菲律賓人。這餐廳完全由海軍負責經營，我在五角大廈時曾成功地把餐廳裡的侍者人種分配好，但是我的新身分並無任何影響力去打破這種單調局面。白宮接待員也是同樣情形。他們多數是黑人，包括那些在正式晚宴服務的人員，讓人有置身在南北戰爭之前的南方殖民地氣氛，而不是在廿世紀的白宮裡。實際上這些工作還是父子相傳的。他們珍視這工作，接待員喜歡這種環境。而且，不會感謝你的，他們可不需要一個自負的非洲裔將領為了追求消除人種歧視而破壞了這個好差事。

雖然還沒有被正式確認新職，十一月十八日法蘭克．卡路奇離職接掌國防部之後我便開始暫代國家安全顧問的職務。職務正式發表以後過了兩天，我在羅斯福廳為一群無冕王報紙編輯簡報尼加拉瓜情勢。在他們之中有一位黑人編輯，瑞吉奈德．史陶特（Reginald Stuart），他到現在都還沒提出問題。最後，他的手舉起來了。「身為第一個獲此職位的黑人，」史陶特問道，「你認為在這個職位上面被人架空，或者不經過你越級報告的機會有多少？」我試著掩飾我的驚訝——這老兄竟然問我是不是掛名的——我開始挑明事實：我已經在國安會到職十個月了；從核武管制到百慕達關稅協定，每件事我都參與；我已直接與總統、國務卿，以及國防部長共事。我既不會被架空也不會被人越級報告。我恐怕顯露出惱怒來了。

兩週之後，我參加華府黑人智囊團——政治研究聯合中心所主辦的歡迎會時，又看到了史陶特。我走上前去說道：「老兄，你那天幹嘛那樣整我？」他給我一個微笑。「那是那裡每個白人心裡所想的，但是又不敢問。因此我替他們問了。」

十二月的時候，戈巴契夫首次到華府訪問和雷根總統進行第三回合的高峰會談，同時簽署消除中程核子飛彈協定。中程核子飛彈的射程約有三千哩，射程短於瞄準華府、莫斯科、紐約以及列寧格勒等目標的戰術核彈或是洲際彈道飛彈。西方聯盟與蘇聯若是在歐洲爆發衝突，即有可能相互發射中程核子飛彈。十一月，我與國務卿舒茲一起前往日內瓦談判中程核子飛彈協定，並為十二月的高峰會談鋪路。舒茲主導這項任務，在美國大使館與蘇聯代表進行會談時，也是主要由他發言。我傾聽著，觀察談判桌上的每一個人，從蘇聯外長謝瓦納茲（Eduard Shevardnadze）開始，他有一頭銀髮，相貌英俊，表情與語調溫和，像個聖公會牧師。

我的眼光不停拉回到一名年紀較大、身材瘦小，看起來頗強悍的軍人，沙基・艾科羅米耶夫（Sergei Akhromeyev）元帥，蘇聯國防部第一副部長暨參謀總長，所有蘇聯部隊的頭子。我端詳著這名「蘇聯英雄」，心裡的想法不斷的翻騰。僅在一年之前，我曾指揮駐德第五軍，其任務就是在打擊艾科羅米耶夫的部隊，特別是第八禁衛軍。現在我身為國家安全顧問，卻從事讓第五軍與蘇聯第八禁衛軍閒置的談判任務。

當晚美方在大使住所以燭光晚餐招待蘇聯代表團。在大家談話間斷的時候，我靠向艾科羅米茲。「元帥，」我說，「你一定是現役軍人之中碩果僅存的二次大戰軍人。」（此時已是諾曼弟登陸之後的四十二年了。）元帥點點頭。「我是最後的摩希根人了，」（譯註：電影名為《大地英豪》）他說。我笑了，驚訝於他竟然熟悉詹姆斯・費米諾・古柏這個作家。「哦，是的，」他說，微笑著，「許多我這一代的蘇聯人都讀過古柏、傑克・倫敦、馬克吐溫，所有你們最好的作家。」我問艾科羅米茲他戰時在做什麼。他十七歲離開農場加入紅軍，他說。當德軍包圍列寧格勒時，他的單位駐紮在距離列寧格勒三十五哩之處，包圍持續了八百九十天，單是因為轟炸與飢餓而死的平民就有八十三萬人。「有十八個月之久，」艾科羅米茲說道，「我沒有踏進過任何建築物，即使是溫度只有零下五十度。我經歷了兩個冬天，沒有嘗過溫暖的日子，永遠在戰鬥。永遠在飢餓。」當他說著的時候，滿室沉靜了下來。「死人不計其數。與我同樣年紀的男孩十個就有八個在戰爭裡喪命。在我高中同班同學三十二人之中，只有我跟另一個同學活了下來。」

聽完老元帥的故事我有兩個反應——欽佩這名軍人的勇氣，以及認知到對於艾科羅米茲來說，看到血流成河不僅僅是為了挽救蘇俄，還為了保存那錯誤的馬克思主義精神，一定相當難以接受。他瞭解到變革的必要性，因此支持政治改革。但是他與戈巴契夫都只是改造，並非放棄這個老信仰。

在前往日內瓦之前，我必須做一項重要的抉擇：誰來出任我的遺缺成為國安會副座，同時在我出國之際主管大局。我與前任國防部長凱斯伯・溫柏格關係密切，與現在的部長法蘭克・卡路奇關係同樣的密切。而我是名軍人。我必須排除國安會是附屬國防部門的任何想法。我找對人了，約翰・尼格羅龐弟（John D. Negroponte），拉他離開那個沒啥指望的職位——主管海洋、環境與國際組織的助理國務卿。尼格羅龐弟是個職業外交官，他的管理風格我很欣賞，外弛內剛，難得的組合。由於他是國務院公務員，可以掃除我是國防部的人的不當想法。我把與卡路奇共同設立的小組稍做變動。保羅・史蒂芬斯由法律顧問升任我的行政助理，尼克・羅斯托（Nick Rostow）接任法律顧問，羅曼・波普狄克（Roman Popadiuk）成為我的新聞助理。

在軍中，我們經常評斷人品，人事不斷變遷。現在，我發展出「鮑爾選人才定律」。我心目中的千里馬應具有才智與判斷力，最重要的是，有高瞻遠矚的能力，還能兼顧到小節。我同時評估其忠誠度、合群性、高效率、一定程度的熱誠、平衡的自我意識以及做好事情的驅動能力。學院派與專門人才固然在特定領域有其價值，惟畢竟我需要的是讓國安會的運作能順利進行下去。

日內瓦之行歸來，我飛往加州到雷根在聖塔巴巴拉北方，聖塔尼茲山的牧場，第一家庭在此過感恩節，而我得向總統簡報全本的中程核子飛彈協定。牧場房舍的簡陋讓我看了很驚訝，它不但小而且還沒有中央系統暖氣。我走進去看見總統穿著花格子襯衫、牛仔褲，足登皮靴，適得其所的打扮。南西・雷根在一旁徘徊不去，一字不漏的聽著。當我向總統報告我們與蘇聯人所達成的協議及其理由時，他面露喜色。他是第一位開始拆除核子武器的美國領袖。

白宮幕僚已住進聖塔巴巴拉的巴爾的摩四季大飯店，我從牧場回到那兒時，總統的新聞助理馬林・費茲華德（Marlin Fitzwater）叫住我。「該是你獻出第一次的時候了。」馬林說道。他要我前往附近的希爾頓飯店向白宮記者團簡報中程核子飛彈協定以及日內瓦談判相關事宜。我的發言算是「背景說明」，這表示我將成為在報紙新聞裡面提到的匿名「高級政府官員」之一。

白宮記者團可是一群兇猛的傢伙，我只得依靠三十年前自班寧堡步兵學校指導課程所學來的技巧進行這次處女秀——怎樣站、移動、手及聲調的運用，絕不能咳嗽或是移動你的腳；怎樣組織你的想法，告訴他們你想要說的，告訴他們，然後再重申他們你已經說過的。溝通就是溝通，不管是面對一班軍官班同學還是山姆・唐納森（Sam Donaldson）（譯註：美國ABC電視網主播）。

我走到麥克風前，彷彿接近地雷區一般，開始解釋協定與相關事項，並且回答問題。空氣裡馬上充滿了裁武的梵文——「神祕的遙測法」、「弄權」、「多重獨立式目標可回收車輛」。我在設法回答每一個問題時信心逐漸增強。問題的重點轉到美蘇雙方同意的兩處查證裁武地點，猶他州的麥格納（Magna）與西伯利亞的沃特金斯科（Votkinsk）。那一方略勝一籌？一名記者戲謔地問道。「以我之見，當然是麥格納。」我說。沃特金斯科是個十分荒涼的地方。但是，我保證，「我們會讓有線電視網到那兒的。」他們開始笑了起來。我開始表現出很輕鬆的樣子，實際上我確實感覺到很輕鬆。記者會結束的時候，我對這些傢伙充滿了好感。我就好像是個從未在叢林裡見過老虎的小孩，因而認定根本沒有老虎。

無論如何，在這第一次的公開亮相裡，我對新聞界得到了幾項有用的法則。我瞭解到被訪問者是訪談雙方唯一在冒險的。媒體的報導只會出現愚蠢與大意的答案，而不會顯示出愚蠢或不公平的問題。同時，當記者開始追問時，你將會有麻煩了——因此必須打斷它、運用權力、採高姿勢，或者是拒絕回答。

十一月的一天早晨，我焦急地看著手表。我辦公室裡有一屋子的蘇聯人，他們是戈巴契夫與雷根高峰會談的先遣代表團成員。不像他們那穿著過於時髦的新領袖，這群人還穿著像是明斯克國家第二服裝廠所產製的西服。我的生活現在已完全消磨在一次高峰會談之前的無數次後勤準備工作上面。這天早上，我嘗試說服蘇聯人讓戈巴契夫自安德魯空軍基地坐直升機來，以便能瀏覽華府全景。他們說：「不」，考慮到安全問題，戈巴契夫必須乘坐車隊前來。

一週之前，我答應參加一項在霍華大學附近的霍華酒店所舉行的退伍軍人節午餐演講會，將在傑姆斯・瑞斯歐洲第五基地的退伍軍人協會分會女眷面前演講。此刻，窗外正下著早來的大雪。這或許讓蘇聯人感覺回到了家鄉，但卻給我出了個難題，因為十六分之一吋的雪就足以讓華府癱瘓了。我要佛羅倫斯・甘特打電話給第五基地這些女士們，看看她們是否要取消這次的午餐會。哦，不，她們正等著鮑爾將軍呢。

對我而言，這些婦女讓我很感動。她們有許多是於二次世界大戰時期，在實施種族隔離的軍中參與戰鬥而捐軀的黑人大兵的遺孀，但仍然聚會紀念自己的先生。因此，我在高峰會談預備會議中場時離開蘇聯人溜出來趕赴霍華酒店，受到女主人英美珍・史都華院長的歡迎，而在可容納兩百人的房間裡，我的聽眾只有九名老婦人。令我感到驚訝的是，C頻道的電視攝影機竟然在場，更讓我吃驚的是，C頻道在全國播放了三次我對九名女士的演講。

結果，這次出席讓我與女主人所創設無根據地的「英美珍之家」之間，孕育出持續的關係。有一回，我為她主辦一項五角大廈服裝捐獻會之後，她寄給我一封短箋：「別再寄給我舊衣服了。我需要西裝給這些傢伙找工作面談時穿！」

不管有沒有我在場，蘇聯先遣代表團人員都玩得很愉快。他們住在麥迪遜飯店的第一晚，在房間裡迷你酒吧就喝掉價值一千四百美元的酒類。我們要求飯店經理不要再補充酒吧裡的存貨。我同時得在格別烏與美國安全部門人員之間扮演仲裁者的角色。蘇聯人帶來了全套的電子設備。當戈巴契夫來的時候，他們將帶來自己的核子武器發射指令系統，相當於我方的「足球」，總統走到那裡就帶到那裡。專門竊聽的國家安全局殷切地期盼能獲准將他們的竊聽設備搬到白宮空地上。中情局也要比照辦理。鬼抓鬼，鬼再抓鬼。高峰會談期間若是身體裡面裝有心律調整器的人走過白宮草坪而沒被干擾到，那真算是走運了。

蘇聯代表團的安全主管是一名格別烏高級官員——副局長瓦底米爾・克魯齊科夫（Vladimir A. Kryuchkov），他要求見我。當安全部門得知我想讓一名蘇聯格別烏的高級官員進入到白宮西廂時，他們慌了。克魯齊科夫要來做什麼並沒有說。誰知道他葫蘆裡賣的是什麼藥？假定他想裝個竊聽器呢？假定他在你沙發下面安裝個針型麥克風呢？「兄弟們，」我說，「我不認為來參加高峰會談的蘇聯安全主管會自己動手。戈巴契夫來的時候你們要怎麼辦，在東廂裡把他脫光了檢查嗎？」我向他們保證，等到克魯齊科夫離開之後，立即讓他們徹底檢測我的辦公室。

克魯齊科夫見了我說：「要完全確保戈巴契夫同志的安全。」我把安全措施大致地描述一番，他點點頭表示贊同。「是的，」他說，「我們對你們的安全措施印象深刻，值得我們學習，」接著他又說，「正如你們可以向我們學習的，」然後他給了我一個狡猾的笑容，說道，「我們也很高興能在下榻的飯店看到那麼多的新員工。聯邦調查局總部一定在唱空城計了。」

在他訪問白宮不到一年之後，瓦底米爾・克魯齊科夫成為格別烏頭子。

夢想成真

批評雷根的自由派論者犯下一個錯誤，在於假定雷根是一名保守主義者，同時，又因為他支持龐大的國防建議，因而把他視為戰爭販子，這真是大錯特錯。隆納德·雷根是一個夢想家，夢想能扭轉核子毀滅的威脅，而這正是中程核子飛彈協定的真意所在，也是「戰略性國防新策略」（SDI）目的所在。「戰略性國防新策略」的「保護傘」意圖讓核子武器廢而無用。「戰略性國防新策略」——或是稱之為「星戰」計畫，一般的非議者堅持這樣稱呼它——的科技令人難以想像，但其戰略意義卻是非常本能的反應。現在的情勢，就好像兩個敵對的士兵躲在散兵坑裡面，各自配備著手榴彈。如果你扔出手榴彈來摧毀我，我還是有時間來還擊摧毀你，這就是「相互保證毀滅」。為了讓本身占優勢，某甲弄來一把槍，某乙看到這樣，也給自己搞把槍來，你來我往，如此循環下去，這就形成武器競賽了。「戰略性國防新策略」是為了打破這種惡性循環。雷根總統把「戰略性國防新策略」視為一塊盾而非一把劍，如果我們左手有盾牌，右手就不必拿太沉重的劍了。我們在盾牌後面愈覺得安全，所需要的劍就會愈來愈小。「戰略性國防新策略」的盾牌，不是設計來摧毀別人，而是用來保護自己。

總統喜歡這個盾牌的構想，雖然它有點誇張。「戰略性國防新策略」實質的戰略優勢在於，雖然無法阻擋敵人所有的飛彈，但它可以毀掉足夠多的飛彈，讓蘇聯人沒辦法確定他們的核子攻擊產生了擊倒作用。因此，「戰略性國防新策略」可以讓核子擴張變得徒然無益。雷根曾經提出一項蘇聯人無法置信的建議，就是把「戰略性國防新策略」的科技移轉給他們。我們許多參與此計畫的人員，很多不相信雷根是真心的，雖然我認為他是有誠意的。總統所持的理由是，只有等到蘇聯人也覺得安全了，他們才會願意減少核子武器；此乃他個人的遠見。但是戈巴契夫的立場，卻認為製造飛彈比起複雜的盾牌保護傘，要便宜多了，因此，蘇聯只有不斷的製造它們，以壓倒我們任何的國防設施。蘇聯的這種爭議忽略了對等的經濟效益，因為我們有錢進行這兩條路，不管是「戰略性國防新策略」，還是製造更多的飛彈；但從經濟的角度看，蘇聯人都會很吃力。一九八六年在冰島首都雷克雅維克（Reykjavik）的高峰會談，戈巴契夫表示，若我方願意放棄「戰略性國防新策略」，他便願意以取消星戰計畫換取大部分蘇聯戰略性武器的裁減，這顯示出——他假裝要消除它，實際上是懼怕這種新科技。我們知道他十二月到華府來，仍將為「戰略性國防新策略」之事爭論不已，我們也深知雷根還是會堅持己見的。

戈巴契夫抵達的前幾天，我向總統簡報高峰會談的議程時，他打斷我的陳述，並拿出兩個小盒子給我看。他帶著微笑打開它們，呈現在我面前的是兩對黃金袖釦，上面描繪的圖案是有人在把劍打造成犁頭。一如他的許多精神象徵，這些袖釦是他的一位加州友人送他的。總統將在戈氏到達當天配戴一對，並且在橢圓辦公室首次舉行一對一會談時，致贈給蘇聯領袖另外一對。我說我不認為蘇聯人會配戴法國式袖釦。他不會理會我的建議。在這天與連續的幾天裡，我們有很多前期作業要做，戈氏很難纏的；但是，每回我進去給總統簡報高峰會談的相關事宜時，他總會提到那副袖釦。他知道裁武與經濟議題，必然會搬上檯面的，但是，他也想讓解決這些事情的談判雙方，都能配戴這對表示連接雙方的外在象徵。

只剩下沒幾天了，我要求蘇聯大使尤瑞・杜賓尼（Yuri Dubinin）儘快到我辦公室來。我遭遇到一個問題，他也是。杜賓，高大、白髮、平常很和藹可親的樣子，當我跟他解釋此窘境之後，他看起來很憂愁。汗水在他臉上發亮。雷根夫人很憤怒，我跟他說。她力邀蘇聯領袖夫人蕾莎・戈巴契夫前來喝茶、吃午飯，或是任何她喜歡做的事。在我們的幕僚多方邀請之後，我們未獲得任何回應，不知道是來還是不來，甚至不知道邀請的訊息是否收到了。白宮通訊部門主管湯姆・葛瑞斯康（Tom Griscom）也是參與籌劃高峰會談的幕僚，他是個主觀意識很強、喜歡放砲的人物，說道：「這是怎麼回事，動物園嗎?兩個第一夫人在玩食物大戰嗎?」我得知雷根夫人意志很堅決，於是告訴杜賓尼說如果蕾莎不趕快來個簡單謙恭的回應，這項和氣的高峰會談就可能要被破壞了。

「柯林，」杜賓尼說道，很不安地挪動著，「這是個很微妙的情勢，戈巴契夫夫人是……」他的話一口氣說完了。我瞭解到這位挑剔的第一夫人的事。可是，我告訴他說：「你如果不想讓這種蠢事搞砸了這次的高峰會談就得要快，你可以用你的新格別烏傳真機發給我們一個答覆，要快。」廿四小時之後，我們接到蕾莎．戈巴契夫的電傳回音，以蘇聯的水準來說，等於是以光速所做出的決定了。她答應來喝茶。

是的，我對第一夫人的剛強略知一二。不過我還差得很遠。我與幕僚設計在首日即簽署協定使得高峰會談有個戲劇性的開場。我們選定上午十一點為這個重要時刻。我把這預定的時間表交給了白宮副幕僚長肯．杜伯史丹（Ken Duberstein），他是個精力充沛、政治理解力強的布魯克林出身年輕人。稍後他打電話給我說簽署時間應改為下午一點四十五分。不可能，我說，這會亂了整天的行程。肯再重複一遍，一點四十五分。我告訴他或許改成十一點半，或者是正午。杜伯史丹堅持要一點四十五分。他的態度過於武斷，不像是他的作風，於是我說：「肯尼，一點四十五分有何特殊之處？」他並沒有給我一個直接的答覆，也不願讓步。我們只好把全天的計畫都更改過來以配合這個不能明示的請求。

幾週之後杜伯史丹終於告訴我原因了，讓我成為白宮裡面知道此祕密的六個人之一。現在全世界的人都知道南西．雷根向一名占星家徵詢意見，來決定總統於何時何地處理美國國家大事。而這個加州的占卜者瓊．桂格萊（Joan Quigley）判定下午一點四十五分時天上星象有利於簽署中程核子飛彈協定。

南西．雷根著迷於占星學與總統本人的半神祕傾向倒是不謀而合。他受到車諾比事件很大的影響。一座蘇聯核能發電廠發生意外所擴散出的有毒輻射物質竟能涵蓋到不少地區，若為核子武器那將如何呢？總統知道車諾比這個地名語出蘇聯文「苦艾」之意。由於苦艾味道苦澀，因此聖經上把這種植物視為痛苦的象徵。總統的思緒從車諾比開始，到苦艾，到仇恨再到阿馬其頓（譯註：世界末日善惡決戰）。他告訴我們，車諾比事件就是根據聖經而來對人類的警告。

第一回合

十二月七日來臨，戈巴契夫登陸了，我們精準的根據腳本進行：總書記抵達白宮南廂草坪；在橢圓辦公室與總統舉行簡短的一對一會談；雷根殷切地拿出袖釦來，戈氏收入口袋裡，只簡單的說了句「謝謝你」。然後兩名領袖帶著各自的代表團，進入東廂簽署中程核子飛彈協定。「有史以來第一次，」雷根總統說道，「核武管制這個名詞被核武裁減所取代。」我們取出兩份覆皮的條約書，藍色的為美方的，紅色的為蘇方的，雷根與戈巴契夫在上面簽了字，時間是一點四十五分剛過。

儀式過後，現在該談點實質的事情了。戈巴契夫仍然想要讓我方放棄「戰略性國防新策略」，而且，他希望我們能給予該國經濟援助。我方希望蘇聯自阿富汗撤軍，同時能讓猶太人自由離開蘇聯。我原先安排談判的主要幕僚人員一點半在橢圓辦公室裡開會，但是，國務院希望讓許多的美蘇雙方人馬共同參與，因此，到了最後一刻，喬治・舒茲要求換到較大的內閣會議室去。我的本能感應天線開始觸動，突然的變動是會觸犯雷根的忌諱，但我很不明智的同意了舒茲。

當每一個人到已呈現擁擠的內閣會議室就座以後，總統邀請戈巴契夫以來賓的身分先發言。蘇聯領袖拿出手寫的小抄演講之際，我開始筆記對他的印象：「精明，快速。腦筋反應快，精力充沛。堅強，精神奕奕。多采多姿的演說。」戈巴契夫毫不吃力地說出「多核彈頭飛彈」以及「空對地導彈」等名詞，並且信手拈來就是關於 SS-12S、SS-13S、SS-18S、SS-24S 等中程飛彈，就像肯・阿多曼在武器管制與裁減局裡的專家一般。說到一半時戈氏提到：「我知道你們準備在阿肯色州松林崖的兵工廠生產新的化學武器。」他甚至還知道這種化武，將從一五五公釐口徑的榴彈砲發射，連我都不知道這回事。總統以一種堅定、愉悅的表情傾聽著。突然間，他打岔說，他有個故事要說。

我們知道他收集了一堆蘇聯笑話，絕大多數是由莫斯科美國大使館提供給他的。戈巴契夫只好讓出發言權。

「一名美國教授乘座計程車到機場，準備搭飛機到蘇聯去，」總統開始說道，「計程車司機是個學生。教授問道，等你完成了學業你準備幹什麼？不知道，司機回答說，我還沒決定呢。」

「到了目的地，教授再搭計程車前往莫斯科，也跟蘇聯司機聊了起來。他也是名學生。於是教授問道，他在學業完成之後打算幹什麼。不知道，那司機回答說，他們還沒有告訴我呢。」「這就是，」總統和善地說道，「兩國之間基本的差異。」

當他說完故事之後美方要求祕密商討，戈巴契夫面無表情地凝視著前方。這是他第三度與總統會談，現在他已瞭解總統的風格。他顯然認為得到他所要的比較要緊，而不去理會受到冒犯。於是他再度回到議題上面去，彷彿他什麼都沒有聽到一般。

總統的表現持續顯示出他缺乏準備。在外交問題上面，他轉向舒茲說道：「嗯，喬治，對這件事你或許有話要說。」在軍事問題上面，他轉向卡路奇，「法蘭克，我相信你對這點有些看法吧。」

會談結束之後，我方回到橢圓辦公室。喬治・舒茲勇敢的說出他必須要說出來的話：「總統先生，真是糟糕透了。那個人真強悍，他是有備而來的。你不能只是坐在那裡說笑話。」

總統知道這一階段的會談表現不佳，也坦然面對責難。但是他並未頹喪，「嗯，那我們現在應該怎麼辦？」他問道。

總統與戈巴契夫第二天早上還有另一階段的會談。我決心不要再重蹈今日的覆轍，我認為關於這點，我要負一部分的責任。「我們頭一件要做的事就是留在橢圓辦公室。」我說。喬治・舒茲現在同意了。「第二件事情，總統先生，」我說道，「是給你找一個較佳的談話重點。」然而，當天隆納德・雷根的自尊已無法再忍受進一步的說教了，晚間，他將主持國宴歡迎戈巴契夫，因此我建議他先回官邸準備應酬。我向他保證次日早上，我們會為他準備好一切。

會談結束後，舒茲看來仍然心煩意亂的，彷彿我們第一回合就被擊倒了。我建議大家先做一次深呼吸，打起精神來把問題解決，並回到辦公室，叫佛蘿倫絲・甘特召集我的幕僚：佛瑞茲・爾美茲（Fritz Ermath）、鮑伯・林哈德（Bod Linhard）、尼爾森・雷斯基（Nelson Ledsky）。等他們一到，我下了一道典型的陸軍五段式戰場命令：「狀況：嚴重，我們輸了第一階段。任務：重新掌握主動。執行：為總統準備好次日的反攻。後勤：幕僚準備好三到四頁的緊湊談話重點。指揮與管制：就在此房間，由國務卿核定談話重點。」在午夜之前，希望你們能達成指示「等國宴結束後。」我再一次叮囑他們。

事情進行的很順利，隆納德·雷根扮演他與生俱來的角色，談話風采溫和、有說服力、有機智——而且他已準備充分了。我在接近午夜時分回到辦公室，看到的景象是散亂的文件、男人們捲起袖子、領帶拉下來一半，女人們頭髮也亂了，大家埋首在字跡潦草的文案堆裡，桌子上面散布著喝了一半的冷咖啡與塑膠湯匙，祕書滴瀝啪答地打著電腦，印表機在吐出最新的草稿。我環視著這景象說道：「很好，但還不夠好。」我修正了一些項目然後回家打個盹。清晨五點，我回到西廂。幕僚們已橫七豎八在椅子及長沙發上面，看起來睡眼朦朧的。爾美茲交給我總統談話重點的最新版本。我看了看手表。舒茲將在七點鐘到這裡，來檢視我們的成果。「再做一次，」我說，指引了幾個新方向。他們爬起身來，圍著會議桌又再坐了下來。

舒茲準時進來，我把我們的東西給了他。「我認為這還不錯，」他說道，「讓我帶回國務院去。我的人需要看一看。」

「最好是快一點，」我說。「我還得向總統簡報呢，他預定在上午十一點與戈巴契夫見面。」

當我把談話重點給總統過目之後，他看起來神清氣爽而輕鬆。談話重點的份量加倍有餘，簡直像一本劇本。內容包括有「戰略性國防新策略」、武器管制、地區性衝突、人權以及經濟援助等等。他的自信態度，就好像昨天的事從未發生過一樣。我自己的情緒也隨之蓬勃有勁起來。早晨的時候，一切都將會變好，持續樂觀可以增強力量，連總統也是如此。

「好東西。我有把握了，我有把握了。」總統說著，在我們翻閱談話重點時不斷地點著頭。

他坐在一張側桌的扶手椅上，我打開桌子的抽屜把這三頁文件放進去。「我們在正式會談儀式舉行過後，」我繼續說道，「我們將回到這橢圓辦公室來。」戈巴契夫的助理——一名看起來很恐怖的格別烏官員，葛瑞斯康叫他「吸血鬼」，打開公事包交給戈氏一本速記的手寫筆記。「這就是你不經意地從抽屜裡拿出談話重點的時間，」我告訴總統說，「但是要記住，總統先生，你得先發言。」

那天早上稍後，總統在白宮歡迎戈巴契夫的到來，然後兩人與各自的幕僚走進了橢圓辦公室。我們讓攝影師進來拍了幾張照片，接著坐下來談正經事。戈巴契夫已然將速記簿拿在手上了。我看著總統，他正從小桌子的抽屜裡取出文件來。他開始很自然的發言，頗有說服力。他說道，昨天是個值得自豪的日子。不過，正如總書記自己所說的，兩國之間仍有很多事情猶待努力。他對於蘇聯願意將彈道飛彈的數目限制在四千八百枚到五千一百枚之間感到很鼓舞。攻擊性飛彈已保持和平逾四十年，然而，我們的人民值得擁有更好的方式。那就是「戰略性國防新策略」，它能夠消除危機時先發制人的想法，進而促進世界情勢的穩定。

總統主導談話的內容也是我們希望會談的重點，這一幕表演的很好。值此之際，我瞄向戈巴契夫，發現這個人竟然很快就得知事情的真相。他立即察覺到我們為修正昨天的錯誤所做的努力。總統說完之後，戈氏開始說話，翻閱著他的筆記。他很快就放棄了筆記而從腦海裡找出事實來發言，展現出他對國事的完全控制。他仍然表明對「戰略國防新策略」的強烈反對立場。戈氏說道，與美國新聞界所報導的扭曲事實完全相反，蘇聯並沒有在發展它自身的「戰略國防新策略」。但若是美國持續此計畫的發展腳步，那是我們自己的事。蘇聯方面，無論如何，還是會有所反應。然而他對持續追求達成減少核武協議仍然會保持正面而積極的態度。

會談持續進行了一個半小時。舒茲、卡路奇與我偶爾會在細節方面協助總統。雖然戈氏在主導會談方面，明顯的占了上風，他的態度一點都沒有屈尊的跡象，不像一九六二年在維也納所發生的事，當年的赫魯雪夫竟然被一名年輕、無經驗的約翰・甘迺迪總統唬住。戈氏的態度倒是比較像瑪格麗特・柴契爾。這位英國首相能夠在雷根總統前面，針對複雜的問題侃侃而談，但是她與戈氏都知道，雷根在連任總統期間贏得美國民心所具有的特質。這個人不僅僅是個總統，在各方面所表現的腳踏實地特性，以及樂觀與實際，都已深植在他子民心中。不少英明的國家領袖瞭解到這點，但也有更多愚昧的領袖並不明白。然而，戈氏這個人可不是傻瓜。

十二月十日早晨，天空陰沉、下著小雨，群眾聚集在白宮南廂草坪歡送戈巴契夫。他像個贏得主要回合勝利的政客一般興高采烈，從某一層面來說，他確實是的。戈巴契夫讓車隊在從蘇聯大使館到白宮途中的第十六街停了下來，開始走向群眾，正如後來我們所得知的，他成功地在蘇聯國外建立了比在國內還受歡迎的程度。然而，兩國仍然有一件糾纏不清的大事要解決——蘇聯方面希望導彈飛彈的數目能維持到最多的五千一百枚，我們希望頂多四千八百枚。在雙方從中程核子飛彈協定進展到戰略武器裁減談判以限制戰略長程核武系統之前，必須先消除此一歧見，這些長程武器系統的設計為飛越大海直接攻擊雙方的大城市。

我們跟蘇聯人擠在內閣會議室裡，為著彈導飛彈的數目討價還價，此時雷根與戈巴契夫正等著我們結束談判，以便能到濕透了的南廂草坪上進行送別儀式。最後，卡路奇向艾科羅米耶夫建議雙方各退一步以四千九百枚來達成協議。我方小組向總統報告，經過舒茲與我向他保證說這是個不錯的建議之後，他同意了。我經歷了卡路奇先前曾表達過的感覺——隆納德．雷根信任他的部屬，他會接納你的建議，因此，你的意見最好是正確的。總統曾於一張我在橢圓辦公室向他做簡報的照片上面簽名，並且題詞如下：「你這樣說，柯林，那就一定是對的。」強烈顯示出對我的高度信任。

戈氏也同意了這項妥協的方案，因此，在那個下雨的華府午後，世界得以維持著和平狀態。

一九八八年一月，進入到雷根任期的最後一年。對我這個出身西廂躋身國家舞台還不到一個月的人來說，這年是以一封有趣的短箋揭開序幕的。我收到阿拉斯加州參議員泰德．史蒂芬斯與副總統布希之間往返的短箋影印本。聖誕節剛過，史蒂芬斯寫道：「親愛的喬治，我對柯林．鮑爾實在是印象深刻。依我之見，他應該在你副總統搭檔人選的『合格名單』之列。」

幾天之後，一九八八年一月五日，布希回覆道：

「泰德，你對柯林．鮑爾的看法是正確的。他是各方面都很出色的人。」

不錯的恭維，但是並未全然贊同；而布希也從未跟我提起過這件事。

這一季，民主陣營在拉丁美洲取得了勝利，但是並不包括在桑定政權統治之下的尼加拉瓜與諾瑞加政權之下的巴拿馬。我先前就已然瞭解到尼國游擊隊不可能取得勝利，並且旗幟鮮明地在馬拉瓜街道上高舉槍枝奪得政權。他們不夠堅強。然而他們是我們維持桑定政權留在談判桌上的手段，一項有效的策略。去年八月雙方已達成初步的協議。我相信為了維持這種壓力存在，我們必須軍援尼游，但是不走後門，而是經過國會的核准。我仍然花時間在推銷整套軍援尼游的提案，雖然多數的時間都是令人洩氣的。快到二月的時候，我們幾乎要達到協議了。如果共和黨願意做一些小的讓步，我們就能贏得來自民主黨方面所需的游離票。然而我並沒有把眾議院少數黨領袖狄克·錢尼的性格考慮進去，此人我曾經在法蘭克福第五軍為他做過簡報。錢尼不同意再做任何的讓步。他寧願失敗也不願失去原則，不願經過妥協而得到勝利。結果在二月三日那天，政府的提案被打了回票。一個月之後，我們再提另一件規模較小的軍援案以支持尼游不墜，該案僅僅只是增加一些非武器的援助。

到了二月十九日，我與國務卿喬治·舒茲經由芬蘭飛往莫斯科，去商議在夏季將召開的下一回合高峰會談事宜。此時，舒茲與我變得比較親近。他是我遇到最著名的政治公眾人物之一，我越瞭解他，對他越發地印象深刻。不僅僅是因為他有學問，我還敬佩他能將事務設法注入雷根視野之中的方式。我們每天早晨七點在我辦公室與卡路奇碰面；三人像個小組一樣地工作，而非相互競爭的單位主管。在這個政府之中，喬治・舒茲是外交政策的唯一決策者，我確保國安會人員都能瞭解到而全力予以配合。在這趟旅行當中，我們在赫爾辛基漂亮的卡拉史塔加托巴飯店歇腳，以便能在面對蘇聯人之前先消除時差。舒茲很大方地在飯店裡擺了一桌請隨行的十五人進午餐，結果我們變成隔壁桌一群日本觀光客注目的焦點。我們這群人解散時，日本人拿著照相機圍攏在我們身邊。他們想跟名人合影。舒茲與我略事整理頭髮，但是日本人圍住的對象另有其人。他們要合照的名人是查理斯・瑞德曼（Charles Redman），國務院主管公眾事務的助理國務卿。瑞德曼每天上電視為新聞界簡報。瑞德曼也是日本人能從本國的電視上認得的人。我們已然進入到電視影象主導認知的時代，這種認知瓦解了現實。我將在外交事務考量工作當中持續地看到這種扭曲的現象。

我們到達莫斯科之後，我與一名曾經走過冷戰歷史的人物碰頭，他是安東尼・杜伯瑞寧（Anatoly Dobrynin），曾分別在赫魯雪夫、布里茲涅夫、安德洛波夫以及謝林柯時期出任蘇聯駐美大使。杜伯瑞寧必定是軟木塞做成的。他歷經這些走強硬路線的共產主義政權，到了提倡經濟開放、政治改革的戈巴契夫時代，仍能穩坐高級顧問之職。我們整天待在由沙皇時期的老大廈改成的外交部招待所裡面，與杜伯瑞寧、謝瓦納茲等人共同商議即將來臨的高峰會談事宜。

當天將結束之時，杜伯瑞寧挨近我身邊說道，他認為我們應該聊聊，就我們兩個人。他的司機引領我們坐上紅旗大轎車，開過莫斯科河到克里姆林宮附近的一座雄偉的大飯店。飯店大廳幾已荒廢，我問杜伯瑞寧說：「這是什麼地方？」「給大人物用的，」他操著熟練的英語回答道。「政治局，格別烏。」我們搭電梯到四樓，杜伯瑞寧帶我走進一間私人餐室。到蘇聯旅行的人絕大多數的目的不在於美食，但是這頓確實豐盛。而且這頓飯還有一對動作俐落的年輕蘇聯女人伺候。

杜伯瑞寧有一張大的、開闊像父執輩一樣的臉孔，態度令人覺得毫無敵意。但是我仍然提高警覺。「柯林，」我們進食時，他說道，「你一定知道這裡發生了什麼事。戈巴契夫是自列寧以來頭一位掌理國家大權的律師。這是較你所知還要嚴酷的時刻。一個由官僚下達絕對性命令來管理的社會已無法運作，原因是政治局官員已不再有助力。改革沒有藥救。戈氏想要讓這個國家有法制而不是一個黨操縱的地方。」杜伯瑞寧接著指出這名新領袖靠攏軍隊的作法是空前的。「他讓那些將領快要發瘋了，」杜伯瑞寧說道，「戈巴契夫說，你們為什麼要跟我說需要這個武器或是那個武器，只因為美國人有它們？我又不打算去征服美國。告訴我，為什麼國家需要這些東西？」從未有人質問過軍隊，杜伯瑞寧說道。在過去，軍隊都是要什麼有什麼的。

他要我從他們那裡看蘇聯帝國主義的觀感為何。「你們總是在古巴問題上面打擊我們，古巴，古巴，」他說道，「你知道是誰把古巴給了我們？是你們。卡斯楚是個革命家，並不算是馬克思主義者。他到聯合國去。他住在哈林區的泰瑞莎旅館。你們的政府忽視他，讓他變成一個賤民。因此他投入我們的陣營。」

「你們持續在尼加拉瓜問題上面打擊我們，」他繼續說道，「但是我們將供應桑定政權的只足以讓他們防衛自己。並不足以讓他們騷擾鄰國。在未來，你將不會看到我們很快就介入別人的革命。」那種日子已經結束了。杜伯瑞寧說道。蘇聯將不再花費數十億盧布到國外冒險卻只能換回專制的政權，以及與美國的惡劣關係。

戈巴契夫要的，杜伯瑞寧繼續說道，是把蘇聯國內事務做好。新政權要走向自由市場經濟。惟轉換並非易事。「以麵包來說，」杜伯瑞寧說，「我們拿錢貼補價錢，讓它便宜到餵豬吃麵包都比餵殘羹剩餚還要划算。用來包裝它的塑膠袋也比麵包本身要貴。我們知道這實在是離譜，我們知道不能再這樣下去了，但是我們不能就這樣停掉實施了六十年的補貼措施，那樣真的會再來一次革命的。」他說，戈氏也想課徵更高的稅以使財政更加靈活，「但是這樣一來卻冒著扼殺了創業精神的風險。」

我知道我是在傾聽一名老專家、一名圓滑的外交官說話。然而，我並沒有輕視安東尼．杜伯瑞寧所言。回到下榻的飯店之後，我把記得的每個字都寫了下來。

三月一日，雷根總統在布魯塞爾與十五名北約國家領袖會面。蘇聯的變動攪亂了我們原先安定的布局。西德總理柯爾，他的國家是東西方衝突發生時最有可能成為戰場的地方，他要求更進一步削減戰術核子武器，例如我們射程六十哩的魚叉飛彈。在國內，雷根政府也感受到人民的壓力，他們要知道為何在蘇聯的威脅減輕之後，我們還要花上四倍於北約盟國平均花費的金錢在國防上面。

北約領袖圍坐在布魯塞爾總部的一張大圓桌前面，他們的隨從佔據了四週的座椅。雷根總統將是十六人當中最後一個發言的。第一天將結束的時候，聽完前面的人喋喋不休地談論戈巴契夫，快要輪到雷根說話了，我不確定我們為總統準備的講詞是否恰當。於是在休息的時間我跑到他面前小聲地說道：「總統先生，你的講詞實在不夠理想，我為此致歉。我想你必須自己補充一下。」

他愉快地看著我，沒有恐慌。「好吧，」他說。他將在加拿大總理慕隆尼之後發言，慕隆尼一開始便說他也略知住在一個超級強權隔壁是什麼滋味。接著他把加拿大與美國之間三千哩不設防邊界與東西方對立的短兵相接邊境做比較。軍事對立的情勢代表著過去，他說，美加的模式則代表著未來。慕隆尼口若懸河，而且將這天一直主導著話題的戈巴契夫情結給叉開了。

終於輪到雷根發言了。他談到我們嘗試與蘇聯達成的目標，他簡單而具說服力地把我國的目的與期望帶過。他沒有看講稿，但是很明顯地他的談話打動了別國領袖。隆納

·雷根被那些批評他的人形容為簡單人物，惟他實際上要複雜得多。在這一天，他再度展現對美蘇關係歷史變遷的掌握；他以話家常的語調、獨特的雷根式言語表達出他的信仰。他充滿了自信、對自己的立場感到從容，在我所認識的人當中無人能及。

當我們自北約會談會場出來之後，美國國家廣播公司記者克萊斯·華理士（Chris Wallace）要訪問我。「如果你不介意的話，我想在開始拍攝之前先瞭解一下背景。」華理士說道。我同意了，同時好好的跟他簡報了十五分鐘。「我們現在開始拍攝吧。」他說，然後我們做了十二分鐘的錄影訪問。在這段時間裡，我告訴他說會談進行順利，雖然在那麼多國的領袖會面時難免會有一些歧見。訪問結束後，他再追問我幾個問題，在攝影機之外的，又進行了約十分鐘。我與華理士總共談了超過半個小時，然後我很高興能回到房間裡小憩一番。

我被電話吵醒時一定是在打瞌睡。是白宮新聞室的人打來的，他想要知道我是否瞭解到我幹了什麼好事。我不知道來電者在說些什麼。我被告知我公開地發表與總統不同的意見，而且在聯播網上面攻擊總統。

我立即到馬林·費茲華德的新聞中心去，叫幕僚把美國國家廣播公司夜間新聞的錄影帶取來播放。華理士與其工作人員拍攝到總統於會談結束走出來的畫面，華理士問總統北約盟友對於蘇聯持續的威脅是否有不同的看法。總統回答說他從未看過如此和諧的場面。華理士又問總統他們有沒有不同意的地方？「沒有，」雷根說。然後畫面切換回到華理士。「但是連總統自己的顧問都認為有些不同的意見，」華理士接著說道。然後我出現在電視上說著，「這兒有十六國領袖，每個國家都有主權，當然會有歧見並且時常出現討論或是激辯。」我對這傢伙說了半個小時，結果畫面上只摘取了其中的七秒鐘。

過了不久，我遇到華理士對他說道：「克萊斯，這真是低級的手法。」他看起來滿不在乎的。「我需要個角度來報導，」他說。「如果這是你碰到最糟的一次，算你走運了。」

此時，我才知道這片叢林裡有老虎。回到華府，四月五日我五十一歲生日那天，我為新聞界簡報巴拿馬情勢。我被問到一件洩露出去的計畫——我們是否考慮過要綁架諾瑞加。我以應付媒體的新規則之一回答這個問題：「我不討論選擇題。」記者會接近尾聲的時候，我快要毫髮無損地脫身了，突然覺得有人在咬我一口。傑西・賈克遜（Jesse Jackson）牧師最近提出他對巴拿馬情勢的建議，於是一名記者問我，「傑西・賈克遜干涉外交事務適當嗎？」我立即察覺這個把戲。這名記者是在說，「請你抨擊傑西好讓我們製造點黑人兄弟鬩牆的新聞。」

「我是傑西・賈克遜牧師的崇拜者，」我說道，「我欣賞他的意見，如同其他人的一樣。」這句話翻譯出來就是：「你沒法讓我跟傑西鬥起來好給你逗樂子。」

我又對伺候新聞界學到很多教訓。不必要回答每一個問題。他們挑題目，你得挑答案。而我從克萊斯・華理士的訪談得到一個寶貴教訓，不要在意觀眾，而要專注在發問的那個人身上。然而在有數百萬觀眾從電視上看著你的時候，必須要有明確的答案。

為了面子問題「打破漿硬」還達到世界級的程度。科威特希望我們賣給他們小牛空對地飛彈以及用以發射小牛飛彈的F／A-一八戰鬥機（大黃蜂戰機）。美裔以色列人政治行動委員會，美國猶太社會的主要遊說團體，曾在一年前成功地阻止銷售小牛飛彈給沙烏地阿拉伯，也公開反對銷售飛機給科威科。不過，我感覺到這次美裔以色列人政治行動委員會並不是要與雷根政府來一次澈底的鬥爭。「我們並不是很反對賣飛機的事，」一名該團體的成員向我透露，「而是飛機上所攜帶的小牛飛彈。」他知道小牛飛彈有兩型，較小的D式與較大的G式。此一遊說團體阻止銷售給沙烏地的是D式小牛飛彈。「我們必須有一貫的態度，」這名成員說道，「我們反對賣D式給沙烏地，所以根據同樣的基礎我們也得反對銷售給科威特。」

我聽完後感到困惑。「你知道G式能夠造成與D式同樣的損傷，甚至於威力更大，不是嗎？」我說，「但是你們卻不反對出售可能攜帶更大型G式小牛飛彈的F／A-一八戰鬥機？」「我們必須要有一貫的態度，」他重複這句話。

科威特王儲沙德親王已到達華府想要完成這筆交易。我前往他下榻的飯店套房加入國安會幕僚理查・阿姆塔格與羅伯特・歐克萊（Robert Oakley），他們正向親王解釋這筆交易所遭遇到的問題。我向他解釋小牛飛彈D式與G式的不同。我們不能賣給他帶有D式小牛飛彈的F／A-一八戰鬥機，但是我想我們可以賣他攜帶更具威力G式小牛飛彈的戰機。親王要我再說一遍。我說了，他與他的顧問們面面相覷彷彿在說：「他們還說我們神祕呢。」（譯註：意為美國人好像更神祕）然後他說他們想私下討論一番。

科威特人回來之後，親王說道，好，他們願意購買帶有G式小牛飛彈的F／A-一八戰鬥機，不過我得把這協議白紙黑字寫下來。我想他們是怕沒人會相信有這種交易。於是我同意了。皆大歡喜。美裔以色列人政治行動委員會阻止了銷售D式小牛飛彈給科威特人，一如對沙烏地一樣，所以保存了面子。科威特人得到意外的收穫。飛機與飛彈生產廠商得到一筆大生意。至於這件事的寓意？或許在《艾麗絲夢遊仙境》裡可以找到。

冷戰終結者

雖然，總統對所有演說有最後裁奪權，但其中有關國家安全的部分，在白宮裡首先要得到我的允許。這天我們要看的演講草稿，是將於四月二十一日在麻州春田召開的世界事務會議中使用的，這份草稿由東尼·杜蘭（Tony Dolan）所主導，他是強硬路線的撰稿人主腦，也是表達雷根意念的大師。隆納德·雷根想要不斷脫離對抗的態勢，邁向與蘇聯合作之路。但是表現的太過積極絕非理想的談判策略，因此杜蘭要在這次演講中增加一點刺激。尤有甚者，總統是保守派，今年是總統大選年，雷根自己雖然不競選連任，但是政府要保存其保守派的良好形象，並移交給下一任共和黨總統候選人。結果這份講稿寫出來，仍然具有老式的東西方對立色彩，俾使在莫斯科高峰會談之前，保有共和黨的右翼立場。我對這種外交策略有點掛慮，但是，若從實際的政治立場來看，我認為這策略還是有它的存在道理。

四月二十二日，在總統發表這篇演講後，我與喬治·舒茲再次到了克里姆林宮，置身聖凱薩琳大教堂的大廳，這是一幢有著高聳天花板的沙皇時代建築，華麗的黃白色牆壁，巨大的樹枝型水晶吊燈高懸。隔著桌子對面坐著的是戈巴契夫，面色鐵青，聲音冷硬，手在空中不停揮舞著，他譴責雷根於二十四小時之前，在春田鎮所發表的措辭強硬的演講。「我必須得相信，」他說，「美國人在開倒車，而且想對我們說教。」不然該如何解釋雷根痛擊蘇聯的老套說詞？「這次的高峰會談將變成一場激戰嗎？」他問道。

我注意到戈巴契夫為這次出擊準備得很充分。這天他沒帶速記薄。他面前擺的是一本空的公文夾，上面前前後後裡裡外外寫滿了字，而且由水平橫向書寫到最後變成潦草的斜向對角線直寫到角落裡。我能想像出前一晚的情景：「主席同志，這是你明天的簡報稿子。」不一會兒功夫，戈巴契夫看完把它丟到一邊去。「這種垃圾已不合時宜了。我自己來寫吧。」

在會談當中，蘇聯領袖指出，前總統尼克森最近還在批評中程核子飛彈協定。「尼克森在忙著寫回憶錄的時候，還有閒工夫參與政治辯論，」戈巴契夫很諷刺的注意到這點。「不應該讓死人拖著活人的下擺，還把他們拉回到過去。我們應該抗拒有意阻擾蘇美關係正常化的人。」想製造新的交戰狀態？這算是回到過去的政治型態，抑或只要雷根總統表態要維護美國的權益？真是觀察入微啊，老戈，我這樣想著。

嚴厲的斥責整整持續了四十五分鐘，包括翻譯的時間在內。剛開始我擔心春田鎮的演講，將讓我們付出代價。後來我感覺到，戈巴契夫也是代表蘇聯人民在談判桌上演戲而已。他不讓他的國家被人蹂躪，而不予以反擊。

春田演講詞定稿的時候，國務卿舒茲不在華府，他從未過目，因此面對戈巴契夫的雄辯有點不知所措。然而，舒茲很明智的對這番恫嚇視若無睹，當戈巴契夫最後終於說完了，舒茲平靜的回到議題上面去。戈巴契夫的聲調卻改變了。他開始描述經濟開放與政治改革的目標。他要改革這個笨重巨大的國家，要讓蘇聯有效率起來，要讓市場的力量產生回應，要改變共產黨，要用我們從未想像過的方法改變蘇聯；他說，總之，他要結束冷戰。他們與我們之間的意識型態戰已然結束，而他們輸了。他直望著軍人出身的我，並眨著眼對我說道：「失去了你最好的敵人，你現在該怎麼辦？」

當晚，回到旅館房間裡，我回想著這不尋常的一天，我從內心深處感受到一種信念。蘇聯路線的這種改變，並不是為瞭解除我們武裝的策略運用。這個人對所說的事是認真的。躺在床上，我瞭解到我的生涯一部分已然結束了，另一部分則剛要開始。直到此時，身為一名軍人，我的任務就是對抗、牽制，並且在必要時，打擊共產主義。現在，我必須要考量一個沒有冷戰的世界，過去的種種真理，現在看起來就像是過時的火車時刻表，引領我們走到錯誤的方向。

結束莫斯科之行，喬治・舒茲與謝瓦納茲前往喬治亞共和國訪問，而我則先返國。在經過倫敦的時候，我與柴契爾夫人首相會面，並告知最新情勢的發展。我再度被引領到她的起居室，我們交談了約一個小時。準備告辭的時候，我提到戈巴契夫所說的最後一句話。「他告訴我們，首相夫人，」我說，「『我將竭盡所能、用盡所有時間去做，我將讓潮流無法扭轉回來。等到我筋疲力竭之後，還會有別人來取代我。』」

「哦，親愛的孩子，」她說，跟我揮揮手表示再見，「別相信你聽到的每件事情。唉，有的時候，連我都會這樣說呢。」

回到國內，情報與政策部門為了因應蘇聯的變革，頭疼不已。中情局蘇聯專家告訴我，關於蘇聯共產黨中央委員會即將召開的會議，這次可是十分確定的，強硬派將對戈巴契夫進行鬥爭，而會議開完之後，戈巴契夫可能革除六名左右的將領與強硬派分子。我對這些克里姆林宮學派的人感到同情，他們研究並熟知近四十年之久的世界，已然瓦解，如今，空有一身專門學問，他們在預測大事方面，將不會比一名常看電視的工頭高明多少。

我是如此貼近的目睹這些事情，以致於我對專家愈來愈不重視，連喬治・舒茲也開始忽視中情局所做的蘇聯評估報告。不斷有跡象顯示出，戈巴契夫非常認真地想要結束軍備競賽所帶來的沉重經濟負擔，要將蘇聯政權推銷給西方世界銀行家，並從「解放戰爭」的玩意裡脫身。我們的專家很難預測一個與過去完全不同的未來。他們認為戈巴契夫會失敗，結果他確實如此。但是他們沒想到，他不是因為革命不夠徹底而敗給左派陣營，反而是因為放棄了現在已成惡夢的蘇聯美夢，而敗給右派陣營。我方的外交政策與情報單位失去了大敵，正如老笑話所說的：「當魔鬼都被救贖以後，所有的牧師要幹啥？」

五月六日，我這個過去寧願在運動場附屬建物裡操基本教練而不喜歡坐在大學課堂的學生，如今站在南卡羅萊納州克萊姆森大學的講台上，準備獲頒榮譽博士學位。詹姆斯．波斯提克，我的白宮研究員同學與乾弟弟，現在已然是個成功的喬治亞太平洋公司管理者。吉姆同時是克萊姆森大學傑出校友之一，並提名我得到這學位。九天之後，我到威廉與瑪麗學院發表畢業典禮演講同時獲頒另一項榮譽博士學位。我告訴來賓，這是我捐助這所學校所得到的報酬，將來還會持續寄支票到校。麥可是一九八五年班的，琳達是一九八七年班，安瑪麗將於這年秋天進入威廉與瑪麗學院就讀。接下來，我從華府被邀請到維吉尼亞州阿靈頓李高中參加安瑪麗的畢業典禮並發表演講。在這段時間裡，我曾打電話給納莎．李威靈姑媽。她說，她在電視上看到我，給總統建議啦，獲頒那些學位等等。「老天，」她說，「這些黑人小孩真有出息啊！」

五月的一個炎熱午後，我的一名助理在門口探出頭來說道：「查理．魏克（Charlie Wick）的人在問他該搭那一部電梯上來，出來以後是向左轉還是向右轉，進了房間之後電燈開關在那？」在處理實質問題的同時，我們為了即將來臨的莫斯科高峰會談還要準備令人頭疼的後勤作業。查理．魏克是雷根的加州好友，現在是美國情報處處長；當我的幕僚應接不暇地安排超過八百人前往莫斯科時，查理的手下就耗掉了我們百分之四十的時間。

我打電話給魏克說道，「查理，如果你想去莫斯科，你的人最好不要再打電話到這個辦公室來。」他立即取消了他的輔助部隊。這是高峰會談後面的一段插曲。

隆納德・雷根總是在追求和善的接觸，以便能打破令人窒息的外交禮節形成同志愛。他想要只稱呼戈巴契夫的名字。「你知道，」總統說道，「當我在經濟高峰會談首次會見歐洲領袖時，我說，『我的名字是隆。』過了幾個小時之後，就變成了『隆』與『布萊恩』，『法蘭柯斯』與『瑪格麗特』」。

白宮與國務院之間為了這個「大問題」反覆爭論。喬治・舒茲說他認為稱呼名字是個好主意。他的主管歐洲事務助理國務卿羅茲尼・瑞格魏（Rozanne Ridgway），卻不同意。為時過早，羅茲尼這樣認為。別強迫人家親近。我的意見與羅茲尼相同。不管什麼經濟開放，我們都是和一個強悍的顧客打交道。另外，我認為這樣做不合宜。戈巴契夫年輕得足以當雷根的兒子，我很確定如果叫美國總統「隆」他一定會很不自在。結果到了高峰會談的時候，雷根確實偶然地叫了「米契爾」兩次，戈巴契夫的回應卻總是「總統先生」。

我們帶著很高的期望再度前往莫斯科。五月十五日，蘇聯開始自阿富汗撤軍。高峰會談期間，我方希望能打破核武裁減的障礙。雷根與戈巴契夫已經簽署了中程核子飛彈協定，此時，最高蘇維埃主席團已經核准此一協定，但是在美國方面，參議院卻還未通過。我們希望能夠獲得核准，但是無可避免的會有來自保守派的阻力，不管是來自共和黨還是民主黨的。此項協定必然難以讓這些人接受，不僅因為我們要放棄一些武器，更因為仍然殘存著對蘇聯的不信任。我變成了政府的推銷員，嘗試將此協定推銷給強硬派與騎牆派。

五月二十八日，我們抵達莫斯科的前一天，當總統一行人正在芬蘭調整時差之際，我們得到通知說，參議院已經核准了這項協定。

次日，當「空軍一號」專機開始在莫斯科降落時，我走到總統的專用座艙。在高峰會談期間，將預定有三十次的公開談話場合，而我想先與他討論抵達後首次發表談話的重點。這是在他下飛機之前，我能逮住他說話的最後機會。我走進座艙，發現他一個人坐望著窗外，當時飛機的視野，可以看見蘇聯大地上的房舍與農場。

「你看，幾乎沒有什麼人車。」他不經意地說著，彷彿不知道我的存在。

「總統先生，我想知道你對於抵達後，所要發表談話的草稿是否有任何問題。」我說道，然後坐在他旁邊。我開始檢查這些草稿卡片，但是，他卻沒有聽到我說話。此時，飛機機翼已放下，機輪準備接觸地面降落。而我開始憂慮起來，尤其是總統最後轉向我問道，「你剛才在說什麼？」

他對我焦慮的事並不在意。他終於看到了「邪惡帝國」。在前一回合的高峰會談，他邀請戈巴契夫搭乘飛機橫越美國大地，讓他展示我們繁忙的高速公路與吞吐貨物的工廠給戈巴契夫看。對隆納・雷根而言，空蕩蕩的俄羅斯道路代表著共產主義的失敗。這使得他協助戈巴契夫將蘇聯社會轉入我們的方向之信念更為加強。

暗藏伏兵

等我們下到地面，他走在攝影機與麥克風之前，一如平常，他又開始熟悉他的角色了。在雷根此行與戈巴契夫的第一次會談時，蘇聯領袖交給總統一份聲明草稿。他建議在簽署最後的公報時，將這份聲明列入。雷根讀後很欣賞。裡面的文字似乎沒有可反對的，「……兩位領袖堅決相信有爭議性的問題，不能也不應該由軍事力量來解決。」以及「各國皆平等，不干預內政與選擇社會政治的自由，且以上必須確認為國際關係中不可剝奪的義務性標準。」不過，總統要幕僚研究一下戈巴契夫建議的語句。

我算起來還是個新手，倒是看不出這段聲明當中有什麼危險。但是我方代表團裡面的蘇聯問題老手，卻像炸彈拆除小組在處理詭雷般的翻閱這份聲明。喬治・舒茲請求總統予以拒絕。這份聲明潛在的意義，是我們衷心祝福蘇聯繼續把持波羅的海三小國——立陶宛、拉脫維亞、愛沙尼亞——我們迄未承認此三國屬於蘇聯。在表面文章下面，這份聲明說道，基本上，你的是你的，我的還是我的，大家不要侵犯到各自的地盤。

後來這件事情暫時被放到一邊，我們轉移注意力到其他的事情。其中，有值得紀念的高峰會談歷史性鏡頭——隆納德・雷根到美國大使的住所史帕索之家，傾聽一些有勇氣到這裡來的俄羅斯老百姓，訴說他們所遭受到的壓迫；美國總統在莫斯科大學一尊巨大的列寧半身塑像下與學生交談；這名曾把蘇聯形容為「現代世界邪惡之焦點」的總統，與戈巴契夫併肩站在紅場上。

接著，在聖凱薩琳教堂大廳的最後一天會談，戈巴契夫再度把那份可疑的聲明，推過桌子給總統要求他接受。會談馬上就要結束了，在隔壁的聖凡迪米爾教堂大廳（St. Vladirmir's Hall）裡，聚集著人群，媒體也已準備好要報導——兩位領袖簽署並交換經過雙方同意的中程核子飛彈協定正式文件。

戈巴契夫向雷根表明說，這份與第一天會面時他所建議的語句完全相同，當時總統似乎頗為欣賞它，那麼現在為何不簽署？這球投得很高、很強，越過了幕僚，直接瞄準了雷根的頭部。雷根看起來不太自在，因為他面臨的是即席的狀況。然後，戈巴契夫說他要再與他的顧問再做最後一次的商量。

蘇聯人走到他們的角落，我們則退回自己的角落，就像重量級拳擊賽休息時間一樣。這份看來無害的聲明到底有何不妥？總統問道。他與戈巴契夫相處得很好。我們到這裡來，不就是為了促進和平的關係嗎？我們把其間的爭議說明一番，總統聳聳肩失望地接受了。當我們回去面對蘇聯人時，戈巴契夫站在那裡笑著等待我們。雷根告訴戈巴契夫說，他並沒得到顧問們的支持。戈巴契夫轉向我們，笑容消失了。有什麼問題嗎？舒茲解釋了我們的立場。這些反對的意見毫無意義，戈氏嚴厲的反擊，此時，他的目光幾乎在雷根身上穿破一個洞。

直到目前為止，我始終把自己視為一名管理者，是讓國安會保持運作的人物，這未免有點自大。我並不是季辛吉或是布理辛斯基，既有博士學位又有國際關係的背景。但是我卻不喜歡這種沒有決定性、你來我往的最後一刻爭辯狀態。這件事該有個了斷。我看著戈巴契夫，並開口說道：「這件事並不是立即要解決的課題。你有國內的政治問題待解決，我們也有自己的問題。假定總統把某件事情帶回國去，因而造成他的支持者分離對立，相信對兩國的共同利益不會有好處的。」我鎮定而冷靜地說著，試圖從容的阻止更進一步的討論。「我們給雷根總統的建議，就是不應該同意這份聲明。」我這樣說道。

頓時，每個人都沉默無言。戈巴契夫環視四周。「如果總統的將軍是這樣想的，那就這樣辦吧！」他說。同時，他領著雷根走出房間，「來吧，人們在等著我們。」他們走向聖凡迪米爾大廳的攝影機與聚光燈，兩人共同簽署了確認文件。

前一年的十二月在華府，兩位領袖達成中程核子飛彈協定。現在，他們的國家也都同意了。中程核子武器的銷毀現在可望展開，他們那方為一千五百枚，我方為三百五十枚——與全部的數量比較起來，也許不算很多，但卻是個重大的開端。

我們飛離莫斯科的時候，「空軍一號」專機上面的氣氛，歡欣鼓舞到極點。我們工作得疲憊萬分，讓總統寫下輝煌歷史的一頁。有人發現這天是吉姆・麥肯尼（Jim McKinney）的生日，他主管白宮軍事辦公室，他把這趟旅行的後勤作業處理得近乎奇蹟。空服員設法弄來一個生日蛋糕以資慶祝。我走到前面私人座艙請總統及第一夫人加入我們。大家圍著一起為吉姆高唱「生日快樂」。有幾個人抓住這個機會恭賀總統莫斯科之行勝利成功。飛機上滿載著白宮助理，他們在幕後所流的汗水讓總統獲得成功。此刻總統正好可以感謝他們並且叫道，「若是沒有你們，我無法辦到。」但是他只表示知道了別人對他的讚揚，沒再說什麼。雷根夫人也沒感謝我們。

此時我已對南西・雷根相當瞭解了。我知道她對雷根的愛與奉獻是全心全意的。她保護他的福祉與總統寶座。她讓他舒適並帶給他歡愉。如果她離開幾天，我們可以看到總統因為想她而無精打采的。隆納德・雷根若是沒有南西就不完整了，反之亦然。她為她的男人警戒頗非易事。她可以對人強悍，但是總統卻不能。她被批評與懼怕到一定的程度，但她所扮演的角色卻是極為重要的。到他任期快結束的時候，她與我變成了朋友，這友誼隨著時間滋長。

但是那天，在飛機上，我很驚訝總統與第一夫人卻沒有對幕僚為他們所做的事表達出感激之情。我最後這樣想，他們的沉默並不表示不感激。只是沒有自發性地反應出來而已。我們回國之後幾天，有人向他提到這檔事，於是總統寄給所有的人員感謝卡與具有紀念性的禮物。

七月的一個週末，我兒麥可到我的辦公室裡，並帶來一個驚喜。他將與一位名叫珍・諾特的女孩結婚，我與艾瑪跟她很熟，也都很喜歡她。但是，我們內心的反應卻很複雜。一方面，這個進展顯示出麥可到現在為止，所經歷十四次的重建骨盤外科手術與治療內傷已有成效。他已從坐輪椅到用枴杖到改用手杖。最有希望的是，麥可已開始到五角大廈工作，成為日本事務的專家。不過，雖然有姐姐梅芮琳與諾曼近四十年快樂婚姻前例，我與艾瑪對這樁黑白通婚仍感覺不自在。我強調這個字眼「不自在」，並不是代表我們是在反對他們。老一代的人都知道年輕人需要學習的還很多，即使是在理想狀態之下，要維持婚姻美滿都非常困難了，實在沒有必要讓情況更為困難。

麥可第一次與珍這個海軍上尉的女兒開始約會是在好幾年以前，當他們還在威廉與瑪麗學院讀書的時候。經過一段時間他們分手了，我猜想，兩家人都覺得如釋重負。但是在麥可出意外之後，愛苗重新滋長。敏感的下一個步驟是兩家人的相互認識。艾瑪與我邀請諾特家人到麥爾堡我家裡來共進晚餐。起初氣氛有點尷尬，直到我們開始重新發掘宇宙間不變的真理：人都是先看個體，不會單以種族劃分。當你與人私下接觸時，你喜不喜歡他、尊敬不尊敬他，端視他是否值得喜歡或尊敬，而非以其形成的色素來決定。當晚，鮑家與諾特家人相處的很融洽。

暴風諾曼

那年夏天，陸軍與海軍陷入一場王位爭奪戰。美國部隊被分成十個區域，分別各有指揮官領導（或稱司令官CINCS），都是四星上將缺。其中一名中央司令部（CENTCOM）司令官即將要退休。這個區域包括中東的一部分與東南亞。但是，波斯灣國家不要美國在他們土地上建立基地，結果中央司令部將總部設在佛羅里達州的麥克迪爾空軍基地，底下直屬人員有七百名，而且能直接指揮分布在全世界的各單位。

選擇合適的中央司令部司令官相當困難。如果要干預全球最燙手的事情，就很可能落在中央司令部的管轄範圍裡面。到目前為止，這個職位是由陸軍及海軍陸戰隊的高級軍官輪流出任。由於現任的司令官，陸戰隊二級上將喬治・克瑞斯特（George Crist）任期即將結束，陸軍希望能輪到這職務。可是海軍認為，由於現在有部隊派駐在波斯灣，執行保護懸掛美國國旗的科威特油輪，因此，派海軍上將出任此職是最適當時機。參謀首長聯席會議也被扯在裡面。陸軍與空軍贊成陸軍的人出任，海軍與海軍陸戰隊則希望由海軍上將出馬。參謀首長聯席會議主席海軍二級上將克羅威打破僵局，三比二，投給海軍一票。決定權現在落到國防部長法蘭克・卡路奇的手上。

陸軍方面的候選人是諾曼・史瓦茲柯夫中將，五十五歲，一個精明率直、不安定的六呎三吋高大男人，幾年前我住在麥爾堡時跟他是鄰居。我們從未在一起服役過，也不太熟悉，但我聽說他是個卓越的部隊指揮官。我也知道因為他的精明與具有爆炸性，所帶給他的貼切綽號──「暴風諾曼」。身為國家安全顧問，我對人事任命這一環不能正式干預，然而我對誰來出任中央司令部司令官卻有強烈的見解，特別是跟我在五角大廈的知己瑞克・阿米塔去長談之後。我們一致認為，由海軍的人來掌管一個海軍兵力薄弱、人數較少又不重要的地區部隊，實在沒有意義。更重要的是，中央司令部被設計成快速部署部隊，俾以在沙漠地區進行陸戰。這個職務很明顯的屬於一名步兵或是陸戰隊員，而不是水手。而且我們對諾曼有信心。我讓卡路奇瞭解我的強烈傾向。卡路奇對於讓海軍上將出任中央司令部司令官也不熱衷，於是駁回了參謀首長聯席會議的推荐。這就是諾曼・史瓦茲柯夫獲得這項指揮權，以致於將把他推向歷史的經過。

八月十六日，我正在路上，我的祕書佛羅倫斯・甘特給我看一張紙條，是我在華府國安會裡面的一個拉丁美洲事務專家賈桂琳・提爾曼所寫的。「請告訴我的將軍，」上面寫著，「他最有警覺性、眼光銳利的幕僚立刻就注意到，當總統登上空軍一號專機前往紐奧良的時候，並沒有看到將軍……因此，舊行政辦公大樓三樓大廳充斥著謠傳。」

當時我正陪著總統在紐奧良，他到那裡參加共和黨全國黨代表大會，這是在把大權交給一九八八年總統候選人副總統喬治・布希之前，他以黨領袖的身分所發表最後一次演說，這也是我首次參加黨代表大會。對於這種馬戲團與民主政治的組合，我從頭到尾看的很愉快。

前一年的十二月，參議員泰德・史蒂芬斯寫短箋向喬治・布希推荐我做可能的競選搭檔。然而，那不過是私人的通訊。今年初的時候，霍華・貝克在一個電視節目裡，也被問到共和黨裡缺少種族的多樣性；反觀民主黨，國家級政治人物的傑西・賈克遜即具有代表性。貝克這個從頭到腳都帶有政治細胞的人，從展望共和黨副總統候選人這個問題當中，看到黑人出任國家領袖的一線生機，他提及我的名字。後來我遇見他，我說：「霍華，你為什麼這樣做？」他以一聲田納西式的懶洋洋「啊」聲拖長的語調，回答我說，「我只是認為這是個好生意。」貝克的提議惹起幾名權威人士的興趣，包括喬治・威爾、查理・克勞查默、威廉・瑞斯普貝瑞以及克勞倫斯・培基，紛紛撰文說我是可能的副總統候選人。在政治的芮氏地震分級上面，這件事所引起的矚目還不及一次小震動。不過，在黨代表大會上，我的一些朋友針對此事開了個小玩笑。我坐在看台上，忽然聽到四周有人在竊笑，回頭一看，幾個白宮的朋友舉著一個牌子寫著，「布希／鮑爾，一九八八」。

雷根總統在黨代表大會演說完畢，幕僚們到機場飛往加州，總統預定去做一次短暫的度假。電視攝影機記錄下隨從們登上空軍一號專機的鏡頭。就在這個時候，我的華府同僚們沒看到我登機，賈桂琳・提爾曼才送來她的紙條。柯林到那裡去了？由於我名列喬治・布希的競選搭檔可能人選，幕僚們開始猜想，他是不是跟布希留在紐奥良了？有可能嗎？答案一點也不刺激，我是從後門上飛機的。

在機場跑道上，起飛前一刻，布希向雷根透露了他的競選搭檔人選：印地安那州的參議員唐・奎爾（Dan Quayle）。當時，選擇我，或是其他十二名成功希望不大的人，已經不會引起多大的驚奇了。我在政壇所引起的十五分鐘熱度不過是趣談，對我算是榮幸了。也讓我有點窘。當然，副總統布希也從未跟我談過這件事。

我接到總統祕書凱西・奧斯波恩（Kathy Osborne）一通電話，那是在一九八八年春季的一天午後。「鮑爾將軍，線上有一個人，」她說，「我知道他是總統的老朋友，但是我想你應該先跟他談談。他說他與戈班尼法先生聯繫上關於釋放人質的事。」

上帝幫助我們吧。頭痛的問題又來了。在白宮裡有兩項原則：我們不與恐怖分子打交道，我們也不跟總統提冒險解救人質的輕率建議。而現在來了個加州老友，想跟總統討論關於軍火換人質這騙局裡面的一樁騙術，這個人有三種不同的出生日期、三本護照、六個假名，他是被中情局放棄的消息來源，因為他是「情報偽造者與討厭的人」，這個人矇混過中情局每次對他所做的測謊，其中只有一回他答出正確的名字與國籍，而且這個人在兩年前幾乎毀了隆納德・雷根的總統寶座。我向凱西道謝，感謝她提醒我，並告訴她，我會對付這個人。

我無法擺脫他。從那時開始，這名生意人一直不斷地打電話給我，興奮地跟我說戈班尼法的最新戰略。他知道戈班尼法是正直的，他說，因為他曾經到這個人巴黎的小閣樓做客。他有一次說，戈班尼法拿出自己的五十萬元想救人質脫險。我們應該跟這個人合作，總統的這個朋友這樣建議。

一開始的時候，我很理性地向這個老加州人解釋為何他不能跟馬奴丘・戈班尼法（Manucher Ghorbanifar）打交道，以及為何他不能拿這件事去煩總統。這位朋友，無論如何無法抗拒這個冒險的機會。整個夏天電話不斷打進來一直到秋天。最後，到了十月，我問他是否能趕來華府；我需要跟他談談。他搭上最快的班機。一個星期天的早晨，我們約在水門飯店的大廳會面。我帶著巴瑞・凱利（Barry Kelly）同行，他是中情局的人，也是我們國安會的情報主管。我們與這名短小精悍的老者碰了面，並且帶他到一個偏僻的角落。

「先生，你在玩一個危險的把戲，」我說。「你是在跟全世界的頭號壞蛋之一打交道。」我讓凱利念戈班尼法的前科紀錄給他聽。接著我說，「你不能解救任何人質。你只會傷害了你的朋友，隆納德・雷根。」我用手指著他的鼻子。「當我離開這裡以後，我將回到白宮，如果你再打電話來，我會叫總機切斷你的來電。別逼我把你變成拒絕往來戶。」這顯然奏效了。我們不再聽到他的聲音。

麥可・鮑爾與珍・諾特於十月一日結婚。我跟我兒子開玩笑說他應該把蜜月延後，這樣他就能接受一項演講的邀請。對於一個血氣方剛的美國青年來說，這是個奇怪的優先順序，我這樣說。可是，這次的演講對麥可深具意義。法蘭克・卡路奇邀請他在國防部表揚殘障僱員的儀式上面演講，麥可現在也是在國防部工作。艾瑪跟我帶著我們的新媳婦以及她的父母狄克・諾特夫婦前往五角大廈的大禮堂。我們不知道麥可要說些什麼。我們看著他，柱著手杖，慢慢地走向講台。

他以清晰、堅定的聲音開始演說。他把殘障的奮鬥比喻為戰鬥。他描述在醫院裡面當止痛劑開始減量，以及訪客、慰問卡、鮮花逐漸減少時的心情。他談到那一天兩名復健治療師坦率地告訴他，容易的部分，即生病的部分已經過去了，而困難的部分，即讓他破損的身體再度恢復功能的部分，將要展開。到了第二天早晨，他說：「我望著鏡子。我的頭髮一團亂，因為服藥而乾枯。體重也掉了很多。面無血色也沒刮鬍子。我以枴杖支撐著站立，還有根導管從胃裡伸出來。我站在那裡顫抖著，開始無法控制的哭了起來。這是我生命中的最低潮。這場戰鬥是真實的，而我輸了。」接著麥可描述他如何從那天的最低潮重新反擊，而獲得目前的新希望，如何去面對這場每個殘障者都必須面對的戰爭，而這與在戰場上受傷的軍人所面對的奮鬥幾無二致。「人的意志力量真是驚人，」他最後說道，「它支撐我從病床上爬起來；它讓我從輪椅上站起來；它讓我只用手杖；它讓我的後半生還能走路。」

眼淚順著我的臉流了下來。我看著艾瑪與珍，她們微笑著。我們無需交談。我們的眼裡滿是驕傲。

我要當兵

那年秋天，白宮裡的事情不再具有舉足輕重的分量。焦點已轉移到喬治・布希與民主黨候選人麻塞諸賽州州長麥克・杜凱吉斯（MichaelDukakis）角逐總統寶座之上。自從將近兩年前他誠摯的歡迎我到白宮來以後，我對布希瞭解日益深徹。我曾研究過他在橢圓辦公室與總統開會時的舉止，他很少說話，喜歡私下向總統提出自己的建議。

在我早期當國安會副手的時候，我曾遇見過他太太芭芭拉。我前往法國大使館參加招待來訪的法國國防部長午餐會，發現我就坐在她旁邊。

「布希夫人，」我說，「妳好嗎？」

「很好，」她回應說，「請叫我芭芭拉。」

「我母親絕不會允許我這樣做，」我說。

「我不是你母親，」她告訴我，「叫我芭芭拉。」她溫和但是非常堅定地說道。從那一刻開始，芭芭拉與我結為好友。

與喬治・布希共事還不到一年半，有一回在橢圓辦公室裡開會時，我看到這名謙遜的人不同的一面。那是為了巴拿馬的事：一九八八年二月四日，美國司法部指控巴拿馬強人諾瑞加走私毒品賺取不當利益，於是美國對巴拿馬實施禁運措施。之後，這個國家的政治局勢開始惡化，到了三月，諾瑞加平息了一次政變。他的巴拿馬國防軍開始對反對者施暴，並大肆逮捕政治異議人士。雷根總統接受法蘭克・卡路奇的建議，派更多的部隊到巴拿馬去，很明白的暗示出諾瑞加可能的下場。在華府接下來的幾週裡，為了要如何處置這名虛有其表的暴君，鴿派與鷹派形成辯論拉鋸戰。我們確知一件事情：諾瑞加對於遭到起訴的事感到憂慮，這對於我們撤除他的權力有很大的影響力。國務卿舒茲此時提出一項我也同意的建議：如果諾瑞加願意離開巴拿馬，美國方面將取消對巴拿馬的國際制裁行動，以及撤銷對他的起訴。

五月的一個星期天早晨，我打電話給副總統向他簡報這項建議。這並不是一個最理想的辦法，我承認，但是我們必須要盯緊這個目標，亦即把這名惡棍的權力奪回，給巴拿馬帶來民主。副總統對這樣做沒有意見。當時，他這樣告訴我。

兩天之後，他旅行歸來想法卻完全改變。他到了加州一趟，與洛杉磯市警察局長戴瑞爾・蓋茲（Darryl Gates）見面，他告訴副總統說放棄對諾瑞加的起訴，將是一個嚴重的錯誤。逮捕諾瑞加是件法律與秩序的問題，舒茲的辦法不利於每天冒著生命危險、在第一線與毒品作戰的數千名警察，且將造成他們十分嚴重的損傷。

到了週末，在總統住所二樓所召開的會議之中，布希的表現是我們過去都未曾見過的。他當著我們的面，直截了當的與總統爭辯。舒茲這個建議不好、不好、不好，總統不應該去完成它，希望這樣堅持著。雷根卻根本不為所動。「哦，喬治，這真有意思，」他說，「但是我認為這是值得一試的辦法。」就這樣「四兩撥千斤」，沒有相對的辯論，沒有提高音量，只有直接說「不」。

第二天，在他辦公室外面，他的鼻子距離我的臉只有一吋那麼近，手指戳著我胸膛強調他的論點，布希告訴我諾瑞加的決議實在是差勁透了。「我這輩子，從來沒有對一件事情這麼確定過，我要盡一切所能來封殺舒茲的主意。」他信誓旦旦地說道。自從格漢森時期之後，我就從未被如此責罵過我的專業。後來，我們還是向諾瑞加提出了這個條件，但是徹底失敗了。我們必須採取別的辦法來對付他。然而，從這插曲裡我學到關於喬治・布希的兩件事情。首先，他是個遠較我過去所知還要強悍的人；其次，不要以為在會議「一讀」通過之後，就算是有效的過了布希這一關。

十一月九日，總統大選過後，白宮幕僚在玫瑰園裡舉行一項簡單的儀式，歡迎喬治・布希自競選之路勝利歸來。儀式結束後，我走回西廂辦公室，由於布希和我是隔壁鄰居，也跟我走在一起。「嗯，副總——對不起，總——即將就任的總統先生。現在該怎麼做？」我問道。布希笑著說，他也不知道。

經過他的辦公室時，他說道：「進來吧，我們來聊聊。我需要知道最近發生的事情。」我把國際情勢快速簡要的向他報告。說完之後，他說道：「你是白宮裡面少數幾個我計畫延攬在新人事布局裡的一員，我給你幾個選擇希望你能考慮看看。吉姆・貝克希望你做助理國務卿。」這證實了貝克要走。「或者是你可以到中情局，也可以留任國家安全顧問一陣子，直到你決定要做什麼。」

「我真是受寵若驚了，」我說，「但是我確定你沒有虧欠我什麼。」

「不，不，」布希說道，「我們需要你。花點時間，考慮看看。」

當晚我拜訪卡爾・旺諾位於麥爾堡的家。卡爾的光輝事業在他升上四星上將陸軍參謀長之後，已經登上巔峰。他引領我到一號宿舍樓上書房，在那裡我告訴他關於我與新任總統之間的談話。我還說，陸軍當然也不欠我什麼，而在國安會工作將近尾聲之際，這或許是我考慮退休的時候了。我工作了卅年，我對私人企業所提供的機會開始有興趣。一名軍人退休的後台老闆最近來拜訪我，告訴我說他將離開一個主要企業的董事會，他認為我是接替他的理想人選。當他告訴我只要坐在董事寶座上，就有五位數字的薪水時，我有點心動。「卡爾，」我說，「我離開軍中有一陣子，但我真正想要的是留在陸軍，如果有職務給我的話。」

卡爾不是愛說笑的人，他不會拐彎抹角。別在意離開部隊太久了，他說。我與陸軍巨頭們的關係仍然維持良好。他要我回來，陸軍也要我回來。事實上，他說，他有個工作要給我，陸軍本土武裝部隊司令官，負責指揮美國本土所有陸軍戰鬥部隊，幾乎有一百萬名官兵，包括國民兵與後備部隊。

回到家以後，我做我每次面對個人抉擇的時候都會做的事：畫一張平衡表。左邊寫上「留下」右邊寫著「離去」，因為待在陸軍還是離開陸軍是我唯一的意圖。我不要到國務院去當老二。那等於是降級。我也不要到中情局當全面第一號幽靈。這不合我的性格。留在國安會沒有道理，因為我知道布希心裡已有人選，能幹的布蘭特·史考克勞夫特（Brent Scowcroft）。我結算出來「留下」這欄有十九個理由，「離去」這欄只有「新事業、賺點錢」等幾項理由。

花了兩天來思索這件事之後，我告訴副總統布希說我要回陸軍，他很爽快的接受了我的決定。少頃，在我們例行的晨間簡報上，我告訴雷根總統我的決定。「本土武裝部隊司令官是四星上將的缺，不是嗎？」他問道。我回答說它的確是陸軍最高階。「好，好。」他表示贊成。

在塑造我的事業生涯、在「伊朗、尼游」案後讓國安會重生，並挽救雷根與布希總統寶座甚有貢獻的人——法蘭克．卡路奇，也將要離開了。以他所做的一切，我認為讓他卸下國防部長職務的處理過程並不厚道。他接到一名布希助理打來的電話，通知法蘭克說新任總統選來接替他的人是前任參議員約翰．陶爾（John Tower），並且即將公布給新聞媒體知道。我的老友威廉．塔虎托同意在陶爾職務確認過程中——結果這件事被拖延很久，同時也不甚成功——代為掌理國防部。後來布希政府為了酬謝塔虎托的忠心與才幹，提名他為美國駐北大西洋公約組織大使，我感到很高興。

在雷根卸任前的最後幾週，我可以感受到壓力逐漸減輕。我參加了幾項通常不會接受的應酬。十一月中旬，我參加了由國家科學學會表揚蘇聯異議分子、物理學家、諾貝爾獎得主安德烈．沙卡諾夫所舉辦的午餐會。正到了上主菜的時候，一名安全人員塞給我一張喬治．舒茲寫來的紙條。他要立即見我。國務院就在對街，於是我走到對面搭電梯上到七樓。舒茲坐在辦公室的桌子後面，這張桌子為美國早期風格的極品。在場的還有羅茲尼．瑞格魏大使與其助理查理斯．希爾。他們向我問候，舒茲並向我解釋緊急召喚的原因。他接到蘇聯大使尤瑞・杜賓尼的通知，戈巴契夫要回到美國來了。我們不約而同地發出厭煩的喟嘆。

「他將要到聯合國演講，他要與總統再見一次面。」舒茲說道，並交給我杜賓尼的通告。

我讀完之後說道：「顯然戈巴契夫想要會會下一任的總統。」我把通告還回去。我建議我們必須要提醒戈氏，在這個國家裡只能同時有一位總統。

第二天早上，我們向雷根總統簡報戈巴契夫之行。他同意與戈巴契夫再會面，但是在即將卸任的前夕，這項會議將不被視為高峰會談。

戈巴契夫於十二月七日到聯合國演講，距離現在約有三週的時間。舒茲提出一個他認為理想的地點讓總統與蘇聯領袖會面。由於戈氏將到位在紐約的聯合國演講，為何不用大都會美術館，讓這個蘇聯人見識一下美國文化呢？身為土生土長的紐約客，我卻不認為這個建議有多好。到大都會美術館會談，兩位世界領袖乘著車隊加上隨從浩浩蕩蕩地在曼哈頓區兜風，將使這座城市的交通癱瘓。當我們反覆討論舒茲的建議時，安全部門抱怨說這個地點的安全維護問題讓人頭痛。先遣人員宣稱大都會美術館將是後勤作業上的惡夢。他們有更好的主意——紐約港裡的總督島。這個地點不會約束到任何人。從聯合國經過東河到這個島距離不遠，安全維護十分輕鬆。舒茲仍然不喜歡這個主張，不過還是對白宮這些「舞台經理」讓步。

籌劃工作進行下去，我打電話給杜賓尼大使強調一點：這將不是一次實質的會談。現在要談任何事對雷根政府來說已太晚了，對布希政府來說又太早了。沒有交易、沒有建議。不能在前任領袖卸職與新任領袖就職的最後關頭，提出讓人驚訝的建議。同時，在這個場合裡，隆納德・雷根仍然是總統，而喬治・布希，雖然是即將就任的總統，將仍然只是副總統的身分。

戈巴契夫到聯合國露面的當天，總統一行人在總督島等候載運蘇聯領袖前來的船隻。為這次會面我們接管了第一海岸巡衛隊海軍中將指揮官的住所，當我們在等待的時刻，大家盯著戈巴契夫演說的進展：他抵達聯國大會廳獲得如雷的掌聲；而他的演講，讓我們印象深刻。出於自己的想法，沒有與西方交換的條件，戈氏宣布說蘇聯將裁軍五十萬人。

在某一時刻，副總統布希要我跟他走到外面花園去，此時樹葉都已枯黃。自從戈巴契夫要求會面以來，他就很不尋常地表現得坐立難安。他與不久即將接任我成為國家安全顧問的布蘭特・史考克勞夫特，對於戈氏是否想欺騙新上任的總統相當關切。布希想從我這裡再確認今天將不會有晴天霹靂。「副總統先生，」我說，「我從蘇聯人那裡已盡可能地得到保證，只差戈巴契夫自己親口說了。而且他一定知道我們的感受。此外總統也準備把任何他們匆忙間提到台面上的事情給駁回。」

探子回報說已經看到戈巴契夫所搭的船了。總統一行人在海軍中將住所的前面聚集歡迎蘇聯領袖，隆納・雷根站在前面，他的臉色紅潤發出光澤，頭髮被強風吹揚起來。

午餐氣氛和睦親近。由於沒有什麼好爭論的，總統如魚得水。他告訴戈巴契夫說在他離職之前只有一件事沒有辦到。他沒辦法讓陸軍恢復騎兵隊，而他熱愛馬匹。總統說道，沒有任何事能比得上一個人的內在與一匹馬的外觀。瞭解總統的願望之後，戈巴契夫回答說，他或許幫得上忙。蘇聯有的是馬，接著勾起了他自己童年在農場的回憶。

我看著手表，像個取得一分領先的球隊教練祈禱著時間趕快結束免得在最後一刻出現漏接。然後，喬治・布希說話了。之前他都未發言。「我們是一個投資者的國家，」副總統說道，「投資者會想要知道今日的狀況，而且對於未來的情勢更有興趣。因此，總書記先生，對於蘇聯未來三到五年的狀況，我們能夠給投資者什麼樣的保證？」

戈巴契夫笑了。「副總統先生，連耶穌基督都沒辦法回答這個問題。」雷根總統對他提到救世主一節報以微笑。儘管有不少共產主義是無神論者的說法，雷根卻經常告訴我們說他認為戈氏有宗教傾向，雖然從我看來他只不過是用了蘇俄成語罷了。

在這個會談裡面雷根與戈巴契夫之間的親善，無疑地被我視為是蘇聯方面為了要詳細地觀察未來的美國領袖所設計出來的，這個想法從戈氏後來的話得到證實。直視著布希，他說他知道布希的顧問跟他說的話。他知道那個懷疑者仍然認為他在玩某種把戲，想要安撫美國俾使蘇聯佔到我們的便宜。布希先生，他說，然而你很快就會知道，他沒有時間玩把戲。他在國內就有足夠的麻煩了。「在一九八五年的時候，」他說，「當我說將有一次革命，每個人都在喝采。他們說，是了，我們需要一次革命。但是到了一九八七年，我們的革命已然在進行，喝采聲開始平息。現在是一九八八年，革命還在持續，喝采聲已然停止了。」他必須繼續進行他的革命，他說，不是為了我們的利益，而是為他的國家。我在過去十四個月裡面看著這個人走過來，在我心裡毫無疑問地知道他所說的是認真的。

在總督島最後的合影，三個人站在一處小防波堤上面對著照相機擺姿勢，背景是自由女神像與紐約的天空輪廓線，雷根、戈巴契夫與布希，分別代表是過去、現在與未來。

在我們幾次的會面當中，我收到幾份戈巴契夫贈予的禮物，其中我最喜歡的是一把金屬後膛有漂亮刻花的散彈槍。因為這把槍無疑地價值超過一百八十美元，我得把它交給聯邦行政總署估價。然後我有優先買回來的權利。不然，它就會被送去拍賣。聯邦行政總署必然可賣到相當於蘇世比拍賣會拍賣所得的價格。拿去給當鋪估價，我或許可以好受一點。不管怎樣，我要這把槍。我勉強嚥下口水填好支票，希望艾瑪沒有那麼聰明。但在查過我們的活期存款帳戶之後，她衝著我說：「柯林・鮑爾，你拿一千二百元去買一把笨散彈槍！」

我在西廂辦公室的日常生活就等於是經常地做決策，然後提出我的建議，討論的範圍從在紐約何處比較適合舉行高峰會談到協助草擬高峰會談所制定的裁武條約。現在，我已發展出一套做決策的哲學。簡單的說，就是盡所能的找出所需的資訊，然後按照本能決定。每個人都有直覺，年紀越大越相信它。當我面對一項決定時——選定某人出任某職位，或是選擇作戰的方針——我盡我所能把所有片斷的知識組合起來。我拜訪別人。我打電話給他們。我閱讀手邊所有的資料。我運用我的智識來啟發我的本能。再運用這個本能去檢驗這些資訊。「嗨，本能，這聽起來對嗎？聞起來對嗎？感覺對嗎？合適嗎？」

然而，我們沒辦法奢侈地無限期收集資訊。有些時候，在我們能得到任何可能的事實之前，就必須做決定了。要訣不在於快速做決定，而在於即時的抉擇。我有一個即時的公式，P=40~70，其中的P代表成功的可能性，數目字則顯示出所需要的資訊百分比。若我獲得的資訊不到百分之四十的機會讓我成功，則我不會有所行動。我也不會一直等到有了百分之百的正確情報，因為到時候就會太遲了。取得百分之四十到百分之七十的資訊時，我會運用本能展開行動。

一九八九年一月二十日，星期五早晨，總統就職日。我坐在麥爾堡二七A宿舍家中的小辦公室裡，因為我沒有被邀請參加就職典禮。我也是將離職的老班底之一，沒有理由被邀請。電話響了，是肯・杜伯史丹（Ken Duberstein）打來的，他接任霍華・貝克（Howard Baker）擔任白宮幕僚長。

「我過來接你，」肯說道，「我想我們在總統的任職最後一天，應該到辦公室陪著他。」

我與肯共事很愉快，我將會懷念他。在他掌管白宮幕僚的十四個月裡，我目睹他在雷根任期裡展現出最圓滑、最合宜的行動。我負責國家安全。湯姆・葛瑞斯康主管大眾通訊，監視演講、新聞發布以及其他的資訊活動。而肯指揮這整個大局。我們三個人設法讓大家的工作很少出現摩擦並且還帶著歡樂。有一次，我的部屬一直纏著我，要求申請出一個國家安全委員會的專用印章以便蓋在文具上面。杜伯史丹並不希望國安會好像自白宮脫離出去一樣。然而，他要他的部屬某日帶著印章出現在我的辦公室裡。那是枚有些虛有其表的印章，頂端繫著一條小帶子寫著「國家安全委員會幕僚」。就這樣結束了我們以自我為中心的行為。不像我所知其他管理白宮的人事組合，我們證明可以在沒有摩擦的狀況下把事情做好，如果能把自我隱藏起來，甚至於還會很愉快。能有這種氣氛，肯・杜伯史丹居功厥偉。

在雷根政府的最後一天，肯接我到白宮，我們在早上近十點抵達。我先走到我的辦公室。在就職典禮的前一天，白宮維護人員已經到西廂取下所有的照片、清理好所有的桌子、拿走所有的檔案。每一樣東西都洗刷得非常乾淨、漆得簇新，沙發靠枕拍得鬆軟。如今，我在自己的辦公室裡就像個入侵者一般，不敢坐上任何東西。這個房間，現在已經是我與繼任者布蘭特・史考柯夫之間的中立地帶。

我走到橢圓辦公室看到總統坐在他的桌子後面，穿著黑色西裝打著條紋領帶，一如往昔般無懈可擊。在場的還有肯・杜伯史丹、馬林・費茲華德、凱西・奧斯波恩以及總統的私人助理吉姆・庫恩（Jim Kuhn）。這裡看來異常的空蕩，隆納德・雷根所有的個人痕跡完全被清除掉了。我們正聊著，總統打他最後一通電話。是打給他的政治顧問林・諾夫基格（Lyn Nofziger）的太太波尼；諾夫基格夫婦的女兒病得很嚴重，總統打電話是為了表達關切這一家人之情。他掛上電話之後，開始懷念「黃色房間」，他在白宮住所最喜愛的一間房。有人建議他在桌子上刻下他的名字縮寫。他笑了，然後說道他已經取下「踢腳板」當做紀念。「我還在桌子抽屜裡留了張條子給布希。」他說。

總統轉向我。「哦，柯林，」他說，「這玩意該怎麼辦？」他從口袋裡，取出這些年來一直帶在身上的核武確認密碼卡。

「帶著它吧，總統先生，」庫恩說道。「你還是總統。等到宣誓就職過後我們再交接。」

「總統先生，」他繼續說道，「是時候了。」他讓攝影記者進來拍攝最後一次合影。我們以不同的組合站在總統後面合照，他則坐在他的書桌上面。然後攝影記者們紛紛到沙發後面，鏡頭對準通往玫瑰園的大門口。「現在，總統先生，」吉姆說道。攝影機，開拍。雷根站起身來走向鏡頭要捕捉——然後傳送到全世界，表示一個時代告終的景象。

總統前往國會山莊時，我回到家看電視轉播就職典禮。儀式剛要結束，我想起來還得在辦公室裡打一通電話。我拿起私人的白宮專線，它已經被切斷了。

我已然度過生命中最擁擠、最重大的一年。我離開白宮時，仍然有兩個問題困擾著我，巴拿馬懸而未決的諾瑞加問題，還有尼游；尼加拉瓜在馬克思主義者統治之下，處境仍然是千鈞一髮。不過，我也參與了這後半世紀重要的歷史轉捩事件——蘇聯的巨變。我與世界舞台上主要的角色親近的共事，在此同時，我協助雷根制定政策，讓可能造成世界毀滅的核武競賽局勢扭轉過來。這是我與雷根直接共事的最重要成就。他或許沒有指揮每項政策的每個細節，但是有部屬幫他做。報社編輯暨作家麥克・柯達（Michael Korda）曾經寫過一段定義：「偉大的領袖幾乎總是偉大的單純化主義者，他能解決爭論、辯論與懷疑，提供每個人都能瞭解的解決之道……。」這個描述很適合隆納德・雷根。

知道美國人民之所欲的雷根曾任兩屆總統，更難得的是，他給予人民所要的。他給予我們的是鼓舞與驕傲，所有的描述當中寫得最好的，是《紐約時報》，它並不是雷根平時所支持的一處精神堡壘。總統在職的最後一日，《紐約時報》在頭版寫道：「……他的讓人驚奇與舒適感，一直維持到最後。」這篇評論指出總統的祕密在於：在幾個主題上面毫不讓步——「加強國防與減稅。」這篇文章同時捕捉到此人的本質。「雷根總統，」《紐約時報》這樣記述，「與哈諾・希爾（Harold Hill）教授有異曲同工之妙。」出自馬瑞戴・威爾森（Meredith Willson）一九五七年的劇作《音樂人》，敘述一個販賣夢想的商人進到城裡保證說：「河邊城必然會有個男孩樂隊——如上帝創造小綠蘋果一般地確定……」《紐約時報》寫道，哈諾・希爾讓河邊城的孩子們「增強了意志裡的驕傲，和諧又具潛力。隆納德・雷根為美國人做到了這點。」這篇文章的標題是〈音樂人的離去〉。這齣劇剛好我也很喜歡，我認為這番讚賞很恰當。

現在，與這個了不起的人物共事的時間已經結束。這段期間裡，我對於自己所做的一切事務都很滿意，但是，我仍急於回到我的最愛——軍服、部隊——陸軍的懷抱。

麾下百萬兵

這個星期天下午，
天氣悶熱並下著毛毛雨。
錢尼和諾曼正在前往沙烏地阿拉伯吉達港的途中，
他們前去與法赫德國王協商軍援問題。
我則在家裡的小書房裡，
優閒地蹺著二郎腿收看新聞報導，
電視銀幕上，
總統的直升機正降落在白宮草坪。
布希剛自大衛營回來，
記者們在現場架起了無數的麥克風。
總統朝他們走去，
面對一連串的問題。
這些記者緊追不捨，希望他回答一個問題：
他到底有沒有要採取軍事行動？
布希拉下臉，開始激動起來，
並說：「海珊這樣的舉動不容於世，不容於世。」

第十五章　參謀首長聯席會議主席

不管是否在軍中，我的事業堪稱黑人同胞的典範，證明美國人——天生所具備的各種可能性。同等重要的，我希望我的際遇能使得帶有偏見的白人，能夠反省他們的偏見，掃除白人社會裡種族歧視的毒素，好讓下一位資歷完備的非裔美人，能夠僅以其功過來遭受評斷。

每當我坐在喬治亞州麥弗遜堡部隊司令部的會議室，就會面對一位倡導和平的傳奇人物。我接下那裡的總司令職務沒多久，就在牆上掛了一張金恩博士的海報。這是金恩太太送我的，上面印著金恩博士的話：「自由的代價高昂」。我掛這張海報來提醒自己：曾坐在這個房間裡，並在陸軍位居要職的每一位軍官，都曾為捍衛自由和增進種族正義而努力奮鬥過。我待在白宮的最後幾天，某天晚上在東廂舉行接待會時，有個黑人接待員跑來跟我說：「長官，二次世界大戰時我是個小兵，那時的陸軍還有種族隔離政策。我絕對沒想到有一天能夠在這裡看到黑人將軍。我只想讓你曉得，我們是多麼地驕傲。」

「感謝你，」我說道，「可是你說的不完全正確。要不是你們為我們鋪路，那有我們今日的榮耀。」我在全國黑人記者聯誼會演講的時候，曾經引用金恩博士的話，說自由的代價是高昂的，而且必須加以保護。我得到的反應頗為冷淡，還被批評一番。我大概是想把非暴力的擁護者跟軍職聯結在一起吧，後來我再也沒引用過這些文句了。

由於我曾經於一九八八年總統大選期間在白宮任事，因此亞特蘭大的人，還有其他地方的人士，偶爾都會詢問我關於威利・霍頓（Willie Horton）拿電視廣告對付民主黨候選人杜凱吉斯（Michael Dukakis）的事情。霍頓是個黑人罪犯，曾經強暴婦女，而且在某個週末在麻州移監時刺傷一個男人，當時杜凱吉斯是該州的州長。廣告是否把這件事描寫成種族事件？當然。對我是否造成困擾？沒錯。共和黨的謀士則做出殘酷的政治算計：花再多的錢或心思，都沒辦法將民主黨的黑人選票撼動，所以就別嘗試了。有的人則更過分，認為如果打種族主義牌能夠吸引某些特定的選民，就這麼做吧。霍頓的廣告就能滿足此種需求。這根本是一種政治的低級謀略。

我做事就盡量保持有遠見。我曾經在共和黨任事，被賦予高層次的責任。總統的國家安全顧問可不只是個花瓶。這份工作是真實的，辛苦的，也是很重要的。在我追隨雷根與布希前後兩任總統的兩年期間，從來沒有感覺到，在他們兩人的舉止之間有任何一丁點的種族歧見。不過，在他們所率領的政黨方面，給美國黑人的感覺就好像是：一切靠你們自己去爭取。可是有些黑人根本沒有機會，有些人甚至連基本需求都達不到。我希望雷根與布希能更重視這問題。然而，我很欣慰，他們對我的信任，即代表著他們執著於憑著功績晉升的美式理想。

已故的惠特尼・楊（Whitney Young）在擔任全國都市聯盟主席的時候，常常從郊區的家裡通勤到曼哈頓的辦公室。當火車接近哈林區第一二五街的火車站時，楊便會自忖，他該不該下車去參加示威，還是繼續坐下去到市中心？楊很感激那些搞運動人士的大吵大鬧，但他仍然留在火車上，因為他認為自己到市中心去，為黑人同胞爭取到美國企業工作的機會，比較適合本身的才幹。爭取平等權利需要各種不同的角色，正如陸軍的空中騎兵師裡也需要伙伕跟辦事員一樣。

擔任部隊司令部總司令的時候，我獲得全國最高的軍階，四星上將。我曾經是總統的國家安全顧問。不管是否在軍中，我的事業堪稱黑人同胞的典範，證明美國人天生所具備的各種可能性。同等重要的，我希望我的際遇能使得帶有偏見的白人，能夠反省他們的偏見，掃除白人社會裡種族歧視的毒素，好讓下一位資歷完備的非裔美人，能夠僅以其功過來遭受評斷。

經過這些年來，我也明白，我的成就也讓某些頑固者得以有藉口：「什麼，說我有偏見？我可是跟柯林．鮑爾共事過的，或者是在他手下任事的！」我曾因種族的挑釁而吃過苦頭，而決心要以成就來超越它。如果我好鬥，我怎麼會被視為可以提拔的黑人將領，而不被看成是麻煩製造者呢？我同意惠特尼．楊的觀點。我佩服那些遊行示威與靜坐抗議的人們，我也敬佩在第一二五街為黑人謀取工作機會的人士。我更敬佩讓其生活成為典範的人，我更要向那些與其他族群一樣，辛勤工作努力養家活口的千千萬萬普通百姓非裔黑人致敬，他們也都是這個國家的骨幹。

擔任部隊司令部總司令時，手下統領著二十五萬的大軍，以及二十五萬的後備軍人，另外還負責五十萬名國家自衛隊士兵的訓練任務。我經常四處奔波，從佛羅里達州到阿拉斯加州，巡視各地的部隊。我跟每個師的師長都很熟。我發現到，部隊的素質遠超過雷根與溫柏格建軍時的樂觀預期。我們擁有訓練佳且裝備精良的部隊，而且還處於絕佳的備戰狀態。可是，他們要跟誰作戰？在那裡作戰？隨著冷戰的結束，我們的將領卻仍然以為要與蘇聯為敵。我曾在第一時間親眼目睹蘇聯的垮台。我曾經分別在莫斯科、在華府，與戈巴契夫同席，聆聽他訴說冷戰的挫敗。我曾經看到戈巴契夫片面地裁減五十萬大軍。我看到從前的敵人開始跟我們合作，在安哥拉與納米比亞以及兩伊之間分別達成和平協議。

有些同僚預見到改變目標的必要性。恩師約翰・魏克漢創造出行動快速的輕裝師，用以進行與蘇聯威脅無關的行動。陸軍參謀長卡爾・烏諾也預期到，未來將面臨到大把預算被刪減的無可避免狀況。另外還有些人亦預見到未來。但對大多數的美軍來說，我們的頭號敵人好像來了個大轉彎，準備要打道回府，而我們仍然在準備迎頭痛擊。因此我決定以部隊司令部總司令的身分，對此現實狀況做出因應之道。當時，我在李文渥斯堡聯訓部的老長官傑克・麥瑞特將軍邀請我到他所領導的美國陸軍協會所贊助的一項研討會上演講，該機構等於是陸軍的工會組織一般。讓我有機會針對這個問題發表看法。於是我接受了此項邀請，不過我警告傑克說，我所要說的話，可能會讓陸軍的將領及國防部往來的承包商覺得不滿。

五月十六日，在賓夕法尼亞州陸軍戰爭學院附近的卡里舒飯店裡，我面對著「滿天星斗」的將領，外加足以武裝半個地球的國防工業大亨們。我演講的題目是：〈未來將不若過去〉。我指出，雖然我們面對著重大的變遷，但仍然有人把戈巴契夫看成在搞權謀的陰謀家，試圖欺騙我們，讓我們放鬆警戒。不是這樣的，我說，戈巴契夫這種行為的真正解釋應該是：「蘇聯對內對外皆告失敗。蘇聯的制度已告破產，而戈巴契夫是破產管理人。」我說明戈巴契夫政府協助促進和平的幾個地區，接著說，「從開放與軍事的角度觀之，我們的北極熊現在已經變成幫忙打火的夥伴，牠變溫馴了。」我打算把這場演講當成暮鼓晨鐘，而當場也沒有人聽得打瞌睡，但我能夠感受到現場的緊張氛圍。

本來我還有兩項意見要表達，不過是刪了又改，改了又刪的。當天沒有記者到場，所以不暢所欲言，更待何時？早在一九八九年，當時我曾預言：「如果我們明天起就接納新的成員加入北大西洋公約組織，那麼在一週之內，波蘭、匈牙利、捷克、南斯拉夫，或許還有愛沙尼亞、立陶宛，甚至於烏克蘭等國都會提出申請呢。事實上，喬治亞共和國裡公開的反對黨，上週就已經開始在討論，該地區的未來是否應該要加入非聯盟組織，或者是加入北約組織。」我的觀點聽在這些觀眾的耳裡，彷彿是在預言將來我們要加入華沙公約組織似的。於是我接著說道，「俄羅斯的軍事機器仍然跟過去一樣，既龐大又醜陋。這個事實並沒有改變，我相信也不會改變。」這對美軍具有什麼意義？美國人應該繼續支持強大的國防。不過，「我們在八十年代的那種成長速度已成過去式，」至於未來，「錢要花在刀口上面。」在別人開口質問「我們需要這個東西嗎？」之前，就應該要先檢討，如果不需要，就得要說不。我們面對的挑戰，就是要接受節約的觀念，同時維持「全世界最強大的軍隊。」

我無法立即評斷聽眾的反應為何。人們聽到想要聽的話時才會起立歡呼，而不是聽到他們應該要聽的話。可是，傑克・麥瑞特後來跟我說：「柯林，這真是很勁爆的題材，應該要登在《陸軍》雜誌上面。」於是演講全文登在該雜誌上了，這份雜誌是由退休陸軍少將亨利・摩爾（Henry Mohr）所創辦。他寫給我一封信，內容雖然客氣，但並不相信我所言，他說：「你或許有興趣知道，幾週之前我參加一項名為九〇年代國家策略的研討會時，得到的結論與你的觀點恰恰相反。主要的與會者——包括中情局代表的個人觀點，評估的結果是，蘇聯在一九九〇年代初期，將從因其持續的『重組與現代化』，使其軍事力量較今日更加強大。」

看來光靠總司令的一次演講，是無法撼動四十年冷戰所造成的既定觀念。

我的巡迴演講還有另一個目的，但日後才得到具體成果。那就是得以接觸並發掘有才幹的將領，像是後來的諾曼・史瓦茲科夫。部隊司令部副總司令約翰・葉蘇克（John Yeosock）中將，他也是我在戰爭學院裡打壘球的隊友，則跟史瓦茲科夫共同策劃緊急備戰計畫。在布雷格堡，我檢閱由強悍的卡爾・史汀諾（Carl Stiner）中將所率領的第十八空降軍操練攻山頭。然後在華盛頓州的路易斯堡，我對第九步兵師師長的印象極為深刻，他是砲兵出身，背景非常奇特。約翰・沙里卡維尼（John Shalikashvili）少將出生且成長於華沙。他的母親是沙皇將領之女，他的父親則是從蘇聯的喬治亞共和國前往波蘭陸軍任職，然後在二次大戰時期轉往德國陸軍發展。後來才發現他是在納粹的黑衫軍服役，約翰本人卻不曉得這件事。沙里卡維尼十六歲時到了美國，後來應召入伍。我當時認為這名少將潛力無窮。隨著冷戰時期的遠離，我對將領的評估甚至還要更加緊密，超過我自己所能想像。

在平常不打仗的時候，兵團裡的軍師或營隊若運作得很好，老實講，司令官簡直就像在野餐，壓力只像國家安全會議之類的朝九晚五差事。部隊司令部有很優秀的人員為我工作。我制定了一套很清楚的命令要點，終於又再度可以過舒服的日子，五點半下班回到家，和以前在第五軍的司機歐提斯・皮爾森打壁球。一幢位於十號營區，很舒適的維多利亞式房子，作為總司令的宅邸，我和艾瑪在閒暇時，還可以享受第一次含飴弄孫的樂趣。在我們要搬到亞特蘭大之前不久，珍和麥可剛有了傑佛瑞・麥可・鮑爾。

在做國家安全顧問的時候，我可是意氣風發；但接下這個新職位後，國會並沒有授權分配交通工具給我。所以我雖然指揮一百萬人的單位，卻只好開著一輛吱嘎作響、吃油像喝水般，高齡十六年的克萊斯勒廂型車去上班。這部車每天在部隊司令部總部前的地面，留下一灘灘油漬。

這部克萊斯勒曾是我每天裝載工具，以及送孩子到學校的千里馬。但是，我現在深受富豪舊型車的吸引，無法自拔。其中一部是一九六七年的一二二型富豪，這部車有巨大的雙座汽化引擎。如果這車有地方壞了，而我又不知道怎麼修，我就會回到十號營區的書房，找出使用手冊。我會坐在那兒，看著攤在我面前的燃料、線路圖，然後用消去法，把問題給揪出來。試著分析車子的毛病，再查閱書本來找出解決的方法，這樣的做法帶給我的滿足感，是言語所無法形容的。這樣的感覺和其他人打高爾夫一桿進洞，或是打保齡球得了三百分是一樣的。

我玩樂的好方法就是，先分解車子引擎的電線、管子、軟管、電纜、螺絲等零件，卸下傳動裝置的把手，或者用鍊子綁住引擎，再把鍊子掛在屋樑上，用鉸鏈把引擎吊起來。這時我就站在旁邊，渾身油漬卻有著勝利的快感。我最喜歡一個人做事，我不喜歡死黨過來家裡打屁。這就是我在亞特蘭大消磨空閒時間的方法，我不會覺得我特殊的愛好會比其他人打高爾夫、網球、棒球等運動要來得奇怪。

繼任主席

在初夏的某一天，我收到消息說，新任的國防部長迪克・錢尼（Dick Cheney）要見我。在擔任國家安全顧問的時候，我曾和當時身為國會議員的錢尼密切共事過。他在眾議院擔任少數黨領袖，負責替雷根政府的政策拉攏共和黨選票。錢尼從沒有來過部隊司令部，在巡視過也位於譚帕市的中央司令部、特戰司令部（SOCOM）回華盛頓之前，他想要順道過來，並聽取簡報。我前往亞特蘭大的查理・布朗機場接他到總部，由屬下為我指揮的國家戰略地面後備部隊做簡報。接著我們到十號營區一起用午餐。

這位錢尼就是我在第五軍首次遇到，同時在國會山莊共事過的同一個人，他敏銳、聰明、不道人長短，深藏不露。而且很強悍。這傢伙從來沒有穿過軍服，打越戰的時候，他以學生身分取得緩召，後來又因為父母之故再度緩召，當上國防部長根本沒花多少的功夫。很顯然的，他的國會議員友人曾經警告過他，如果沒有新官上任三把火，在國防部打下名聲，那些三軍將領將不會再甩他。於是上任的第一週，他便在有電視轉播的記者會上，教訓空軍參謀長拉瑞・魏克（Larry Welch）將軍，原因是拉瑞跟國會方面討論MX飛彈部署方案。輿論大加撻伐——「一名穿制服的軍官這麼做並不恰當，」錢尼這樣說，結束時又語重心長地說，「每個人都有權利犯一次錯誤。」就我所知，魏克是做錯了。不過他與國會方面的討論，曾經得到錢尼當時的副手威爾・塔夫特及國家安全顧問史考克羅夫的同意。箇中的運作，我可是花了很多的功夫才瞭解的。錢尼只是抓住個機會宣示，我不怕你們這些將領。他的目的達成了。可是魏克也展現出他的個性。一群退休的空軍將領打算向錢尼找回公道，但魏克叫他們罷手。這名曾經在越戰駕駛戰鬥機的老空軍告訴他們說：「我是被行家修理的，我們還是回去做自己該做的事吧。」

我很確定錢尼到亞特蘭大來，可不會只是為了聽取部隊司令部訓練的簡報這麼單純。不過，在我們交談的時候，他的口風甚緊，不肯透露一點風聲。我傳達給他的訊息，就是我很滿意於現況。

當年六月，我接到一通大衛・華理錢斯基（David Wallechinsky）的電話，他是《閱兵》雜誌的作家，這份刊物為日報的週日版，發行到幾乎每一個美國家庭。「將軍，你的一生就是一篇偉大的美國故事，」大衛說，「出身自南布朗區的貧苦黑人小孩，能夠爬升到白宮高位，且獲晉升四星上將。」該雜誌想來採訪我，應該是用在即將來臨的七月四日國慶日當週出刊的。我將是封面故事，還附大頭照等等。我接受了，於是華理錢斯基跟艾迪・亞當斯（Eddie Adams）一起前來，這位攝影師是普立茲獎得主，他在因為拍攝到越戰期間南越警察在街上處決越共軍官的鏡頭而獲獎。

該雜誌完成了採訪，不過隨著國慶日的來臨，該文卻沒有登出來。此時，錢尼來訪的目的開始成為焦點。到了九月，參謀首長聯席會議主席海軍上將比爾・克羅威（Bill Crowe）的第二次任期即將屆滿。出乎意料地，克羅威拒絕被提名續任兩年。但是，繼任他的人選也不會少，他的副手空軍將軍羅伯・赫瑞斯（Robert Herres）就是絕佳的人選。媒體上還出現其他六名可能的候選人，包括我在內。各方的猜測仍在進行，但沒有任何人，包括錢尼在內，曾經說過我會繼任此職位。我也無意追求此職務。根據我的判斷，赫瑞斯將會雀屏中選。我的想法是，我將繼續擔任部隊司令部總司令的職務，並且可能在陸軍參謀長烏諾退休後接下他的職務。或者是，等到赫瑞斯退下來後再接主席。當然我也可能直接就從部隊司令部總司令幹到退休。我入伍已超過卅年了，而且還有頗吸引人的民間工作機會等著呢。

八月六日星期六，我飛到巴爾的摩參加由烏諾主持，一年一度的高級陸軍將級司令官會議。這不是個正式的會議，大家穿得很休閒，是個可以暢所欲言的場合。這年的會議地點在城外一處由私人產業改為會議中心的貝爾蒙特屋舉行。我很期待接下來的三天會議。我就好像參加兄弟會一樣——卡爾是參謀長；巴區・聖特（**Butch Saint**）是歐洲陸軍總司令，是一位可敬的對手，以及從中央司令來的史瓦茲柯夫，還有許多我在軍中的同袍。我們將為陸軍未來的發展方向，一起做腦力激盪，這是我最喜歡的題目。當天早上，我在飛機上看到《紐約時報》的一篇頭條報導，寫著「參謀首長聯席會議主席繼任人選眾說紛紜」。這個記者為了設定目標，居然說我和錢尼時有書信往來，真是大錯特錯。我只寄過一份季報告給錢尼，而這是每個總司令都要做的。

會議進行到最後一天時，大約下午兩點左右，我接到一張字條。國防部長錢尼要我打電話給他。我小心翼翼地溜出會議室，想要不引人注目，但是每個人的目光都跟著我。錢尼不在他的辦公室，不過十五分鐘後，我又收到另一項留言，要我立刻到五角大廈。此時會議已經結束。烏諾意有所指地向我眨眨眼說：「我給你弄架直升機來。」

我回家接了艾瑪後馬上出發。在五角大廈的直升機坪，有個司機開輛旅行車在等我們。在抵達五角大廈的小河入口後，我要艾瑪等一下。我穿著休閒鞋、卡其褲及襯衫進去見國防部長。錢尼微笑著向我打招呼，對我的休閒打扮根本視而不見，他就是這樣的人，不浪費時間客套。他說：「你曉得我們在找個主席。你就是我心目中的繼任人選。」接著，他一項一項地分析我的資歷。我知道我在五角大廈及白宮的表現，我擁有必要的軍隊指揮經驗，而我更瞭解軍武控制，這是布希非常重視的政策，而且他認為我們可以合得來。最後，他問我對這份職務的看法。

我回答：「我覺得受寵若驚。毫無疑問的，如果你和總統決定要用我，我將會全力以赴。但你知道我在亞特蘭大還蠻愉快的，目前還不想換職位。」我沒有說出真正的顧慮。其實這是一項艱鉅的任務，有資格坐這個主席位子的十五位四顆星上將中，我年紀最輕。我的四顆星在我肩膀上還不到四個月，而且其他好幾位更資深的人選，他們都有更突出的軍事表現。

布希總統顯然也持同樣的保留態度，因為錢尼接著說：「總統也考慮到你的任命是否會帶來困擾，因為還有其他更資深的陸、海軍上將。」

我曉得能夠得到烏諾的支持，我跟其他各軍種長官的關係也不壞。「我不擔心這個，」我說。絕不能讓他們知道你緊張。

「很好，」錢尼回答說。「我會推荐你。但是你要知道，仍然得由總統做最後的決定。」

我沒跟艾瑪提這件事，直到回亞特蘭大的途中。她說：「又來了。」

第二天，也就是八月九日星期三，錢尼打電話來說，總統已經批准他的推荐。我將接替比爾・克羅威的位置，總統要我回去參加第二天在玫瑰園的宣布儀式。我當天晚上就飛到了華盛頓，艾瑪決定留在亞特蘭大，因為她事先有其他的約會，我的女兒琳達和安瑪麗也很忙，所以在八月十日那天只有麥克陪著我參加在玫瑰園的儀式。布希總統首先讚揚比爾・克羅威擔任主席的傑出表現，接著宣布提名我為參謀首長聯席會議的第十二任主席。我有六個禮拜的時間，交接部隊司令部的職務，並等待參議院的認可。在接下來的幾天中，所有參謀長以及重要的四顆星總司令，都會來向我恭喜並表示支持之意，他們的支持是我在未來工作上非常需要的，顯然，總統的顧慮已經不存在了。

另一項障礙出現了。在我獲提名為主席的消息公布當天，我正在辦公室裡接來自朋友們的賀電時，有個年輕的中尉戴著橡皮手套跑到我辦公室門前。原來陸軍對於吸毒的檢查非常嚴格，經常以隨機抽查驗尿的方式來查辦吸毒者。結果抽到我的號碼，因此我得先做個驗尿，還好通過了。

《閱兵》雜誌在我獲得提名後的週日登出專訪。這時機令人懷疑該雜誌內部有人對主席任命之事有內部消息管道。事實上，《閱兵》雜誌幾週前就預告有這篇專訪，早在總統選上我之前。或許是大衛・華理錢斯基有直覺，要不然就是運氣好。這篇文章確實製造出一些令人驚奇的副作用。華理錢尼斯在採訪時想要找一些帶點人情味的東西，於是我在亞特蘭大的祕書，能幹的陸軍中士坎米·布朗就跟他說，在我的辦公桌玻璃墊下面擺著一些勵志的座右銘。華理錢斯基就要求我念一些給他，如下：「事情沒有你想的那麼糟，明天早晨就會轉入佳境。」「勿忘小處。」「小心抉擇，你可能得到它。」還有其他從生活上得到的教訓等等。他收集了十三則，並且在雜誌文章上將其歸類為「柯林·鮑爾的準則。」後來我開始接到來自全國各地數以百計的民眾要求索取，甚至我得大量地印在卡片上發放。如果讀者有興趣，這些準則列在本書後面。

在我成為主席提名人選消息宣布後的三天，另一項消息卻使我彷彿從雲端墜落，它來得非常突然，使我悲慟不已。我在紐約市立學院時期的效法模範對象、人生導師以及動力來源，羅尼·布魯克斯，因嚴重的心臟病已經逝世，享年僅五十四歲。我搭飛機到紐約亞伯尼的大都會浸信會教堂參加喪禮並致詞，讚佩這個好人和他勇敢的妻子愛爾莎，還有他們三個好兒子。當時，我也看到在場許多昔日的同袍，其中有羅傑·朗其文和蓋比·羅門諾，實在無法不驚懾於人生的無常。如果我沒有認識善於鼓舞人的布魯克斯——但他寧願回到民間作化學研究，我的人生還會如此嗎？

號令三軍

在日本攻擊珍珠港之後的兩個星期，英國首相邱吉爾來到華盛頓，同行的有「參謀首長委員會」（Chiefs of Staff Committee）的成員。這個委員會匯集了英國陸海空軍的將領，這個自一九二三年開始成立的組織，主要的任務是要統合女王陛下的陸海空三軍對軸心國作戰。美國當時並沒有對等的組織來和英國進行聯合作戰計畫，因此，當時的羅斯福總統就創立了「參謀首長聯席會議」（United Joint Chiefs of Staff），以代表陸海空三軍。海軍上將威廉・李（William Leahy），同時也是羅斯福的親信與助理，領導這個團體，充當總統的聯絡人。李當時的職稱是「海軍總司令參謀首長」，美國參謀首長聯席會議，是帶領大家熬過二次世界大戰的組織。

一九四七年，經過國會的認可，常設的參謀首長聯席會議正式成立。一九四九年，設立了主席的職位，奧馬・布來德利（Omar Bradley）成為第一任主席。這個管理美國軍隊的組織架構，幾乎持續了四十年，當然偶爾也有一些改變。例如一九五二年正式授權海軍陸戰隊司令加入大部分的會議計畫，並於一九七八年成為正式的成員。

這套系統有著極嚴重的瑕疵。除主席之外，每位參謀長還要管自己的部隊，但又期望他們會拋棄門戶之見，以國家利益為優先。事實上，要作這樣的平衡非常困難，這些參謀首長能夠不管自己制服是綠色（陸軍）、藍色（空軍）或白色（海軍），達到五角大廈所說的水乳交融、三個顏色混成紫色的境界，可真是難上加難。把這些頂著一大堆頭銜的領導人放在一起，期望他們能「聯合」，根本是癡心妄想的目標。然而，現代史上成功的軍事行動，幾乎都是聯合力量，例如：南北戰爭時的葛蘭將軍和北方的聯邦海軍合作，才能下行密西西比河，一舉擊潰南方的聯盟國；麥克阿瑟將軍於韓戰期間在仁川精采的聯陸登陸，以及有史以來最偉大的聯合行動——諾曼第登陸。在我們這個時代，聯合行動時常是應付一時之需，而不是設立於平常的組織架構中。

參謀首長聯席會議也有責任向國防部長或總統提供軍事建言。但必須是彼此間有「共識」的建言，而不是個別的意見，而這些參謀首長唯一能達成共識的建言，就是「互相放水」。如此一來，有一千六百名工作人員的參謀首長聯席會議，會花上數千小時的工作時間，製造出冗長、誰也不能得罪，以及大家都高興的文件。每位參謀長都能接受，但對於國防部長或總統而言，卻一點用處也沒有。

這些缺失一直存在著，直到第九任主席大衛・瓊斯（David Jones）將軍，在他一九八二年退休後不久終於站出來表達他的失望。瓊斯建議，參謀首長聯席會議主席應該成為國防部長及總統「主要的」軍事顧問，並授與更大的權力。當時的陸軍參謀長梅爾，卻想要把參謀首長聯席會議整個撤掉，並以國家軍事會議取而代之。國家軍事會議的成員，將不用對個別所屬的部隊負責，因此能全力調和三軍武力。以上種種的提案引起激辯，結果是參議員高華德、眾議員比爾·尼克斯兩人提出「一九八六年國防重組法」，並獲得通過。這份法案通常稱為「高華德、尼克斯」法案。

這份法案讓參謀首長聯席會議主席第一次擁有實權。作為「主要的軍事顧問」，會議主席可以直接向國防部長或總統表達他的意見。他再也不會受到限制，不必一方面要代表全體參謀長不關痛癢的共同意見，另一面還要偷偷摸摸地表達自己的看法。不過，所有參謀長還是顧問的身分，即使和主席的意見不一致，仍會鼓勵他們表達自己的意見。「高華德、尼克斯」法案也讓聯會主席直接領導一千六百位工作人員，而不會出現由各個參謀長指揮的多頭怪獸。即使經過這一番重整，主席仍然不是下達命令的人，因為國防部長可以要求他，透過聯席會議主席的名義來發布軍事命令到戰場上。錢尼就是這樣做的。

比爾·克羅威算是過度時期的主席，因為「高華德、尼克斯」法案是在他任期一半的時候實施的。假設我的任職命令獲得認可，我就是第一位整個任期都擁有這個法案所賦予權力的主席。九月二十日，參議院正式通過我的任命，我成為擔任這個職務中，最年輕、首位非裔、畢業於預備軍官班的主席。出身於「南布朗區」的移民後裔，竟然躍升到這個國家最高的軍事職位。

十月一日我心滿意足地，但是很疲倦地上床睡覺。比爾・克羅威的任期於前一天午夜結束，這個週日就是我上任的第一天。當天早晨我到冷清的五角大廈新辦公室去看看，順便帶點東西去。克羅威收集了一大堆的軍帽頭飾，擺在辦公桌後面整面書架上。他把帽子都拿走了，於是書架空盪盪的。我惦記在心，要打個電話給老友比爾・史托夫特，他現在是陸軍史學家，請他送我二次世界大戰的史書。後來，我打過電話後，比爾的助理問我要多少書。我告訴他，「要三十五呎長！」

第一聲鈴響

主席的辦公室窗戶，因距離五角大廈的主要出口——小河入口只有幾呎，附近又有巴士停靠，基於安全的理由封住了。但這樣一樣，我便無法看到從波多馬克河到國會大廈一帶的秀麗風光。我看不到悠游於河上的遊艇，甚至五角大廈的閱兵廣場也瞭望不到。這也許需要改變一下。科克博士的手下想到了點子，幫我裝上了單面的防彈材質玻璃。如此一來我可以看得見外面，但那些排隊等交通車的員工卻看不到我。數年以後，我發現自己站在觀看人生好戲的位置；包括竊竊私語的國防部官員，以及幽會的情侶。

上班的第一天，我把一九五七年在布格堡贏到的「D連最佳學生獎」的獎品——大理石文具組和西華鋼筆，擺在桌上，這兩個東西一直跟隨我到每一個職位。我也打算掛上部隊司令部的同袍送給我的歡送禮物。那是唐．史戴弗（Don Sitvers）一幅名為「追尋勝利」的版畫作品，畫裡刻畫著第十騎兵團水牛士兵對抗阿帕契戰士的事跡。我還要把我獲頒第一顆星的時候，史圖．普爾文森（Stu Purviance）送給我的〈林肯的一封信〉加框掛上去，林肯總統在信中說製造新的將軍要比找回失落的馬匹簡單得多。

當天下午，艾瑪和我參加由我的表弟亞瑟．路易斯在華盛頓開的家庭派對。他是個很特殊的人，先是被徵召入海軍，接著在達特茅斯大學取得學位後，當上駐獅子山共和國的大使。我的姊姊梅芮琳、姊夫諾曼，還有其他的家族親友也從各地來到這裡。我們有兩件喜事要慶祝：一是我的新職，二是麥可和珍的結婚一週年紀念。我童年在「漢點社區」所曾感受到的樂趣與溫馨一一重現，派對開到很晚，我們都玩得很盡興。艾瑪和我在快半夜的時候，才上床睡覺。我們住在華盛頓大廈，我們將在麥爾堡的這個貴賓飯店，一直住到主席官邸完成整修。我不過睡了幾個小時，就聽到電話鈴聲響起。

第十六章　主席先生，麻煩嘍！

自從美國人民對越戰產生懷疑的二十年以來，我所堅持的信念，皆因這次巴拿馬行動獲得印證。確立正確的政治目標、堅持下去，並運用所有需要的武力；如果必須大幹一場，也不要膽怯，決定性的武力能快速解決戰爭，並且最後還能拯救無數的生靈。

我當上參謀首長聯席會議主席才二十四小時，作戰參謀官湯姆．凱利（Tom Kelly）中將，半夜就把我叫醒，要我注意巴拿馬正醞釀推翻諾瑞加政權的軍事政變。凱利告訴我，剛接任南區司令部總司令職務的麥斯．杜曼將軍幾分鐘後會打電話給我。

雖然麥斯．杜曼接他的新職位只比我早一天，我卻非常放心有他在巴拿馬處理這樣的危機事件。麥斯是個傳奇人物，眾人公認他是陸軍裡最聰明並且最難纏的軍官，他是個工作勤奮的單身漢，對於工作之外的東西似乎都沒有興趣，又因為他的個性衝動，所以大家幫他取了個綽號「瘋子麥斯」。

接下來的六年裡，諾瑞加在我的雷達螢幕上來來去去。我首次見到他，是在一九八三年九月，我和溫柏格到拉丁美洲訪問，當時諾斯中校還是我們的同志。這次訪問，我們曾形式上會晤過巴拿馬當時新任的傀儡總統，史丹佛大學畢業的艾斯普瑞拉（Ricardo de la Espriella）。我們接著會晤這個國家實際的統治者，就是安東尼・諾瑞加將軍，也是巴拿馬國防軍的首領。地點在他的總部，一幢稱做卡瑪達西亞（Comandancia，譯註：司令部之意）的建築物裡。我覺得諾瑞加外型並不起眼，臉上斑斑點點，眼睛小但目光逼人，還不時擺出大架子。看到他立刻讓我毛骨悚然，彷彿看到惡魔。

起訴友邦元首

二十五年來，諾瑞加一直接受中情局及國防情報局的金錢。他和古巴、利比亞，以及其他需要情報的客戶都有交易，還允許蘇聯的格別烏在巴拿馬自由活動。你沒辦法收買諾瑞加，但可以租賃，我們利用他把武器送到尼加拉瓜反抗軍的手上，幫助他們攻打桑定政權的游擊戰。我現在還記得首度和諾瑞加碰面的時候，當時我覺得把這樣的惡棍，當作令人尊敬的國家領導人實在怪異。兩年後，也就是一九八五年，我再度和他碰面時，我們還是對他一樣禮遇有加，這次是在諾瑞加把自己升到上將後，溫柏格邀他到五角大廈。當然，他並非是五角大廈招待過的唯一獨裁暴君，另一個我記得的是薩伊的莫布杜（Mobutu）。不過同樣的，莫布杜也有他的用處，我們需要把武器送給安哥拉的反共產主義反抗軍。冷戰時期，免不了會讓這些令人不寒而慄的壞蛋橫行霸道。

諾瑞加的手段很狡詐。他支持尼加拉瓜反共主義的地下活動，藉此表示自己站在中情局局長比爾・凱西（Bill Casey）的好人這一邊。另外，他偶爾也會掃蕩小型的毒品交易，來取悅美國的毒品執法局，卻同時又幫哥倫比亞的毒梟洗錢，從中牟取暴利。不過他太過自恃，敗象因而漸漸開始顯露。一九八五年他在巴拿馬國防軍陰謀策畫下，暗殺左派政敵斯派達夫拉的行動，引來大群採訪事件真相的記者，更引起參議員傑西・赫姆斯（Jesse Helms）的不滿。另外，截至一九八八年二月，在邁阿密及譚帕市的陪審團握有諾瑞加從事毒品交易的證據，已足以起訴並將他定罪。當時的副總統布希曾告訴我，決不可以和他談條件，讓他逍遙法外。

當時我是國家安全顧問，對於起訴一個「友善的國家元首」是否明智，曾有激烈的辯論，我必須為這場爭論做個決定。事實上，我們的處境很尷尬，美國政府允許起訴程序繼續下去，卻還付錢給諾瑞加，毒品執法局甚至還寄給他們一封感謝函。最後政府還是採取了明確的立場，那就是所有的美國單位都要設法把他逮到；我們不可以一邊起訴他犯罪，同時還繼續付他錢。

諾瑞加遭到起訴之後，巴拿馬人民湧上街頭，進行反諾瑞加的示威活動，他們以為美國政府已經準備好，要幫他們除掉這個邪惡的獨裁暴君。諾瑞加的反應則是踢掉另一個傀儡總統艾立克・達瓦利（Eric Delvalle），換上原先的教育部長索利斯・帕瑪（Manuel Solis Palma）。此時喬治・舒茲開始推動以激烈的行為來除掉諾瑞加，必要時希望美國軍隊介入，但國防部長法蘭克・卡路奇和參謀首長聯席會議主席克羅威不同意，他們表示，雖然諾瑞加如此令人厭惡，美國政府還沒有正當的理由出兵。也許有些人會覺得很驚訝，要軍隊運用武力來達成政治目的，軍方不一定會感興趣，除非派出殺手。知識分子喜歡說我們必須「採取行動」，外交官則大肆發表他們的專業外交觀點，但最後要上戰場運回屍袋、向這些士兵的父母有所交代的卻是軍方。雷根總統從未真正想要入侵巴拿馬，因為沒有直接的挑釁行動。他認為美國要避免讓人家覺得是野蠻人，不能因為我們看不慣人家處理內政的方法，就要入侵巴拿馬，況且當地也沒有嚴重的共產活動。

我曾想過，要是我們真的要介入巴拿馬，並不是除掉諾瑞加就能解決所有問題。他的權力基礎在巴拿馬國防軍，我們一甩掉諾瑞加，又會有另一個巴拿馬國防軍事強人起而代之。截至目前為止，又看不到有那個有作為的人，能取代諾瑞加和他的走狗。身為國家安全顧問，我開了好幾次「政策檢討小組」會議，要試著找出有沒有巴拿馬國防軍的軍官比諾瑞加好，或者是能撐得過巴拿馬國防軍反抗的民間領袖。這時，中情局的任務主管直接告訴我，他們可能找到救世主了，並表示這個人是真正反諾瑞加的自由主義者，可以幫忙推翻諾瑞加。這個模範生是誰？我很想知道。他們告訴我，他是艾多度・海瑞拉・漢森（Eduardo Herrera Hassan），曾做過大使及駐以色列使館的武官，一向和諾瑞加不和。

中情局把海瑞拉從特拉維夫拐了出來，送他來華盛頓。我在白宮的辦公室接見他。他很英俊、迷人，也有點狡猾，雖然講話結結巴巴，他還是把反對諾瑞加的理由講得頭頭是道，但是從沒提到「自由」、「民主」這些字眼，他最關心的是巴拿馬國防軍的福利以及前途。我當下知道，他只是另一個作風較溫和的諾瑞加。海瑞拉回到了以色列，不過諾瑞加知道了這件事，便將他革職。於是，中情局又把他帶回並照顧他，因為他也許還派得上用場。

雷根總統的任期於一九八九年一月結束，布希總統繼承了諾瑞加這個大麻煩。這個軍事強人繼續表現他對民主的不屑一顧，他打擊政治反對勢力、大規模逮捕政治犯，還中斷了一九八九年五月的選舉，因為他的對手蓋利默・安度拉（Guillermo Endara）好像就快贏他了。他還派巴拿馬國防軍的走狗，在所有美國電視攝影機前，毆打安度拉的副總統搭檔。一九八九年秋天，在我成為參謀首長聯席會議主席的時候，推翻諾瑞加並由民主政府取而代之，已成為布希政府愈來愈重視的課題，而布希總統對這個獨裁暴君的厭惡並沒有消滅。

政變兒戲

十月三日半夜，就好像約好的一樣，杜曼跟隨著凱利早先的警告，提供我更完整的報告。他說這場騷動是由一個巴拿馬國防軍的軍官策動，他是吉拉第（Moises Giroldi Vega）上校。行動大約會在六小時後，當天早上八點半展開。

我問杜曼：「我們對吉拉第這個人知道多少？他有無盟友？他有友軍嗎？他向我們要求什麼？」

「我們對他一無所知。」杜曼說。至於他的動機，吉拉第似乎是代表著未獲公平待遇的巴拿馬國防軍士兵。他的叛變比較像是在抱怨工作不如意，不像是追求民主。他也沒有向我們要求什麼。

「我們是不是在扶植另一個諾瑞加？」我問杜曼。

「有可能。」他回答說，由於資訊不夠充分，因此其實很難判定。我要杜曼保持聯繫，然後打電話給國防部長錢尼。這是一通很重要的電話，是我擔任參謀首長聯席會議主席之後，首次履行責任向國防部長提出軍事建議。我把錢尼吵醒，向他報告一切之後，覺得他還蠻冷靜的。我向他說明杜曼及我本身的看法，指出我們沒有足夠的資訊來判斷是否該支援吉拉第。錢尼同意我們的觀點，並且打電話告訴史考布勞夫特，他也同意我們，且向布希總統提出建言。

第二天早晨，八點半到了，沒有什麼軍事政變發生。杜曼打電話來說，顯然吉拉第的行程有點問題，必須把他的行動延到當天稍晚的時候。

那天早上，我到白宮和總統及他的國家安全小組會面，從橢圓辦公室直接打電話給杜曼，得到最新情勢，然後告訴總統杜曼所知道的狀況。吉拉第曾領導巴拿馬國防軍的第四步兵連，主要任務是保護諾瑞加的司令部的安全。他不久前曾協助諾瑞加敉平一次流產政變，兩人私底下很親近，諾瑞加還是吉拉第小孩的教父。吉拉第要求我們派美國軍隊阻斷到司令部的通路，以免諾瑞加得到城外巴拿馬國防軍的支援。但是他卻沒有把諾瑞加交給我們的意思，他有個很奇怪的想法，認為諾瑞加會很平靜地接受他的下場，退隱到鄉下。當然，他也無意拿自己家人的生命安全冒險，他要求在巴拿馬的美國官員庇護他的家人。

這整件事好像是外行人搞的，錢尼、杜曼跟我仍然認為美國不應該介入。總統其他的顧問也都同意，雖然我們有點擔心，如果吉拉第失敗，我們可能會被指責沒有掌握機會除掉諾瑞加。無論如何，布希總統已然下定決心。吉拉第仍未鬆口談到民主。我們就無法支持他，除非他承諾會恢復民主規則。

這是我頭一次有機會看到布希總統的團隊採取行動，我很訝異他們既沒有事前準備，也沒有事後規畫，就做出重大的考量。我跟法蘭克．卡路奇所創造的PRG系統已經被新的小組束諸高閣。史考克劳夫特這位精明的傢伙後來發現這個問題，於是創設副首長委員會來代替PRG系統，且由他的副手鮑伯．蓋茲（Bob Gates）擔任主席。這些都是後來的事了。在當時，橢圓辦公室裡的自由辯論是相當開放的，其中最自由的倡議者就是白宮幕僚長蘇努努。在這方面，蘇努努不但不能容忍笨蛋，也不見容聰明的人。他喜歡打斷別人的話，直接轉到他想要的話題，我注意到，總統似乎對這種行為並不太在意。布希本人聽得多說得少，說起來則很有道理。他重複地說，叛變者必須明確表達恢復民主的意圖，否則「我們不給予承諾」。接著他宣布結束會議。我回到五角大廈，仍跟杜曼保持密切聯繫。

在這緊張的一天，我卻在錢尼的辦公室裡，見到了我永遠也想不到會看得到的人。國防部長此時正在招待蘇聯的新任國防部長，迪米尼．亞佐夫將軍，同行的還有阿荷拉夫將軍。他是前蘇聯第八禁衛隊的司令，曾和我在德國的第五軍對峙。錢尼為我們彼此引見，我們隔著桌子向對方微笑。這真是太諷刺了，我們這兩個軍人還曾處心積慮地要消滅對方。「阿卡洛夫將軍，」我說，「你知道嗎，我以前在法蘭克福的時候，把你的照片擺在我的桌上。」

他回我一個狡黠的微笑，並說：「沒錯，我也把你的照片放在我的桌上。」

黑幕漸漸低垂，從巴拿馬傳出的最後消息，是吉拉第的政變將在第二天發動。政變的確在第二天早上發生。吉拉第將諾瑞加挾持在司令部裡，但卻不知道該拿他怎麼辦。我們指示過杜曼，除非由起事者將諾瑞加交給我們，否則不能抓他。但是杜曼也沒打算採取主動來逮捕他。在此同時，諾瑞加一點也沒有要退隱鄉間的打算，相反的，他拿起電話，聯絡位於七十五哩遠的巴拿馬市及瑞哈多（Rio Hato）的效忠部屬，趕來為他脫困。到傍晚的時候，諾瑞加已經說服吉拉第放棄，這場政變就這樣失敗了，整個事件才持續五個小時。

錢尼和我向白宮報告這次慘敗，之後，我們來到了小河入口的閱兵廣場。我既然已經深陷這樣的危機事件，也該是舉行官方儀式宣布我開始執行主席的身分的時候了。我沒有想到流產政變會是個好兆頭，但我已經學到了好多東西。錢尼非常冷靜、堅定，聯席會議是個步調快速、專業的組織；而布希總統身邊雖然圍著一堆鬧哄哄的智囊，卻能看清問題的本質作出明智的決定。

吉拉第完蛋了。諾瑞加立刻下令處死他，但吉拉第的失敗帶給美國的影響，卻才開始餘波蕩漾。國會裡的民主、共和兩黨議員開始跳腳，指責行政單位坐失除掉諾瑞加的大好時機。這是由參議員赫姆斯帶頭。結果錢尼和我要到國會山莊去，聽這些對事情一知半解的人，痛罵我們沒有及時幫助吉拉第。我用克勞塞維茲（Clausewitz）的話來安慰自己：「我們不要忘記，短暫的印象之所以鮮明，只因為不夠深刻的緣故。」我仍然堅信我們的決定是正確的。

杜曼跟我可說上了寶貴的一課。我們認為如果真要在巴拿馬採取行動，就應該建議把巴拿馬國防軍幹掉。杜曼於是真的開始研究這麼做的實際計畫。

政變失敗過後的週六，我幫忙艾瑪搬到我們的新家，位於第六宿舍的主席公館，這時《華盛頓郵報》的記者鮑伯·伍華德（Bob Woodward）打電話來。伍華德將在週日版裡報導這次失敗的政變，他想要瞭解一些相關的事情，也讓我有機會說明事情的始末。伍華德說話聲音平和，態度就像是個童子軍要幫助老太太過馬路一樣。他向我保證，我所說的一切都將得到保障，跟匿名的「一位高級政府官員今天表示……」這種講法差不多。截至目前為止，針對我在巴馬拿政變一事中所扮演的角色，新聞報導將我描繪成備受歡迎的孩子突然受到挫折。不過，我對於讓自己的說法見諸報端並不排斥。我同意接受伍華德的訪問。

他在第二天所做的報導雖然不夠精確，但也不是沒有幫助。經驗告訴我，你想要拍一張你想要的，可以討好的相片，結果攝影師卻找出你張開大嘴的那一張。無論如何，我仍然跟伍華德打交道，只不過艾瑪叫我要小心點。

回應挑釁

接下來的二個月，有更多政變的謠言從巴拿馬傳出。雖然最後證實都沒有那一回事，杜曼仍然加緊應變的計畫。其中一個已成形的計畫，代號叫「藍湯匙」，其範圍除換下諾瑞加之外，大到要摧毀整個巴拿馬國防軍。在修改過的「藍湯匙」計畫下，除了美國南區陸軍及在巴拿馬的支援部隊，總共一萬三千人之外，同樣也是一萬三千人的第十八空降軍也將加入陣容，第十八空降軍的軍長，史泰南中將，將會指揮聯合作戰部隊。如果我們真的發動攻擊，這支軍隊將會攻占所有巴拿馬國防軍設施，瓦解他們的頑抗，然後協助合法當選的艾多拉政府重掌政權。「藍湯匙」最後還加入了三角部隊的空中突擊，這是為了救一個美國公民，科特・姆斯。他是中情局的線民，諾瑞加指控他從事間諜活動，把他單獨監禁在蒙得羅監獄。諾瑞加曾威脅說，只要美國有反巴拿馬的舉動，就會立刻把姆斯殺死。經過錢尼部長的許可，我們開始不聲不響地把武裝部隊滲透到巴拿馬去。

梅爾堡格蘭特大街的第六宿舍是一座大邸第，住在裡面好像住在白宮一般。艾瑪跟我擁有一樓的大型接待室，臥室等都在二樓。跟白宮的差別在於二樓的起居室等不是很大，剛好夠我們二口子住，留客人過夜就有點擠了。沒事的時候，我在那裡看看書，還有一台電視跟保安電話。

一九八九年十二月十六日星期六晚上，我正在書房裡，這時接到凱利的電話。他說：「主席先生，麻煩嘍！」一如往例，第一手的消息都很簡略，我只知道一名美國陸戰隊隊員在巴拿馬被槍殺了。不久之後，我又得知四個著便服的軍官開車進城吃晚餐，結果在巴拿馬國防軍總部附近遇到了路障。當天是巴拿馬的軍人節，有很多巴拿馬國防軍在這附近喝酒狂歡。在這個路障之前，一群軍人想把這幾個美國人從車上硬拉出來。駕駛猛踩引擎，急著要離開，這群軍人就開槍。羅伯特．派茲中尉不幸中彈，不久後死亡。

夜深之後，情況變得更糟。在現在目擊整個事件的海軍軍官亞當．科特斯中尉和他的太太邦妮，受到巴拿馬國防軍留置，帶往警察局接受審訊。他們毆打科特斯，威脅要殺死他；又強迫科特斯太太靠牆站，士兵對她上下其手，直到她昏倒為止。

我向錢尼報告這些情況。我們討論這算不算是個不容漠視的挑釁行為。他向白宮通告這件事，決定第二天早上和布希總統開個會。

那個星期天一團混亂，簡直像在地獄一樣。我先到五角大廈，向杜曼查證星期六的事件，雖然我們的軍官走了條不歸路，撞上這個路障，這些巴拿馬國防軍士兵的行為仍然不容寬恕。此外，這次的槍擊事件也代表了對美國軍隊逐漸高漲的敵意。我問杜曼：「『藍湯匙』進行得怎麼樣？」杜曼答說：「演練過，已經準備好了。」我分別打電話給軍事空運司令部以及特種作戰司令部的司令官，告訴他們準備好，即將行動。接著我趕到錢尼的辦公室，參加早上十點的會議。在場的有國防政策副部長保羅．渥菲斯（**Paul Wolfowitz**），公共事務助理彼特．威廉斯（**Pete Williams**），我認為他是這方面問題最優秀的專家；還有國家安全會議的比爾．派瑞斯（**Bill Price**）。我們逐漸討論所有的可能。在錢尼結束會議的時候，渥菲斯和派瑞斯還不能確定，我們是否有軍事干預的正當憑據。會議結束後，錢尼要我留下來。等剩下我們兩個人的時候，他問我：「你認為呢？」我表示：「杜曼和我都相信，我們應該介入以保護美國公民。此外，諾瑞加又不是合法的領導人，他是罪犯，還遭到起訴。」但是我又告訴錢尼，我要保留最後的看法，要等到與諸位參謀首長談過才能決定。

錢尼說：「好。我會安排和總統開會。」

巴拿馬是布希政府所遇到的第一樁國際事務危機。也是新主席在高華德與尼可拉斯等國會領袖底下所遇到的第一回嚴厲挑戰。在過去，由各軍種參謀長達成某種協議之後，由主席提交給國防部長與總統。現在，我是主要的軍事顧問了。參謀長們具備絕佳的技能與經驗，訓練精良的部隊也是由他們造就的。我不能忽略他們的智慧，但現在身為參謀首長聯席會議主席，我不再只是個信差的角色了。

我回到辦公室以後，要凱利把所有的參謀首長，在早上十一點半都召集到六號宿舍和我碰面。我不希望在星期天早上將所有人馬都叫到五角大廈來，這樣一定會給新聞媒體盯上，自行發出五花八門的警訊。不久，這些參謀首長由教堂或家裡陸續抵達。我泡了咖啡，大家坐在一樓的書房裡。我對海軍陸戰隊總司令艾爾．格雷（Al Gray）說：「真遺憾，你損失了個部屬。」格雷冷冷地點了個頭。接著由凱利和我的情報官，泰德．席佛（Ted Sheafer）少將，向他們作簡報，在談到作戰的時機時，我說出我的看法：「派茲的死不能等閒視之。『藍湯匙』是個很好的計畫。我們已經準備好，而且我認為我們應該放心去做。但是我仍然需要知道你們的想法。」

陸軍參謀長卡爾．烏諾，海軍作戰部隊參謀長卡爾．查斯特（Carl Trost），副主席赫瑞斯都表示贊同。空軍參謀長威爾區則持懷疑態度，認為沒有充分的挑釁，但最後他也同意了。格雷則質疑我們的行動，是否真要如「藍湯匙」所要求的這麼快速。他很清楚這個計畫，照眼前看來，海軍只能扮演次要角色。他想要爭取時間，將海軍兩棲部隊召來加入。我告訴他：「艾爾，麥斯的計畫很嚴謹，已準備好行動，我們不可能再延後或加入一些不需要的人。」他表示瞭解。「藍湯匙」計畫終於獲得所有參謀首長一致無異議通過。

這個時節談作戰計畫，感覺是有點奇怪。十二月十七日星期日下午，白宮的走廊因為節慶即將到來，布置得很漂亮。我匆匆忙忙地走著，凱利跟在我的旁邊，拎著裝地圖的箱子，這時忽然迎面碰到一群穿著十八世紀服裝的耶誕節唱詩班。我和他們握手，並交換節日的祝福之後，就爬上二樓，繼續往布希總統的私人起居室走。總統正在那兒坐著等我們，一副心事重重的樣子，下巴抵住胸口，牙齒咬著下唇。他叫來了錢尼、國務卿貝克、史考柯夫、蓋茲還有發言人費茲瓦特（Marlin Fitzwater）。蘇努努不在場，看來爭執顯然會少些。

錢尼以回顧在巴拿馬所發生的事件作為開場白，並用一般的字眼來敘述我們提議的對策。接著他把棒子交給我，由我來解釋軍事方面的行動。凱利打開地圖，我開始作簡報。藉由一枝如同鋼筆大小的雷射指示器所發出的小紅點，我可以在地圖上點出目標。這個無中生有的小紅點，似乎讓總統覺得很好玩。

除了錢尼之外，其他人都是首次聽到擴展後的「藍湯匙」計畫。我開始說明我們的主要目標：除掉諾瑞加和巴拿馬國防軍。達成這個目標後，我們要統治這個國家，直到建立平民政府與新的安全部隊為止。因為這個計畫不只是要「除掉」諾瑞加而已，所以我在這裡停了一下，確定大家都聽到，並想清楚其涵義。結果沒有人反對。

接著，我報告詳細的軍事部署，我方現有的部隊，已經暗中增加到目前的一萬三千人，然而，這個數目還不夠。杜曼和史泰南計畫要攻擊巴拿馬國防軍的主要單位，還要拿下重要的軍事設施，所以陸軍突擊隊會派傘兵到巴拿馬市西方的瑞哈多，並降落在營區裡，制伏原先用來打擊政變的巴拿馬國防軍連隊。新的空軍F-一一七突襲戰機將首次上場，協助突擊隊。第八十二空降師將從布格堡起飛，空投傘兵到市區東邊的目標區。第七步兵師要派更多的步兵，從加州奧德堡飛來，擴大我方對巴拿馬的控制範圍，並協助當局恢復法治與秩序。已駐巴國境內的美國軍隊則負責拿下司令部，及市區內的目標。海軍三棲部隊則負責攻下諾瑞加預備用來逃亡的飛機藏匿機場，特種部隊要負責找到諾瑞加，這是個艱鉅的任務，因為我方無法每天掌握他的行蹤。海軍陸戰隊則派連隊，負責保住巴拿馬運河上的美洲大橋，三角部隊則要救出姆斯。姆斯是中情局的線民，被囚禁在司令部對面的蒙德羅監獄。「藍湯匙」計畫所包含的部隊將超過二萬人。

我預測，在發動時刻後的幾小時內，不管有沒有抓到諾瑞加，他都將喪失權力；而我方將創造有利的情勢，讓贏得選舉的艾多拉政府現身，接掌政權。在簡報的最後，我指出「所有的參謀首長都一致同意」。

布希總統老神在在，像酒館裡坐在吧台前面的酒客，冷靜地看著別人吵架一般，但是他的顧問們可不好過。史考克勞夫特的態度咄咄逼人，然而此人的智慧與意圖卻不得不讓人佩服。他想要讓總統去除平安無事的假像：「一定會有傷亡。會有人死掉的。」史考克勞夫特說。總統點頭稱是，讓辯論持續下去。

貝克認為我們有義務干涉；我們所以要維持軍事力量就是要履行這個義務。他不得不提到國務院催促我們採取行動，已經有好些時候了。接著，史考柯夫直搗問題核心：「要是我們這樣做，又沒有抓到諾瑞加呢？這可讓我有點不太放心。」因為我們不知道他的去向，所以這種情況很可能發生。要是他逃到叢林裡去呢？這也有可能，那裡是個躲藏的好地方。史考柯夫也不放過傷亡的問題。「給個數目」——這是他的要求。數目？我回答他說，我沒辦法很精確地說出數目，顯而易見的，一定會有人受傷、死亡，不分平民或士兵，也會有很多房屋被摧毀。我們也預料境內會一片混亂，尤其是在剛開始的時候。

最關鍵的問題，在於我們受到挑釁是否已嚴重到要採取行動。我們的理由有：諾瑞加蔑視民主、他販毒並遭到起訴、一個美國陸戰隊員被殺死，再加上由他這樣不可靠的人統治巴拿馬，根據雙方協議，美國原有的運河權益將受到嚴重威脅。當然，我並沒有說出布希總統個人對諾瑞加的厭惡，他這樣一個三流的獨裁者，竟也敢指著美國的鼻子耀武揚威。事實上，我也有同樣的厭惡感。

總統要我精確地估計可能的傷亡。「總統先生，我無法更精確了。」「我們什麼時候可以準備好行動？」他問。

「兩天半以內，」我回答說，「我們要夜間攻擊。我們具備夜戰能力，這可以形成戰術性的奇襲效果。」

又難、又急的問題一個接著一個，到後來好像就要推翻原來的決定了。我看到首次和這群人開會的凱利，開始有點不太自在。但是就在這時，當每個人都暢所欲言之後，布希抓住椅臂站起來說：「好，就這麼辦。放手一搏！」

回到五角大廈之後，我打電話給杜曼和其他主要的司令官，並再次和諸位參謀首長談過。攻擊的日子定在十二月二十日，時間凌晨一點。

幾週之前，錢尼曾經打電話給我，叫我單獨到他辦公室會面。「你身為主席有個不錯的起步，」他說，「你很有魄力也很負責，但是你應該要把所有的資訊告訴我。這不是我所想要的做法。」他接著說希望資訊是來自於不同的管道。他說得一點也沒錯。資訊就是力量，他跟我一樣瞭解這點。我有點想要把持它。於是我告訴他我瞭解了，身為他的高級軍事顧問，我有義務提供他所需的建言。如果我們的運作是有關於我所不熟悉的軍事建議或資訊，那麼就會出現問題了。「很好，」他說，「只要我們能相互瞭解就好……柯林。」我曉得我們之間的關係仍然是很熟的，只是我明白了我的職責何在。

後來我逐漸習慣這人的行事作風，他跟前任的溫柏格那種謙恭作風大不相同。錢尼是個來自懷俄明州的理智型牛仔，習於廣大的開放空間，不需要跟太多人打交道。他是個天生的保守主義者，在他的政治哲學裡，孤僻的人雖說會採取你的建議，但是卻傾向於自己一個人做出決定來。他具有絕對的自信，如若不然，也是極力想要讓人有這種印象。他也是個鴨子划水，不讓人知道底下辛苦的人。我喜歡跟這種大將之風的人共事。

正義之師

隨著發動攻擊的日子漸漸接近，我告訴凱利一定要把「藍湯匙」所有的消息讓錢尼知道，一點一滴都不能漏掉。我本來希望能親自向錢尼簡報，或者至少由別人代勞時，我能在場。但接下來緊張的四十八小時裡，我實在沒有空餘的時間，不過，在我們最近的這次談話後，我要確定錢尼不會覺得自己和所有的消息隔絕。於是他像個吸塵器似的開始吸收資訊。譬如，一個軍營裡有多少人？三棲部隊帶了些什麼裝備？為什麼突擊隊員要從五百呎低空跳下？在行動時刻來臨之前，他要得到全部這些資訊。我瞭解他的用意。當這次攻擊塵埃落定之後，我還是個顧問，但是他和總統卻必須背負所有的責任。

某次和杜曼談話的時候，我提到「藍湯匙」這個代號用來隱藏任務也許可以，但要激起群眾同仇敵愾的精神，可能不太管用。你總不能為了藍色的湯匙就去冒生命危險吧？於是我們另挑了幾個代號，選來選去，最後決定用杜曼的點子，改用「正義之師」（Just Cause）。除了覺得這個代號會鼓舞士氣之外，我還有喜歡它的原因。我想即使最嚴厲的批評家，日後在罵我們的時候，也要提到「正義之師」這幾個字。

策畫戰爭可說是千頭萬緒。天候變壞了，全國性的冰雪天氣影響到召集飛行器的能力。履行任務的準則，還有部隊使用致命性武器的時機等等，都還沒有批下來。我得告訴杜曼修改戰鬥機的轟炸目標。可別因為希望諾瑞加會待在別墅裡，結果卻炸死了無辜的婦孺。

攻擊前夕，回家的路上，我獨自坐在座車後座的黑暗裡，覺得千愁萬緒。我將要主導一場戰事，這是我要求的，確定要流血的。我做的對嗎？我的建言正確無誤嗎？萬一惡劣的天候妨害到空中運補呢？那麼我們要怎樣支援已經到巴拿馬的地面部隊？傷亡會有多少？會有多少老百姓在這場戰事中喪命？這些都值得嗎？我帶著忐忑不安的心入睡。

十二月十九日星期二，一大早我就趕到五角大廈，看到我的聯合參謀部隊在能幹的首長麥可．卡恩思（Mike Carns）領導下嚴陣以待，再加上杜曼在巴拿馬的南區司令部參謀都已經準備妥當，士氣相當高昂。霍華．葛瑞斯（Howard Graves）中將則把我們的軍事行動，和國務院、國家安全會議所做的政治以及外交努力，巧妙地結合在一起。我們已經「準備齊全，可以上場」了。我又漸漸充滿自信，憂慮消失無蹤，我進入暴風雨來臨前的寧靜。

在這個國家距離戰爭不到十個小時的當天下午，有個叫做史塔克斯的學生到我辦公室來訪問我，談談我是如何選擇軍旅生涯的。這段會談是這名女學生的功課項目之一，叫做「訪問名人」。稍早，我則是跟一位名叫湯瑪斯．戴利的海軍軍校學生共進午餐，這是因為我最近在陸軍與海軍足球賽的打賭上面輸了，所必須付出的賭注。按照進度我跟這些人會了面，好讓我的行程看起來很普通，這樣才能掩護「正義之師」行動計畫的進行。

跟史塔克斯小姐訪談結束後，我溜到白宮開最後一次會議。吉姆．貝克與國務院已經擬訂好一項計畫，準備在攻擊發起前夕將艾多拉藏到克雷頓堡，亦即美軍南方指揮部，他將在那裡宣誓就任總統。至此我們還沒有得到艾多拉對此計畫的同意，也不曉得他是否願意配合。艾多拉的參與合作將是攻擊前的最後關卡，如果他不肯配合，布希總統就必須要決定是否要取消此任務，還是說不管艾多拉照常進行。

諾瑞加該怎麼處理？總統一直問到這點。我們要不要抓他？如果不能逮到諾瑞加，這次行動是否會被認為是失敗的？「總統先生，」我說，「攻擊發起的時候我們無從知道他在那裡，但不管他在哪，他將無法再露臉了。」我也警告說，行動的成敗繫於某個人的命運是不對的。儘管如此，總統是要領導全國施行其政策，若其政策是發動戰爭，引起公論的針對政治偏見就非常難處理了。有血有肉的惡棍就是理想的對象。諾瑞加即為豐富的惡棍素材。

星期二晚上七點四十分，我在家裡接到錢尼的電話。他說，艾多拉已經同意加入我們，「正義之師」可以出擊了。八點三十分的時候，我跟艾瑪說我要出去一下，沒有多說什麼就回到五角大廈。前幾天的緊張讓我疲憊得不得了，我便在辦公室小睡了片刻。當晚十一點三十分，我到了五角大廈的國家軍事指揮中心，和錢尼並肩作戰。這個地方像迷宮一樣，房間裡擠滿了電腦、地圖、通訊電話設備，還有軍官到處跑來跑去。凱利不久前才在這團混亂中闢出一間危機處理室，供我和我的主要幕僚以及國防部長等人使用。在我們坐的桌子前，有兩個很大的電視螢幕，可以接收到巴拿馬來的情況報告。我後面的另一張桌子上則擺了電話，可以直撥到位於巴拿馬奎瑞山莊的總部，聯絡杜曼、史泰南及他們的幕僚。

凱利站在我的身後，上身前傾，越過我的肩膀說：「天公有點不作美，但所有的飛機都已經升空了。」這些飛機由布格堡旁的波普空軍基地以及全美各地選定的基地出發，前往巴拿馬。我們曉得新聞媒體已經察覺到有不尋常的空軍行動，但他們報導成展示或強化戰力的活動。我們已達到奇襲的要求。

巴拿馬國防軍在晚上九點的時候，就已經發覺事情不太對勁，但是無法確定要怎麼對付。在午夜過後，巴拿馬國防軍在艾瑪多基地附近開始反擊，有位美國教師因此喪命。史泰南將軍決定把攻擊發動的時候提早十五分鐘。在十二月二十日零點四十五分，第一九三步兵旅的士兵橫掃巴拿馬國防軍的營區，然後向市區挺進，進攻司令部。「正義之師」上路了。報告源源不斷傳回危機處理中心，在在都是令人憂心如焚的片段：「三角部隊登陸蒙德羅監獄的屋頂……警衛殲滅，……三角部隊在……姆斯救出……，三角部隊乘直升機由屋頂離開……大功告成。等一下，不！直升機起火燃燒。它被擊中了！往下墜落！不好。它掉在街上……被擊中……墜落，……人員沒事。」雖然這個後援的過程實際上才花了六分鐘，我卻感覺有一輩子那麼久。

激烈的戰鬥在司令部附近展開。巴拿馬國防軍總部很快的陷入一片火海，火勢並蔓延到旁邊的貧民區。突擊兵在雷哈多降落；在此之前戰鬥機已經投下了兩千磅的炸藥，要給在營區裡的巴拿馬士兵措手不及，好讓傘兵部隊有時間從容地著陸。更多的突擊隊戰機和第八十二空降師則開始轟炸位於市區東方的塔瑞荷國際機場。海軍陸戰隊攻下了美洲大橋。在大西洋這方面，第七師和第八十二空降師，雖遭遇強硬的抵抗，還是進入了科隆市。巴拿馬國防軍的表現比意料中頑強，不過我方的傷亡很輕。截至這個階段，最大的損失是在海軍三棲部隊進攻潘達．派提拉機場時，有四位人員因計畫不周而喪生。雖然說海軍三棲部隊很英武勇敢，但派他們擔任一項較適合步兵的任務，顯然是我們的失策。

傳回危機中心的每份報告，幾乎將先前的消息都一一推翻。有句古諺說得好：「別輕信初聽之言」。坐在國家軍事指揮中心的這個小房間裡，我的情緒猶如雲霄飛車一樣，忽上忽下。兩軍交戰，尤其是在晚上，根本就只是未經組織的一場混戰。新聞記者、歷史學家，甚或星期一早晨的四分衛（譯注：指事後分析家），似乎永遠也無法完全體會，在資訊有限，甚至有誤的情況下，還要做出生命攸關的重大決定的那種心情。錢尼那天晚上坐在那裡，靜靜看著自己的第一場戰爭。他不斷提出尖銳的相關問題，並且每隔個把鐘頭左右，就會走到隔壁房間，透過一條安全的熱線電話，向史考柯夫及總統報告。命令下達的管道非常簡單、清楚。總統給錢尼指示，錢尼告訴我，我接著通知杜曼，他再轉告史泰南。杜曼和史泰南都是戰場上的專家，而我們這些在華盛頓的人，所要做的就是要確保行動能順利展開，不要礙手礙腳。

第二天早晨七點四十分，總統在電視上向美國民眾說明為何要入侵巴拿馬。接著鏡頭轉到五角大廈，當時是八點三十分，錢尼先發表談話，詳細描述造成入侵的理由與衝突點。然後是我上陣來解釋軍事行動。

當天晚上，當戰事還在進行的時候，我離開危機處理中心，到隔壁的房間裡思考著，面對著大眾與新聞界時，該說些什麼。湯姆・凱利的一名參謀陸軍少將雷・馬林克為我準備了簡報圖表。我把它們退回去，因為裡面用了太多的軍事術語，用在班寧堡或許比較合適，但是向美國父老解釋派遣他們的子弟到巴拿馬的緣由，那就沒什麼幫助了。馬林克立即改送來較簡單的圖表，接下來我便利用一個小時的時間，去記住任務、軍事單位與二十七個目標的細節。

當天早晨，在電視上，跟在錢尼之後我詳細說明軍事攻擊的內容。我向觀眾表示，此項行動將會持續進行下去的。大多數的目標都已拿下，但是預期還會有巴拿馬國防軍殘餘部隊以及由街頭混混組成所謂的「尊嚴部隊」的頑抗。截至目前為止，我們僅損失四名士兵，不過可能還會有更多傷亡。我的目的是要傳達出自信與穩定的訊息，我們知道在做些什麼。美軍的聲譽亦繫於此。「沙漠一號」、黎巴嫩陸戰隊總部炸彈事件、亂糟糟的格瑞那達戰役，以及伊朗民航客機的遭到擊落等等，全都造成對美軍及軍方將領的懷疑。我還記得六年前，向魏克漢將軍所提出的「十四號計畫」——我們下次要贏得更漂亮些。

我回答記者的問題，不巧的，他們想要知道諾瑞加的事情。如果我們沒有逮到他，那麼入侵巴拿馬幹啥？我回答說：「我們現在已經毀掉了他的獨裁。」另外有個記者問到，部隊在那裡，而諾瑞加還在鄉下控制一切，那會不會讓美國處境困難？我回答說：「諾瑞加先生，生活在叢林裡……已經有好幾年了。他已經習慣另一種不同的生活型態，我不確定他是否會被特種部隊、陸軍騎兵或一般步兵追拿。」還有個記者問說：「只要我們沒有逮到諾瑞加，正義之師的行動真的能算是成功嗎？」我說，「這項行動已經成功了，因為我們將該國政府的首腦除掉，出現由巴拿馬人民所選出的新政府。」不管怎樣，我心想，若能抓到諾瑞加，會更具有說服力。

回到辦公室電話立即響起。是艾瑪打來的。「你表現得很好，」她說。我堅定的表達已然通過了考驗。

追亡逐北

到了第二天，除了和「尊嚴軍營」的零星衝突外，大部分的戰鬥都已結束。然而諾瑞加仍然逃逸無蹤。我們從第七師運進更多的步兵，在鄉野間進行地毯式搜索，同時並追擊巴拿馬國防軍的餘黨。這些部隊浩浩蕩蕩地從一個村莊到另一個村莊，讓一度令人聞之喪膽的巴拿馬國防軍特遣部隊不得不投降。我們派更多的部隊到巴拿馬市維持秩序並把因大火、戰爭而流離失所的巴拿馬民眾安置在臨時的住所，特別是住在戰火慘烈的司令部附近的居民。

在攻擊時刻前的幾個小時，艾多拉總統已經宣誓就職，他現在正在總統府裡。有二十四位美國人在巴拿馬犧牲生命，才能成就這項民主的勝利。我曾私下給過錢尼的估計是，我們大約會損失二十名軍人。部隊雖然漂亮地成功身退，有些地方我們還是沒有做好，像是：引進平民政府的計畫不夠周詳。還有我們安排的媒體訪問，讓我們兩面不是人；我們送記者到巴拿馬現場的速度太慢了。國防部發言人彼得・威廉斯試著想辦法彌補，所以他派民航客機，把幾百個新聞記者送到巴拿馬。那裡根本沒辦法容納這麼多人。結果，我們只有活生生地任新聞媒體宰割；當然有些還情有可原。自此之後，我知道我們還有哪些要改進的地方。

然而，在正義之師行動期間，媒體方面有些報導讓我改變了我一貫對媒體的支持態度。在入侵行動的次日，在電視記者會裡頭，我看到布希總統，隨著正義之師的成功，他表現得興高采烈。總統可不知道，當他含笑回答記者問題的時候，電視台運用分割鏡頭，另外轉播多佛空軍基地的運輸機正在卸下陣亡美軍的屍體。這種效果讓美國總統看起來很冷酷無情。煽情的畫面，低劣的炒新聞手法。

當新聞界想以其報導來主導這場戰事的時候，我感到很生氣。在巴拿馬市中心有座廣播塔。每個戰略問題專家都曉得，應該要摧毀敵人的通訊能力。那麼你看看，美軍好呆，讓這座無線電傳播塔台得以運作，廣播諾瑞加預先錄好的宣傳帶。白宮方面開始對這座仍然聳立的塔台展開討論。我也開始跟史考克勞夫特討論這件事。我告訴他，這座塔對我們沒有造成影響，塔台所在的區域也沒有我們的部隊，所以也沒去佔領它。我們不想要摧毀這座塔，因為艾多拉總統在近日內可能要用到它。沒辦法。來自新聞界的壓力太過強烈，那座塔還是得去掉。於是我告訴杜曼與史泰南把它毀掉。他們接到命令去執行這毫無意義的任務，都覺得很憤怒。沒過多久，響尾蛇攻擊直升機便發射飛彈將這座鋼塔炸掉，跟我在越南的兄弟用步槍轟掉樹木沒啥兩樣。

第一晚在危機處理中心度過之後，我們回到辦公室。我接到史考克勞夫特從五角大廈打來的電話，他跟我說，有幾個記者被困在巴拿馬市的一家旅館裡，他說，我們得派兵把他們救出來。

「他們沒有危險的，」我說。「根據狀況研判，他們待在旅館地下室很安全。戰鬥很快就會過去。」

我以為已經說服了史考克勞夫特，但是第二通電話又來了。他承受來自紐約新聞媒體主管極大的壓力。「我們必須要採取行動，」他說。

「我們不該採取什麼行動，」我重複地說，「我們的地面指揮官十分優秀。他有計畫，而且很有效。」曼哈頓總裁辦公室裡那些隔岸觀火的人，難道就能主導在巴拿馬的這場戰爭嗎？我提醒史考克勞夫特，巴拿馬另外還有三萬五千名美國公民，我們必須要確保大家的安全。過了沒幾分鐘，錢尼也來電了。沒有話說了。幹吧，他說。不必再爭論了。

再一次，我心不甘情不願地打電話給杜曼與史泰南。「我不想跟你說這些，」在解釋過事情的原委後我說道，「不過把那些記者救出來，將來我在華府會罩你們。」史泰南派出八十二空降師的部隊前去旅館救援。途中，他們遭遇到頑強的砲火抵抗。記者救出來了，可是八十二空降師有傷亡，三名大兵受傷，另外有個西班牙攝影記者在報導救援行動時，則被美軍的砲火擊斃。

我告訴錢尼，我可不要再傳達這種命令了。「若是新聞界必須要報導戰事，我們可沒辦法消除戰爭的風險。」錢尼打電話給史考克勞夫特，要他別再搞這種來自第三者下令的事了。打仗被報導出來，這種年頭軍方真不好混。我們沒辦法叫全國民眾表達出制止新聞媒體的願望，我們只能想辦法適應這種前所未有的情勢。

耶誕夜稍早，我待在車庫裡，發動我一部富豪車的引擎，藉此來放鬆心情。這時，行動電話響了。是我的行政助理湯姆・懷特。他打電話來通知我，我們一直期待的好消息。我大喊大叫地跑進廚房，向艾瑪叫著：「找到諾瑞加了！」我們的部隊在他可能藏匿的地方以及偏遠的鄉村，已經連續找了好幾天。第一晚，他藏在一家妓院裡，但我們失之交臂。懷特告訴我，諾瑞加已經向巴拿馬市的教會尋求庇護。他打電話給教廷大使拉寶亞，要求派些人到位於聖馬格立托的皇后牧場停車場接他。在那裡，大家發現這個軍事強人，身上穿著骯髒的T恤、襤褸的百慕達短褲，頭上戴著一頂過大的棒球帽，蓋著那張令人再熟悉不過的臉。

十天後，也就是一月十三日，我心情更加放鬆，因為拉寶亞勸告諾瑞加，說遊戲已經結束，並說服他向美國自首，梵諦岡的教廷視諾瑞加為被告的罪犯，沒有資格尋求政治庇護。當巴拿馬民眾知道諾瑞加已在美國手裡，就開始在街頭狂歡。在此之前，他們還害怕諾瑞加會重掌政權。

一月初我飛到巴拿馬，視察初步的狀況，並慰問部隊。在看到由吉姆·強森少將指揮的第八十二空降師時，我興奮的得意忘形。我說：「真他媽的（Goddam!）你們做得太好了！」國家廣播公司的佛來德·法蘭西斯用鏡頭捕捉到這句話，結果我成了當天晚間新聞的頭條。社會大眾非常關切參謀首長聯席會議主席這樣的用字遣詞；他們寄來的信件有如雪片一般，很快地湧向我們的辦公室。任何擔心這個國家正處於「世風日下」的人來說，對於大眾這樣的反應，應該會頗感欣慰。

並非每個人都能分享「正義之師」行動的勝利所帶來的快樂感受。「聯合國及美洲國家組織都譴責我們在巴拿馬的行動，指稱平民有嚴重傷亡的報告則甚囂塵上，有些人權組織宣稱，有成千的巴拿馬民眾因這次出兵行動而喪生。那時，杜曼領導的南區司令部參謀部，曾估計巴拿馬民眾約有近百人罹難。緊接著，經過眾議院部隊委員會仔細的調查，估計大約有三百名巴拿馬人死亡，其中一百人是平民，其餘則是巴拿馬國防軍及「尊嚴軍營」的成員。無辜的生命不幸喪生，著實令人悲痛，但我們已想盡各種辦法來降低雙方的傷亡。

在艾多拉總統即位後不久，哥倫比亞廣播公司做了一項民意調查，結果顯示，九〇%的巴拿馬民眾都贊成美國出兵。事實已經證明，布希總統的大膽決定並沒有錯，杜曼將軍、史泰南將軍還有他們的手下，用最少的代價成就了民主的勝利，美國民眾支持這項行動，也因此再度以自己的軍隊為榮。人民的支持使得我們的成功有如探囊取物一樣。

自從美國人民對越戰產生懷疑的二十年以來，我所堅持的信念，皆因這次巴拿馬行動獲得印證。確立正確的政治目標、堅持下去，並運用所有需要的武力；如果必須大幹一場，也不要膽怯，決定性的武力能快速解決戰爭，並且最後還能拯救無數的生靈。日後，不管我們會遭受什麼樣的威脅，我打算拿這些規則，作為軍事建言的基礎。

當我進行本書付梓之際，亦即「正義之師」行動滿六年以後，諾瑞加先生因販毒被收押，現正蹲在美國的監獄牢房裡。巴拿馬已經有了新的安全部隊，民主體制仍在運

第十七章　頭號敵人不見了

官階越高，時間越寶貴，越不容易掌握。於是我發展出幾項簡單的規則：沒有經過我的核准，幕僚不能隨便給我訂下會議、演講或社交活動、旅行的約定。連五分鐘都不行。如果真的約定開會，就得準時舉行。讓別人等你是很不得體的行為。我在等人時的耐心，就好比塞車時坐在計程車裡看著哩程表在計時那樣。

我擔任參謀首長聯席會議主席時最傑出的表現之一，必須歸功於阿諾·史瓦辛格。在部隊司令部的時候，我體能維持得還不錯。但是，在重回政治中樞的壓力鍋後，我的身材就開始走樣。某天晚上，我參加一個慈善晚宴，剛巧就坐在阿諾的旁邊，我向他招認說自己的身材走了樣。

「你需要一部健身腳踏車，」阿諾說。「我送一部給你。」

「我不能收受廠商的任何饋贈，」我跟他說。

「你不用考慮太多，」他回答。「就把它當作我個人送你的禮物。」於是，一部用電腦操控的健身腳踏車很快地送到我家。現在我早上五點半一起床，就由這部健身車開始我一天的工作。一些條理清晰的計畫，都是在這部健身車上的半小時內想出來的。

十一月四日，週六早晨，就在巴拿馬行動前的幾個禮拜，我照例在車上踩來踩去。這時我忽然明白我希望在主席職位上完成些什麼。我認為，我最主要的任務是要把軍隊導引到新的方向，要能順應現代的潮流，而不是受制於過去四十年歷史。我一沖完澡，就馬上走到書房，在一些鑲紫邊的便條紙上寫下我的想法。我特別選這個紫色便箋，是為了要表示主席不隸屬於特定的部隊。

一九九四戰略守則

我腦中醞釀的想法，都是憑一時直覺所做出的分析，我想的可不是情報預測、戰爭遊戲或電腦計畫等。我還打算避免參謀首長聯席會議仍然非常盛行的冗長公文程序。這想法來自於我在世界高峰會議及國家安全會議的觀察心得，再加上一些我認為有根據的直覺反應。我將自己認為今後五十年內會發生的狀況，一一寫出；然後試著設計出能符合陸軍、海軍、空軍以及海軍陸戰隊的未來戰略指南。我在紙上寫下標題：「一九九四戰略守則」。

我寫下蘇聯可能會發生的狀況：反動黨興起、西方投資湧入、市場經濟主導價格、戈巴契夫繼續掌權——你無法全部猜對。我預測蘇聯的軍隊經費會縮減四〇%、裁軍五〇%，海軍造船也將大幅減少。總而言之，蘇聯武力將處於僅為自我防禦的守勢。接著，我做了相當大膽的預測：到了一九九四年，蘇聯軍隊將撤出東歐、華沙公約組織被取代、東德消失、所有東歐集團國家變成「多黨制的中立國」。我還寫說，德國會「統一」，柏林「不再分裂」。我另外預期，南非在一九九四年會出現「黑人多數黨政府」；在拉丁美洲，「古巴將遭孤立，不具威脅」。當然，世界還是會有動亂的根源，我預測將會是：韓國、黎巴嫩、波斯灣、菲律賓。我立了另一個標題，寫著「美國可能介入之點」，共列了兩個地方，韓國以及波斯灣。

我運用這些推測，開始設計出一個在武力結構上能夠符合這些改變的美國軍隊。憑藉著一股莫名的勇氣，我這樣寫著：海軍艦艇由五百五十艘縮減為四百五十艘；歐洲的軍隊由三十萬名減少到七萬五千至十萬名之間；實際服役的陸軍由七十六萬減為五十二萬五千人；海軍陸戰隊、空軍、後備軍人也需要減少。

這樣的東西很難推銷給錢尼。他仍然是個強硬派，似乎還沒準備接受一個比較和藹可親的蘇聯。不過，他也是個內行人，他剛離開國會沒多久，所以深深瞭解縮減國防支出、均分「和平紅利」的政治壓力正不斷升高。下個會計年度的預算，已經反映國家支出實際縮減，錢尼也已經批准，但是這份預算案卻沒有連帶顯示出，長遠的策略規畫正在成形。稍早時，布希政府推動了一項重要的研究，稱為「國家安全評論第十二號」（National Security Review No. 12）的新策略。但十二號是由職業的官僚和少數受指定的行政人員所起草，這樣的組合並不具備總統以及國家安全會議顧問的遠見及實際的政治經驗。這項研究的主要價值，就是可以成為行政單位的擋箭牌，能擋住批評政府單位沒在做事的言論。白宮可以反駁說，我們已經在做了，十二號就是證明。但是簡單的來說，它是個無關痛癢的研究，全是陳腔濫調，我相信它最後的下場是——進垃圾桶。

此時，國會、獨立的國防安全智庫以及自以為是的軍事專家紛紛提出高論。若我們要控制預定的目標，就得走在他們前面。政務次長保羅・渥夫魏茲（Paul Wolfowitz）及其新成立的小組開始運作。我決定讓參謀首長推動軍事戰略觀點，於是我提出某些特定的想法，雖然它們是預測多於分析。我要提出能夠讓盟友振作起來，也讓批評人士能當成箭靶的東西，這樣他們就不會再硬逼著我們接受軍事重組計畫了。

經過週末的個人腦力激盪之後，歐提斯用主席專用的凱迪拉克轎車載我去上班。我的思緒一片混亂，根本沒有聽見歐提斯在說些什麼，直到他把手臂伸到後座來，手上還握著一把步槍。他向我保證說，他已取得持槍的合法執照，身為我的司機兼保鏢，他應該武裝起來。

等我一到辦公室，便立即將錄音機打開，在莫札特的輕盈音樂陪伴下，開始記錄下自己的構思。接著，我去拜訪陸軍中將喬治・巴特勒，以及少將約翰・羅賓遜。他們是參謀首長聯席會議分別掌管策略以及預算的主管，和手下已經在重整的工作上有些成績。我大略將我在週末所得的構思告訴巴特勒和羅賓遜，要他們把這些想法作成簡報用的具體圖表，給他們兩天的時間來完成。這個投影片的題目則維持原有的「一九九四戰略原則」。不過套用戈巴契夫的話，另外有個副標題是：「頭號敵人消失的時候」。

此時我擔任主席雖僅一個月的時間，我已向各軍種參謀首長提出警告說，變革已是無法避免的了，並向他們陳述我的想法。還是有英明睿智的人士，能夠看出蘇聯發生了什麼事。不過，各軍種的參謀首長個個率領的都是龐大的官僚組織體系，從過去以來便投下大量的投資。每位首長也都希望，裁減武力的大刀落在別人身上。在參謀首長聯席會議裡面，只有主席與副主席能維持行政中立。在觀察這些首長幾年之後，我曉得，在面對捐獻盤子傳過來的時候，他們絕對不肯踴躍捐輸的。你幾乎得強迫他們，他們也寧可自己是遭到脅迫的，如此才能向他們的單位證明，他們已極力抗拒刪減預算的大斧。

陸軍跟空軍比較站不住陣腳。他們有很大的投資運用在歐洲對抗紅軍的空對地面戰爭上面，但是這幾乎可以確定已然不會發生了。陸軍參謀長卡爾・烏諾與空軍參謀長拉瑞・魏克知道，他們一定要被砍掉很多預算，可是卻比不上我心目中的數字。

海軍是下一個目標，將做實質的裁減。因為它的主要任務在確保大西洋航路，好讓我們能前往歐洲打第三次世界大戰。海軍航空母艦存在的基礎，則在於當蘇聯紅軍入侵時，能保持海岸優勢，不過紅軍這個角色已快速萎縮。海軍作戰參謀長卡爾・塔羅斯特（Carl Trost）距離下台的時間只剩下八個月，但他卻不傾向於放棄太多的海軍實力，他認為不能因為陸空軍沒有了敵人就一定要裁軍。塔羅斯特指出，蘇聯的海軍仍在擴增，因此除非情報出現不同的變化，否則美國海軍不宜大幅裁減。

陸戰隊的立場則更為堅定。他們理直氣壯的，將本身定位為國家的「一一九」快速反應部隊，不管蘇聯存在與否。海陸的指揮官艾爾・葛瑞（Al Gray）——他是個精神充沛的傢伙，開會的時候還嚼著菸草——對於裁減軍隊規模抵死不從。然而，在雷根建軍計畫對付蘇聯威脅的時候，陸戰隊亦受益匪淺。如今自然不能得以倖免。

我是沒辦法讓他們一致同意的，不過，這些首長也曉得，在國會由高華德與尼可拉斯當權之下，我也不需要他們一致同意。我可自行向國防部長跟總統提出建議。然而，講實際點，我知道我們必須要將新軍隊塑造成團結一致。

幾天後，就在十一月十日，在東德政府的默認下，代表共產迫害的最殘酷象徵——

柏林圍牆，倒塌了。最強硬的反共產主義者親眼目睹，舊有秩序不僅正在改變，根本已分裂瓦解。十一月十四日，我鼓起勇氣將我的「戰略守則」交給錢尼部長，他並沒有當場表示意見，但讓我有公平的發言機會。就算我們的武力真的要縮減，錢尼也不想假手他人，他要用自己的手來拿這把斧頭。他同時也很關切幾個星期內，布希就要到馬爾他和戈巴契夫召開高峰會議，但是對於未來的戰略，總統似乎還沒有具體的概念。後來在看過我的圖表後，錢尼說：「好！我們帶這個去見總統。」

我回到辦公室叫幕僚們在下班前準備一套漂亮的圖表，因為部長跟我第二天將要到白宮去。他們都很驚訝，這我可以理解。以往，比我所建議的東西還要微不足道的改變，得花上好幾年，而不是數日才能通過參謀首長聯席會議的迷宮。

第二天，在我們進入白宮的戰情室時，錢尼表現出來的緊張是我不曾看過的。不久前，他和國家安全會議副主席鮑伯・蓋茲（Bob Gates），還一直在說強硬派的共產主義者會打倒戈巴契夫，蘇聯將回復舊有秩序；而現在的錢尼，居然讓手下的主席向總統推銷另一套相反的說法。不管他緊不緊張，我都佩服他。他願意用新的證據來考驗自己一貫的認知，另一方面，他也讓總統有相同的機會。這天在戰情室裡，都是布希總統幕僚的核心成員：總統、副總統奎爾、幕僚長蘇努努、國務卿貝克、財政部長布雷迪（Nick Brady）、史考柯夫，蓋茲及審計部長迪克・達曼（Dick Darman）也在。他大概要心臟病發作了，因為國防小組居然提議要削減開支。

我開始做報告。總統很仔細聆聽，但沒有做任何承諾。在這個階段，我所得到的反應已經夠多了——不是綠燈也不是紅燈，可能是個黃燈吧！我小心翼翼地繼續講下去。布希總統提了兩個問題：一、我們能給蘇聯的底線到哪裡？二、我們該期待他們有什麼回應？他在幾天之後就要出發到馬爾他和戈巴契夫開高峰會議，這些問題非常重要。錢尼表示，在他離開前我們會有答案。

烏諾曾告誡過我，只要我能做到一件事，就能和這些參謀長相安無事——我得讓他們知道情況。我現在做的，正好就違反這個規則。雖然他們大致都清楚我的想法，但在向總統報告「一九九四戰略守則」前，我似乎應該先向他們簡報。我唯一的藉口就是時間太趕了。第二天，我把他們找來「安全室」開會。這個掛滿旗幟的安全室，是五角大廈特別留給參謀首長聯席會議開會的地方。我把前天給總統看的投影片放給他們看，而我看到有人的眉毛聳起來……，氣我瞞住他們做了一些事。自此以後，我不打算再犯這樣的錯誤。

在總統到馬爾他之前，我和錢尼建議，要讓戈巴契夫知道我們預料將發生的變化，然後向戈巴契夫施壓，催促他趕快從東歐撤兵，把蘇聯軍隊帶回家，不要再有侵犯他國的意圖。他還得敦促戈巴契夫再大量減少蘇聯的軍事開支，並停止支援第三世界國家的叛亂活動。

菲國政變

一九八九年十一月下旬，我曾預測會發生動亂的地點——菲律賓開始不平靜，這政變是由阿比尼拿（General Edgardo Abenina）將軍所發動。

十一月廿九日，我跟錢尼從布魯塞爾參加一項會議歸來。錢尼又累又感冒，回家休息去了。第二天我去上班，回到家吃過晚飯，很快就上床睡覺。一個小時後，電話響起，湯姆·凱利通知我說菲律賓發生政變，係由阿比尼拿將軍所率領的。我立即前往五角大廈的國家軍事指揮中心，十一點剛過便抵達。我進到一間專門處理這種事情的特殊辦公室裡。這裡很小，天花板很低，地面上鋪著灰色的地毯。房間裡很冷，以維護裡面的超精密電子設備。我們使用的是一種新型的視訊會議系統，能讓各個單位之間不必離開辦公大樓來進行多方開會。這回則是這套設備頭一次派上真實狀況的用場。我坐著面對五台電視螢幕，一台可看到白宮戰情室裡，副總統奎爾坐鎮。之所以是奎爾坐鎮指揮，原因是布希正飛往馬爾它跟戈巴契夫會面。另外一台螢幕上顯示的是國務院的拉瑞·伊格伯格。第三台螢幕裡是中情局局長比爾·魏伯斯特（Bill Webster），第四台則是主管國際安全事務的國防部副部長哈瑞・羅文（Harry Rowen），就位在五角大廈的樓上。我自己則是在第五台螢幕上。坐在我旁邊的是鮑伯・赫瑞斯將軍，他曾經也是參謀首長聯席會議主席的人選，現在則是副主席。雖然赫瑞斯已快要退休了，不過只要他在一天，對我的幫助就不可計數。後來我要赫瑞斯先回家休息，這樣到明天早晨至少我們中間有一個人會是有精神的。同時，完全是巧合，太平洋地區的美軍總司令韓汀頓・哈第斯提（Huntington Hardisty）上將也在場，他從火奴魯魯回到五角大廈，原本是為了商談預算的事。

我得知艾奎諾總統指稱說，馬尼拉的總統府遭到反叛軍的飛機轟炸、砲轟。她要求美國軍隊介入，阻止攻擊的行動。伊格伯格強力支持回應艾奎諾的請求，他說：「是我們幫助這個民主政府成立，因此我們必須有所反應。」零星的報告陸續傳進來：某些地方有砲火，可能還得把艾奎諾總統從總統府救出來。然而，我們聽到的資訊混亂多於確實。

我國駐菲律賓的大使尼可尼斯・布拉特（Nicholas Platt）證實，確實有人要求我們轟炸叛軍掌控的一處機場。這座機場裡的二次世界大戰所使用的螺旋槳飛機T-二八，就是攻擊首都的元凶。再一次，國務院急著要有所回應。我打電話給錢尼，通知他新的消息。他想要自病榻在當晚直接處理這件事，因為他可以利用安全電話跟總統的飛機聯絡上。我也推測錢尼打算在家裡處理這件事，而不想跟奎爾透過螢幕研商。依我看，在軍事決策方面，錢尼想直接跟總統商量。

副總統表示，他想要向布希總統提出建言。十月間，由於在巴拿馬政變一事有所保留，我曾遭到媒體的修理。如果我不想給人家優柔寡斷的印象，我現在就應該介入。可是我也不必手忙腳亂的，我開始提出質疑。我們可以轟炸這座機場，但是誰知道被炸的會是誰？我們打擊的是叛軍還是效忠政府的部隊？國務院可能想像的是乾淨俐落、外科手術般的出擊。然而，我可以想見，年輕焦急的飛行員頭一回出轟炸任務，必然無法精確地完成。我關切的是，若我們開始射擊機場上的飛機，則無可避免地會擊中人員，同時我警告其他開視訊會議的成員，「不管我們殺掉的是那一邊的人，我保證菲律賓人在喪禮上一定會大罵我們的。」在某些營區，我們仍然會被視為從前的殖民統治者般遭到憎恨。

在發動更激烈的行動前，我們需要知道現場更多的狀況。我想要和菲律賓國防部長羅慕斯通話，瞭解他親眼所見的情況。剛好美國常駐馬尼拉的武官，這天晚上也在五角大廈，就在樓上和羅文在一起。這個軍官身上有一本黑色小筆記本，裡面密密麻麻都是菲律賓高層軍事官員的電話。我叫他把這本筆記本送到軍事指揮中心來，將本子交給一個海軍值班軍官後，我告訴他：「不停地撥號，直至你接通一位高層軍事官員為止。」

你或許會以為，我花了好幾十億美元在國防通訊上面，包括專線電話、安全電話、變頻電話、衛星等，我的要求必然是十拿九穩的。但沒想到，那海軍軍官通知我說，「我用這些設備聯絡不上他們，將軍，我需要那種老式的電話。」在這超精密的中心裡，我們可沒有這種普通的電話線。接著有位士官報告說，「我能弄來一條，長官。」「去拿來，」我說，於是他開始將地板拆掉，接進來一條線。頗有辦法的士官很快便弄出來一條能夠使用的商業電話。

在此同時，我向奎爾以及其他說明我和哈斯提設計的計畫：派遣駐在克拉克空軍基地的戰鬥機，飛到反叛軍控制的機場，若有戰鬥機膽敢出現在機坪，我們就轟炸。簡單一句話，把他們嚇得屁滾尿流。要是有飛機預備升空，當場予以射擊，如果已經升空，就把他們打下來。我用一個句子來總括全部的軍事行動，希望能聽起來頗具威脅感；那就是，我們的飛機要展現「極端敵對的意圖」。我打電話給錢尼，他也表示同意。他和空軍第一中隊聯繫，十分鐘後就回我話，說總統已經批准了。

在這個時候，奎爾已然打過電話到總統的座機，而我正要叫人傳達命令給F-四起飛時，蘇努努的副手安德魯·卡德出現在螢幕說道，「等一下，副總統從空軍一號得到新的指令了。」我已經從空軍一號那裡接獲命令了啊！我回電給錢尼報告這混亂的情況時，頗覺不爽。這真是不順的危機處理方式。在我的螢幕上，我看到奎爾回到戰情室，臉上帶著蠻不在乎的表情。「我跟總統談過了，」他只是這樣說。

「這表示我們可以發動了？」我問說。

「哦，」他回答說，「我以為你們已經開始了。」

我轉向哈第斯提將軍，下達出發的命令。在這幾分鐘裡，我從兩位老闆那裡接受指令，造成亂鬨鬨的狀況。現在，F-四起飛了，他們重複地前往該機場，菲律賓人的飛機沒有動靜。

最後，電話在撥了幾乎四十分鐘後，那位海軍軍官終於找到了菲律賓國防部長羅慕斯和參謀長維拉（Renato De Villa）將軍。他們說情勢很詭譎，但已在掌握中。「轟炸？誰叫你們炸的？」他們叫我們不要轟炸。在幾個小時之內，政變瓦解。我們沒有進一步介入，戰機也沒有射死任何人。而且我們還得知，在那個機場真的有效忠艾奎諾總統的軍隊。幾天後，政變領袖阿比尼拿將軍說：「我們打算要推翻政府，接掌政權。可是美國戰機接著出現了，我們根本不敢奢望能打得過美國空軍的強大武力。」

政變結束當晚，我愉悅地離開五角大廈。我運用了克勞塞維茲及溫柏格的第三號準則，外加我自己的守則，來做軍事建議，那就是：找到明確的目標之後再有所行動。我們針對某項特殊的目標，運用有限的、局部的武力，並且達到效果。

幾天後，錢尼康復再行視事。在開過晨間會報後，他找我單獨留下。談到菲律賓這件事，「處理得很合理，不過別擔心，你絕對不會再遇到這種狀況了。從現在開始，溝通的管道隨時都會很暢通。這點可以確定。」我是自有分寸。很顯然地，白宮方面已經討論過在處理危機時，如何傳達總統的命令了。

我看過奎爾的書之後，便明白到其中的道理，他在前幾個月裡遭到媒體的修理之後，他想要看起來具有總統相。在處理菲律賓這場政變上面，他確實表現不壞。可是當這件事落幕後，他的助理對此事甚為誇張地加重了奎爾所扮演的角色。《洛杉磯時報》報導說：「……這是露臉的好機會，他（奎爾）可是大大地利用了。」

菲律賓的危機解除，巴拿馬的正義之師行動結束，於是我們再度回到軍隊重整的問題。一九九〇年二月，國防部長錢尼提出一九九一到九二會計年度的國防預算，我打算運用這段時間爭取他支持我的軍隊重整計畫。我向他及總統所提出的建議，早在我跟隨陸軍副參謀長比爾・迪普中將的時候就已醞釀，當時我們計畫以最小的兵力，但仍然能夠達到維持全球秩序的責任。這一回，我想出一個名稱，叫做「基礎武力」，用以描述所有軍種縮小到最小的程度。現在的問題是，應該要縮小到什麼程度，才算是基本要求。我心目中的程度，可能會讓參謀首長聯席會議成員造成震撼，百分之十五，百分之二十，甚至於百分之二十五。

重整武力

經過三個月富挑戰的主席職位後，我的生活終於開始規律起來。我希望主席辦公室有愉悅的工作氣氛。我比較喜歡和同事輕鬆的共事，要達成這種效果，你要完全信任屬下，但也要他們不至於把隨和的工作態度誤解成漫無紀律。我喜歡大家努力的工作，也能努力地玩樂。很久以前，我就認為組織圖表與漂亮的頭銜都沒有用的。我告訴幕僚，他們進出我的辦公室時，那些繁文縟節全都免了。這方面我做得很成功，週圍的人都是能幹的好手，就算我激動地捶打牆壁，他們仍然能夠保持冷靜。而且我並不相信新官上任要帶來新班底這一套，所以我高興地接收了前任主席留下的人才，威廉・史穆能中校，負責處理與媒體的關係。接下來，我再檢視聯參裡的幾名主任。他們都是兩星或三星的將軍，手底下管理不少的幕僚，係直接向主席負責，而不是聯席首長們。主席的位高權重，也讓聯參成為頗具吸引力的職位，另一方面，高華德與尼可拉斯的國會體系，更是讓聯參的職位成為晉升的準繩。正因如此，我毫無困難地召集到天下英才做為幕僚。參謀首長聯席會議裡的幕僚可謂全世界最棒的幕僚了。

我認為做一名老闆，自己的脾氣與工作習慣要讓部下知道，這點是很重要的，因為這樣為他工作的人才有機會調適。我警告部下說，當我很投入的時候，如果被打擾或問問題，我可能就會發脾氣。在壓力很大的狀況之下，我很可能會陷入很專心的狀態，我會變得很緊張、專注，忘掉週邊的世界。在這種日子裡，走進辦公室的時候我可能連打招呼都忘記。若是幕僚給我帶來不相干的事情，我可能會咆哮著叫他們滾蛋。我跟他們說，遇到這種情緒性的變化時，不要反應過度太計較。等到過了以後，我很快就會恢復正常。

官階越高，時間越寶貴，越不容易掌握。於是我發展出幾項簡單的規則：沒有經過我的核准，幕僚不能隨便給我訂下會議、演講或社交活動、旅行的約定。連五分鐘都不行。如果真的約定開會，就得準時舉行。讓別人等你是很不得體的行為。我在等人時的耐心，就好比塞車時坐在計程車裡看著哩程表在計時那樣。

我按照凱斯特的作法來處理簽名事宜。約翰・凱斯特跟我說，只要簽名在任何東西上面，都等於是造成一項法定的文件。所以，除非是最無害的文件，否則任何人都不能拿文件來簽我的名字上去。我曉得有些老闆允許祕書代簽某些東西，不過我絕不准許這樣。凱斯特還教我，註明日期的文件則更具法律效力。因此，我簽名時絕對注意確實日期。

我指示幕僚不可以拿一些「臭蟲信」來讓我簽。這個形容詞是源自發生於紐約中央火車站的故事。有位旅客寫信向鐵路局長反映臥鋪裡有臭蟲，咬得他火冒三丈。接著他收到鐵路局長寄來的道歉函，洋洋灑灑地寫了一大堆，並一再保證這樣的事情以前不曾發生，以後也不會再有。這位乘客看了信以後，本來心裡覺得蠻舒服的，直到有張皺皺的紙條從信封裡掉出來。那是鐵路局長寫給祕書的指示：「回給這個狗娘養的那封臭蟲信。」

我的幕僚常在收到市民寄來的投訴函後，幫我起個回信的草稿，裡面寫著：「謝謝您的關心。但是這樣的事情就是會發生。」或是「抱歉，我不是主管的單位。」然而我會在信上批示：「找出問題所在，再看我們能不能解決。如果我們沒有辦法處理，就要告訴來信的人有誰可以辦到。但絕對不可以有臭蟲信。」

身為主席，我還是運用過去的準則來檢驗小事情，這樣做有兩個目的。它能向指揮者反映出真實備戰的狀況，而不是表面的假象。同時將領注意到小節，能夠讓最基層的士官兵都感受到自己承上轉下的重要性。

掌管偌大的參謀首長聯席會議機構，我運用這些年來學自布朗、溫柏格、卡路奇等人的技巧。每天早晨，八時三十一分整，我會走進會議室召開八時三十分的晨間會報。我手下主要的參謀人員，大多是兩星或三星的將官，人數約有二十名，全都知道有一分鐘的緩衝時間免得遲到。前任主席所使用的正式簡報程序免除不用，因為那樣會讓繪圖表的幕僚整晚都在趕製。我繞著桌子走，讓那些將領告訴我，其所管理的地區有些什麼事情。若是誠實地回答說「沒事」，正是我所想要聽到的，也不會因而受到處分。會議進行約五分鐘到三十分鐘不等。我運用此會議來定位，而不是解決問題。同時它還有另一項更重要的目的。我要那些參謀主任檢視我的狀況，看看我是否在生氣？是否開玩笑地講著戰爭的老笑話？還是在說恭維話與咒罵？我一直想要保持樂觀進取，特別是在遇到麻煩的時候。老闆的情緒會感染整個組織。最糟的情況就是，沒有人曉得領導者的情緒如何。我的手下一大早就可以知道。同樣地，我也可以知道他們的情緒如何。跟你每天接觸的人，你會學得看出他們的心思，誰有問題，誰需要幫忙或打氣，誰需要談談等等。晨間會報有助於建立團隊精神。

在官僚體系裡，小事情也可能擁有很大的象徵性價值。某日，陸戰隊指揮官葛瑞說，有份參謀聯席會議的公文上面有我的簽名，被送往國防部去。葛瑞說：「如果你要把以參謀首長聯席為名義的東西送到國防部去，必須要得到大家的同意，但是在這份文件送出去之前，我根本就沒有看過。」葛瑞是對的。

在高華德與尼可拉斯的國會體制之下，我是首席的軍事顧問。我提出任何建議之前，並不需要經過參謀首長的投票同意。甚至於根本不需要諮詢他們的意見，雖然不這麼做是很愚蠢的。於是我需要一種象徵性的姿態，來表達主席的獨立自主性。我訂購了一批文具，上面都印有「參謀首長聯席會議，主席」等字樣。我將老文箋丟掉，同時也揚棄參謀首長聯席會議長達四十年的官僚傳統。我並非參謀首長綜合意見的傳聲筒，我替自己向部長及總統發言。信頭上面一字之差，使這件事明白而更具法定地位了。

另外，我還運用兩項新的技巧來做事情。慢慢地，我開始跟首長們單獨會面，將幕僚軍官或書記等人摒除在外。對歷史學家來說這非好事，但卻是促進肝膽相照的好辦法。我也比較喜歡在自己的辦公室裡跟首長們會面，而不是到帶有過去組織體系的智庫開會。同時，參謀首長聯席會議一般的固定議程也予改革。首長們並不以為意，不過他們的手下卻不喜歡這樣。沒有固定的議程，這些幕僚就不曉得該怎樣為老闆準備書面資料了。結果，首長們到我辦公室來的時候，也就不會帶著防衛心理，好像隨時要為什麼事辯護一般。他們可以更自由地表達自己的看法。由於我們不再舉行投票，他們不再那麼官僚，不必為了投票而辯護。有的人會質疑這點，不過我相信這種新型態能讓各軍種首長更具影響力。若我接受他們的建議，就會準備提交給錢尼，並且當成是自己的意見來辯護。這樣，他們的建議得到尊重與考量，不像從前那樣達成一致的報告，但卻是沒有真正的見解。

當我們正為軍隊重塑計畫傷腦筋的時候，我有個機會前去觀察過去的敵人是如何重整的。美國派駐歐洲安全與合作會議的大使傑克・馬斯卡（Jack Maresca）正從事一項計畫，針對化解東西歐緊張關係舉辦一場研討會。此乃前所未見的事。北大西洋公約組織成員國與華沙公約會員國，外加未結盟的歐洲國家等，都會派出軍事首長，於一九九〇年元月在維也納的霍夫堡宮集會，當年拿破崙戰敗之後，維也納國會於一八一四年也曾在此地重新畫分歐洲版圖。馬斯卡請我參加這次的會議，我同意了。

元月十六日那天，走進金碧輝煌的會議廳，我在一張巨大的U型桌子前找到自己的座位，在我對面有個傢伙，一眼看出就是標準的軍人，雖然他並沒有穿著蘇聯將領的軍服。他是米凱爾·莫耶斯夫（Mikhail Moiseyev），接替沙基·艾科羅米耶夫元帥的新任蘇聯參謀總長。改變真大，艾科羅米耶夫年過七旬，二次世界大戰碩果僅存的英雄，身材短小，像是個老祖父。反觀莫耶斯夫，五十一歲，高大有活力，態度舉止強勢。

我在致詞的時候，想要表達的重點是，自從歷史將美國推向強權的狀態之後，長久以來所失落的東西。儘管我們有那麼強的武力，在我們的政治體制之下，要成為一個軍事人物還是十分不容易的。「我必須要宣誓效忠與保衛美國的憲法，」我進一步解釋說，這部憲法「將軍方，特別是陸軍，視為必要的，但不是很想要的組織，遇到危機時會有用，其他的時間則必須小心地加以監督。」

我接著指出，打從我國誕生以來，美國老百姓便排斥維持固定軍隊的觀念。制訂憲法的作者之一，曾經建議僅維持兩千人的部隊。於是我引用華盛頓的回應：「這個想法不錯，但是必須先叫我們的敵人也維持對等數目的軍隊才行。」我跟著表示，身為四星上將的參謀首長聯席會議主席，倒並不是全美國最高的軍階。軍階最高的人物乃是總指揮，就是總統，一介平民。於是我告訴這些盟友、敵軍以及潛在的敵人等等，有關美國軍隊的基本目的：「美國民眾認為我們若是要蓄養軍隊，其姿態必須是防禦性的，其規模亦必須經過嚴格的審查。今天我坐在這裡，國內的國會正在想辦法縮減軍隊的規模。這就是民主體制，而我寧願要它，不要別的。」

我嘗試以一種妥協與無敵意的語氣發言。同時，我急切地想看看蘇聯新上任的參謀總長莫耶斯夫的反應會是如何。我很失望。他的發言像是蘇聯版的自動反應聖戰士。全都出自於幕僚為他所準備的小冊子，裡面的內容都是些陳年八股陳腔濫調。他在發言過後接受詢問，回答的時候，就像是預先在克里姆林宮錄好的錄音帶一樣。我很關心的原因是，我伸長脖子表示說，這個世界已經改變了，但是這傢伙的表現彷彿沒啥改變似的。

我將我的關切向馬斯卡大使以耳語表達。我說，必須要多瞭解這個人一點，看看除了蘇聯老兵的身段之外，還有些什麼。於是馬斯卡當晚在他維也納的寓所裡安排了私人晚宴。我帶著執行助理湯姆·懷特，以及來自國務院的卓越俄語翻譯彼得·阿法那辛柯一起赴宴。

當晚，我們的客人上門的時候，我以為來的人搞錯了呢。原來的威風都不見了。莫耶斯夫似乎既溫和又輕鬆。我們坐下來共進晚餐，他立刻表現出至少在蘇聯還有一件事沒有擱下，那就是情報系統。「你是一九五八年從軍的？」他問道。

「沒錯，」我回答說。

「我也是。你是一九六二年結婚的？」

「對的，」我再次回答。

「我也是。你有個兒子，他在陸軍服役？」

「是的，」我說。

「我也有個兒子在部隊裡。」接著莫耶斯夫搖搖手指頭，笑著說道，「但是我在五十一歲的時候達到今天的成就，你卻是快要到五十三歲！」

僵局於是打開。隨著伏特加酒的後勁，氣氛逐漸升溫。莫耶斯夫告訴我們他在西伯利亞的童年生活，他的父親是建築橫跨西伯利亞鐵道的鐵路工人，不管氣溫下降到多低，都未曾中斷過每天的工作。現在他母親仍然住在西伯利亞的老家。只有在話題談論到波羅的海三小國時——美國迄今仍認為係被佔領國，始見此人的強悍與蘇聯人的好戰。第二次世界大戰期間，他有七名叔叔戰死，他說，士兵們為解放立陶宛、拉脫維亞與愛沙尼亞免於納粹鐵蹄而亡，難道他們會恨蘇聯嗎？

晚宴快結束時，他跟我變成交換戰爭故事的老步兵。於是我覺得氣氛足以提出某些問題。「我們都曉得蘇聯正處於改變當中，」我說。「守著那些陳年的黨派老調有啥意義呢？」他也知道蘇聯軍隊打算完全自某些封鎖的國家撤出。「為何不快點做呢？」我問道。「因為孩子們總得要念完整個學年嘛，」他說。這話從一個父母官口中說出，傳到另一名父母官耳中，完全可以理解，於是我笑了出來。我不知道當晚說的話有沒有效果，不過等我們分手的時候，莫耶斯夫給我來了個擁抱，然後說道：「我彷彿已經認識你一輩子了。」至於我，覺得遇到的是一位徘徊在老式共產主義與新式陸軍之間的老友。

雷邦大樓（Rayburn Building）的二一一八室，就是眾議院部隊委員會的聽證室，二月一日，錢尼和我在二一一八室，為國防部一九九一至一九九二年度的預算，接受審核。在過去，我們可是予取予求，只要把蘇聯的威脅擺出來，就可以要什麼有什麼。現在蘇聯軍隊正在縮減，而我們面臨的將是國會議員蜂擁而來的反對言論。他們會說威脅既然已經不存在，也就沒有必要維持龐大的軍隊。「和平紅利」已經成了時髦的用語，因為我們再也用不著那麼多槍，國庫的錢就可以轉用到教育、住宅、犯罪防治方面。前天，布希總統所發表的國情咨文，正反映出世界真的改變了，他提出第一波大量裁減駐防歐洲的美國軍隊。

錢尼和我在參眾兩院的部隊委員會前，拿布希的國防預算，證明行政當局已經在因應新的世界情勢。然而，在我們離開國會山莊的時候，我們心裡非常清楚，除非我們能提出一項有利的策略來說明裁減的必要，否則國防部的宿敵可是會拿著電鋸追著我們跑。因此，雖然錢尼沒有完全接受我的「基礎武力」概念，他仍然鼓勵我繼續改進。

在國防部以及在和國會議員談話時，我開始推動「基礎武力」的理論。將防衛系統從以往因應「外來威脅」為導向，轉化為「因應外來威脅並充實戰力」為基礎。我指出，雖然我們可能不會再像以前那樣擔心蘇聯的威脅，但是我們必須維持基本的戰力。舉例來說，我們可能不再需要特別空運幾百萬噸的軍需品到歐洲，好應付蘇聯可能的侵略。但是我們仍然需要「戰力」，好將大量的物資，送到世界各地那些無法事先預知的衝突點。我們可能不用再對付富達峽谷的第八禁衛軍，但是在別的地方還是用得上我們的戰力。我提出部隊要能完成四項基本的任務：一、飛越大西洋；二、飛越太平洋；三、國內有應變的部隊，能隨時趕赴衝突發生點，就像巴拿馬的情況一樣；四、核子武器要裁減，但仍要維持相當的功能，以嚇阻敵人的核武威脅。

我先從同袍下手，改造他們的想法。史瓦茲柯夫瞭解我的用心，戰略空運指揮部的傑克・簡（Jack Chain）將軍亦同。另一位有力的盟友是歐洲戰略空運指揮部的傑克・克爾文（Jack Galvin）將軍，他正指揮歐洲所有的北約以及美國部隊。所有的參謀首長也漸能接受。然而，有些人心中仍死守著陳舊過時的念頭，我覺得真太不可思議了。海軍一直吵著要更多航空母艦，理由何在？因為他們知道蘇聯正在起造更多的航空母艦。他們又怎麼知道的？因為幾年前拍攝的衛星照片顯示，蘇聯的船塢裡放著一塊船板。於是他們便推論：很顯然的，這艘駁船是用來載航空母艦，所以蘇聯很快便會製造出更多的航空母艦。我向海軍的最高指揮官說明，在蘇聯正自東歐的舊帝國撤兵之際，硬說他們的海軍還要取得制海權，根本說不通。時至今日，蘇俄人把他們的航空母艦當廢鐵賣。

我也檢視其他的永恒真理。我回想起，在溫柏格時代，有一天，跟我的恩師陸軍參謀長魏克漢坐在一起，共同聆聽有關新型炮兵武器的簡報，它是銅斑蛇炮彈，可以用電子導引擊中目標。魏克漢認為，「如此的精確，我們就不必在戰場上使用會搞得一團亂的戰術性核子武器了。」核武就像老式的火炮彈幕，會摧毀掉一切罩在彈幕裡的東西。新式的聰明武器，則像是精確的步槍射擊。

我當上主席未久，我們便碰上了有關核子炮彈頭的問題。它並不如我們所想要的那樣安全。因此，陸軍必須針對這些炮彈做些修正，改為瓦斯裝填。後來這種核彈的製造人員解決了安全上的問題，於是他們要求再恢復原有的方式。我認為這樣做很愚蠢。正當我們要裁減大量的中程核子飛彈的時期，為何還想要投入資金到小型戰術核子武器上面，況且其價值並不明確。我的意見碰壁，陸軍不想放棄其戰場核子武力。強硬派的五角大廈平民決策者也反對我，包括國防部長錢尼在內。不過，我的看法已然越來越具有說服力了。

二月十八日，我到了喬治・華盛頓大學。站在該校查爾斯・史密斯中心的講台上，幾十年來的感慨湧上心頭。我最後一次出現在這個校園，是在二十年前的一九七一年春天，那時我的管理碩士學位的課程正修到最後的階段。如今，在喬治・華盛頓大學新任董事長史帝芬・崔坦伯的邀請下回來。我獲頒該校的榮譽學位，並在冬季的畢業典禮上發表演講。開始的時候我指出，這是我得到喬治・華盛頓大學的第二個學位，而這個學位可是花了政府不少錢。另外，我所想要表達的較嚴肅的看法，則是在於打從我離開校園之後，這些年來這個世界所出現的巨大改變。當我還是本校的學生時，曼德拉還在南非蹲苦窯。幾天前，曼德拉終於獲釋了。同時在今年底，曼德拉將到美國國會演講。當我要畢業那年，六萬的蘇聯大軍進駐到捷克。現在，曾經是劇作家及異議分子的哈瓦，已經當上了捷克的總統。當我在喬治・華盛頓大學研習商業管理時，華沙公約組織國家的軍隊正進行攻擊性的演習，準備大舉進逼到大西洋岸。現在這個公約組織已經搖搖欲墜了。我向觀眾提起一九四七年時，外交歷史學家喬治・肯南曾經說過，如果我們圍堵共產主義，這種制度最後自己就會垮台。肯南的說法證明是對的，我說：「蘇聯的制度已經動搖，我們等著看它崩潰。」

典禮之後，在我即將上車的那一刻，我停了下來，想到昔日我從史密斯中心走到國會山莊的景象，我的眼眶紅了起來，因為那天我看到上百位越戰退伍軍人向國會投擲他們的獎章。在我還是喬治・華盛頓大學的學生時，發生了美國有史以來最大的一次逮捕行動，在華盛頓有超過一萬三千名的反戰示威人士下獄。在那個時候，別人對我的專職軍人身分的態度讓我相當沮喪。我們早已經試著扭轉這種印象，目前的挑戰就是要維護我們好不容易恢復的尊嚴。而我認為，關鍵就在於今日的軍隊要跟得上現實的腳步。

感謝上帝。難得的事情發生了。倒不是艾瑪跟我曾經懷疑過我們女兒琳達的天賦，而是戲劇界供需定理左右一切，那怕再有天賦也枉然。無論如何，三月的某天晚上，我們全都盛裝打扮，前往喬治・華盛頓大學理斯納大禮堂，觀賞琳達跟巡迴劇團所演出的《追求勝利》，這是有關傑克・羅賓森（Jackie Robinson）打破棒球界種族歧視藩籬的故事。琳達是女主角，飾演傑克的太太。她表現的太好了，終於有所成就。

在此同時，琳達得到另一項突破。她前往加州一個月，拍攝夏天的連續劇。在那裡的時候，她曾經得到阿諾・史瓦辛格夫婦的邀請，前往他們家共進晚餐。這對琳達來說是件天大的事情，因為她得以一窺好萊塢式生活的堂奧。不過她發現好萊塢並不切實際，她寧願回來東部追求她的事業發展。老實說，我如釋重負。

多嘴的下場

雖然錢尼持保留的態度，他還是鼓勵我繼續推動「基礎武力」的計畫。宣導計畫是我工作的一部分，所以我答應兩位記者在五月三日到五角大廈來作個別的訪問。一位是《紐約時報》的麥可．高登（Michael Gordon），另一位則是《華盛頓郵報》的傑佛瑞．史密斯（R. Jeffrey Smith）。我向他們兩位坦承，我在部內的推展工作有點不太順利。我跟史密斯說：「我要向部裡推銷的概念，就是現在的軍事威脅已經和以前不一樣了。」為了挖重要新聞，史密斯一直逼我，說我講的都太軟性了。他問我提議的裁減數目是多少？我不肯給他太精確的數目，但是他一直不罷休。最後我心軟了，告訴他：「大概在二〇%至二五%之間吧。」於是，《華盛頓郵報》五月七日的頭版就出現了這樣的頭條新聞：「國內最高層的軍官」預測軍隊的整編計畫，將使「國防預算降低二五%」。我很驚訝我的言論居然引起一場騷動。不僅《華盛頓郵報》刊載，後來《紐約時報》以及其他主要的報紙也有，連倫敦的《經濟學人》也有報導。

滑溜的國務卿貝克打電話來恭喜我，這就表示我可能麻煩大了。我也很關切錢尼的反應，他雖然也曾公開提議要縮減國防部的預算，但他說的是在往後六年中，將通貨膨脹也考慮在內，每年僅降二％。錢尼不是個喜歡屬下和他唱反調的老闆，在《華盛頓郵報》報導刊出的那一天，我們碰面的時候，他只說：「蠻不錯的訪談。」當天稍後，不同的意見相繼傳到我的耳裡。我從五角大廈的傳言得知，諸位參謀長顯然不太高興，因為我說的裁減數目太確切了。保守的共和黨國會議員則問錢尼，連總統的參謀首長聯席會議主席都說可以減得更多，他們要怎麼為總統的預算案護航？連我們的北約盟友也怨聲載道，美國都準備要削減這麼多，他們怎麼去跟國會要求重大的國防預算？

第二天錢尼把我叫到他的辦公室，他皺著眉頭說：「我們得討論一下你告訴那些記者的話。」

「是的，長官。」

「我必須知道你是不是支持總統。我要確定你是不是還站在我們這一邊。」

我大吃一驚。我慢慢在心裡從一數到十之後，才小心翼翼地回答說：「我可能說得太早了。」但是我對記者說的話就跟警報一樣，已經使得人心惶惶。我很後悔由於我的輕率發言，給他造成這麼大的困擾，「但是毫無疑問的，我永遠站在你們這邊。」頓時，氣氛變得很緊張，空氣都好像要燒起來了。還好我們兩個都有足夠的自制力，不讓情況失去控制。我們也繼續「基礎武力」的計畫，試著達成裁減二五％的目標。

募款將軍

從我在李文渥斯堡推動樹立水牛兵團騎士紀念雕像的活動以來，時間已過了七年。在離開那個職位前夕，我把這個任務交給阿隆佐·道佛提，他是個陸軍平民軍官，現在已經是國民兵准將。道佛提已經盡力，但缺少贊助與經費，這項計畫很快就無聲無息了。接著一位黑人海軍軍官，卡頓·菲爾普（Carlton Philpot）將軍，到李文渥斯堡擔任指揮參謀學院的主任。菲爾普迷上了這個為水牛兵團騎士塑像的計畫，接手這個差點流產的計畫，讓它重新復活。只有騎在馬背上的塑像，菲爾普還不滿足。他要蓋個公園，裡面有水池，再加上雕像，還要成立基金會，為水牛兵團騎士博物館募款，並提供經費給研究黑人軍事史的研究計畫。菲爾普和我聯絡，請我重新支持這個活動。我問他，他的計畫需要多少錢。他說：「五十萬美元。」我張口結舌說不出話來，但仍表示願意試看看我能幫上什麼忙。

華特·安曼伯格（Walter Annenberg），是出版《電視指南》的有錢老闆，他同時也是美國前任駐英大使。在雷根時期，我幾次出差到加州，於是和華特以及他的太太李變成了朋友。我寫信給華特，告訴他李文渥斯堡的這個夢想。他回電話給我，並跟我說我們講的那種紀念公園，用五十萬美元是蓋不起來的，大概要八十五萬美元才辦得到。雖然這不是我想聽的消息，但華特還是答應如果我們能募至相當的數目，他會捐助初步需要的二十五萬美元。

結果募款變成我的兼職工作。捐款陸續進來：有布魯斯・李威林表哥捐的二萬五千美元；有名的紐約慈善家、軍人之友，齊格瑞・費雪也捐了五萬美元。幾個月後，華特又打電話來。他說他很討厭做事虎頭蛇尾，到底紀念水牛兵團騎士活動進行得怎麼樣了？我告訴他我們有小小的進展。他說他對這項活動有信心，並且要看著它繼續下去。他會寄一張二十五萬美元的支票給基金會。至於剩下的數目，我們可以以後再煩惱。

感謝華特帶頭登高一呼，我才能於七月二十八日到李文渥斯堡，參加破土開工典禮。我站在一片曾是黑人騎兵團踏出征途的空地，聽著奏樂，看著旗幟飄揚。出席這場盛會的貴賓有連諾・威茲特中將、李文渥斯堡指揮官菲爾普，以及道佛提准將。不過當天的主角是威廉・哈寧頓士官長和艾利沙・基斯上士。他們倆已五十九歲，是如假包換的水牛兵團成員，很久以前曾在黑人軍團服役過。握著他們粗糙的手，我好像和過去產生了聯繫，也和菲力普中尉以及那些曾在西部平原打仗、在尚璜山丘衝鋒陷陣的黑人同胞有了交流。歷史差點遺忘他們的存在。當我們拿起圓鍬進行破土儀式時，這段在歷史上的空白頁，即將補上這兩個士兵的故事。

第六宿舍是棟具有寬大陽台的磚造建築，位於梅爾堡頗有歷史傳承的格蘭特大道上。這棟房屋建於一九〇八年，造價一萬九千兩百零二美元，係雙併的結構，當年提供給兩位中尉家屬居住。一九六一年時，這裡被重新裝修成參謀首長聯席會議主席的官邸。房子後面有兩座車庫，我的富豪車停在裡面。我甚至還說服鄰居，讓我把我的「成人玩具」停放在他們的車庫裡。

我喜歡帶外國賓客到第六宿舍共進午餐或晚餐。飯後我帶他們出門，美國的歷史於是便在眼前展現。站在能俯視波多馬克河的寬闊草地上，我能指出國會山莊、傑佛遜紀念堂、華盛頓紀念碑、林肯紀念堂等地標，講述有關各處的一點歷史典故。只有一個小瑕疵。有棵小樹正好擋在中間，破壞了全景。而且它還不斷長大。有一天，我召來我的助理提姆．利佛西，我說：「提姆，那棵樹必須移走。」

提姆看起來很苦惱的樣子。「長官，你不是真的想要把它砍掉吧？」他細數我可能會遭遇到的反對力量，基地工程人員、公關人員、環保人士等等。要是給《華盛頓郵報》聽到風聲，那就更糟了。

「那棵樹會越長越大，最後它會毀掉華府最美的景致。」我說，「叫基地工程人員把它移走。」

基地工程人員決定在地球環保日當天來移樹！我認為是故意唱反調。如果這麼做了，你要怎麼解釋在環保日去砍樹呢？於是我做了個戰術性的撤退，讓此事暫時擱下。

幾週之後，我再把提姆找來，告訴他我的做法。基地工程人員把樹砍掉後，拔出殘株，在原地鋪上草皮。我告訴提姆，任務在一小時內完成。第二天早晨，歐提斯開車載我上班時，我叫他等一會兒，然後我走到草地上漫步。波多馬克河的景色美極了，不再有阻礙。低頭看著厚草皮，幾乎找不到原來小樹站立的地方。好像也沒有人注意到它不見了。

戰雲再起

一九九〇年的八月一日，一如往常地展開了。然而，這一天並非尋常的日子。從某個方面來說，今天應該是慶祝勝利的日子。在過去的八個月，我一直在為「基礎武力」計畫護航並通過官僚的迷宮，打敗不合作的參謀首長以及幕僚人員，更重要的是我獲得渥菲斯的支持。這位意志堅定的國防政策次長，經過他自己的分析，已經有和我差不多的結論。至於從頭到尾都持寬容態度的錢尼，雖然剛開始時顯得有點不信任，到後來也贊同這個概念了。副主席海軍上將大衛・傑樂米（Dave Jeremiah），則是相當有力的擁護者。

就在這一天，我和錢尼、渥菲斯三人向總統簡報，並得到他的認同，「基礎武力」方案就正式成為當局的行政方向。第二天，就是八月二日，總統將前往科羅拉多州的亞斯本市，和英國首相柴契爾夫人會晤。總統將會在亞斯本研究所論壇（Aspen Institute Symposium）發表演說，宣布新的國防政策；「基礎武力」將成為美國軍隊的新建制，可想見美國軍隊將會有多麼巨大的變革。常備服役的部隊預計將從兩百一十萬降為一百六十萬人次。國防戰略的核心計畫，就是我所鼓吹的四大部隊，原封不動沒有更改。總統提出的計畫，讓四十年來圍堵共產主義的戰略，畫下休止符，功成身退；我們贏了。第二天，我、錢尼和渥菲斯前往國會山莊，向三軍預算委員會推銷「基礎武力」方案。

同時在這一天，我請史瓦茲柯夫由中央司令部的總部來到「安全室」，向錢尼及諸位參謀首長報告最近在伊拉克和科威特邊境不尋常的軍事行動。

我忙忙碌碌地過了這一天。餐後，我到書房翻閱滿滿的公事包裡的文件。在差幾分鐘就八點整的時候，安全電話響了。這通常不會是什麼好兆頭。參謀總部主任來電通知我，海珊的伊拉克部隊剛橫越邊界，進入了科威特。

第十八章　最後底線

在莫耶斯夫緩緩踱過這片石牆時，他不發一語。參觀這座石牆，讓我們感覺就像同樣服軍職的兄弟一樣惺惺相惜。不管我們效忠哪面國旗，我們會像一首詩說的一樣：「身赴軍人之墓，也甘之如飴。」

伊拉克入侵科威特，剛好是在我完成「一九九四戰略守則」後的第九個月發生。我當初預測韓國及波斯灣會成為美軍最可能介入的兩個衝突點。一九八八年兩伊戰爭結束，當時我任職於國家安全顧問，伊拉克軍隊就已經讓我如芒刺在背。一旦擁兵自重的海珊不再與伊朗對峙，我擔心他會找別的目標搗亂。

伊拉克在戰後負債九百億美元。這樣的數目和該國國內生產毛額相比，讓美國的赤字看起來根本不算什麼。海珊指責科威特和阿拉伯聯合大公國的作祟，讓伊拉克無法彌補這個財政無底洞。他們就好像在伊拉克的背上捅了一刀，因為，他們增加石油輸出國家組織的石油配額，讓油價滑落，伊拉克的收入因此減少。海珊更進一步指控科威特在魯梅拉油田獨吞了價值二十五億美元的原油，而這塊油田是兩國共有的。他同時還覬覦科威特的兩個小島，烏巴（Warba）及布比因（Bubiyan）。這兩個小島擋住了伊拉克通往波斯灣的出路。他指出，科威特不是阿拉伯弟兄，而是西方國家豢養的「貪心的寵物狗」。

一九九〇年七月初，我前往突尼西亞、埃及與約旦等國，發現這些國家對於解決伊拉克財經問題，以及找出「阿拉伯式」的方案，懷抱著樂觀的態度。不過，等我到了以色列，發現以色列人其實挺擔心海珊的意圖。這趟旅行並不是全然奏效。在耶路撒冷，以色列參謀總長丹・夏慕隆（Dan Shomron）中將為我舉行歡迎酒會，酒會上我賣弄幾句從布朗區學來的意第緒語（Yiddish），讓酒會賓客為之驚艷。甚至還有傳言說我跟以色列總理夏米爾用意第緒語進行私下會面；這並非事實，不過否認這件事的感覺還真不錯。

回到華府，在七月的第三週，我的參謀首長聯席會議情報官員海軍少將麥克・麥克康諾（Mike McConnell）到我的辦公室裡，在我的桌上展示衛星照片。「伊拉克人在靠近科威特邊界部署三個師，大約有三萬五千人，」麥克康諾從這些照片清楚的影像研判說。他能夠證實這些部隊是伊拉克共和軍，海珊的精銳部隊，配備有數百輛蘇聯製現代化的T-七二型坦克。靠近邊界部署軍隊絕非好事。但這代表什麼？威嚇？施壓？入侵？他打算硬幹到什麼地步？

到了七月廿四日，我十分關切此事，於是打電話給譚帕市麥克迪爾空軍基地的諾曼・史瓦茲科夫將軍。如果美國介入波斯灣的軍事衝突，那就是諾曼的責任範圍。身為中央司令部司令官，他的責任範圍包括南亞、非洲以及中東重要地區的軍事活動。我們談到伊拉克持續增強的行動，因為截至目前為止，已有四個師超過十萬人的部隊部署。阿拉伯領袖一直告訴我們不用擔心。阿拉伯兄弟不會自相殘殺。不過，我交待諾曼：「我要你準備兩套反應計畫。」第一套計畫是如果海珊進行小幅度的犯境，那麼就給予報復性反應。若其意圖更加野心勃勃，「我要看到兩套劇本，看我們如何阻止他，並且保護這個地區。」

諾曼允諾要開始準備。但我們其實早已為解決這個問題，而做好一部分的準備。中央司令部便是由卡特政府時代的「快速部署聯合部隊」脫胎而來，係為了防止美國當時的盟友伊朗跟蘇聯陸軍起衝突所創設。我們之所以投入無數的時間與金錢，乃是怕蘇聯軍隊越過伊朗北部的札格洛斯山（Zagros）進犯。伊朗國王（譯註：後來流亡美國的巴勒維）被推翻後，伊朗由盟友變成敵人，蘇聯進逼波斯灣的可能性降低。於是中央司令部的任務變成了防止伊拉克欺凌弱小鄰國。

軍事專家都會從三條線索來判斷敵人部隊是否準備攻擊。是否將炮兵向前移動？是否布設通訊網路？是否加強後勤補給彈藥？到了七月三十一日，這三種狀況都已出現在伊拉克南部了。於是我再打電話給史瓦茲科夫。「我要你明天來向錢尼與參謀首長做簡報，提出你對此情勢的研判分析以及因應計畫。」

第二天我先參加一場招待外國元首的國宴，飯後歐提斯便催促我趕回五角大廈。史瓦茲科夫的簡報預訂下午兩時舉行，我非常地著急。還好，我大約與錢尼同時抵達。參謀首長起立後，我們就坐。錢尼要我主持，我立即把現場交給史瓦茲科夫，他那六呎三吋的高大身材與堅實的性格立即吸引全場注意。他做了九十分鐘的報告。

「你認為他們會做什麼？」錢尼問。

「我認為他們會攻擊，」史瓦茲科夫回答說。他研判伊國將進行局部的攻擊，目的在奪取科威特擁有的魯梅拉油田部分，以及布比因島。他不認為海珊打算併吞整個科威特，並且推翻統治的王族。之後，會議便告結束。

稍早，中情局副局長狄克・科爾（Dick Kerr）也做出相同的研判。不過，布希政府似乎不想插手阿拉伯國家的兄弟鬩牆。五天前，美國駐伊拉克大使葛拉斯比（April Glaspie）在與海珊會面的時候，就曾面告海珊：「……美國對於你們與科威特邊界爭議這種阿拉伯國家內部的衝突沒有意見。」之後，大使致電華府，指出美國應讓伊拉克與科威特自己解決爭端。布希總統後來稍訊息給海珊時表示：「美國政府一直希望與伊拉克改善關係。」阿拉伯國家自己都說不會有事，美國則說如果有事，那也不干美國的事。

國務院及五角大廈不斷出現如何抑制伊拉克軍隊的建議對策，其中一個，就是加快目前正開往波斯灣的「獨立號」航空母艦的速度。

海軍陸戰隊總司令格雷上將老早就提議過，要派已經裝備齊全的海軍陸戰隊先遣艦隊前往。這些船艦目前正好駐在印度洋上的狄亞哥．加西亞島；不過，除非我們公布這些行動的目的，要不然沒人會知道，也不會有嚇阻的作用。在這個階段，行政當局還沒考慮對伊拉克發出警告，錢尼和我也都不願意出現在白宮門前。我們採取的唯一行動就是，應阿拉伯聯合大公國的要求，送他們兩架美國空軍加油機，協助他們的空中監視偵測。但是，這樣的動作，根本不可能讓海珊心生畏懼。

此時，我後悔我們早先所採取的政治與軍事怠惰態度，雖然截至目前，我們仍不清楚海珊是否會被象徵性行動所嚇阻。在史瓦茲科夫的簡報之後，錢尼跟我離開之際，我說：「狄克，這件事很嚴重了。我們不能忽視它。我認為總統應該給海珊一個嚴厲的訊息。甚至可以打電話，想辦法嚇嚇他。」錢尼跟我一樣關切此事，於是開始與國家安全會議及國務院聯絡，準備發出抗議的訊息。但是一切都太遲了。在我們發出外交警告之前，海珊的八千名共和禁衛軍已然越過邊界，長驅直入科威特市了。

龍門陣

第二天早上八點整，總統召集全部的國家安全會議顧問來開會。諾曼已經回譚帕市，我要他立刻搭機，帶著他的地圖、計畫到白宮來參加這個會議。這是諾曼首次參與這個高階決策智囊團運作情形。我要讓他先熟悉一下，日後他可能要一起共事的這些人。這可真是個精采的見面禮，這次的討論不但偏離主題，而且毫無重點。大家討論攻擊行動對於油價的影響所花的時間，相當於討論我們該怎樣應付海珊。而海珊的下一步行動，也是個懸疑的問題。他會不會停止攻擊科威特，或者會接著進攻沙烏地阿拉伯？我們要不要採取制裁手段？我們介入的底線究竟在哪裡？在開會前，有記者問總統，是否要派兵。總統的回答是：「這樣的行動不在我的考慮之中。」

在第一套的報復措施遭到否決後，諾曼這次在白宮的初試啼聲，所報告的作戰計畫就是要怎樣保衛沙烏地阿拉伯。但是會中的論點仍沒有扣緊主題。我不太喜歡會後沒有結論，所以，當我看到這個會就快結束時，我試圖釐清討論的方向。我問道：「總統先生，在沙烏地阿拉伯方面，我們要考慮預設干預的底線嗎？」布希想了一下，然後說，是的，我們應該要。可是科威特的未來命運還是沒有獲得解決。布希很快就離開會議室，前往科羅拉多州的亞斯本市，會晤首相柴契爾夫人並發表演講。他將發表新的國防政策，這是我們花好多時間，辛苦籌畫所得到的，「基礎武力」正是其中的核心構想。我和錢尼、渥菲斯則前往位於國會大廈的宴會室四〇七，向監督國防部的國會委員會推銷「基礎武力」方案。我們聽到的回答一律是好、可以、不錯。可是，我心中卻還惦念著科威特的情況怎麼樣了？

到了星期五，總統從亞斯本回來後，他再度把國家安全會議顧問全體召集到內閣會議室。他依舊坐在桌子中間的位子，一邊表示：「已經過二十四小時了。情況看來還不錯。柴契爾首相和我意見一致。假使我們對波斯灣發動政治及經濟制裁行動，我相信可以得到友邦國家的支持。」他特別高興的是，以往的傳統模式似乎不會再重演。戈巴契夫並沒有把這次的衝突，看做是東西方的對抗。以前蘇聯可是會義無反顧乖乖站在老朋友海珊的後面。就在前一天，聯合國安理會以十四比零的票數，譴責伊拉克的入侵行動，並同時要求其無條件立即自科威特撤軍。蘇聯也投下了同意票。

中情局局長比爾・魏伯斯特給我們做了清楚的情勢分析報告。他說：「伊拉克部隊距沙烏地邊界不到一哩。如果海珊決定駐紮在此，他將擁有全球百分之廿的原油蘊藏量。同時在不到幾哩遠的地方，他還能再取得另外的百分之廿。從科威特的港口亦能輕易地入海。約旦與葉門將可能向他靠攏，他將處於巧取豪奪的地位。我們會看到阿拉伯灣的要角。

國家開始減少交易。伊朗將被伊拉克所掌握。以色列也會受到威脅。」海珊將成為波斯

「我們必須做出反應，」史考克勞夫特說：「容忍海珊不是好的選擇。」

「你不能將科威特從沙烏地阿拉伯國家分離出來，」錢尼也說，「當伊拉克進犯沙烏地邊界，那麼距離沙烏地油田也只有四十公里遠了。這裡有可能形成很大的衝突。」代替吉姆・貝克出席的國務院助理國務卿伊格柏格說，「我們應該先尋求聯合國第七憲章的通過，」這樣便能授權軍事力量與經濟制裁。

總統說：「我已經和阿拉伯國家領袖通過電話了。」他和埃及總統穆巴拉克、約旦國王胡笙以及沙烏地阿拉伯國王法德，都已經談過。他很有信心的說道：「他們仍然告訴我，會找出屬於阿拉伯人的辦法，解決這個問題。無論如何，不管我們怎麼做，我們要先得到國際社會的支持。」

錢尼要我接著再報告我們的軍事計畫。我再度的搬出諾曼的保衛沙國的計畫。並且匆忙的描述了一下，可以派到波斯灣地區的兵力。我很有把握，伊拉克軍隊尚未決定要入侵沙烏地阿拉伯，我同時堅信，他們並不想和美國開打。我指出：「但是關鍵在於儘快在阿拉伯沙漠上豎起美國旗幟，當然要先取得沙國的同意。」我們可不要因為沒有採取行動，而讓海珊更肆無忌憚。

錢尼等人表示贊成，史考克勞夫更早在入侵行動發生後幾小時，就表明這樣的立場。總統則表示：「我們要履行對沙烏地阿拉伯的承諾。」這樣我們就可以著手通知部隊警戒，準備保衛這個國家。

我接著問道：「是否值得為解救科威特打仗？」克勞塞維茲也會問這樣的問題，藉此軍隊才能知道要做什麼準備。我感到室內傳來一股寒意：問這個問題也許還嫌之過早，況且，似乎也不該由我來問——我逾越自己的本分了，我現在已經不是國家安全顧問，應該只提供「軍事」建言。話說回來，我在白宮將近兩年的期間，就在這個房間裡，曾傾全力解決政治、經濟危機。我也參加過超級強權的高峰會議。說得更明白些，當時身為中階職業軍人的我，對於參謀首長聯席會議的順從，已感到相當不可思議，就因為他們不具影響力，才會沒有辦法促使政治領袖站出來，替越戰定下清楚的作戰目標。如今，在我們談要派多少師的軍隊，多少艘的航空母艦，以及多少架的戰鬥機之前，我們應該先問，我們的目標是什麼?但是在會議結束之前，這些問題都沒有獲得回應。

當天稍晚時，布希總統及史考克勞夫特與沙烏地駐美大使班達親王會面，班達親王也是我的老球友。兩人告訴班達親王，沙國已面臨到威脅，而美國將予以協助。之後，史考克勞夫特致電錢尼。他跟錢尼說，班達親王將前往五角大廈，而我們將給他更深入的說明。班達在錢尼的辦公室裡，仍然是一派美國式、耍帥的戰鬥機飛行員派頭，啜飲著咖啡，還拿一支金筆攪拌。平常我們碰面的時候，打招呼的言語幾近出口成「髒」，外加我那些奉承的封號，包括「偉大的班達」在內，他則叫我「閣下」。這天，我們可沒開玩笑了。當我們坐在錢尼的小圓桌前，檢視著伊拉克部隊已兵臨邊境的偵察照片。班達研究半天，咬著一根未點燃的雪茄，什麼都沒說。

「我們準備協助貴國防禦海珊，」錢尼說。

班達給了我們一個帶著懷疑的笑容。「就像吉米・卡特那樣？」他所說的是卡特總統從前在處理一次危機時，派遣無武裝的F-十五戰鬥機前往沙烏地阿拉伯的糗事。

「跟班達親王說我們準備怎麼幹，」錢尼跟我說道。

「我們先是動用第一戰術戰鬥機聯隊，還有第八十二空降師，以及航空母艦。」我不斷述說增援的部隊。

班達開始產生興趣，他打斷我的話。「全部加起來總共有多少？」

「總計約有十萬名部隊，全部都是先發。」我說。

班達說，「我瞭解了，你是玩真的。」

「我們建議你籲請法德親王接受我國的提議，來保護貴國。」錢尼表示。班達向我們保證他會轉達，然後離去。

在他離開之後，錢尼提到稍早跟總統會面的事。「柯林，」他說，「你是參謀首長聯席會議主席。你不是國務卿，也不再是國家安全顧問了。你也不是國防部長。所以請你只管軍事方面的事就好了。」他說得很清楚，我已然踰越權限。不過我並不覺得愧疚，在白宮坦白說出那些搞清楚軍事目標的話，都是一些應該要說的話。

在公開場合，總統對於伊拉克的入侵行動，意見有所保留。截至這個階段，他只有告訴美國民眾：「我們沒有討論到干預的行動，……我沒有將這樣的行動列入考慮。」這就是他的立場，從星期五一直到星期天下午為止。

戰！

在此同時，布希已前往位於馬里蘭州山區的大衛營度假。星期天早上，國家安全小組也隨行抵達。重頭戲是諾曼的深度簡報，他將談到我們要怎麼做，才能保衛沙烏地阿拉伯。像是需要多少士兵、如何部署、武器種類、空戰策略等等。我看到在這位體型龐大、口氣直爽、口才便給、充滿自信的軍官在報告時，總統頻頻點頭。在諾曼談完沙烏地阿拉伯之後，他又補充說明道：「現在，如果你們打算擊退伊拉克，收復科威特，就要花上……。」接著，又滔滔不絕的說明，需要成千上萬的士兵，以及費時約八個月，才能達成這個目標。

這個星期天下午，天氣悶熱並下著毛毛雨。錢尼和諾曼正在前往沙烏地阿拉伯吉達港的途中，他們前去與法德國王協商軍援問題。我則在家裡的小書房裡，優閒地蹺著二郎腿收看新聞報導，電視銀幕上，總統的直升機正降落在白宮草坪。布希剛自大衛營回來，記者們在現場架起了無數的麥克風。總統朝他們走去，面對一連串的問題。這些記者緊追不捨、希望他回答一個問題：他到底有沒有要採取軍事行動？布希拉下臉，開始激動起來，並說：「海珊這樣的舉動不容於世，不容於世。」

我坐直了起來。從「我們沒有討論過干預的行動」到「這樣的舉動不容於世」可算是跨了一大步。總統剛剛是不是算立下承諾，美國決定要解救科威特？他是要用外交及經濟施壓的手段，還是訴諸武力？原本是最後的選擇，現在成為第一優先的考慮了嗎？

雖然，我們永遠沒辦法知道別人心裡如何想，但我大約有個概念，知道發生了什麼事。我們在大衛營向總統簡報之後，他已經很清楚他所能差遣的資源。他覺得信心十足。之前，和英國首相在亞理斯本的會晤，或許多少也有影響。八年前，柴契爾夫人從阿根廷手中奪回福克蘭群島。我也想到「這樣的舉動不容於世」這句話，有柴契爾的味道。不過，這種思考過程無疑是布希總統所獨有的。他靜靜聆聽顧問的發言，再透過電話和各國領袖商議，然後，在自我判斷後，立即做出這個決定，並公諸於世。

我關掉電視，走到桌子旁邊凝視著世界地圖。可能又有項新任務在等著我了。

八月六日星期一下午三點三十分，錢尼自吉達港打電話給我。他才剛離開法德國王，並表示：「我們已經得到他的同意。我已經通知總統，可以開始下達動員的命令。」

動員美國這支龐大的軍隊不是簡單的事。我們已然通知在北卡羅萊納州布雷格堡的八十二空降師，亞特蘭大的第三陸軍總部，以及維吉尼亞州空軍基地的第一戰術戰鬥聯隊進入戰備狀態。在軍方的「聯邦快遞」軍用空運指揮部把他們送出去之前，他們那裡都不能去。軍用空指部乃屬於美國運輸指揮部底下的一個單位，運指部主管海陸空所有的運輸系統，總部位於伊利諾州的史考特空軍基地，指揮官為強森（H.T.Johnson）將軍，他也是我在戰爭學院的同窗。他將錢尼的命令下達到紐澤西州的麥魁爾空軍基地，以及加州的崔維斯空軍基地，這兩個地方是運指部在美國東西岸的神經中樞。

在任何時候，空運指揮部大約百分之八十的飛機都在使用中。不過當最高的指令迅速下達時，其他的命令都必須延擱。譬如說，有一架運輸機正運送備用零件到德國去，現在就得降落到最近的機場，把貨物卸下，然後返航回國。這種動作在全世界各地皆然。在史考特空軍基地裡，跟電腦系統連結的超大型顯示幕可以展示出所有的空運指揮部所屬之飛行器。該基地知道什麼貨物上機，燃料剩下多少，飛機的保養日程，機組員名單，每名機組員飛行時間多少，還有多久必須要休息等等。錢尼的命令將動員數百架飛機，暫時放下目前的任務，最後都將目的朝向沙烏地阿拉伯。空運指揮部所有的機隊，將由百分之八十的利用率提升到百分之百，所有能飛的都派上用場。第八十二空降師超過一萬六千名傘兵開始登上C-一四一運輸機。足以支援整個戰鬥聯隊大約有七十二架戰鬥機的彈藥、備用零件及維修設備，開始裝運到巨大的C-五銀河式運輸機上。空中加油機將在空中為飛往波斯灣的F-十五戰鬥機加油。空運指揮部還將租用數十架民用飛機配合完成運輸任務。亞特蘭大的天空將要布滿飛行編隊。這項高度機密的行動竟然還走漏風聲！

我傳達命令的當天晚上，半信半疑的湯姆・凱利走進我的辦公室。「他們又犯老毛病了！」湯姆說。進行如此大型的空中運補行動之際，數百項機密通信從第廿一與廿二空軍基地、戰備基地、供應海空港口傳布到全球各地。這些較低層次的命令發布出去時，並沒有加密。當總統已經為隱密的行動曝光而生氣的時候，竟然還發生如此的安全保防漏洞。我大為光火吼著說：「取消掉這可惡的命令！取消它！」

「取消它？」凱利問道。「你到底要不要展開運補行動？」我放棄。不過我還是得詢問我的新聞官比爾・史穆能，看看新聞媒體是否有報導出來，同時祈禱在這些基地裡沒有記者在場。然而，哥倫比亞廣播公司派駐五角大廈的幹練記者戴夫・馬丁（Dave

Martin）報導了這則消息。真糗。我壓抑住怒火。這麼大型的任務要保密得很久本來就極為困難。我跟自己說，共和黨遇到過更糟的狀況。

命令下達到空運指揮部的時間是八月六日下午八時四十五分。次日上午九時四十五時，首架滿載的C-一四一運輸機便已經從南卡羅萊納州的空軍基地起飛了。

沙漠之盾

根據中情局的估計，我們知道伊拉克至少大約有一千噸的化學藥劑。我們也知道在兩伊戰爭的時候，海珊曾用過芥子毒氣、神經毒氣。我們還曉得在一九八八年時，他用毒氣對付庫德族反叛軍，殘害了四千名庫德人。我們曾考慮派遣美國化學武器部隊過去，但最後還是放棄。伊拉克的化武威脅我們還應付得來。我們的軍隊有防護衣，還有偵測、警告系統，在戰場上，我們移動的速度很快，況且又是在廣袤的沙漠裡，不會像一般民眾有太多的危險。化武攻擊會造成公共危機，戰場上的戰事卻不會有多大傷害。不過，要怎麼處理伊拉克的生化武器，倒是個更棘手的難題。

「聽著，我現在不是要為將軍們做簡報了。我現在是要跟政治領袖談。所以要簡單一點。我不要一大堆的圖表。我只要一份圖表就可以了。」帶著以上的指示，八月十四日的午夜，我指派製圖表人員在聯合作戰部主任提姆・羅瑞（Tim Lawrie）的帶領之下，回到製圖室加班。第二天，布希總統將要到國防部來聽取簡報，同時發表演講。我想利用這個機會，讓總統瞭解過去數週裡部隊增兵計畫的進度，也讓他知道在不同的時機我們會需要他什麼樣的決策。

之前一天，我前往譚帕會見諾曼・史瓦茲科夫。諾曼有點心不在焉。「我得知道這次的行動目標是那裡，」他說。我瞭解他的不自在。身為主席，我能夠習慣某種程度的紛擾不定政策。但是對指揮官而言，身為將要前往沙烏地阿拉伯指揮部隊、船艦飛機的指揮官來說，就需要明確的指令了。答案最後還是會揭曉的，但是我得先為總統保留一點，以保護他。

製作圖表的人員完成任務，夠簡單了，僅僅是線條式的表達，垂直線代表部隊強度的增加，水平線則表示自十二月以來的週數。我的目的是要讓總統心裡留下時間的印象。這張圖表將讓他在部隊達到某種強度的時候，給我們下達命令。

在首長簡報與總統致詞之間的空檔，我只有十五分鐘可以利用。錢尼在他的辦公室裡安排了一項小型會議，只有總統、錢尼、史考克勞夫特、蘇努努跟我參加。我們坐在圓桌前，錢尼讓我發言。於是我先分發圖表給與會者。「總統先生，」我說道，「讓我向您報告增兵的過程。」我指出圖表上目前的時間說，我們現在已派遣將近三萬名部隊到沙烏地阿拉伯。「目前的任務是保衛沙烏地阿拉伯。兩週之內我們便可完成這項嚇阻性的增兵。我們應該會有足夠的武力嚇阻海珊攻擊，如果他心裡是這麼盤算的。」我又說，隨著兵員與裝備的不斷投入，自九月初開始，便能由嚇阻性增兵擴大成防禦性態勢。到十一月五日前後，我們會有十八萬四千名部隊駐紮，防衛沙烏地阿拉伯就萬無一失了。

總統專心地聽著，沒說什麼，我一邊逐週介紹行動過程，一邊說明所造成的花費，到九月底將達到十二億美元，此後每個月還要花十億美元。我指出，維持目前的步調，他有可能需要召集後備軍人；而且他得在一週內做出這項決定。「長官，」我說，「動員後備軍人表示要讓百姓放下工作。會影響到商業，會影響到數千個家庭，這將是個很重大的政治決策。」同時沒多久他就要啟動一項名為ＣＲＡＦ的備用計畫，即民間儲備空中機隊，徵召商用飛機做為軍事用途。

六天之前，聯合國安全理事會無異議通過針對伊拉克進行貿易禁運制裁。有鑑於此，我說：「如果你的目標只是要防衛沙烏地阿拉伯，並且仰賴制裁給海珊壓力，讓他退出科威特，那麼運送軍隊的動作到十月便可達到頂峰。」到十一月初，十八萬四千名部隊全部運送完成，也就是說還要再花上一個月的時間。另外，還要考慮部隊半年輪調的問題。「我們有兩個月的時間來評估經濟制裁的效果，」我說。

總統搖搖頭。他說：「我不曉得制裁能否在可接受的時間範圍之內發揮效果。」如果到十月時，海珊不肯接受調停或者不被經濟制裁所阻，那麼要將海珊逐出科威特，我們就不能夠讓增兵管道停下來，必須不斷地補充。還必須先商量別的事情，我說：「如果我們要驅逐海珊，目的只是要讓科威特恢復自由，還是要把它製造戰爭的潛在威脅摧毀到某種程度？」每種方式都需要不同的武力介入，也會影響到時間表。我明確地表示，但並不期待現在就得到總統的決定。總統有時間做考量。我只是提醒他一番。

在此同時，我自忖，我們要不要直搗巴格達？要不要讓海珊失勢？要削弱伊拉克到什麼地步？海灣油田地區在不友善的敘利亞與帶有敵意的伊朗支配之下，美國真的能獲益嗎？

總統在向我們致謝後，前往五角大廈河邊入口處發表演講，那裡有個由白宮前進小組連夜趕搭出來的演講平台。他在向一群國防部員工致詞時感謝大家的辛勞。接著他揭示目標：「伊拉克部隊立即無條件地完全自科威特撤軍，重建科威特合法的政權。」諾曼跟我互望一眼。總統的話聽起來不像是要等待經濟制裁收效。

八月十七日，錢尼飛到利雅德跟沙烏地阿拉伯做進一步的磋商。出發之前他並沒有對我有什麼特別的吩咐，可是在飛越大西洋上空的途中，他坐在七〇七客機專屬客艙裡面，必定是想到了什麼事情。他用安全無線電話跟我聯絡，「柯林，」錢尼說道，「到目前為止，那裡只有一點點的傘兵部隊，跟大約一個聯隊的飛機而已。」

「我曉得，不過會持續增加的。」我說。

「我們還沒有足夠的武力去嚇阻任何人呢，」錢尼說，「若是我們反而激怒了海珊，讓他立即入侵沙烏地呢？我們將束手無策。」

這我也曉得。但是現在不必擔心這個。錢尼很少這麼緊張地慎重其事。於是我說：「狄克，還記得事情剛開始的時候我跟大家說的嗎？我們立即先送些人馬、設備到那，讓海珊明瞭我們的意圖。他可不想跟美國作戰。這點我很確定。這就是為什麼要派出先遣部隊。這才是真正的嚇阻，把美國國旗插在沙漠說道，好吧，你真的要跟我們幹上？」

「但如果海珊有所行動，我們無法保護沙烏地，」錢尼堅持地說，「至少現在還不能。」

「若他們入侵沙烏地阿拉伯，現在就會行動了，」我回答說，「記住，海珊過去從未延長戰線。他總是利用內部溝通管道對付伊朗，在隔壁，現在的科威特也是一樣。沙烏地阿拉伯的油田卻是隔了一條街遠，他從沒將部隊開拔得那麼遠過，還要穿越開闊的沙漠。放心吧，狄克。」我又說了將近二十分鐘，希望我是對的。等我說完後，錢尼的聲音似乎恢復了他那一貫的自信。有時候人都是需要點依賴的。獨行俠也會這樣，知道這點，讓人覺得頗放心。在未來艱困的幾個月裡，他也會對我做同樣的事。

波斯灣的戰事現在也有了名字。之前，諾曼和我的參謀選了幾個名稱，委決不下。有人先想到盾牌的點子，叫做「半島之盾」？太拗口了。「半月之盾」又太阿拉伯了。最後，我們終於決定一個非常貼切的名稱。獲得錢尼的認可後，此次保衛沙烏地阿拉伯王國的動員就稱為「沙漠之盾」。在我們開始考慮到戰事如果從守勢發展到攻勢的時候，諾曼・史瓦茲科夫和我談到要怎麼去區分這兩個階段。難道後者要叫做「沙漠之盾第二部」嗎？諾曼建議取「沙漠風暴」這個名稱。不作第二想，大家都很贊成。

諾曼這個時候已經在利雅德的國防部大樓設立了指揮總部。他的時間用在處理派軍防衛這個王國所造成的種種難題，而我則是負責把軍隊、物資從美國送上運輸管道。各個部隊的參謀長則是關鍵人物，雖然他們的軍隊將由諾曼領軍，可是他們有很重要的任務，就是確保軍隊的裝備齊全，隨時處在備戰狀態。因為諾曼是有優先決定權的總司令，他在全球各地的總司令同袍，都要一路支持他到底。

到了九月初，軍隊的規模開始變得龐大。成千上萬的軍隊不是已經到達，就是已經出發在半路上，還沒有成行的軍隊把美國各地的機場、港口，也擠得水泄不通。總統已經下達徵召高達二十萬名的後備軍人和國民兵召集令。在這之前，其實已經有很多人自動加入，沒有他們，我們絕對沒辦法打這場戰爭，他們在日後的表現上也堪稱傑出。此時，有四艘航空母艦戰鬥群很快的就位，它們都配備有戰艦及巡弋飛彈潛水艇。閒置已久的運輸艦也重新發動。上百架戰鬥機、轟炸機、運輸機在阿拉伯半島上空盤旋，一一找出目的地降落。陸續加入隊伍的有陸軍第八十二空降師的輕步兵，海軍陸戰隊第一遠征軍，由喬治亞州來的第二十四步兵師的裝甲部隊，以及德州來的第一騎兵師。為了容納這群軍隊以及軍需品，我們必須在沙烏地阿拉伯建立大型的基地。

在這階段，我們仍然不確定布希總統是否會訴諸武力，來完成他所謂的「無法容忍」伊拉克佔領科威特。無論如何，我們都必須要有備戰的策略。諾曼跟他的部屬研發出防衛沙烏地阿拉伯的戰術。空軍方面亦立即拿出對策來，這是約翰・華登（John Warden）上校這位聰明的戰鬥機飛行官的心血結晶，而他正是首屈一指的空中武力運用專家。在出發到沙國之前，史瓦茲科夫對華登的成就印象深刻，於是安排於八月十一日為我舉行一場簡報，名為「即時雷霆」的計畫。華登報告說：「將軍我建議深入攻擊伊拉克境內，摧毀其指揮與管控設施、運輸系統、生產與儲存工廠，以及空防網路等等。」我也覺得很不錯。華登的計畫必然能摧毀或重創伊拉克政權。

不過我們仍需要空中武力的運用，來將海珊逐出科威特。史瓦茲科夫跟我都要求華登將其計畫擴大，針對部署在科威特的部隊進行戰術性打擊。華登亦前往沙烏地阿拉伯，直接在兩名空軍將領麾下任事，分別是史瓦茲科夫的空軍指揮官查克・霍諾（Chuck Horner）中將，以及霍諾的副手葛羅森（Glosson）准將。華登原先計畫做了很多次的修正，目標的選取也產生很多的激辯，然而其基本概念仍舊是沙漠風暴空戰的中心點。

史瓦茲科夫召集像華登這樣的基本企畫人才，大多數都是聰明的陸軍上校，該小組被交付的任務，便是擬訂地面攻擊的備戰計畫，好將伊拉克部隊逐出科威特。

九月的時候，我要到馬德里參加北約會議。後來，我決定把沙烏地阿拉伯前線戰地也排進我的行程。我到的時候，諾曼在沙烏地阿拉伯才待了幾個星期，全世界的安危就都繫於他一人身上，給他不小的壓力。我問他部隊抵達的狀況，他說還沒到齊。至於敵軍的部署狀況呢？他告訴我說，我們已經可以追蹤到敵營大軍的行蹤。他還安排我走馬看花的巡視一遍：步兵第二十四師，第一戰術戰鬥機聯隊、海軍陸戰隊第一遠征軍、美國艦藍嶺號（Blue Ridge，一艘指揮旗艦）以及主力艦威斯康辛號。

值此初期，部隊士氣高昂，然而這片不毛的沙漠，卻是被回教教義所禁錮的封閉世界，為西方世界大兵完全不明白的所在。有一次，班達親王甚至警告我說：「不准帶《聖經》。」我回答說：「你開什麼玩笑？」宗教團體送來大批的《聖經》，我可以想像軍方告訴這些傢伙說，「阿拉伯人寧可要你們的兒子，也不要《聖經》。」

「沙烏地的海關會沒收這些《聖經》，」班達堅持說。最後我們終於達成協議，讓這些《聖經》直接空運到空軍基地，不必經過沙烏地海關官員的檢查。後來班達又通知我說，美軍裡面的猶太弟兄不能夠在阿拉伯領土上進行宗教儀式。「他們能夠為保衛你們國家而捐軀，卻不能夠為自己祈禱？」我問道。「柯林，講點道理嘛，」他回答道，「這會被有線電視網報導出來，我們的老百姓會做何感想？」

結果我們又想出實際的解決辦法。用直升機將猶太兄弟載送到停泊在波斯灣海面的船艦，讓他們在船上舉行宗教儀式。班達還擔心十字架的問題。我告訴他說，我們的大兵會奉令把十字架項鍊戴在衣服裡面不要外露。

另外，還有那些美國女兵，穿著T恤露出手臂開車，該怎麼辦？阿拉伯人的敏感似乎沒完沒了。事實上，美國女兵的確造成小小的社會變化。沙烏地的女性看到她們開車，於是有些也開始學開車了。由於她們違反了回教戒律，這些女性還遭到逮捕。班達跟我還有一道君子協定。如果美國人跟阿拉伯人之間發生有關於性方面的曖昧不當行為，他會打電話告知我，我們將把這名美國人趕出阿拉伯，然後施以軍法處分，免得回教戒律介入。後來證明我們的擔心是多餘的。派駐在這個地區的美軍，其行為不檢的比率非常低。我對他們的軍紀嚴明感到驕傲。但是，坦白說，部分原因係出自於阿拉伯的重要禁忌：我們同意在沙烏地阿拉伯入境隨俗，不准大兵喝酒。

在我巡視期間，士兵們心中最大的疑問是輪調的問題。其他人來接替他們要等多久？要解答這個問題的關鍵，在於我們能做到什麼程度。如果總統決定要等漫長的制裁行動是否奏效，這樣就需要輪調。或者，他們會決定採取守勢，這樣一來，大家可能就要待在同一個地方一陣子。我很懷疑我們能把這些血氣方剛的美國年輕人留在這裡多久，他們頭頂著熾熱的太陽，受制於回教的禁忌，心中卻搞不清楚他們的政府要怎麼做。

在沙烏地阿拉伯，隨著我們的盟友一一到達，於是，我親眼目睹一支聲勢龐大的大軍逐漸成形。率先抵達的是英國，波斯灣國家聯合軍，再加上法國、加拿大、義大利、埃及、敘利亞等等，最後總計為二十八國。不能提供軍隊的國家，則給予金錢上的援助。

幾十年來，我們在北約一直都在規畫如此大規模的戰爭。但是，我們假設的戰場是在山林間，敵人則是蘇聯，可不是對付沙丘上的阿拉伯人。在危機爆發初期，我就用很多的時間和北約及盟國裡職掌和我相同的將領研究，或者用電話和他們商議。每個國家都有和參謀首長聯席會議主席對等的職位，這個人要向政治領導人負責，就如同我和錢尼、布希的關係一樣。很幸運的，參戰的盟國聯軍都各有不凡的將領。英國的皇家空軍部隊元帥大衛・克雷格（David Craig）和我成為很好的朋友。我和以下幾位也有密切的交情：法國的墨理斯・史密特（Maurice Schmitt）將軍，義大利的多明尼哥・柯希尼

（Domenico Corcione）將軍，加拿大的約翰・查斯坦（John de Chastelain）將軍，以及土耳其的道根・葛瑞斯（Dogan Gures）將軍。後者還提供基地給我們。

帶領多國軍隊所面臨的挑戰，可不像二次大戰時艾森豪將軍在歐洲擔任最高聯軍統帥一樣。每個參加波斯灣戰爭的國家都是主權國，而且還要確知自己的軍隊如何被運用。諾曼的最偉大成就，很可能就是成功的把這些雜牌軍融合成單一戰鬥部隊，又不得罪各國領袖。

更厲害的是，諾曼能和他的阿拉伯東道主水乳交融。在年輕的時候，他曾住過這個地區，很認真的學習了阿拉伯文化。身材龐大、待人隨和的諾曼可以坐著和阿拉伯人喝茶，他還可以和阿拉伯的上流人士寒暄好幾個小時。他成為法德國王跟前最受歡迎的人物。班達的異母兄弟，也就是空軍將領卡里王子（Prince Khalid Bin Sultan），如今受命為阿拉伯空軍總司令。他成為諾曼和皇家的中間聯繫人。雖然他們兩個偶爾會爭吵，不過還算是合作無間。卡里可以運用皇家的關係來辦事，但他也有足夠的擔當，能和諾曼並肩作戰。

九月十五日週六晚，我從馬德里與中東之行返國，期待有個安靜的週日，能讓我調整時差。沒那麼理想。第二天早上我起床到廚房裡倒咖啡的時候，艾瑪已坐在桌子前面，指著《華盛頓郵報》的頭版給我看。標題是〈戰事若爆發，美國將仰賴空中攻擊〉。在這個時候，這消息是最糟糕的了。總統已經被過度推銷空中攻擊這套戰略了。有次開會時他曾告訴我：「柯林，這些傢伙從來沒有搞過轟炸。班達跟我說丟幾顆炸彈他們就完蛋了，埃及跟土耳其總統也都這麼說，我們在二十四小時內就可以擺平他們。」

我能明白他的不耐。他在懷疑這樣維持部隊不斷增援到遠方，建立起國際性聯盟，並且得到大眾的支持，能夠持續多久。空中攻擊頗具吸引力，它是那麼地快，如外科手術般精準。美軍可能以空中攻擊取得勝利，雖然到目前為止，還無人做到。「空中武力的問題在於，」我曾經警告總統說，「你把主動權留給敵人。他必須要決定是否受夠了。」我們籌畫的是全盤性的戰爭，空中、地面、海上與太空，要把決定權從海珊之手奪回。

《前哨》雜誌的新聞來源為麥可・杜根（Michael Dugan）將軍，他甫於三個月前接替拉瑞・魏克成為空軍參謀長。杜根也剛從沙烏地阿拉伯回來，他在路上曾經接受跟隨採訪的記者正式的訪問，這種行為雖然說是很勇敢，但卻不明智。我曾經警告過杜根兩次，都是因為他對記者的發言，與政府的政策有所牴觸。在伊拉克入侵科威特之後不到十天內，他就公開聲稱空軍能夠達成這項任務。他在《前哨》雜誌上面說「空中武力為我國能夠採取的唯一可行方案」，還說以色列建議他說「要打擊海珊最好的辦法」就是以他的家人、私人衛隊、情婦為瞄準目標；杜根在選擇轟炸目標時並不「預期會受到政治考量的關注」，又說伊拉克空軍「軍事能力非常有限」，它的部隊「無能」。該雜誌最後引用杜根訓勉駐紮在沙漠的F-十五戰鬥機飛行中隊的話做終結：「美國民眾將支持這次的行動，直到屍袋運送回國。」

在這麼一則報導裡，杜根就把伊拉克說成好像是不堪一擊的，說美軍指揮官聽從以色列人的獻策，甚至建議政治暗殺，而這卻是總統決策命令所禁止的；另外，還聲稱空中武力是唯一的選擇，並以陰沉的語氣說美國民眾不會支持政府其他的戰略。杜根未列名指揮體系當中，不應該評論任務的內容。他的言論明顯的在為空軍搶功。再也找不到比這種言論更無禮、輕率又氣量狹小的訪談文章了。

我在佛羅里達州找到杜根，他到那裡參加一項會議。我把他從熟睡中喚醒。「麥可，你看了《前哨》雜誌的報導嗎？」我問他。

「沒有。」

「那就讓我念給你聽聽。」於是我一段又一段的把文章念給他聽。他似乎不是很在意。

接著我打電話給錢尼，他也沒有看到那篇報導。「我們遇到問題了。」我告訴他。然後他說，等有機會看過這篇文章後，他再跟我聯絡。錢尼立刻就回電了。「真是笨哪，笨哪，笨哪，」他說。

「你要怎麼辦？」我問。

「我會向史考克勞夫特簡報。然後我會到運河邊去散個步。」他回答說。

我又打電話給杜根，告訴他我跟錢尼談過了，而且我會支持他。我曉得，史考克勞夫特那天早上會在哥倫比亞廣播公司的《面對全國》的節目中露臉，政府官員在該節目裡一貫的表現，就是針對週末的負面報導收拾殘局。「準備被刮鬍子吧，」我說。「這件事出現在聯播電視網，也不要覺得吃驚。」

麥克僅回答說，「對，我準備好了。」正如預期的，史考克勞夫特駁斥杜根的言論。下一個週一的早晨七時四十五分，我正在辦公室裡翻閱情報資料時，錢尼來電。他要我去找他跟副部長丹・亞特伍德（Don Atwood）。甫進門口，錢尼就跟我說，「我要叫杜根滾蛋。」

「狄克，」我說，「我們能談談嗎？」

「我要把杜根開除。我對他沒信心了。」

「得先確定處分是否合宜吧，」我說。錢尼的表情緊繃如水泥般。

「等你走了以後，我會立刻打電話給杜根，解除他的職務。」當時我想，錢尼已經先取得總統的認可了。事後證明果然沒錯。

跟錢尼在一起做事，你做的永遠嫌不夠。現在，我要做的就是找個替代人選，杜根因為對媒體記者發表示不當言論，且評述內容和當局的政策互為扞格，已遭受布希總統革職處分。我有一次到太平洋出差的時候，認識了梅瑞爾・湯尼・麥比克（Merrill Tony McPeak）。這個瘦巴巴的戰鬥機飛行員，現年五十四歲，充滿精力與想像力。有人事先告訴過我，說麥比克消息靈通，他可以一口氣想出十個點子，而其中三個可能還不錯。我想，這樣的機率還算不壞。所以我把麥比克推荐給錢尼和空軍部長唐・萊斯（Don Rice）。剛好他也是他們心中的理想人選，所以麥比克成了新任的空軍參謀長。接替杜根的麥比克也是個空戰擁護者，我希望他會是個比較謹言慎行的人。

有件事一直煩著我。九月二十四日我前往錢尼的辦公室。我說：「狄克，總統真的失去耐心了。他一直問我是否可以用空中攻擊，來將伊拉克部隊逐出科威特。」

「沒錯，」錢尼說。「他擔心時間越來越緊迫了。」我們都瞭解總統的不安，雖然早在八月十五日我就曾告訴過他，一直要等到十月的時候，他才需要決定是繼續採用禁運的手段，還是即時宣戰。喬治・布希在沙漠之盾上面賭下不小的政治籌碼。波斯灣情勢取得布希政府所有的關切，使得國內的一切近乎停頓。同時他認為無法無限期地得到國際間的認同。

「你曉得我跟諾曼的想法，」我對錢尼說道，「在擁有保證能打勝仗的兵力之前，不宜輕舉妄動。而那是要花時間準備的。」

「那麼你想怎麼辦？」錢尼問。

「我們目前的對策是希望禁運能夠見效。」我說。不過我接著說，等到下個月總統就得決定是否持續禁運，或是增兵開戰。「我想我們應該為他再做一次報告，說明長期禁運與箝制的效果為何。」我說。我以為應將優缺點列出，讓總統能有所抉擇。「在此同時，增兵繼續進行。」其實，我早已經跟貝克與史考克勞夫特討論過了。貝克比較有興趣，史考克勞夫特則跟布希一樣，對於長期禁運沒有信心。

「總統今天下午有空，」錢尼說。「我們可以去跟他詳細說明一切。」在我跟錢尼到白宮之前，我只能匆匆地用手寫幾張筆記帶去。

那是個溫暖且讓人昏沉欲睡的秋日午後。總統坐在桌前，跟史考克勞夫特及蘇努努談話。國務卿貝克及國家安全小組的其他成員都未列席，因為這是一次臨時召開的會議，而且也不是國家安全會議的決策會議。這個時機是在總統百忙之際抽空，不曉得是否得到他的真正關切。當天稍後他將與南非總統克拉克會面，還要跟國會磋商預算問題。

「總統先生，」錢尼說，「主席有些想法要向你報告。」總統點點頭要我開始說。

「總統先生，你有兩個基本的方案可供選擇。第一個是攻擊方案。」我也向他解釋空中攻擊的方案，若是海珊蠢動，需要我們立即反應時，即可運用。「我仍舊建議做全面性陸海空三軍聯合作戰的準備。」我說。「如果你在十月決定採取這種手段，那麼我們可以在元月展開攻擊。」

另一項選擇經濟制裁依然在實施之中。我解釋說，一方面可以維持在沙烏地阿拉伯的防禦性態勢，一方面採取禁運手段。就算我們增兵到足以攻擊的實力，也可調整回到防禦性的程度。運用我們防禦性的戰略加強圍堵伊拉克，再加上禁運制裁，迫使伊拉克撤兵，仍然是不錯的選擇。「當然，這也有很嚴重的缺點，」我承認，禁運的手段是把主動權交給伊拉克，看他們到底受夠了沒有。根據歷史經驗，禁運需要時間始能達到目的。當天，我僅僅是主張這兩種方案都必須要全盤而公正地考量。而總統也不必急著做決定，至少在幾週之內是如此的。

我說完之後，總統表示，「謝謝你，柯林。很有意思也很有用處。從各種角度去考量是件好事。但我真的不認為還有時間去等待禁運產生效果了。」說完，會議便告結束。

鮑伯．伍華德在他的著作《指揮官》一書裡，把橢圓辦公室裡的場景描寫得很戲劇化。伍華德把我寫成想教總統朝向運用較不具攻擊性的戰略，但又不敢太強硬地推銷自己的看法，因為出席的顧問當中無人支持我。出書之後，有不少人把我看成是「勉強為之的戰士」。我承認這點。戰爭是會出人命的，我不願意輕易送掉美國人的性命。那天我的責任在於推出所有可行的方案，給國家領袖做選擇。同時，在我們的民主體制裡，是由總統，而非將領來決定開戰之事。我盡到了責任。如果總統的看法是正確的，如果他決定要開戰，那麼我的職責就是確保我軍準備好，一定會勝利成功。

將軍對將軍

十月初，我陪伴一位蘇聯將軍，參加位於北達科塔州的艾茲華斯空軍基地的地方飛彈發射室。我們倆並肩站著，而這些飛彈的指向目標卻是這位客人的家鄉。我還帶他到位於科羅拉多州的北美防空司令部。在這個祕密的隱藏處，我向他解釋我們怎麼追蹤他的國家發射過來的飛彈。我招待的這位貴賓就是蘇聯參謀總長米凱爾・莫耶斯夫將軍。在波斯灣軍隊正如火如荼的集結之際，我帶他到美國各處看看。這是一份憑直覺就可做好的任務，但卻非常必要。為了營造我們及蘇聯都想要的新和諧，私人的情誼變得非常重要。尤其在此次波斯灣危機中，他們相當合作。

我第一次和莫耶斯夫在維也納認識的溫馨感受，也延續到了此次的聚會。我很喜歡，也很敬佩這個人。除了職責所在，讓他參觀美國軍事力量展現以外，我還要莫耶斯夫親自感受並接觸美國的日常生活，讓他知道什麼才是自由的社會的真正動力。當然這也因為我每次都帶他去參觀軍事設施或武器系統，他都快無聊死了。他總會說：「這個我們也有，而且還更好。」十月一日，就在莫耶斯夫和他的太太佳莉娜・伊歐索菲娜抵達後隔天，我帶這位將軍在參觀保林空軍基地後，我們直接由貴賓室前往華盛頓幾個我最喜歡的地方。我們從在傑佛遜紀念堂前觀賞靜謐的黎明開始這趟旅程。

接著，我載他到華盛頓紀念堂；他幾乎看都沒看。然後我們到了林肯紀念堂；他留下很深刻的印象。不過，令他最為感動的是參觀活動的最後一部——越戰退伍軍人紀念碑大道上，那座線條簡單，部分埋入土裡的石牆。我以一位老友東尼・馬諾迪斯為例，向他示範怎樣用電腦在總數超過五萬八千名殉難士兵之中，找到其中一位的名字。在莫耶斯夫緩緩踱過這片石牆時，他不發一語。參觀這座石牆，讓我們感覺就像同樣服軍職的兄弟一樣惺惺相惜。不管我們效忠哪面國旗，我們會像一首詩說的一樣：「身赴軍人之墓，也甘之如飴。」

我還帶我的貴賓參觀退伍軍人事務部，讓他看看我們為這些在戰場上衝鋒陷陣的人做了些什麼。在一位官員提到美國士兵的福利，還有退伍軍人醫院的時候，他的眼睛亮了起來。在我們看到義肢設施的展示時，他又再度顯出非常專注。他一直說：「我們做得不夠，我們應再努力。」阿富汗戰役中，因大量使用激進恐怖分子才有的地雷、詭雷，讓許多俄國人肢體殘障。

我帶莫耶斯夫到密西根州底特律市的通用汽車別克、奧斯摩比與凱迪拉克車的組裝中心參觀，讓他見識美國工業。通用汽車的總裁暨執行長羅伯特・辛伯做陪，當我們參觀完生產線以後，辛伯帶我們去看測試汽車，那裡有一些新款的車種。大家的目光都被一輛紅色的跑車所吸引。辛伯請通用的駕駛載莫耶斯夫乘坐這輛雙座跑車，然後再載我一趟。接著我要求自己開，並且載著將軍繞幾圈。我們繞著跑道開了幾圈，車速達到九十哩，忽然莫耶斯夫打出手勢來，他也想開開看。我把車子停下來，兩人換了座位。他把這輛六段變速的跑車飆到七十哩，然後突然打進一檔，把轉速急升到每分鐘六千轉。哇！噢！噢！我希望這輛車到經銷商那裡時不會拋錨。

又有一次，我和莫耶斯夫到聖地牙哥檢閱船艦。我們到了廚房後，他決定要秀一秀他的無產階級資格給我們瞧瞧。當時有些伙伕兵在削馬鈴薯皮，莫耶斯夫要了把削刀。他叫我也拿一把，提議來個比賽，我們是冷戰的贏家，但那天我們卻輸了那場馬鈴薯大戰。從西伯利亞來的莫耶斯夫打敗了從「香蕉凱利」來的鮑爾，奪得冠軍。

在這為期一週的訪問將近尾聲的時候，我在華盛頓的美國國立太空博物館舉行晚宴，款待莫耶斯夫夫婦。我們在一起的最後一晚，他們則以滿坑滿谷魚子醬和伏特加的晚宴回請我們。到這個時候，佳莉娜和艾瑪已經變得像兩位老戰友一樣親密。不過，也該是送這兩位老朋友到安德魯空軍基地搭機飛回莫斯科的時候了。艾瑪和佳莉娜的禮車，跟在我和莫斯耶夫的車子後面。事後，艾瑪向我轉述她和佳莉娜的談話。在美期間，佳莉娜對美國已經有很清楚的認識。她跟艾瑪說：「我不會羨慕在你們國家看到的東西，我也不忌妒，我只是心裡很難過。我們浪費了七十年的歲月，我們錯過了可以和你們做得一樣好的時機。在我有生之年，這樣的情形也無法改善。」

十月六日，透過安全電話我與人在利雅德的諾曼・史瓦茲科夫聯繫。這套系統真不錯。連接總統的電話按鈕就在控制台左手邊角落，它的鈴聲相當地刺耳，容易引起注意。諾曼的電話按鈕在右手邊角落，我只要按一下，就可以立刻讓利雅德那邊的電話響起，方便得很，好像跟隔壁辦公室的人說話一樣。我請諾曼派一組人馬回來，向總統做攻勢戰略的簡報。諾曼拒絕了，他說：「我沒有他媽的攻擊計畫，因為我還沒有足夠的地面武力。」他只擁有一個軍團，「我還沒有辦法進攻，」他警告我說。

我曉得諾曼擔心什麼。截至目前為止，他的兵力為四個陸軍步兵師、一個陸戰隊師、一個裝甲騎兵團、英國的裝甲旅、法國的輕裝旅，另外還有埃及與敘利亞的混合部隊，以及小規模的聯合部隊，全部加起來，大約是廿萬人出頭。防衛沙國是足夠了，但是要驅逐為數達五十萬人的伊拉克陸軍就很困難了。不過，我仍然得向總統簡報，以史瓦茲科夫目前所擁有的武力能夠做些什麼。同時他打從一開始就說需要更多的部隊始能進行攻擊，因此我必須得知道他還需要多少。

我告訴他：「你的空中攻擊計畫不錯，白宮方面需要這部分的簡報。我也需要讓大老闆看看地面攻擊計畫，那怕它還不夠完備。」

「好吧，」諾曼說，「不過我想要自己主持簡報。」我回說不宜，他留在利雅德比較重要。

史瓦茲科夫勉強地派回來簡報小組，由他的參謀長陸戰隊少將鮑伯．強斯頓（Bob Johnston）領軍。在強斯頓到白宮之前，我要他先向錢尼及各軍種參謀長先做一回簡報。那天是十月十日的下午，強斯頓簡報全盤計畫，然後由葛羅森准將簡報空軍的部分。由於約翰．華登上校早在八月初就已向我報告過空中攻擊計畫，查克．霍諾中將及葛羅森這時已將計畫變得更強，包括海軍、空軍以及聯合空軍與巡弋飛彈在內。攻擊的目標從巴格達附近的基地到伊軍在科威特挖掘的壕溝，以及之間的所有供需補給通訊線路。這計畫相當大膽、富於想像力，也很強勢。

葛羅森報告結束，來自李文渥斯堡先進軍事研究學校的喬．普維斯（Joe Purvis）中校負責地面攻擊的報告，該計畫僅有兵力配置而已。它包括三項佯動計畫與一項主要的攻擊計畫。海軍陸戰隊將佯裝兩棲登陸攻勢，以牽制伊拉克部署在科威特海岸的步兵師。其次，海軍陸戰隊亦將在科威特與沙國邊界做另一項佯攻。多國聯合部隊則在兩國邊界的最西端做進攻，則是第三項佯攻計畫。主要的攻勢，由全部的美軍步兵師所組成，將長驅直入科威特境內，在科威特市北方主要的道路會合。我們的數量佔優勢，且將長驅直入伊拉克的殺戮戰場。

史瓦茲科夫是對的。這是個脆弱的計畫，我也瞭解到何以他不願意拿來華府做簡報了。他還需要兩個步兵師以及軍團總部，好讓事情更加順手。讓我感到驚訝的是，強斯頓與普維斯卻沒有說明，如果真的增加這些武力之後，會怎樣加以運用。可是就算以現有的軍團來運作，該計畫仍然是錯誤百出。不能把數量佔優勢的攻擊主力拿去跟敵人主力拚。另外，還有個明顯的戰略沒有提到。伊拉克步兵已深入科威特，因此無法輕易地向南攻擊。若我們從右翼及空中加以攻擊，則伊拉克機械化部隊就沒辦法向南前進，進入到無盡的沙漠裡。現有的這套計畫卻沒有針對薄弱的伊拉克西側，進行攻勢的企圖。

在簡報時，錢尼隨便提出幾個問題後便告離去。他看起來不太高興。我讓簡報的軍官離開，然後跟參謀首長討論。大家的觀點如下：應該可以準備得更好。不過，以單一軍團的兵力實在有點冒險。稍後我再跟錢尼見面，他告訴我，「我或許是個門外漢，但是這個戰略讓我很失望。」

他的感受沒有錯，我同意這點。不過我提醒他，「我們聽到的只是初步計畫，而且諾曼自己也不覺得理想。會有更好的。還有時間。」

次日，鮑伯・強斯頓與其小組在戰情室為總統再做簡報，其時，白宮的決策人物已被稱之為「八人幫」，分別是布希總統、副總統奎爾、吉姆・貝克、蘇努努、史考克勞夫特、鮑伯・蓋茲、錢尼跟我。空中攻擊計畫依舊令人欣賞。不過，大家對於地面計畫的反應正如預期。史考克勞夫特這個退休的空軍中將，全程都沒聽。我再度指出，史瓦茲科夫是在表達不滿之後才做出這次的簡報，還有時間做出更好的。在我心裡認為，史瓦茲科夫的高階地面指揮官把全副注意擺在防禦計畫上面，並沒有特別在意攻擊的策畫。我向總統報告說，我軍將做得更好。他似乎鬆了一口氣。鮑伯・蓋茲後來好像澆了一盆冷水，他說「麥克連將軍再世」，暗諷史瓦茲科夫跟這個南北戰爭期間不肯採取行動的指揮官一樣，不管林肯總統給他多少兵馬，他都抱怨不夠。

第二天，十月十二日，我致電諾曼，通知他簡報的結果。空中攻擊的簡報很理想，地面攻擊的戰略需要改進。然後，我把話筒拿得距離耳朵遠遠地，說道，「你知道嗎，有人說麥克連將軍再世了。」

諾曼上鉤了。「你跟我說是那個混蛋講的，」他吼著，「我要讓他看看史瓦茲科夫跟麥克連有何不同！」

我覺得有點過意不去。這樣用計謀逼迫他認真地考量地面攻擊計畫。電話掛斷之後，我決定該是再去一趟沙烏地阿拉伯的時候了。

在我準備動身之前，錢尼一直交付給我任務。「我要知道攻擊武力最多需要多少人，」他說。「我要知道諾曼什麼時候可以準備好攻擊。」他的第三個問題，我在筆記本裡摘要成為「第五項」，即一九六四年當我在班寧堡接受步兵軍官高級班上課時，即獲得的核子認證代碼。「我們不必想到動用核武吧，」我說。「可不能讓這種妖魔鬆了綁。」

「當然不能，」錢尼說。「問問只是出於好奇心罷了。」

我交待湯姆・凱利召集幾個人到密室裡來，共同研商核子武器攻擊計畫。結果讓我不敢輕舉妄動。想要摧毀分布在沙漠裡的單一重裝師，就需要相當可觀的小型戰術核子武器。我把分析的結果交給錢尼，然後把計畫毀掉。這份報告證實我過去對核武的憂慮是正確的。錢尼在我動身到沙國之前，丟給我這句話：「讓我們這次腳踏實地找出攻擊計畫來。」

十月廿二日週一，我置身沙國國防部，坐在史瓦茲科夫地下五層的戰情室裡。房間中央有張長桌子，面對著牆壁上張貼的地圖。出席的人員包括：史瓦茲科夫、陸軍指揮官葉索科中將、陸戰隊指揮官華特・柏曼（Walt Boomer）中將、海軍指揮官史坦・亞瑟（Stan Arthur）中將、空軍指揮官霍諾中將，以及中央司令部副司令官卡爾・華勒（Cal Waller）中將。我們談論到運用一個軍做攻擊的可能性；仍然不被採納，很快便被丟到一邊。由上校軍官所組成的智囊團擬出兩個軍的計畫，我們卓越的裝甲機動能力以及一〇一空降師的直升機機動打擊能力將佔盡優勢。這最新的計畫也包含到伊拉克西側翼，不過只是聊備一格。我向簡報人員致謝，但在他們離去之後，我告訴諾曼，「我們還要再加油。」

當晚，他前來沙國提供給我的下榻處。我們談到如何更能發掘出敵人的靜態陣地。伊拉克陸軍在科威特以逸待勞。海洋在東邊，他們的要塞在其南面，實際上，他們也等於是把自己困住了。我們又談到封閉住西方與北方，切斷他們的補給線。「我們可以使用重裝軍團快速深入打擊西側翼，」我說，「我們也可派遣空降軍從西邊到北邊，封鎖幼發拉底河谷，切斷其增援與撤退的路線。」除了不斷的交換意見，我還拿從抽屜裡找出來的文具擺設布局。我們想出的戰略根本不需要傷腦筋。因為伊拉克兵力的配置等於已為我們寫下了戰法。

第二天早晨，我們在史瓦茲科夫的總部再度碰面，將前一晚的想法再做增補。諾曼再度提出要求，想自歐洲增援兩個師的軍。我同意了，同時對他說，另外還會再從美國本土派第三個師來，外加一個陸戰隊師。除了增加戰鬥機中隊之外，航空母艦要不要？派六艘來。花了錢搞這些為啥不用呢？節省下來做什麼？我們在巴拿馬已經學到教訓了。要玩就玩大的，而且要快刀斬亂麻。我們可不能讓美國再度陷入越南那種情況。可以大量運用資源，因為這世界已經改變了。我們可以從德國調來步兵師支援，而這些步兵師已經派駐在那裡四十年防範蘇聯的攻擊，不過現在已不需要了。

「諾曼，」我說，「你要明白總統與錢尼會支援你所需的一切，只要你把任務達成。」我又說，「別擔心，在你還沒準備好之前，不會叫你冒然行動的。」在我這樣說的時候，我察覺到史瓦茲科夫的緊張情緒放鬆了。後來他描述此刻，說道，「我覺得彷彿他（鮑爾）讓我卸下了千鈞重擔一般。」後來我回到華府，同樣覺得數週來的緊張情緒已經好多了。

十二比二

十月三十日下午將近三點半，歐提斯載我穿越白宮的大門，在門廂的門前停車。我叫他讓我先下，然後，繼續開遠點再停車。在這些場合，我會玩些把戲。電視台的攝影機通常都聚集在大門外。如果我要讓新聞媒體採訪到我帶著地圖進入白宮，我就會親自開後車廂取走。要是我不想自己動手，我就會請歐提斯先讓我下車，然後他再小心的把地圖拿進大廳給我。

自從海珊入侵伊拉克之後，我們曾好幾次在白宮開過會，這一天算是最重要的一次。總統召來了「八人幫」——布希總統、副總統奎爾、貝克、蘇努努、史考柯勞夫特、鮑伯・蓋茲、錢尼和我。不過，其中的奎爾出城了。我們必須解決我早在八、九月間就提出的關鍵問題。那就是，我們的底線是要保衛沙烏地阿拉伯、完全依靠制裁行動將海珊逼出科威特呢？還是要卯足全力的把他們趕出去？是保衛還是斥退？

我們大家在情況室碰面，我喜歡這個地方。在橢圓辦公室開會通常會演變成不太正式的自由討論，在一杯杯的咖啡之間，大家的眼光常會投向室外的玫瑰園；如此一來，是很難集中討論的焦點。這天是由史考克勞夫特主持會議。他簡單扼要的表示我們現有的兩個決定。他說：「我們好像正在一條交叉路上。」如果我們選那條驅逐伊拉克的路，馬上又會產生另外一個重要問題。此外，我們要不要請求聯合國作出決議，授權我們使用武力？要是我們的要求不獲支持，我們是否要和願意參加的盟邦不顧一切的去做？當時，貝克正好準備到歐洲去，因此我們也討論他此行可望尋求哪些額外的支持。我們接著還談到將以色列置身事外的超敏感話題。如果阿拉伯國家要齊力對抗一個鬩牆的兄弟，他們沒辦法忍受跟以色列並肩作戰。

最後，布希說道：「很好。我們現在聽聽柯林有什麼話要說。」

我把圖表架起來，拿起雷射光筆，總統笑了。我開始報告：「我剛從利雅德回來，我可以向各位報告，第一階段的任務即將完成。我們馬上能就定位，保護沙烏地阿拉伯的安全。到了十月初，最後一師、一連所有的營帳桿，都可以各就各位了。」於是，我詳細解說每個單位駐紮的地點，以及諾曼打算如何打一場保衛戰。在用十分鐘解釋完我們在沙烏地阿拉伯的部署狀況後，我翻開另一張新的圖表，並表示：「現在這個計畫則是我們怎麼主動出擊，把伊拉克軍隊踢出科威特。」總統聽了身子往前傾，這表示他等著一探究竟。我描述了空襲行動，前鋒支援攻擊部隊將深入科威特制服伊拉克佔領軍，以及左側進攻的部隊將控制敵軍的西翼勢力，從後將伊拉克軍隊攔腰截斷。我講完後，史考克勞夫特問：「這樣的軍隊規模是多大？」

我說：「目前的防禦守勢，大概將近二十五萬。但是一旦總統決定要主動出擊的話，則要增加非常、非常多才行。」

史考克勞夫特問：「多多少？」

我說：「幾乎要一倍。大概還要再二十五萬。」

史考克勞夫特發出：「哇！」一聲，在場的其他人也以相同的驚嘆回應。

我看著布希總統。他的眼睛眨也不眨。錢尼附加說明道，他和其他參謀首長先前已聽過這份報告，而且也贊成。布希總統再次問到空襲：「柯林，你確定轟炸沒辦法成功嗎？」

我說：「如果在炸彈開始轟炸之後，伊拉克軍隊就夾著尾巴落荒而逃，那我將會是陸軍最快樂的軍人。如果他們真的會這樣，你就把部署地面軍隊的費用從我的薪水裡扣掉好了。」但是我同時提醒在場的人，見諸歷史還沒有單憑空戰就能打勝仗的。

我們打算給海珊下最後通牒：在某個時間前，他要撤出科威特，否則我們就不客氣了。貝克建議定二月一日。我說：「如果我們真的要這麼威脅他，就要玩真的。我們要準備好開戰。」總統又再一次點頭。按照往例，他又將話題重複一遍，於是，他停止討論，並表示：「好，行動。」我們終於決定了。如果三個月之內，制裁行動沒有效用，伊拉克軍隊還待在科威特，我們就要開打了。

年中的選舉剛結束，布希總統在十一月八日宣布，另外有二十萬的美國部隊正在前往波斯灣的途中，他清清楚楚的說明他們的任務是要「確保聯軍有足夠的應戰實力」。接著，國會吵翻了天。這就是那個人家常笑是「跛腳鴨」的布希總統嗎？他是否要藉著宣戰來顯示他的男子氣概？這種在國內所引發的爭論，變得有點像六〇年代時，對於越戰的爭議。十一月二十九日，聯合國預定要投票表決，是否要採取軍事途徑將伊拉克趕出科威特。摻雜許多人意見並因運而生的第六七八號決議案，不可免俗的成為語意曖昧不清的文件。貝克想要講的明白點，所以堅持要用「使用武力」的字眼。蘇聯外長謝瓦納茲卻不要說得這麼白。最後他們達成協議，加上「運用所有必須的手段」。這些都沒有關係，反正話說的再好聽，子彈還是子彈，還是一樣有殺傷力。這項決議案在安理會以十二比二通過；其中古巴和葉門投反對票，中國大陸放棄。這一天將在歷史上留下紀錄，因為如果真的要開打，美國與蘇聯將自二次世界以來，首次不是處在敵對的狀態。

大聯軍

這項議案在聯合國獲得通過，堪稱本世紀外交史上一項了不起的盛事，此次的勝利，要算喬治・布希的功勞最大，當然貝克的對他的協助，也功不可沒。在第六七八決議案通過的時候，聯軍勢力已集結到相當可觀的規模。這樣的聯軍大部分都是透過橢圓辦公室來往的電話結盟。到現在為止，北約有十三個國家貢獻武力，其中包括英國與法國派來的眾多先遣部隊。幾乎所有的阿拉伯國家都加入陣營，其中埃及與敘利亞的聯合部隊有一萬五千人。才掙脫蘇聯箝制的國家也來聲援，包括有捷克、波蘭、保加利雅。貧窮的國家像孟加拉、塞內加爾、索馬利亞、薩伊，也保證盡全力支持。有三十五個國家提供人員、武器、金錢。這樣加起來之外，聯軍得再加上美國軍隊二十萬人。

聯合國決議案已很清楚，這次的任務只在於解救科威特。不管我們有多麼唾棄海珊及其所作所為，美國卻無意將這個國家陷入動亂。在之前的十年間，是伊朗而非伊拉克，才是美國在波斯灣的敵人。美國要伊拉克持續做為伊朗的制衡力量。阿拉伯盟友則從來沒有想要涉入科威特的事。沙烏地阿拉伯不想要南方的什葉派政權自伊拉克瓦解出來，土耳其也不希望北邊的庫德族政權坐大。我們還知道，僅僅有超過一半多一點的伊拉克部隊進入到科威特，其餘還在伊拉克境內，維持國內秩序並且防範仍舊帶有敵意的伊朗。在我所參加的大小會議裡，就從來沒有認真討論過將伊拉克除名、征服巴格達或是改變該國的政府型態。我們希望海珊在即將來臨的戰爭裡被消滅，惟他的滅亡並不是國家目標。坦白說，我們所期望的，為波斯灣地區在戰後仍有伊拉克的生存，但是海珊被推翻掉。聯合國給了我們前進的命令，總統打算按照命令的範圍執行。

我感到相當驚異。因為聲討海珊的現有武力是自諾曼第登陸以來前所未見的，而海珊居然毫無懼意，眼睛連眨也不眨一下。制裁行動的期限已過，防衛部署的日子也過了，接著是主動攻擊的時間，最後連聯合國授權使用武力的期限也到了，但是，他顯然已經決定將大批軍隊送上不歸路。他應該知道他會失敗；但是只要他還能掌握大權，他顯然還是願意用伊拉克軍隊的性命來換這場在科威特的冒險行動。總統的直覺從一開始就是對的。感恩節的勞軍活動之後，他在回程中跟我說，制裁行動不會有用。我們要做的已經勢在必行了。

我現在還是相信，政經制裁行動是有用的武器。譬如說，南非的種族隔離政策就是因此而加速瓦解的。但是制裁行動要能奏效，必須該國領袖真正關心國家及人民的利益，因為這種制裁，將會使人民及國家所受到的傷害比領導階層大得多。問題就出在當付諸於制裁行動時，通常都用於那些只關心自己的利益、權力的獨夫身上，然而只要這些人頭上有遮風避雨的屋頂，桌上有東西吃，坦克車有汽油，手裡有權力，制裁行動對他們很少起得了作用。海珊就是個最好的例子。

布希總統開始公開譴責海珊，一如他譴責諾瑞加那樣。「我們是在跟再世的希特勒交手，」他曾在某個場合如此形容，同時把海珊說成是「沒有人性的暴君。」我向錢尼及史考克勞夫特建議，他們應該嘗試說服總統稍微節制一點。並非這種指控不實，而是這樣的譴責讓我頗覺不自在。我寧願談論到的是「伊拉克政權」或「海珊政權」。我們的計畫只是要將伊拉克逐出科威特。並未包括推翻海珊的獨裁政權。在此範圍之內，我們不可能提著海珊的首級呈給布希。同時我認為，如果利用貶抑此人為惡魔來提升大眾的期望心理，最後卻沒有動他，將是不智之舉。

那年秋天當全國面對戰爭之際，一齣了不起的電視劇把這種氛圍驅逐得乾乾淨淨。那年稍早，我獲邀在布希安排的林肯年活動演講，地點在白宮。演講後，我站在東廂跟一名年輕人談話。「那段時期（林肯年代）讓我很著迷，」我說。「真的，」這名年輕人說道。「你知道嗎，我正在製作一齣有關南北戰爭的電視連續劇。你想不想看看我們截至目前所完成的帶子？」這是我認識肯・伯恩斯（Ken Burns）及其出名紀錄片的經過。我的家人觀賞這卷帶子後都深受感動，我跟總統說，我們一家人黏在電視前面長達幾個小時之久。結果他也想要看。於是我把帶子拿到白宮，他跟總統夫人芭芭拉也很喜歡，帶子幾乎都要不回來了。肯・伯恩斯拍完整齣連續劇之後，他送來完整的帶子。我把它轉送給錢尼，他則轉送給史瓦茲科夫做為一九九〇年聖誕節禮物。打從九月廿三日這齣連續劇開始在全國網公開播映後，連續五天轟動全國觀眾。「至少現在人們曉得戰爭是怎麼一回事了，」我有次跟諾曼通電話時這樣說。「沒錯，」他回答，此時他正加速備戰。

史瓦茲科夫後來寫道，肯・伯恩斯的作品讓他重新認知減少傷亡到最低的重要性。感謝肯的作品，讓數百萬的美國人明白，沒錯，帶著崇高的理想投入戰場，可是卻不能帶著羅曼蒂克的幻想。

受到壓力的諾曼・史瓦茲科夫就像座活火山般。我偶爾會隔海跟他叫罵，罵的都是些軍中髒話。罵完了就算了，仍然相互尊重，感情卻越來越深厚。我能瞭解他憤怒的根源。發脾氣成為他發洩挫折的管道。他的部下受了不少的氣，但卻都非常地忠貞。無論如何，他的憤怒不只是對下，由於認為華府方面總是不瞭解他的立場與需求，因此他也常常向上反彈。他能夠向誰申訴？國防部長嗎？美國總統嗎？他只有找上我了。

我瞭解這些；然而錢尼偶爾需要我向他確保找到的是正確的人選。錢尼這個人風格很溫和，他第一次跟諾曼去沙烏地阿拉伯向國王法德商量美國協助的事宜時，回來後向我提到，有幾件事情讓他覺得有些困擾。在飛往沙國首都的十四個小時航程當中，要上廁所都必須要大排長龍。根據錢尼的說法，有個少校終於排隊到最前面，結果他叫道，「將軍！」，原來他是為諾曼來排隊的。在同一趟航程裡，錢尼說他曾看到一名上校在飛機座艙的地板上，手腳並用地為史瓦茲科夫熨軍服。

在後來的休假期間，錢尼問我關於諾曼這個人。直到最近，他還問我，「總統下賭注在這個人身上，你對史瓦茲科夫有絕對的把握嗎？」

錢尼的問題沒什麼大不了。無可避免地，關於諾曼不當對待部屬的說法，早就有人打小報告回華府了。錢尼不常跟諾曼接觸，但我每天都會跟他談，因此，錢尼仰賴我的判斷。我告訴他，我完全相信諾曼。

不過，好的指揮官在心裡總是會有備用的人選。有的人會心臟病突發，有的人不小心撞上公車，士兵會遭到伏擊。諾曼承受巨大的壓力，自然也不能免疫。他已經感冒兩三回了。有一次，我必須命令他放假休息不可。雖然他是那麼地會製造火花，有著戲劇效果，但他卻是個卓越的軍人，天生的領導者，優秀的外交人才。他是適得其所，我很高興能一再向錢尼保證他的才幹。

十二月三日星期一，錢尼和我在參議院的部隊委員會為「沙漠之盾」這個計畫作證，我們遭到很多阻礙。其中，更因為主席山姆・奴恩持反對意見，說我們沒有強制推動制裁，就馬上要為科威特開戰。山姆辯稱，制裁行動需要相當的時間，才能知道是否有效。在我看來，這樣的拖延做法，根本就像掉進無底洞一樣。我向他們解說一遍目前聯軍部署的進度，對我們所面臨的敵軍做了一個冷靜且實在的評估。伊拉克是現在世界上，排名第四的軍事強國，海珊在科威特境內及周圍所部署的軍隊，已經高達四十五萬人，並且擁有三千八百輛坦克，二千五百門火炮。尚且，還得加上他宣稱要加派的二十五萬人，還有像幽靈一樣，籠罩在沙漠上空的伊拉克生化武器，以及，海珊可能動員核子武器的可怕威脅。如果真的開打，我可不打算讓這些議員認為，這場戰爭就像一場舞蹈大賽一樣，沒啥了不起。

當晚，我跟艾瑪飛往倫敦。我受到英國下議院成員，也是溫斯頓爵士之孫溫斯頓・邱吉爾（Winston S. Churchill）的邀請，在西敏寺大院為下議院議員及英美議員同盟會演講。我所演講的處所聚集的人士，猶如小型的下議院組合，我在那裡敘述美國在波斯灣的行動以及基礎武力的概念。當我在這西方民主殿堂放言之際，不禁想起父母，他們出身在卑微的小小熱帶島嶼英國屬地，真希望他們能夠看到兒子如今的成就。

我對於即將要會見的人感到好奇，對他而言，我是他上任不到一週以來的頭一位外國訪客。約翰・梅傑（John Major）在唐寧街十號首相官邸招待著我，以及我的執行助理狄克・謝爾克上校、英國國防大臣湯姆・金（Tom King）、英國參謀總長皇家空軍元帥大衛・克瑞格（David Craig）爵士等人。梅傑四十七歲，長得像個大男孩，從頗富爭議的柴契爾夫人換過來，可說是變化極大。在首相溫和的外表底下，我感受到一點剛強的味道。他向我發問相當積極。波灣的訓練進度如何？伊拉克對空中攻擊的回應會是什麼？戰事會持續多久？只要聽明白，他就立刻截斷我的回答，提出下一個問題來。最後，有個助理進來，向他附耳說話。首相得離席了。他誠摯而明快地結束了這次的會談。

在備戰的熱烈情勢之下，仍然有很多怪異的情節出現。舉例來說，明尼蘇達州的一匹馬怎麼會跟波斯灣的機動部隊扯上關係？這場衝突裡最讓人擔心的是，伊拉克是否會使用細菌戰。我指派約翰・強波（John Jumper）准將負責監督美軍防範生化武器的事宜，於是強波成為名叫「蟲子與毒氣」小組的頭兒。我們認為伊拉克擁有一種名為臘腸菌毒素的生化劑，這是種相當致命的毒物。要中和此種毒素的致命性麻痺效應，唯一的辦法就是靠著明尼蘇達大學獸醫學院所飼養的一匹老馬所產生的抗體，這匹老馬名字叫做「頭等飛行」。牠已然製造出三百公升的抗體血漿，只要一滴給部隊人員接種，就足夠五十萬人使用了。後來約翰・強波及其小組徵召百匹馬來，供製造抗體對付臘腸菌毒素，讓老馬「頭等飛行」終於能夠休息了。

備戰期間還有其他的阻礙。增兵初期，沙國曾做出簡短的聲明，他們不讓記者進入該國。這點，我們知道，是無法忍容的。派出五十萬美國大軍，外加數千多國部隊，繞了半個地球前來大戰一場，卻要進行新聞封鎖，這怎麼可能嘛。我們懇求沙烏地阿拉伯簽發記者簽證，結果他們勉為其難地核發給寥寥幾個記者。有利於他們的新聞就放行。後來，或許他們覺得美國人是對的，就開放管制，最後記者數竟然達到兩千五百名，讓史瓦茲科夫頭疼不已。

郵件開始大批湧到。快到耶誕節的時候，寄到部隊的信件與包裹把軍郵系統整個塞爆了。各種東西都寄來，有些讓人無法想像，防蟲劑、防曬乳液、冷凍義大利脆餅、聖誕樹、外科手術用手套、飛盤、逾越節食品、棒棒糖（多達二十萬根）。阿諾・史瓦辛格想送我一整架飛機的健身器材，好讓部隊能夠健身。我跟他說，當週我們要運送彈藥，以後會設法為他清運，結果我們真的做到了。

學童們寄來的信相當感人，不過數量多到足以讓運輸艦沉掉。數千封天真無邪的信件寄來，上面的收件人竟然寫著：「任何一位美國大兵。」其中有一封是個老師寫的，她感人肺腑地說為美軍感到驕傲。有個賀爾蒙分泌過盛的大兵竟然在回信裡詳細地繪圖表達願意接受她的好意，於是她向國防部抱怨，我們只好寫信安撫，並且叫該名大兵的司令部讓他不要太過分。

郵件多到什麼程度？我們每天都要用到三到四架C-五銀河式運輸機這種飛行倉庫，只不過是裝載這些郵件與禮物送給阿兵哥。我們盡量運送所有的東西，因為士氣不分前後方，是一樣地重要。雖然美國民眾在越戰期間多半持負面的態度，但是現在仍然站在部隊這邊，為他們加油打氣。家園、外衣上以及樹上繫滿黃絲帶，顯示出打從二次世界大戰以來已從未再見到過的全國大團結。

我們歡迎鼓舞士氣的軍人之友協會勞軍團演藝人員，不過其他的閒雜人等卻多了點。打著發掘真相為號召的國會議員，開始不斷地出現，吞沒掉史瓦茲科夫可貴的時間，逼得錢尼不得不到國會山莊去，請他們節制一些。我們認為一週接待一個國會代表團比較合理。

在情緒最緊繃的時候，也會有消氣丹出現。有一次，小報《國家詢問報》刊登一則有趣的報導，標題是：〈布希跟海珊是表兄弟〉，甚至還提出遺傳學的證據，指出喬治·布希跟英格蘭女王有關聯，還說「海珊跟布希總統具有共同的祖先，可追溯到十字軍東征的時期。」這則報導促使布希簽發一項備忘錄，給國家安全小組，表示他跟海珊之間的關係絕不會影響到他所做的任何決策。

律師也搞進這場戰爭中。五角大廈的法律顧問核可之後，我們始將空中目標定案。在初期的目標當中，曾經包括慶祝伊拉克宣稱的打贏與伊朗的八年戰爭紀念碑，以及一座巨大的海珊雕像，都位在巴格達。我的法律顧問佛瑞德・格林上校卻帶著一票律師來找我。他們看完目標群之後對紀念碑及雕像有意見。「抱歉，將軍。」佛瑞德說，「你不能動它們。」

「為什麼不行？」我很困惑。

「你轟炸的是沒有軍事意義的文化地標。」

「文化地標！饒了我吧。我是要讓那裡的老百姓知道，海珊不是高不可及的。」

「萬萬不可，將軍。」格林說。「這就等於是有人轟炸林肯紀念堂跟華盛頓紀念碑一樣。這違反國際法。」

於是紀念碑跟雕像逃過一劫，從清單當中刪除。我向錢尼解釋這件事，他搖搖頭，喃喃自語說，「律師還管到戰爭？」

我們從美國本土與歐洲港口運送軍品到波斯灣時，還碰到其他沒有料到的問題。有些保險公司要求鉅額的保險金，因為他們認為商業船隻行經有潛在危險的戰區很不保險。所以我們得另找保費較低的公司。人力跟補給品的流通其實仍然是沒有成算的。在沙漠之盾行動的前六週，我們運送的物資噸數較韓戰前三個月運送的還要多。後勤補給方面這卓越無比的功績，歸於一名矮小、倔強的傢伙，他是嘉斯・帕格尼斯（Gus Pagonis）少將，沙漠之盾的後勤主官。當他還只是中校的時候，我就看好他的前途，什麼事都難不到這傢伙。在火熱的沙漠裡部隊沒有遮蔽物？叫西德提供嘉年華會使用的巨大帳篷。還需要遮蔽物？叫沙烏地阿拉伯提供每年麥加朝聖時為數十萬信徒準備的彩色帳篷吧。嘉斯只會受阻於一件事情，那就是他的官階。指揮官都要靠他，也希望自己的要求優先得到滿足，於是嘉斯經常受到壓迫。史瓦茲科夫向我說明嘉斯的窘境，我們的解決之道便是再頒給他一顆星，這樣他的階級就能符合他的責任了。

狄克．錢尼跟我於十二月十九日飛到利雅德，評估準備的程度，並且向布希總統回報。在我們與史瓦茲科夫會面，並且對一切按照進度感到滿意之後，便下部隊訪視。其中一站，我們站在漂亮的F-一一七A戰鬥機旁邊，圍繞的是空軍的官兵與文職人員。錢尼發表既坦誠又具鼓舞作用的演講。部隊將待在這裡，直到海珊撤離科威特為止，他說：「我們不能說，好吧，你可以留下兩成的偷竊物品。」海珊必須要滾蛋，或者是被逐出。他還保證，我們的部隊在進行任務的時候，會得到一切必要的支援。我們毫無保留。他還讓官兵提出問題。這在伊拉克部隊，或是大多數國家的軍隊裡，都是不可思議的，因為一般士兵那裡會有機會向全國最高的國防官員提問題。

有名飛行員問我關於空中武力。「空中武力將是壓倒性的，」我說。「但是所有的戰爭到最後都是由步兵到戰場上升起旗幟宣示勝利的。」

「這需要多久的時間？」另一名大兵問到。

「戰爭是無法預測的，」我回答，「我不是賭徒也不是算命先生，不過我可以告訴你，我們絕不會再陷入泥淖了。」總統已然保證過，波斯灣不會變成另一個越南。

我們巡視過飛機、坦克、炮兵、裝甲車輛、彈藥庫與數十萬的部隊，我發覺很難讓人相信，海珊到最後一刻不會崩潰。他的幕僚如果有點常識與膽量，就應該告訴這個死老百姓，他的作法是瘋狂的。不過，瘋子治理國家不是沒有過，只不過會害苦自己的人民。

從沙烏地阿拉伯歸來便是耶誕夜了，錢尼跟我飛往大衛營，被帶到樸素的冬青小屋（Holly Cabin）。比我們先到的人有總統、史考克勞夫特及其副手鮑伯・蓋茲。我們坐在火爐前面，由錢尼跟我向總統簡報聯合部隊備戰的情形，以及最新的戰略。喬治・布希所承受的壓力不小，從他緊張的姿態便看得出來。他想要維持阿拉伯國家與以色列、西方盟友、蘇聯、國會以及美國大眾等各方面的平衡，就像個耍戲法的人在竹竿上轉盤子，不曉得能夠維持多久。

在他的不耐與史瓦茲科夫的焦慮之間，我也有我的戲法要變。史瓦茲科夫透過他那激動的性格，展現出面對戰爭前夕，戰場指揮官的本性。我必須不斷地向他保證，他不會被草率地推入戰端。在此同時，總統也依靠我：「我們什麼時候可以準備好？什麼時候可以發動？」跟史瓦茲科夫打交道，彷彿是手握著一枚插硝被拔掉的手榴彈。跟總統打交道，則像是一千零一夜裡每天得說故事安撫國王那樣。

那天在冬青小屋裡的討論，無可避免地談到傷亡的問題。戰爭的傷亡數字是最難預估的。最糟的狀況是面對戰爭的恐懼，部隊進攻時會遭遇數十萬躲在壕溝裡的伊拉克人，還有廣闊如海的地雷，注滿石油的水溝，在我們的大兵前進時引燃阻撓，外加不可知的生化武器，都能輕易地奪取我們的性命。一大票軍事專家各有其預測，一萬六千人到一萬八千人都有。有個地位崇高的智庫「戰略與國際研究中心」預測美軍傷亡人數將達到一萬五千人。傳言國防部訂購一萬五千個屍袋之後，預測傷亡的把戲甚囂塵上。事實上，這項採購跟沙漠之盾行動沒有關連。它是國防後勤署根據電腦計算，未來一段時間內的需求所購買的。錢尼盯著史瓦茲科夫很緊，但他跟我一樣，對這種不可預測的事情也是無可奈何的。最後，勉為其難的給了個數字：五千人。我完全排斥這種預測。他們運用過去美國與蘇聯軍隊若是在歐洲遭遇可能造成的傷亡，來推測可能出現的數字。這有點牛頭不對馬嘴。首先，我們計畫運用前所未見的密集空中攻擊，來懲罰打擊伊拉克地面部隊。地面的攻擊模式則跟第一次世界大戰完全不同，不是步兵進擊，而是由快速的重裝部隊重擊伊拉克防禦薄弱的西側翼。我拒絕向總統預測任何不可靠的傷亡結果，至少到目前為止，盡量避免明確的說出數字。不過，被逼到沒有辦法的時候，我所推估的人數比史瓦茲科夫還要低，陣亡、受傷與失蹤的總數大概三千吧。還算保守估計，我想，從耶誕夜總統的臉色看來，依他所提的問題及態度，我認為布希總統要的已不只是伊拉克撤出科威特了。在過去的四個月裡，海珊的佔領讓科威特人飽受恐懼，謀殺、偷竊、強暴、破壞博物館層出不窮。如果伊拉克人現在就撤退，便不會為其罪行受到處罰。這也表示海珊的大軍會毫無損傷地撤離科威特，改天還可以再回來。

當晚我們也談到，國會方面對於是否該等待制裁收效，抑或是逕行採取攻擊兩方案之間所產生的矛盾爭議。總統聽得有點抓狂。突然間，他的話打斷了大家。「我要不就大獲全勝，要不就遭到彈劾。」我把他的話解讀為，他把一切都訴諸戰爭了。若是打贏了，國會的意見便所謂，如果打輸了，他就準備失掉總統寶座。

當晚稍後我與錢尼再乘直升機飛回華府，然後我還來得及回家與家人共度耶誕夜。那是很低調的假期。我的思緒與那些有心愛的人被派往波斯灣的家庭同在。我打電話給姐姐梅芮琳，向她及她家人賀節時，得知她要開始接受乳癌治療，心情也就更是輕鬆不起來。

「柯林，這件事實在很難啟齒。」來電的是英國國防參謀副總長理查・文生（Richard Vincent）將軍。

「好，倒底是什麼事？」

「你曉得，空軍總司令派屈克・韓恩元帥跟首相會面，向他報告攻擊計畫。」至此還沒有問題。

「會後，派屈克將公事包及膝上型電腦交給幕僚……」

「然後呢？」我摒住呼吸。

「似乎是幕僚把車子停好去買點東西……然後公事包跟電腦就被偷了。」

「裡面有什麼？」我一邊問一邊心往下沉。

「我們找回了公事包。不必擔心。不過電腦的硬碟可能有戰爭的計畫內容。」

「這件事何時發生的？」我問。

「這是第二件我不敢告訴你的事，」文生說。「大概是一週前的事。」

「一週前！」我說。「你現在才告訴我們！」

最讓人擔心的是，英國小報得到消息。在接下來的幾天裡，我們都很緊張。我的新聞官史穆能上校監視著英國與歐洲媒體，看看情報是否已落入奸人之手。結果沒事。這個小偷可能是個愛國者，不想把女皇政府的機密出售牟利，要不然他就是個笨偷兒，連這麼大的消息都不知道。

那年稍早，柯瑞塔・金恩（Coretta King）曾經邀請我在為馬丁・路德・金恩牧師元月十五日生日所舉辦的亞特蘭大遊行裡擔任總指揮。後來，政治氛圍開始改變。黑人，在全美國十六歲以上總人口的百分之十一，在波斯灣部隊裡卻有高達百分之廿六是黑人同胞。很顯然地，按照比例計算，黑人的傷亡率會比白人高。因此，《紐約時報》與哥倫比亞廣播公司當月所做的民調顯示，只有半數的黑人支持解放科威特，白人支持的比率則高達八成。

我在擔任軍區總司令時在亞特蘭大認識南方基督教領導人協會的喬・羅威（Joe Lowery）這時候打電話給我。

「柯林，你知道我很尊敬你，但是……」

「但是如何，喬？」

「有人認為讓軍人當金恩博士遊行的總指揮好像不太恰當。」

我可不想讓紀念這位人權鬥士的活動被搞砸了，更何況我也曉得遊行那天我必定會在華府無法脫身，於是我退出這項活動。

十二月二十日，民主黨國會議員加州的朗・德拉姆斯（Ron Dellums）偕同另外四十四名國會議員，至聯邦地方法院提起訴訟，指稱在未經國會宣示的情況下應阻止布希總統發動對伊拉克的戰爭。在此同時，洛杉磯的民主黨國會議員朱利安・狄克森（Julian Dixon），在我與錢尼出席國會時，也向我們提出有關黑人士兵在戰區比例過高的問題。錢尼答覆此問題之後，朱利安準備讓這件事過關了，但是我卻想要澄清某些我認為是很嚴重的誤解。我指出，若有任何美國人，不管是黑人或是白人，在戰爭中犧牲，我都會覺得很遺憾。不過若是在任務所需時，因為膚色之故而被排除在外，那麼黑人的男女戰鬥人員，特別是他（她）們皆為志願役的軍人，就會感到受辱。我說，走進布拉格堡的士官兵俱樂部，跟那裡的黑人士官長說，陸軍有太多黑人了，因此當白人弟兄上前線作戰時，他們必須要留下來。看看說這種話他們的反應會如何。

軍隊較美國其他機構給予非裔美人更多的均等機會，很自然地，黑人就聚集到軍中了。我說，當我們到國會來表示要裁減武力時，你抱怨那會削減黑人的工作機會。可是現在你們又要提到上戰場被殺的機率了。不過等到這次的危機過後，你們又會回頭來擔心裁減部隊，讓黑人最大的職場被關閉的問題了。想要按照人口比例限制黑人從軍的數量，而把多餘的人趕出去嗎？我想不會吧。魚與熊掌不可兼得，承平時期黑人在軍隊中擁有好機會，打仗的時候卻又不必出任務，這是不可能的。減少黑人在軍隊當中的人口比例，只有一個辦法：美國社會其他的地方都能敞開大門接納黑人，給予他們像在軍隊相同的機會。

在我發表這些言論之後，我得到一名來自康乃狄克州年輕議員的鼓勵，他是蓋瑞・法蘭克斯（Gary Franks），共和黨唯一的黑人國會成員。那年元月，當我向法蘭克斯及其國會同僚做完有關波灣情勢的簡報之後走到我面前。「我要感謝你幫助我當選，」法蘭克斯說。

「我幫你選上？」我回說。「我不涉入政治的。」

他衝著我笑著說。「在我的選區，白人選民認為黑人除了人權以外還有別的才幹，這是很重要的。感謝你，讓他們看到黑人在白人世界裡出人頭地。這對我極有助益。」我感激法蘭克斯說的話，因為我自己也是從黑人前輩那裡獲益匪淺。

拂曉出擊

總統每星期天晚上，從大衛營回到華盛頓時，都會將「八人幫」聚集白宮。這已經變成一種習慣了。一九九一年一月六日，我們也聚在一起；敘餐後，他帶我們到他家裡的一間私人辦公室。他說，我們要作個決定，因為再過九天，聯合國限期伊拉克撤出科威特的最後通牒就到了。國務卿貝克即將起程到歐洲日內瓦，和伊拉克外長阿濟茲（Tariq Aziz）會晤，試著在最後一刻，能說服伊拉克平靜的離開科威特。同時，接下來的這整個星期，參眾兩院將針對要不要授權總統為科威特出面主持公道，進行辯論。錢尼認為反對聲浪可能會推翻決議，如此一來，布希總統的面子將往何處擺？喬治．布希已經公開宣稱，他歡迎這次的辯論，並準備好接受國會反對的危險。我個人是傾向讓國會表明立場，因為我曾親自目睹過在越戰時期，政府為了要避免大聲說出「戰爭」兩個字，結果出現一些令人啼笑皆非的奇怪說法。像是不明不白的將「戰亡」說成「因非善意行動的陣亡」，以及其他睜眼說瞎話的說法。我也知道不管國會的決定是什麼，布希總統是不會退縮的。這個晚上他就要決定什麼時候開打。他問我的意見。我說：「總統先生，一七〇三〇〇。」就是利雅德時間一月十七日凌晨三點。

大家對於在凌晨發動空襲的決定，很久以前就已達成共識。在死寂的夜裡出擊，可以讓我們的戰鬥機在完全的黑暗中，有足夠的時間進出伊拉克。選這個時間，也是想要將其他的損失減到最低，因為在這個時候，大部分的伊拉克人都會待在家裡，不會在街上走動或工作上班。至於這個日期，大家就有不同意見了。聯合國的最後限期是華盛頓時間一月十五日。有人就建議，為什麼不在十一月十六日的凌晨三點發動攻擊？其他人又覺得這個時間太趕了，好像我們等不及要丟炸彈似的。在另一方面，我們也不要等太久，以免限期過了，讓人覺得我們說話不算話；這樣也會讓國會中的反對勢力，有充裕的時間再給我們添麻煩。我極力爭取多了兩天，應該是蠻合理的。

在開戰時刻漸漸延遲時，我發現諾曼和錢尼兩人的情緒，出現了很有趣的對比。前者是個職業戰士，後者則是堅毅的文職官員。諾曼一直都很暴躁，在他手上，有五十萬人的性命靠他在戰場的判斷，偏巧他又生性易怒，脾氣較倔。他心裡還不斷懷疑著，那些遠在國內，只會紙上談兵的策略專家們，是否真的能掌握戰場的真相。暴風雨前的寧靜，似乎沒有降落在諾曼身上。

經過一點小過錯之後，錢尼再度恢復自信。在攻擊發起日接近之際，我邀他到我辦公室來共進午餐。他甫做完動脈繞道手術，必須遵守嚴格的飲食規定，由他的祕書負責監督。我們很少在社交場合碰面，因此那天我想應該讓他輕鬆一下。我請人去買來起士漢堡。我們針對攻擊目標做最後一次的檢查。他好像都已經背下來了，似乎對情報的胃口越來越大。他花了很多時間在國家軍事指揮中心向我的幕僚請益。坦克車如何運作？愛國者飛彈如何？空中攻擊計畫如何擬訂？戰場上機械化步兵有何作用？如何滲透地雷區？他把幕僚累慘了。那天結束的時候，我們這位文人國防部長對軍事已非吳下阿蒙了。在起士漢堡的午餐結束後，我認為錢尼的教育已接受得很完備了。於是我的聯合參謀作戰官湯姆·凱利舉辦了個儀式，我們發給錢尼一份證明，上面寫著理查·布魯斯·錢尼現在已然是所有戰爭學院的榮譽畢業生了。

當然遠在華盛頓的錢尼，他之所以顯得比較冷靜，也許是因為他不在現場。緊張的諾曼則要在戰場指揮大軍，衝鋒陷陣，隨時可能犧牲生命。

一月十五日，攻擊日的前夕，我接到我的英國同僚克雷格爵士的電話，他很憂慮的問：「柯林，你還是打算要轟炸伊拉克的生化設施嗎？」我回答說沒錯。他說：「這樣會不會有點冒險啊？」他的擔心並非空穴來風。兩天前，我們才將最好的軍事判斷提供總統。在攻擊這些工廠的時候的確得冒點危險。炸彈可能會摧毀裡面的病原體，也有可能會讓這些東西跑出來，造成病毒廣為傳染。我告訴總統這個賭注，而且我們別無選擇。他已經夠煩了，又加上要擔心這件事，他可真不好過。

我比較不擔心伊拉克會使用化學武器。我們部隊會穿防護衣；大部分人會坐在移動快速、有防護設備的車輛上。但是生物戰讓我不放心。只要有一個人死於細菌戰，就會給群眾帶來相當大的衝擊。我們也不可能以其人之道還治其人之身，因為我們是國際協定禁止使用生物戰爭的締約國。不過，我們還是需要嚴陣以待海珊最惡劣的衝動行為，如果面臨了前所未有的攻擊行動，就算不訴諸核子武器，我們也要準備好前一切的因應措施。

布希總統有辦法讓每個進到橢圓辦公室的人，放輕鬆心情，他總是會先咧嘴而笑。但是，一月十五日我們碰面時，他的臉上卻沒有這樣的笑容。聯合國的期限就到今天。他幾乎沒向「八人幫」打招呼。我們坐在自己的椅子上，在火爐前圍成一個U字形。總統慣例是坐在右邊的那張搖椅，在他八年的副總統任內，他就已經習慣坐這把椅子。我打開制服外套的鈕扣，每當我情緒緊張時，我就會有這樣的習慣動作。每個人似乎都可以感受到總統的情緒正翻騰不已。我們大家的心情也起伏不定，於是，有人沒頭沒腦的插話，有人則出言試探。我們討論著，要怎麼回應法國在這最後一刻所提出的外交斡旋行動。然後，我們又再一次檢討生物武器的威脅。我們也討論著，在戰爭開始之後，布希總統的演講要說些什麼。

我說：「如果我們發動這次攻擊，我必須要給諾曼將軍執行的權力。」這樣的說法，又馬上引起眾人的熱烈討論。根據三天前國會通過的聯合決議——眾議院：二百五十票對一百八十三票；參議院：五十二對四十七，總統必須要讓國會確定說，在開戰之前，他已經竭盡所能的促使伊拉克，要它遵守聯合國的十二項決議案。在其他人還在討論要如何才能達成這項要求時，我悄悄的拿出一本黃色的法律便條紙，開始寫東西。我寫完後，打斷其他人的唇槍舌戰，不浪費時間的表示：「總統先生，這個東西也許派得上用場。」我念出內容：「國防部長已經指示攻擊行動將於一九九一年一月十七日展開。這樣的命令是假設伊拉克不能遵守聯合國的相關決議，以及，總統將依據參議院第七十七號聯合決議的第二款規定來作決定……。」

我講完後，沒有任何人出聲。我認為大家的不發一言就是心照不宣的贊同。於是，我繼續說：「在迪克簽名後，今天下午我會把這個命令送給諾曼。」就是這句話，發動了這場戰爭。

諾曼和我傳遞訊息，就是靠著一條安全的電話線路。當我們要保密消息的時候，我們就會用這個方法。我的行政助理奇克特會把傳真資料，拿到我辦公室旁一間小的通訊中心傳出去；而在另一端，諾曼的行政官會將它拿走。看過這份通訊的人，絕對不會超過四、五個人。一月十五日，我探頭進入隔壁的辦公室，告訴奇克特說：「向總司令發出行動命令。」

一月十六日晚上，我感受到了暴風雨前的寧靜。我坐在辦公室裡，襯衫領子敞開，收看CNN的節目。骰子一旦離了手，你就無法挽回，只有屏息以待，到了這個時刻，連小細節都不用管了。戰爭現在是在諸神的手中，尤其是有仲裁力量的戰神。我看著CNN的伯納德・蕭（Bernard Shaw），彼得・阿奈特（Peter Arnett），約翰・哈理曼（John Holliman），就和現在的愛德華・莫盧（Edward R. Murrows，名記者）一樣，從巴格達的瑞希飯店報導。他們看著突然畫過夜空的曳光彈，思索著其中的意義。而我知道這個答案——這是幾個小時前，由路易斯安那州的巴克代爾空軍基地起飛的B-五二轟炸機所發射的巡弋飛彈。陸軍的阿帕契直升機已經越過邊界，摧毀伊拉克的雷達預警系統。美國青年駕著F-一一七A隱形戰機、海軍A-六S飛機，分別由沙國的機場以及航空母艦起飛。我們在波斯灣及紅海的戰艦，已經發射了戰斧巡弋飛彈。伊拉克的空防部署，在伊拉克首都上空盲目的射擊。這天是中東時間的一月十七日，海珊稱之為「戰爭之母」的空戰已經展開了。

我毫不懷疑我們將會獲勝。我們有軍隊、有武器，還有計畫；我無法知道的是時間會延續多久，以及有多少人沒辦法返回家園。

第十九章　沙漠風暴的止息

我曾經生活且成長在白人主宰的社會與專業領域，但我並不因而否定我的種族，不把它看成是限制我發展的障礙。有人或許會拿我的膚色來對付我，但我絕不會拿它來對付我自己。我的膚色乃是驕傲、強度與靈感的來源，身為美國人亦是如此。我自始便相信，只要能努力有信心，在美國任何人都能成功，機會均等。我仍然相信美國是如此的。

一月十六日、十七日的兩天晚上，我無法入眠，一直都在講電話，並不時用眼角瞄電視。在我們導演這場戰爭的時候，電視也立即將現場的實況，從敵軍的首都以衛星傳送方式報導出來。華盛頓時間凌晨五點剛過，我接到諾曼・史瓦茲柯夫的電話，他給我第一份扼要的空襲報告。史瓦茲柯夫已經是有經驗的軍職專家，可不會讓這開始的勝利沖昏頭，但是他還是難掩興奮之情。他告訴我：「我們出動了八百五十架次，摧毀了大部分的目標。」伊拉克主要的生物武器以及核子設施，受到了嚴重的損壞，伊拉克軍隊西部的空防系統已遭摧毀，補給倉庫陷入一片火海，兩座飛毛腿飛彈發射基地也受到重創。他說：「巴格達市中心的ITT大樓正在起火燃燒，我們還轟掉海珊的一座宮殿。」

以上這些是好消息。然後，我提心吊膽的，接著問：「損失情況如何呢？」他說：「柯林，你一定不敢相信。」雖然我們事先估計第一次行動，將會損失七十五架左右的飛機，但是到目前為止，卻只有兩架墜落。以前只在巴拿馬服役過一次的F-一一七A隱形戰鬥機，像幽靈般的溜過伊拉克空防系統。伊拉克的防空砲兵不堪一擊，一點用都沒有。還有，海珊的空軍幾乎沒辦法升空。這就是戰爭第一天的情況，可說是大獲全勝。

光是空中交通的管制就是大手筆。第一晚，七百架聯合戰鬥機群攻擊伊拉克，巡弋飛彈也是頭一回應用在實戰。一百六十架空中加油機在空中巡邏，為飛行大隊加油。控制這些戰鬥機、轟炸機、加油機以及飛彈，讓芝加哥的機場相形之下，彷彿是鄉下的小機場了。在這第一波的攻擊行動之後，我看到電視記者，將麥克風舉到一位剛完成任務的年輕飛行員面前，想要訪問他。這是他首次的任務。這位飛行員把頭盔夾在手臂下，身上的配備管線晃呀晃的，汗水在臉上留下一條條的痕跡，頭髮糾結成一團。在回答完記者的問題，這位飛行員要轉身離去時，他忽然再轉過身對著攝影機說：「感謝上帝，讓我完成任務，平安的回來。感謝上帝，賜給我一位好女人的愛。感謝上帝，我是個美國人，而且是個美國戰鬥機飛行員。」我坐在那裡，感動得整顆心都融化了。這才是我要展示給這個國家看的軍隊，而不是大家刻板印象中，軍人都是從不知名學校來的退學學生。我們的軍人既聰明，也有目標，都是愛國的美國年輕人。他們都是最頂尖、最聰穎的。

第一天的勝利也帶來了一些問題。根據美國有線電視網記者渥夫・布利澤（Wolf Blitzer）從五角大廈的報導，彷彿一切只剩下舉辦勝利遊行了。於是我致電國防部發言人派特・威廉斯（Pete Williams），我說：「派特，告訴布利澤跟其他的記者稍微冷靜一點，這才是戰爭的開始，可不是球賽的結束。」在這即時資訊的時代，人們期待迅速的結果。在後來的幾天裡，情緒很快便轉成疑懼，我們怎麼還沒有打贏？出了什麼差錯？真相是，儘管受到了嚴厲的懲罰，伊拉克卻還沒有垮台的跡象，出乎那些篤信空中打擊力量者的意料之外。

廿二日早晨，我上樓面見國防部長錢尼。「我們應該先準備做好這件事，」我說。到這個時候，美國民眾在電視上只看到在沙烏地阿拉伯跟五角大廈的幕僚所做的簡報。尚無高階政府官員出面講話，說明戰爭的進展如何。「得有人做這件事，」我說。「明天會召開記者會。」錢尼已決定。

接著我打電話給繪圖人員，叫他們準備好圖表。當天下午，我坐在椅子上思索著語句，準備著記者會將使用的文稿。我想用一句籠統的話來表達：「我們打算切斷伊拉克的陸軍，然後使其中立。」不對。切斷它然後「攻擊」它。或許可以。切斷它，然後「摧毀」它。很接近了，但我還是不滿意。我要的是強而有力的，不會造成誤解的，而且要簡潔。參謀首長聯席會議副主席海軍上將戴夫・傑若米亞，他是我不可或缺的左右手，這時正好經過我辦公室。「戴夫，」我說，「來聽聽看我寫的東西。『這是我們對付伊拉克部隊計畫。首先我們把他們切斷，然後我們將殺掉他們。』」

戴夫表情有點不自在。「聽起來有點硬梆梆的。」他說。「你確定要這麼說嗎？」史穆倫前來討論記者會的事宜，於是我再念稿子給他聽。史穆倫的眼睛睜得好大。「太強烈了嗎？」我問。「不過倒是沒有任何被誤解的空間，」史穆倫回答說。第二天下午二時，我跟錢尼召開記者會。錢尼首先做簡短的致詞，總結說海珊「無法改變衝突的基本緣由。他將會被打敗。」接著他把台面交給了我。

我說明戰事計畫。我們先是使用空中武力來摧毀伊拉克的空中防禦系統及其指揮管制與通訊網路，讓敵人變瞎、變啞、變聾。接著我們會截斷在科威特伊軍的後勤支援，包括伊拉克的軍事基地、工廠與儲存港口。再下來攻擊會擴展到伊拉克佔領部隊。

我的報告有點含蓄且不帶情感因素。接著我又說，「我們打擊伊拉克部隊的戰略非常簡單，首先我們先切斷他們，然後再解決他們。」這段話除了在電視上說明之外，還被刊登在第二天的報紙上，達到我想要達成的目的。這讓全世界，尤其是伊拉克方面，正確無誤地知道我們的戰爭目標。

然後我利用圖表來說明轟炸的成果，我說，「我做了點改變，因此你們無法真的知道我所說的為何，因為我不想讓伊拉克人知道我在說什麼，」我微笑著說。「相信我吧。」記者們似乎都被逗樂了，也沒有再追究什麼。

空戰持續進行，有一次我又跟媒體打交道，但比較沒有那麼坦率，後來讓我有點後悔。諾曼．史瓦茲科夫從利雅德上電視做簡報，看起來高大有自信又有智慧。他說明電視畫面上有四枚精靈炸彈飛向四座圓錐狀的物體。當螢幕上出現擊中目標，彷彿任天堂遊戲那樣的畫面時，他宣布說四座飛毛腿飛彈的發射台被摧毀了。

真的嗎？一個小時之後，我的情報官海軍中將麥克．麥康諾來找我，「主席先生，我們有個問題。」麥克說。「我們不認為那是飛毛腿飛彈發射台。我們認為它們是四輛位在休息站的約旦人油槽卡車。」

「你是那裡得來的消息？」我問。

「一名上尉，分析人員，是史瓦茲科夫的幕僚。」麥康諾說。

「那名上尉有沒有打電話給史瓦茲科夫將軍，告訴他說錯了。」

「那裡沒有人敢告訴史瓦茲科夫他犯了錯誤。」麥康諾說。

「他那怎麼會曉得？」我回答說。於是我按了一下主控台上的熱線按鈕。指揮官立即連上線。「嗨，諾曼，」我說，並且向他解釋麥康諾提的這件事。

電話裡好像立即唱起了硬搖滾。「不是飛毛腿飛彈？老天啊！在這裡被一堆華府的米蟲管教可不是件輕鬆事，難道我得不到任何人的幫助嗎？」

「放輕鬆，」我說。「我們是從你自己的幕僚那裡得來的消息。讓你的情報部門人員再分析一下，然後我們再談。現在先不要爭辯。」

諾曼很快就回電。「憑良心說，那些確實是飛毛腿飛彈。那名分析人員不曉得他自己在說些什麼。他就是比別人差勁。不過我告訴你，我可沒辦法再忍受這種狗屁倒灶的事了，上了電視，還會有人來指正我。」

「只是想要保護你的信譽，」我說。「那可是珍貴的資產。」

第二天，我的照片辨識專家帶著照片來向我報告，不可否認的，那是四座燒燬的油罐車殘骸，當然不是飛毛腿飛彈。我沒做任何處置，沒有更正這件事。諾曼肩負重任，因此保持他的穩定很重要，所以我不想去打擾他。然而紙包不住火，美國有線電視網的一名攝影記者從地面上拍到了被毀的車輛。另一條重要的媒體規則：承認錯誤總比被抓出錯誤好。

以色列加入嗎

飛毛腿飛彈是一種俄製的摧毀性工具，廉價、粗糙，又不太準確。在蘇聯和伊拉克還是老相好的時候，俄國人給伊拉克上百枚的這種飛彈。這種飛彈的射程不到三百哩，所能乘載的彈頭數目也很少。飛毛腿是伊拉克唯一可用的空中攻擊武器，為了提高射程的距離，他們把兩枚飛毛腿焊接在一起。這樣做出來的玩意兒既不穩定更不聽使喚，只能帶上一百六十磅的彈頭。如果，這些飛毛腿能擊中標靶兩哩範圍內的區域，就可以算成功了。

不幸的，有些國家的城市剛剛好就在這個範圍內。所以在飛毛腿陸續掉在特拉維夫、海法內之後，以色列本能的想要反擊。以色列政府絕不容許外國人認為，他們沒辦法保護自己的國民免於阿拉伯人的攻擊。可是，如果我們要將阿拉伯國家留在聯軍陣營裡，就不能讓以色列加入這場戰爭。本來功能很差勁的飛毛腿，如此一來，卻變成伊拉克軍隊很有用的政治武器，因為以色列人打算自己來追蹤飛毛腿飛彈。

一月二十八日，錢尼請策略次長保羅・渥菲斯和我，到他的辦公室一趟，並先言明有三位意志非常堅決的以色列人也會在場。他們是：以色列大使館的武官亞伯拉罕・班・索尚（Abraham Ben-Shoshan）海軍少將，國防部總司長大衛・艾佛瑞（David Ivri），副參謀長亞哈德・巴拉克（Ehud Barak）將軍。我們六人在錢尼的桌前坐下，聽聽以色列人的計畫。他們要進行空中、地面聯合攻擊，進入伊拉克西部的沙漠，找尋飛毛腿飛彈的發射站，並加以摧毀。我要求單獨和巴拉克談談，軍人對軍人。於是，我們兩個退到我的辦公室。巴拉克開始說道：「這樣的攻擊可以鼓舞以色列國民的士氣。」我加以反駁，並提出我們的愛國者飛彈擊落飛毛腿的成績，以資佐證。他回答說，那還不算好，因為有飛毛腿還是溜過，把以色列的平民嚇得半死。巴拉克繼續說道：「你必須瞭解，對於以色列人來說，把自己的安全放在別人的手上來冒險，是很難接受的一件事。我們決定要加入。」我重申聯軍的脆弱結盟，這是大家都知道的情況。巴拉克又說：「如果我們不加入，由自己清除這些飛毛腿，在你們發動地面攻擊行動的時候，海珊可能會用這些飛彈來裝化學彈頭。要是這種恐怖狀況真的發生，我知道我們必須怎麼做。」

我心裡很清楚他的意圖。據報導，以色列的飛彈部隊正處於全面戒備的狀態。而且，天曉得他們會發射什麼武器？

巴拉克解釋道，以色列已經準備好攻擊部隊，將全部打擊飛毛腿飛彈設施。以色列飛機將會飛越約旦或沙烏地阿拉伯的領空。史瓦茲柯夫已經警告過我，沙國人絕不會接受以色列這樣的侵犯。不過，我還是能瞭解巴拉克的強烈感受，他的國家屹立了四十年而不墜，可不是被敵人嚇大的。以色列領袖講的每句話，都可以聽到「下不為例」的回聲。

我和巴拉克的談話，最後又加入其他人。我方的立場很清楚，將以色列排除在這場戰爭外。要執行這項決策的唯一方法就是：遏阻飛毛腿的攻勢。史瓦茲柯夫開始派遣更多的戰鬥機去轟炸飛毛腿，大約將近三分之一的飛行架次之多。英國及美國的特種作戰部隊潛入敵後，找尋飛毛腿的蹤跡。美國的愛國者飛彈基地並受命協防以色列主要的城市。雖然，還是有漏網的飛毛腿鑽過來，但已經少得多了。

有時，我們挾怒氣而為，但事實上，某些時候最有智慧的武器卻是克制。夏米爾總理展現了他特有的政治家風範，抵擋住周遭要他反擊的強大壓力。以色列人在面臨如此嚴重挑釁的時候，一反往常地容忍，在我認為，這對聯軍的團結功不可沒。

到了二月的第三個星期，空戰已經不間斷地持續了三十五天。我必須確定讓總統瞭解，一旦戰事轉到地面，情況可會大大不同。於是，我利用幾乎每天開一次的會報，先報告可能的最糟狀況，好讓他們有心理準備。我說：「一旦地面戰爭開始，我們看到的可不是影片上飛彈打來打去、交織而成的安全畫面。當一整營的部隊加入戰鬥，損失的絕對不是一、兩個飛行員而已，可能在幾分鐘內，就會有五十到一百個人犧牲。還有，戰場可不是個美麗的風景區。你會看到小孩子燒焦的屍體掛在坦克車的砲台上，車裡的火藥隨時都會把其他的人轟得稀爛。我們得要有心理準備接受這些慘不忍睹的影像。」我另外還要確定錢尼和總統瞭解，地面的戰況回報沒有辦法像空戰那樣快。我說，情況會很混亂。暫時會有一陣子無法知道進行的狀況。所以在開戰的時候，請千萬不要逼我們交戰情報告。」

先用現實狀況來澆他們一盆冷水，是很重要的。雖然經歷過了巴拿馬事件，錢尼可從來沒見過地面戰。雖然總統曾目睹過地面戰況，不過，那是在多年以前他還是戰鬥機飛行員時，從空中看下去的狀況。

轟炸持續進行，空中攻擊的缺點開始出現，並且成為世人注意的焦點，尤其是二月十三日那天所發生的事。當天，我方兩架軍機直接命中巴格達一處掩體，我們認為那是指揮與管制站，而伊拉克方面宣稱是防空避難所。不管那裡的用途為何，一大堆的平民死於這次的攻擊，全世界都從電視上目睹死者從斷垣殘壁裡被拉出來的鏡頭。史瓦茲科夫跟我討論到這場悲劇。戰事展開一個月之後，我們是否還有必要轟炸巴格達市區？你要轟炸伊拉克社會黨總部多少次？有何目的？不會再有人在那些地方等待戰斧飛彈來襲了。在每天的任務開始之前，史瓦茲科夫跟我會更仔細地檢視目標一遍。

平民傷亡慘重的掩體事件，已然突顯出空中地面聯合攻擊的必要性，俾以早日結束戰爭。二月八日到十日之間，我與錢尼到戰區去做短暫的探視，史瓦茲科夫告訴我們，他將於二月廿一日準備好進擊。於是我跟錢尼一回到華府，便急忙向已經不耐煩的布希總統報告。不過，三天之後，諾曼來電告之，廿一日沒辦法。

「總統想要快點行動了，」我說。「到底怎麼回事？」

「華特・柏曼還需要時間，」史瓦茲科夫回答說。柏曼的第一與第二陸戰隊師進攻路線是直接自中心線搗向科威特市。但是他們得先突破伊拉克花費數月時間所設立的防禦工事。陸戰隊必須要穿越帶狀的反坦克地雷與殺傷人員的地雷區、裝置詭雷的重重糾結鐵絲網，再遇上更多的地雷區與坦克陷阱，然後要爬過廿英呎高的深溝，還有注滿燃燒汽油的壕溝。在此同時，他們會陷入伊拉克步兵與砲兵的火網當中。柏曼需要時間重新部署，好把攻擊點向西移動廿英里，那裡有一處伊軍的防禦陣地，因為受到空襲而告放棄，後面還有一線防禦工事不算完備。他還要求更多的空中攻擊，俾在部隊發起之前削弱敵人的防禦。

「這需要幾天的時間，」諾曼說。他要把地面攻勢延後到二月廿四日。

「記住我們的戰略，」我提醒他。前線的攻勢不過是打算牽制住伊拉克軍隊，這裡面包括陸戰隊的任務。「若柏曼遭遇到強烈的抵抗，他必須要停下來，」我說。將敵軍牽制住，讓空降軍團在防禦分散的西部沙漠左翼突擊，陸戰隊的任務便算達成了。「我們不需要犧牲太多陸戰隊的弟兄。」我說。

我的基本作戰概念之一，便是前線指揮官總是對的，而後方的領導階層不一定會對，除非經過證明。戰場指揮官待在現場，感受到地形地物，直接面對部隊，能夠評斷敵軍實力。因此我建議錢尼接受諾曼的提議。錢尼心不甘情不願地面見總統，獲得同意延到二月廿四日。

我支持諾曼，雖然我認為他太過謹慎。在之前的幾週裡，我曾經看到第七軍數萬的部隊與數百輛坦克進入到沙國。我們曾祕密地運送裝甲與空降部隊到伊拉克的西側翼，緊張地觀察伊拉克的反應。他們的作為僅是派遣另一些人員不足的步兵師到沙漠的這一地帶。就這樣了，我跟自己說。他們被我們的前線攻擊以及波斯灣兩棲登陸直取科威特的誘敵策略所騙，他們已露出所有的底牌，根本無法抵抗我們從左邊的痛擊了。早先我們擔心西側翼沙漠的土質無法承受機械化部隊的車輛行駛，經過工程人員的測試之後，認為沒有問題。我們也詢問當地的貝都印遊牧民族，他們證實說土質夠堅實。

在戈巴契夫想要扮演和事佬之際，我們的攻擊時間表便蒙上了更大的陰影。二月十八日，伊拉克外交部長塔拉克．阿濟茲前往莫斯科聽取一項計畫，該計畫是讓伊拉克自科威特撤軍，而我們解除敵意。布希總統深感困擾。他認為採用此計畫為時已晚。在花費六百億美元，並且運送五十萬大軍八千哩之後，布希總統打算對入侵科威特的伊拉克人予以迎頭痛擊。他不想要技術性摧毀，好讓海珊能夠在軍隊毫無損傷的情況下撤退，等待來日再起事。可是總統也不能在面對和平有望的時候加以拒絕。

二月廿日，諾曼來電稱他與指揮官商量過，還需要再延遲幾天，到二月廿六日。他手上有最新的氣象資料，預測廿四日與廿五日天氣不佳，廿六日可能放晴。壞天候等於是減少空中支援，也意味著會有較高的傷亡率。我有此經驗。到目前為止，錢尼仍肯接受我的建議。但是現在我覺得諾曼並沒有給我充足的理由，來讓我說服錢尼及總統，先是柏曼需要時間調動陸戰隊，然後又是海陸需要更多的空中支援，再來天氣變壞了，再加另一個理由，沙烏地的陸軍也沒有準備好。接下來我等些什麼，準備再延到廿八日？

「聽著，」我告訴諾曼，「十天之前你告訴我是廿一日，後來你又改成廿四日。現在你要求廿六日。我後面有個國防部長跟總統要交待。他們有個差勁的俄羅斯和平提議要搪塞。你要再延期，最好給我個比較好的理由。我想你不瞭解我所承受的壓力。」

史瓦茲科夫光火了。「你這是拿政治理由來拒絕，告訴總統不要採取不理想的軍事行動！」他開始怒吼。「你不明白嗎？我的陸戰隊指揮官說我們需要等待。這關係著陸戰隊員的生命。」他必須要關心陸戰隊士兵，他說，那怕別人都不在乎。

夠了。我多方支持諾曼，一方面安撫他的焦慮，一方面還要維護他的信譽「你不要拿這個來壓我！」我也吼道。「不要拿這種罪名來扣我帽子！別說我不在乎傷亡！你在幹什麼，在你的指揮官面前做什麼秀？」

史瓦茲科夫說，他現在是一個人，在他的辦公室裡，而且跟我一樣地火大。「你在逼迫我把軍事判斷放在一邊，來做政治性權宜考量。我有這種感覺已經很久了！」他說。突然間，他的聲音由憤怒轉為沮喪。「柯林，我覺得自己被套牢了。或許我輸掉了。我輸掉了我的目標。」

我深吸一口氣。此時最不需要的事情，就是在戰鬥前夕把指揮官逼到死角。「你沒有輸掉什麼，」我說。「只是有一個問題必須要解決。你可以完全相信我們會支持你。在今天過完之後，你知道我仍然會交待你的訊息，我們會按照你的想法做。」該是結束談話的時候了，免得又有人為別的事引起爭執。

不到半小時後，諾曼又來電，報告最新的氣象資訊。廿四日跟廿五日的天氣並沒有原本預期那麼糟。「我們準備好了，」他說。我們廿四日行動。

穿著高翻領毛衣與運動外衣到白宮可不是我的習慣，但是二月廿一日週四早晨，我突然從家裡被召喚前去參加十時三十分的會議，只好如此打扮。總統正在做研究。他甫從福特戲院看電影回來，他說那是一部好片子，是李絲莉・李（Leslie Lee）的《黑鷹》，有關第二次世界大戰空戰英雄的故事。錢尼跟著來報到，他盛裝前來，因為剛剛才去接待丹麥女王。八人幫其他的成員一一抵達。我們要討論的是戈巴契夫的和平建議，當天稍早俄羅斯的領袖曾打電話給布希協商此事。總統的問題是，如何在不表達出拒絕和平善意的前提下，向戈巴契夫說不。

「有兩個辦法，」史考克劳夫特說。「一個是叫俄羅斯人少管閒事。另一個是爭取更好的條件然後接納。」

我望著錢尼，他正坐在椅臂上。我知道他在想什麼。他不喜歡也不信任俄羅斯人，並且討厭他們利用國際輿論來逼迫我們，然後再以不理想的解決方案取得好評。錢尼傾向於以武力將伊拉克人逐出。

從音調聽起來，總統越來越苦惱。「我不同意這個計畫，」他說。「但我也不想讓戈巴契夫為難，他已經跟我們合作那麼久了。我們要想個辦法解套。」

我豎起一根手指頭。總統轉向我。「有辦法了嗎，柯林？」

「我們不會為難戈巴契夫的，」我說。國際輿論都支持聯合國要求伊拉克於元月十五日撤離科威特的決議案。「那麼讓我們也給戈氏的提議一個期限。我們表達說，這個計畫不錯，只要他們能夠在，好比說，週六中午前完全撤軍。若他們做得到，戈巴契夫先生，那你就會得到諾貝爾和平獎。如若不然，攻擊仍然展開。」

大家都在思索這個想法，室內一片寧靜。「怎麼樣？」總統問。除了錢尼之外，大家都表贊同。「你怎麼說，狄克？」總統再問。

錢尼看起來很勉強。「我想可以吧，」他說。

第二天早上十時四十分，布希總統站在玫瑰花園的鏡頭前面。「聯合部隊給海珊的期限是週六中午，去完成他該做的，」布希說，「立即無條件地自科威特撤軍。」

戰事何時休

二月二十三日星期天中午，俄羅斯的撤退提案期限已過，海珊已經錯過全身而退的最後機會。利雅德時間的第二天凌晨四點，在黑暗及冷雨的掩護下，美軍陸戰隊以及陸軍裝甲旅在前，沙烏地阿拉伯、埃及、科威特、敘利亞和其他的阿拉伯部隊緊跟在後，越過邊界進入科威特。在遙遠的西邊，第十八空降軍與第八十二空降師順利降落，加入防守西部沙漠的法國輕裝師行列。第一〇一空中突擊師（負責空襲）和步兵第二十四師（機械部隊）則朝北進入伊拉克，朝幼發拉底河谷前進。一旦支援部隊將伊拉克軍隊牽制在原地動彈不得，第七軍偕同英國的第一裝甲師就會準備好發動主要的奇襲行動。

我緊張得睡不著，所以待在辦公室接收凱利和麥康納傳來的報告。我也同時收看CNN的報導，這樣才能知道全世界的人看到了什麼畫面。陸戰隊不僅讓伊拉克軍隊動彈不得，並且突破敵軍的防線，正朝著科威特市挺進。在他們之前，陸戰隊的偵查小組已經在幾天前，冒著生命危險，事先爬過布滿倒鉤的鐵絲網、充滿石油的溝渠，為攻擊部隊清道，讓他們順利衝過。

在西部地區，貝利・麥卡佛瑞（Barry McCaffrey）所領導的步兵第二十四師第一天就向伊拉克境內推進了六十哩。開始的行動是這麼快速、深入，讓諾曼・史瓦茲柯夫能夠把奇襲的時間提前十五小時。這場為時二十四小時的地面戰中，有一萬名又飢、又渴、筋疲力竭的伊拉克士兵，受夠了長達三十八天的轟炸，繳械投降。單是蓋瑞・陸克（Gary Luck）雙料冠軍的第十八空降軍就俘虜了近三千二百名的囚犯，我方卻只有一人受傷。第一天我們整個傷亡的數字是：八人死亡，二十七人受傷。

到了第二天早晨，陸戰隊第一師已經在科威特國際機場內外戰鬥。陸戰隊只要困住伊拉克軍隊，就算圓滿達成他們的任務。但不僅如此，他們在這天晚上就已經將科威特市團團圍住。兩棲部隊在科威特海岸所進行的佯攻，牽制住更多的敵軍。第十八空降軍則攻入伊拉克境內。佛來德・法蘭克（Fred Franks）中將領導的第七軍扮演主要戰略角色，負責由西到東的橫掃攻擊，以期切斷在科威特的伊拉克軍隊，並加以殲滅，尤其是囂張的共和衛隊。但是第七軍移動的速度卻沒有我們預期的快。

第二天，我們遭遇到嚴重的打擊。一枚俄製的飛毛腿飛彈擊中了駐紮在利雅德附近的臨時營區，造成二十八位美國士兵死亡。傷亡名單突顯了現代軍隊殘酷的一面，因為其中也包括了女兵。

第三天，二月二十六日，我在當地時間大約中午的時候打電話給史瓦茲柯夫。我跟他說我討厭扯戰場總司令的後腿，可是，我實在不能理解第七軍為何尚未完全進入狀況。我問他：「你能不能叫法蘭克加快前進的速度？」史瓦茲柯夫自己剛好一直搞不定法蘭克，所以他很高興有機會藉主席的名義，向法蘭克施壓。他很快的向我回覆說，第七軍的戰況正激烈，法蘭克的軍隊已經幾乎將一師的共和衛隊摧毀殆盡，並讓另外兩師撤退。

美國陸戰隊、美國陸軍特種部隊、沙烏地阿拉伯、埃及、科威特，再加上其他阿拉伯國家的軍隊收復了科威特。第十八空降軍正朝著幼發拉底河河谷前進。根據我們的情報顯示，伊拉克軍隊在戰區的四十二師當中，有二十七師被殲滅，我們俘虜了三萬八千名戰犯，並且人數一直在不斷增加。即使盟軍有互相誤傷的狀況，我方的傷亡仍算很輕。總括來說，傷亡數目都要比我們原先最保守的估計來得少，這都要歸功於我們空軍持續不斷的轟炸伊拉克軍隊。

遠在戰爭開打前，我的幕僚送來一本佛瑞德．艾柯（Fred Ikle）寫的書，叫做《天下沒有不止息的戰爭》（*Every War Must End*）。在艾柯還是國防部政策次長，而我還是溫柏格的軍事助理的時候，我們曾一起共事過。書的主題讓我很感興趣，因為我曾參與過他所說的永無止境、毫無意義的兩大戰爭。艾柯書裡寫著，戰爭是全方位的任務，所以一旦開打，可能就會沒完沒了。他是這樣說的：「軍人雖然有能力策畫精細的作戰計畫、協調複雜的行動，卻也可能很奇怪的無法認清一項事實，那就是戰爭的結果。這才是決定他們的作戰計畫是否給國家帶來最大利益的關鍵因素，而不是戰爭中的你爭我奪。在此同時，有些資深的政治家可能會毫不猶豫地堅稱，這些計畫完美無缺的行動，本身就有終結戰爭的明確目標。」

艾柯以珍珠港事件為例，提到日本人只把焦點放在這項籌畫細密的行動，卻鮮少考慮到他們要如何了結他們挑起的戰爭。艾柯的看法讓我印象非常深刻，我還把重要的句子影印下來，讓參謀首長們、錢尼、史考柯夫傳閱。我們打的這場戰爭，有一定的命令、一定的目標，並且我們將會很快達成這個目標。我認為參與其事的人，應該開始想要如何收拾殘局。

二月二十七日下午，歐提斯送我到白宮，參加「八人幫」例行的軍事會報。我那天早上已經和史瓦茲柯夫談過，並告訴他，我認為我們已經接近結束的階段。俘虜的數目已經接近七萬人，海珊已經命令他的部隊自科威特撤退，最後一條主要的逃亡通道，也就是連接科威特市和伊拉克城市巴斯拉的一條四線道公路，已經變成我方飛行員的靶場。這條路上擠滿了逃亡的士兵，散布著燒焦的車輛殘骸，包括軍隊及平民的，總共將近有一千五百部。記者把這條路叫做「死亡之路」。

我跟史瓦茲柯夫說，我必須趕快向總統及國防部長報告，什麼時候該叫停。我同時表示，電視上的報導，漸漸讓我們看起來好像只是為了要殺人而殺人。

史瓦茲柯夫說：「我也有同樣的想法。」

我問他要怎麼做。他說：「只要再給我一天應該就可以了。」到了那個時候，他就可以宣布伊拉克的軍事力量已經不足以對鄰國造成威脅。但他同時提到：「你知道嗎？如果我們明天晚上就叫停，地面行動就剛好持續了五天。叫做五日戰爭，聽起來怎麼樣？」

因為這比一九六七年的以、阿戰爭剛好少一天，所以我說：「聽來不壞。我會向上面建議。大約是下午二時，我乘車穿越大門來到白宮西廂入口。歐提斯讓我下車，停好車，然後謹慎地帶著一個大型黑色皮製地圖袋，到大廳交給我。我走樓梯左邊，經過參謀首長聯席會議主席辦公室，避過接待室。在那裡會遇到誰，很難講的，從俄羅斯大使到女童軍代表都有可能。總統的個人助理空軍少校布魯斯・考夫曼，協助我在橢圓辦公室面對壁爐的地方，架設好黑板架。

喬治・布希很輕鬆寫意。八人幫外加理查・哈斯（Richard Haas），他是史考克勞夫特的中東問題專家，全都在壁爐前面照舊圍成個U字形。有人拿總統為壁爐生火的事開玩笑。兩天前舉行的一次簡報時，布希親自生火，但卻沒有打開爐子，結果橢圓辦公室裡都是煙。警鈴大作，安全特勤人員跑來，把門打開，冷冽的二月寒風便從玫瑰花園裡吹了進來。

百時戰爭

這天早晨，我打開雷射筆，開始報告部署位置：海軍陸戰隊；科威特卡達王子所領導的阿拉伯部隊；第七軍緊追不捨那些正準備逃離科威特市的伊拉克部隊，只剩下共和衛隊在做困獸之鬥。在遙遠西部的第十八空降軍深入伊拉克境內，直到幼發拉底河。在報告完軍事部署狀況後，我緊接著說：「總統先生，情況比我們原先想的好太多了。伊拉克軍隊已經元氣大傷。他們現在想要做的就是趕快溜之大吉。」

我們的部隊有特定的目標，有聯合國的授權解救科威特。我們已經達成這個目標了。總統雖然口頭上曾嚴厲譴責海珊，但也從來沒有表示過要超過這個界限，我們目前堅守道義的立場毫不動搖。要是我們像艾柯警告的一樣，在過了合理的階段還繼續下去，可能會喪失這樣的精神。並且，身為職業軍人，我以信守戰勝的信條為榮。所以我說：「總統先生，我們不要讓人家以為我們是為殺戮而殺戮。我們勝利在望，我預計到明天就會大功告成。所以我要向你提議該是停火的時候了。」

總統說：「如果真的是這樣，為什麼不今天就把它了結？」他讓我吃了一驚。他看著屋裡的人，接著又說：「我要你們大家想想，戰場上屠殺的景象已經開始在群眾、政府裡造成不好的後遺症。既然你說我們已經達成任務了，那為什麼不把它結束？」他說他當天晚上就可以上電視，宣布暫時停火。

我回答：「這事還得再從長計議，我要先跟史瓦茲柯夫談談。」於是，我先向大家告退到總統私人的小書房，就在橢圓辦公室樓上。我拿起安全電話，白宮的軍事接線生就幫我接通到利雅德。我說：「史瓦茲柯夫，總統要知道我們現在能不能結束。」他問：「『現在』是什麼時候？」

「我們想的是今天晚上。」若將時差計算在內，那表示戰爭會在波斯灣地區的半夜結束。

史瓦茲柯夫說：「我沒有問題。我們的目標是要把他們趕走，我們已經做到了。不過還是先讓我和司令官們先談談。除非是遭遇什麼意外，否則我認為沒道理『不現在』就喊停。」

我說：「錢尼和我馬上要到國會山莊向國會報告。我回來以後，我們再談。」

我認為史瓦茲柯夫在戰場上的司令官應該不會反對才是。在華盛頓時間下午一點，史瓦茲柯夫才剛舉行過電視記者會。在這場如今被稱為「報告典範」的記者會中，他曾表示：「我們已經完成任務。上級決定停火的時候已經到了，沒有人會比我更高興。」關於逃亡的伊拉克部隊，他也提到：「門戶已經關閉，他們已經無路可逃。」後來，他把這句話改為：「我說門戶已經關閉，並不是說完全沒有東西能逃得出去。」他說：「我指的是戰爭機器的通過門戶已經封鎖了。」重型坦克、大砲過不去。

我回到橢圓辦公室向總統報告，我和史瓦茲柯夫覺得他的計畫可行，不過他還要先徵詢一下他的司令官。在場沒有人反對暫時停止戰爭的計畫。貝克很關切無意義的殺戮對國際輿論所造成的影響。史考克勞夫特則認為，沒有必要纏鬥下去，否則會讓這項到目前為止都還算非常高明的軍事行動虎頭蛇尾。錢尼則說，重點在於達成聯軍的目標，而不是我們又摧毀多少輛坦克車。不過，在我和錢尼從國會山莊回來之後，我們要再碰一次面，開最後一次會議。

在前往國會山莊之前，我打電話給副主席大衛・傑若米亞。我要他向諸位參謀總長轉達，總統要暫時停止戰爭的決定。大衛隨後回我電話，說所有的參謀長都已經同意了。

錢尼和我在下午三點鐘向參議員報告，四點鐘時則向眾議員報告。他們已坐滿整個聽證室。我們給這些議員看的東西，就是我們給總統看的那些圖表，但對於戰爭可能就在這天結束，我們可是隻字未提。

下午五點三十分，我們返回白宮，到橢圓辦公室樓上的小辦公室，向總統報到。我特別記下總統決定要暫時中止攻擊行動的時間——五點五十七分。這是需要三軍統帥來下的決定，而他已經做出決定，他的決策小組的所有成員毫無異議，史瓦茲柯夫和我也同意。而我心裡非常肯定，要是我或者史瓦茲柯夫對於所有成員毫無異議，史瓦茲柯夫和我也同意。而我心裡非常肯定，要是我或者史瓦茲柯夫對於停火的決定有點保留，要是我們還需要一些時間才能決定，總統都會聽我們的。

我們移座到橢圓辦公室，開始討論當天晚上布希總統要向美國民眾宣布的內容與時機，並開始打電話給聯軍夥伴。我們本來決定讓總統在晚上九點上電視，宣布二月二十八日凌晨五點鐘「中止」攻擊行動。特別選「中止」這個字眼，是為要區別某些涵意，這不是和伊拉克軍隊協商後的停火協議，而是我們自己主動喊停。我說我想讓史瓦茲柯夫在白天能多幾個鐘頭，來巡查一下戰場的狀況，收拾殘局。這樣一說，讓蘇努努靈機一動。他說：「為什麼不從我們的時間午夜開始生效？那樣就可以稱為『百時戰爭』了。」總統表示同意。所以在晚上六點過後，我又再度和史瓦茲柯夫通電話。我告訴他，總統會在我們的時間九點整宣布，戰爭將在利雅德時間第二天早晨八點整結束。這樣一來，就比原來史瓦茲柯夫所要求的又多了整整一天的時間。

總統和錢尼接著透過電話，向總司令致意。總統說：「諾曼，真有你的！」

史瓦茲科夫很快再度回電，謹慎地向我報告，門戶仍然開放一點點。有些共和國禁衛軍及T-七二型坦克溜掉了。我告訴他，繼續攻擊他們，而我會再跟他聯絡。我把諾曼的消息向總統及其他人說明。雖然我軍稍微做一些撤退，不過沒有人覺得這會改變什麼基本態勢。伊拉克軍隊已無後援。他們只有向北方撤退一途了。沒有必要打殲滅戰，免得增加雙方戰士的傷亡。很顯然地，總統想要的是無條件投降，像第二次世界大戰結束的那樣。而且我們曉得，除非有炸彈幸運地炸到，否則海珊應該可能還活著。我們也有心理準備，沒有持續打下去可能會遭到某些抨擊。無論如何，我們的使命很明確，它已然達成了。總統重新確認結束戰鬥的決策。於是我再度打電話給史瓦茲科夫，傳達他白宮方面瞭解有些伊軍逃逸的事實，不過這是可以接受的。

晚間九點零二分，總統自橢圓辦公室向全國發表談話：「科威特已經重獲自由。伊拉克遭到挫敗。我們的軍事目標已經達成。我很高興的宣布，於東岸標準時間的今晚午夜，也就是地面戰爭開打後的第一百個小時、沙漠風暴行動後的第六個星期，美國及聯軍所有的部隊將會中止攻擊行動。」

在這個演說之後，布希和夫人邀請我們這票人到他們的住所慶祝。服務生傳遞著飲料，而我則一如往例啜飲著甜酒和可樂，會中的氣氛是輕鬆大於狂歡。我們沒給喬治·

布希另一個越戰紀念日。不過他說：「我心安理得，不後悔。」他相信，他們做了正確的抉擇。而且我們已經獲勝。在一個小時之內，我回到麥爾堡的六號營區，我想要告訴艾瑪我們剛結束了一場戰爭，但是她已經睡著了。

雖然事件已過了一百三十年，史學家仍然對聯邦軍隊在蓋茲堡大捷之後，喬治・麥迪（George Meade）將軍不願追擊羅伯特・李（Robert Lee）將軍的決定爭論不休。二次世界大戰結束半個世紀，學者也仍然爭辯艾森豪將軍不肯在柏林打擊蘇聯部隊的決定。因此，我預期，若干年之後，也會有史家質疑我們為何不再打久一點，毀掉更多的伊拉克部隊。論者以為，我們應該擴大戰爭的目標，除了要奪取巴格達之外，還應把海珊的政權推翻，就像我們對諾瑞加與巴拿馬國防軍那樣。批評者甚至於包括海軍上將克羅威在內，他為了持續禁運並反對戰爭而到國會作證；然而他卻在回憶錄裡主張，我們應持續打下去，並且擴張任務目標到逮到海珊為止。

戰事結束後一個月，諾曼・史瓦茲科夫上電視節目《大衛・佛斯特談話秀》，他所說的話仍然無法解決上述爭論。談到有關結束戰鬥的決定時，諾曼先是說，「我把當時的情勢向鮑爾將軍報告。他跟我研商，我們的目標是否已達成，答案是肯定的。」但過了沒多久，諾曼又說，「坦白說，我的建議是，你知道，持續戰事。我的意思是，我方已把他們擊潰，我們可以再打下去，你知道，把他們再打得徹底一點。」

第二天早晨，我的白宮熱線電話響起，持續刺耳的鈴聲讓我不得不提起精神來。喬治・布希聽起來傷心多過於憤怒。諾曼是什麼意思？停火之事他曾經充分參與意見。如果他要求延長時間，戰爭就不會結束的。「我親自跟諾曼談過了，」總統說。

我能體會總統的失望。事實上，我對史瓦茲科夫的說法感到極度的憤怒。我去電利雅德找諾曼。「這個說法不聰明，」我說。「你的意思等於是說總統犯了個錯誤。好像是說你給了他一個完全相反的建議，而他卻沒有加以重視。」

「我根本不是這個意思，」諾曼回答說。

「結果卻是如此，」我說。「媒體拿這個來打擊他了。」

諾曼・史瓦茲科夫是個實至名歸的英雄。批評說戰鬥結束得太早，等於是拆了他的台。他不喜歡這樣。總統知道諾曼感覺被陷害，於是再度打電話給他，叫他別擔心。不過，我認為保持真相是很重要的。史瓦茲科夫是參與決策者之一，但現在好像他置身事外一般。在與諾曼商量過後，我發表一份公開聲明，如下：「史瓦茲科夫將軍與我於一九九一年二月廿七日午夜十二時（美東時間）共同決定支持停止沙漠風暴的戰鬥行動，總統其他的顧問一致同意……沒有相反的意見。沒有反對的意見，沒有爭論與歧見。」

諾曼也改變在電視上的說法，在他的回憶錄《*It Does'nt Take a Hero*》裡，他對自己的想法加以解釋：

「我的直覺反應是，趕快停火可以減少性命的犧牲。如果我們持續到週四，會有更多的傷亡，或許不會很多，但一定會有。尤有甚者，我們已經達成目標：我們已然告訴美國民眾，伊拉克殘留的軍隊不足以讓他們構成地區性的軍事威脅……我們給了他們教訓，毫無疑問地我們打了勝仗，而且傷亡並不大。為何不結束？為何要增加更多的陣亡者？於是我下定決心。」

史瓦茲科夫絕對沒錯。然而，對於事情做不實的指控，仍然無濟於事。事實是伊拉克以超過百萬的大軍開啟戰端，其中大約有半數投入科威特戰場。伊拉克經過波斯灣戰事這樣的洗禮四年之後，其軍隊規模已縮減一半。在該國各階層裡，我相信沙漠風暴時期來自空中及地面的恐怖故事必然會流傳著。殘餘的部隊根本不會有戰鬥意志了。

一九九四年十月，海珊再度集結兩萬名共和禁衛軍部隊開拔到科威特邊界，目的是想要解除聯合國的經濟制裁，但這僅僅是虛張聲勢罷了。立刻，就有單純的結論主義者大聲疾呼：如果在波斯灣戰爭期間將海珊徹底消滅，現在他就無法惹麻煩了。十月廿三日，《紐約時報》在頭版刊登一大篇書摘，該書為該報記者所寫有關波斯灣戰事，書摘的標題為：〈伊拉克如何遁逃且再度威脅科威特〉。書中作者表示：「很多伊拉克的潰敗部隊，即共和禁衛隊，並沒有被摧毀。」這就是為什麼海珊仍然能夠操控著武力來做威脅。

正當海珊在沙漠風暴類似敦克爾克大撤退的說法，彷彿甚囂塵上之際，我出面加以制止，並且一勞永逸地把它消滅掉。逃離科威特的禁衛軍部隊及坦克數目，較我們預期的多，這點是事實。我們可以再花一或兩天來彌補這個漏洞，這也沒錯。我們可以殺掉、殺傷或俘虜每個禁衛軍士兵，這樣講都沒錯。但這些對於海珊未來的行徑，其實並沒有影響。伊拉克人口有兩千萬，對它小小的鄰居，人口僅一百五十萬的科威特來說，總是會有威脅的。不管有沒有海珊或者是共和禁衛隊，科威特的安全都必須仰賴其盟友與美國。此乃戰略現實。另一項事實是，在一九九一年，我們在戰場上與伊拉克軍隊遭遇，達成了聯合國賦予的目標，把它擊潰且將其規模消滅了一半以上。

既然我們把海珊打得抱頭鼠竄，為何不趁勢進逼巴格達？為什麼不把他幹掉？或者，換個說法，我們為什麼沒有把球門移動一下？基本上被忽略掉的，乃是美國引領的係「國際」聯合部隊，執行很明確的聯合國任務。該任務已然達成。總統甚至於希望能夠在七月四日國慶日之前，將所有的部隊送回國來，這將是非常浩大的，但在後勤處理上證明做不到。總統曾向美國民眾保證，沙漠風暴行動不會變成另一個越戰，而他做到了。

從地緣政治的觀點看，多國聯合部隊，尤其是阿拉伯國家的參與部隊，都不想要看到伊拉克被入侵瓦解。在戰事開始之前，我收到一份電報，係美國駐沙烏地阿拉伯大使查理斯・費理曼所發的，他說：「從各項理由來看，我們無法追求伊拉克無條件投降，並且被我們所佔領。摧毀伊拉克或削弱它以致無法牽制伊朗或敘利亞，這並不符合我們的利益。」明智之言，大使先生。將伊拉克分裂成遜尼教派、什葉教派與庫德族等政治實體，對於中東的穩定並無助益。要避免出現這種結果，唯一的辦法就是由美軍大舉征服並佔領這個遙遠的國度。但我不認為這是美國民眾所樂見的。

當然，我們樂於見到海珊因為把百姓帶入死亡與顛沛流離而遭到推翻。但它卻沒有發生。布希總統把海珊罵成是魔鬼的化身，也無助於讓民眾明白，何以他還能掌握權力。無論如何，認為如果海珊下台，會有一個信仰民主，一面手捧可蘭經，一面拿著聯邦憲章的人來取代海珊，這種想法就太天真了。極有可能的，會是另一個名字不同的海珊上台罷了。

沙漠風暴後記

在我到全國各地的時候，常會有為人父母者來找我，對我說：「將軍，我們要您知道我們的兒子（或是女兒）曾參加過波斯灣戰爭。」我就會有點擔心的問：「希望一切都還平安吧？」通常他們都會說是的，然後對於家裡的軍人能安然返鄉感到衷心感激。

有一百四十七名美國人在波斯灣戰爭中，在戰場上奉獻出生命；另外有兩百三十六人死於意外或其他因素。就軍事統計上來看這個數字算很低，但對於每個家庭卻是一樁悲劇，這些悲劇很多都是因為來自聯軍的砲火所造成的意外。我堅守自己的本分，支持總統何時或怎樣結束戰爭的決定，我以此自豪。

「沙漠風暴」不僅完成了政治的使命，同時也開始改變中東地區長期以來充滿敵意的氣氛。約旦國王胡笙和巴解領袖阿拉法特，是波灣戰爭期間表示支持伊拉克的兩個阿拉伯國家，結果也因而國力逐漸轉弱，最後，經過了三年時間，他們也在試著和以色列及其他鄰國達成和解。「沙漠風暴」之後，由馬德里召開中東和平會議開始，阿拉法特和以色列總理拉賓終於在一九九三年九月達成協議，胡笙國王和以色列也在一九九四年十月簽下和平協定。這是歷史性的一刻。美國人以前不能到的地方，在「沙漠風暴」之後，都可以進出了。甚至黎巴嫩所挾持的人質在衝突過後，也獲得釋放。而伊拉克還是積弱不振，受到孤立，繼續在聯合國監察員的監督下。這樣的底線算不壞吧。

當今世上數一數二的軍事歷史學家約翰・基根（John Keegan）曾評論過「沙漠風暴」這次的行動。我感到很滿意。基根寫道：「不管現在大家怎麼說，波斯灣戰爭代表著精密的計畫及幾乎完美零缺點的行動勝利，實現軍事行動的最高理想——那就是，為重整秩序而戰。」

許多採訪新聞的戰地特派員，以及媒體的大老闆都埋怨說，他們受到軍方的控制。沒有軍方人員的陪同，他們不可以在戰場上到處闖。二次大戰期間的傳奇人物爾尼・派爾（Ernie Pyle），冒險從歐洲的散兵坑、太平洋的灘頭堡傳回新聞的印象，成為許多批評家痛罵我們的工具。但是，新聞媒體對於「沙漠風暴」的報導規模仍算是史無前例。在兩千五百名有採訪證的記者中，最多曾高達有一千四百名同時擠在科威特這個小國家裡。把這個數字和當初諾曼第登陸時，一起隨行採訪的記者比較，當時只有二十七名而已；採訪「沙漠風暴」的全部特派員，和越戰最激烈時期的記者相比，都要高出將近四倍。而且需要澄清的是，爾尼・派爾和二次大戰的其他記者都要經過嚴格的檢查。而在波斯灣戰爭，軍方要先審查報導是基於安全的理由，在這一大群的媒體記者所發出的一千三百五十篇報導中，只有一篇基於維護情報的程序而遭到修改。在這次「沙漠風暴」行動中，我們一方面要維護軍事安全，一方面要和有史以來最龐大陣容的記者群周旋。

電視的即時性讓以往氣勢凌人的新聞特派員日子越來越難過。在過去，記者可以扮黑臉，用強硬的態度問一些強硬的問題。他們用的方法大同小異，因為大家不會看到他們本人；大家看到的只是經過編輯過濾、加了響亮標題的新聞報導。但一旦觀眾能收看到記者工作的狀況，看到他們咆哮或問一些無理的問題時，就算是最優秀的記者也會成為壞蛋。

在錢尼、史瓦茲柯夫上電視時，我們都很瞭解箇中三昧。我們不僅是要講給在我們面前的記者聽，還有四種人是我們的聽眾——美國大眾、其他國家、我們的敵人，以及我們的部隊。譬如說，我就不會為了取悅國內大眾而說些會激怒伊拉克的話；反之亦然。就在地面攻擊即將發動的前夕，我收看《週末午夜現場》這個節目，就知道我們已經獲得輿論對「沙漠風暴」的支持。在這場模仿鬧劇裡，一名陸軍公關軍官「皮爾森中校」，穿著沙漠迷彩軍服出席記者會，面對群眾揮舞的雙手與叫嚷的問題：「中校，你說我們最容易攻擊的弱點在那裡？」「我們那一天會展開地面攻勢？」「我們是否策劃兩棲登陸科威特？如果有，會是在那裡？」任何一個看過真正記者會問答的人都知道，在喧鬧當中還帶有一絲真實的味道。這一回，可不是連續鬧劇裡的人物，而是真正的新聞界，成為被嘲弄的對象。

在波灣戰爭期間，我們測試了好幾位軍事發言人。在廿四小時不間斷的電視世界裡，不管消息多麼靈通，我們也沒辦法讓單一個人來面對攝影機。我們挑中聯合參謀作戰首長湯姆・凱利中將，擔任五角大廈的簡報者，因為凱利不光是學識豐富，他跟諾曼一樣，就像情境喜劇《歡樂酒店》裡的角色，一個大家足以信賴的平凡人物。凱利在記者會裡的助手，則是海軍中將麥克・麥康諾，他是最佳的搭檔，扮演著凱利具書卷氣的諮詢對象。諾曼・史瓦茲科夫跟我，兩人相隔八千英里，卻共同欣賞著陸戰隊准將理查

・尼爾（Richard Neal）在利雅德初試啼聲，向記者們所做的簡報。他是我們試用的第三位候選人。新聞界把他說得有點粗魯，但是卻很真誠。於是在尼爾做完簡報後，我致電諾曼說：「我想你製造出一個明星了。」

當然我們的第一優先還是打仗。但是身處這個新的媒體環境，我們還是要借助克勞塞維茲歷久彌新的智慧——要使群眾瞭解並進而支持我們的行動。戰後所做的民意調查告訴我們做對了。統計數字上顯示，受訪的美國民眾有八〇%認為，關於波斯灣戰爭的新聞報導相當詳實，甚至可以說非常傑出。早在史瓦茲柯夫凱旋歸國前，他就想要和我討論他未來的前途。歐洲聯軍最高統帥官是個頗具威望的職位，非常適合他。但是目前已由傑克・蓋文擔任。我說：「你很可能將來會成為聯席會議主席，但是目前我還不會走。當然，烏諾快要退休了，如此一來陸軍參謀總長就會出缺了。」史瓦茲柯夫說，他可能有興趣。我說：「當然，不過讓我告訴你我真正的想法。現在正是退休的最佳時機，你在外面跑已經有一段時間了，你不知道你回國後會面臨什麼狀況，你現在可是全國人民的偶像，大家會為你瘋狂。」我知道以他現在的名聲與地位，五角大廈這座小廟已經容不下這尊大佛了。我說：「你已經在軍中三十五年了，外面會有各式各樣的機會等著你去挑。現在該是走的時候了。」

過了沒多久，在史瓦茲柯夫和其他朋友談過後，他又打電話給我：「我打算要退休了。我知道你們打算在接下來的幾年中要做些什麼：你們要把軍隊整得支離破碎。我可沒有這樣的精力跟你們玩。而且我也不要和那些該死的政客打交道，忍受那些廢話。」

我跟他說，我希望我們能重整部隊，而不是拆散部隊。無論如何，他做了最正確的抉擇。史瓦茲柯夫可不會容忍「外行領導內行」。遇到這種情況，他可以用戰場上絕對的命令擋回去。但是在華盛頓的領域裡，你可要忍人所不能忍。

有陣子，看起來好像戰火又要再度點燃。伊拉克南部的什葉派教徒發動武裝暴動，要求巴格達當局給予更多的權力。海珊的回應則是派遣軍隊鎮壓；在北部，庫德族人則千方百計地要掙脫伊拉克的箝制，但他們的革命活動並沒有成功的機會，說老實話，我們也不希望他們成功。雖然布希總統敦促伊拉克民眾推翻海珊暴政的言詞，可能對反抗軍有激勵作用，但是我們的原意是要讓巴格達剛好有足夠的力量，繼續和仍對美國有相當敵意的伊朗相抗衡。

不過無論如何，對於庫德族反叛軍日益惡化的窘境，我們不能坐視不管。海珊發動反擊，把超過五十萬的庫德人從家園趕到土耳其南部荒瘠的山區，在那裡，因為缺少食物、住屋、醫療用品，每天有六百人死亡。布希總統下令進行一項後援行動，叫做「雪中送炭」（Provide Comfort）。由現在已是中將的約翰·沙里卡斯維利主持。

派駐在比利時孟斯的傑克·蓋文是歐洲的總司令，遙控著我們在這個地區的軍隊。

有個星期日下午，我在華盛頓，傑克在比利時，我們各自在面前攤開地圖，共同畫出一個「安全區」。這個地區環繞著伊拉克境內的庫德族城市，海珊的軍隊不可越雷池一步。我覺得自己好像是個二〇年代的英國外交官，就在一處紳士俱樂部的桌上，輕輕鬆鬆地勾勒出約旦、伊拉克這些國家的版圖。我打電話給蓋文，用和他目前職位很相稱的「查里曼大帝」稱呼他，並說他現在可真是國家的創造者。在畫出安全區域的範圍之後，我們命令伊拉克軍隊滾出範圍去。他們加以拒絕。我們只好亮出武器，他們馬上就撤退了。在七個星期之內，「雪中送炭」行動將超過五十萬的庫德族人送回家園。我看著沙里卡斯維利運用高超的技巧化解這件政治、軍事的難局。於是我再次斷定，這是位足堪擔負大任的軍人。

部隊返鄉的時候，迎接他們的人們個個歡欣鼓舞。我參加了芝加哥和華盛頓的勝利遊行，還有在百老匯受到群眾狂拋彩紙的遊行隊伍。艾瑪和我搭乘一輛一九五九年的白色別克敞篷車。在我們前面車子裡的是錢尼和他的太太琳，在我們後面的則是史瓦茲柯夫和他的太太白蘭達。勝利遊行隊伍裡的每位將軍，包括有約翰・約賽克、華特・布曼、恰克・霍拿、史坦・亞瑟，我們都只是真正英雄的代表。真正的英雄是第十八空降軍、第七軍、美國海軍陸戰隊、飛行員、海軍、海岸防衛隊，他們讓國內的美國民眾重拾心中的自豪。我們的盟友也出現在遊行的隊伍中，還有韓戰、越戰的退伍軍人。他們終於獲得長久以來應有的肯定。

坐在看台上、功成不居的是各個單位的總司令。他們將軍隊處於最佳的備戰狀態，並提供錢尼和布希總統最寶貴的意見。這個國家必須感激卡爾・烏諾將軍、法蘭克・凱索上將、湯尼・麥比克將軍、艾爾・格雷將軍，以及副主席大衛・傑若米亞上將、海岸防衛隊總司令比爾・金姆。「沙漠風暴」是項團聚合作的行動，不僅我們在全世界各地的總司令都參與其中，連華盛頓一些鮮為人知的國防單位也全部動員。他們負責後勤補給、通訊設備、軍事地圖，和其他不為人知、卻是勝利關鍵的事項。

我們小小的成就實在配不上這樣盛大的慶祝活動。我們又不是打了一次世界大戰。不過，在朝鮮半島所面臨的僵局及東南亞長期的困境之後，這個國家正需要勝利果實的滋潤。美國贏得俐落，傷亡人數很低，目標極為崇高。美國人民再次愛上他們自己的軍隊。我曾如此想過，如果這次我們得到過多的奉承，那麼多出來的就算是彌補前幾次戰爭中，我們的軍隊返鄉時所受到的冷落吧。

那年春天，我應邀到洋基棒球場，為這年球季開幕戰洋基對芝加哥白襪隊的比賽開球。我不是個運動好手，但我發誓那天我投的是好球。稍後，我乘車經過東河車道，凝視著河邊百事可樂的巨大招牌。突然間，我返老還童了，變成在百事可樂工廠拿著拖把抹地板的孩子。第二天，我應邀在促進紐約向上協會在華爾道夫飯店所舉行的早餐會上演講。「我年輕的時候，」我說，「曾經是國際卡車司機協會八一二分區的會員。這裡有沒有人也是八一二分區的？」我猜想他們沒料到我會這麼說，不過有一桌的卡車司機協會人員發出了驚嘆聲。

這趟旅程最感人的部分，乃是我回到了香蕉凱利。這個當它開始變成犯罪溫床的貧民窟讓我父母不得不逃離的地方，現在已逐漸變好。我的舊家，凱利街九百五十二號，從棄置到燒燬，最後終於拆除，現在已成為新的花園公寓。我看到孩子們在凱利街公園打球與跳繩，這裡幾年前還是滿布垃圾的地方呢。

之後，我走了兩條街，來到莫瑞斯高中的石階前。木頭的地板仍然嘰嘎作響，開關長窗的木門一如我所記憶的高掛在那裡，而我演講的這個體育館，還是帶著熟悉的汗味與消毒藥水味。望著大多數是西班牙裔與黑人血統的臉龐，我回想起三十七年前還是個小男孩時的種種。「我記得這個地方，」我告訴他們。「我記得這種你無法成功的感覺。但實際上你可以成功的。當我奮發向上的時候，機會並不是很多。但是現在有機會了，你想做什麼就做什麼。不過想要做什麼並不足夠。夢想什麼也不足夠。你必須要全心全意地努力學習，努力奮鬥去爭取。」我指出，百分之九十七的美國大兵都具有高中畢業的學歷，他們的學歷證明一件事：他們有原動力與紀律堅持下去。我勉勵他們：「不要放棄。」找個角色模範，我說。「不管是找白人還是黑人，將軍或是老師，或者就是把你帶入人世的父母都可以。」我不曉得當天是否有說動任何一個年輕人。但我決心要留給莫瑞斯高中這些孩子一些重要訊息。拒絕走受壓迫者的捷徑，勇敢地選擇難走的辛勤道路，一條有前途的道路。

我主張讓孩子們選擇自己的角色模範，不分任何種族，原因是我害怕黑人榮耀的理想化，可能會走上極端而產生疏離。我要徐徐地灌輸榮譽與非裔美人的傳統觀念，尤其是針對年輕人。我讓水牛士兵成為典範，這樣黑人就能回顧過去歷史上光榮的一頁。我要黑人青少年瞭解黑人作家、詩人、音樂家、科學家與藝術家，還有非洲的文化與歷史。在此同時，我們必須要明白，在美國的黑人小孩將不會在非洲闖天下，而是要在美國走出自己的路。除了本身的黑人血統之外，他們必須要瞭解民主緣起希臘，司法制度的起源於英國，以及各色人種對美國多彩多姿所做的貢獻。我要教給年輕非裔美人的訊息，就是要學習在這塊土地上生存，而不是三個世紀之前的血緣誕生地。文化的鴻溝太過寬闊，時間過去太久，非洲已無法滋養非裔美人的心靈血肉。年輕的白人也是一樣，他們不能生存在純白人的世界裡。他們應該被教導要懂得欣賞少數民族的奮鬥。

在白人佔多數的大學校園，在舊市區的人口密集地區，在社會各個環節裡，我們看到不健康的種族隔離現象，有時候是自身加諸的，有時是經濟因素使然。當幻想破滅的黑人自暴自棄時，他們便從美國的承諾撤離。他們會讓白人全身而退，還說著：「如果這就是他們想要的，那就這樣吧。」這種風涼話。雖然出於正當，但是善意的重新劃分選區，好讓黑人國會議員數量能夠增加，卻也非白人代表放鬆對憲政問題的重視。黑人的議題全都丟給國會黑人黨團。非裔美人的重要議題瀕臨吊車尾的危險。我們是個機會無窮，卻嚴重社會病態的國家，但我們是同舟一命。種族隔離不但會造成社會分割，距離馬丁・路德・金恩的夢想——建立一個白人與黑人攜手稱兄道弟的國家，就差得很遠了。

我曾經生活且成長在白人主宰的社會與專業領域，但我並不因而否定我的種族，不把它看成是限制我發展的障礙。有人或許會拿我的膚色來對付我，但我絕不會拿它來對付我自己。我的膚色乃是驕傲、強度與靈感的來源，身為美國人亦是如此。我自始便相信，只要能努力有信心，在美國任何人都能成功，機會均等。我仍然相信美國是如此的。

遭受抨擊

五月二日早上，我到廚房倒咖啡，順便瀏覽放在桌上的《華盛頓郵報》。我居然發現頭版新聞說，鮑伯・伍華德的新書《指揮官們》（*The Commanders*）幾天內就要出版了；郵報裡有篇這本書的報導。這篇文章成為這本書日後一連串宣傳造勢活動的序幕。五月五日，郵報的「書香世界」專欄以這本書為首要的書評。然後在五月十三日，郵報旗下的《新聞週刊》刊出來的封面報導有我的照片，還有個標題寫著：〈不情願的戰士——戰爭道上的懷疑與意見分歧〉。郵報可真是肥水不落外人田。

我成為伍華德書裡五角大廈和白宮的主要人物。對於在書中他對我這個人的描寫，整體上我是沒什麼意見。但是媒體所關注的焦點都放在書中幾處暗示我私底下與總統意見相左，實際上反對波斯灣戰爭。我知道這是設計出來的宣傳策略，要利用爭議性大的議題吸引讀者，讓伍華德的書銷售量一飛沖天，成為排行榜上的暢銷書。說我是個不情願的戰士，讓那些原本反對戰爭的國會議員和反對者有藉口說：「看吧，鮑爾本來是站在我們這邊的。」

在我受到媒體、華盛頓謠言圈的大肆抨擊之際，除了幾個好朋友打電話來之外，我的電話很不尋常的沒有任何動靜。我的老闆錢尼沒跟我說什麼。我心裡有部分的想法在說，錢尼可能很高興我讓人宰割。但我心裡較為善意的一面則說，迪克就是這樣子；你自己淌進這趟混水，得自己設法爬出來。

在這篇報導刊出的當天早上，白宮的接線生打電話來說，布希總統要和我通電話。我坐立不安地等著。

他說：「柯林，不要理會那些胡說八道，也不用擔心。不要讓他們惹毛了你。」

我說：「謝謝你，總統先生。」

那天稍晚，不管是在一場討論農業政策的會議上或其他場合，都有記者追著總統詢問關於我的問題，問的都是伍德書裡寫的。總統說：「沒有人能夠挑撥鮑爾和我的感情。我不在乎他們在看什麼書或裡面有多少匿名的消息來源，我也不在意他們有沒有親自耳聞就道聽塗說。」

我永遠也不會忘記在我最需要朋友的時候，這位美國總統給我的支持。

五月二十二日，錢尼把我叫到他的辦公室。他說：「你將獲派連任主席。」我感到有點奇怪，因為我的任期要在四個月後，也就是九月三十日才會到。我謝謝錢尼。他說：「這是總統的意思。他想要早點再重新指派你擔任主席。」

我說：「他可以不用受到我拖累。他還有很多的時間，可以好好考慮繼任的人選。」

錢尼說：「你不瞭解。對於你在政府中的地位目前有很多的臆測。他想要藉此終止這樣的議論。」

我問：「他想在什麼時候發布？」

「明天。」

第二天，我就站在玫瑰園裡，喬治・布希指著我告訴在場的媒體與官員說：「我之所以要這樣做，是要突顯我對他的能力有著強烈的信心，以及我對他崇高的敬意。」

總統講完之後，我緊接著發表簡短的感言。美國廣播公司的布特・修問我一個問題：「將軍，最近有報導指出，在波斯灣戰爭期間，對於使用武力的決定，你曾或多或少抱持疑慮。你願意發表一下你的看法嗎？」

我才剛要開口回答，布希總統把話接過去說：「為了釐清真相，我必須說他始終言行一致，他並完全公開的表現出來。」他回想起我建議設下期限，讓海珊決定要不要接受戈巴契夫的和平調停計畫。他說：「這件事，除了柯林・鮑爾外，沒有第二個人該居功。在我覺得所有的辦法都告罄時，是他提出要給伊拉克畫出底線，」他並指著白宮二樓的辦公室說：「就在那上面的辦公室。」這番話堵住了所有發問的嘴，而《指揮官們》這本書所引起的爭議，因而沉寂了好一陣子。喬治・布希把我從泥土中撿拾起，並拭去塵埃，還用雙手擁抱我，給我需要的關懷。他就是這樣一個人。

對我而言，戰爭並沒有在二月二十八日就結束。在我們還沒有克服萬難，把成千上萬的部隊、堆積如山的設備送回國前，在「雪中送炭」行動還沒有安置好、所有的爭議未平息前，這場戰爭都算還沒結束。一直到了六月初，我和艾瑪終於得以遠離塵囂，到馬里蘭州的東海岸，借我們的好友葛蘭特和金吉・格林的週末小屋度個幾天假。我發現葛蘭特在溪旁的兩棵樹上綁了張吊床。我爬進吊床，覺得一整年來已經深入骨髓的疲憊開始慢慢的釋放出來，然後我沉睡得毫無知覺。戰爭總算結束了。

七月廿二日，我飛到蘇聯進行另一回合的信心會談，艾瑪與我同行。當我跟老朋友莫斯耶夫及他的夫人碰面時，就好像返鄉探親一般親切。甫抵達未久，我便被拉去參觀紅軍的演習，傘兵的動作是那麼地整齊劃一，好像是在跳空中芭蕾；再到部隊的餐廳參觀，我的導遊說服我相信蘇聯的後勤人員都像是埃斯考菲爾（Escoffier，譯註：國際知名的法國料理大廚暨烹飪作家）；跟著檢閱飛機、T-八〇坦克車以及AK-四十七步槍，讓我大喊吃不消。蘇聯國防部長迪米尼・亞佐夫送我一件禮物，一把手槍。若是將這些年蘇聯人送我的禮物武器都配戴起來，那我就會像是全美步槍協會廣告海報裡的男孩那樣。

海軍節那天，我們到了海參崴，參觀成排閃亮的軍艦操演模擬海戰。這場操演，跟我們看到的其他東西一樣，都非常的樣板。在光鮮的外表底下，腐敗得很明顯。我被允許觀賞精銳的傘兵部隊，但我要求去看看自東歐撤出的部隊，卻遭到拒絕。餐廳裡展示的均衡營養食物照片，跟從大桶裡打出來給紅軍士兵吃的東西不甚搭調。在為我們表演的閃亮軍艦上，我們可以看到甲板生鏽。跟我們一齊前往蘇聯的海軍作戰副司令傑瑞・強森中將以專家的眼光環顧海參崴軍港，說道：「這裡的艦隊勢將要淘汰。」而我這趟旅行談判的對手戈巴契夫，早已不再是從前高峰會談時那個充滿自信的人物了。他彷彿已被這個國家未曾間斷的衝擊所打倒。

在這趟旅行裡，我想要跟一般的俄羅斯老百姓聊聊，不過莫斯耶夫卻一直把我拉向防彈轎車。我們到海參崴那天是週五，乘車進城的時候，我注意到反方向在大塞車。然後，到週日晚間，我們坐車去機場，情形又反過來了。於是我向司機詢問這件事。「人們在郊外有私有地，大概都是五、六百平方米大小，」他說。「所以到週末的時候，大家都到郊外去照顧菜園。他們在國營商店裡買不到好東西，因此這些菜園能供應點吃的東西，或許還能賣點錢。他們工作像螞蟻一樣，你應該看看他們做出來的東西。」小小的私有地所能生產的數量，遠較集體農場多很多，這也說明共產主義的挫敗。

七月廿八日我們準備從海參崴搭機飛回家，我有件來自遠東軍區的禮物卻沒辦法裝進七〇七飛機的貨艙。他們送給我的是一顆巨大的麋鹿頭，有著完整的鹿角，還安放在沉甸甸的木製基座上。裝進大木箱之後，需要四名俄羅斯大漢才能拖上機。

莫斯耶夫夫婦前來送行，我們四個人便站在被投射燈吸引來的一大群蚊子裡面，我擁抱莫斯耶夫，並且說道，「米夏，好好保重。」我是真心的。我越來越喜歡這個誠實的軍人，我也替他擔心。我看到一個男人棲息在瀕於崩解的實體邊緣。從他眼中溜過的一抹悲情，讓我明白他是知道的。我們擁抱道別，然後艾瑪跟我登機回家。

至於那麋鹿頭，當我們在麥爾堡的公館裡把它取出來的時候，嚇壞了我兩歲的孫子。最後我設法將它安置在距離它老家不遠的地方，至少在象徵意義上說得過去。因為我把它送給了友人泰德・史蒂文斯，掛在辦公室牆上，而他是來自阿拉斯加的參議員。

崩裂前兆

八月十九日凌晨一點剛過二十分，我才剛睡著，就接到國家軍事指揮中心的值班軍官打來的電話。蘇聯爆發了反戈巴契夫政府的政變。布希總統正在緬因州的坎寧邦港避暑，副總統奎爾在亞利桑納州，錢尼到加拿大釣魚，貝克也在懷俄明州釣魚。只剩下我「小鬼當家」。我打電話給副部長亞伍德，把情況很快的說給他聽。我按下特殊的按鈕，發現蘇聯軍隊的警戒狀態並沒有變化。蘇聯政府有種稱做「謝可夫」（chegev）的系統設備，形狀有如手提包大小。在核子危機的時候，這種系統可以讓一大堆的國家領導人相互聯絡。我們能夠監視這個系統，所以得知蘇聯的核子武器並沒有任何異動。

布希總統馬上趕回華盛頓，進入等待的戒備狀態。當天我已事先約好要到華特・雷德陸軍醫學中心做一年一度的健康檢查。而我目前的心情卻無比沉重。政變後的第二天，總統先召開了記者招待會，然後在寓所召集了八人幫。

總統問我：「柯林，你想這是怎麼一回事？」我說：「你注意到坦克車是什麼時候開進莫斯科的嗎？他們就開在大馬路中央，並沒有朝特定的方向。路旁的群眾揮手、獻花，還和士兵聊天。」我指出，並沒有坦克車封鎖克里姆林宮或蘇聯國會，也沒有軍隊接管中央電話交換系統，而這通常是政變的標準行動步驟。我繼續說道：「從這種情況來看，總統先生，主謀並沒有控制軍隊。這次政變的背後並沒有軍隊的支持。」我還回憶起在電視上看到這次叛變的首腦，這些人後來都很快的跟這個世界「道別」了。我看他們就像傑米・布斯林（Jimmy Breslin）所寫的書名：《成事不足，敗事有餘》（*The Gang thatCouldn't Plot Straight*）。我很懷疑這些傢伙是否真的能夠喧賓奪主，取而代之。

三天之後，這次政變就流產了。戈巴契夫重掌政權。這次政變的失敗，顯示出蘇聯共產主義已走投無路，戈巴契夫開始顯露敗象，以及代表著葉爾辛的崛起。政變的領導者之一，國防部長迪米尼・亞佐夫則被我的朋友莫斯耶夫取而代之。艾科羅米耶夫元帥，我所認識的那位列寧格勒老英雄，在政變失敗後自殺。莫斯耶夫的新職位只做了一天，顯然他還沒來得及召集人馬對付葉爾辛，後來莫斯耶夫便消失了。

他的失蹤讓我很擔心。或許俄羅斯現在不一樣了，惟我無法確定他們過去對待輸家的那一套是否有所改變。我透過在華府的俄羅斯人，以及要前往莫斯科的人士，嘗試尋找莫斯耶夫。一無所獲。四個月之後，我終於收到他寫來的信，告訴我說他們夫婦都健在。最後他變成一家高科技通訊業的顧問，繁榮的資本主義事業。莫斯耶夫開始在錢堆裡面打滾。

幾個月之前，有一次從波斯灣巡察歸來，我坐在錢尼旁邊，談到一個老問題。我曾經要聯合參謀針對戰術性核子武器的實用性進行研究，參謀的建議是，應削減小型火砲發射式的核武，因為它們很麻煩，現代化的開銷亦非常昂貴，跟現在世界高度精準的傳統武器也沒有相關連性。我把報告給四個軍種的首長傳閱，因為此結論影響到聯合軍種的作戰訓練。我的良師益友卡爾・烏諾在很多方面都給予我支持，不過他似乎有更大的堅持。核武對砲兵來說，等於是珍貴的資產。我要求他的部門放棄掉一部分，而卡爾這名資深的老砲兵卻不準備這麼做。他設法說服其他的軍種首長，一齊反對這項建議。這份報告到了五角大廈政策幕僚手中，那裡是雷根時代強硬派人士的庇護所，於是從保羅・渥菲斯以降，全部都大加撻伐。不管怎樣，這就是我在飛機上拿給錢尼看的建議案，上面全都是他的特別助理等反對者加註的意見。錢尼悶哼幾聲，但他開始閱讀。

「我曉得各軍種首長聯合起來四比一反對我，」我說。「所以駁回我的建議案不難。但是別在意。我明年還會再提此案，因為這件事我是對的。」

錢尼望著我，有點不知所措。「我的顧問沒有一個人支持你，」他說。

我跟他開玩笑說，「那是因為他們跟你一樣，都是右派的瘋子。」錢尼笑了，然後再繼續閱讀。等我們回到華府，錢尼果然駁回了我的建議案。

錢尼看待核武的問題並未採取封閉的心態。相反地，他展現出無比的遠見。一九八九年十一月，當柏林圍牆瓦解之後，他下令民間分析人員重新檢視單一整合作戰計畫（SIOP）裡的核武目標。實質上，錢尼等於是提出四十年來未曾有答案的問題：要多少才足夠？他的幕僚發覺，現在已經是本末倒置了。每次有新的核子武器發明出來，單一整合作戰計畫的目標規畫者便尋找別的目標，甚至於到根本不合理的地步。若是發生戰爭，我們的彈頭竟然會瞄準一座蘇聯的橋樑，以及距離它不到幾條街遠的市政廳。在當時的計畫裡，光是烏克蘭首府基輔，就有四十項武器對準著。在華沙公約組織瓦解之後，有些國家變成民主國家，是否將瞄準東歐的目標解除，亦引起爭辯。錢尼跟他的民間分析人員顛覆四十年的官僚思考，將核武目標的問題放在合理化的基礎上。今天，繼後來的協議，美國與俄羅斯已不再相互以核子武器瞄準了。

波斯灣戰事結束後數個月，九月五日那天，在一次國家安全小組的會議上，布希總統開始要求我們，對於軍備控制做更多的思考。波斯灣戰爭勝利的興奮已然消退。在俄羅斯失敗的政變之後，我們再度回到超級強權的棋盤上。總統表示，「我要看到有關於裁減核武的新思維，不要光是討論，要有具體的建議。」

沒過幾天，我們便研擬出一套建議案，較我當初建議裁減火炮發射核武的規模大得多。範圍是全面性的。像是陸軍使用的魚叉飛彈等短程核武，服役三十二年的戰略空軍指揮轟炸機所用的核武等，都將加以廢除。除了潛水艇上面的戰略性飛彈，所有船艦上面的核武都將拆除。多彈頭洲際彈道飛彈全部改為單一彈頭。義勇兵飛彈地下發射室盡可能地關閉。軍事首長們，現在面對快速變遷的世界，不得不跟著做，包括保羅・渥菲斯及其強硬派在內。錢尼準備跟上這股潮流。在三週之內，九月廿七日，布希總統終於向全世界宣布這單方面的裁減核武計畫。

在我當上主席的時候，美國擁有二萬三千枚可用的核子武器。在我們決心裁減以及簽訂條約之後，到公元二〇〇三年，核彈頭可望縮減到八千枚，減幅超過百分之六十五。

儘管布希總統提名我再續任兩年，惟仍然必須要獲得參議院的同意。參議院軍事委員會主席山姆・奴恩（Sam Nunn），他同時也是贊同經濟制裁伊拉克反對開戰的一員，向我保證說我不會再獲得例行的再連任。聽證會進行兩天，其間奴恩批評我在伍華德書裡面所討論的事情。我不否認曾與伍華德談過，這個政府裡很多人都跟他談過，沒什麼機密，都是錢尼跟我經常討論的事。奴恩還想把擱置延長禁運政策的帳算在我頭上，於是我提醒他說，我們運用禁運制裁幾乎長達半年，卻沒有辦法動搖海珊——在其後的四年裡也沒有什麼影響。要不要延長禁運，乃是政治決策，係布希總統所做的決定。我的工作，在有關於戰爭的部分，就是確保美軍準備好。而事實如此。奴恩把聽證會拖到九月三十日，我任期的最後一天。我向他表示，到那天午夜，國家只會有個代理的主席了，因為按照法律，我應該算是離職了。有鑑於此，他勉為其難地將我的再任命案付諸表決。結果獲參議院一致通過。

波斯灣戰後，《時代雜誌》專欄作家休斯・西尼（Hugh Sidey）曾這樣寫著：「從來沒有一位美國總統能夠像喬治・布希這樣，在這善變的世界上雄偉地處變不驚。史家絞盡腦汁……想找出可堪比擬者。但是付之闕如。」那怕是現在，隔了七個月，總統的民調支持率仍然高達百分之六十六。在我獲得連任之後，看來在喬治・布希總統二度任期的時期，我仍然會是參謀首長聯席會議主席。

第二十章　換手

我知道我是那裡來的，我們都需要知道我們是從那裡來的，這樣我們的年輕人才知道往那裡去……我對於前人為我所做的一切銘記在心。我得到他們的庇蔭……我強烈要求每一個年輕人：勿忘前人的貢獻與犧牲，也勿忘我們的貢獻與犧牲，跟隨我們的腳步前進。振翅飛揚吧！

「沙漠風暴」過後幾個月，突然間，我的心緒被拉回到昔日越南時光。一九九一年秋天，我再度見到武廣華上尉。經過了二十七個年頭，我頭一次聽到武廣華的消息，是在一九八九年十二月他寫信給我。在信裡面，他恭賀我升上參謀首長聯席會議主席，並向我述說淪入鐵幕後的日子。「當你榮膺如此傑出的職務之時，」他寫道，「我正處於困境。」武在共產黨的再教育營裡待了十三年。他與太太獲得在曼谷的美國大使館核准移民到美國，但在同時，他已婚的子女與孫兒一共有七名家人卻未獲准。他尋求我的協助。

我請了永遠都富於策略的理查・阿米塔去幫忙，他精通華府官僚體系與越南的事。他有辦法安排武的家人前來美國。

一年半之後，到了一九九一年十月，我應邀到明尼亞玻里一項名為明尼蘇達會議的活動之中演講。走進舉辦活動的旅館大廳，那裡站著一名套著不合尺碼外衣的瘦小傢伙，看來有點迷惘。我立即認出他是武廣華，他站在那兒等著，靦覥的笑著。我擁抱他，我們眼裡都有淚光。他感謝我的協助，並且告訴我他在明尼蘇達州找到一名美國人資助他家人的經過。我邀請武廣華參加我的演講，同時安排他坐在靠近講台前的一張桌子。我開始演說，「我在這裡遇到一位老朋友，將近有三十年未曾謀面了。我要你們見見他，你們的新鄰居、新的美國人，武廣華。」武起身獲得了如雷的掌聲，由於命運安排他在美國心臟地帶得到一個新家，雖然遠離他的家鄉又大不相同，讓他看起來有點不知所措，但是至少是終於獲得自由了。

關達那木行動

我被再確認為參謀首長聯席會議主席的同一天，海地歷史上首任民選的總統尚・伯傅德・亞里斯提德（Jean Bertrand Aristide）神父在掌權不到八個月以後，被一個軍事執政團所推翻。隨著亞里斯提德的垮台，海地人開始搭上任何能飄浮的東西急切的逃往美國。十月二十九日，布希總統下令禁止任何與海地的商業行為，以懲罰其軍事獨裁，使海地人逃亡的心理更為殷切。美國軍隊奉令執行一項不受歡迎的任務，將逃難的海地人民拘留在我們所占領的一小塊古巴領土——關達那木灣，直到移民歸化局決定，他們是否能以合法的政治難民身分進入美國。

到了十二月，五角大廈被要求以軍事手段讓亞里斯提德復權。我給錢尼的建議是慢慢來不要急。「我們用陸戰隊一個或兩個連，且只要一個下午的時間就可拿下這個地方了，」我說，「但問題是將來要如何脫身。」美國曾於一九一五年介入海地，理由與現在我所聽到的相當近似——結束恐懼、恢復穩定、促進民主與保護美國的利益——然而那次的占領持續了十九年之久。錢尼不需我再爭辯。我倆都瞭解海地是那麼的窮困、政治又受到壓制，以致於海地人才會急於逃離。但是這些條件，並不能讓美國師出有名。

負責關達那木難民收容任務的大西洋司令部司令官巴德・艾迪尼（Bud Edney）海軍上將，想將這任務命名為「安全港口行動」，但是我反對。這就好像掛了個牌子歡迎海地人前來，然後再把他們關到已經有點類似集中營的地方，我要這個名稱聽起來中立而不會引發錯誤的企盼。後來我們採用關達那木灣的海軍簡稱「安全港口」變成「關達那木行動」。不過海地人還是不斷地出海。

就在同月，我接到加尼福利亞州國會議員朗・德拉姆斯打來的一通電話。他要到五角大廈來見我。德拉姆斯是奧克蘭地區白人中產階級地區所選出來的黑人民代。他與人溝通的時候，可以用民主黨自由派的身分或是前陸戰隊員身分，視說話的對象而定。我倆經常在國會裡吵架，但在外面相處甚善。但他過去從未要求單獨見我。

他到了之後，我們坐在我喜愛的小圓桌後面做一對一的會談。「我和高層人士談過，」德拉姆斯開始說道，「民主黨的高階成員。你知道你算是什麼嗎？」

我等著他說下去。

「你是我們的美夢……也是我們的惡夢。」

我仍然聽著。

「你是我們的美夢，」德拉姆斯繼續說道，「如果我們能把你提名為副總統候選人。之後，我們也沒什麼好損失的了。現在是所謂的惡夢了。你變成了共和黨黨員，而你成了他們的候選人。然後，民主黨黑人黨團一個都不能離開，德拉姆斯也不能走。你將分離黑人的選票，而我們也少了個祈禱者。」

「朗，再說下去，」我說道。於是德拉姆斯又說了二十分鐘。他的重點是，與譬如說，跟傑西・賈克遜這樣的黑人領袖比較起來，我是一個「成事者，而非敗事者。」

「我所想要知道的是，」德拉姆斯最後問道。「你要成為我們的美夢，還是要成為我們的惡夢？或者是你什麼都不做？」

「我實在是受寵若驚了，」我說道，「但是我不會回答你，因為我是一名現役的軍人。我不想說任何可能引起謠言的話。我的意圖是穿著軍服為國服務直到我退休。」

我們握手道別，他看起來神情滿足愉快。我想，他得到了他想要帶回民主黨的訊息：鮑爾將不會加入我們，但他也不會投入他們的陣營。

那年的耶誕節，令人無法想像的事情發生了。蘇聯消失了。沒有打鬥，沒有戰爭，沒有革命，就在遙遠的哈薩克首都阿拉木圖，前蘇聯共和政體的首腦們，以一支筆讓這世界另一個強權就這樣消失了。戈巴契夫失業了，沒有東西留下來給他治理。正如一九八八年他跟喬治．舒茲和我所說的，他要盡其所能的去做，直到有人前來取代他。我不認為戈巴契夫會料到，竟然整個蘇聯帝國跟他一起被拋棄掉。他是個現實主義者，坦然接受面對一名垂死病人的事實。他原本希望救活病人的身體，而不必換掉他馬克思主義的心臟，然而，以他個人的力量沒辦法做到。幸運的是，他遇到美國當時的總統，隆納德．雷根，願意以美國超級強權的立場拿和平做賭注與他合作。兩人共同展現勇敢的領導者風範，將冷戰終結。

我深信，此時讓國會接受「基礎武力」政策，較過去任何時刻都來得重要。未來，兩大超級強權不再互相展示軍事力量之後，「基礎武力」會是一種現實的軍事情勢。二月五日，錢尼與我前往國會山莊參加另一回合的聽證會。這次，我們必須到眾院預算委員會出席做證，因為我們在向國會推銷此一建議時，其主要的成員認為，我們的老對手不只是倒下而是完全出局了，故而「基礎武力」裁軍還不夠徹底。當我們走進聽證室時，我的立法事務官員，保羅·凱利警告我提防國會議員巴尼·法蘭克（Barney Frank）將提出完全不相干的問題。

聽證會大多數的時間裡，質詢循著可預測的方向走——後備與現役軍人的比例正確嗎？我們可以自歐洲撤回多少的部隊？接著主席給予國會議員法蘭克發言權。這名麻塞諸賽州的議員首先針對錢尼。「當部長上回到這裡的時候，」法蘭克開始說道，「你說安全性的爭議並不是把男女同性戀者排拒在部隊以外的理由之一，」然後法蘭克轉向我。「我們在此所討論的是否牽涉到多數人對抗少數人的偏見？」他問道。這種偏見「是否算是告訴男女同性戀者不能進入到陸軍的合法理由？」來了，這個燙手山芋在這個時代被投向了五角大廈。

「我認為在現行的軍隊結構裡若是撤除其差別待遇，將是對軍紀秩序的一種偏見，」我說。「而且我認為……」

法蘭克打斷我的話。「有幾次，正如你所瞭解的，部長知道在軍中存有男女同性戀者。有證據顯示其行為有問題嗎?」

「不,」我回答說,「因為事實上他(她)們保持著,所謂的『隱性』……如果有異性戀的年輕男女,因為對性的不同喜好而選擇不與同性戀者靠得太近,那麼我是不是被迫要面對將同性戀與異性戀者宿舍分開的問題,接著是同性戀團體裡面的性別問題?」國會議員法蘭克於是把當天的這項問題予以擱置了。

結果後來科羅拉多州的女國會議員珮特・夏羅德(Pat Schroeder)寫了一封信給我表達對我證詞的不滿。夏羅德引用了一份一九四二年的政府報告,宣稱當年反對在軍中實施消除種族歧視所用的辯詞,如今被用來反對同性戀者了。「若在幾十年前,你所持的理由會把你排除在餐廳門外,」夏羅德這樣寫道。

「關於非裔美人保衛國家的歷史,我不必引經據典,」我回信給她。指出她犯了邏輯上的錯誤。「膚色是一個良性的,非行為上的特徵,」我指出。「性習慣或許是人類行為特質當中最奧妙的一環。將兩者相互比較為便宜行事,但卻不能成立。」

同性戀人權與黑人平等權的關聯讓非裔美人社會反應矛盾。國會黑人黨團傾向於消除軍隊裡對同性戀的禁令。惟其他的非裔美人領袖卻告訴我,他們痛恨民權改革運動被同性戀團體為遂其目的而挪用——有些人還說是劫奪去利用。我還聽到黑人牧師堅決反對取消此禁令。這場戰爭已經加入了,而我們的總統大選年又多了個棘手的題材。

同一年在背景迥異的情況下，我再度面對美國的種族傳承。我頭一次到非洲是一九七八年，在卡特政府擔任查理斯・登肯的菜鳥軍事助理的時候，那是一次到非洲大陸東半部的快速巡禮，當時我並沒有引發多少情感上的迴響。一九九二年的三月八日，我以參謀首長聯席會議主席的身分再度前往非洲塞內加爾、獅子山共和國、奈及利亞等國做官方訪問。艾瑪與我同行。我對於我們第二站的獅子山共和國特別感到好奇，因為我表哥「桑尼」亞瑟・路易斯，他由海軍轉任外交官，被派到該國出任美國大使。我抵達獅子山共和國首都自由港，是在三月九日，而結果就因為桑尼在此做事，讓我們有機會來個小型的家族團聚。

我們經歷了官場上慣常的接待、宴會、杯觥交錯與致詞。然後，第三天一早，艾瑪與我在美國大使館等喬・歐帕拉來接我們，他是一名美國維持和平部隊的退伍軍人已在獅子山共和國定居。歐帕拉是我們到巴恩斯島的導遊。「我是挖掘與重建你們將在那裡看到的東西的人之一，」歐帕拉驕傲地說道。

我們到了島上以後，他引領我們這群人到了一處傾圮的要塞。「巴恩斯是奴隸在內地被抓之後先送來的地方，」他解釋道。「你們看到那邊沒有？」他指著一處必然曾經是漂亮家屋的殘餘建築。「那就是奴隸販子與政府官員居住的所在。」歐帕拉帶著我們走過倒塌的庫房，一棟又一棟地描述著。「這裡是奴隸被關的地方，這是他們被餵養的地方，這裡是他們被檢查以確保未攜帶危險物品上船的地方。」他帶我們走上一棟大建築物的石階來到一處露台，我們向下望著磚砌的圍欄。「奴隸們裝船之前被關在這裡，」歐帕拉解釋說。他描述「貨物」是如何被包裝的，橫越大西洋航行時間有多久，以及大概會有多少「作廢」等等。

我感覺有些震撼，是過去從未深思過的。前一年的二月，艾瑪與我去了一趟牙買加。直到現在，尋根對我而言，總指的是西印度群島，我父母的家鄉。但我現在開始感覺到一種較早的感情牽引，我與非洲的血脈相連。我向艾瑪提到我的反應。「我有同樣的感覺，」她說道。凝望著那些裝著人類的牛欄，我可以想像出群集著人的體味。我可以勾勒出拿著鞭子的監視者，驅趕著受驚恐慌的男人、女人以及小孩上船。我的曾曾曾曾祖父或是祖母，必然曾站在一處與這裡同樣恐怖的地方。

當天下午，我在自由港機場簡短的離別儀式上致詞。「正如你們所知的，」我說道，「我是一個美國人。我是一個從牙買加島移民到美國的牙買加人的兒子。但是今天，我有更深的源起。我也是個非洲人。我感覺我的根，就在這塊大陸上。」

訪問過奈及利亞之後，艾瑪與我踏上歸途，帶著慎終追遠的新認知。我們目睹非洲過去的一場悲劇。但是這次的經驗，就其本身而言，還是令人鼓舞的。它証明了，不管人類被奴役了多久，在非洲或是其他國家，包括我們自己的，當他們能夠掙脫鐵練識得自由時，他們可以爬得多高。

一九九二年初，裁軍行動如火如荼地展開，以便能達到政府稍早宣稱縮減百分之廿五的目標。經過幾年付特別津貼讓官兵留營之後，我們開始付錢給官兵讓他們離開部隊。募兵數量開始減少，只招進自現在開始足敷十年之用的陸海軍士官。我們每週自德國撤回數以千計的部隊，包括他們的家眷、車輛、寵物以及其他的財產。在國內必須要有基地的宿舍容納他們，必須要有任務分配給他們。我服役的第一個基地格漢森被關閉當天，我感覺生命中的一部分消失了。主權交還給德國人了，一支美國後備分遣隊列隊行進高唱著「當強尼凱旋歸來。」富達山峽在德國統一之後也變成了觀光據點。

就算是在冷戰結束之前，我們也有太多的基地了。有些是在上個世紀開拓西部時建來打自己人的（當年打印地安人）。有些基地是兩次世界大戰時留下來的。有些則是冷戰時期的產物，例如緬因州阿若史脫克郡的羅雲空軍基地，是建來讓航程有限的B-三六轟炸機能飛到蘇聯。B-三六轟炸機早就淘汰了，但是我們在關閉羅雲基地時卻困難重重，因為它支撐了緬因州北部這個小鎮蕭條的經濟。與關閉國內基地比較起來，結束海外基地輕鬆得多了。格漢森的駐軍並沒有在大選時投票，也沒有國會議員為他們爭鬥。有一次國會議員李斯・愛斯賓（Les Aspin）在談到沒有用的防衛基地時，他這樣跟我說，「人棄我取，棄之若敝屣，取之如珠玉。」

法蘭克・卡路奇在當國防部長的時候，曾與德州國會議員狄克・愛梅（Dick Armey）達成一項協議，以設立一個獨立的委員會，每兩年更新一次五角大廈提出的關閉基地計畫。這個構想是要讓關閉基地計畫不受到政治壓力。總統核准之後，這個委員會提出一份「要不要隨你便」的名單讓國會審議。這套辦法有效，因為國會裡大多數的議員與關閉基地沒有利益牽連，對於計畫的通過並不憂慮。但是無論如何，從我們關閉這些耗資不貲但卻無用的基地這種雞毛蒜皮小事，可以看出國會不願意放棄到嘴豬肉以及不履行人民選他們出來做艱難抉擇義務的可恥行為。

縮減國民兵與後備部隊編制員額，比關閉基地還要困難。雷根總統與凱斯伯・溫柏格為了對付蘇聯的威脅，將後備武力由廿五萬人增加到一百一十萬人。這些兼職的戰士對軍隊的完成備戰不可或缺，在沙漠風暴行動裡已證明他們頗有一套。他們代表最優秀的人民軍。但現在冷戰已然結束，我們不再需要那麼多的國民兵與後備軍人。當我們想縮編到合理的程度時，等於是提著頭去見國民兵暨後備軍人協會，以及他們在國會的支持者。我們將影響到兼職工作、軍火工廠、捐贈給社區的資金。我們設法做了一些縮減，同時在不傷害國家安全的情形下自國民與後備軍方面省下不少經費。

嘗試取消一件不需要的軍事計畫，可以在一夜之間讓鴿派變成鷹派。克萊斯・多德（Chris Dodd），來自康乃狄克州的民主黨自由派參議員，只要是在他選區以外的不必要支出，他都會大力抨擊。但是當我們想把康州格羅頓生產攻擊潛水艇的電子船公司給裁掉時，克萊斯牢騷發到極點，說此項結果會危及國家安全。多德臨陣倒戈，支持備戰，但他並非孤軍奮鬥。他發現有不少國會議員支持他，因為他們樂於見到將來自己面對同樣的裁減計畫時，可能爭取到一名同志。

在某一個場合裡，我向負責大西洋司令部的海軍上將建議說，我們應該把部署在冰島的空中警戒管制系統先期預警機，移防到加勒比海地區偵測走私毒品的飛機。他反對得很激烈。我指出，現在唯一由冰島方向飛近美國的蘇聯轟炸機，都是要飛往路易斯安納州巴克戴爾空軍基地的「姐妹」單位。他並未被說服，但我不再進一步爭辯，直接把飛機調走，並指派這些飛機掃毒的任務。

美國原先貯存了一百一十萬桶的原油，以免在第三次世界大戰爆發，我們仰賴國外的能源被切斷時還能維持運作。但是現在似乎只會有地區性戰爭，我們也總能找到外國原油供應的替代品。因此我們將貯存量減少一半，為納稅人節省了四億美元。其他的節約措施包括：陸軍需要一套新的無線電干擾設備，以便在蘇聯突擊隊攻擊北約後方時能予以阻撓。什麼攻擊？什麼後方？什麼蘇聯？我們駁回此要求，節省的錢超過二億美元。

雖有官僚的抗拒，裁軍行動展開並有了成效。基地關閉了，官兵與雇員紛紛離職。

裁減軍備影響到經濟景氣，將成為一九九二年總統大選的題材。不過這項裁軍行動被小心翼翼地檢定，以免重蹈覆轍對軍隊造成太大的打擊。在國防部裡仍有一些不需要的計畫，仍然有過去使我們蒙羞的中飽私囊與詐欺行為。我盼望這些醜聞留在歷史之中。在錢尼領導之下，我與各軍種首腦努力負責看好美國納稅人交給我的基金。我們決心要建立一個精良、更有效率、高品質的部隊，能夠達成各種任務。這樣，我知道，這才是國家軍事領袖存在的目的。

金恩事件

一九九二年五月一日。我打開辦公室裡的電視機，看到的事讓我打從內心裡難過。我所收看的是前一天四名警察被指控毆打洛尼・金恩（Rodney King）卻獲判無罪開釋，引發洛城暴動的最新消息。金恩是個前科犯而非聖人，不像是個殉道者的理想人選。但是，只要是公正人士，在看到這卷有名的錄影帶之後，都不能否認他確實是警察過度使用暴力的犧牲者。於是，無罪的判決煽起了黑人社會的憤怒。

這是不可能發生的事。當我看著那焚燒、搶劫、掠奪行為時，我不斷的想著，自從艾森豪總統派部隊到小岩城，鎮壓黑白合校所引起的暴動以來，已將近三十五個年頭；

自從布爾・康諾在艾瑪家鄉伯明翰以狗及灑水管對付抗議種族歧視的黑人，迄今已有二十九年；馬丁・路德・金恩博士遭暗殺，以致於全美各大城市陷入火海的事件到現在也有二十四年了。在我們走了這麼遠的路之後，這整個醜陋的景象竟然再度重演。

當我正看著的時候，我接到國家安全顧問布蘭特・史考柯夫打來的一通電話。「柯林，」布蘭特說道，「我知道這不是你管轄的範圍。但是總統針對暴亂一事所發表的演說，我們或許可以幫點忙。」總統當晚將上電視，史考柯夫解釋說，在演說裡，他將詳細解說聯邦方面結束暴亂將採取的行動。「我會立即傳給你草稿，」布蘭特說道。「你可以看看，然後到這裡來告訴山姆・史基納（Sam Skinner）你的看法。」史基納是在前一年的十二月接替約翰・蘇努努成為白宮幕僚長。

南茜・休斯從傳真機上拿來總統的演講詞。我沮喪的讀完它，我認為語調完全錯誤了。沒錯，劫奪是犯罪行為，法律與秩序必須維持，但這暴力事件並非單獨產生的，它有深層的社會根苗。這篇演講詞所代表的，只認知到前者而忽略了後者。在這總統大選年，我看到了讓這草稿偏離正義的黑手。

我在西廂辦公室找到史基納。「山姆，」我說，「法律與秩序這部分可以保留。但是這兒有些語句只會火上加油。」我指出，連肇事者魯迪・金恩都祈求種族和諧。「你聽到他說什麼了——我們不能和平相處嗎？讓我們一齊來努力。」降降溫吧，我建議說。「在總統的語句裡，加點和解的字眼。」

山姆很緊張。距離演說時間只有幾小時了。他說，他無法一直撕掉重寫，他得及時趕上廣播時間。不過，他仍會盡力而為。

我離開白宮回家著裝，準備參加當晚在凱悅飯店舉行的一年一度何瑞提歐・阿傑（Horatio Alger）獎學金晚宴。當晚稍後，等我從晚宴脫身之後，我告訴安全人員，為我在凱悅飯店找個空房間，收看總統的演說，預定是晚上九點開始。我進到房間時，剛好趕上聽到他譴責暴力行為。然後他說，「我同時將動員國民兵，並且下令給柯林・鮑爾將軍，居中指揮這些部隊。」這是頭一次我從電視上接受到軍事命令，但卻是個悲傷的時刻。經過了六〇年代的動盪不安，我曾盼望不再出現動用美國部隊，在任何一個美國城市裡重建秩序。讓我深感解脫的是，總統繼續說道，毆打金恩是「可憎的」，無罪開釋讓人們「震驚」，他說，「我與芭芭拉都深感震驚，我的孩子也有同感。」他認為我們必須要為少數美國人提供更好的未來，而且他要求每一個人「付出愛心、發出聲音以及祈禱，來治療仇恨。」我覺得當天下午在史基納的辦公室裡，確有所獲。

那個週末，洛杉磯仍然籠罩在煙霧裡。艾瑪與我前往田納西州費斯科大學參加她三十五週年同學會。她特別感到高興，因為她安排了讓我做開幕儀式演講。我抓住機會闡揚總統所言。「問題在於魯迪・金恩事件過後，」我告訴費斯科大學的畢業校友，「我們一定要記得美國是一個大家庭。在家庭裡或許會有歧見與紛爭。但我們不容許這個家庭分裂成交戰派系……我要你們在個別差異裡面找出力量。讓你是黑人、黃種人或是白人這個事實成為你的驕傲與鼓舞的泉源。自其中取得力量。讓它成為別人的問題，但絕不是你的。絕不要躲在它後面，或是拿它當成你未盡到全力的藉口。」

單就沙漠風暴行動的功績而言，喬治・布希將不會贏得連任。他的同溫層工作許可政策在一九九二年五月的民調測驗當中下降到百分之四十贊成——不贊成的比例達到百分之五十三。他還有其他的問題。布希曾被警告說，唐・奎爾會把選票拉下來。而在共和黨圈子裡，「拋棄奎爾」形成了相當大聲的耳語。新聞界在可能的替代人選當中不斷地提到我的名字。早在一九九〇年十一月，波斯灣戰事籌備期間，《閱兵》雜誌即曾提到了布希與鮑爾搭檔競選的可能性。我早期在預算管理局的良師益友佛瑞德・馬內克，現在負責掌理布希的競選事宜，被謠傳說支持這個組合。競選幕僚曾悄悄地做過民調，顯示吉姆・貝克做為副總統候選人要比唐・奎爾支持度高。但我的支持程度又比貝克還要好。這種揣測變得相當密集，因此到了五月中旬我覺得有必要打電話給奎爾。「副總統先生，」我說道。「我知道這番談話必然會讓你不快。我所能告訴你的是我並不是新聞的來源。我沒有策動任何事情。我只打算堅守主席的職務。」

奎爾很親切。「我瞭解，柯林，」他說。「這是在這個城裡做生意所必須付出的部分代價。」

所有關於我將成為共和黨候選人的說法，全然是權力中樞對我的關注。喬治・布希被人們纏著。像鯊魚群嗅到伍華德小說裡的血腥味時，他也被我纏上。而我相信，由於副總統表明他無意退出，喬治・布希還是得被唐・奎爾纏住。

然而，我還是被另一邊所接觸試探。維儂・喬登（Vernon Jordan），一名與政治有關的華府律師，也是我的好友，他五月時代表已確定成為民主黨總統提名人的阿肯色州州長比爾・柯林頓陣營前來找我。「你的民調是排行榜首位，」喬登告訴我說。「你有興趣角逐柯林頓的副總統嗎？」

「維儂，」我說道，「首先，我無意脫下軍服跨入政黨政治。其次，我甚至於不知道我的政治立場是屬於那一方面的。第三，喬治・布希選上我，而且一直支持我。我不能出馬來與他競爭。」

在好幾個月之前，有個共和黨的朋友來拜訪我，對於我在政治圈的地位做了很有趣的觀察。史都・史班塞（Stu Spencer），加州的哲人，也是現代政治顧問的發明者。他到五角大廈來看我，我們廣泛地討論著政治生態。正當史都要離去的時候，他說道，「柯林，如果你真的跨入政治圈，就加入民主黨吧。我對你非常瞭解，我不認為你對共和黨的一些事情會感到滿意。你是從一個老式的民主黨家庭裡長大的。你太有社會良知了。」他給了我一個頑皮地微笑又再說道，「身為共和黨員，我不應該告訴你這些的。」

七月二十五日，我回到了李文渥斯堡讓一個夢想成真。紀念水牛兵團的想法首次出現在我腦海已有十年之久了，如今它已實現。我動身前往堪薩斯州參加揭幕典禮。目睹了非洲關奴隸的牛欄、經過了洛城暴動的痛苦，來參加紀念非裔美人驕傲成就的活動實在令人感到深深地滿足。

正當我和能幹的演講詞撰稿人拉瑞．威克森上校研究典禮上的致詞內容時，我回想起長久以來軍隊中追求種族正義的奮鬥過程。我想起賓．戴維斯，他在西點軍校裡忍受同學沉默的對待完成四年的學業。經過了這番磨練，戴維斯下部隊到班寧堡報到，在那裡他與他的太太在社交方面備受白人軍官的冷落。戴維斯，後來在二次世界大戰時期指揮塔斯卡基航空兵時曾經說過，「戰鬥並不容易，惟你只能死一次。然而每日生活在種族歧視的貶抑之下更是不容易。」

我想起一些長官對我善意的言語：「鮑爾，你是我所認識最好的黑人中尉。」謝謝你，長官。但是我心裡想，如果你只拿黑人中尉來比較，你就錯了。我將證明給你看，我是全陸軍最好的中尉。後來隨著軍階的升高，我學會對付其他的白人善意開場白：「很高興認識你，鮑爾將軍。你知道我曾在查比．詹姆斯麾下服役。」或者是賓．戴維斯，或是羅斯柯・羅賓森等等。他們為何不告訴我說曾在巴頓或是亞伯拉罕將軍麾下服役呢？我瞭解他們如此是為了與我建立一種友善的親近。然而它卻強調出一種疏離感。若我在與一名白人軍官會面時，這樣說道，「你知道嗎？我曾在槍手愛默生麾下做過，」我確定這番話必定會遭白眼。

經過沙漠風暴，美國民眾最後終於對軍隊恢復敬意，而我想運用這種動力協助高中青年，特別是在那些青少年麻煩較多的內陸城市，增加高中預備軍官班課程。在這些預備軍官班裡，將由現役軍官以及大多數的退休軍士官教導高中生公民權、領導統御、軍事歷史等課程。他們操練這些學生，並帶他們學習地圖閱讀與野外實習。

一九九二年春天，我召見參謀首長聯席會議人事官瑪麗・威理斯（Mary Willis）准將，告訴她說，「我要在十天後看到一份增加高中預備軍官班計畫放在我桌子上。」一週之後，威理斯將軍提出計畫，將從一千五百所高中增加到二千九百所高中有此課程。各軍種首腦都同意。錢尼部長與布希總統也都支持此計畫。等到山姆・魯恩在參院贊助此法案之後，我們獲得在三千五百家高中開辦預備軍官班的資金援助。

但是，很諷刺地，當我們在國內廣大的鄉間，例如德州等地方推展一大堆的計畫時，卻在部分城市地區遇到抗拒。自由的校方與老師宣稱我們想將教育「軍事化」。沒錯，我必須要承認，預備軍官班的開辦會讓一名年青人傾向於入伍當兵。但是社會卻能得到更佳的回報。內陸城市的孩子很多來自破碎的家庭，在預備軍官班裡穩定下來並找到角色模式。他們體驗了紀律、工作倫理，經歷了比幫派健康的參與感。直到一九九三年，在紐約市的公立學校裡仍然沒有預備軍官班，只有一所私立學校有此課程。最後，我們打破此局面。現在有七所紐約市的學校開辦了預備軍官班，包括了我的母校摩瑞斯高中。大學程度的預備軍官班對我的生涯有絕對的影響。高中預備軍官課程提供給數以千計瀕於危險的孩子一個嶄新的開始，特別是那些少數出身於黑人貧民街的孩子們。高中預備軍官班等於是社會福利措施了。

當我構思參加紀念水牛兵團儀式上面致詞的內容時，洛城的暴亂、賓·戴維斯、內陸城市裡的孩子，這些事情都浮現在我腦海裡面。我在一個堪薩斯悶熱的夏日午後抵達李文渥斯堡。紀念會場上空烏雲遮日。但是沒有任何事能破壞現場的氣氛。數千名來賓擠滿了基地中心紀念物所在的位置。旗幟颯颯、軍樂飄揚。起始於水牛兵團的第十騎兵隊軍旗衛隊，策馬列隊通過。堪薩斯國會代表團也出席了盛會。州長致詞。最後，輪到我了。我在來賓裡面尋找著。在我前面，柱著手杖佝僂著身子的、坐在輪椅上的、幾個仍能直挺挺地站立著的，十來個水牛兵團退伍軍人，他們都有九十餘歲了，甚至有的上百歲。我仰望天空說道，「我知道你們都在看著這片烏雲。別管它。雨不會下到我們身上的，今天不會。」

我向協助我完成紀念水牛兵團願望成真的李文渥斯堡軍史專家凡・史勒瑪上校致謝，還有道格哈提將軍，他讓這項計畫的火炬在幾乎要熄滅時能夠傳延下去。我向美國海軍指揮官卡爾頓・菲爾波特（Carlton Philpot）獻上最敬意。「我打從心底謝謝你，我的朋友，你讓我平實的夢變成驚奇的事實。」我說道。「就在這裡，水牛兵團，」我繼續說著，指著十八呎高的雄偉雕像。「在馬背上，穿著藍色的軍服，別著老鷹領章，步槍在手，手槍在腰，軍刀水壺斜倚，勇敢，鋼鐵般的意志，不輸白人兄弟的軍人本色。」我向來賓說明，非裔美人回應了這個國家自襁褓時期的每一次召喚。「然而，他們應得的名譽與財富並未獲得。他們拋頭顱灑熱血打贏戰爭，得到一場空。他們回到奴隸身分，不管是在經濟上、現實生活中，被仇恨、偏見、執拗與偏狹想法所制約。」

今天，我指出，非裔美人已然攀越此障礙，獲得應有的肯定。但是黑人成功的故事並非出於偶然。「我知道我是那裡來的，」我說道。「我們都需要知道我們是從那裡來的，這樣我們的年輕人才知道往那裡去……我對於前人為我所做的一切銘記在心。我得到他們的庇蔭……我強烈要求今天在場的每一個年輕人：勿忘前人的貢獻與犧牲，也勿忘我們的貢獻與犧牲，跟隨我們的腳步前進。振翅飛揚吧！」

那是多美好的一天啊，它將永遠埋藏在我心中。

將軍爲何發怒

八月政黨代表大會結束之後，戰火初起：布希與奎爾對抗比爾・柯林頓與參議員愛伯特・高爾，加上第三黨候選人羅斯・裴洛的參與益形精采。終於，在選票決定之後，有關我的政治揣測都消失無蹤。

八月也是我個人的里程碑——艾瑪與我結婚三十週年紀念。孩子們在家裡，安排了一項親友共同參與的結婚週年慶祝會。其間，麥可叫大家注意。我們將要看艾瑪與柯林的故事，那是一卷由舊的家庭電影所剪輯的錄影帶。我望著那粗糙、跳動的畫面，孩子們吃著生日蛋糕，父母對著攝影機微笑揮手，祖父母看起來面容嚴肅。我為我們的下一代感到自豪。麥可現已康復能站起來，也成了家，並且到喬治城大學就讀法律。琳達首次在百老匯登台，笳梭登・威爾德（Thornton Wider）的回顧展。安瑪麗五月自威廉與瑪麗學院畢業，在政黨代表大會期間，為有線電視新聞網工作了一段時間，後來到《賴利・金秀》（The Larry King Show）擔任製作助理，然後成為泰德・柯派爾（Ted Koppel）的《夜線新聞》幕後工作人員。我提醒他們說，無怪乎他們會做得很好，因為我在那年春天被全國父親節協會提名為年度最佳父親，而孩子們卻認為這是非常好笑的事。在我們家裡沒有人能夠太嚴肅的。客人離開後，艾瑪與我坐在客廳的紊亂裡，內心非常明瞭我們被友人真誠的祝福著，在愛情與婚姻的命運裡，我知道我是個大贏家。

十月四日星期天的早上，我在家翻閱《紐約時報》，一篇標題為〈至少已減緩屠殺〉的評論引起了我的注意。一團新的烏雲籠罩在我們的雷達幕上，南斯拉夫在一九九一年，就彷彿蘇聯解體般也開始瓦解了。先是克羅埃西亞與斯洛代克宣告獨立，接著波士尼亞也跟進，而居住在波士尼亞的塞爾維亞人，在新獨立的塞爾維亞政權支持之下，開始進行將回教徒驅逐出占領區的戰鬥。無所不見的電視鏡頭，開始全天候的把強暴、劫奪與謀殺等影像送入我們的眼簾，都是波士尼亞塞裔部隊對付這地區的回教徒所犯下的罪行。被關在塞裔集中營裡骨瘦如柴的回教徒戰犯照片，看起來好像達豪（Dachau）與奧西維茲（Auschwitz）重現（譯註：分別為二次大戰時期納粹設於德國與波蘭的集中營）。

在《紐約時報》這篇報導出現的前一週，我接受《紐約時報》國防記者麥可・哥登的訪問，他問我為何美國不能在波士尼亞扮演一個「有限度」的角色。我過去曾參與過有限度的戰爭，在越南當菜鳥的時候。我告訴時報的記者說，「他們告訴我這是有限度的戰爭，這就表示他們不管你是否能打出個結果來。只要他們告訴我『外科手術式作戰』，我立即跑向掩體。」我抨擊在有麻煩的地區一切作為，都只是為了表現美國的「存在」，卻沒有明確目標實施的虛偽政策。我指出，這種作法在黎巴嫩造成二百四十一名陸戰隊員喪命。

《紐約時報》週日增刊的報導，引述先前的訪問，把我跟聽到數以千計波士尼亞人死亡而「驚慌」不已的美國官員，混為一談。這篇評論說到，美國每年花費二千八百億美元在國防上面，引申出美國人民投資在軍隊上所得到的應不僅只是「無計可施」。「布希總統可以告訴鮑爾將軍，林肯總統跟麥克蘭將軍所說的一句話，」這篇評論最後寫道。「如果你不使用軍隊，我想借來用一陣子。」

我氣炸了。我走進書房振筆疾書，完全寫出我的火爆反應。等我寫完後，我在家裡打電話比爾．史穆倫，並念給他聽。

「長官，」永遠是故國之思的史穆倫說道，「把它寄給時報，而且你應該再附上一封信給編輯。我建議你稍為柔和一點，把理論基礎加寬，或許你能在上面搞出個『特別解說報導版』。」

我就這麼辦了。四天之後，在錢尼與國安會的同意之下，我回應出現在時報「特別解說報導版」，標題是〈將軍為何發怒〉——不是我的題目，而是一名時報編輯下的標題。不過，它確實讓我的意見公開了。每當軍隊得到一個明確的目標時，我指出，例如巴拿馬、菲律賓政權與「沙漠風暴」，結果都很成功。但當國家政策混沌不清或是不存在時，例如豬玀灣事件、越南、在黎巴嫩製造陸戰隊的「存在」，結果都成為災難。在波士尼亞，我們所遇到的問題是根源於一千年以前的種族糾葛。基本的政策很簡單，但是很嚴苛。我們要不要加入這場戰爭？如果政策決定要參與，我準備以打波斯灣戰爭的方式進行，做出軍事的抉擇。但是時報站在評論的立場，認為我們可以只做一點嘗試。「當所謂的專家建議說，我們所需要的只是一點外科手術式的轟炸或是有限度的攻擊時，我當然是氣壞了。」我這樣寫著。「當未能達成所要的目標時，又會有一組新的專家跑來說把戰事升高一些。歷史，可不會善待這種嘗試。」至於林肯與麥克蘭的問題，起於麥克蘭在林肯已經確立了政治目標「之後」，卻未曾運用他所指揮的壓倒性武力。「我們已經從歷史中學到了適當的教訓，」我終結說，「但有些新聞記者並沒有學到。」

總統大選進入最後一個月，我觀察的結果認為喬治·布希已陷入恐慌。共和黨的全國代表大會，由於種族主義的聯想與政治、宗教的糾纏問題，已然使原本在半途支持喬治·布希的美國人，都留下風格不佳的印象。「沙漠風暴」功績造成的奉承，彷彿春天裡的冰雪開始融解。這個國家的經濟情勢亦未從頑強的不景氣快速復原，使得總統被指為玩弄胡佛總統那一套：經濟會自行復甦。讓布希從大衛營晃到附近的捷司平尼連鎖店買襪子，展現親和力的競選噱頭，也不靈光了。競選幹部三頭馬車：競選經理佛瑞德·馬勒克、競選總幹事鮑伯·提德（Bob Teeter）、財務總幹事鮑伯·莫斯巴契（Bob Mosbacher）皆無法讓布希起死回生。勉為其難的吉姆・貝克從國務院被拖來當創造奇蹟的人，結果也沒辦法搞出個奇蹟來。在白宮裡，我感受到一種氣氛，布希這條船已然漏洞並開始下沉。十一月三日，總統遭柯林頓州長擊敗，得票比例是四三％對三七・四％，而羅斯・裴洛得到了一九％。

我經常在想，喬治・布希於競選時期是否身體有不適。一九九一年的時候，在他重新任命我為參謀首長聯席會議主席之前，他曾經患了心房纖維收縮的毛病，這種病例是由一種叫做突眼性甲狀腺腫所引起的心律不整所造成。之後，他接受治療，有段時間一次要服五種藥。總統他自己說道，這種藥會造成「精神作用的減緩」。在所服用的藥物改變以後，他說他覺得完全提起精神了。不過在競選期間，我看他還是有點被動、魂不守舍的。他已不再是能夠傾聽幕僚無所不言的爭論、切入問題重心並做出堅定抉擇的同一名領袖了。競選活動一蹶不振。比爾・柯林頓與羅斯・培羅特對已然不關切冷戰或是沙漠戰爭的不滿選民所提出的訴求重點，證明是正確的。

選舉過後頭一天，我打電話給總統告訴他說我對選舉結果很遺憾，但是不管贏或輸，他已對得起美國與全世界了。

「謝謝你，柯林，」他說道。「但是，很難過。這真的讓我很難過。」

當晚我回到麥爾堡的家裡，向艾瑪提起這段談話。「這真有趣，」她說，「因為芭芭拉・布希剛剛才打電話來。他們要我們過去到大衛營共度週末。」

「我無法想像在這個時候他們竟然會要家人以外的人來陪伴，」我說。

「他們還要我們帶小孩去呢，」艾瑪又說。

週五我得到芝加哥演講，當天傍晚回來之後，我飛往靠近大衛營的一處機場，陸戰隊的一架直升機在那裡等我。同時，艾瑪開車帶著安瑪麗、麥可、珍、還有我們的孫子傑佛瑞，除了琳達缺席，全家都到齊了。我到的時候，布希在直升機降落站坐在高爾夫小車上面等我，這是他的習慣。當總統與夫人集合我們繞著營區走一圈之前，我家人剛好有足夠的時間在一間小屋安頓好。布希與我帶著狗走在前面，米利與藍傑，跟著我們的腳步狂吠。

在散步的時候，選舉的事像是九百磅的大石頭壓在心頭，雖然沒提但無法忘懷。我沒提出這個話題，因為總統似乎沒有情緒做事後檢討。雖然在有一刻，他說道，「你知道，我對比爾・克洛威很失望，儘管我對他那麼好。」總統繼續說道，「讓他留任主席再幹一個任期。」克洛威是我的前任者，我想這就是為何布希要把藏在心裡頭的話跟我說的原因。比爾・柯林頓當兵紀錄與個人資料是選舉時的話題。克洛威竟然讓二十一名退休的海陸軍將領公開地支持柯林頓，使逃避兵役的咒罵聲浪降低不少。

布希總統搖搖頭。「我就是沒想到他們會選上他。」說話的語調明顯地表達出他深深的反感。「不明白啊，」他苦笑著。「但是日子還是得過下去。」

當晚，飯後，大家在總統小屋裡的起居室裡看一部不錯的電影《情迷四月天》（Enchanted April）。第二天早晨，當我們告別的時候，布希夫人似乎看出我眼裡的疑問。「此刻我們需要跟真正的朋友在一起，」她說道。「親密的好友。」艾瑪與我深受感動。不管是不是總統，不管是不是第一夫人，這對不同凡響的夫婦會是我們終生的朋友。

死亡之吻

選舉前兩天的十一月一日，我在維儂．喬登家裡吃晚飯，當時喬登曾問道：「你對國務院還是國防部有興趣？華倫．克里斯多福想要知道。」克里斯多福是卡特時代的副國務卿，若是柯林頓當選，他可望成為交接小組的首腦。

「維儂，兩樣我都不要。我不要任何政務官職務，」我說。我真正想要的是結束任期，並且於一九九三年九月自陸軍退休。選舉的焦點都擺在經濟事務上面，我對新班底外交與國防態度摸不著頭緒。

與喬登的談話記憶猶新，選舉結束後兩週，當即將就任總統的柯林頓召見我時，我有了一點概念。十一月十九日，下午三點，大雨滂沱，我跑到距離白宮北邊一條街的海・亞當斯飯店。進入新出爐的總統下榻的套房時，我受到柯林頓首席競選經理喬治・史蒂芬諾波斯（George Stephanopoulos）的歡迎，他看起來像個參加畢業典禮致告別辭的高中生，但有個好裁縫給他做衣服。「州長遲到了一會兒，」史蒂芬諾波斯說道。「但是急於見你。」

不久，柯林頓也到了，史蒂芬諾波斯讓我們獨處。柯林頓脫下外衣，請我坐下，然後在一張安樂椅上面落座。我個人從未與他謀面，發現他比電視上看起來要高大而且更有活力。他看起來頗輕鬆，對他剛達到的成就似乎不感懼怕。

「我看過你在莫瑞斯高中的演講錄影帶之後，就一直想要見你，」他給我倒杯咖啡時這樣說道。接著他提到我在演講裡所說的事情，我很意外。演講是在一年半之前舉行的，當時柯林頓還是個小州的州長。此人，正如我開始要學習到的，具有像海棉一樣的吸收與記憶能力。他叼著一支雪茄在嘴上；一直有動作要點燃它，卻沒有。在我們前面的咖啡桌上有一碟餅乾。後來，我拿起一塊，他拿了一塊，我再拿一塊，……然後我們把餅乾一掃而光。

他問我關於波士尼亞的事。他想要知道，我們是否有辦法經由空中武力，比較不具有懲罰性的方式來影響這地區的情勢？又來了，曾經一度風行的從空中解決問題方式，帶著一種牽強附會的人道主義——讓我們別傷害任何人。「不太有希望，」我說道。我不想在頭一次見面，就說出太過否定的話，我告訴他，我將叫幕僚再研究這件事。

我們討論伊拉克、俄羅斯以及試探中東地區和平過程所可能採用的方法。外交政策方面，他得到了較選舉時所提出的建議更為理想的報告。當我們似乎已把全球的問題都談完了以後，我開始說出擺在心裡的話，特別因為他是自羅斯福以來首位沒有服過兵役的總統。「先生，」我說，「對於這個國家其他的人，你即將成為總統。但對我以及百萬的官兵來說，你還是我們最高統帥。你絕對找不到任何團體能對你的命令那麼的忠實。因此，讓我做幾項建議：儘快與參謀首長會面並且看看部隊。別跟我們保持距離。」

柯林頓馬上就答應了。既然我們談到了軍隊，他告訴我說他在三個人裡面考慮國防部長。「你對於山姆・奴恩、戴夫・麥柯迪（Dave McCurdy）——當時為奧克拉荷馬州國會議員，還有李斯・亞斯平的看法如何？」他問道。

很顯然的，我並沒有上這份參考名單。至少，一個不想要的職務被排除了。但這是不是個埋伏？我這個雷根、布希時代的顧命大臣，所提出來的背書是否會成為「死亡之吻」？「奴恩很好，但你可能會發現他有點獨立，」我回答說，「另外，我不確定山姆願意放棄在國會山莊所具有的權力。但是他絕對是第一流的。」戴夫・麥柯迪呢？「還好，但或許有點不安定。」李斯・亞斯平如何？我的客觀性已被測度到了極限。並不是我個人對李斯有所排斥。這個滿臉皺紋的麻省理工學院博士教授級人物非常聰明，我也很喜歡他。但是，除了支持「沙漠風暴」行動之外，李斯自我當上主席以來，即不斷的讓我傷透腦筋。他曾經想弄亂「基礎武力」計畫，我們已然縮減了五十萬名部隊，而李斯在柯林頓還是候選人的時候，即已經預先建議再裁二十萬人。

「你知道，李斯真的很聰明，」柯林頓這樣評論，似乎是讓我相信已猜到我的下一任老闆會是誰。」

「聰明並不是掌管國防部唯一的條件，」我指出。我與亞斯平共事夠久了，以致於對他才華洋溢所造成的失控非常瞭解。「李斯所帶來的管理模式或許不是你所想要的，」我說。

新任總統對我點點頭未予置評。退休對我而言開始是個好的退路了，既然柯林頓有意找個我的對手來當老闆，我想最好知所進退。「你知道我在過去十二年裡，大多數時間都在為共和黨總統做事，」我說。「我插手所有的國家安全政策。但我的身分是軍人，當你入主總統辦公室以後，你能得到我全部的忠貞。我的任期於九月結束，如果你要我早一點走，也無所謂。同時，先生，在任何時間，若我發現因為過去的立場而無法完全配合你政府的政策時，出於良知，我會讓你知道的。而且我會安靜的退休，不會製造麻煩的。」

「這是我求之不得的了，」柯林頓說。

我們談話超過了一個小時。我對柯林頓求知的精神相當佩服。他似乎對任何事都有興趣，並且有那種永遠不會遺忘任何事的記憶力。最後，有一名助理走進來，向即將就任的總統說，有一位州長在等著見他，而他已經遲了半個小時了。

「抱歉我們沒法再多聊一會兒，將軍，」柯林頓說。「我真希望希拉蕊能及時趕回來見見你。」

我起身，接著猶豫了一下，要走之前我還有件事要說。「柯林頓州長，」我開始說道，「有件事我們沒談到。」在競選期間，他允諾要解除同性戀服役的禁令。「不管這值不值得，」我說道，「讓我給你我思考所得的結論。解除禁令將會是你的難題，對軍隊也會造成文化衝擊。參謀首長與各司令部司令官不要禁令解除。大多數的軍人也不要它解禁，我相信在國會裡多數的人也反對解除此一禁令。這個問題的核心在於隱私，這種變化如何能在生活關係極親近的兵營與船艙裡生效？」

「我知道，」柯林頓說道，「但我想找出個辦法來阻止對同性戀的歧視。」

他點點頭，我以為他同意我的話，但是我錯了。

不到幾分鐘，我乘電梯下樓坐進我車子的後座。我留下很深的印象。柯林頓是個有自信、聰明、有好奇心、頗孚眾望的人，而且對他的想法很熱情。他也似乎是個好聽眾，而讓我最感解脫的是，他並沒有向我提到任何政治性職務的任命。

那年秋天，全世界有一籮筐的心酸事，但是電視台焦點集中在索馬利亞，而且一晚又一晚地，將瀕於餓死的人們畫面呈現在我們眼前，讓我們感到心裡糾結起來。聯合國已展開人道救助，美國方面則派遣了六百名部隊並提供C-一三〇運輸機運送食物進去。我們不知道那些救援物資到底怎樣了。當地的軍閥從倉庫裡偷走了食物。他們還搶劫救援組織的卡車。當四肢瘦弱、肚子鼓出的垂死孩童的景象仍然縈繞在我們腦海之際，聯合國救援行動實際上已陷於僵局。我並不急於讓我國介入索馬利亞內戰，但是顯然我們是唯一能結束這場苦難的國家。

感恩節的前一天，布希總統召集一項會議，我與錢尼、史考克勞夫特以及其他幾個人參加。接替諾曼・史瓦茲科夫新任中央司令部司令官的約瑟夫・候爾（Joseph Hoar）將軍，籌備了一項臨時針對索馬利亞進行的人道任務，「重建希望行動」，會中由我向總統報告。重建希望行動包括讓一批實質數量的美軍登陸接管那裡，以確保食物能送到饑民手裡。

「我喜歡，」等我報告完之後總統這樣說道。「我們就這麼辦。」

布蘭特・史考克勞夫特看起來不安。「當然，我們能夠進去，」他說道。「但是我們要怎樣出來？」

「我們就這麼辦，並且儘量在一月十九日之前撤出，」總統結論說道，「我不想拿一個正在進行中的軍事行動，讓柯林頓左右為難。」

錢尼與我互望一眼。「總統先生，」狄克說道，「兩者不可兼得。我們在十二月中旬以前沒辦法完全進去。也沒辦法在一月十九日以前完成任務。」我很感激狄克說出這番話，因為過了一月二十日以後，我將是這個房間裡面唯一留下來收拾爛攤子的人。

十二月八日，重建希望行動展開，後來達到二萬五千四百人登陸的海軍海豹突擊隊先頭部隊在索馬利亞首都摩加迪休實施夜間搶灘。唯一遭遇到的抵抗是來自於七十五名文字與攝影記者打在他們身上的聚光燈，媒體決定要現場實況轉播這次的軍事行動，讓大家都加劇了危險。我並沒有太過沮喪，因為無論如何，我知道那些索馬利亞的軍閥還是可以見識到海豹部隊的強悍模樣。

這次的任務從一開始就很成功。我們有一流的海軍陸戰隊三星中將鮑伯．強斯頓（Bob Johnston）負責指揮，他是史瓦茲科夫在沙漠風暴行動之中的參謀長。行動開始之前幾天，我們派遣了鮑伯．歐克萊（Bob Oakley）前往，他曾是我在國安會的同事，曾經擔任美國駐索馬利亞大使。鮑伯原來已退休，為了這次任務被叫回來，而經過我向他太太菲莉絲發誓他將能趕回家參加女兒的婚禮之後，他才同意前往索國。在索馬利亞，鮑伯與軍閥見面並且說服他們沒這個能耐干擾強大的武力搶灘。軍閥願意合作，於是食物開始運送到鄉間。在幾個禮拜之內，我們的作為相當成功以致於市場物價都受到了影響。免費的食物源源不絕地運到索馬利亞，甚至讓農耕很難賺到錢了。

布蘭特・史考克勞夫特最初的不安，還是對的。引起饑荒的原因並不是反覆無常的自然天候，而是因為國內的不睦。該國軍閥的敵人製造出饑荒，我們如何能在不回到原先這樣的狀況之下脫身呢？很明顯地，我們在總統就職典禮之前走不了了。

十二月二十二日，即將就任總統的柯林頓提名李斯・愛斯賓為新任的國防部長。李斯與我於耶誕節過後第二天在五角大廈碰面。我在李斯出任眾議院軍事委員會主席時就對他很有研究，此人對處理國防事務頗有概念與明確的方向。但他也是個討厭的人，能靠打屁甚至偶爾說說髒話混日子。而且他對有效率的組織具有免疫力，依賴他在國會的幕僚幫他打點讓他免於脫軌。

「李斯，」我說道，「我要告訴你我跟總統說過的同樣的話。我的任期於九月結束，如果你要安排自己的人，我可以提早走。一句話我就走人。」

愛斯賓笑了。「你是這裡唯一懂得參謀聯席業務的人，」他說。「我們之間都很瞭解，我們會處得很好的。」

我們討論懸而未決的主要國防計畫，他的意見只在一件事上面留有陰影。「我對同性戀這件事感到憂心，」他說道。如果柯林頓以行政命令解除了對同性戀的禁令，他相信，國會不會就此罷休的。我向他再提一遍我曾經向柯林頓所說不必躁進的建議，不過到我們分手的時候，這顆定時炸彈仍然無法解除。

我從沒想要回到阿拉巴馬州鳳凰城，而在布希政府的最後幾天回到那裡當然也不是為了這個理由。鳳凰城隔著加塔哈奇河，就在喬治亞州的班寧堡對面，一九六四年我曾經到班寧堡報到參加步兵高級班課程。就在鳳凰城外，艾瑪與我設法在一排簡陋木屋之中找到一間還算不錯的歇腳處。這城市為典型的老式南方民風，屬於美國部分不讓我們居住的高級社區之一；打完越戰回來之後，遭到漢堡店拒絕為我服務的地方是在這裡；一名州警竟然叫陸軍軍官「男孩」，並把他趕出城外的地方也是這裡。二十八年之後，艾瑪與我回到鳳凰城，為與馬丁·路德·金恩博士林園道路交叉的柯林·鮑爾將軍林園大道進行剪綵。

一九九三年一月七日，冷冽而下著毛毛雨的午後，我們飛抵班寧堡勞森陸軍機場。我們大轎車載著我們馳騁而去，我望著當我還是個學生時經常在跑的五英哩訓練場地。我們越過加塔哈奇河進入鳳凰城，雖然天氣不好，在那裡有一大群人出現了，有白人有黑人。五十哩之內的每家殯儀館都到這裡的墳墓邊上搭了帳篷，裡面都擠滿了人。市長做了一番親切的演講，然後呈獻給我市鑰。過去，在這座城市裡，我連加油站男廁所的鑰匙都拿不到。

經過了一場又一場的邀宴與演講，艾瑪與我開車回家途經班寧堡。正是薄暮時分，經過樹林我們還認得出來是河畔地區，以及班寧堡司令官居住的南北戰爭之前的華廈建築。當我還是名年輕軍官時，這棟建築曾經是艾瑪夢中理想的房子。現在我們擁有麥爾堡參謀首長聯席會議主席的官舍。有一條街還以我的名字命名，而這條路過去我還曾不被允許自由地行走呢。我們忍過來了，而且我們活過了美國人的美夢。

獨行不必相送

布希時代結束前的日子，對我來說並不十分愉快。每天，過去四年裡的夥伴走的愈來愈多，我開始覺得像是個小孩快轉到都是陌生人的新學校裡。然而，我們還有一些未處理完的事，在那裡鬧鬧嚷嚷的：美國已阻止了海地的難民潮，但要讓亞里斯提德復權的聲浪，卻給美國的干預帶來了壓力；我們對於應該做什麼或是能做什麼以結束波士尼亞的殺戮一無所知，這令我們很沮喪；美軍仍然陷在索馬利亞，甚至於在一月的時候，海珊還派出飛機到禁航區威脅聯合國監察小組，讓我們不得不給他點顏色瞧瞧。我很高興下令以飛彈還擊伊拉克的防空設施。

一月十四日，距離政權移交的時間只剩下六天了，我與錢尼以及其他的五角大廈官員都站在麥爾堡擁擠的大禮堂裡，陸軍樂隊奏起崇戎樂，宣示總統伉儷的來到。我們是要向總司令的離去致敬。當總統檢閱參加「沙漠風暴」行動得到勝利的官兵代表時，陸軍樂隊奏出一首德州曲調，來自五角大廈的每一個人也都向總統與第一夫人呈獻離別禮物。然後我上台致詞。「總統先生，」我說道，「你在必要的時候把我們派到危險的道路上，但絕不輕鬆的，絕不猶豫的，絕不會讓我們縛手縛腳的，絕不會不告訴我們該做什麼事。」我轉向布希夫人。「她是第一夫人也是第一軍事首長夫人，」我說道。「她是一位不辭勞苦為國服務的女士，她不聽信讒言，卻肯聽忠言。」當我說完之後，我介紹迪克・錢尼，他發表演講讚揚喬治・布希——這位總統、總司令。這是我看過錢尼最接近掉眼淚的時刻。

我所追隨的喬治・布希是出身新英格蘭尊貴家庭的貴族，後來自行在德州油田發跡；他是一個有教養的紳士，但是不失赤子之心。他的判斷能力與待人接物守正不阿，雖然因為所屬黨派的極右傾向，讓他看起來似乎對種族對立的問題不太在意。他在巴拿馬與波斯灣給美國帶來驕傲的勝利，監督冷戰的結束，讓世界免於核子毀滅的災難。他能感受到這些問題的全球脈動，卻忽略了美國的國內事務，讓他毀譽參半。至於我個人與喬治・布希的關係，他信任我並賦予我重大的責任，同時尊重我的判斷，還表現出仁慈、忠實與友誼，我將永遠懷念他的一切。

最後，軍事首長與我，共同為我們的五角大廈老闆主持了一次閱兵與離別晚宴。這一次，我嘗試描述隱藏在迪克・錢尼外表之下的內在。「他潛心研究武器、戰略與技術，」我告訴賓客們，「但是，……他學到了我們並不是物品，我們不是官僚，我們並不是制度。他學到了美國軍隊必須照顧，是會受傷的，而且必須訓練的；是會流血的，而且必須時常付出心力的——人性化的組織。」迪克・錢尼確實全心全意的對待我們。

在將近四年的時間裡，他與我從未在社交場合裡共度超過一個小時。然而，我們在態度上卻是非常的接近，我們的想法是如此的接近，以致於不管是在橢圓辦公室還是在戰車裡，我們都能接下對方未說完的話。我對這個沉默的人，不僅有著職業上的尊敬，還有真摯的感情。總統就職大典的前一天，我到錢尼的辦公室向他道別。我與他的祕書凱茜・薇拉潘朵打招呼，然後望進他的辦公室裡，裡面散布著紙箱子，其中裝滿了過去四年裡累積的書籍與文件。

「部長去哪了？」我問凱茜。

「哦，錢尼先生一小時前走了，」她說道。我很失望，甚至有點難過，但是並不覺驚奇。這名孤獨的牛仔向著夕陽走去，連一聲「道別」都沒留下。

第二天，在六〇年代成長的一名年輕總統，自一名曾經是四〇年代時期最年輕的戰鬥機飛行員手中接過火炬。我覺得此幕像是一座政府世代交替的橋樑。

第二十一章　淡出聚光燈下

當晚，我最後一次脫下軍服。在我穿著它的這些年裡，我受益於這個國家的所有美好一面，實際上已經超過了我對自己生命的狂熱期望，而我也完全克服了穿軍服的沉痾。我找到了生命之中一些光榮而有用的事，我做得很好，我也熱愛這份工作，這是任何人一生中難以遇到的好運。目前，我唯一的遺憾是不能從頭再來一遍。

那天是週日，比爾・柯林頓任職美國第四十二任總統之後的第四天。艾瑪與我在「刀鞘」溫柏格夫婦的水門公館裡共進晚餐。我與老友共度一個輕鬆的夜晚，並不特別期待明天將在白宮面對的事情。電話響起，溫柏格接起來。「是找你的，」他說。「總統打來的。」

我奇怪為什麼比爾・柯林頓要打電話找我。明天下午，參謀首長將與他會面，談論關於他在競選時期所提消除同性戀服役禁令的承諾。那天早上，新任國防部長李斯・亞斯平在哥倫比亞廣播公司《面對全國》的節目裡，表現得非常奇怪，讓這件已經引起爭論不休的事情，更加的火上加油。談到政府與國會將如何面對總統的訴求時，亞斯平告訴訪問者說，「如果我們不能完成立法，我們會反對的，同性戀服役的事情將不會發生。」事實上，他已經公開預測柯林頓上任後的首件建議，將會失敗。

我自溫柏格手上接過電話來。「晚安，總統先生，」我說。

「將軍，我剛才得知薛古德・馬歇爾（Thurgood Marshall）法官去世了。」柯林頓告訴我說。他進一步解釋說，馬歇爾的家人希望這名最高法院法官能夠下葬在阿靈頓國家公墓，雖然他並不具有這種資格。總統的幕僚建議說，對於有功績的美國人應可開特例，但他想要諮詢一下我的意見。

「可以，」我說，「沒問題。」我很高興總統想看到這名民權巨人埋葬在阿靈頓國家公墓，而且思慮周密，願意就這件影響空泛的事與軍方保持接觸。

「還有，謝謝你與鮑爾夫人能來參加我的就職典禮，」柯林頓又說道，然後結束談話。他沒有提到關於亞斯平的訪問或者是同性戀的事情。

第二天下午，亞斯平部長、四軍種的參謀首長、副主席與我，圍坐在白宮羅斯福室的桌子一邊，面對著總統、副總統高爾、白宮新幕僚長麥克・馬拉提（Mack McLarty），以及國家安全顧問安東尼・雷克（Anthony Lake）、白宮發言人喬治・史蒂芬諾波斯，以及總統其他一些幕僚。亞斯平要我主持一項關於現行五角大廈重要事務的快速簡報，包括軍隊的狀態、部隊的水準以及國防預算的運用等等。我們原本料想總司令首次與他的高級軍事顧問會面，應該至少會提出幾個軍事問題的。但是，等我結束之後，我們花了一百零五分鐘的時間，卻完全擺在軍中同性戀問題上面。

「總統先生，」討論進行中我說道，「我們知道男女同性戀者能服役的確值得尊崇——但是不應該是公開的。如果他們被允許這麼做，將會引起隱私權方面的嚴重問題。」我建議他應該聽聽每一軍種參謀首長從各種軍種的角度對這件事的看法，因為他們才是能讓任何新政策生效的關鍵人物。參謀首長們輪流發言，聲明他們不僅僅是表達個人的看法，他們關切的是士氣與軍紀的維持。他們曾經徵詢下級基層單位人員的意見——野戰指揮官、高階士官、官兵、軍眷、軍中牧師——而他們遇到反對解除禁令的強大力量。只有最後一位發言的空軍參謀長東尼・麥皮克（Tony McPeak）似乎有點商榷的餘地。或許是對於總統剛才聽到的都是一片反對聲浪感到同情吧，我在心裡暗自忖度，因為當我們在「安全室」裡面談論的時候，麥皮克對於讓同性戀服役卻是反對最力者。

整個會議當中，總統展現出我第一次與他見面時，曾觀察到的廣納雅言能力。但當時他說話的聲音，卻較就職典禮演說刺耳。「我許下了競選承諾，」他說道，「而我實在很想實踐它。」接著，他轉向我，又說，「但我同時也在上週已宣誓成為最高統帥，我必須考慮軍隊的福祉。我不想看到士兵在軍事基地裡面牽著手或是親暱地跳舞，但這只是個行為問題，與我們加諸在異性戀者士兵身上的一樣。我不喜歡的是禁止同性戀者願意服役的權利，不管他們是否肯公開表明身分。」談話持續下去，彼此依然相互尊重，但是氣氛緊張。這件事情演變成新政府的第一要務，我頗感失望。我想我知道真正的原因——比爾・柯林頓在其他的競選承諾上已經遭受到挫折。譬如說，在還是候選人的時候，他抨擊布希遣返海地難民的政策，如今，他卻在這件事上失信。在他的信用瀕於破產之際，我認為他的一些幕僚必定會跟他說，「總統先生，你不能再受挫了。只要下道行政命令讓同性戀能夠服役，告訴那些將軍照辦就行了。」

參謀首長們，繼續提出在擁擠的船艦、兵營以及其他親近的狀況下，同性戀者混雜將帶來的實際問題。於是，我提出一項先前我與亞斯平、參謀首長們曾討論過改變現行政策的建議。「我們可以在入伍的時候，停止詢問個人癖好，」我說道。男女同性戀者只要自己保持他們的生活型態，他們願意服役多久都可以。這項改變，無疑的仍將被同性戀法案支持者譴責為歧視，而軍中傳統主義者也可能會說這是全面屈服。「但是，」我總結說，「這個辦法或許可以提供一個實際妥協的方式。」

總統決定目前應維持現行政策，並交由軍方進行為其半年的研究。同時，他說道，入伍者將不被問到個人性癖好。「我知道這些事情很難，」他在會議結束時作出總結說，「如果它們很容易，別人早在我們之前就把它解決了。」

雖然這件事是如此的容易引起爭論，我與參謀首長們離開時都感到樂觀。總統已經認真聽完我們所要講的話，他知道軍方的立場為何，而且他表達出願意妥協的誠意。至少，他不再強迫軍方硬是立即把此項禁令終結。

叛逆將軍

第二天《紐約時報》狠狠的修理我與參謀首長們。一篇時報的評論指責我們「挑釁式的反抗，幾乎已經到了不服從的地步。」時報專欄作家阿貝・羅森柴爾（Abe Rosenthal）說道，若不是杜魯門總統於一九四八年實施軍中消除種族隔離措施，柯林・鮑爾絕對當選不上參謀首長聯席會議主席。我也受到《華盛頓郵報》等報刊的批判：「鮑爾……站在事情錯誤的一邊」；《芝加哥論壇報》：「軍方應該稍有雅量」；《費城詢問報》：「在所有人當中，鮑爾應該知道消除禁令的爭議何在。」《亞特蘭大憲法報》：「柯林・鮑爾，在所有人之中，特別執拗」；《時代週刊》則封我為「叛逆將軍」。我變成了漫畫家的目標，他們把我畫成穿上軍服的摩登原始人。有不少的批評者似乎認為，我應該修正原先對此事的建議，因為總統已換人當了。

比爾・柯林頓曾經徵詢過我的看法，我明知道這不是他要聽的，但還是都說了。我覺得這樣做有榮譽感。如果他直接以行政命令消除掉禁令，我的日子或許會好過一點。軍方將會說，「遵命，長官。」但是，正如李斯・亞斯平所預測的，國會將會立即制定一項同等於法律的禁令，強迫總統否決掉它，並且將一項幾乎是完全壓倒性的否決來向他挑戰。總統與其幕僚們選錯邊了，而且他們錯估了大眾的態度。當我被媒體修理之際，我的辦公室在一天之內收到了超過三千封信與電話，贊成維持禁令與反對者的比數一直維持於六比一的比例。

我反對消除禁令，並不是出自與生俱來的傳統觀念。舉例來說，我並不反對婦女擔任特定的戰鬥角色，譬如飛戰鬥機或在船艦上服役等等。而且據我所知，有一些贊成維持對同性戀禁令的人，事實上，與四十年前抗拒軍中實施種族混合的人，使用了類似的語言：「你所知的下一件事，就是他們會要求住進我們的房子裡，在我們的餐廳裡吃飯，上我們的俱樂部，到教堂裡坐在我們旁邊。」無論如何，我還是發現到其間的差異。要求不同膚色的人在親近的狀況下生活在一起，與要求性癖好不同的人生活在一起，二者是截然不同的。

二月十日，《紐約時報》在報導同性戀題材之際，並將一則關於我的消息登在頭版上，真讓我無法容忍。這篇文章的標題是：「參謀首長聯席會議主席據傳要求提前退休。」當我早晨七點抵達五角大廈時，哥倫比亞廣播公司的電視工作人員已經等在那裡，他們要訪問我關於提出離職之事。不過，時報的報導的確說出了一部分的事實。我曾經告訴亞斯平——甚至於更早時，還曾告訴迪克．錢尼，我或許會要求在任期屆滿前，提早一或兩個月辭卸主席的職務，但是最主要的原因，還是為了在下一個預算年度之前讓我的繼任者能方便行事。同時，艾瑪與我希望能利用夏天這幾個月時間，搬進我們為重拾平民生活而買的新房子裡。我很平靜的向哥倫比亞電視台否認我會因為同性戀問題而有辭職的意圖，我反而是想要協助總統解決此一問題。在與這個電視網談過之後，我告訴比爾．史穆倫設法安排讓我上所有的媒體。過完了一個早上，我在三家主要的電視網與有線家庭主婦新聞網露面，慎重否認提早退休的傳聞。

後來的兩個禮拜裡，我遭受到這輩子裡最嚴厲的抨擊。正如喬治．布希在輸掉總統寶座後對我所說的——很傷。東尼．麥皮克的司機有一天還要求我的司機歐提斯讓他試開主席的大轎車。空軍參謀長麥皮克，是時報所報導可能成為我繼任者的人選之一。

九個月之後，國會通過了在元月那天我們與總統所討論的辦法，現在已簡稱為「別問，別說」。我是期待國會能夠做出最後的決定，把它們一次解決。等他們完成以後，不管是如何的規範，美國軍隊都會配合這片土地上的法律。而我始終堅守我的處事準則。我的立場也將反映我的良知與當時軍隊的需求。然而，我深深瞭解到隨著時間的變遷，大眾對於這件事情態度上或許會有所不同，猶如最近這幾年以來，許多引起激烈爭論的社會問題一般，最後還是消失在時間的洪流之中。

在柯林頓政府上台第一週裡，我最滿意的只有撤除站在國防部長與副部長辦公室門外的著軍服衛兵這件事，自從十二年前利比亞暗殺小組的傳聞威脅出現之後他們就被派上這個任務了。溫柏格、卡路奇與錢尼都喜歡上這種炫目的衛兵站在門口。我所看到的則是好的部隊被浪費了。由於李斯．亞斯平對這種排場不在意，我設法說服他的副手，在他注意到之前把這項勤務取消了。

我其他方面的勝利包括獲得兩枚美國通俗獎章；我的名字成為《紐約時報》字謎遊戲的答案之一，同時我也是電視節目《危難》之中一項問題的答案（譯註：該節目參賽者必須在聽到答案之後搶先回答出問題來）。

總統就職典禮過後不久，柯林頓的國家安全小組頭一次在戰情分析室聚會。議題是波士尼亞。雖然我是該小組成員之一，但仍然感覺像是野餐活動裡的討厭鬼一樣。我曾經埋首於雷根與布希的國家安全政策上面，部分政策遭到我的新老闆惡評。無論如何，他們知道我深諳制度，或許可派上用場，因此對我仍然很歡迎。這次的會議是我頭一次見識到新政府的決策風格。新任國家安全顧問的安東尼·雷克坐在主席的位置，但卻未主持會議。國務卿華倫·克里斯多福坐在雷克的一邊，有點被動，與喬治·舒茲與吉姆·貝克的關係大不相同，他們都是大搖大擺地走進這種會議裡頭，然後立即表現得像是主導美國外交政策的首腦一樣。克里斯多福則像個律師一般，只是坐在那裡等待客戶來決定他所要辯護的立場為何。李斯·亞斯平坐在雷克的另外一邊。他也不會嘗試主導會議，而當亞斯平開始發言時，他通常是繞過立即而重大的問題，談些不著邊際的話。其他的座位上則分別坐滿了新的國防安全小組成員。

在我們討論了一個多小時之後，副總統高爾抵達，我們只好挪來挪去，給他找個椅子。未幾，總統也到場；幸運的是，當時我們已經為這位國家主要的決策者保留了位子。

這次的會議為後來所有的會議樹立了樣本。在雷根總統時期擔任國家安全顧問時，我建構了開會的模式，如何提出議題，如何進行討論與做決定。到了布希時期，我設法調整為較鬆散的型態，而現在又必須適應柯林頓的風格。但這並非易事。

在後來的會議裡面，討論持續地漫無目的，像是研究所學生的小集團自由討論，也像是我的許多新同事在過去十二年裡其所屬黨派失去權力時所召開的智囊團專題討論會。在內閣官員的授權之下，一些不具影響力的幕僚在會場直言不諱。有一天，安東尼・雷克的一名負責寫筆記的部屬當著大家的面與他爭吵，讓我感到驚奇不已。

波士尼亞內戰問題是柯林頓在競選時期抨擊布希最尖銳之事。柯林頓承諾要在那極端痛苦的地方採取更積極的行動。現在他有機會了，而在我們為波士尼亞問題所召開的會議上面充滿了好戰的說詞。但我們要採取什麼樣積極的行動，而要達成何種目的呢？到目前為止，沒有一個歐洲國家派出軍隊協助有利於犧牲者的一方進行地面戰鬥，或者是運用武力來達成停戰的目的。他們不是運用武力來維持信念，而是用外交手段。

我對波士尼亞的個人觀點與前任政府時期的看法並沒有改變。為了回應新的國家安全小組不斷要求「做點什麼」，並運用空中轟炸塞拉耶佛來懲罰波士尼亞塞裔軍隊的建議，我還是提出了呈交給布希總統的同樣軍事計畫。我們的選擇從對塞拉耶佛有限度的空中攻擊到對塞裔戰場進行大規模的轟炸。我強調說，任何一項行動都不能保證會改變塞爾維亞人的行徑。這點只有地面部隊才能做到。猛烈的轟炸或許會讓他們屈服，但是不能強迫他們放棄。而且，面對有限度的空中打擊，塞爾維亞人在樹林與波士尼亞的大霧裡面隱藏坦克車與大砲並不困難，或者還可以把它們擺在靠近平民人口聚集的地方。尤有甚者，不管我們做什麼，對塞裔軍隊來說抓幾個聯合國人道觀察團的成員來當人質做為報復，是輕而易舉的事。

我在會議裡面針對波士尼亞問題不斷提出的不受歡迎的訊息，只不過是認為我們在沒有一個明確的政治目標之前不宜用兵。亞斯平同意這個觀點。在有一回的會議當中終於爆發了激烈的爭辯，駐聯合國大使瑪德琳・歐布萊特（Madeleine Albright）憤怒地問我，「如果我們不能動用你經常在說的精良部隊，那倒底有啥意思嘛？」我真的會被氣出動脈硬化來。美國大兵可不是那種地球遊戲板上面任意擺布的玩具兵。我耐心地解釋說我們在前三年運用部隊在戰爭、維持和平、救災與人道協助上面的次數已超過了廿四次之多。但在其中的每一次，我們都有明確的目標並且以軍事手段達成了任務。可以說每一次都很成功。我告訴歐布萊特大使說，美軍會執行所有被交付的任務，但我的建議將永遠是先制定政治目標。然後我們才會去完成這項任務。

安東尼・雷克，在越戰時期曾在國安會工作過，支持我的立場。「你知道，瑪德琳，」他說道，「柯林所提出的目標問題正是越戰時期軍隊從未過問的事。」前任的國防部長羅伯・麥納瑪拉，在他的回憶錄《戰之罪》（編按：本書中文版由智庫文化出版發行）裡面，承認我們對越戰設定目標的混亂，造成一場我們都太熟悉的悲劇性結果。

總統若是出席了這些討論，我會覺得比較舒坦一點。比爾·柯林頓具有將歷史、政治以及政策背景轉化為展望的能力。然而，他並不是完全受益於他所允許的漫無邊際討論。他本身即帶有學術色彩，且似乎是很欣賞這種馬拉松式的爭辯。每當討論拖延著的時候，與會者都是聲稱找到瞭解決問題的辦法在手，結果都變成是無中生有、化腐朽為神奇。但是經過了幾天的檢驗以後，這些解決問題的辦法又開始疑似無效、腐朽的還是腐朽的。一九九三年初，就曾經有這麼一例，總統被說服提出解除對波士尼亞回教徒武器禁運的建議，並且允許開始空中攻擊塞裔軍隊，直到回教徒能夠足以防禦自己為止。克里斯多福部長啟程向我們的盟邦推銷此一戰略，即便這些盟邦在人還沒有抵達之前就已經說明此路不通了。他在一週之後回國，而我們又得再進行一次週六討論會來想出新的辦法。

到了一九九四年及一九九五年，在美國的大力誘使之下，北約及聯合國確實發動了有限度的攻擊，塞裔亦如預期地採取了報復手段。嚴酷的事實擺在那裡，塞裔、回教徒與克羅埃西亞人為了他們自認的生存利益都誓死作戰到底。他們為配合政治目的所採取的軍事手段，正如早幾年北越人所為。西方國家介入了波士尼亞的紛爭，但卻無法找出其生存利益或是達成承諾。若要解決這場紊亂的衝突，沒有一個美國總統能夠保證美國子民不付出慘重的犧牲生命代價。也沒有一個總統能夠在有必要長期捲入這場衝突的時候，可以讓其間的主角不再如最初所獲得的機會那般互相殺戮。

在五角大廈，李斯・亞斯平體驗到逐漸增加的苦惱。亞斯平的管理模式與錢尼完全相反。他的散漫與錢尼的有系統做事恰成對比。我們從來無法知道他早上何時會班。幕僚會議偶爾召開。舉行會議的時候，卻又變成了馬拉松式的閒聊會，而讓下一個會議的與會者群集在走廊上等待著。亞斯平自國會幕僚人員裡面帶了幾個核心分子到五角大廈來，他們表現得像是王宮裡的衛士一樣。任何要向部長報告的事情都得過他們這一關。亞斯平的新任新聞祕書維倫・蓋德瑞（Vern Guidry）讓他不必為新聞界做簡報變成了他接受這份職務的條件之一。蓋德瑞把他的工作視為替亞斯平做私人公關。對於掌握處理國會山莊小陰謀與主管三百萬人大企業之間的差別，這些助理進度非常緩慢。

國防部新的領導班子曾經立誓要讓平民取得對軍事首腦的更多控制，特別是針對現在坐在主席辦公室裡的那個傢伙。亞斯平的一些助理甚至於考慮提早宣布我的被換掉來讓我變成無用的人。他們很快便發現在五角大廈裡的文職人員與軍人是相互需要的。與其失去控制，那些將領們寧願回應新的方向並且展現出他們的能力。

自接管國防部的第一天開始，亞斯平所面對的直接問題就是他所投射出來的形象。在滿是整齊一致軍服的這棟建築物裡，穿著過時、遍布皺褶的黃褐色上衣與襯衫的老闆看起來實在不搭調。雖然亞斯平有第一流的想法，但是當他向新部屬訓話時卻總是聽起來含糊不清的。他排斥接見川流不息到華府與柯林頓新班底會面的外國領袖。當他真的接見他們時，亞斯平會拱在桌子上面說道，「怎樣，你的國家還好吧？」談話的重擔落到他的賓客身上，而在過了四十五分鐘之後，賓客離去，對於新政府的外交與國防意圖所知有限。在一次與約旦國王胡笙的會談當中，我目睹到亞斯平把擺在他們之間一碟盤子裡的十三樣開胃菜一掃而光，國王只有自己唱獨腳戲。亞斯平的健康也是問題。他因為心律不整而曾經住院兩次，為控制病情只有配戴心律調整器，但搖晃了幾個月之後也就失控了。大體來說，亞斯平所投射出的形象似乎無法激勵部隊與盟友的信心。

幸運的是，他有兩名堅實的副手支持：後來接替他成為部長的比爾・培瑞（Bill Perry），以及亞斯平的大學好友約翰・達契（John Deutch），卡特政府時期我曾在能源部見過達契。他後來成為柯林頓政府的中情局局長。他們協助亞斯平擺平那些他所帶進國防部裡任職的一群大使與學者。

當他還是眾議院軍事委員會主席的時候，亞斯平曾經把布希、錢尼與鮑爾的基礎武力概念稱之為「笨戰略」。現在，換他當國防部長了，他的首要軍事目標便是實現一項柯林頓的競選承諾「重建計畫」。理論上，「重建計畫」表示從一張白紙開始，彷彿現在的軍隊並不存在似的，然後根據目前國防所需重新建立新的武力。這個計畫具有試驗上的合理性，惟除了從零開始之外，新政府還接續了原先即存在的戰略、部隊、條約義務、承諾與分布在全世界的危機。除了自一張白紙開始，柯林頓在競選時期即已立誓在基礎武力以外再裁減部隊二十萬人以及數百億美元的國防支出。然而，為了贏得選票，他同時也許諾重拾幾項為布希所取消、受歡迎但卻十分浪費的國防計畫。

基礎武力計畫的要求是軍力能夠達到應付兩個同時發生的地區性衝突。原因很簡單：如果我們在某一處作戰，我們仍然必須保有一定的武力以防另一個潛在的敵人發動奇襲。亞斯平把這個概念轉化為以對付一項主要的衝突為前提，而只要能遲滯另一個敵人的行動直到主要的戰事結束即可。我們南韓的盟友立即質疑說如果他們變成那個必須先「保留」下來的地區那該如何。亞斯平的觀測汽球於是爆裂了。為完成「重建計畫」花了我們九個月的時間，卻還是以能維持進行兩個地區性戰爭為基礎的武力計畫來終結，這是布希的戰略，但是涵蓋了柯林頓競選時所提出的裁減計畫。基礎武力計畫變成了歷史名詞，但是，正如亞斯平所知的，「重建計畫」正是它的嫡傳。這裡所未載明的是，在經過了人事經費與預算的裁減之後，是否讓我們在因應柯林頓政府所採取的戰略與結構時，不能夠達到所需的標準。簡言之，我們有足夠的實力來完成使命嗎？在未來的幾年裡這使命可能會有所改變。北韓的崩潰是一個威脅，或者是伊拉克與伊朗關係的改善，必然都需要調整這兩種戰爭同時並進的行動方案。牽制的戰略不會持續到四十年，但對目前後冷戰時代的轉型期還是合宜的。

李斯・亞斯平和我私下相處甚篤。而且，經過一些時日之後，他的表現變得比較有紀律了。身為美國軍隊日復一日的總指揮官，他變得更加瞭解到需要投射出能反映他肩膀上令人敬畏的責任形象。在他的領導下，我們完成同性戀法案的妥協、「重建計畫」，並且解決了幾件艱困的事件。然而，即使有這些成就與可觀的智能，李斯・亞斯平當國防部長仍然是個錯誤的角色分配。

逃兵總統

前任總統喬治・布希，盼望能在一月二十日之前自索馬利亞脫身的想法，逐漸變成模糊的記憶。到了四月，我在首都摩加迪休度過我的五十四歲生日，嘗試將這項任務自站在第一線的美軍身上移交給聯合國。我們已然達到恢復民間秩序的任務。由於內戰造成的糧食生產與配銷紊亂所引發的大飢荒已解除，現在應該由聯合國來維持秩序了。但是聯合國祕書長蓋理（Bouttos Boutts Ghali）爭論說，由於這場災難是由十四世紀型態的軍閥反目所造成，因此，應該以二十世紀的民主方式這帖藥來解決。聯合國已核准一項解決方案，將任務方針由餵飽飢民改變為「建國」，我頭一回聽到這名詞是在美國介入越南的時候。根據我自歷史觀察所得，建國的意志在於其內部的人民，而非靠外力。索馬利亞並不是一個西方國家的非洲版，在它的國度裡幾乎沒有法律、沒有值得信賴的中央政府，也沒有脫離黨派之外的權威人士能夠生存。建國或許是個頗有創意的想法，但是對我來說，這等於是要走上陷入索馬利亞這個泥沼的路，而非脫身之計。索馬利亞的派系終究要以他們自己的方式來解決政治歧見。那年春天的陣亡將士紀念日，在越戰陣亡將士紀念碑舉行儀式，主辦單位找我來介紹總統的出場。有些退伍軍人團體指責說，讓一個「逃避徵兵」的人在儀式上演講，有損石碑上五萬八千一百九十一名將士的英靈。其他退伍軍人所持的立場則是認為比爾．柯林頓是現在的最高統帥，他最好是出席，即便只是為了爭取人們赦免他戰時的行為。我認為他應該發表演講，因為他是最高統帥。而且，從實際的觀點來看，如果他在上任頭一年不露面，明年此時這個問題還會存在。我很愉快地接受介紹總統出場的職務。在過去的幾個月裡，總統在扮演最高統帥的角色顯得十分的活躍。他曾到航空母艦「羅斯福號」上面巡視，前往索馬利亞出任務的部隊回國時，他也前往歡迎。但是，他仍然被一些對軍事毫無經驗與瞭解的年輕文職人員所包圍。有一天，我的助理巴瑞．麥卡菲中將到白宮開會。途經西廂的時候，他與一名年輕的白宮幕僚擦身而過，他說道，「哈囉，妳好，」對此，她趾高氣揚的回道，「我們這裡不跟軍人說話。」麥卡菲曾獲三枚銀星勳章，而且在越南作戰時手臂受傷到現在還有些變形，曾經在沙漠行動當中指揮精銳的步兵師。這名年輕女性的回應很快便傳到五角大廈，掀起軒然大波。比爾・柯林頓對這件失言之事頗有感應，於是下一回麥卡菲被看到的時候，就是在西雅圖經濟高峰會談時陪在總統旁邊慢跑了。我將在陣亡將士紀念碑儀式上面介紹比爾・柯林頓的事傳揚出去之後，我開始受到責問——鮑爾曾經在越南服役兩次且曾在那裡失去朋友，當時的柯林頓還在牛津大學念書逃避兵役呢。我接到一封陣亡戰士遺孀寫來的信，這名婦女我也很熟。她寫道，我跟柯林頓參加這項紀念儀式，將是「不榮譽的，沒有藉口的，以及不可原諒的」。這種批評讓我十分困擾，但是柯林頓的逃避兵役紀錄，卻不會給我帶來困擾，根據美國人民票選出來的決定，無論如何他總是我們的最高統帥。然而，我的缺乏恨意，並不僅僅是出於軍人對他的忠誠，我在雷根與布希時期曾與不少頑強的人共事——這些人都有對蘇聯人、伊朗人、伊拉克人、尼加拉瓜人或巴拿馬人採取強硬態度的打算，他們在越戰時期都是兵役適齡期，但是絕大多數的人都設法避免到越南去。比爾・柯林頓，根據我的判斷，與這些人的行為並沒有太大的差別。緩召的整個制度與逃避作戰的取法角度，或許在技術上都是合法的，惟這些都是階級控制，的確是不民主與不公平的。到了紀念日那天，忠心耿耿的歐提斯設法從喬治城大學法律中心開車送我趕到白宮去，在喬治城大學，我兒子麥可當天早上畢業了，帶著小傑佛瑞自己費勁的走上台取得法律學位畢業證書。之後，我在橢圓辦公室與總統會合，免得再自行坐車到越戰陣亡將士紀念碑去。在過去的幾個月裡，比爾・柯林頓曾送我幾份小禮物，今天，他又給我一對手錶，男女對錶，頗有點歷史性奇特意義。因為這對錶是設計來紀念東德議會下一次會期的開幕式，然而，隨著共產陣營的瓦解，開幕式將永遠沒有機會舉行了。當我們驅車前往會場時，總統看來神情自在且富幽默感，我們在車上聊天，自一只大杯子倒冰水喝，並整理他的演講詞。但等我們接近紀念碑時，遠眺過去，那裡已有超過五千人在等著我們的蒞臨，我看到總統臉上的肌肉緊繃起來。我們下車的時候，得到零落的掌聲，還有來自抗議者的噓聲，公園警察已設法把鬧事者驅離到了邊緣地帶。詹・史庫格（Jan Scruggs），長期奮鬥完成建造紀念碑的主導者，是儀式的主持人。當堪薩斯市美式足球隊酋長隊的球員狄瑞克・湯瑪斯（Derrick Thomas）談到成長期沒有了父親，因為他的爸爸是一名空軍上尉，在越戰中陣亡了。此時對我而言，真是沉痛的一刻。最後，輪到我介紹總統出場了。我開始說道：「每回我到這裡來，雙手觸摸著石碑上久別卻從未曾忘懷的友人名字，沒有一次不自靈魂深處覺得傷感。」我說道，我們在此為了紀念我們所有戰爭的死者，但很特別的，在這個場合，也是為了治療越南所帶給我們的傷痛。我引用了亞伯拉罕・林肯第二次就任總統時演講所說的話：「不懷敵意，惟有慈悲，以上帝賦予我們的堅決權利去領會這個權利，讓我們奮鬥完成吾人的工作，裹起全國的傷痛，照顧淪受戰爭洗禮的人……。」我最後說道，身為現役的高階越戰老兵，「我要向你們介紹美國全軍的最高統帥，比爾·柯林頓總統。」當總統演講完之後，掌聲超過了揶揄，我相信這是總統這輩子最困難的一次演講，也是很精采的一次。之後，我們乘車賦歸，我看到他的緊張消失了。「你偷了我的詞，」他一邊對我說道，並一邊咯咯的笑著。他拿出一張草稿卡交給我，上面正是我引用的林肯講詞。「反正由你來說比較好，」他說，「由我來說就變成是圖利自己了。」一九九三年六月十日，我應邀到哈佛大學做畢業典禮演說。我的一名助理指出我演講的時間剛巧是邱吉爾到哈佛做畢業典禮演講的五十週年，有點不揣淺薄的想法，我決定要談到兩個歷史性時刻之間的變遷：邱吉爾的二次世界大戰年代與我們的後冷戰時期。然而，我已先得到警告，將遭遇到哈佛男女同性戀團體的抗議，他（她）們的腦袋裡想的是別的事。當天，在哈佛校園，在二萬五千名群眾之中，有幾百個人手舉上面寫著「取消禁令」的汽球。當我起身開始演講之際，出現零落的倒采聲，但喝采聲更多，尤其是來自坐滿前排的一九四三年班校友，他們是回校來參加五十週年同學聚會的。他們的出席讓我很感動。他們在曾是年輕人的時候聽過邱吉爾演講，他們曾穿過軍服，他們曾經出發打贏對抗法西斯主義的戰爭。我對這些曾經參與過這最後一場「美好戰爭」的驕傲退伍軍人致意。我回顧自冷戰過後的革命性變遷，接著我談到了目前的爭論焦點，談到美國軍隊裡面的社會問題。我開始說道：「我們處理了種族問題，我們處理了毒品問題。我們處理了像尾鉤（Tailhook）事件這類的醜聞，而且我們也找到了這些問題的答案……而我們也會針對軍隊裡的同性戀爭議做同樣的事。」當我開始演講時，台上與台下有一些人轉過身去以示抗議。等到我說完以後，男女同性戀團體的有規律哼唱，已然被喝采的聲浪所掩蓋。

那年夏天，我們開始自索馬利亞撤回美軍，打算只留下約四千兩百人支援聯合國的行動。到時，索馬利亞人顯然可以很有本錢地再開始互相殺戮並對付任何可感覺到的敵人。六月五日，一名主要黨派領袖默罕穆德・法拉・阿迪迪（Mohammed Farah Aidid）手下的追隨者之間發生槍戰，聯合國維持和平部隊有二十四名巴基斯坦士兵為此喪生。在美國的呼籲之下，聯合國通過決議授權緝拿兇手。這項超過我們協助索馬利亞建國使命之外的緝拿首領行動，並沒有經過美方高階決策者嚴肅的討論便告執行了。聯合國特使、退休的美國海軍上將強・霍威，懸賞二萬五千美元取阿迪迪項上人頭。霍威、土耳其中將西維克・皮爾（Cevik Bir）、聯合國部隊指揮官也是美軍指揮官的湯姆・蒙特格瑞（Tom Montgomery）少將，要求美軍出動武裝直升機與AC-一三〇攻擊機掃蕩索馬利亞人的堡壘。

我支持這項要求，總統也予批准。但當聯合國指揮官進一步要求我們派遣精銳的反恐怖分子三角部隊以捕捉阿迪迪時，我拒絕了，亞斯平與中央司令部司令官約瑟夫・候爾也都反對。在摩加迪休人口稠密的地區要找到阿迪迪只有千分之一的機會，更糟的是，我們已開始投入人員到這場衝突而且越來越陷入到古索馬利亞的黨派鬥爭裡。我嘗試讓我們開始擴散的任務接受檢視，但是並不成功。同時，開始傳出美軍的傷亡。到了八月底，我勉強同意來自戰場的不斷要求，向亞斯平建議派出突擊兵部隊與三角部隊。這是個我後來會後悔的建議。

四月十四日到十六日之間，前任總統布希訪問科威特，他在那裡，很顯然地，成為伊拉克策劃暗殺陰謀的目標。結果聯邦調查局與中情局提出足夠的證據顯示這件事與哈珊政權準備展開報復行動有關。柯林頓總統、副總統高爾、安東尼・雷克、李斯・亞斯平、華倫・克里斯多福與我在白宮會面，我輕鬆地向總統說明一項以巡弋飛彈攻擊位於巴格達的伊拉克情報總部之建議。我向他解釋可能達成的目標，可能出現的錯誤為何，伊拉克可能的反應以及總統在遭遇到各種狀況時所必要的決策。事實上，我等於是向一位國家安全方面的新鮮人進行研究所水準的個別指導。我很好奇的想知道，我們這個年輕又沒有當過兵的總統初臨戰場時的處理反應。柯林頓很輕鬆地通過了頭一關，他問的都是該問的事。等我們開始倒數計秒以及有生命瀕臨危險時，才是真正試煉的開始。以我們步兵的術語來說，等迫在眉睫的時候，才知道是否能夠過關。

六月二十六日，二十三枚飛彈自紅海與波斯灣的美軍船艦發射升空指向巴格達。總統預計在作戰開始之後十五分鐘，上電視發表聲明。但是，我們卻碰到一個通訊技術上的小問題。在通常的情形，美國有線電視網都派駐一組人員在巴格達，他們幾乎可以即時傳回戰果，而我們就依靠他們的報導。不過，這組人員卻被調出來了，我們的衛星拍攝到的攻擊地點照片傳回來卻需要幾個小時。不到十五分鐘總統已打電話來找我。我們擊中目標了嗎？我所能回答的只有，「總統先生，現在還不知道。」然後白宮助理與美國有線電視網總裁湯姆・強生（Tom Johnson）聯絡上，他打電話到約旦首都安曼，然後在那兒的電視網人員再打電話給巴格達的友人，他們回報說情報總部確實被擊中了。

這次的攻擊同時呈現給總統軍事行動的殘酷景象，部分飛彈沒擊中目標而造成了平民的損傷。我在整個過程當中貼近柯林頓觀察他的反應，他的決策與他的情緒。他保持著冷靜與果決。

絕意士途

在我五十六年的生命歲月中，占三十五年的長期冒險生涯終於要結束了。七月，英國大使館舉行晚宴，表彰我和柴契爾夫人的前任私人祕書查爾斯・鮑爾爵士。柯林頓的形象創造者大衛・格根（David Gergen）前來向我打招呼。「你確定想要走嗎？」大衛說道。「你知道，你要留下來並不難。」依照法令，我可以。根據「高華德、尼克斯」法案，允許參謀首長聯席會議主席任職三次兩年的任期，而我只任滿兩屆。但是我準備要走，因為我已經幹得不錯了。況且，柯林頓的國家安全小組如今算是做得不壞，我非常確定我的離去決不會讓人覺得惋惜的。

至於我的繼任者，亞斯平與柯林頓已經花了很多的時間評估幾個夠格的候選人。八月十一日，總統宣布當時的駐歐最高聯軍統帥約翰．夏理卡斯維利（John M. Shalikashvili）將軍，為下一任參謀首長聯席會議主席。若有人問我在美國何種單位能提供最好的升遷機會？我會回答，看看美國陸軍是如何提拔我與夏理卡斯維利的，他直到少年時期才移民到這個國家，而且是以徵召兵的身分進入陸軍，尚且能爬升到巔峰。

緝捕默罕穆德．法拉．阿迪迪的行動持續進行著。蒙特格瑞少將開始請求坦克車與裝甲車輛，以防其運補車隊遭受到軍閥的突襲。這種事讓美國人感到困擾是很能理解的。因為，既然我們曾經到索馬利亞餵飽饑民，我們的軍隊還會被攻擊嗎？這就是聯合國所謂「建國」任務，是這個流砂把我們拉進去的。我曾經連續幾個禮拜要求亞斯平重新檢討政策，以找出脫身之計。這回換到他了，他對於他的政策小組迄今未能制定出有用的辦法來而憤怒不已。不過，我們在戰地的指揮官請求協助保護美軍，我必須要支持他，正如我支持突擊兵部隊與三角部隊一樣。我的任期只剩下三天了，我還到亞斯平的辦公室裡向他做最後一次建議，要求他給予蒙特格瑞所需的裝甲車輛。

「這是不可能的，」亞斯平，這名政治現實主義者，說道。國會的許多成員，由參議員鮑伯・拜瑞（Bob Byrd）率領，認為我們在索馬利亞沒有進一步的任務，應該立即撤回。我做了我應做的事，一名軍人支持軍人的立場。亞斯平也做了文職決策者該做的事，盡量符合大目標，在這件事情上面，是讓美軍自索馬利亞撤回，而不是再投入更多。

我盡量不去想太多即將退休的事，但是，卻不斷地有人提醒我。九月二十日，五角大廈的高階士官在中庭為我舉行了一項多彩多姿的儀式。雖然我已得到了最高的軍階，當天我卻獲得了象徵性的軍階，我認為這是一種非常令人感動的榮譽。我獲晉升為陸軍與海軍陸戰隊的榮譽上士，海軍與海岸巡防隊的榮譽軍士長，以及空軍的榮譽士官長。

另外一天，一名年輕的少校自陸軍人事部門前來告訴我退休後的福利退休金、運用政府的文具、穿軍服，一直到喪葬費用的補助。為計算退休金與社會福利用途，他通知我說，我總共服役的時間是三十五年零三個月又二十一天。等他說完之後，我期待他送給我一支金錶。一天之後，高迪・柯爾森（Gordy Coulson）中校，華府軍事特區主管禮賓的軍官，前來接洽我的送別儀式。柯爾森經常為了別的軍官的離別儀式向我做簡報。當他向我說明這些熟悉的儀式之後，終於驚覺到我們說的是關於我的離別。他看到我一臉若有所失，我倆都開始想毀約了。

退休的前一天晚上，李斯．亞斯平為我舉行了送別晚宴。第二天早晨如平常一般的展開，我穿上軍服以及我最喜愛的套頭毛衣。歐提斯已經在外面等著我了，我們走向已經熟得不能再熟的道路，駛向五角大廈。我們到達之後，辦公室裡回響著搬家後空洞的聲音，牆壁光禿禿的。我的助理已幫我把湯瑪斯．傑佛遜的半身塑像、戈巴契夫送的散彈槍、林肯比喻將軍與馬的名句、乘火車的水牛兵團亨利．菲利浦中尉的版畫等物件，都打包整理好。桌子玻璃墊上的箴言：「快手艾迪，讓我們射向深淵，」「惟平凡者能盡其才，」「勿讓人見你辛勤耕耘，」等等，都不見了。

我現在的行政助理海軍上尉「烈酒」格羅格瑞．強生（Gregory Johnson），突然走進來告訴我說，柯林頓總統要見我。我感到很驚訝，退休儀式預定在下午四點舉行，總統已經同意主持此儀式。我奇怪他為何此時要找我。

我到了白宮之後，被引領上二樓總統的住所，柯林頓剛剛晨跑回來，正在穿上一件乾淨的襯衫。「我們到玄關去坐，」他說道，引導我走出來到杜魯門門廳。為了誰該坐那裡，我們互相謙讓了一番。他最後坐上一把甘迺迪搖椅，我則在羅恩布椅上面落座。這一天很溫暖，空氣中有點要下雨的味道，南邊的傑佛遜紀念堂沐浴在早晨的陽光裡。我在想，我何時才能再看到像這種景象。

「我並沒有特別的事，」總統說道，「我只是想對你為我及國家所做的一切表達謝意，並且讓我們私下再聚一聚。」他問到我今後的打算為何。

「我將忙著寫自傳，」我說道，「還有到處巡迴演講。」我提到有做生意及入主企業董事會的機會。「但是，」我說，「不會立即投入，等我有機會想一想如何度過餘生之後再說。」我現在最關切的事，我告訴他說，是在領了政府三十五年的薪水之後，先確保家中的經濟情況穩定。

「在你退休以後，有一些社會服務工作或許可以考慮考慮，」總統說道。他提到我可以主持總統的外國情報諮詢委員會，這是個評估美國情報活動的高層次民間組織。他同時建議我，或許想當諾曼第登陸五十週年紀念慶典活動的主席，或者，為他針對年輕人所做的全國性服務計畫效力。

「總統先生，」我說道，「我想暫時先休息一陣子。但是，如果我一定要從這些職位做選擇，那必然是為年輕人服務的計畫。」

他笑了。「我猜到你會這麼說的，」他說道。

我們聊了點政治，這是他喜好的一個主題；然後我們談到國內事務，健保醫療政策是他所相當關切的。話題後來轉到了國家安全事務。依我的想法，索馬利亞問題是當前的要務，我告訴他說，我們不能拿民主的版本來取代有數百年歷史的種族主義。「我們不能讓一個國家不得其所。我們要想辦法脫身，而且要快。」我說道。

總統承認他並沒有太注意聯合國在六月所做的決議，以致於讓我們與索馬利亞當政者產生了摩擦。「這使我們的介入本意更加複雜了，」他說。

我看了看手錶。我們已經聊了超過一小時。「占用了你那麼多的時間，我覺得真不應該，」我說道。

「今天是屬於你的日子，」比爾・柯林頓回答說，彷彿今天他對這個世界絲毫不在意。

就在這個時候，一名焦急的助理探頭進門來說道，「總統先生，該去工作了。」總統起身。「柯林，今天下午再碰面。」他說道。

我向他的周到表示謝意，不光是為這一天，而是為過去九個月裡跟著他的這段日子。與早期的新聞預測完全相反，我們相處甚佳而且變得更親近。

風暴之眼遠去

這次的談話後不到幾天，突擊兵部隊與三角部隊在索馬利亞遭遇到激烈的槍戰，有十八名美軍喪生。一名陣亡的美軍被拖過摩加迪休街道的畫面，讓美國民眾大為驚駭。當初我們因為電視畫面的報導而被捲入這個地方，現在我們已被他們排斥了。

總統立即進行政策檢討，結果產生在半年內撤軍的計畫。亞斯平因為未提供給蒙特格瑞所要求的加強武力，而遭受到強烈的抨擊，雖然錯誤的政策才是問題的癥結所在。這次的挫敗是亞斯平在國防部長職位上畫下句點的開端。到了十二月，柯林頓總統宣布他的職位將由比爾・培利取代。亞斯平另有重用。他被任命為總統的外國情報諮詢委員會主席，而且是國會委派監督軍隊角色與任務的特別委員會之一員。接著，他被任命為另一個國會委派檢察情報機構的特別委員會主席。亞斯平擔任這些職務都非常稱職，因為他的學問可以派上用場了。不幸的是，一九九五年五月，他因為中風而英年早逝。

我從白宮歸來之後，召開最後一次會議，向參謀本部的幕僚感謝過去四年來的忠實與追隨。我與各軍種的參謀長以及司令官們共進最後一次午餐。「我感謝你們大夥在這最後一刻跟我在一起，」在退休的時刻來臨前我說道。他們給了我一個驚喜，微笑的布希走進了餐室，這個前任總統似乎很快樂的過著平凡的生活。在與他愉快的重逢之後，我回到辦公室，再看一眼空蕩無物的牆壁，然後回家接艾瑪，並最後一次換上「閃亮的軍服」。

當艾瑪與我爬上檢閱台，麥爾堡的操場看起來有點像五〇年代的電視節目《這就是你的生活》（This is Your Life）的舞台。我的姐姐梅芮琳、她家人、各地來的親戚，潘與步槍操槍隊的友人，在格漢森堡、迪文堡、越南、李文渥斯堡、卡森堡與法蘭克福的同袍、白宮研究員同學，還有教堂的朋友都開始陸續抵達，另外還有喬治·布希夫婦、副總統高爾夫婦、前任副總統奎爾夫婦、溫柏格夫婦，以及迪克·錢尼等人都來參加。

典禮正要開始的時候，一名白宮軍事助理走到我面前說道，柯林頓總統將頒發我自由勳章——全國非軍事勳章的最高榮譽。我表示已經獲頒過此一勳章了，是與貝克、史考克勞夫特、錢尼、諾曼等人因為在「沙漠風暴」行動的表現，同時獲得布希總統頒發的。這獎等級更高，軍事助理告訴我說，自由勳章之外還有附帶榮譽授勳。「總統將把它與這個長飾帶，一齊掛到你脖子上，」這名軍事助理說道。他拿出來的長飾帶既大而且是深紫色的。

「不要長飾帶吧，」我哀求說。「我看起來會像是『盧瑞塔尼亞』的皇太子。」

（譯註：安東尼·霍普小說中的中歐王國。）

「長飾帶可以商量，」他說道，「但是勳章一定得掛到你脖子上面。」

總統伉儷到場之後，典禮開始了，太陽突然穿透烏雲而出，像是排練好了似的。鼓聲與喇叭聲響起，發射十九響禮砲之後，總統與我檢閱部隊，陸軍樂隊開始演奏，頭一次，也可能是最後一次，「風暴之眼：柯林·鮑爾將軍出列。」總統把自由勳章掛到我脖子上，不過沒有那條燦爛的長飾帶。艾瑪獲頒傑出平民服務獎章。接著比爾·柯林頓述說我的生涯，當他說到下面這段話時，我顯得特別感動，「鮑爾確實具有戰士精神以及何時應該為國家運用此精神的判斷能力，……我代表那些把兒女託付給你的家庭說這些話，……你把他們照顧的很好，如同你對美國所做的一樣。」

輪到我說話了。當我環顧盛會壯觀的場面，回首我這輩子的軌跡，若是不感到驚嘆，那我必定麻木不仁了：從紐約市立學院預備軍官訓練班出來的小少尉，到全美國最高階的軍官；從越南叢林裡向幾百人建議的顧問，到負責管理兩百萬的海陸空陸戰隊官兵；從「南布朗區」與渾小子一同長大，到與全世界的領袖們齊心協力；從防守一門原子砲卻在路上遺失手槍的菜鳥軍官，到協助強權領袖讓全世界免於核子浩劫的國家安全顧問……。

部隊分列式通過閱兵台，噴射機與直升機呼嘯通過操場上空，接著儀隊指揮官跑上前來向我敬禮。「報告長官，」他說道，「典禮結束。」結束了，三十五年又三個月零二十一天。

典禮過後，賓客們回到麥爾堡大禮堂用點心。柯林頓總統要賓客們安靜下來，他說有一份禮物要送給我，是我在白宮的朋友們慷慨合送給我的。一名助理把角落的灰布拉開，出現的是一部褪了色、全部生鏽的一九六六年富豪車。我看到歐斯提露齒而笑，白宮幕僚們要他負責找來這部破車。為此，我再一次表達對他們的謝忱。

當晚，我最後一次脫下軍服。在我穿著它的這些年裡，我受益於這個國家的所有美好一面，實際上已經超過了我對自己生命的狂熱期望，而我也完全克服了穿軍服的沉痾。我找到了生命之中一些光榮而有用的事，我做得很好，我也熱愛這份工作，這是任何人一生中難以遇到的好運。目前，我唯一的遺憾是不能從頭再來一遍。

第二十二章 揮別

我把帽子壓得更低，開始解釋。他做了一段標準的「絕對不要在高速公路上用光汽油」的訓斥，然後回到車上。他取出一根直徑與麥管一樣粗的塑膠管，抽出半品脫的汽油注入我的油箱，然後離去，自始至終也沒認出我來。我在最近的一個出口下了高速公路，又遇上了交通堵塞，卻又再度沒油了。我告訴自己：「鮑爾先生，當個老百姓要比你想得困難的多。」

第二天早晨，打從有記憶以來我頭一回在沒有鬧鐘的幫助下醒過來。我穿上寬鬆的褲子、一套馬球裝與一雙便鞋，漫步到我們在華府郊區新家廚房，與艾瑪共進早餐。我開始要專門從事多年來一直是兼差的職務——當一名老公。

艾瑪從咖啡杯沿抬起眼來。「污水槽堵塞了，」她說。「水漏到地板上到處都是。」

沒問題，我想。我會打電話給基地的工程師。接著我想起來了，那來基地工程師？我回復平民的頭一天早晨，卻只得蹲伏在滴水的污水槽下面。一夕之間，參謀首長聯席會議主席變成了修水管工人。

我從四星上將變成平民，九成的私人權力消失了，我領了退休金與一張退伍令離開五角大廈。幸運的是，我的公眾事務助理比爾·史穆倫上校跟我一起退休，他與另一名國防部退休人士培基·西佛瑞諾成立一個小辦公室，藉此可以規畫我目前的新生活。

生活的改變有多大差別，可從退休後不久的某天下午看得出來。當時，我開著老富豪車在高速公路上沒了汽油，一名善心人士在我後面停下車幫忙，我們冒著變成殘障與失去生命的危險，將車子在已失去耐心、猛按喇叭的開車回家通勤者之間，橫越過三線道推到路肩。我戴了一頂棒球帽低低的遮住臉，沒有人，包括那位善心人士，能夠認出我這個人一度曾經指揮大軍。正當我想用車上的行動電話聯絡辦公室時，一名交通警察到了。

「有啥問題？」他問道。

我把帽子壓得更低，開始解釋。他做了一段標準的「絕對不要在高速公路上用光汽油」的訓斥，然後回到車上。他取出一根直徑與麥管一樣粗的塑膠管，抽出半品脫的汽油注入我的油箱，然後離去，自始至終也沒認出我來。我在最近的一個出口下了高速公路，又遇上了交通堵塞，卻又再度沒油了。我告訴自己：「鮑爾先生，當個老百姓要比你想得困難的多。」

鮑爾爵士

我自軍中退休後，生活並沒有清閒下來。寫這本自傳是個新的嘗試，演講的日程也排得滿滿的。我的個人生活保持得很單純，這是出於我自己的選擇。由於已到過世界上不少地方，也在飛機上度過不少時光，我對旅行不再感興趣。經過一輩子在基地之間搬來搬去，艾瑪只愛建造屬於自己的窩。我們若是出門，通常就是到長島的老朋友家做客幾天，譬如到朗．勞德家或是布魯斯．李威寧表哥家。或是，我們會光著腳在雪中散步、看著我們當演員的女兒琳達表演。一九九四年，麥可與珍在等待他們的新房子蓋好之前，搬來跟我們同住；他們有了另一個兒子，名叫布萊恩。我們很幸運能和孫子們住在一起，與他們共度了快樂的時光，我們很幸運能擁有美好的兩件事——享受含飴弄孫的快樂，卻不必負擔責任。艾瑪與我安寧地消遣日子，偶爾與幾個朋友吃吃飯。我最愛的晚上享受是坐在安樂椅上，看電視播映老電影，特別是歌舞音樂片，其中我最喜歡的是前述的《音樂人》，以及《奧克拉荷馬》、《男與女》。《北非諜影》、《江湖浪子》、《發財妙計》、《薰衣草丘黑幫》（*The Lavender Hill Mob*）以及《發暈》等片子。我都看過許多遍了，甚至可以背出台詞來。不看電影的時候就讀點書。我涉獵的書籍是有選擇性的，歷史與自傳方面幾乎看遍了，還看了幾本小說，只有偶爾看看軍事方面的書籍。

我仍然喜歡有音樂做背景，就像在五角大廈時一樣，加利騷小調歌者還是我的最愛。我也喜歡聽阿瑞莎・富蘭克林、卡莉・賽門、盧・勞斯、保羅・賽門、安・瑪麗、娜塔莉・高以及安德魯・羅德・韋伯的任何音樂。不過，搖滾與饒舌歌我不愛聽，我想，有年齡的隔閡吧。我喜歡古典音樂，但是別問我在聽什麼，因為我分辨不出這些古典樂曲。在球季的時候，我也看電視轉播足球，美國人在棒球季走出戶外到公園裡的氣氛仍然讓我覺得好愉悅。但是我自己平凡的運動生涯——壘球的長打者、壁球高手——卻已然結束。現在每天生活循環不息，就已讓我體能發揮到極致了。在車子底下搞得全身油污，還是我最快樂的消遣。在這些日子裡我最驕傲與享受的事情，就是一輛一九六六年的富豪綠色旅行車，它的里程大約已經有到月球一趟那麼遠了。我以五百美元買下它，只另外再花一千美元就讓它跑起來了。

但自從退休後，艾瑪與我做了一趟像是廉價小說結局情節裡的旅行。我的父母在生前有點儲蓄，母親去世後，我檢視他們的遺物——幾百塊錢現鈔、一對戒指、一只粗劣的油布皮夾裡面裝著一塊錢，這個布皮夾是我小學二年級上工藝課時做的，而我父親永遠捨不得丟棄。真正的財寶是我父母到美國來時所攜帶的英國護照，上面有他們早期的照片。一九九三年十二月我與艾瑪出發前往倫敦之前，我取下這些照片仔細的端詳。來自英國小殖民地的兩個神色嚴肅的移民之子，將獲得英女王冊封為爵士。

十二月十五日，我們在旅館裡著裝準備到白金漢宮覲見。平常極冷靜的艾瑪不斷的修飾著她的穿著；我認為她看起來很高貴。我們抵達之後，被引領到一間接待室，女王的侍從武官向我們解說程序。「當你們進去之後，」他指導我們說，「女王陛下會走向前來授勳。」——我將被授予巴斯勳位的上級勳爵。「然後你們便退下，除非她請你們坐下。」我已聽說過其間的分別：解散表示「乙等」，賜座則表示「甲等」。

一扇看起來像是牆壁的門突然打開，我們進入一間有華麗鍍金飾家具的房間。「柯林．鮑爾將軍暨夫人，」侍從武官宣布說。

當伊莉莎白女王走向我們時，她經過一張桌子並拿起一樣東西。「能再看到你們真好，鮑爾將軍與夫人，」她說，「我很高興能送給你們這個，」然後，她交給我一個裝著勳章的盒子。

就這樣了。由於我是美國人，不需要跪下來，她也沒有拿王家寶劍在我的肩上輕拍。艾瑪也不必行禮如儀。

「請坐吧，」女王說道。我們落座，然後開始一段約十五分鐘的談話，從世界大事聊到討厭的天氣。然後我們離去。

若是當年我父母留下來做英國的子民，我現在就是「柯林爵士」而艾瑪是「鮑爾爵士夫人」。不過話又說回來，如果我的父母留在牙買加，我無法想像我怎樣才能被封為爵士。假定路德與艾莉當初坐船是到南開普敦而非紐約市，我或許會在尋常的英國兵團裡當到士官長，絕對不可能成為英國國防部的大員。我珍惜家庭的英國起源，但是我愛美國——充滿機會的大地。

離開王宮之後，艾瑪與我坐上一輛英國本特利車。穿制服的專屬司機回頭並微笑說道，「鮑爾爵士暨夫人，想去哪裡？」不管說得對不對，聽起來可真受用。

「去哈諾斯百貨公司，」艾瑪說道。

一九九四年五月十日，我與來自全世界的達官顯要，坐在普利托里亞一座小山上的聯合國大廈前面，觀看一件比黑人當爵士更不可想像的事情誕生。在擠滿了山邊的數萬名群眾歡呼聲中，四名南非白人高級陸軍軍官所組成的護衛隊，保護著該國下一任總統尼爾森・曼德拉（Nelson Mandela）上台。身為非裔美人，我感到很自豪；身為人類之一員，我更受鼓舞；而身為學習世界事務的學生，我對此和諧的結果感到驚訝。

一週之前，柯林頓總統邀我加入參加南非總統就職大典的美國代表團，由副總統高爾暨夫人率領，成員包括有第一夫人希拉蕊、數名國會與內閣成員，以及長期支持曼德拉的非裔美人。絕大多數的美國黑人都屬於民主黨，而且屬自由派的黑人要比保守派的更多，這已不是什麼祕密了。在飛往南非的飛機上，同行的有賈西·傑克遜牧師、參議員卡羅·莫斯里-布勞恩，國會的成員查理斯·朗格爾、朗·德拉姆斯、魏西·菲姆、路易士·史托克以及梅新·華特斯，閣員有朗·布朗、麥克·艾斯比，以及紐約前任市長大衛·狄金斯、巴爾的摩市長卡爾·史墨克。他們多數我已經認識，而且一直相處得很好。我也知道，非裔美人對我的歷史性成就感到驕傲。不過，我這些旅行同伴可能會比較喜歡我在不同領域裡得到成就。在這群人眼中，我屬於雷根與布希這些共和黨利益擴散的保守派產物。正如傑克遜所描述的，我應該被當成一個忠實執行命令的軍人來評斷，雖然這些需要我執行的責任是「壓制性的政策。」

儘管如此，在這次的長途飛行裡，我們把階級與政治分際放到一邊。我們和善、有趣、輕鬆地談話。我們開玩笑說要裝睡免得聽賈西·傑克遜在走道上傳教。來自全國黑人女性政治代表會議的狄蘿瑞絲·塔克告訴我說，「柯林，你應該參政，我指的是當民主黨員。你這個好人不宜做共和黨員。」

在那場合裡，黨派變成次要的了。我們在這裡都只是美國人，到非洲來是為了目睹一件我們曾希望但是卻不敢奢望發生的事展開。這天的表演安排得光彩奪目。唱詩班誦唱著白人老聖詩《南非之召喚》，然後是《諾克西史克爾伊》、《天佑非洲》，黑人自由聯盟的國歌。猶太教、回教、印度教與基督教的傳教士（包括狄斯蒙・吐吐主教）分別引導祈禱。在九分鐘的就職演說裡，曼德拉傳布政治家對種族和諧的呼籲。四架噴射機飛過頭頂，釋放出不同顏色的煙霧代表著南非新的國旗，色彩在飛機軌跡之後混合在一起，象徵這個新獲得自由國家的希望。南非種族隔離結束了，這個國家由一個賤民所組成的國度變成了非洲的角色模範。這是個令人驚異的時刻。曼德拉這名抗議者，曼德拉這名囚徒，現在已成了曼德拉總統。

就職典禮之後，我們在等巴士到美國大使館的時候，德拉姆斯、菲姆與我跳起舞來，背景音樂是和諧的南非大和唱。在飛回國的班機上，我與查理斯・朗格爾、大衛・狄金斯及麥克・艾斯比玩撲克牌，後者是大輸家。有句話說：絕對不要跟來自紐約的三個兄弟玩牌。我浸淫在同袍愛當中。照顧非洲裔組織的首腦潘恩・盧卡斯（C. Payne Lucas）在我們剛要離開南非之前告訴我說，「你知道黑人兄弟姐妹在說些什麼嗎？『嗨，鮑爾不壞。忘了他與雷根、布希所幹的事吧。』」在這之前，我們都已經夠友善了。現在，他們已把我視為他們的一分子了。

幾天之後當我到歷史悠久的黑人霍華大學發表開學典禮演講時，在普利托里亞所目睹的一切仍然深烙在我心裡。這所大學最近因為校園裡與黑人回教世界有關的演講者，公開抨擊猶太人而變成種族風暴的颱風眼。這篇演說引發猶太人社會的騷動，霍華大學被猛烈指責為提供種族仇恨的場所。在南非有件事讓我印象深刻，那便是尼爾森・曼德拉邀請了在他二十七年監禁生活時期認識的三名獄卒來參加他的就職典禮。他拒絕讓種族仇恨的痛楚損傷他的人性。在前一週，我們目睹了阿拉伯人與猶太人把他們亙古以來的敵對狀態放到一邊，以色列的總理拉賓與巴勒斯坦解放組織首領阿拉法特簽署了一項曾經是無法想像的協議，同意巴勒斯坦人的自治，兩人還握手。我想到了霍華大學裡的騷亂，我知道我必得要傳達這個訊息。

我演講的那個美麗夏日，是個星期六，我說出一個生活在白人佔多數社會裡的黑人發自信仰的精髓。「非裔美人已然走了很遠，而我們還有很長一段路要走，」我說道，「才能從仇恨的沼澤之中走出來。」我在霍華大學的演講很不尋常地受到不少媒體的報導，並不是因為我的演說在那年春天比其他演講者說的更為生動，而是因為我在各個角落對於種族仇恨的譴責，顯然是頗受歡迎的訊息。

化解海地危機

一九九四年九月十五日星期四，前任總統吉米・卡特打電話給我，詢問我是否願意與他及參議員山姆・奴恩前往海地，進行一項阻止血腥入侵的任務。聯合國最近授權運用武力推翻該島的軍事獨裁以便讓亞里斯提德能夠復權，全世界都知道美國出兵在即。我告訴前任總統說若是柯林頓總統要我們這樣做，我就願意去。

當天下午，比爾・柯林頓真的打電話來了。「吉米・卡特有時還真難以捉摸，」他告訴我說。「但是我在北韓的事情上面用他碰碰運氣，結果還不壞。」。總統主要關切的是卡特確實是要到海地去，「下一件你該知道的事，是我希望取消這項入侵行動，但委派他去協調一件交易。」柯林頓告訴我說，他無意叫停軍事行動，此行用意是讓我們前往協調部隊如何登陸，而不是決定部隊要不要登陸。

星期五晚間，我自俄亥俄州的一項演講回到家裡已經很晚了，不過，剛好有足夠的時間收拾行李，並且在星期六一大早加入卡特及奴恩之前，小睡片刻。陪同我們此行的有國務院對海地特別談判代表麥可・柯札克（Michael Kozk），國安會中美洲事務主管拉瑞・羅新（Larry Rossin），國防部長哈諾・布朗前任公事事務顧問、現任職國安會的湯姆・羅斯（Tom Ross），參謀首長聯席會議作戰部門主管傑瑞貝茲（Jreey Bates）少將，以及一名拉丁美洲事務好手羅伯・帕斯多（Robert Pastor）。我們於星期六下午十二點半抵達太子港。在這個時刻，我們與海地人都還不知道，入侵的攻擊開始時刻預定在九月十九星期一午夜過一分鐘展開，距離現在不到三十六個小時。

我們被帶到海地人的軍事總部，引領上二樓的一間角落辦公室，去會見軍事執政團的領袖勞爾・賽德拉斯（Raoul Cedras）將軍，他是個瘦長、臉色臘黃的人，有著長而尖的下巴與鼻子。他向我們介紹他的同事，包括陸軍參謀長菲利淵・拜恩比（Philippe Biamby），也是執政團的首領之一，當他在介紹的時候，我注意到牆上掛著一把M-一六步槍，上面裝著彈匣。空氣裡瀰漫著的緊張氣氛，讓我決定絕對不要距離那把M-一六太遠。我同時對賽德拉斯牆上掛著一九一五到一九三四年間，美國占領期間治理海地的六名美國軍官照片感到驚訝。我提到他們。「我們永遠不會忘記我們的歷史，」賽德拉斯帶著神祕的笑容說道。

我們在一張會議桌前坐下，吉米・卡特聲明入侵已無可避免。他解釋說，我們的希望是讓入侵和平的發生而不要流血。卡特開始提出頗具吸引力的條件來說服執政團放棄戰鬥，這些條件包括特赦與在未來的一段時間內保證賽德拉斯與其他人不會被遣送回海地。賽德拉斯很生氣。「我們的憲法不允許放逐，」他說。

第一次會談大約是在下午二點結束，沒有結論。距離攻擊開始時刻還有三十四小時。我們回到城市山頂的克利歐別墅飯店與海地議員進行禮貌性的會面。稍後，我們與商界人士晚餐。讓我感到驚訝的是，在將近三年的經濟禁運之後海地人多數已變得貧困，這些商人卻看起來腦滿腸肥、衣著光鮮的，看來經濟制裁對他們也不過如此。晚餐的時候，無意間得到一項有用的情報。一名海地企業家馬克·巴金告訴我，「如果你要說動賽德拉斯，他的太太是關鍵人物。」

晚上十一點，我們與賽德拉斯及其黨羽再度會面。卡特草擬了一份聲明，是我們爭論了好幾個小時的結果。執政團拒絕如草稿中所要求的離開海地。「我們不會走的，」賽德拉斯說道。「這不僅違憲，這對我們的正直更是個污點。」

我想，同樣身為一名陸軍軍官，我或許能夠以軍人的榮譽做為訴求來說動這些人。這與他們有沒有榮譽無關，只要他們自己認為有就好了。「你們必須決定什麼事情算是榮譽的，」我環顧桌子四周說道。「軍事準則裡，為什麼會要求無意義的犧牲呢？讓我告訴你真正的榮譽為何。它應是有勇氣放棄權力，而不是招徠無目的之死亡。」賽德拉斯與其他人專心的聽著，但是仍然沒有讓步的意念。

參議員奴恩從他的立場發表兩項要點。「你們應該知道，」他說道，「美國國會將支持總統的一切行動，」同時奴恩指出，「民主不僅是以民選的總統來取代軍事執政團，它還表示允許有個具有作用的議會。」

我不知道卡特的條件、奴恩的論述，以及我的心理學說法是否顯出效果。會談結束了，還是沒有結果，但我們獲得邀請星期天一早到賽德拉斯家，在那裡可以與他太太見面。

當我們正想離開的時候，海地軍方的人事主管杜瑞林上校與卡特握手之後，突然又追過來。「你最近有沒有跟亞里斯提德握過手？」上校問道。

「沒有，」卡特回說。「為什麼？」

「他的靈氣會留在你身上，」杜瑞林說道，「而我不喜歡接觸到它。」

我們走的時候是午夜二點，距離攻擊開始時刻還有二十二個小時。

城下之盟

星期天一早，我們到了賽德拉斯的家，那是一幢位於茂盛熱帶花園裡的地中海型別墅。雅妮克・帕斯・賽德拉斯，將軍之妻，有著光亮黑髮與牛奶咖啡膚色的醒目女人。她是個將軍之女，她告訴我們她也是將軍之女，對她而言，榮譽超過一切。她描述前一夜她與丈夫及三名小孩爬上床時，曾告訴孩子們這可能是他們在世的最後一夜；他們準備為了榮譽放棄生命。「我們寧願美國人的子彈打進胸膛裡而死，」她說道，「而不要當叛徒被海地人從背後射殺。」

我回應說：「我的太太會完全瞭解你身為將軍夫人的忠誠，但是我告訴你，當結果已然注定時還要放棄生命，這是沒有榮譽的，你與你丈夫應該接受這無可避免的事實，還是沒有回應。

讓海地人免於受難。讓我們談談生命，而不要談死亡。」卡特與奴恩同樣曉以大義。她

她的丈夫提醒我們該去會見海地總統艾米里・約拿森（Emile Jonassaint，美國並不予以承認）。我們動身之時，賽德拉斯夫人說道，「我的丈夫會做該做的事。而不管是什麼，我都會支持他的。」我們至少影響了她，從反對到中立。

在總統府裡，我們會見了約拿森，他是個八十一歲的安詳而有尊嚴的長者，說著一口流利的法語，會揮動著他修長、纖細的手加強說話的語氣。接著，我們回到軍事總部再度說服賽德拉斯接受卡特的條件。此時是上午九點，距離攻擊時刻只剩十五小時，而我們還面對另一個時間的約束。我們一直與柯林頓總統保持著聯繫，他告訴我們必須在中午之前離開，如今只剩三個小時了。我們要求白宮再多給一點時間。

在軍事總部裡，賽德拉斯提出了一份完全不能接受的反向建議。他要談判允許多少美國部隊、坦克大砲登陸；然而，他被告知這是完全不可能被接受的。是該攤牌的時候了。我靠向桌面，「讓我確定你瞭解你面對的是什麼，」我說道。我開始扳著手指頭計算：兩艘航空母艦、兩個半的步兵師、二萬名部隊、武裝直升機、坦克、砲兵。我說著的時候，看到海地人在我所描述的強大軍力之下，心一直往下沉。

「我們一向是西半球最弱的國家，」賽德拉斯帶著痛苦的微笑說道。「經過這一回

之後，我們將是最強的國家了。」

下午四點，拜恩比衝進房間裡來。「入侵行動來了！」他叫道。他剛與布雷格堡的一個消息來源通過電話，他告訴我們，美國傘兵準備要在五點時登機。對於這樣一個貧窮的國家來說，情報做得還不算壞，我這樣想著。

時間已經快沒有了，而我們還是陷於僵局。柯林頓總統曾經指示我們，不能讓卡特的特赦條件毫無限制，不管海地議會同意特赦與否，執政團都必須在十月十五日前下台。「我們不能接受，」賽德拉斯說道。「這是我們人民授權的事情。」約拿森不只是個傀儡而已，我們建議向他報告這件事，賽德拉斯同意了。我們跑過外面的群眾坐進車裡開往總統府，我與賽德拉斯坐在同一輛車子裡，手榴彈在車廂地板上滾動著，後座則是一名拿著步槍的海地士兵。

我們爬上總統府的台階到約拿森的辦公室裡，這名年老的領袖與他的外交、國防與情報部長正一起等待著我們。當吉米・卡特提出終止入侵的條件時，我卻有話要對柯林頓總統說，我在旁邊的辦公室裡找到電話設法直接撥到白宮。「總統先生，」我說道，「我想我們這裡有點進展了，美方還需要更多的時間。」柯林頓顯得不太自在，他不打算改變入侵的預定時間表，但是他表示我們可以再多談一會。

當我回到約拿森的辦公室時，他的國防部長正在大發雷霆，「這些條件太過分了。

我頭一個就要辭職。」他說道。

「那就辭職吧。」約拿森平靜的說道。

情報部長說話了：「美方的建議不光榮，」他指責說，他也要脅辭職。約拿森對他做了個解散的手勢。「我們已經有太多的部長了，」他說，「我將簽署這份建議書，我不要再讓人民蒙受戰爭的悲劇，我選擇和平。」

賽德拉斯等人屈服於約拿森的決定。我在這一刻告訴賽德拉斯說，「我們希望從你這裡得到一個不容更改的保證，那就是我們的部隊在登陸時不會受到攻擊。記著，我們可以輕易的讓攻勢展開，正如結束它那樣容易。

「我會服從總統的命令，」他看著約拿森說道。

「你得到了我的保證，」老人點頭說道。英文與法文翻譯的文件都準備好了，卡特與約拿森分別簽署完成。海地的一場風暴在攻擊發動的前六個小時消弭了。

第二天，由第十八空降師長休斯・薛爾頓（Hugh Shelton）中將所率領的美國部隊，在海地民眾的歡呼聲中平安的登陸了。三週之後，賽德拉斯一夥人離開了這個國家。十月十五日，亞里斯提德總統勝利的重回太子港。

我們達成的協議引來了不少的抨擊。「惡棍」脫身的太容易了，我被指控從不名譽的人身上博取名譽，但這些批評並沒有給我帶來極大的困擾。一旦薛爾頓將軍與其部隊踏上海地，不管是變好或是變壞，我們接管了這個地方，軍事執政團的下場如何並不重要，因為我們所達成的事，讓可能會戰死的年輕美國人，或更多的海地人能夠存活下來。這對我來說就夠成功的了。

真正的貢獻在於三位總統。比爾・柯林頓，採取了十一個小時的政治風險賭注，避免了一場入侵；吉米・卡特，由於他的想像力與頑強的意志，為這場危機找到和平解決的方案；還有艾米里・約拿森，他的睿智提供了強悍的將領一個他們所需要的下台階。然而，只有時間能夠證明，海地人要求民主的結果能否成功。

拒絕入閣

自我退休之後，還有另外一件關係到外交事務的事。一九九四年十二月十七日，星期六接近午夜時分，我正在書房裡看書時，電話響起。我有預感知道是誰打來的。當天下午，維儂・喬登突然到我家來拜訪，並告訴我說柯林頓總統要跟我談談關於回到政府機關任職的事。當時華府正瀰漫著謠言，指華倫・克里斯多福想要辭卸國務卿的職務。克里斯多福一直孜孜不倦，但卻因為美國毫無定見、未凝聚前後一貫的外交政策，而遭受到嚴厲的批評。喬登向我證實說克里斯多福確實想走，總統要談的職務正是國務卿。

我問維儂是否能把這召喚給擋掉，他笑著回答說沒有辦法。

當晚我接起電話，一名白宮接線生要我稍候一下，是總統的電話。當他來接電話時，我開玩笑的說道，「我希望你不是要我再加入一次卡特的外交任務吧。」這名前任的總統正要跳入另一回的私人外交，這次是到波士尼亞。柯林頓笑了，說不是的。他要我第二天早上過去聊聊。

我於早上八點抵達白宮的外交入口，簡短的與忙碌了一晚上的特勤人員聊了一會兒。前一天有人拿槍對著白宮胡亂射擊一通，在我到達的時候，特勤人員還在裡面尋找彈頭。

我走上總統的住所，總統前來迎接我，並帶我到他的書房。我們坐下來聊了一會兒，特別是關於波士尼亞與海地的問題。然後他告訴我說華倫・克里斯多福不想幹了，問我對這個職位有沒有興趣？

自從維儂・喬登來訪後，我對這件事已經做過一番深思。我告訴總統說，我感到很榮幸能被詢問是否有這個意願，但是，很尊敬的，我必須要拒絕。「我離開政府部門不過一年多一點時間，」我說道，我有些重要的事，尤其是要為我的出版商趕出我的自傳。除此之外，我又說道，「艾瑪與我確實希望能夠自公眾生活裡脫身，休息一段時間。」我們終於重新獲得私人生活，而且我們希望能有更多的時間與家人在一起，並有充裕的時間來思考未來。在一年之前，我曾經以同樣的理由，拒絕過喬登所提出同樣職位的試探。

沒說出來的理由，是我對政府處理外交事務上的沒有定見持保留態度。這種風格我早就很熟悉了，我懷疑自己回來任職是否能適應。假定國家面對了立即的危機，我不可能說不。然而，現在並不是這麼回事，總統面對的是一個「可能」的空缺，而非緊急事件。他很大方的接受了我的答覆，然後我們談到別的事情，稍後我便告辭離去。自此我們還是保持著緊密的聯繫，經常討論國內外大事。

不過，華倫．克里斯多福同意繼續留任，他是我所認識最盡職的公僕。

尾聲

我看世局

以退休後的私人觀點，我瞭望在過去三十五年職業生涯當中已非常熟悉的世界，這個世界已經有了一個基本的轉變。這個世界過去曾侷限在蘇聯與西方國家之間歷史性鬥爭所制定出來的規則，由此規則建構出我們的政治、經濟與軍事關係。那是一段危險的時期，但也是很穩定的時期，我們在所能瞭解的規則當中必須扮演某種角色。隨著蘇聯的沒落與共產主義意義型態的瓦解，我們所面對的世界到目前為止，並沒有新的架構與一組新的規則。我們的牽制戰略，也隨著蘇聯的瓦解一起消失了。

然而，不管這世界變得如何，美國仍然扮演領袖角色，仍是西方國家安全的基石，也逐漸成為重獲自由的東歐國家安全基礎。美國在世界上被其他國家所信賴與尊敬的程度無可比擬，這種信賴不僅僅是出自於對我們軍事、經濟與政治力量的敬重，還出自於我們所珍視的民主價值所形成的力量。冷戰最終的獲勝並不是因為軍事競賽，而是因為民主理念已被證明較其他理念優越。民主是所有人類的權利，自由鬥士的力量在全世界證明了它的力量有多大。我們在拉丁美洲、亞洲、非洲的部分地區，以及在其他任何地方，都看到了這個準則生根茁壯。

在這個新世界，經濟力量將比軍事力量更為重要。新秩序將定義在貿易關係，資訊、資金、技術與貨物的流通，而不在於以軍事力量在邊界上對峙。藉由軍事、發展核武、恐怖主義或是獨裁政權來尋求力量的國家，絕對無法挑戰或趕上由美國所領導的自由世界的軍事及經濟力量。當自由國家繁榮興盛、人民生活美好，而專橫的政權發覺自己落伍時，遲早會瞭解這個道理。只要看看中國就可以明白了，其進步不是藉由人民解放軍或是《毛語錄》的力量，而是靠著開放給人民創造企業的力量所造成。在越南，美國生意人受邀前去修復歷經二十載共產主義「勝利」造成的經濟災難。我們應該鼓勵與支持這種脈動。只有古巴與北韓仍然緊抓著馬克思主義政治與意識型態的死屍，他們或許是希望能獲得「瀕臨絕種動物法案」的保護。他們仍然無法逃避歷史的河流，而我們必須著手調整冷戰時期的圍堵政策，以促成他們整合而進入這個新世界。

我對全球各地的和解，以及由長期衝突到協商解決的基本性轉變，感到鼓舞不已。愛爾蘭解放軍與英國、中東和平過程、南非、安哥拉、莫三鼻克、高棉、薩爾瓦多、尼加拉瓜都提供了範例，顯示出曾經是難以處理的衝突，在外交調停，特別是聯合國的協助與倡導人士大聲疾呼之下自行解決了。這些國家未來所面對的路或許不好走，或許仍然有暴力存在，但我相信他們對和解的堅持到底終將成功。

不過，這個世界將不會變得完全沒有戰爭與衝突。波士尼亞與車臣提醒我們，仍然存在著黨派之爭、國家主義者狂熱的力量。回教基本教義派，在政治目的濫用之下，會是造成歐亞要衝不穩定的潛在因素。核子擴散問題，雖然只限於幾個不受管制的國家，但仍然給這個星球蒙上了陰影。同時我們最近也目睹，當國家退化為無政府狀態、種族主義與封建主義時，會產生何種混亂；例如在索馬利亞、盧安達、蒲隆地、賴比瑞亞以及獅子山共和國。電視每晚把這些地方所發生的悲劇影像，傳播到我們的起居室裡，我們當然想要消除我們所看到的這些苦難。

經常地，我們想要幫助的熱忱會與國家利益的冷酷算盤產生衝突。最近幾次的外國危機，都不涉及到我們的生存利益，像伊拉克入侵科威特造成對沙烏地阿拉伯以及原油運送的威脅那樣。但我們的人道本能被觸動了，美國人願意運用其外交、政治與經濟力量去幫助別人，我們自豪愉悅的讓年輕子弟穿上軍服遠離家鄉參與人道計畫，像是一九九二年派兵拯救索馬利亞免於飢荒。但當戰事開啟之後，當美國人性命開始有危險時，國人確實需要知道這種犧牲是為了什麼。

我不認為以某項單一戰略，就能界定我們在這個世界所扮演的角色，不過，這個未定型、未命名的新紀元，已有了嶄新的開始。我們已不在各處介入戰爭，我們也不再需要為了圍堵政策，強迫自己支持那些不信奉民主準則、令人不快的政權。我們切勿忘記，過去五十年以來最大的成就——冷戰的勝利。只要東西方存在猜疑，即可能爆發核子毀滅的可怕事情，這已不再具有威脅；一個軍力足以與我方匹敵的專橫擴張主義政權，被自己的痼疾所埋葬而消失了；自由企業穿破了國家主導的經濟制度，個人自由優越於警察國家；自由的獲勝是我們這一代留給世界的。我能夠參與如此具有歷史意義的世紀，覺得是個特殊的恩典。

在我分別任職軍方與民間兩個國家安全部門之際，我慎重避免做出或是說出具有政治意味的事情，也花了一段時間才改掉身為軍人所養成的長久習慣。不過，經過我到全國各處演講之後，這種自我節制慢慢的消失了，我已發展出自己的哲學，我對國內現在的企業活力感到印象深刻。老公司丟棄掉過去的舊包袱，開始再具有競爭力。新一代的美國人正積極進取、冒險犯難、創造機會，決心要在世界市場上一較長短，並駕馭未來的新科技。我所看到的每件事都讓我更加堅定，對自由企業的信仰。它創造了新的財富、新的工作機會，讓人們生活更加美好，滿足了需求並催生出新的企業，再引發循環生生不息。政府部門不能為了保護公共安全以及防止勞資雙方的劇烈競爭，而太過干預自由市場的成就。然而，我關切的是，美國人現行的稅負是如此的重，以致於嚴重的影響到企業的活力。自消費者或是商家所取走的每一塊稅金，都不會比留在私人手中運用來得更有效率。

我堅定的相信創造工作機會的自由企業，因為工作機會是我們絕大多數社會病源最好的解藥。我父母到這個國家來並不是為了尋求政府援助，而是為了工作，他們在一家狀況良好的成衣工廠工作，付出畢生的勞力，他們得到一份平凡的薪資，足以供應一家人不錯的生活、養育兒女，甚至偶爾享受一下。

由於我表達出這種信仰，有些人便急忙給我貼上共和黨員的標籤。我並不是天生反政府主義者，我是生在經濟大蕭條、實施新政時期的孩子。富蘭克林·羅斯福的政府提供廉價的大眾地下鐵系統，讓我父母能夠去上班，提供了公立學校給小孩子就讀，提供法律的保障以確保勞力不被剝削。我母親所屬的全國成衣女工聯盟，以其法律所保護的團體協商權力，同樣對母親提供了保障。社會保險讓我父母在退休後能生活無虞，醫療保險讓他們在長期痛苦的末期疾病當中，得到良好的醫療照顧。我受到免費的大學教育福利，因為紐約市政府向市民徵稅，並把這筆錢投資到移民者與工人階級的子女身上。

我們這一代面臨最嚴重的國內政治挑戰，是如何協調負擔財政責任的必要性與福利計畫的驚人成長，這些福利計畫包括社會保險與醫療在內，是貧困者與中產階級仰賴甚重的。實際上，我們只有兩種選擇：要不就削減福利計畫，要不只有增稅來負擔它。我們不能靠增加預算赤字來平衡。有不少政治人物已想要刪除這些計畫來解決嚴重的財政問題，因為不這樣做就是在做政治自殺。無論如何，在我們的總統願意跟老百姓說實話，而人民也願意接受這個殘酷的事實之前，我們不可能找到任何辦法來解除我們現在開始加諸到子孫身上的沉重負債。當然，我很明白說這些話對我來說是很容易的，因為到目前為止，我還沒有要求大家投票給我。

「政府減少干預」的呼籲已證明是正確的，然而，我希望政府所扮演的某一種角色能夠更加積極有效，那就是確保憲法對全部美國人民的保障。我國的憲法與國家良知，要求每一個國民都能得到一致的尊嚴與尊重，在法律底下受到同等的對待，並且享受到同樣的機會。讓我曾受益，而且是得來不易的一九六〇年代黑人民權法案，係由現今被人嘲弄的自由派與勇敢的領袖所爭取的。

無論如何，權利均等與機會均等的真義即是如此。它們指的並不是優惠待遇。優惠，不管本意是多麼良善，最後都會在未受優惠的一方醞釀出憎恨來。而且，優惠待遇將把美國少數民族本身努力所得來的成就給貶抑了。假定消除歧視措施是表示提供機會均等，那我一定全力支持，如果它導向優惠待遇或者是去幫助那些不再需要幫助的人，我便反對。我在軍中受到機會均等與消除歧視措施的益處，但我並非獲得優惠待遇。陸軍，以公平為出發點，確保以表現為衡量晉升的不二法門。當同樣的表現卻沒有造成同樣的晉升時，就表示這個制度出了問題，主其事者有責任去修訂它。如果一段歧視的歷史讓某些美國人不容易達到標準，只有採行暫時性的辦法來協助他們趕上，並站到同樣的起跑點上競爭，這才算公平。消除歧視措施的最高境界是促進平等的考量，而不是扭轉歧視。針對一個群體的歧視，無可避免地，將造成對立。而所有的歧視都是有攻擊性的。

綜合我的政治哲學，我屬於帶有社會良知的財政保守派。

如果不談我的政治歸屬，我有自己的政治哲學。兩黨現在的狀態都不適合我。不可否認的，政治是一門妥協的藝術，但現在我寧願選擇不妥協，正因為這樣我才可以隨便說我屬於何種黨派。我被那些極右派的政治狂熱者所困擾，他們似乎都聲稱具有天賦的政治智慧以及精神能力。上帝賜予我們指引與鼓勵，而不是立法的議程。我被他們華麗辭藻表面底下的種族分類格調所打擾。在政治光譜的另一面，我被傲慢的自由主義者所捨棄，他們聲稱知道什麼是對社會有利的，但卻很少想到最後將由誰來付帳。我質疑這些自由主義者的優先順序為何，他們浪費太多的注意力在個人的權力與福利上面，卻對整體社會的好處甚少加以聞問。我不信任取自任何方向的僵硬意識型態，我也發現許多美國人與我有同樣的感覺。現在，或許該是代表著美國政治光譜當中第三大黨出現的時機了。

我曾在三位總統手下做事，三個完全不同的人，儘管他們做事的風格不相同，然而每一位我都很尊敬。就個人的角色而言，隆納德・雷根對我像是父執輩的人，喬治・布希是個哥哥，而比爾・柯林頓，雖然比我小了近十歲，卻有點像是平輩──柯林頓與我都是自六〇年代與越戰的恐懼當中成長，儘管我們自戰爭不同的兩極中出來。由於我在這些人手下服務，對國家最高事務有著特殊的觀點，我知道國家需要什麼。我在全國巡迴演講時，我經常被問到我的生涯規劃；尤其是，我將角逐總統寶座嗎？我在民意測驗當中的地位讓我受寵若驚。當我在全國各處旅行時，人們鼓勵我去參選，讓我深受感動。為了我而發起的草根性拉票活動，也讓我覺得非常榮耀，我甚至於未曾與這些人私下聯繫過。然而，要做一名成功的政治家，需要一種到目前為止我還沒有聽到的召喚。我相信我可以用別的方式來為國服務，例如慈善活動、教育性工作或是任命制的官職。

雖然如此，我不會直接的排除政治前途。如果我確實決定要進入政治圈，那絕對不是因為有高度的民意調查基礎。我當然不會只因為把自己視為「偉大黑人希望」，能提供非裔美人角色模範與白人克服種族藩籬的典型而投入選舉。我若投入選戰，只會是因為我對這個國家具有藍圖。我若出馬競選，會是因為我相信在解決國家問題上面，我將比別的候選人做的更好。我並不期待或渴望把任何事交給我；我會自己去爭取領導的權力。若我要參選，我不是只想發表一份聲明，而是要去贏得選舉。我瞭解戰場，我知道獲勝的代價為何。

我完全瞭解角逐總統寶座將付出的個人與家庭巨大犧牲；而且坦白的說，現在的氣氛讓擔任公職特別不具有吸引力。我發現我們的政治論述裡面已不存在謙恭，攻擊性廣告與負面的競選文宣，製造出破壞性而非建設性的爭論。民主經常都是吵鬧不休的，但是現在，在電視及廣播電台的談話節目裡，再加上印刷媒體爭奪廣播聽眾，煽動群眾與人身攻擊，取代了有理性的對話。如果你轉到現在非常氾濫的談話節目，會聽到無窮盡的抱怨，而聽不到多少是在對國家做建設性的建議。任何公眾人物若是倡導一個具爭議性的觀念，不只是這個觀念會受到攻擊，連他個人的清廉正直都會受到質疑。任何與公認的「政治正確」（political correctness）觀念不合的人，唯有請求上帝幫助了。任何影射到某個團體的小小暗示，不管你有多麼無辜，甚至只是為了說明一個歷史觀點，都會有人要求發言不遜者下台或是去接受政治正確敏感度訓練，甚至面對法律行動的威脅。

諷刺的是，現在大家講究所謂「正確性」，但我們這個社會似乎失去了廉恥，沒有任何事情會讓我們感到窘困，沒有任何事會讓我們震驚。花點時間轉轉看白天的電視頻道，你會看到一堆為官能障礙所設計的談話節目，那些官能障礙者的道德空虛行為，提供給別人最壞的榜樣。在這一大堆的窺淫行為之中，那些談話節目製作人利用黑人「來賓」最讓我感到憤怒，他們加強了最貶抑種族的刻板印象。至少在過去老時光的節目

《阿莫斯與安迪》裡面，阿莫斯快樂地結婚、辛勤地工作，他與他妻子養育了可愛的小阿拉貝拉，她每晚都會禱告。

雖說我們被激增的性病傳播、被大量的未成年少女懷孕與暴力犯罪所驚嚇。我們仍然浸淫在電視、電影與流行音樂所傳播赤裸裸的性與犯罪描述裡面。我所聽到在純陽性的軍事基地裡所運用的語言，現在也在婦女甚至小孩之間朗朗上口了。

有羞恥心並不是一個壞的行為規範。我記得我母親輕易的用一句話責罵我，就可以把我抓回去守規矩，「我為你感到羞恥，你讓全家人丟臉。」我寧願挨打也不願聽到這句話。我感到奇怪，我國的羞恥心到那裡去了。

當我在全國各地旅行演講的時候，我要觀眾提出問題，這些觀眾從貿易協會的人到動機分析討論會成員，從監獄犯人到我最喜愛與感到驕傲的德州伍德蘭柯林·鮑爾小學學童都有。人們所提出來的問題讓我對美國人心裡在想什麼有了很好的線索。讓我驚訝的是，他們很少提到頭條新聞的議題——墮胎、槍械管制、福利、消除歧視等等問題。他們的問題經常表達出一種呼喚。他們似乎在尋找一個我們失去已久的指引。他們看到失序。他們看到暴力是如此地泛濫，以致於失去了讓人震驚的力量。他們看到的是一個快要變成大眾消遣的司法制度，完全失去了尊嚴與權威。

美國選民在一九九二年當掉了一個共和黨的總統，在一九九四年當掉了民主黨的國會。以我之見，他們並不是在尋找不同的黨派，而是在這片土地上尋找一種不同的精神，一種更好的東西。我們如何再找出我們的路？我們如何重建道德標準？我們要如何結束快讓我們變成分類族群的民族分化？我們要如何重建全國一家的觀念？在巡迴演講的時候，我說了個故事深深打動美國人民的心靈。美國國家廣播公司記者山姆·唐納森在「沙漠風暴」戰鬥前夕，訪問一名戰車排的年輕非裔美人士兵。唐納森問道：「你認為這場仗會如何？你怕嗎？」

「我們會打得很好的。我們都受過良好訓練。我一點也不怕。」這名大兵回答說，一邊還指著他四周的戰友。「我不害怕，因為我與家人在一起。」

其他的士兵叫道，「再跟他說一遍。他沒有聽到你說的。」

這名士兵再說一遍：「這些是我的家人，我們會互相照顧。」

這個故事讓我與觀眾都很感動。它隱喻了身為國家一分子必須做的事。我們必須把美國視為一個大家庭，必須停止互相叫囂、停止互相傷害，取而代之的是互相照顧、犧牲與分享。我們必須停止經常性的批評，這只是表達不滿的方式，應該回到過去美國建國時期能為國家做什麼的態度上面。我們必須不斷的嘗試、冒著失敗的風險來解決國家所面對的問題。若是憤世嫉俗者與批評者把任何出錯的事恣意吹毛求疵，以致於我們看不見什麼才是正確、合宜、什麼事對美國有益，我們將無法再前進半步。

就像沙漠風暴行動裡的那名士兵，我們必須要達成對形成全國一家的祝福；而我們應從重建真正的家庭開始。我們應該重建一種社會模式：一對結了婚的父母，把一個衷心渴望的小孩帶到這個世界來，並讓這個孩子能獲得愛與養育，能夠被教導分辨是非，並且在一個能夠提供工作機會的社會與實踐自我生涯的環境裡，依其最大的潛能來接受教育。說的容易，但做起來可不容易；但是，我們絕不能停止朝這個理想去奮鬥。

從兩年前離開陸軍之後展開的旅行中，讓我更加熱愛我的國家與人民。我們是個不安分的國度，總是在尋找、總是不滿足，但卻也是經常抱持著希望。我們具有恢復元氣的特定能力，我們能夠自我修正，我們能夠相互照顧。在這充滿抱怨的年代裡，回顧過去讓人鼓舞不已。記得在六〇年代與七〇年代的時候，經歷約翰與羅勃·甘迺迪、金恩博士的遇刺、一場讓我們離心離德的戰爭、白宮前面的暴亂、總統與副總統不名譽的辭職下台等等事情，人們懷疑我們如何能生存下去？有人宣布我們已經失敗，認為一個曾經偉大的國度已開始傾圮。但我們依然雄糾糾的站了起來，反而是別的帝國倒了下去。我們將戰勝眼前的試煉，我們將會克服這些橫阻，因為我們的國父華盛頓遺留下來一種民主政治的特質，一種具有足以應付任何年代演變的韌性，並且能在任何時刻激發高貴情操的良好制度。我們將持續地繁榮茂盛，因為多樣化的美國社會具有調和民族融合的力量、堅決毅力與彈性。我們會成功的，因為我們知道我們是被祝福的，我們將不會放棄上帝所賦予我們的能力。

傑佛遜曾經寫道：「每一個人對他的國家都有一分應盡的義務，自他所得到的財富與天然資源收穫來衡量比重。」身為國家如此造就的一個人，我感到這個應盡的義務非常沉重，我絕對無法完全置身事外。我的責任，我們有幸身為美國人的責任，就是要嘗試回報國家所給我們的一切——在我們繼續攜手共赴美國之旅的時候。

鮑爾準則

1. 事情沒有你想像那麼糟，到了早晨會變好。
2. 打起精神，克服困難。
3. 避免自我色彩過濃，免得失去立場時一起喪失自我。
4. 有志事竟成！
5. 謹慎選擇，因為你可能如願。
6. 別讓負面的事實阻礙了正確的抉擇。
7. 你無法替別人做決定，亦不可讓別人替你越俎代庖。
8. 鉅細靡遺。
9. 分享榮耀。
10. 溫良恭儉讓。
11. 高瞻遠矚、積極進取。
12. 勿向恐懼與反對者低頭。
13. 保持樂觀是力量的泉源。

America's Promise

在過去數十年裡，
我們的社會出現重大的變遷。
其中最明顯的，
便屬離婚率的增加、職業父母加重負擔，
以及家庭價值與傳統社區支援系統的逐漸式微。
這些變遷在美國產生的影響，
使得就連生長在溫飽舒適家庭的青少年，
也未必能得到健康、自信成長所需的資源。

肩起你的責任

Pull Your Weight

由柯林・鮑爾將軍所領導的「America's Promise——青少年聯盟」（America's Promise, The Alliance For Youth），乃是藉由實踐五項承諾，從美國各地為國舉出幹才。

五項承諾

(1)關懷的成人（Caring Adults）——與關懷的成人保持不間斷的關係，包括父母師長。

(2)安全處所（Safe Places）——在放學以後的時間裡，於安全處所進行建設性活動。

(3)健康的起步（Healthy Start）——健康的起步與未來。

(4)有用的技能（Marketable Skills）——透過有效率的教育，取得有用的技能。

(5)服務的機會（Opportunities to Serve）——透過社區服務，有機會回饋社會。

五項承諾內涵

青少人從社區裡得到越多的支持，就越可能獲得成功的人生。研究已然證實，但是結果亦顯示出，鮮有青少年人得到這種支持。透過America's Promise——青少年聯盟，有將近五百個國際性組織與五百五十個社區與國家機構，決定投入實踐青少年五項承諾事宜。

五項承諾為何

為確保青少年得到應有的基本支持，我們的夥伴立下特定的保證來實踐五項承諾：

⑴與關懷的成人保持不間斷的關係，包括父母師長等等。
⑵在放學之後的時間裡，於安全處所進行建設性的活動。
⑶健康的起步與未來。
⑷透過有效率的教育，取得有用的技能。
⑸透過社區服務，有機會回饋社會。

(1)與關懷的成人保持不間斷的關係，包括父母師長等等

關懷的成人能夠讓青少年得到良師益友，以及角色模仿的對象。在家庭內外，這種歸屬聯繫感乃是促進良好社交技能、負責價值觀與正面肯定的重要因素。成人角色模範包括父母、老師、教練以及其他的家庭長輩與師長。America's Promise的夥伴們，在全國各地為青少年提供良師益友。舉例來說：

- 費城當局決定協助十二萬名青少年，實踐一項或更多的協助。
- **B'nai B'rith** 青少年組織動員一千人次，每週提供兩千小時的社區服務。

(2)在放學之後的時間裡，於安全處所進行建設性的活動

在安全的處所做建設性的活動，可以讓青少年除了在街頭鬼混、參加幫派與不良行為之外，另外有所選擇。安全的場所可以培養青少年的技能與興趣，創造正面的同儕群體影響，豐富其學業表現，讓他們有機會貢獻所學。America's Promise的夥伴們，已開始為青少年設立庇護所。舉例如下：

- 國際溜冰協會超過一百七十個分會開放其溜冰場，作為協助青少年作功課或從事其他活動的場所。
- 美國基督教青年會提供安全場所的方法，是將在未來三年內的兩千處青年會分會增加五十七萬兩千名志工。

(3)健康的起步與未來

很多人認為，兒童在上學前就需要有良好的起步，其中包括胎教、免疫與就學準備等等。但是準備步入健康的成人期，兒童與青少年都需要良好的健康照護，包括充分的營養、眼耳與牙齒的檢查、從出生到十九歲之間的定期運動。America's Promise的夥伴們，於是為青少年在其人生發展時期，提供良好可負擔的健康服務。舉例如下：

- 美國葬儀協會與美國學校評議協會合作，共同擴展「療傷止痛計畫」（Good Grief Program），教導老師協助失親的青少年。
- 霍華大學提供華府一所小學與中學，七百六十名學生進行鐮型細胞性貧血（sickle-cell-anemia）的檢測，以及牙齒與語言等其他健檢項目。

(4)透過有效率的教育，取得有用的技能

有用的技能得以讓青少年在二十一世紀找到工作。年輕人必須擁有基本的學識與分析技能、良好的工作態度，並且知道如何熟練地使用新科技，譬如電腦與網路。**America's Promise** 的夥伴們，協助青少年發展這方面的基本技能，舉例如下：

- 美國公民學術基金會（**Citizens Scholarship Foundation of America**）於一九九九會計年度，透過其獎助計畫，提供九萬一千三百五十名獎學金名額。
- 由 Case 基金會（the Case Foundation）所成立的非營利性組織 PowerUP，決定提供一千萬美元，做為提供青少年學習電腦與網路之用。全職的 AmeriCorps*VISTA 人員，以及其他的成人，將透過網路活動指導青少年，譬如教育性研究及架設網站等等。提供有益的技能，以及安全的活動場所與關懷青少年的成人志工。

(5)透過社區服務，有機會回饋社會

社區服務不僅有益於社會，同時能豐富參與者的生活。年輕的志工能得到更高的自

尊，發展出更堅實的生涯目標，在學校裡的表現會更好，更能建立領導才能，學會解決社區問題的方法。服務的機會可以從學校以及信仰團體、社區小組、市民俱樂部等組織取得。可惜的是，許多年輕人從未被要求參與這樣的活動，即使他們有心要參加。America's Promise的夥伴們，於是為青少年提供無數的機會，來幫助他們服務社區。舉例如下：

- 「木毛瑟槍兵」（Tree Musketeers）與「清潔環境兒童」（Kids for a Clean Environment）這兩個由青少年所領導的非營利性組織，決定動員一百萬名兒童，各自花費一小時的時間來從事植樹。在全美，將種植一百萬株數苗。該計畫名為「百萬之一」（One in a Million）。
- 全美四健會（National 4-H Council）有十八萬名的年輕人，參與不同的社區服務計畫，他們可以自由選擇服務項目。

America's Promise
青少年聯盟

宗旨

動員全美國各階層人士，透過實踐五項承諾，為全國培養青年才俊：

(1)與關懷的成人保持不間斷的關係，包括父母師長等等。
(2)在放學以後的時間裡，於安全處所進行有建設性的活動。
(3)健康的起步與未來。
(4)透過有效率的教育，取得有用的技能。
(5)透過社區服務，得到回饋社會的機會。

沿革

America's Promise創設於一九九七年四月廿七日到廿九日所舉行的「美國未來高峰會」（the Presidents' Summit for America's Future）之後。在費城召開的此項高峰會，與會人士包括柯林頓總統、布希、卡特與福特等卸任元首，另外且有南西·雷根代表她丈夫前總統雷根出席。與會者共同呼籲關懷青少年，使之成為國家的大事。他們的召喚包括要求全國人民實踐五項承諾。與會的還包括有將近三十名州長、一百名市長、一百四十五名社區代表、數十名知名的企業領袖，以及數千名熱心的民眾。這次的高峰會，同時由「光點基金會」（the Point of Light Foundation）和「國際服務企業」（the Corporation for National Service）等組織共同贊助。

全國性組織

America's Promise結合將近五百家全國性組織成為夥伴，促成大量的全國性投入實踐一或多項「五個承諾」。這些組織團體同意擴大現有的青少年計畫，或者是設立新的計畫，並且衡量其成果。這些組織團體橫跨社會各階層，包括企業界、非營利組織、高級教育機構、信仰團體、協會、聯邦機關、學校、藝文團體等等。大多數的夥伴會與其他的團體合作，譬如跟青年服務提供者結合，擴大其成效與規模。

參與的社區

全國有超過五百五十個社區與州際夥伴，結合起來實踐五項承諾。這些社區形成草根性的聯合實體，在公私與非營利事業體之間，為青少年培養出更多所需的資源。這些以實踐五項承諾為目的而成立的社區聯盟，就稱之為「承諾社區」（Communities of Promise）。

組織架構

America's Promise是一個非營利性組織，由公私個人或團體贊助來取得所需資金。

本聯盟提供由夥伴所收集的資訊與出版品。如需更多資訊，可到網站查詢：www.americaspromise.org；美國線上（AOL）關鍵字：America's Promise。

我們的成立

新的美國革命

自從獨立宣言之後，從來沒有那麼多的領袖簽署一項文件，來號召全美國進行此一重大事件。

一九九七年四月廿七日到廿九日這幾天，在美國革命搖籃的費城獨立會堂之外，召開所謂：總統的「美國未來高峰會」，激起另一次嶄新的革命。

在數千名市民的注視之下，四位總統——柯林頓、布希、福特與卡特，再加上代表她丈夫與會的前第一夫人南西．雷根，共同呼籲全體美國人，為青少年團結深耕，大幅增加全國的長程培育。該項培育便從青少年的實踐五項承諾開始。在幾位總統的領導，加上「光點基金會」與「國際服務企業」的贊助，這些承諾便成為「America's Promise」的主導力量。

America's Promise的創設，以及高峰會的召開，都是長期關懷青少年的前密西根州州長喬治・雷姆尼（George W. Romney）所促成。他構思出召開高峰會的概念，同時不辭辛勞地讓它實現。雖然雷姆尼州長不久之後便與世長辭了，他的構思仍然促成America's Promise的誕生，並且讓五項承諾成為全國性的焦點。

America's Promise由柯林・鮑爾將軍領導，他同時擔任高峰會的主席。該基金會現在已開始鼓勵全國團結一致，運用前所未有的力量，為青少年而努力。

放眼世界

柯林・鮑爾

「香蕉」凱利街，是我成長時所住的布朗區社區，正是一個世界的縮影。大家不是猶太人、義大利人、波蘭人、希臘人、波多黎各人，就是我們那時所說的「黑人」。由於大家都是少數民族，因此不時會產生衝突。不過就算大家有差異，對於兒童的福祉卻都同樣地投入。舉例來說，放學以後像我這樣的聖公會少年，前往希伯來青少年協會坐坐，都不算什麼大不了的事。我們會相互照顧。

今天，由於移民模式的變遷，美國人民變得更加多樣化，更加地紛歧，就像我小時候住的社區那樣。無論如何，雖然有如此的差異，我仍然覺得樂觀，**America's Promise** 基金會將促成民眾的團結一致，為促進兒童人生有個更好的開始而共同努力。

當我接掌 **America's Promise** 基金會的董事長時，我從未想到，別的國家的人民會肯定我們對青少年發展的想法，但在我們草創初期，可以說全世界的人都在看我們。時至今日仍然如此。

譬如說，一九九九年三月，我獲英國首相布萊爾之邀，前往倫敦就社區活動為題，在一項會議當中發表演講。

另外，從德國、荷蘭、澳洲、琉球、南韓、孟加拉、斯里蘭卡與台灣等國家，都曾派遣代表到本基金會位於維吉尼亞州亞歷山大市的總部訪問。本月初，德國第三次派代表團來訪問我們。America's Promise 基金會的總幹事比爾・史穆倫及其他成員，分別與代表團會面。

雖然沒有擬出特定的計畫，不過我們的德國友人要求保持聯繫。因此，不久的將來，在德國可望創設出一個促進青少年發展的組織，並且與我們合作。

當德國代表團訪問我們在維州總部辦公室的同一天，可能是十一月三日，我正在加拿大多倫多，為安大略省的 Ontario Promise 基金會的成立發表演講。我與安大略省長麥克・哈瑞斯，在多倫多都會會議中心，面對大批熱烈的政府、企業與社區團體的代表。

這不僅是 America's Promise 第一次推廣到國外，也是首度由美國以外的民眾發起成立屬於自己類似 America's Promise 基金會的行動，參考的對象正是本基金會，俾為該國青少年提供福利。

安大略省 Ontario Promise 基金會推廣的五項承諾，與 America's Promise 是相同的。良師、計畫、培育、準備與服務。同時該基金會將採取與 America's Promise 相同的夥伴建制，來實踐這五項承諾。

安大略省長哈瑞斯在宣布 Ontario Promise 基金會成立的時候，連致詞內容都跟我們大同小異：「我將要求安大略省的每一個人，為了兒童與青少年結合新的夥伴關係。此夥伴關係是要確保沒有孩子失足、沒有孩子遭到遺忘。」

加拿大其他的省都在注視著安大略省 Ontario Promise 基金會的運作，而我認為，全世界各地都有人關切此事，若是 America's Promise 能夠成功地傳到加拿大，誰知道下一次會到那裡去生根呢？如果說，將來全世界都沒有孩子會遭到遺棄，那該有多好呢！

給美國的訊息

為青少年出征的十字軍

柯林・鮑爾

大多數美國人認為，讓孩子有好的起步應該是國家的首要大事。但是，儘管我們如此設想，但是今日美國最大的諷刺，便是我們的青少年並沒有得到充足的培育，以成為有用的成年人。

在過去數十年裡，我們的社會出現重大的變遷。其中最明顯的便屬離婚率的增加、職業父母加重負擔，以及家庭價值與傳統社區支援系統的逐漸式微。這些變遷在美國產生的影響，使得就連生長在溫飽舒適家庭的青少年，也未必能得到健康、自信成長所需的資源。

不管有多麼富有，我們的青少年都無法倖免於毒品、暴力、學業失敗、不負責的性行為，及其他各種社會病症的威脅。現代的所有年輕人，在成長時期都會體驗到各種困難，而出身於劣勢環境的青少年，其遭遇會更加艱苦。

教化下一代乃是全美國的挑戰，需要全國的回應。對此問題的回應就是 America's Promise ——青少年聯盟。

本基金會呼籲全體美國人，對青少年進行投資，對青少年寄予更高的期許而加以挑戰，並且給青少年機會。透過建設性的、角色建立的活動，來瞭解這些期許為何。

我們無法讓所有的青少年都擁有理想的童年，但是我們能夠，也必須要供給他們最基本的需求，使他們長大到足以自給自足，對社會能夠有所貢獻的成人世界。我們的作法便是維持五項基本的承諾。我們承諾每個需要幫助的青少年都能：

(1) 與關懷的成人保持不間斷的關係，包括父母、師長等等。
(2) 在放學以後的時間裡，於安全的處所進行有建設性的活動。
(3) 健康的起步與未來。
(4) 透過有效的教育，取得有用的技能。
(5) 透過社區服務，有機會回饋社會。

我們的角色並不是要與許多協助青少年多年的優秀團體進行競爭或排擠，而是要召集更多的人力、物力、時間與資源，為這些協助青少年的團體「加油」。由於我們的五項基本承諾是有相互關聯性，且具有相互強化作用的；承諾做到其中的一項或多項，都有助於所有原本協助青少年團體的力量。

America's Promise 是十字軍，在這片廣闊的土地上，我們將共同努力，以五項基本承諾來做到青少年優先。我們將持續做下去，我們將得到勝利。

給青少年的訊息

柯林・鮑爾

嗨，歡迎到 America's Promise 的網站。

America's Promise 基金會的宗旨在於幫助青少年，同時也在於「青少年幫助其他的年輕朋友」過著充實而有前途的生活，亦即做到五項承諾。

「回饋」所代表的意義就是要有相對的犧牲。你或許要一週放棄一或兩個小時，或是放棄一個週末，或者是整個假期的時間，用以做社區服務，投入社區計畫。甚或你可以用一年或更長的時間，到和平團或投身軍旅來為國服務。

大多數參與幫忙的青少年告訴我說，他們在服務的過程當中，得到相對的回饋。由於使得別人的生活變得不同，服務會讓人覺得美好。不僅如此，回饋會改善本身的自信與自尊，讓你有機會學習新的技能，在年紀很輕的時候就學會做個領導者。有些青少年男女在為他人服務的過程裡，發現到自己過去從不知道的天賦，甚至找到終身願意投入的工作。

許多年輕人投入到為青少年服務的組織，數千人會在國家重要節慶參與服務活動。

有些學校現在已把服務學習納為課程的一部分。服務學習讓學生有機會應用課堂上所學，來解決真實的社區問題。

大專院校鼓勵學生服務社區，作為工讀計畫之外的延伸教學。還有更多的學校與青少年團體參加一項活動，給予服務社區達一百小時的青少年適當的獎勵。

你是我們社區裡的重要資源，我認為你應瞭解自身的潛能，接受這項挑戰，為別的青少年做些什麼，來改善他們的生活。為他們指引人生的正途。我們需要你的精力、你的理想，需要你為全美國青少年實踐五項承諾所做的努力。

誠摯的邀請你！

將軍的遠見

二〇〇〇年四月十七日，《華盛頓郵報》，威爾．雷氏伯利

柯林．鮑爾說，你跟他談話的時候，很有可能發現他把話題轉移到他的「青少年十字軍」上面。

這其實不能算是改變話題，因為你早已相信這位退休將領透過全國性網路America's Promise——青年聯盟，所傳達的訊息了。

但更令人堅信的是，我們不僅應該組織十字軍來拯救孩子，而且我們將發動這支十字軍——或許可以說這支十字軍已經發動了。

我與鮑爾同行，從當地機場一路前往傑克森中學，再到四季商場，在那裡由吉姆．韓特州長陪同，他將讚揚北卡羅萊納州實踐 America's Promise 的各個學校、企業、青少年組織與非營利事業。

「青少年將擁有你我過去從未夢想到的美好機會，」他說道，「許許多多的障礙已

然掃除。但是除非你能夠關切那些願意協助你得到教育的成人，讓你的心靈得到所需要的紀律，讓你的心靈得到該有的期許，讓你得到用以對抗外在力量的特質，否則這些美好機會將不真切。另外，還有許多孩子並未擁有這些。在他們的生活裡並沒有能夠提供這種特質的成人，能夠告訴他們說，他們是有價值的，是上帝給我們的禮物，並且讓他們知道，我們將照顧他們。」

這是真的。當然，我們擔心學校教育失敗、青少年濫用毒品，指控越來越多的青少年罪犯，定下更嚴峻的刑罰，甚至還在想辦法要來解決「前青春期」殺手的問題。

但是鮑爾說我們的看法有誤。我們是在設法保護自己，免於受到問題青少年的干擾，實際上我們應該要從社會的泥沼裡，把他們拯救出來。

要怎樣著手這樣的救援行動呢?他說，近程的答案在於，我們要給予所有的孩子過正常生活必備的五項必需品。那就是一直關懷的成人、學習與成長的安全處所、健康的起步、透過有效的教育取得有用的技能，以及透過社區服務有機會進行回饋。

尋找長程的答案，則是他生涯裡的新任務。這位曾任參謀首長聯席會議主席的戰爭英雄，以其過人的精力與領袖特質，要到美國各大企業擔任執行長可謂易如反掌，但是他卻選擇領導這項拯救青少年的行動，不像我們大多數人那樣光說不練。

他的作為並非在發明新的方法，而是結合並促動現有的一切，以青少年為主的計畫，使之更具實力與效能。這跟一九六〇年代的黑人民權運動十分類似。萬事具備只欠東風，要將這些各自分散不相干的活動聯結起來，構成全面性有實力的運動，尚需猶如點石成金的手法。

「這是我對 America's Promise 的期望，」他說。「在北卡羅萊納州，主要是因為他們的州長重視這方面，願意投入對青少年的照顧，於是結合所有教育性資源服務與健康照護，一直到青少年法律系統與企業自由參與時間，甚至於包括男孩與女孩俱樂部、溜冰場業者、全美旅館協會等機構，形成為青少年服務的無懈可擊經脈網路。同樣形態的結合已然在佛羅里達州、西維吉尼亞州、緬因州、密西根州、威斯康辛州、猶他州、愛達華州、麻賽諸塞州等地出現，到處都會有。」

而這位退休的將領也到處奔走，一週至少有兩次要搭機出擊，四處訪問演講，推廣：「我們必須要拯救孩子。」

正如從前改革運動先驅馬丁・路德・金恩博士及其他領袖的所作所為，鮑爾很樂意擔任領導催生者的角色，一方面協助地區機構募款，召集所需的志工，同時還鼓勵我們這些只會窮擔心的人，搖身變為積極的參與者，開始進行點石成金的任務。

我們正快速接近總統大選的高潮，將成為主宰所有新聞焦點的時刻。當大多數人正準備家庭度假之際，數以千計的共和黨與民主黨人卻忙著一整週的競選派對、站台以及演說，乃至最終產生美國總統候選人的提名作業。

高爾跟布希各方面都不相同，惟讓我驚訝的是，兩人都夠資格坐上高位。今年最特殊的現象，在於如果老百姓能有所選擇，那麼這兩個人都不會被提名。在過去四年裡，多次的民調清楚地顯示，有個人是人民選擇總統的理想人選。這個人就是柯林・鮑爾將軍。

若他是共和黨員，且他能在黨內得票方面領先，就會得到壓倒性的勝利。更有意思的是，民調亦顯示，即使他是民主黨員，他同樣會被選上。事實上，有份研究報告指出，如果鮑爾宣布以獨立身分參選，他將會擊敗兩個大黨的提名者。

當然，他沒有打算參與競選，不過這並不能改變在我國歷史當中，有這麼個特殊人物的事實。除了當年的艾森豪將軍之外，就我所知，尚無人能夠在兩黨都達到如此尊崇的地位。

全國都信賴柯林・鮑爾。正因如此，在他有生之年幾乎可以為所欲為。美國每家大企業董事會都想延攬他，每個非營利事業機構亦如此。他也可以回任公職，選擇他所想要的職務。

私人機構都想要他，一場演講他可以開價到七萬至九萬美元之譜。

他是怎樣運用退休後的時間？他投身於協助青少年。America's Promise 就是花去他大多數的時間，這是由他所領導的基金會組織。該基金會的目的，在於致力改善許許多多美國青少年的生活。鮑爾相信，我們每一個人都有義務幫助我國的青少年。America's Promise 致力於確保青少年做到下列五項承諾：

⑴關懷的成人，包括父母師長等等。

⑵在能夠學習與成長的安全處所，進行建設性活動。

⑶健康的起步與未來。

⑷透過有效的教育，取得有用的技能。

⑸透過社區服務，有機會回饋社會。

鮑爾認為，應該要幫助美國的青少年做到這五件事。

自從三年前在費城舉行的特別高峰會成立此基金會之後，鮑爾與America's Promise是如何運作的？政府單位決定協助美國青少年的比例增加到百分之十三強。該聯盟的夥伴裡，宗教信仰團體則增加百分之一百六十七。提供時間、人力、物力與資源來支援青少年的企業，則成長百分之八十七。決定要協助青少年建立更好的未來的大專院校，則已增加百分之一百七十九，另外還有三十六個全國性團體旗下的一千八百萬人，已經加入該聯盟。

跟其他許多人一樣，我的加入乃因為這是如此美好的事，同時也因為無法對鮑爾將軍說不。「幫助一個孩子成功，」他說，「也可以讓大人覺得美好。此舉正是改善其所居住的社會。」

在杜爾大學我看到這點。那裡有超過兩百名的學生，其中大多數需要工作賺錢來繳學費，或者是必須要維持獎學金；但是，他們卻在每週撥出時間來協助紐瓦克一名孩童。我認為，學校的老師必然都會認同，當這些學生在為孩子們服務的時候，所能學到的東西，跟在課堂裡所學相差無幾。

鮑爾，此人可以在美國得到任何的職位，包括總統寶座在內，卻決定奉獻自己給美國的青少年。他相信，正如我所相信的，不管是誰當上總統，青少年才是全國最優先的。

戴上我們的徽章，一只紅色小拉車，正是證明在此善舉之下，你也將不負使命。

America's Promise

America's Promise 是十字軍，
在這片廣闊的土地上，
我們將共同努力，
以五項基本承諾來做到青少年優先。
我們將持續做下去，
我們將得到勝利。

午餐演講會結束後，鮑爾將軍準備驅車前往金石堂書店，舉行《我的美國之旅》鮑爾將軍自傳簽名會，將軍夫人則另赴故宮博物院參觀。

艾瑪・強森（Alma Johnson），鮑爾將軍所深愛的人，他在二十四歲時認識艾瑪小姐，雙方一見鍾情，將軍曾經這樣形容艾瑪：「她的皮膚細緻，頭髮是淡褐色的，身材姣好。我被她迷人的雙眼給迷住了，那是罕見的綠色。強森小姐舉止優雅，談吐不凡，有著溫柔的南方口音。」

將軍夫人（上圖右第一位）與友人參觀故宮博物院，院方熱忱的歡迎將軍夫人並贈送紀念品留念。

將軍夫人認眞、仔細的欣賞故宮博物院藝術珍藏。

鮑爾夫人及其友人對於故宮博物院所珍藏的藝術品，驚嘆不已。

一九九五年十月，智庫文化董事長華文衡獲邀參加美國藍燈書屋（Random House）爲鮑爾將軍在法蘭克福大旅館舉辦的盛大酒會，在藍燈書屋總經理哈洛・艾凡斯（Harold Evans）先生的引介下初次見面，華先生要求與鮑爾將軍合照，將軍很爽快地回答：「這是我的榮幸！」華先生非常珍愛這張照片。照片上有鮑爾將軍的親筆簽名，更能看出將軍對智庫文化友誼的珍重。

八十六年三月十七日，由智庫文化、金石堂書店、花旗銀行共同舉辦簽名會場的櫥窗，布滿《我的美國之旅》鮑爾將軍自傳與將軍本人大幅照片。

由金石堂書店、智庫文化、花旗銀行共同主辦的鮑爾將軍自傳《我的美國之旅》簽名會海報。

簽名會場專爲鮑爾將軍訂製中英文名牌的另一面。

位於金石堂書店忠孝店的簽名會現場，由金石堂書店與智庫文化共同布置；數百册的《我的美國之旅》將會場襯托得非常壯觀，金石堂書店並安排了古典雅致的辦公桌椅，並特別爲鮑爾將軍訂製了中英文名牌。

位於金石堂書店忠孝店的簽名會場，熱情的讀者從書店三樓排到一樓大馬路，人手一冊《我的美國之旅》，排隊等候鮑爾將軍簽名。

簽名會開始前數小時，熱情的讀者已人手一冊《我的美國之旅》（有許多讀者購買數十冊），守序地排隊等候鮑爾將軍蒞臨。

下午四時，鮑爾將軍準時到達簽名會場，金石堂書店周總經理（左後方與鮑爾將軍握手者）及智庫公司華文衡董事長（右後方站在鮑爾將軍身旁者），親至大門迎接，媒體記者朋友紛紛簇擁而來，舉起相機拍下這歷史性的一刻。

鮑爾將軍與主辦當位負責人代表合影。上圖左起：金石堂書店周總經理、花旗銀行台灣區總裁何瑞騰（Brian Clayton）、鮑爾將軍、智庫公司華文衡董事長。

花旗銀行何瑞騰總裁（上圖持麥克風者）與金石堂書店周總經理（下圖持麥克風者），在《我的美國之旅》鮑爾將軍自傳簽名會場致詞。下圖前排右起：智庫公司華文衡董事長、鮑爾將軍、花旗銀行何瑞騰總裁、金石堂書店周總經理。

鮑爾將軍熱忱的爲讀者一一簽名。

簽名會正式開始，鮑爾將軍坐在專為其準備的典雅書桌前，歡迎第一位讀者。

鮑爾將軍爲金石堂書店前任副總經理陳斌簽名。

熱情的台灣讀者，大排長龍，興奮的等待大家的英雄鮑爾將軍，爲《我的美國之旅》簽名。

興奮的讀者擁簇著鮑爾將軍請他簽名

加拿大駐台商務代表一家人正要與鮑爾將軍合照，其中一位男孩非常害羞，一直低著頭，弄得他的父母親相當尷尬，鮑爾將軍很耐心的向這位男孩解釋，幫助小男孩克服害羞。

鮑爾將軍耐心地與他談了幾分鐘，小男孩終於勉強轉身稍微抬起頭，一起留下這張令人難忘的合照。事後，這位加拿大駐台商務代表的夫人（是位美國人）告訴智庫公司華文衡董事長，「鮑爾將軍對小孩真有耐心，而且是真誠的愛心。」

歷經了一個半小時的簽名會終於結束，鮑爾將軍起身，高興地說：I have done it!

鮑爾將軍緊握著智庫公司董事長華文衡的手，謝謝智庫公司為他的新書《我的美國之旅》發行全球中文版，並在台灣舉行如此盛大的簽名會。

鮑爾將軍高興地舉起特別爲他訂製的中文名牌，向一旁的金石堂書店周總經理致謝。

鮑爾將軍與金石堂周總經理夫婦。

鮑爾將軍感謝金石堂書店前任副總經理陳斌，為其簽名會場布置的辛勞。

鮑爾將軍與智庫公司前任發行人林秀貞合影。

鮑爾將軍高興地擁著《我的美國之旅》中文版譯者蕭美惠女士與其家人一起合照。鮑爾將軍特別向蕭女士感謝，謝謝她以生動之筆將他的書翻譯成中文。蕭女士亦告訴鮑爾將軍，這是她今生最大的榮幸，能夠為將軍的自傳翻譯成中文。

簽名會結束後，鮑爾將軍與智庫公司工作人員合照。

簽名會結束後，鮑爾將軍與金石堂書店工作人員合影。

鮑爾將軍邀請智庫公司華文衡董事長，一起在金石堂書店忠孝店櫥窗陳列的照片前合影留念。

國家圖書館出版品預行編目資料

我的美國之旅：鮑爾國務卿自傳／柯林. 鮑爾 (Colin L. Powell), 約瑟夫. 波斯科(Joseph Persico)作；蕭美惠譯. -- 第三版. -- 臺北市：智庫, 2001 [民 90]
冊； 公分. -- (菁英 ; 3-4)
譯自：My American journey
ISBN 957-0484-68-3(全套：精裝)

1. 鮑爾 (Powell, Colin L.) - 傳記 2. 軍官 美國 - 傳記

785.28 90013404

菁英 04

我的美國之旅——鮑爾國務卿自傳（下）

作　　者／柯林・鮑爾、約瑟夫・波斯科
譯　　者／蕭美惠
發 行 人／華文衡
社長兼總編輯／曾大福
責任編輯／張啟淵
編　　輯／周寧靜、陳逸如、張淑惠
出 版 者／智庫股份有限公司
登 記 證／局版北市業字第 68 號
地　　址／台北市新生南路一段 97 巷 6 號 1 樓
電　　話／(02)27783136（代表號）　傳真／(02)27782349
電子郵件信箱/triumph@triumphpublish.com.tw，http://www.triumphpublish.com.tw
郵政帳户／智庫股份有限公司　郵政帳號／17391043
排　　版／辰皓電腦排版有限公司
總 經 銷／凌域國際股份有限公司
電　　話／(02)2298-3838
地　　址／台北縣五股工業區五權三路 8 號 5 樓

1996 年 5 月第一版第一次印行　2002 年 3 月第三版第一次印行
原名/MY AMERICAN JOURNEY/by COLIN POWELL & JOSEPH PERSICO

定價／上下二冊不分售全套精裝 1200 元（原文 ISBN：0-679-43296-5）
※本書如有缺頁、破損、裝訂錯誤，請寄回本公司調換。
ISBN 957-0484-68-3

1L 240—